珍藏本·增订本
纪念版

汉译世界学术名著丛书

美国经济史

下 卷

〔美〕福克纳 著

王锟 译

许乃炯 校

Harold Underwood Faulkner
AMERICAN ECONOMIC HISTORY
Harper & Brothers Publishers, New York, 1960
根据纽约哈珀兄弟出版公司 1960 年版译出

目　　录

第四篇　工业革命

第五篇　一个崭新的社会

第 四 篇

工业革命

第十九章　农业革命

从1860年到1910年的农业发展

1860年以来，工业的进展是那样地显著，以至于把同等地十分重要的农业的发展也给掩盖了。从1860年到1910年的这半个世纪内，经历了一次农业革命，其中包括着农业机器的发明和科学耕种方法的日益推广，也产生了政府迅速和不断地对农业加以注意和协助，以及农业教育运动的广泛开展。由于受到《宅地法案》的鼓励，受到欧洲移民以及受到曾经使我国疆界向前推进的一切势力的影响，农业区域便向西部推进，直到许多可用的土地都被优先占领。1860年美国的人口总数是三千万人，但是到了1910年，住在农庄和乡下为农业所养活的人口就达到了五千万人，而且农庄的数目由1860年的二百万个增加到1910年的六百万个。在这半个世纪的时期以内，曾经有五亿亩以上的新土地被用于耕种；这是一个与欧洲西部面积几乎同样巨大的区域，为千百万人提供了新的住处，为铁路提供了货运，为欧洲与美洲不断增长的工业阶层提供了粮食。

这项发展也许是太快了，因为它把许多粮食的价格都降低到生产成本以下。伴随着这种发展而来的便是农民们所遭受的困难与不满，以及反映在当时政治与经济方面的不安。然而，疆界的结束，终于激起了人们保有土地、实施灌溉计划和进行科学耕种的各项兴趣。由于从1899年到1920年产品价格和土地价值的高涨，由于有了更好的道路、电车、汽车和农业机械，农民的经济情况得到了改善，农村生活也令人较为满意了。可是，这些年里，城市人口和制造业都不断在增加，而从事于农业的人口和农村的财富却相对地在下降。

农村的不满

虽然"南北战争"以后的那个时期乃是一个农业巨大扩张的时期，但是这一时期并不是一直繁荣的。相反地，从1867年到1897年的这一时期，乃是一个人们不安定与不满意的时期。当战争正在进行得激烈的时候，由于对粮食的需求扩大和通货膨胀的缘故，造成了物价的高涨，许多农民都通过土地和生产设备的增加而扩充了经营。退役军人、商人和机械工人由于受到《宅地法案》的鼓励和铁路公司的宣传，都赶忙买进了土地，但是他们通常都没有足够的金钱和工具，就用土地去做抵押以购入必需的设备。一切都进展得很好，但是战时高涨的物价终于崩溃了。政府回笼一部分绿背纸币以求最后使纸币的价值提高到与黄金价格相等的政策，使农民们处于不利的地位，因为那时美国的农民显然是一个负债者，因此，一般物价的跌落使他们受到了损害。由于不能在物价下落、纸币价值上涨的时候按照旧的利率去交付利息，农民们常常就被迫不能赎取他们的抵押品,使多年以来辛勤的果实一扫而尽。他们只有要么进入工业,要么变为佃农或雇农,要么就迁往边疆地区去。

使农民感受痛苦的,不仅只是通货收缩和借贷便利的缺乏,而是感到在铁路迅速发展和工业受到垄断的情况下,他处于不利的地位。他所依靠着去出卖产品的铁路,常常是经营不善和缺乏效率的,而且常有牺牲农业地区的利益去迁就工业地区的偏见。在没有这种偏见的地方,由于铁路公司对虚股也付出了红利的缘故,运费仍然会十分高昂。在 19 世纪的最后几十年里,大企业和垄断事业进展得很迅速。那些提倡绿背纸币的人们在 1884 年的政策宣言里说:"在我国历史上,从来没有过银行、接受土地赠予的铁路和其他垄断企业,在要求进一步的特权时,像现在这样傲慢——他们要求更多的维护他们阶级利益的立法。在这样的危急关头,占优势的政党违背了人民的利益,变成了垄断公司的工具。"

虽然农产品的价格下跌了,为垄断资本所支配的制成品却保持着高价,或没有按比例地降低价格。当肉类罐头和其他加工工业的垄断组织,向消费者索取高价以获得利润的时候,常常能够人为地把农产品的价格压得很低。此外,对制铁丝网或打井机器等主要农庄商品具有专利权的人们,常常向农民进行掠夺和索取高价。[①] 同时,农民们也感到在粮食和棉花的交易中,一大部分的利润落入于经纪人和投机商之手。虽然农民忍受了孤独辛劳的边疆

① 海特尔:《西部农民与凿井专利权的纷争》,载《农业史》,1942 年 1 月第 16 卷,第 16—28 页。

生活的艰难，东部的资本家们却剥削了他们土地上所产生的利润。1890 年，一家农民报写道："内布拉斯加有三种巨大的收获，第一种是玉米的收获，第二种是运费的收获，第三种是利息的收获。第一种是由耕种土地的农民用汗水和劳力生产出来的。其他的两种是由一些坐在办公室里，坐在银行的柜台后面的人向农民进行'耕种'而生产出来的。"①

对事实上存在着的剥削感受痛苦特别深刻的，乃是那些受压榨最大的地区，尤其是西部种植小麦的农庄。那个地区正在发生的不安的次要因素便是急于求得土地的垦荒农民与饲养牛群的人们之间的矛盾，以及私人和公司在获得大块土地时所使用的欺骗方法。可是，为密西西比河所横贯的西部，并不是受物价下跌以及受铁路、垄断资本和经纪人剥削的唯一地区。南部的情况也是同样地令人感到沮丧的。在那里，整个的经济结构已经为"南北战争"所破坏，新的经济正在痛苦地从废墟上重建起来。农场主的破产，黑人劳工的愚昧，以及棉花价格的下跌，都是造成必须建立新制度的一些因素。在东北部，通货紧缩与西部的竞争严重地影响了农业的利益，加速了人们向城市的移动，也增加了荒芜农庄的面积。全国地价的一般下跌，是农村不满的一个因素，因为，我们必须记住，美国的农民乃是一个土地投机者兼农业家。除了以上的原因之外，还有"南北战争"时期的高额关税，在和平恢复后的那些年里一直继续存在，这就增加了制造业的利益，同时也增加了生活

① 《农民联盟报》，1890 年 8 月 23 日。约翰·希克思引自《民粹党的叛变》，第 83 页。

费用和妨碍了粮食向国外销售。

农民们对这些经济的趋势和特殊的痛苦加以回击，而且在“南北战争”以后的三十年，农业地区都处于一种几乎在连续不断地进行反抗的情况。反抗的形式是通过向农民组织和政党施用政治压力，以及通过商业方面的各种合作努力以求得到自救。他们的努力是针对着主要的困难进行的，这些困难便是：货币的收缩，铁路的舞弊和垄断的行为。从 19 世纪 60 年代后期到那一世纪之末，农民们对联邦政府的通货紧缩政策进行了剧烈的斗争。他们组织了一个“绿背纸币党”，企图用不兑现纸币的方法去实现通货膨胀；而且“民粹党”想用按十六比一的比率恢复金银硬币的自由与无限铸造，以达到通货膨胀的目的。这两个政党都向垄断资本和通货收缩政策进攻。西部第一个最大的农民组织“农民保护会”应用了它的最大的势力促使国家立法机关去控制铁路的舞弊。我们将要看到：[①]虽然农民们的反抗没有使通货膨胀实现，但是在发动反对垄断，以及各州和最后在联邦政府里反对进行铁路立法方面却起了很大的作用。它在促进通过《联邦准备法令》等银行业务改革方面，在实现《联邦农业贷款法令》和其他改善农民信贷便利的立法方面也都起了作用。[②]

除了施用政治压力之外，农民们也想通过自己进入贸易市场的方法去求得解救。关于在这些方面所作的企图的例子有：举办购销合作组织和农民保险公司，这些组织是通过用“农民互济会”

① 关于争取实现通货膨胀的情况将在第二十五章里详细叙述，关于铁路立法方面，将在第二十三章内叙述，关于控制垄断问题将在第二十一章里叙述。

② 见本书第二十章。

“农民联盟”以及用最近在两个达科他州州政府和联邦政府进行立法等方式来促进的。这项运动在对于谷仓进行控制方面表现得特别激烈。据估计，有四千个这样的谷仓为四十万个农民所拥有。农业专家们都几乎一致地认为农民们在利益方面的合并，对于他们取得繁荣是十分重要的。这个观点，终于在 1929 年的《农产品销售法令》里得到了正式的认可。[①] 这里，我们必须注意，政府已经通过了许多促进农业教育和农业科学化的法律。要达到这些法律的预期效果，就需要有政府的协助和私人的积极努力，而两者都已经逐步地在实现。

1893 年的经济恐慌消失以后，由于通货膨胀和农产品的需求赶上了供给数量的这一事实，使农业情况有了改善。这一世纪的头二十年，乃是繁荣与扩张的年月，那时，由于有了新的房屋建筑，新的设备和道路的改善，即使一个偶然的观察家也可以看出一个更为良好的时期已经到来。1899 年，农产品的总值为二十九亿九千八百七十万零四千元，1909 年的价值是五十四亿八千七百万元。一切农庄的财产，包括土地在内，从 1900 年的二百零四亿四千万元增加到 1910 年的四百零九亿九千一百万元，也就是大约增加了 100.5%。仅只土地一项的价值，从 1900 年的平均每亩十五元五角七分增加到 1910 年的三十二元四角，也就是增加了 108.1%，这是比自从美洲发现以来任何年份还增加得更多的一个数字。第一次世界大战的物价上涨带来了持续的繁荣；但是，没有任何团体

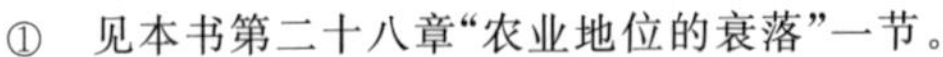

① 见本书第二十八章“农业地位的衰落”一节。

对以后的经济萧条比农民还更为敏感的。[①]

农业的机械化

农庄的扩大与劳动力的缺乏，这两个以前曾经使农业机械发展起来的因素，在“南北战争”以后一直继续在对农业发生影响。1860 年以前，犁头、收割机和打谷机的首次巨大改良，已经证明了它们的实用性，但是使它们的用途加以推广的，乃是“南北战争”。当联邦政府动员了世界上前所未有、数目最大的军队的时候，留在农庄上的人们就不得不使用节省劳力的机器。农业机器被迅速地采用，也受到了这样一个事实的鼓励，那就是：在这些年月里人们占领的土地都适合于大规模的耕种和机器的使用。因此，可以正确无误地说，美国的农业革命，在使用机器方面，是出现于 1860 年以后的那半个世纪。

“中西部”小麦地区的气候，使麦子在成熟时就必须迅速收获，而且栽种的数量决定于农民在粮食未受损害以前进行收获的能力。因此，发明家们的注意力都首先集中在加速收获的这一方面。1858 年，C. W. 马希与 W. W. 马希两人已经向政府注册了“马希”式收获机。这种收获机，利用环状的护床把粮食送到一块台板上，

① 1920 年时农业土地的每亩平均价值增加到五十七元三角六分；1930 年下降为三十五元四角。1920 年农庄的总收入估计增加到一百三十五亿六千六百万元；1930 年下降为九十四亿一千四百万元。1920 年所有的农庄财产增加到七百七十九亿二千四百万元；1930 年下降为五百七十二亿四千六百万元。见《统计摘要》，1933 年，第 535 及第 565 页。

再由两个人把它们捆扎起来。这个收获机几乎可以收获人们在同样时间内所能收获的两倍。更为重要的是约翰·阿普耳比 1878 年发明的“盘绕扎谷机”，这个机器代替了当时正在使用的粗劣和令人不能满意的铁线扎谷机，使收获的速度增加了八倍。卡维尔教授说：“所以，盘绕扎谷机的发明，由于增加了农民所能收获的数量，也就是恰恰地等于增加了他能够有利地栽种的那个数量。换言之，在这个时期，盘绕扎谷机比任何其他单独的机器或工具还更能使我国增加粮食的生产，特别是小麦的生产。全国按人口计算的产量，从 1860 年的大约五点六蒲式耳增加到 1880 年的九点二蒲式耳。”①在农具的进一步改良方面，还有“谷捆搬运机”以及在干燥气候中使用的钉头制造机。在西部广阔的小麦农场上，还有康拜因机，最初是用二十几匹马拉动，后来改用汽油拖拉机拉动。这种机器能够割谷、打谷、检净、装袋和不用手接触就能使粮食过磅。

与收获机发明的同时，还出现了插秧机和粮食耕种机的改进。这个时期开始使用了“跨骑式中耕机”，单人双铧犁，各种类型的“弹簧齿式单人双铧耙”以及栽种、盖土和施肥同时进行的播种机。这一类型的加速栽种过程和与收获机具有同等效率的农业机器，1875 年以后在“红河”产麦区和“远西”都迅速地加以采用。同时犁田和播种的栽种机也在 1880 年开始使用。割麦机已经加以改善，在改善制作干草方法的方面，还包括着“弹簧齿式单人双铧耙”，以及装运、堆草和打包的机器。用手脱落玉米的工作到了

① 卡维尔：《农业经济原理》，第 99 页。

1880 年以后也改用了机器去进行。19 世纪 80 年代当乳酪工业正在迅速发展时，干草有几次歉收，使人们把注意力集中到玉米的栽培方面来，而且通过许多发明家的合作努力，结果制成了一种机器，使用这种机器，一个人一天能收割和捆扎六英亩到十英亩的玉米。这就使农民能够把当饲料用的玉米在有青绿色和浆液还在干茎里的时候就割下来，贮藏在地下室里作为冬季的粮食。在从前，农民们却不得不让玉米在田里干燥后才进行收割。

农业机械化的第一个阶段，便是普遍地使用马匹代替人力作为农业方面的动力。这在“南北战争”前就早已开始，但是以 1860 年与 1910 年间发展得最为迅速。与这一情况同时出现的，便是农庄上做拖曳用的牲畜数目的巨大增长。但是，马力代替人力的情况开始不久，农业机器制造商就已经在考虑用机械力量来代替牲畜的力量。不久，就在那些广阔的草原农场上做了试验，用蒸汽拖拉机栽种和犁地。到了 1910 年，农业机器方面已经使用了汽油引擎，效果比蒸汽或马力都优越得多，于是在以后的十年里，就很快地代替了蒸汽和马力。与汽油发动机几乎具有同等革命性效用的，便是汽油卡车和供人们取乐乘坐的汽车的使用，这就使农民们与城市生活有了更为密切的接触，而且便利了产品的销购。除了汽车之外，还有抽吸汽油和照明的设备也把城市的便利带给了农民，并且减少了家庭的烦琐劳动。在农场接近电厂的地方，像缫丝机、搅乳机和洗衣机等许多小型的室内机器都用电力来开动。由于 20 世纪 30 年代初期电力设备在城市区域的迅速发展，农庄上电力的使用也大为增加。

由于农业机械化的结果，美国农业机器的价值在 1860 年与

1890年间涨了一倍以上；自1890年到1930年，价值从五亿元增长到三十六亿元。据估计，应用于农场上的动力数量，从1900年到1935年共增加了八倍。这种机械化所产生的一项最为重要的后果便是农场劳动生产率的增加。根据最可靠的估计，每一工人的生产率大约增加了四倍。这种情况所产生的一项后果便是更多地创造了财富。这些财富的一部分无疑地是保留在农民的手里，从而使他们能够购买机器和改善经济条件。但是，在进行机械化的同时，也有把财富集中于地主阶级的趋势，使他们能够购买昂贵的机器。这甚至可以从那一世纪之前几个领先生产谷类的州里的雇农人数相对地增加的情况看出来。

七个主要产谷州雇农人数增加百分比
（伊利诺伊，爱荷华，堪萨斯，内布拉斯加，明尼苏达，北达科他及南达科他）

	1880年	1890年	增加百分比
地主（土地所有人或佃农）	836,967	1,073,911	28
雇农	363,233	631,740	74

就全国范围来说，由于南部租佃耕作制度发展的缘故，这两个阶级增加的百分比几乎是相同的。在出产谷类的各州，拥有资本的人显然是处于有利的地位。在这些州里，昂贵机器的使用越来越普遍。所产生的结果是，比较贫穷的农民被贬低到佃农或雇农的地位。没有土地的农业无产阶级的发展，乃是农业革命所产生的一个最为不幸的结果，而且成了美国与欧洲的一个特色。

总结起来，我们可以说，农场上使用机器曾经（一）解放出一些人去做其他工作；（二）增加了农产品的产量和按人口计算的产量；

(三)减少了农业生活中一定数量的烦琐劳动;(四)使许多亩从前生产马匹饲料的土地改种其他植物;(五)扩大了地主的实际收入;(六)与此相反,新的机器毫无疑问相对地增加了没有土地的雇农的数目,使缺乏资本的人更不容易从事农业;(七)有助于形成1873年到1941年(第一次世界大战时期除外)这一时期内大部分时间里出现的农业商品大量生产过剩的特点。

农业科学化

农业的机械化只不过是最近数十年来人们对农业科学化显然发生兴趣的一个方面。农业科学化是在荷兰恢复了罗马的耕种方法以后开始的,18世纪时传到了英国。但是,由于美国有着广阔的无人居住的土地和肥沃的处女地带,也由于劳动力的缺乏,因此它的发展受到了障碍。美国有着少数的乡绅农民,其中包括着华盛顿、杰斐孙、利文斯敦和克莱在内,他们想通过试验去改进耕种的方法,同时,也有一些分发资料和鼓励农业的农业协会与县农业展览会。[①] 但是,典型的美国农民仍然继续在"屠宰"他的土地,忽视他的牲畜,沿用着早年的一些漫不经心的耕种方法。可是,在19世纪的最后十年,就出现了某些不可避免地要引起人们对农业科学化发生更大兴趣的因素。运输条件的改善,就有使市场扩大的可能,而且鼓励着人们去改进产品的质量。在这个阶段的很长一段时间里,由于物价的下跌,产生了更大的竞争,这种竞争转过

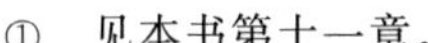

① 见本书第十一章。

来又发展了进步的和成本更低的耕种方法。无人居住的可耕地的逐渐消失，也提高了人们对农业科学化的兴趣。

虽然通过农民个人、农业报纸和农场组织所表现的私人创造性都继续在促使科学化耕种方法的应用，而对这种创造性加以鼓励的，主要是联邦和各州的州政府。与大工业家不同，个人主义的小农户只有少量的资本，经营的范围也很窄，没有经费去进行实验研究。如果要做这些研究的话，主要必须由政府机关来承担。

自从19世纪60年代以来，美国的农民并不缺乏州政府或联邦政府的援助。这是由于三种原因所造成：第一，政府已经注意到农业的根本重要性。虽然农产品的价值估计平均每年（1919—1929）只有一百一十亿元，制成品的价值为六百亿元，但是，其中半数以上的重要制造工业（例如，屠宰与罐头业，面粉业，棉毛布匹的生产，靴鞋及其他许多工业）是依赖于农业的。农场的产品也是一项重要（在某些地区是最重要的）的铁路运输货品。农业仍然是我们多数经济生活中的基础。第二点，在我国历史上，农民长时期以来对于政府的立法部门曾经施用了巨大的压力。晚至1880年，全国有49%收入较好的受雇人口都从事于农业。虽然这个数字在1910年时降低为32.5%，1930年降低为21.4%，[①]但是工业人口大部分是集中的这一事实，使农民在上议院有了特殊的实力地位。上议院里的南部和西部参议员，对于农业方面所提出的要求自然是十分易于接受的。当农民的利益受到损害时，上下两议院中那

① 1880年的数字中包括从事于木材和渔业的人口，见《1930年统计摘要》第60页；1930年的人口调查，载《人口杂志》第5卷，第39页。

些所谓的“农业集团”就会很快地采取联合的行动。第三，工业革命的头十年中盛行一时的“放任主义”政策已经渐渐地在削弱，而且这种态度的改变，再没有比在政府与农业的关系上还表现得更为突出的。这并不完全是由于农民的政治力量，而是由于人们认识到农业在经济上所占的重要地位，认识到农民在与其他经济团体打交道时所受到的困难，以及认识到农民需要得到特殊的保护。此外，还需要出口大量的农产品去支付向外国的借款费用，这至少在第一次世界大战之后是如此。因此，政府对农业的援助采取了三种形式：第一，进行农业的研究与教育工作；第二，制定法律保护农业不受其他集团的侵害；第三，协助垦荒和灌溉。

前面已经提到一些有关政府协助农业教育和对农业问题进行科学研究的情况。学校的研究工作和农业实验站也都有了增加，而且在某种程度上还由农业部来加以指导。乔治·华盛顿以总统的身份建议成立一个政府农业局，但是，直到 1839 年，国会才投票通过拨款一千元给“专利委员会”去“收集农业统计资料和作其他农业方面的用途”。1862 年，这些活动才由“专利委员会”移交给一个“农业委员会”去担任，下面设一个局，“为美国人民取得并推广与农业有关的最一般的和具有广泛意义的有用资料，并且去获得、宣传和分配给人民新的和具有价值的籽种与禾苗”。1889 年，这个局提升到相当于其他的“部”的地位，而且它的领导人曾经被任命担任过国务卿和内阁成员。

“农业部”把它的教育与研究活动推广到许多方面去，而且渐渐地划分成为许多的局。有关肉类的检查和牲畜检疫事宜，由“牲畜工业局”负责。这个局在研究和防止牛瘟、肋膜肺炎、口蹄病、猪瘟等疾病方面，曾经做出了出色的工作。“植物工业局”从事于消灭植物疾病，研究更好的农业方法和植物的驯化，分配籽种和进行与此类似的活动。运入美国的新植物在四万三千种以上，主要的有南非洲的玉米，做通心粉用的小麦，抗旱的紫花苜蓿和各类新品种的半热带果树。“昆虫与植物检疫局”与“植物工业局”有着密切的联系。这个局专门从事昆虫的研究，从而也指导消灭植物传染病和介绍有益的昆虫等工作。曾经展开过许多运动去消灭麦蝇、秋千蛾、黄尾蛾、棉子象鼻虫、玉米蛀虫、日本甲虫和地中海果蝇。[①] 农业化学与工程局专门进行土壤、肥料、农产品的化学与物理特性的调查，并且对农业机器与设备的研究工作加以指导。

还有其他的一些分局专门从事于树木的研究和保持工作，研究乳酪工业的问题、销售问题、农业贷款问题、家庭经济问题，以及进行农业统计资料的收集与公布事宜。事实上，有关农业的任何方面，很难找到农业部不积极从事认真研究和提供可靠建议的情况。此外，政府的其他一些部门也对农业做出了贡献。例如，商务部自从1940年以来就接管了对气象学、气候学和地震学的调查研究工作，这些工作从前是由农业部的气候局担任的。

许多州的州政府，设法经由各个农业部门划拨款项，和通过保护性的法律在较小的规模上仿效联邦政府那样地去协助农业。某些州甚至于还做到了提供补助金去鼓励生产某些农业品的这样一个程度。例如，堪萨斯州曾试图促进甜菜制糖的发展。把全州的资源使用于农民利益上面的最为突出的例子也许要算1919年北

① 《1930年农业年鉴》，第50、60页。

达科他州在法律上承认了“农民无党派政治同盟”的整个纲领的这件事。这个纲领，除了其他的内容之外，主张成立国营面粉厂和终点谷仓，成立一个国营的银行，并且由州政府对建盖住宅和购买土地的人进行放款。这些试验，主要由于东部财政集团的反对、1920年的农业不景气和州内的政治上的反应才宣告终结。

当然，农业的科学化由于农业教育而大大地得到了推动，而农业教育反转过来又受到了联邦与州政府的最大鼓励。19世纪50年代的这十年，出现了人们对于农业教育方面兴趣的迅速增长，成立了几所州立的农业学校。1862年《摩里耳法令》的通过，又鼓励了这项运动。1857年由摩里耳提出而被布坎南总统否决的这个法令，在“南北战争”时又被重新提出而得到了通过。这个法令规定对国会里各州的每一个参议员和众议员分配给三万英亩的公共土地，把售卖这些土地所得的价款积累起来，用它的利息去支持、捐赠和维持“至少一所学院，这个学院的主要课程，除了不排斥其他科学和古典著作的研究并且包括军事战略知识外，必须按照各州州政府法律的规定讲授与农业和机械工艺等部门有关的知识，以促进从事各种事业及专门职业的各个工业阶层的高等实用教育”。

这个最早的《土地授予法令》，形成了一个从未有过的推行农业教育的最伟大的单行法规，而且各个州政府和夏威夷、波多黎各都按照它的条文规定，逐渐地成立了许多机构。一些州的州立大学或其他学院都附设有农业或机械工程学校。马萨诸塞把这项收入加以划分，协助创立了两所学校，那就是麻省农业学院[①]和麻省

---

① 即现在阿姆赫斯特的马萨诸塞斯州立大学。

理工学院。1916 年，受到土地授予教授农业科学的高等学校有六十八所。《摩里耳法令》又为以后的一些法律所扩充，尤其是在 1890 年和 1907 年，国会投票通过把政府每年津贴各个学校的款项增加到五万元。1887 年的《海琪法令》为各个州立的高等学校提供了实验站的基金，使这些学校既注意教学，也注意科学研究。

与高等学校的实际教学和科学研究几乎具有同等价值的，便是对那些不能正规上课的人们散发学习资料的办法。农业学院的教学范围扩大了，其中包括冬季的短期课程和补习班在内。后一种办法是通过用函授、发行刊物、举行报告会，或有时用专车巡回教学，开办农民学会，举行农业实验表演，以及尽量与农民组织合作等方法来进行的。这项工作的价值由于 1914 年通过了《斯密-勒维尔延长法令》而得到了国会的认可。这个法令规定拨款四十八万元平均分给各州，后来又拨了六十万元，以后每年增加五十万元，直到第七年年末联邦政府在这方面的拨款总数达到四百五十八万元时为止。

美国的农业部也继续推进农业教育，从事于进行农业试验和散发资料的双重工作。完成后一项工作的方法是通过发行十几种报刊，其中包括《农业年鉴》、《农业公报》、《农业研究评论》、《农作物报告月刊》和《每周新闻通讯》。许多州所成立的农业部也开展了与此十分类似的工作。今天，各个州展览会和县展览会所起的教育作用仍然是很大的。已经成立了数百个农业协会去促进植物和动物饲养的各个方面的知识和印发资料的工作。所发行的将近五百种的一般农业报刊，几乎每个农民的手里都有一种或几种。农民们也与上述的这些机构当中的一个或几个取得了联系。这些报刊，有几种的发行额达到五十万份以上。农业知识的传授，由于联邦政府根据1917年通过的《斯密-休士职业教育法令》首先拨款捐助，现在正在逐渐扩大到中学里来，而且在某几个州里，是农村学校的必修课。联邦政府和州政府的农业部门都用无线电按时广播教育节目。由于散发农业资料的途径已经扩大，做农业科学化实验的农民们的兴趣也增加了。直到20世纪的初期，美国的农民很少对他们所谓的“书本上的农业知识”发生兴趣。第一次世界大战以后，这种态度改变了。

我们太注意联邦政府在农业教育与研究方面所起的作用，以至于容易把在接受土地授予的高等学校里实验站的工作加以忽略。美国对农业进行研究的程度，胜过了所有的其他国家，而且这项工作绝大部分是在这些实验站里进行的。美国的第一座农业实验站是1875年在康涅狄格州米德尔顿的威斯莱扬大学阿特沃特教授的指导下建立起来的，经费来自州政府的拨款和美国《农业学家报》的老板贾德的捐赠。这座实验站所完成的出色工作，鼓励了国会去通过1887年的《海琪法令》。根据这个法令，各州都成立了农业实验站，那里的科学家们都专长于与那一个特别地区有关的问题。例如阿拉巴马的棉植物与佛罗里达的菠萝的病害与改良，得克萨斯州牛群的喂养，路易斯安那甘蔗的新品种，明尼苏达的抗锈病的小麦，以及佛蒙特州马铃薯的病害问题，等。农业的研究使每年农产品的价值有了千百亿元的增加，但是，在这一方面，要做的工作仍然还很多。美国小麦每年每亩的平均产量只有英国、德国和荷兰的一半，虽然这些国家里的土地已经耕种了好几个世纪。此外，还必须指出，美国在每亩的产量方面还不能与西欧的产量相

等，这并不是因为我们知道的农业科学方法较少，而是因为我们把最大的注意力放在每一单位劳动的产量方面，而不是放在每亩的产量方面。

特别有趣的是土地上人口的压力对于农业科学化所起的影响。由于可耕地都已经被人们占领，移民就向西进入有适当雨量的地区和落基山之间的半干燥地区。这种迁移是由于19世纪80年代早期好几年中的润湿气候所激起的。在后来的几年里，当正常的气候恢复以后，雨量缺乏的问题就用干燥地耕种法局部地加以解决。干燥地耕种法需要在收获之后对土地进行深翻，在每次下雨之后实行深挖，把上层的土壤弄碎，使它不长野草，而且每隔一年要在夏季进行耕田而不栽种——所有这些工作都有利于减少水分的蒸发。农业部为了协助这种类型的耕作，曾经从亚洲的干燥地区和非洲进口能够抵抗干旱的小麦、玉米和其他的禾苗。干燥地耕种法曾经为农业开拓了大量的土地，但是它也使许多土地受到破坏。大风吹跑了千百万亩土地的上层土壤，而且有时使土地在农业上成为无用。

灌溉与垦荒

当农民向“大平原区”和落基山山麓推进的时候，便可以越来越清楚地看出：他们的主要问题，乃是缺水的问题。廉价的金属风车和干燥地耕种法，只能解决一部分问题。从殖民的初期开始，人们就一直在希望着利用灌溉来完成许多工作。虽然联邦政府曾经根据《宅地法案》授予了一百六十英亩肥沃的田地，又根据1877年的《荒芜地法案》按每亩一元二角五分的价格准许人们购买六百四十亩的土地(先付二角五分,三年之内每亩再付一元),只要在三年之内能灌溉一定数量的土地。拥有这样大的一块土地,使用干燥地耕种方法也许是必要的。但是,实施灌溉却只适宜于经过深耕的少数。不论怎样说,这项法令除了鼓励土地的舞弊之外,是没有达到什么目的的。但是,联邦政府协助灌溉的宣传在 19 世纪 80 年代后期和 90 年代都一直在不停地进行。1888 年,国会进行了一次灌溉的调查,而且在 1894 年通过了《凯雷法令》。根据这个法令,位于干燥地区的各州,可以领取一百万亩的公共土地,而且准许私人经营灌溉事业,但是州政府必须保留批准计划和规定水费标准的权力。所卖出的土地,一般是每亩五角,使用这些灌溉工程的水费每亩平均是三十元到四十元,通常分十年付清;灌溉公司保留对水库、水坝和其他设备的管理权,直至全部水费付清为止。

但是,人工灌溉进行得很慢,主要的原因有二:第一,它牵涉到必须使用大量的资本。这意味着当全国最后必须进行一些巨大工程的时候,只有联邦政府能够调用必需的资源。第二,只有相对小的一个区域能够得到灌溉。联邦政府的参与,终于由 1902 年的《垦荒法令》实现了。这个法令规定把十六个经指定的州里出卖公共土地的价款保留下来,作为灌溉工程的基金。当款项筹就之后,内政部部长就可以审定这些工程的合同。那些通过购买或根据《宅地法案》取得土地的农民,分期按年付给这项工程费用,这样就使基金永远保存下来。根据这个法令和以后的一些拨款,在干燥地区对垦荒工作做水利工程的调查、建筑和营运而消耗的费用,在三亿元以上。到了 1950 年,经过灌溉而投入耕种的土地在二百二十七万五千亩以上。这些土地所生产的农产品价值每年超过了二亿五千万元。

当内政部垦殖局把现在正在建筑的几十项水利工程完成以后，将为受到灌溉的地区增加数百万英亩的耕地。灌溉工程当中最为出色的有阿里佐纳州的罗斯福水坝；爱达荷州的剑岩水坝；新墨西哥州的巴特大象水坝；华盛顿州科罗拉多河上的博德尔水坝和大劼水坝。据估计，仅最后一个水坝就可以灌溉一百万亩以上的土地，几乎等于特拉华州的土地面积。虽然大量有价值的农庄曾经这样地被开垦出来，对这项垦殖工作的未来是不能做过分的期待的。只有“大平原区”的有限土地（大约最少不超过十六分之一）是位于能够得到水量的地方。联邦政府现在正在迅速地把这些水量储备起来，并且对它加以利用。联邦政府建筑的水坝所提供的廉价电力（现在约在四百瓦以上）最后将会证明是与灌溉工程具有同等价值的。

为经济平等而斗争

19 世纪的最后四十年中，面临着生产过剩与物价跌落的农民，一直在为分享更多的整个社会日益增长的生活水平做不懈的斗争。他们反抗铁路舞弊的战斗，终于使联邦和州政府对铁路进行管理；他们反对垄断物价的斗争，促使联邦和州政府采取了立法的措施。但是，另一方面，直到 1890 年，他们对通货膨胀和公平的利率所进行的斗争，却只取得很小的进展。1892 年民粹党的政策宣言，也许就等于那一世纪之末的一个有关农民的政治纲领。在他们政纲里的最重要的经济和政治要求中，包括着发行不受任何银行控制的弹性通货，把放款利息定为2%，按十六比一的比率准许人们用金银自由和无限制地铸造货币；实行累进所得税；成立邮政储金银行；把铁路、电报和电话收归政府所有；实行秘密投票制度；直接选举参议员；实行创制权与复决权。当时也产生了反对垄断资本的暗流。他们认为这一政纲(其中多数目的自从那时起已经达到)对于重新建立经济与政治的平等地位是十分必要的。有关他们对铁路，托拉斯和货币方面所做的斗争，将在以下各章里去叙述。这里只须谈一谈他们为求得信贷条件的改善所做努力的这一方面就够了。

由于“西部”大半是靠借款来进行发展的，因此，早年它必然是一个负债的地区；当需要资本的时候，就不得不向东部的放债人去求借，利息常常是十分高昂的。东部的农业抵押放款的利息(包括所有的费用在内)通常是6%到7%；西部的农民却要付8%、10%、有时甚至是15%。这种差额，一部分是由于边疆放款有着较大的风险，一部分是由于西部缺乏适当的银行信贷便利的缘故。虽然1900年以后，由于那个地区成立了更多的银行，许多保险公司也把它们的投资扩大到农业抵押放款方面来，使情况从而有所改善，但是，一般的信贷情况仍然是对于农民不利的。负债农民的自然反应便是要求成立一种能够提供放款尺度较宽与利息低廉的货币与银行制度。这足以说明西部的农民为什么反对第一和第二“合众银行”，反对“南北战争”后绿背纸币的收缩，和拥护按十六比一的比率自由和无限制地用金银铸造货币；也说明为什么农民们要求放宽银行的法令。①

虽然农民们几十年以来都在抱怨信贷便利的不当，但是，直到1900年以前，其他的一些团体对于这事是不感兴趣的。西奥多·罗斯福指派的"乡村生活调查委员会"在那一年呼吁有必要改善信贷便利，而且国家货币委员会也把欧洲的农业抵押放款制度向全国推广。共和党、进步党和民主党都在他们1912年的政策宣言里答应采取行动。1863年成立现在仍然存在的国民银行制度尤其受到农民们的批评，理由有二：第一，由于规定的最低限度的资本数目太大，银行没有恰当地为较小的居民地区服务；第二，它鼓励了已累积的资本从乡村流入城市去用于工业和投机。人们希望1913年民主党执政时所成立的联邦准备银行制度，能够对农业阶层进行特别的援助，利用它所能提供的更大的便利，在必要时扩大货币的发行，并且能够把国内一个地区的基金迅速地调拨到另外一个地区。根据《联邦准备法令》，加入联邦准备制度的国民银行首次被允许办理农业抵押放款。此外，六个月期的农业票据能够向联邦准备银行办理贴现，但是，适宜于办理贴现的商业票据的到期兑付时间，最多不得超过三个月。

对农民更为直接有用的便是1916年在《联邦农业贷款法令》通过后所成立的放款制度。这个法令具有两个主要的目的：第一个便是让农民更容易地获得六个月或六个月以上的放款；第二个目的便是使他们能得到利息较低的资金。这个法令准许成立十二

① 有关1897年以后农业贷款情况，参阅福克讷：《放任主义的衰落》，第358、365页。

个“联邦土地银行”，每个银行的开办资金定为七十五万元，受到总统指派的联邦农业贷款局的督导。这些银行并不向私人直接贷款，而是对全国农业放款协会等合作性质的团体办理贴现。这些协会至少必须有十个会员，并且借款的金额不得少于二万元。借款金额不得超过土地价值的50%和永久性设备价值的20%。联邦土地银行有权把农民们所提供的抵押品作为准备，发行公债，以获得比开办资本还更大的基金。由于这些公债都可以免税（遗产税除外），而且被认为是一项安全的投资，因此人们希望能够使款项容易地筹集起来按低利息去借给农民。[①] 联邦农业贷款法案也创立了合资土地银行（以后由1933年的《农业信贷法案》加以结束），性质和“联邦土地银行”相似，由私人投资经营。这种银行可以通过在市场上发行作为第一类抵押品的免税农业贷款公债去取得资金。这些银行可以不通过协会而直接向农民办理贷款。

甚至于上述通过立法所提供的这些信贷便利，实行之后也并不是完全令人满意的，它们的重点是放在长期放款。而1920年初，农民们也认识到他们需要得到更好的便利条件去借入短期借款。1923年的《农业信贷法令》为他们提供了这种便利。这个法令准许成立十二个联邦中级信贷银行（作为现有的联邦土地银行的补助机构）。这些银行并不直接向私人放款，或是直接办理土地抵押放款，而是办理从六月期到三年期的农业和牲畜票据贴现。美国财政部为这些银行提供了五百万元的资金。

① 人们可以自由认购这项公债，但是由于利息太低，联邦政府不得不在这十二个银行九百万元的必需资金中，认购八百八十九万一千二百七十元。

根据这项法令，农民能够按低廉的利息率办理任何期限的借款。他摆脱了重利的压迫，走上了自由的大道，终于达到了早期民粹党人的要求。可是，我们将要看到，1933 年的《农业信贷法令》把整个的农业信贷结构都加以改组、扩充和放宽，①因为到了那个时候，人们已经清楚地看到，要把农民们从破产中挽救出来，就有必要放宽信贷条件。

近年来农业发展的趋势

概括地说来，美国的农业史直到 1890 年时主要仍然是一部人们向西迁移，以及不断开辟新土地以进行投机和生产的历史。在细节方面，这部历史受到了一些修正，这是由于有了新机器的发明，由于必须使农作物适应新的土壤，以及由于生产逐渐转移到一些新的地区，而这些地区的优越性严重地妨碍了旧居民地区发展的缘故。把大量的新土地用于耕种，转过来又产生了农业品价格的下跌和供出口的农产品的生产过剩。

随着 20 世纪的到来，美国的农业在历史上进入了一个与旧时代截然不同的新时期。由于许多能够供立即耕种的土地都在 1900 年时被人优先购买，要进一步增加可耕地就必须采用干燥地耕种的方法，采用灌溉和排水，或是利用林区以及农庄上其他未经改善的土地。虽然在 1900 年以前的三十年里，农场面积每年大约增加一千五百万亩，从 1900 年到 1910 年，每年却只增加了四百万

① 见本书第三十章“对农业所实施的‘新政’”一节。

亩,也就是增加 4.8%。然而,从 1910 年到 1920 年的这十年,农庄面积增加了 8.8%,改善过的土地增加了 5.1%,这是因为受到了战争的不平凡刺激的缘故。美国可耕地面积的百分比,包括农场在内,在 1920 年以前的整个历史中都有所增加。1920 年时增加到 50.2%,1925 年时又减为 48.6%,但是到了 1930 年又到达了 51.8%。1920 年以后,农庄的数目又有所减少(从 1920 年的六百四十四万八千三百四十三个减少到 1950 年的五百三十八万二千一百六十二个),这主要是由于劳动力的缺乏,新机器使用后农庄的合并,以及受到棉子象鼻虫灾害等原因所造成的。

直到 1910 年,美国的农业性质仍然是“粗放的”,为了节省劳动,牺牲土地是在所不惜的。农民就好像一个矿工,只从土壤里挖掘财富,而对土地则一无所给。农产品和土地价值的不断增长,就使农民转向于“集约农业”。这种趋势在这一世纪的头十年里好像就已经开始,但是在以后的十年就并不那样地明显,那时,由于第一次世界大战的需要,开辟了更多的新耕地。可是,种植玉米、大麦和荞麦的大量区域都转向于采用更为集约的耕种,而肥料利用的增加,说明人们对于牧畜业的更为注意。虽然 1920 年的调查说明生产的百分比并没有与使用于许多产品的亩积的增加取得协调,但这绝不意味着集约耕作法采用得不够。由于比较贫瘠的土地也被用于耕种,事实可能与上述的情况正好相反。

虽然 20 世纪的头二十年农业的增产并不像工业和矿业那样地迅速,但仍然是很显著的。例如,1897 年与 1917 年间的总产量就增加了 30%。可是,20 世纪初叶,生产的情况却有所改变。柑橘、食糖、油料作物(棉籽,花生)、家禽和蛋类都有长足的增加,而

干草、粮食、羊毛和肉类动物却进展得最慢。荞麦和亚麻的产量实际上是下降了。美国一向是烟草出口最多的国家，但是这些年里产量增加的主要原因是由于国内消费量的继续增长，这一方面是因为战争时期，许多人都改吸香烟以及吸烟妇女人数增加所致。1897 年到 1914 年间，是棉花生产显著扩张的一个时期，那时，生产的地区向西迁移到俄克拉何马和得克萨斯的西部。后来，由于棉子象鼻虫的破坏，由于出口的减少和外国的更加剧烈的竞争，使生产受到了抑制。虽然美国继续向国外进口五分之四的食糖，国内的产量仍然在增长，主要是甜菜糖而不是蔗糖的增多。在这些年里人们在饮食方面的最有趣的一种改变，便是对柑橘果类的喜好，这些果类大部分是由加利福尼亚和佛罗里达出产的。

农业生活上的一个突出的因素便是人口的大量向城市迁移。不论农村人口或农产品的增加，都没有城市人口增加得迅速。直至 1910 年，城市人口(那就是指二千五百人以上的城镇)仍然是少数(占 45.8%)；但是到了 1920 年就跃升至 51.4%，1930 年进一步增加到 56.2%。就整个情况说来，这个趋势是一个很好的趋势。

人口与农业比较表

	1880 年	1900 年	1910 年	1920 年	1930 年
农村人口(百万)	32,950	39,313	41,637	42,437	44,637
农村人口所占百分比	65.0	51.7	45.3	40.1	36.4
比上次调查时增加的百分比		9.5	5.9	1.9	2.6
比上次调查时总人口增加百分比	30.1	20.7	21.0	14.9	7.7
人口总数中每一人口所占改良后土地的亩积	5.7	5.5	5.2	4.8	4.3

资料来源：《1932 年商务年鉴》第 1 卷，第 132、133 页。

某个政府统计专家说得好：

“一百多年以前，大约有五分之四的人口是从事于农业的。这就是说，多数的人还得要把时间放在生产几乎是生存必需品的这一方面。自从那个时期以后，这个比例就迅速地下降了，这意味着越来越多的人被解放出来去生产比较次要的商品和劳务，从而使生活水平有所提高。这种转变主要是由于农业本身的生产率的增加，一部分原因是更好的土地的开发，但更多的原因是由于生产方法的改进。”①

对于以上的这段话，还必须加上这样一个明显的事实，那就是：很多从前在农庄里进行的食品加工工业，都已经移转到乡镇或城市里来了。

按人口比例、按得到较好报酬的就业人数和全国财富计算，农业已经渐渐地失去了地位。我国从事于农业的人口比例，现在比世界上多数国家都低。在第一次世界大战以后的许多年里，农业人口比例较低的国家只有阿根廷、比利时、荷兰、瑞士、英国、威尔士和澳大利亚（这一个国家的农业人口比例也是低的，这是有点令人惊奇的）。② 的确，美国已经变成了一个工业化的国家。

在《宅地法案》鼓励下西部土地被迅速占领以及横贯美洲大陆铁路的修筑，使粮食的生产超过了正常的需要，而且，从“南北战争”末期直到18世纪90年代，美国的农业都遭受到生产的过剩。在那一世纪之末，粮食的需要量开始超过了供给量，而且从那时起

① 《1932年商务年鉴》第1卷，第32页。

② 《1932年商务年鉴》第2卷，第662—664页。

直到第一次世界大战开始时，美国的农民第一次享受到了一个“南北战争”以来从未有过的长期的真正繁荣时期。第一次世界大战的那几年，标志着一个令人兴奋的繁荣时代，以后就产生了通货紧缩和经济萧条。

1920 年以前，许多这些因素所造成的自然结果便是 20 世纪头二十年中地价的突然猛涨。从 1900 年到 1920 年，耕地和农业品价值增长了四倍以上，农场产品的价值几乎上涨了三倍（价值的变更只有一部分是受到一般物价上涨的影响），虽然在同一时期里农业品的大量生产增加不到 50%。战后几年中的通货收缩抵消了这种上涨的一部分，但是 1930 年的数字仍然肯定比 1910 年的要多。[①]

1880—1930 年各种由佃农经营的农庄的百分比

	1880 年	1890 年	1900 年	1910 年	1920 年	1925 年	1930 年
美国	26	28	35	37	38	39	42
新英格兰	9	9	9	8	7	6	6
大西洋中部各州	19	22	25	22	21	16	15
东北中部地区	20	23	26	27	28	26	27
西北中部地区	21	24	30	31	34	38	40
南大西洋地区	36	38	44	46	47	44	48
东南中部地区	37	38	48	51	50	50	56
西南中部地区	35	39	49	53	53	59	62
山区	7	7	12	11	15	22	24
太平洋区各州	17	15	20	17	20	16	18

资料来源：《1930 年农业年鉴》第 1008 页；《统计摘要》1933 年版，第 548 页。

说来很奇怪，不管是萧条时期或是繁荣时期，农庄上的佃农人数好像不断在增加。虽然人们曾经提出了许多理由来解释这个现

① 1929 年与 1930 年的农业不景气将在第二十八章中论述。

象，其中最重要的一个也许是：产品需要昂贵机器的地区地价继续不断在上涨。在这样的情况下，穷人是没有能力去负担生产成本的。政府的经济学家们经常谈到“梯形理论”：那就是，雇农从佃户爬到农场主地位的那种情况。但是，统计数字好像指出：下梯的人比上梯的人还要多。总之，这种趋势在1935年时倒转过来了。自从那个时候起，由佃农经营的农场已经下降到26.8%。

“南北战争”以后的半个世纪里在影响美国农业的一切因素当中，没有比对外贸易更为重要的。除非有一个市场能推销过剩的产品，农业就不能超过自足的阶段。19世纪后半期和20世纪初叶，由于西欧人口的迅速增加，就为美国的农民提供了这样的一个市场。从1860年起农产品的出口都多多少少地在逐渐增加，直到那一个世纪的末期达到了一个顶点。十五年以后，它们又受到了第一次世界大战时人为的刺激。1897年是玉米出口最多的一年，那时出口了二亿一千二百万蒲式耳；小麦出口最多的年份是1901年，出口的数量是二亿三千九百万蒲式耳。“南北战争”以前出口货物中相对地不太多的肉类和肉类产品，很快就跃居第三位，1900年时的价值是一亿七千九百万元。

对于欧洲的影响乃是：农业结构的瓦解和工业化的加速。正如某个澳大利亚的经济学家所说，这种农产品的流通，对于旧世界经济所发生的影响是可以与美洲发现黄金与白银后流通所产生的影响相比拟的。对于美国来说，这个市场加速了疆界的向前推进，新土地的占领，移民的流动和运输，市场设备的改善与扩充。同时，农产品的过剩，有助于支付欧洲与美洲之间的贸易差额，使美洲能够向欧洲借入大量的借款。这转过来又有助于美洲工业的发展，这种发展，通过保护关税制度，得到了人为的鼓励。当1900年以后农业商品的出口开始下降时，美国已经足够地都市化，弥补了这项衰落。使美国农民受到损害的，并不是1900到1915年间欧洲市场的萎缩，而是第一次世界大战期间那个市场的人为的复苏和20世纪20年代的经济衰退。

地理上的分布

虽然疆界在1890年已经正式结束，但是农业区域继续向西移动。诚然，小麦的生产在19世纪90年代已经在加利福尼亚开始下降，但是在“雷德河流域”、堪萨斯、内布拉斯加地区，两个达科他州和从俄勒冈到华盛顿地区的产量却有所增加。种植玉米的地区，也像小麦地区那样地向西移动，生猪的生产与屠宰的情况也是如此。在东北部，菜牛的数量因当时乳酪工业的发展而减少，但是在“大平原区”却有所增加。19世纪后期，得克萨斯的棉花产量增加了三倍，几年之后，在俄克拉荷马也有同样的进展。虽然东部沿海地区以及靠近人口集中的中西部都保持着或是增加了蔬菜和果类的栽培，但增加得最多的是佛罗里达和加利福尼亚。

东北地区　甚至于在“南北战争”以前，使东北部地区的农业情况受到影响的因素就一直在增长。一个世纪以前，新英格兰和中部大西洋各州在农业上是自足的。今天，新英格兰却要进口80%的粮食。由于运输条件的发达和工业生活的进步所造成的西部产品的竞争，曾经大大地改变了农产品的性质。供取得羊毛和肉类牲畜的饲养，已经为乳酪业和蔬菜与果类的栽培所代替。新英格兰最肥沃的土地也就是康涅狄格河流域的丰饶低洼地，都大部分改种大葱和烟草；还有缅因州的爱鲁斯吐克河流域栽种着供国内销售的十分之一的马铃薯。在这种类型农业不能进行的地区，由于西部的竞争，常常使得比较贫瘠的土地无法栽种。从1860年到1910年，新英格兰的耕地减少了五百多万英亩，或42%，使这个地区出现了千万个荒芜的农庄。在这些年里，每一百头牛要减少二十头到五十六头；羊群要减少四头到六十头。虽然新英格兰的农庄在1920年到1950年的这几十年中一直在减少，但是，这个地区农产品的产量好像并没有降低。虽然农村的人口相对地减少了，人口总数却增加了110%。纽约、宾夕法尼亚和新泽西州的肥沃土壤使栽种的土地面积大过于新英格兰的栽种面积，但也同样地有转向于栽种蔬菜、果类和从事乳酪事宜的情况。这是由于邻近的城市市场在不断增长所造成的结果。

南部地区 “南北战争”以前，南部几乎完全是一个农业区域，从事于某些粮食的生产，但主要是依靠着棉花这项大宗的农产品的栽种，这是在大农场上用黑人奴隶的劳动力进行生产的。“南北战争”和奴隶的释放改变了这个制度。农产品并没有变更，但是生产的方式改变了。大农场主由于受到战争的破坏，既没有资本也没有设备去利用工资制度进行旧日的农场生产。但是，必须为他们和那些新得到自由的人们提供谋生的办法。结果是使大地产划分成许多从二十亩到五十亩的小农庄，由黑人来经营，他们通常是合伙耕种，或者是一些佃农。某些地方(大约有四分之一)采用了用现金付给地租的办法，但绝大部分的农庄都采用租佃制度，由地主供给工具，有时也供给种籽和一头驴，以后收取所生产的玉米和烟草的半数。

这个制度对于土壤的毁坏几乎与旧的农场制度对于土壤的毁坏相同。1900 年，南大西洋各区改良过的土地实际上比 1860 年时还少。这种租佃式的耕种不仅对土壤起了破坏的作用，而且有使单一产物制度永远继续的趋势。地主或是那些供给工具与物品以未来产品作为担保的当地商人，都坚持着要栽种棉花，因为它是最容易卖出的产品。事实上，这是黑人们几代人以来都受过训练去栽培的一项农产品，而且在奴隶制度盛行的日子里，它的生产方法的简单，是适合于那一阶段他们的农业知识进展的情况的。虽然下面这种说法也许有一些过分：继南部的奴隶制度之后，产生了一个农奴制度的时期，黑人们由于经常对地主或棉场主欠债而受到了束缚，但是，这种说法与事实是相去并不太远的。这是南部社会的一个演进——是战后的经济情况，当时黑人的文化程度，以及北部不能使黑人更快地适应一个自由社会等因素所造成的一项不可避免的发展。

在考虑南部农业情况的时候，还不可忘记，千百万贫穷的白人和黑人都成为合伙栽种制度的牺牲者。事实上，最近几十年以来，黑人显示出比白人还更有能力去改善这种处境。据估计，几乎有二十万黑人拥有自己的农庄，面积总数有二千万亩，价值五亿元以上。但是租佃制度对于白人和黑人都仍然占着主导地位（在 20 世纪 30 年代实际上还有所增加），每亩的产量小得令人感到沮丧，而且，第二次世界大战以前，佃农每年的平均收入只有一百五十元。所用的耕种方法仍然是很简陋和浪费的，生产的谷类和肉食是那样稀少，以至于这个农业区域仍然要进口粮食。由于人们对棉花有不断增长的需求和棉价的高涨，使南部的农民得到了拯救。棉花的生产从1860年的三百八十四万一千包（每包五百磅）增长到1929年的一千四百八十二万八千包。这就说明南部棉花的产量仍然占着世界产量的60%到65%。这个优势受到了向北部前进的棉子象鼻虫的挑战，但是这并不是唯一的原因，因为某些地区已经被迫由单一作物而改营多种作物。

阿勒格尼山脉的西部一直仍然是棉花生产的中心，产量最多的是得克萨斯。与此相反，烟草栽种的中心已经退回到山脉的东部，在生产烟草的各州中，北卡罗来纳占着领先的地位。供应北部市场的甘薯、花生、大胡桃、蔬菜和亚热带果类，现在仍然不断地迅速增长，给乔治亚、佛罗里达和"海湾"各州带来了繁荣。靠近工业中心地区供应当地市场的蔬菜和乳酪也有很大的发展。南部的农业潜在力量是巨大的，许多学者都认为未来最大的农业发展，将是来自俄亥俄南部和南北分界线。[①]

密西西比河上游地区　到了1890年，农庄的疆界线已经推进到西部，几乎把所有的可耕地都加以占领。在阿勒格尼与落基山脉这个辽阔的地区之间出现了世界上农业最丰产的地带。主要的产品有玉米、小麦和牲畜。从俄亥俄到爱荷华的中部各州，最适宜于玉米的生产，为生猪、马、牛和家禽的饲养树立了基础。虽然玉米的生产中心，自从1860年以来在一定程度上都保持不变[②]，

① 即梅森－迪克森线，指宾夕法尼亚与马里兰州之间的界线。——译者

② 1859年，70%以上的玉米是出产于伊利诺伊、俄亥俄、密苏里、印第安纳、肯塔基、田纳西、爱荷华、弗吉尼亚、阿拉巴马和乔治亚。1929年时约有67%出产于爱荷华、伊利诺伊、内布拉斯加、印第安纳、俄亥俄、密苏里、南达科他、堪萨斯、得克萨斯和肯塔基这十个州。（按产量多寡排列）

1865—1951 年美国棉花产量表

(每包重 500 磅)

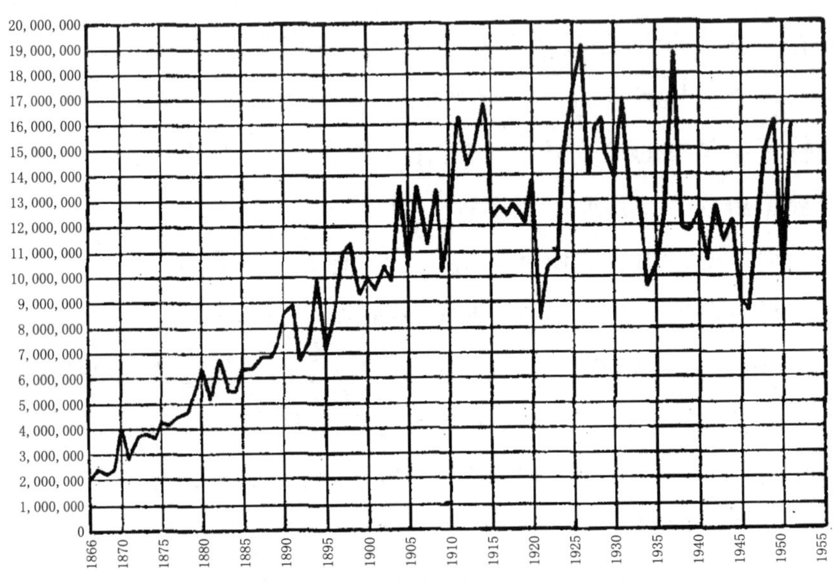

资料来源:《1940 年统计摘要》第 698 页;1952 年同书第 617 页。

出产小麦的中心却渐渐向西迁移。1860 年时栽种小麦最多的地区是密西西比河的东部,但是到了 1939 年,几乎有 50%的小麦是出产于堪萨斯、北达科他、俄克拉何马、蒙大拿和华盛顿这五个州。由于在面粉制造方面的某些发明,主要的有拉克拉瓦斯的粗粉精制机和用滚子代替石头压碎谷米,加速了人们向西部的前进,这些发明,使明尼苏达和达科他草原上长得最好的坚硬的春季小麦能碾成细白的面粉。在政府的自由政策之下,大产区都立桩分界;而且实际上常常通过欺骗的行为,在使用效力良好的新机器栽种小麦的地区,成立了许多巨大的农庄。这些有千万英亩以上的致富农场,不仅使土壤耗竭,而且使市场上的小麦充斥,价格跌落。

造成必须使用更为集约的耕种方法的耕地价值的继续上涨(从1900年到1920年尤其显著),土地的逐渐耗竭,以及农民的向西北部迁移,都有助于使大地产的分裂,而且在许多情况下还代替了其他种类的农业。二十年前以小麦为主要产品的威斯康星的农民都改种其他的谷类,改营牧畜事业,尤其是乳酪业。这一州在乳酪生产的价值方面超过了所有其他各州。1929年,这一州出产了美国所制干酪的60%。明尼苏达的地势虽然不太好,在黄油的生产方面却代替了威斯康星的领先地位。到了1929年,全国有一半的乳酪黄油是在明尼苏达、爱荷华、威斯康星、内布拉斯加和俄亥俄生产的。同时,由于加拿大小麦的竞争,使达科他的农民把注意力转移到乳酪产品方面来。正如割麦机和扎谷机的应用使西部变成了巨大的小麦农庄那样,贝布考克的试验器和动力搅乳棒与调合器也使黄油和干酪的生产得到了迅速的发展。

远西地区　正是由于1849年黄金的浪潮首先把大量的人们带到了太平洋沿岸,但是这个地区的巨大财富注定了是属于农业方面的。今天加利福尼亚的农业收入大大地超过了石油和采矿工业的收入,而且生产的费用也超过电影工业的三倍以上。除了得克萨斯州以外,加利福尼亚的农产品价值都超过了所有其他各州。它几乎生产全国一半的新鲜水果,大约95%的干果,三分之一的蔬菜,大约三分之一的水果和蔬菜罐头。只是由于缺水,才使这片肥沃得令人难以相信的土地不能再作更大的生产。虽然加利福尼亚由于出产大量的柔软干草和人口的迅速增长,使它有可能支持着一项庞大的乳酪工业,但是它的主要农产品是亚热带与温带的各种果类和蔬菜。在加利福尼亚东南的“帝国盆地”,在向北伸延数百英里的“大中央盆地”以及沿海地带，已经发展得有许多从事高度专门化商业性农业的农场。如果农业的未来可以比喻为“田里的工厂”的话，那么，它的未来发展在这里已经明显地可以看到。大农场的一般类型是利用移入的劳工，而且也正如像大商业那样，常常受到了银行的控制。据估计，2%的加利福尼亚农场控制着面积总数的四分之一，生产着农产品总值约三分之一的产品，而且付出三分之一以上的雇工工资。自从有墨西哥大牧场的那个时期开始，这个地区的特点就是农业的大规模经营。在19世纪70和80年代，加利福尼亚就具有麦田广阔这一特点，而且更为晚近以来，在发展果类和蔬菜生产方面一直保持着这个特色。近年以来，引起人们十分注意的季节性的和流动性的农业工人问题，已经成为加利福尼亚一个严重的经济和社会问题。

在气候情况更为复杂的俄勒冈和华盛顿，农业方面并没有达到专门化；果类、小麦、乳酪制品和羊毛都有大量的生产。更往东，在以前被认为是不能耕种的科迪勒拉山麓和盆地，都通过使用干燥地耕种法或人工灌溉去进行耕种。在使用了适合于干燥土壤或寒冷气候的通心粉小麦、南非洲玉米和特种紫花苜蓿进行栽种以后，这些地区变成了能够生长农作物的地带。目前正在建筑的庞大灌溉工程，将无疑地大量增加生产的地区。

第二十章　工业革命的发展

工业的成长

在抵制英货时期，在1812年的战争和在以后各年中兴起的工厂里，美国的工厂制度第一次获得了真正的立足点。然而，似乎可以有把握地说，“直到1850年，绝大多数的美国一般制造业是在工场和家庭里通过家庭劳动或是通过雇用学徒的私营店主而进行的。这与今天使用工资，得到电力协助的工厂劳动制度显然不同。”[①]自从1850年以来，由于我们随西欧之后用工厂的制成品代替了手工业制成品，我们的经济生活就已经产生了革命。工厂制度的发展一直在继续，但是“南北战争”的需要使这一过程大为加速。如果说1812年的战争引入了工厂制度，那么可以说，“南北战争”带来了一次“工业的革命”；而且，正是工业革命的这一发展，形成了1860年以后半个世纪里美国经济生活的显著特色。

美国越来越对工厂制造的货物和大规模的工业加以注意；美国人民自己也越来越更多地从事于制造工业。直到19世纪80年

① 《美国第十二届国情调查》第7卷，序言第13页。

代的这十年，农业仍然是财富的主要源泉；但是1890年的《国情调查》指出，制造业已经跃居前列；而且，十年以后，制成品的价值比农产品的价值超出一倍以上。

制成品的价值越来越超过农产品价值的情况，通过人口的集中反映了出来。1920年的《国情调查》报告说，美国在历史上城市人口（有二千五百人或更多的人口居住的城市）第一次超过了农村人口，它们的百分比是各为51.4%与48.6%。居住在八千人以上城市的人口比率，从1860年的16.1%增加到1920年的43.8%。1950年时，城市人口的比率是59%；1940年时，八千人以上城市人口的比率是49.3%。虽然从1850年到1900年人口增加了三倍（从二千三百一十九万二千人增加到七千五百九十九万五千人），而且农产品也几乎增加了三倍（从十六亿元增加到四十七亿一千七百零七万元）。但是，制造业的价值却增加了十一倍（从十亿零一千九百一十万零七千元增加到一百一十四亿零六百九十二万七千元）。从1859年到1914年，美国制造业的价值增加了十八倍；从1859年到1919年增加了三十三倍。如果与外国比较，这种增长自然是很出色的。马耳霍耳在他所著的《国富与工业》（1896年版）一书里指出：1840年制成品价值占第五位，1860年占第四位的美国是怎样地在1894年就已经列于第一位。那时，美国生产了等于英国两倍，等于所有欧洲各国的一半的产品。

1909年的《制造业调查》指出：制成品的价值在二百亿元以上。这个数字可与1907年在英国进行的《调查》相比，那时英国制成品的价值是八十亿美元；也可以与1913年的德国相比，那时德国的制成品价值是在一百一十亿美元与一百二十亿美元之间。可是，美国在国内消费制成品方面所占的比例，都大过了这两个国家，尽管出口贸易实际上有着巨大的增长。在第一次世界大战以前的正常岁月里，虽然英国出口了四分之一的制成品，美国出口的却不到十分之一。这个比例由于战争发生了暂时的变化。

农业品与制成品价值比较表　　**(单位:元)**

产品价值	1889年	1899年	1909年	1919年
农产品……	2,460,107,000	4,717,076,000	8,498,311,000	23,783,200,000
制成品(包括以农业为生产基础的成品在内)……	9,372,379,000	11,406,927,000	20,672,052,000	62,418,079,000

注:见《1921年统计摘要》，第862,868页。这项报表在近年的《统计摘要》中已未继续登载;但所有农作物的农业收入总额包括1939年政府付给的款项在内，估计约为九十七亿六千九百万元。(见《1940年统计摘要》，第668页)1919年的下降，是由于第一次世界大战时物价跌落的缘故。1937年一切工业产品的价值大约为六百一十亿元(见同书第850页)。

当制造业在19世纪50年代顺利地进展的时候，1857年的经济恐慌止住了它的发展。“南北战争”所给予的生产刺激，使19世纪60年代的工厂数目增加了79.6%;工资收入者的人数增加了56.6%。这是美国历史上任何十年中所未曾有过的最大的相对进展。1873年严重的经济恐慌又一次阻碍了制造业特别是新工厂的建立，但是还不到十年的时间，又有了经济的复苏，出现了明显而健康的进展。19世纪80年代，制造业获得了最大的增长，达到了1909年已投资资本和付出工资的数额，那十年的发展，使前者增加了133.8%，后者增加了99.5%。尽管受到了1893年经济恐慌中工业衰退的影响，1899年的数字仍然明显地说明有着巨大的增加。但是，如果与20世纪的长足进步相比较，它们便会大为逊色。20世纪的第二个十年，包括第一次世界大战那个时期的进展在内，资本、工资和产品价值的百分比都超过了美国历史上的任何一个时期。这种增长当然由于受到美元购买力下降的影响而局部地打了折扣。[①] 虽然资本、工资和产品价值从1914年到1919年间分别增加了95%、158%和157%，工资收入者的人数只增加了29.3%；工厂的数目只增加了5.2%。从下页的附表将可看出在八十八年的时间里制造业发展的详细统计数字。在研究制造业发展情况的时候，可以有趣地看出各种工业在排列的先后和在重要性方面所产生的那些改变。1860年时，头四类工业产品的价值是依靠农业或是木材业而产生的，而在头六类工业中，1914年有四类，1919年有三类（包括第一类在内）仍然有赖于这些源泉。虽然来自农业原料的制造业占着主要地位，而钢铁工业1914年时已经从第五位上升到第二位；1860年时还包括在生铁和钢材项下的翻砂厂与机械厂的产品，作为一个单独的部分而列为第四位。在头十类中出现了两类新的工业，那就是火车车辆的制造修理和汽车的制造，两者都是运输方面的产品。甚至于在各类大规模的制造业中，排列的先后也不是固定不变的，没有一个清单能够长期保持不变。例如，在1900年与1914年间，汽车工业变得这样地重要，以至于人们把它从机械厂的产品项下划分出来，列为第八位，到了1929年，这项工业占了第一位，不包括车身和零件在内；但是1937年时又下降为第二位。1914年占第二十五位的各项工业产品（生丝，包括搓丝工人在内），价值（二亿五千四百零一万一千元）高出

① 见本书第二十五章“货物成本与分配”一节。

了 1860 年占第一位的那些工业产品。

下面各表所列各项工业，是根据其产品的价值排列的，但并不足以经常代表那项工业所占的重要地位，“因为那项工业本身实际上只创造了产值的一部分，另外的一部分，而且常常还是较大的一部分，是由所使用的原料价值构成的。”[①]原料成本与产品价值的统计数字里包括着大量的重复数字，因为某些工厂的产品，为其他的工厂用作了原料。

各项制造业所添增的价值，为我们对于了解那项工业的重要性提供了更为准确的概念，最重要的是雇用工人的平均数目，特别是当失业很普遍的时候。这些表使用了 1937 年《国情调查》的数字而没有使用近年的数字，乃是因为这是第二次世界大战以前在比较正常的情况下所做出的最后调查。头十五类工业在 1929 年与 1937 年之间的相对价值的变化并不很大。但是，必须注意，这里面包含着纸张和化学产品在内。调查表里把香烟的制造和雪茄烟划分开来，但是香烟已经由第十四位上升到第九位。

与制造业显著地扩张的同时，也产生了经济独立性的相应发展。在殖民地时期和“南北战争”以前的几年里，我们在很大程度上还要依赖欧洲去取得比较高级的制成品；美国的出口大部分是过剩的粮食和原料。关税壁垒的高筑，提供廉价劳力的欧洲移民的涌入，使得我们有可能去对丰富无比的矿藏和农业财富进行开发。除了某些稀有金属之外，我们几乎拥有制造国内所需用的任何物品的原料。美国目前的进口货大部分是奢侈品、热带果类、橡

① 《1929 年制造业调查》第 1 卷，第 35 页。

1849—1937 年制造业总表

	工厂数（千个）	增或减（%）	该年内平均工资收入者人数（千人）	增或减（%）	工　资（百万元）	增或减（%）	动力，燃料及原料成本（百万元）	增或减（%）	产品价值（百万元）	增或减（%）	制造业增值数（百万元）	增或减（%）
工厂、手工业及半手工业：												
1849	123		957		237		555		1,019		464	
1859	140	14.1	1,311	37.0	379	60.0	1,032	85.8	1,886	85.1	854	84.1
1869	252	79.6	2,054	56.6	620	63.8	1,991	93.0	3,386	79.5	1,395	63.3
1879	254	0.7	2,733	33.0	948	52.8	3,397	70.6	5,370	58.6	1,973	41.4
1889	355	40.0	4,252	55.6	1,891	99.5	5,162	52.0	9,372	74.5	4,210	113.4
1899	512	44.1	5,306	24.8	2,321	22.7	7,344	42.3	13,000	38.7	5,656	34.3
产品价值在五百元以下的工厂、手工业及半手工业												
1899	205		4,510		1,895		6,441		11,103		4,662	
1909	265	29.3	6,273	39.1	3,210	69.3	11,876	84.3	20,068	80.7	8,191	75.6
1919	210	－20.7	8,431	34.4	9,673	201.3	36,283	205.5	60,053	199.2	23,770	190.1
1929	207	－1.4	8,380	－0.6	10,910	12.7	37,441	3.1	68,178	13.5	30,737	29.3
1937	167	－19.3	8,569	2.2	10,112	－7.3	35,539	－5.0	60,713	－10.9	25,174	－18.0

注：《1937 年制造业调查》第 1 卷，第 18 页。1899 年以后的百分比是作者决定的。

1860 年、1914 年及 1929 年各项主要工业顺序表

顺序	1860 年		1914 年		1929 年	
	工业类别	产值（千元）	工业类别	产值（千元）	工业类别	产值（千元）
1	面粉及肉食	248,580	屠宰及肉食罐头	1,651,965	摩托车类	3,722,793
2	棉织品	115,726	钢铁（炼钢厂及碾片厂）	918,665	肉食罐头，批发	3,434,634
3	木材（锯下的和刨平的）	104,928	面粉厂及谷粉厂产品	877,680	钢铁（炼钢厂及碾片厂）	3,365,789
4	靴鞋	91,889	翻砂及机器厂产品	866,545	翻砂及机械厂产品	2,791,462
5	翻砂及机器	88,648	木料及木材产品	715,310	石油提炼	2,639,665
6	成衣（包括修改）	88,095	棉织品	676,569	电器机械	2,300,916
7	皮革（包括鞣皮及漆皮）	75,698	铁路车辆及一般制造及修理	510,041	印刷及出版，报纸及期刊	1,738,299
8	毛织品（包括毛线等）	65,706	汽车	503,230	妇女衣服	1,709,581
9	酒类	56,588	靴鞋	501,760	摩托车，车身及零件	1,537,930
10	蒸汽机	46,757	印刷及出版（报纸及期刊）	495,906	面包及各类点心	1,526,111
11	铸铁	36,638	面包及其他产品	491,893	棉织品	1,524,177
12	铁（煅铁、碾片及熟铁）	36,537	妇女衣服	437,888	木料及木材产品	1,273,472
13	副食品（牛肉，猪肉等）	31,986	男子衣服	458,211	铁路车辆及一般制造与修理	1,184,435
14	印刷（书籍及零星印刷）	31,063	炼铜	444,022	雪茄及香烟	1,066,909
15	车厢	26,849	酒类，啤酒	442,149	面粉及其他谷粉产品	1,060,269

注：1860 年数字摘自《1860 年工业调查制造业专卷》，1914 年数字摘自《1914 年制造业调查》，第 516 页，附表 220；1929 年数字摘自《1929 年制造业调查》第 1 卷，第 21、35 页。

美国各项主要工业相对重要性比较表(1937 年份)

	工厂数目	工资收入者		原材料,燃料,动力及承包工作成本		产品价值		制造业增加价值	
		本年平均数	顺序	金额(千元)	顺序	金额(千元)	顺序	金额(千元)	顺序
全　体　工　业	166,794	8,569,231		35,539,333		60,712,872		25,173,530	
炼钢厂及碾片厂	6,410	479,342	1	1,833,745	4	3,330,491	1	1,496,747	1
摩托车	131	194,527	8	2,394,269	1	3,069,219	2	701,949	5
肉食罐头,批发	1,160	127,477	15	2,386,090	2	2,787,358	3	401,267	13
石油提炼	365	83,182	22	2,064,307	3	2,546,746	4	482,439	10
摩托车,车身及零件	936	284,814	4	1,275,073	5	2,080,018	5	804,945	4
电机,工具及零件	1,435	257,660	5	642,867	10	1,622,098	6	979,232	3
面包及点心	17,193	239,388	6	727,022	7	1,426,163	7	699,141	6
印刷及出版,报纸及期刊	9,244	135,215	14	393,021	18	1,396,031	8	1,003,010	2
香烟	34	26,149	70	771,522	6	968,927	9	197,405	30
棉织品	677	336,104	2	525,947	13	967,110	10	441,163	12
杂项机器	2,298	146,712	11	375,647	20	964,151	11	588,504	7
纸张	647	110,809	17	567,449	11	957,940	12	390,491	15
杂项化学产品	601	78,951	25	455,062	16	932,750	13	477,688	11
面粉及谷粉产品	2,238	26,390	69	722,711	8	856,310	14	133,600	41
木料及木材产品	7,647	323,948	3	345,800	24	848,481	15	502,681	9

注:摘自《1937 年制造业调查摘要》,第 34—36 页。

胶、食糖、咖啡和使用手工劳动较多的物品。但是它们也包括着某些商品，这些商品是在受到无限期的经济封锁时还得要去寻找代用品的。但是，这样的封锁不至于严重地影响我们的生存能力和继续实现经济的任务，特别是在发展了人造橡胶以后。

制造业发展的原因

毫无疑义，"南北战争"的迫切需要以及因战事的需求和印发不兑现纸币所产生的物价高涨的刺激，给予了制造业的发展一个有力的推动。长期的经济高涨的真正原因乃是更为基本的原因。美国成了一个制造业的大国，首先是由于它的无可比拟的天然资源。如牲畜和棉花等丰富的农产品已经为它的一些最重要的制造工业打下了基础。此外，铁、煤、油、铜和其他矿产都可以大量地获得。除了原料之外，制造业还要依赖于劳动力和市场。劳动力是由一个尚未发展国家里人口的迅速的自然增长和由千百万移民中许多在当时环境下不适宜于训练来从事其他工作而只适合于做工厂工作的那些人提供而来的。美国的制造商不能企望那些较老的国家供给一个大市场，而必须在国内创造市场，同外国的产品进行竞争。这样的一个市场，一部分是由不断增长的人口所提供，特别是由西部和南部的大农业区域的需要所提供。在 1900 年到 1930 年的三十年中，由于美国走上了向外扩张商务与投资的侵略政策道路，国内市场不断地得到了日益发展的对外贸易的补充，与"南北战争"同时开始的高额关税，成为了我国的一项固定制度，而且由于允许经营良好的工业获得了巨额利润，也由于对幼稚工业进

行了保护，就无疑地使制造业受到了鼓励。没有理由怀疑，如果没有保护关税的话，美国的制造业也将会得到惊人的发展；但是，高关税壁垒曾经大大地加速了某些工业的发展，这也是同样明显的。不论是民主党或共和党执政，政府总是想促进工业的繁荣。

与高额的保护关税相映照的政府的内政政策，主要是放任政策，这至少在20世纪30年代以前是如此。在大发展时期，政府的不加干涉，无疑地就使得企业家们养成了一种自信，有时甚至发展到轻率的程度。甚至于在1887年和1890年，政府企图对工商业加以控制以后的一个长时期内，这些努力所得到的成就仍然是很小的。各州之间商务的自由也有助于制造业的发展，这是有助于各州接受宪法的一个因素，而且这样做证明是完全正确的。有人曾说："美国的大陆本土，乃是文明世界里这样的最大地区，在那里，没有受到海关、税务或民族成见的限制；而且由于它的巨大的集体财富，它的人民具有比任何其他国家还更大的消费能力。"①布莱恩说："正是由于同时享受了自由贸易和保护关税，才促成了美国史无前例的发展与惊人的繁荣。"②这两个因素无疑地都起了作用，特别是前一个因素。国家的新生和自由对于资本家与工人的性格都发生了影响。资本家一般是具有发明能力、机智、不畏风险，而且能抓住一切有利机会；而工人们却发展了一种为其他地区

① 《美国第十二届国情调查》第7卷，序言第17页。

② 布莱恩：《国会二十年》第1卷，第211页。不幸的是，这种州际间的贸易自由近年以来曾为各州州政府的立法（这种立法一般都得到最高法院的支持）大大地修正了。见本书第二十五章。

所没有的移动性，而且比其他变革机会较少的古老国家更能自由地放弃旧的手工程序而采用新的机器。

如果没有运输条件，便不可能建立制造业，除非它纯粹是地方性的。美国的二万六千英里可供航行的河流、五大湖、公路与运河都有助于早期工厂制度的建立。但是，直到铁路网建成以后，大规模的制造业才有了实现的可能。大规模的制造业肯定地使运输超出了本地的范围。最近以来，由于旧运河的扩充，汽车的发明以及因此而产生的公路建筑，使运输的便利增加了。制造业与运输便利有助于创造财富，这些财富是经常可以在同一类型的工程里进行再投资的。

随着“工业革命”的进展，许多新的发明创造使无数新的制造工业部门的建立有了可能，这些工业部门受到了美国消费者购买力的鼓励。在这些重要的工业中，值得提起的有：运输设备的制造；用于电话、电报、无线电、照明和家庭用具的各种电料品、自行车、汽车和飞机。除了农业机器之外，自从1865年以来，美国曾经在科学进展方面做出了许多有名的贡献，这些进展在刺激工业方面起了很大的作用。其中值得提起的有长途电报和电话的装载线圈（巴宾发明）；高速工具钢（泰勒和怀特发明）；飞机的机件（曼利和莱特兄弟发明）；人造橡胶（贝克兰德发明）；三极真空管（法莱斯特发明）；自动制瓶机（欧文发明）；钨丝灯泡（柯立芝发明）；电流交换摩托（特斯拉发明）；此外还有诺斯拉普和德雷倍尔发明的织布机，以及爱迪生、威斯汀豪斯、汤普生、史台麦兹、亚历山大逊、兰穆尔和其他许多人所做出的贡献。当然，通过这些伟大的科学家们和其他的一些人的工作所出产的产品贡献，乃是由于得到了大规模的广告宣传和售货术的协助才有可能，也由于得到了相对高的美国工人工资的鼓励。

在讨论制造业发展原因的时候，对于科学在工业上的应用（特别是近年来），是不会被强调得过分的。大工业都不再依赖于私人发明家或独立工作的科学家的成就，而是自己配备研究人员，专门从事生产更好和更廉价的产品或是生产全新产品的方法。大规模的工业研究在美国进展得比较缓慢。其所以如此，一部分原因是许多美国制造业都致力于寻求把原料制成符合于出口规格与供进一步制造应用的简单生产方法，所有这些，都不太鼓励有组织的细致的研究工作。许多大的和组织完善的实验室都在为能够给予它们以这种支持的大工业服务。此外，声誉卓著的私人发明家，也都还能够一直走在企业家的前头。1900 年以后，情况改变了，工业界从政府的和技术学校的实验室得到了启发，开始去开展这一类型的工作。在贝尔电话公司、杜邦公司、通用电气公司和柯达公司的领导下，工业研究工作在第一次世界大战时就已经有了相当的开展，由于受到联邦政府的激励，这项工作在 20 世纪 20 年代得到了更为迅速的发展。

在把科学应用到劳工方面，也取得了一些进展。在泰勒和他的学生的领导下，在 20 世纪 20 年代里各家工厂就开始使用了科学的管理方法；到第一次世界大战以后，这个方法几乎就已经普遍地被采用了。泰勒深信只要对时间和工作方法进行详细的研究，就会发现做那项工作的最快的和最有效率的方式，以后就可以提高到效率最高的标准。他相信，通过工资制度去开除效能低的工人和鼓励最好的工人乃是具有心理学的根据的，这样就可以提高生产和付出较高的工资。虽然科学的管理方法已经成为美国工业中的普通措施,它却受到了工人们的极端反对,工人们坚持认为这个制度是加快工作速度和增加工作量而不增加工资的加紧劳动的先驱。

讨论美国制造业发展原因时,若不提到企业家所起的作用,将会是不全面的。严格地讲,企业家们常常既非科学家,也不是制造商或工业家。这些人中,有钢铁工业的卡乃基,屠宰与肉食罐头业的阿穆尔,炼油业的洛克菲勒和金融业的摩根。他们以自己在组织、理财或售货等方面的才能创建了能降低成本的大企业,创造了新的市场和刺激了工业的发展。此外还有不计其数的小制造商,他们常常是工程师、发明家、科学家和商人;他们曾经是美国制造业最早的企业家或原始创建人。

美国制造业的特点

美国的制造业在发展过程中受到了几种因素的影响,使它与欧洲的制度有所不同。在这些因素中,先头一个便是劳动力的缺乏,这是在我国大部分历史时期里普遍存在的现象;它不可避免地引导着国内有发明天才的人们去创造节省劳动力的机器。美国的产品主要是用机器而不是用手工制成的,这是一个对质量并不完全有利的特点,因为机器的代替手工,就意味着为了大量生产而在一定程度上牺牲了物品的艺术性、雅致性和美观性。除了如靴鞋和汽车等显著的例子以外,也许可以正确无误地说,欧洲的消费品一般都质量较好并且比美国的具有艺术性,而美国的生产性物品

(如机器等)一般又比欧洲产品的质量要好一些。

劳动力的缺乏,也有助于使美国比其他国家更早地去发展机器与零件的标准化,使复杂的机械能迅速而大量地生产,各种零件能够单独地生产,然后再把它们装配起来。这就使零件易于更换,而且降低了使用机器的费用。

部分地由于劳动力缺乏而部分地由于原料的性质(早年尤其是如此)所造成的美国制造业的另一特点是:美国的许多制造业变动很小,而且通过制造而增加的价值,只构成产品总值中相对小的一个部分。《1914 年制造业调查摘要》中指出:"由此可见,(1914 年)总产值占第一位的屠宰与肉食罐头工业,占第三位的面粉和谷粉工业,两者在工人人数和通过制造而增加的价值方面都占着比较低下的地位。"[①]这种形式的制造业,多半是位于靠近原料供应的地方;而更为复杂的形式,如新英格兰的金属和纺织工业,则常常离原料地较远。美国许多主要制成品依存于农业,是应该加以强调地指出的。在 1937 年工业类别表中的十五项工业中,至少有五项是直接依赖于农业。可是,必须记住,正如我们将在下一节里看到的那样,美国制造业越来越与矿产品发生联系,越来越依赖于矿产品。

与劳动力不足有密切联系的,便是人们都热衷于使用任何形式的动力而不使用手工。美国的许多工厂都使用蒸汽、水力或电力来开动。自从 1870 年以来,美国的机械动力已经由二百三十四万六千匹马力增加到 1929 年的四千二百九十三万一千匹马力。

① 《1914 年制造业调查摘要》,第 27 页。

虽然 1870 年由瀑布和蒸汽提供的马力数量几乎相等，但是，在以后的四十年里就肯定地趋向于使用蒸汽。随着电力的发展与煤炭成本的增加，人们又转过来使用了水力。由于电机工程师已经使远距离的送电工作趋于完善，这就有了用水力而不用煤炭发电的可能，而且制造商感到向水力发电公司购买电力，或是自己建筑发电站都比较有利。[①] 不管是用水力或是煤炭发电，把电力应用于制造、照明以及其他方面的发展，在近代制造业及电力工业史上乃是一个重要的方面。工厂动力设备的电气化，从 1914 年的 33% 增长到 1929 年的 47%，而且还不断地在增长之中。“自从 1914 年以后，几乎所有工厂动力设备的增加，都是使用从中央发电厂送来电流的电机摩托的增加。”[②]

上面我们已经谈到了一些有关美国制造业的一个显著特点，那就是，不受传统拘束的特点，我们所取得的迅速进步在某种程度上可以归之于不受传统思想的束缚，这就使美国的工业能够不受阻碍地去寻求最好的和最快的方法，不受行会法规的残余和中世纪城市与国家法律规定的影响。此外，美国的工人很机智，理解力很强，也善于采用新的方法。环境使美国人成了一个多面手，而且也培养了他们的发明天才。没有其他地方像美国这样地热衷于寻求机器生产的新方法的。专利权法令的宽大也起了推动的作用。从 1798 年到 1800 年的十年中，政府颁发了二百七十六项专利权，而从 1850 年到 1860 年的十年中，专利权就增加到二万五千二百

① 腊戈斯:《发展超动力系统的问题》，载《哈佛商业评论》第 2 卷，第 161 页，部分转载于弗鲁格尔及福克讷:《美国经济与社会史文选》，第 501—511 页。

② 《1930 年商务年鉴》第 1 卷，第 268 页。

项，从1890年到1900年增加到二十三万四千九百五十六项。从1790年到1911年已颁发的专利权总数达到了一百万份的指标。仅仅在1951年一年之内已颁发或者重新颁发的数目达到了四万八千七百一十九项。在晚近30年代的某个典型的一年里，申请专利权的件数在七万份以上，而被批准的有四万件。现在，那些规模最大的制造业工厂都自己有了实验室，专门从事于发展新的生产方法，并且对于那些提出改进生产建议的工人给予巨额的奖金，这已经成为一项正规的措施了。只要提一提在电气和煤气引擎方面政府所颁发的那些数目巨大的专利权，就可以概略地知道近代美国制造业和技术进步的发展情况。

大量生产

美国工业最重要的特点之一便是大量生产的发展。与这一特点同时出现的，便是制成品产量的增长几乎超过了原料产量增加的一倍。同时，人们越来越重视资本设备（机器、工具和供进一步生产用的用具）所必需的各种货物的生产，而不着重于供人们消费的货物的生产。工作母机工业被列入耐用商品的这一类别，这种商品生产的每年平均增长率大大地超过了非耐用商品生产的增长率。必须指出：在20世纪的头二十年里，应用于制造业方面的马力增加了三倍，而每个工资收入者的马力增加了2.11到3.24倍。[①] 有两个经济学家在总结这种发展时写道："我们越来越多地

① 哲罗姆：《工业的机械化》，第216—225页。

依靠着工厂，而在工厂里，越来越多地依靠着机器。发明，技术的进步，新的工业过程不断促进着变革。人工被机器所代替，旧机器很快被新的机器所代替——所有这些都需要更多地生产工业原料与设备。”①

制造业的主要代表人物之一福特说道：“大量生产，就是把动力、准确性、经济性、制度化、连续性和高速度等原理集中地应用在制造一种产品上面……其结果就会有这样一个生产组织：用最低限度的成本，大量地出产用标准材料、人工和设计所造成的有用商品。”②大量生产主要是建筑在零件的标准化和机件可以互相配换的原则之上的，这是自从 18 世纪 90 年代以来人们所熟知的一种观念，那时，惠特尼应用了这个观念去制作枪炮。除掉机件的互相配换之外，大量生产的发展还有赖于技术的进步与发明，有赖于获得适当的资本和一个大得足以吸收产品的国内市场。大量生产是以大量消费为基础的，而且到了 1900 年，这样的消费已经有了可能。

到了 20 世纪初期，生产技术已经达到标准化和各种技术能够携手并进的这样一个阶段。这是建立在工作母机工业的发展的基础之上的，而工作母机工业的发展，则又是泰勒和怀特发展了一种新的高度炭化钢所产生的成果。这种新的钢材使工作母机的劳动生产率增加一倍。而且使整个工作母机的工业迅速地得到了改进。同时，泰勒又鼓吹管理方法的改进和更科学地与有效地使用

① 德伊及托马斯：《1899—1923 年制造业的发展》，第 90—91 页。

② 福特：《大量生产》，见《英国百科全书》第 13 版，附卷之 2，第 821 页。

工人时间的方法。由于有了更好的工作母机和科学的管理，工业就具备了大量生产的条件。

首先推行大量生产方法的是福特汽车公司。这家公司特别适合于进行装配技术的实验。早期的汽车主要是用各个机器工厂里所制造的零件在一定装配地点进行装配的。福特公司不仅是最大的汽车生产者（1913 年每天生产一千辆），而且自从 1908 年到 1927 年，它已经能制造式样相同的汽车，而不必做重要的修改。福特在早年应用了这个制度去制造枪炮、缝纫机、自行车和其他产品，应用了固定的装配制度，把各种零件交给工人，再由工人把它们装配起来。1913 年，福特开始实验了一种"移动装置"的方法。他从小零件的装配开始，但是很快就进入了车身底盘的安装。现在，工人们能专长于小件工作并且按预定的速度交件，只不过是一个时间和实验的问题而已。由于时间与费用的大量减少，很快就使这项工业改用了这种新的制度。例如"T"型福特车的基价就从九百五十元降低到二百五十元。同时，福特把每天的最低工资增加为五元，并且把工作时间从九小时减少为八小时（1914 年）。

制造业的向西移动

正如人口和农业一样，制造业也渐渐地向西部移动。《美国第十二届国情调查》里的一个地图指出，[①]1850 年的制造业中心（按

① 《美国第十二届国情调查》，见《统计地图集》第 170 图。

产品总值计算)是在靠近宾夕法尼亚中心的地区,离哈里斯伯格西北部约四十一英里。1860年、1870年和1880年,这个中心就移动到宾夕法尼亚的西部,到了1890年,靠近俄亥俄的中部,离坎顿西南数英里。第二次的调查指出这个地区已经更向西部移动到曼斯菲尔德东南的一个地区。从1850年到1890年的四十年里,制造业中心向西移动了二百二十五英里,人口中心向西移动了二百四十三英里,这就说明了这两种移动的密切关系。

制造业向西迁移的主要原因是由于西部人口稠密,能够提供劳动力与市场;其次便是由于冀图使工业靠近原料地区。由于在新建立的居民区里劳动力的缺乏和资本集中于旧城市,使这项移动受到了迟滞。它也同样地不能不等待运输条件的发展。虽然制造业向西的移动已经落后于人口和农业,但是,只要能很快地获得劳工,它总是跟随着原料而移动的。因此,面粉厂从沿海河流向西迁移到伊利运河上的罗契斯特,然后再迁往芝加哥,最后再迁到明尼阿波利斯和堪萨斯城。肉食罐头工业横过阿勒格尼山脉的迁移,1816年开始于辛辛那提,但是它迁到了芝加哥和堪萨斯城。木材工业是必须追随供应地迁移的一个最好的例子。东北部原来供应了极大部分的木材,但是现在,木材多半是从西北部和南部得来的。正如面粉和肉食工业那样,农业机器的制造也向西移动。许多工厂都从它们在纽约中部的原厂址迁到了伊利诺伊和威斯康星,跟随着产核桃木的森林和农民们前进。与此情况相似,在这一世纪里,棉织品工业也有一种向南迁移到棉花发源地的明显趋势。

就整个情况说来,美国的工业多半集中在一个制造业的带形地区,其中包括新英格兰、中大西洋各州和东北中部各州在内。在

这一世纪之初，有四分之三的制造业集中于北至五大湖和圣劳伦斯河，西至密西西比河和南至俄亥俄河与南北分界线的这些地区的中间。这个地区现在仍然是制造业的大本营，虽然它与全国总数的比例已经减少到三分之二。就整个情况说来，制造业已经向西迁移到中西部各州和迁移到西部海岸，但是，在南大西洋和东南中部各州也有巨大工业的发展。今天，美国至少有九分之一的工业都位于这些地区。

工业的地方化

虽然制造业的中心已经向西移动，这一趋势既受到了地方化的障碍，也得到了它的推动。《美国第十二届国情调查》把工业地方化的一般原因正确地总结如下：(一)接近原料，(二)接近市场，(三)靠近水利，(四)有利的气候条件，(五)能得到劳动力的供应，(六)能获得制造业投资的资本和(七)最初开始时的势头。所有这些原因，或是其中的任何一个原因，都足以说明美国许多制造业的地点问题。[①]

由于接近原料，说明了面粉厂之所以集中于双生城[②]和堪萨斯城；肉食罐头工业之所以集中于芝加哥、奥马哈和堪萨斯城；水果和蔬菜罐头工业之所以集中于加利福尼亚、纽约中部和巴尔的摩；鱼类罐头工业之所以集中于俄勒冈和新英格兰沿海地区；以及

① 《美国第十二届国情调查》第 7 卷，《制造业篇》第 1 篇，及弗鲁格尔与福克讷所著前书，第 495—503 页。

② 即圣保罗城与明尼阿波利斯城。——译者

烟草工业之所以集中于北卡罗米纳。这也局部地说明最近许多棉织厂之所以迁到南部的原因。

靠近市场是决定工业地点的一个重要因素，特别是那些生产体积庞大和沉重物品的工业。生产制成品价值最高的八个州是纽约、宾夕法尼亚、伊利诺伊、密歇根、俄亥俄、新泽西、加利福尼亚与马萨诸塞，其中有四个州是在东北部，它们在1950年出产了大约占全国50%的产品。其他的工业集中地是在东北中部的俄亥俄、印第安纳、伊利诺伊、密歇根和威斯康星各州人口比较稠密的地区。像珠宝等奢侈品的制造地点之所以在普罗维顿斯，帕特孙之所以出产丝织品，纽约之所以出产皮货，许多生产某些高级必需品的工厂之所以位于东北部，都是因为原来的主要市场位于阿勒格尼山以东，或是因为主要的市场仍然是在那里的缘故。运输费用，特别是在铁路和汽车没有发明以前，自然是一个强有力的因素，它使得工业地点集中在人口众多的乡镇或是集中在直接通到这些地方的河流与公路之上。

在发明蒸汽引擎以前，制造业主要是依赖水力或人力去进行的。新英格兰和纽约东部之所以成为出色的制造业城镇，在很大程度上是因为哈得孙、摩霍克、康涅狄格、胡萨托尼克、梅里马克诸河以及其他许多河流提供了水力的缘故。早年因水力而创立的棉织品和毛织品工业，到现在仍然有赖于水力。在新英格兰，这种情况一部分是由于离煤炭供应地较远的缘故。煤炭的应用使许多地区的制造业都不再依靠水力，而且使许多工业都集中于产煤地区，因此，用煤炭产生的马力最近几乎比用水力产生的马力增加得更为迅速。可是，正如前面所指出，由于能够把电力作远程的输送

(不管电力是用煤炭、煤气或水力发出的),在决定工业地点方面,使接近动力泉源的必要性大大地减少了。

除水力外,良好的气候也有助于决定纺织工业的地理位置。福耳河城与新贝德福城的湿度较高,并且温度均衡,使它们适宜于棉织品的制造。北部令人心神爽怡的空气比南部令人感到软弱无力的气候更适合于使用劳力,这好像是使北部工业得到发展的一个永久性的原因。但是,有冷热气设备的工厂甚至使这个缺点也有能得到克服的趋势。

各项工业自然会趋向于建立在有劳力供应的地点。虽然美国工人无疑地是比其他国家的工人更具有流动性,可是,由于迁移的费用和对家庭与朋友的依恋会使他们相对地稳定下来。商船的衰退和农业利润的微薄使新英格兰的许多劳工解放出来去从事制造业,来自农场上的妇女和儿童,也增加了劳动力的供应。从前在故乡就是工厂工人的移民也流入了工厂城市,从而扩大了劳动者的队伍。某一类型的工业吸收或提供了那一行业的熟练工人,从而更促进了新工厂的建立。当某种工业形成集中以后,就必须在这个中心地区训练未来的熟练工人,这一力量,使工人们不容易分散开去。美国有五分之四的妇女服装是在纽约州缝制的,四分之三的金属用具出产于康涅狄格;几乎所有的地毯都是在费拉德尔非亚、康涅狄格的汤普生维尔、纽约州的杨克斯和阿姆斯特丹制造的。许多雇用妇女和儿童的工业也常常跟随雇用男子的工业而出现,因此纺织工厂常常是建立在翻砂和采矿的城镇。资本移动比工人移动更为容易些,在建立一项工业的时候,人的因素必然总是十分重要的。

近年以来,许多大工业都从大金融中心获得它们的资本。但是,这通常是第二个阶段的事。在金融家插足进来改组或扩充一个制造工厂的时候,那个工业一般总首先是通过当地商人的资本和通过企业精神而建立起来,这就足以说明"在工业生活的早期阶段,一个城镇具有能够自行生存的趋势"。① 早年南部纺织工业的发展就是一个良好的例证。一个繁荣的城镇和当地人已经投资的工业能够容易地吸引外来的资本。新贝德福和其他新英格兰城市里纺织工业的迅速兴起,一部分是因为由捕鲸工业和商船业的衰退而解放出来的资本所造成的。福耳河城是一个专从事于单一工业的城镇的最好范例,这项工业的控制权大部分仍然保留在当地居民的手里。

一项工业开始时所形成的势头可以说是决定该项工业地点的一个主要原因。有人曾说,如果纽约的人口突然消灭,那么人们会怀疑它的未来也许只会成为一个避暑的地方,因为它在制造业方面所具有的天然优点只不过稍强于缺点。纽约州的约翰斯顿和格洛弗斯维尔是美国最大的手套业中心,它们从前之所以吸引了许多手套制造商,乃是因为它们的位置在利用鹿皮方面占着有利的条件。当技术工人集中在那里的时候,它就继续生产牛皮的、羊皮的和布制的手套。在南面几英里的阿姆斯特丹地毯工厂,早年就吸引了一些熟练的纺织工人,他们使这个城市成为全国第二个最大制作地毯的城市,1750 年林恩城由于偶然迁来了一个熟练的制鞋工人,就使它一直成为制鞋的城市,尽管它离原料的产地很远。

① 《美国第十二届国情调查》第 7 卷,《制造业篇》第 1 篇,第 211—212 页。

同样地，早年的一些珠宝商的移殖于普罗维顿斯，就使这个城市成为这项工业的一个中心。工业上的模仿习惯是很强烈的，因为一般的人没有勇气去做一个工业的拓荒者；在有了技术工人和工业的经营已经有了成就之后，人们就会去采用阻力最小的方法。

当然，许多工业不仅是受到这些因素当中的一个而是受到了几个的影响而建立起来的。例如新泽西州帕特孙地方丝织品工业的发展，乃是由于它开始得很早，由于熟练工人的存在，由于需要特殊性质的水分，以及由于这项工业需要某种气候条件的缘故。以上所说的工业的一般情况在一定程度上也适用于大城市中某些地区里的如股票经纪人、棉织品批发和毛皮交易的掮客以及其他商人形成集中的情况。

东北部地区（新英格兰、纽约、宾夕法尼亚和新泽西）自从美国工业史开始以来便是最重要的制造业区域，1950 年的产值占全国三分之一以上。几乎所有造成工业地方化的因素（例如市场、劳工、资本、运输条件，以及成立初期的推动力量），都在这个地区起过作用。新英格兰的河流和宾夕法尼亚的煤炭提供了充分的动力。这个地区只受到了缺乏某些原料的障碍。国内出产了足够的生铁、羊毛和皮革等原料供给早年小型工业的使用，但是后来却要大量地进口。然而，其他的一些有利条件不仅使这个区域继续保持着金属、皮革和纺织等许多类型的制造业的优越地位，而且还创立了一些棉织厂和制糖厂。所有这些工业的原料完全是进口得来的。

在按人口计算的产值方面，在按从事于制造业人数的百分比方面，以及在这些企业的数量与类型方面，东北地区都胜过全国所有的其他地区。

在制成品价值居领先地位的八个州中，纽约、宾夕法尼亚、新泽西和马萨诸塞都位于这个地区。1950 年，纽约州最有价值的五种制成品是：男子和妇女的衣服，印刷与出版物，加工食品和机器。1950 年时，宾夕法尼亚州的炼钢厂和碾片厂乃是最主要的工业，其次就是翻砂和机械厂的产品，电业机器和出版与印刷。新泽西州的主要工业有化学、电业机器、食品加工、机器和纺织。再回到新英格兰来，我们就看到马萨诸塞主要是制造电业机器、纺织品、靴鞋和衣服。新英格兰其他地区，也如马萨诸塞那样，擅长于制造纺织品和小五金。康涅狄格主要是生产青铜、黄铜、钢制品、钟表、枪弹和银器；罗德-艾兰直到最近仍然专长于生产珠宝类的精细工艺品。东北各州由于距原料产地较远，便转向于制造更小的商品，这类商品的人工成本较高，运费较低，而通过制造所增加的价值却较大。

中西部地区（东北中部和西北中部各州）还得要等待移民的到来和殖民区的建立，才能得到足够的工人和累积制造业所需的资本。农业与矿产品原料财富的存在，注定了这个区域的工业前途。这个地区是世界上最大的玉米出产地，自然就创立了屠宰与肉食罐头工业，而且吸引了车辆与农业机器的制造商。俄亥俄、伊利诺伊和密歇根的有烟煤提供了动力；俄亥俄、密苏里和明尼苏达州的苏必利尔湖为各个翻砂厂提供了原料；石油为其他的工业打下了基础。俄亥俄、伊利诺伊和密歇根都位于这个地区，它们在制成品的价值方面 1950 年时各占全国的第三、第四和第五位。那时，按价值计算的最重要的制成品有：伊利诺伊的机器和肉食罐头；俄亥俄的炼钢厂和辗片厂；密歇根的摩托车辆；威斯康星的机器；密苏里和爱荷华的食品加工。

太平洋沿岸各州的经济生活和制造业主要是建筑在农业和木材工业之上的。在华盛顿与俄勒冈两州，占有压倒优势的工业是木料与木材制品。面粉和其他谷粉产品以及肉食罐头工业也占着重要的地位。加利福尼亚在装罐和水果与蔬菜的保藏方面居全国的领先地位，虽然那里按价值计算的主要工业是飞机和飞机零件的制造，这是一项近年才发展起来的工业。1919 年在以上各州中列于前五类工业的造船工业，在 20 世纪 20 年代后退到比较不太重要的地位，到第二次世界大战时才又复兴起来。

人们习惯于把八个“山区州”看成主要是从事于矿产的开发，并且把它们的制造业看成是与冶炼工业有着密切的联系。这个印象常常与事实不符，因为这些州的农产品价值几乎达到矿产品价值的一倍。1950 年爱达荷州按产值计算的主要工业是木料和木材产品；科罗拉多是肉食罐头；内华达州是黄铜。有趣的是，在山区州里主要工业当中的一种是车辆和火车的制造与修理。阿里佐纳和犹他的主要工业是农业；新墨西哥的主要工业是石油。怀俄明州以农业和石油的生产占第一位，蒙大拿以农业和铜的生产最为出色。

南部地区（东南部中央和西南部中央各州）在“南北战争”时打破了人们把那个地区的前途说成纯粹是农业性的一般看法。由于缺乏资本，大农场瓦解了，改由佃农耕种；农场主阶级的残余分子主要是在城市里去追求他们的财富。直到 19 世纪 80 年代的十年中，制造业才有了长足的进展。到了那个时期，“南部”已经得到足够的恢复，在当地累积了资本，并且北部的投资商开始停止他们对西部的开发而注意到了南部的潜在力量。这个地区目前仍然是，而且将来也许继续是以农业为主；但是由于大量棉花与烟草的收获在运入市场以前需要加工，由于能够从黑人和“贫穷的白人”得到廉价的劳力，就很有可能在接近原料的地方成立一些工厂。直到最近，这个地区的木材和矿产资源还很少进行开发，但是这两者都为外地资本提供了良好的机会。

在南部所有的工业中，木材工业出现了惊人的发展。南部对森林产品的兴趣，可以追溯到殖民地时代，但是它在这方面所取得的重要地位，是从最近北部的森林部分地耗竭以后才开始的。1869 年，在美国已砍伐的木材中东北各州占 35.7%，五大湖各州占 28.2%。十年以后，这两个地区仍然出产全国 60% 的木材，虽然五大湖各州那时的产量居领先的地位。到了 1899 年，南部各州（包括两个卡罗来纳州和弗吉尼亚州在内）已经占领先的地位，并且一直保持到 1930 年，那时，太平洋各州又占了第一位。南部的产量现在仍然占全国已砍伐木材总数的三分之一。

1880 年以来，新英格兰在棉织品制造方面的垄断地位被南部各州打破了，特别是被北卡罗来纳和南卡罗来纳所打破，主要原因是由于这些州都接近原料供应地，并且得到了廉价的劳力，而新英格兰的税率和劳工成本却日益增加。南部也由于山麓地区河道水力发电的巨大发展和纺织机器的比较新颖而得到好处。新英格兰的有利条件乃是具有熟练工人的供应和与市场的接近。

这种向南部的移动，迫使新英格兰的制造商把注意力移转到生产更为细致的布匹方面来，把比较粗糙的床毯和帆布留给南部去生产。可是，到了 1950 年，这种划分大部分已经消灭。1880 年，北卡罗来纳、南卡罗来纳和乔治亚的纱锭不到五十万个，产品价值不到一千三百万元，而新英格兰的纱锭在八百五十万个以上。到了 1910 年，有一半以上的原棉是在南部加工的，1951 年时到达五分之四以上。与棉织品制造的增加值得同样注意的，便是利用副产品方面的发展。从前被抛弃的棉籽，现在又被用来去喂牛或是制成食物油；棉籽产品的价值从 80 年代的一千二百万元增长到 1929 年的二亿六千五百万元。

1939 年按地理区域划分的制造商情况一览表

	工厂数目	工资收入者（平均数）	金额（百万美元）				占总产值百分比
			工资	材料，包装，燃料及动力成本	制造后增加的价值	产品价值	
新英格兰	16,135	952,873	1,024	2,459	2,430	4,889	8.6
中部沿大西洋各州	56,300	2,249,683	2,689	8,667	7,370	16,037	28.2
东北部中央地区	40,419	2,196,388	2,951	9,778	7,775	17,553	30.9
西北部中央地区	14,947	382,354	428	2,453	1,363	3,816	6.7
东南部中央地区	7,279	357,827	291	1,130	828	1,959	3.5
西南部中央地区	10,021	262,585	238	1,735	832	2,567	4.5
南大西洋各州	17,316	986,526	826	3,153	2,237	5,390	9.5
山区各州	4,011	69,330	82	545	275	820	1.4
太平洋沿岸各州	17,816	429,667	561	2,198	1,601	3,798	6.7
总计	184,244	7,887,242	9,090	32,118	24,711	56,829	100

资料来源：《制造业调查初步报告》。

田纳西与阿拉巴马煤铁产量的丰富，使这两个州，特别是使阿拉巴马普遍地成立了许多炼钢和炼铁工厂。阿拉巴马出产的生铁从 1880 年的三十四万七千吨增加到 1949 年的八百二十四万一千吨。伯明翰的人口从三千人增加到1950年的三十二万六千零三十七人，成为美国钢铁中心之一。近年以来，得克萨斯和路易斯安那发现了油井，为南部建立巨大的新兴工业和取得新的繁荣奠定了根基。紧随着油矿的发展之后而来的，便是化学工业的扩张。

南部制成品的价值从1880年的三亿三千八百七十九万一千八百九十八元增加到1939年的九十九亿一千六百万元。可是，按价值计算，南部各州1939年只生产了全国制造业产品总数的17.5%。[①] 南部的工业，将来肯定会得到进一步的发展，但是它将会受到工人的不熟练、气候的不良以及农业的无限优越性等因素的障碍。

基 本 工 业

美国的基本工业，密切地符合于美国人民的基本需要，那就是：食物、衣服和制造机器的金属、运输以及其他方面的需要。[②]

食品的制造　当我们考虑到美国是一个生产食物国家的时候，那么看到下列现象就毫不足奇了：在1937年每年产值在一亿元以上的八项工业中，有两项是食品工业。肉食罐头的批发占第三位，面包和点心的产品占第七位。只要一看本章前数页的统计表就会知道：在较早的几十年里，食品制造的相对重要性甚至于还更大一些。根据《1937及1949年制造业调查表》的排列，在所有

① 1950年南部各州制造业所增加的价值估计约为一百五十七亿四千万元，可是，占全国总数的百分比自从1939年以后曾稍有改变。

② 汽车工业的发展已在上面叙述过，见本章及第二十三章。

的工业中，食品和与它有关的产品在产值方面占着第一位。牲畜的屠宰，食物的保藏，甚至于谷类的碾磨，在某个时期主要是一些家庭工业。妇女的参加工业和专门职业，近代家庭主妇的从事于多样性的活动，家庭仆人的日益稀少，城市生活的发展以及制成品价格的低廉都使食品的加工阶段在家庭以外去进行。面包店所制的面包，现成的早餐，肉食、蔬菜、水果、鱼类和牛奶的装成罐头，都表明了这种趋势的迹象。

诚然，许多类的这种制造业是比较简单的，而且它们的发展有赖于食品生产的增长而不依赖于新的发明。然而，晚近70年代冷藏方法的发明，大大地刺激了牛群的饲养和新鲜肉类的运输，使用滚压过程的面粉的制造，使春天的小麦能够加以利用，使两个达科他州、蒙大拿和明尼苏达的麦田得以耕种。20世纪40年代“冰冻”单位的发展，扩大了家庭里冷藏方法的应用。无数的专利权，使得旧的食品有可能具有新的用途。同样地，制造的过程曾经做成了如棉籽油和花生奶油等新的和具有价值的食品。据估计，1950年通过制造而使食物价值增加的金额有一百亿零九千五百万元，约占全国制造业总产值的11.2%。

和其他国家比较，美国是一个肉食消费量很大的国家。在产值方面，肉食罐头工业四十多年以来都几乎占着第一位，虽然这项价值的85%是原料，而且制造时所增加的价值不到2%。前面已经提到，这项工业是跟随着生产玉米的出产地带向西移动的。从1816年到1860年，它的产地中心是辛辛那提和俄亥俄的一些城市，但是现在已经向西移动到芝加哥、圣路易、奥马哈和堪萨斯城。除了使用冰冻和装罐之外，这项工业也由于数目日益增多的副产品的利用而获得了利益，这些副产品现在成为了利润的主要来源。动物本身没有任何一个部分是被浪费掉的，用它们做成的东西有化学肥料、皮革、胶质、羊毛和其他产品。罐头工业从1859年产量价值为二千九百四十四万一千元的二百五十九个工厂增加到1937年产量价值为三十亿元的一千一百六十个工厂。

根据1950年的估计，食品加工按价值计算落后于饮料业，其次为烘焙食品、肉食品、杂项食品、装罐、保藏、冷藏以及谷粉产品。像肉食罐头工业一样，谷类的初步加工工业也跟随着麦田的移动而进入了堪萨斯、明尼苏达、得克萨斯和密苏里。然而，到了第一次世界大战时，布法罗已经恢复了作为一个面粉城的领先地位。这主要是由于“五大湖”的运费对于小麦比对于面粉更为有利，由于尼亚加拉河上廉价的水力发电的发展，由于布法罗是一个适当的转运中心，以及由于能够按照条约进口加拿大的小麦和出口面粉的缘故。虽然西部沿海各州在装罐和食物保藏方面都居于领先的地位，但是，几乎在整个联邦的每一个州里都有那项工业的存在。对于如面包、点心产品，不含酒精饮料、糖果与冰激凌，乃至于各个地区都有的牛奶及其产品工业，其情况也是如此。

在过去半个世纪之内，别的工业很少像食品工业那样经过这样剧烈的改变。这一事实，在近年的零售食品方面尤其显著。城市生活的发展，使人们不可能大量地购买食物，从而使家庭制作面包、装制罐头、保藏和其他形式的食物保存事业加速衰落。结果是面包和其他点心产品大部分都在家庭以外进行加工，而且面粉和奶油大部分是小量地进行零售。水果、蔬菜和肉食的罐头市场有了巨大的增长。零售商现在主要是经营小量包装的物品，那些制造纸盒和制罐的工业都发展成为一些庞大的公司。

纺织品、靴鞋和衣服　纺织工业主要是从事布匹和衣服的制造。1950年，它在各类大工业中占第二位，通过制造而增加的价值约为九十七亿八千九百万元。雇用工人的平均数目为二百三十六万八千人。棉织品是美国首先投入工厂制造的一项工业，而且在“南北战争”以前是纺织工业中最大和最兴盛的。战时对毛织品的不正常的需要以及原棉供应的受到障碍，使棉织品工业暂时萎缩下来。直到1900年才又在纺织工业中达到了领先的地位。第一次世界大战以后，棉织品以及在较小的程度上，毛织品都受到了人造丝的挑战，而在20世纪40和50年代，受到了其他人造纤维如尼龙、“德可龙”[①]和“俄尔龙”[②]的挑战。

自从1860年以来，棉织品制造业中的巨大竞争，为这项工业带来了惊人的进步。虽然基本的专利权在“南北战争”以前已经撤销，但是自从那个时期以后，特别是在节省劳力的机器制造方面取得了显著的成就，这些成就是这样地具有革命性，以至于一些大的公司被迫把它们的机器更换了两三次。机器方面最著名的改进有环形纺线机，诺索拉普式纺织机，巴贝尔式经线打结机和自动无缝针织机。头三种机器使每个工人的产量增加了一倍。环形纺线机纺成的线，不如用旧式的纺棉机所纺出的均匀、柔软，但是它的更大的生产效率，使它在劳动力又少又贵的美国纺织厂中取得了肯定的地位。“诺索拉普”式纺织机在经线折断或梭子脱出的时候会

① 原文是dacron，是一种可以洗涤，不起皱纹，不受虫蛀的人造纤维。——译者

② 原文是orlon，是一种类似尼龙的人造纤维。——译者

自动停下来，而且能在适当的时间插入有染色的经线。巴贝尔式的机器能够把线头接起来，布朗逊式的织袜机能够织出各部分细活都完整无缺的袜子。

1860 年以来，毛织品制造业有了巨大的发展，从而产生了合并的趋势。由于特殊的情况，美国的制造商直到最近才把制造的一切程序合并在一个单独的工厂里去进行，在那里梳刷做毛织品用的短纤维，梳理做绒线用的长纤维，进行纺线、织布和染色。与此相反，欧洲的各家工厂都只专长于这些过程的某一部分，因此熟练工人都集中在某一方面。这就局部地说明了英国毛织品的质量总是比较优越的原因。美国的制造商在法兰绒的质料和绒被的多样化方面居领先地位，但是在它们的大量产量中，有着一些供批发成衣店耗用的劣等毛织品。美国高贵毛织品的产量很少，大量生产是无利可图的。绒线的制造开始于 1870 年，现在正在在牺牲其他毛织品的情况下迅速地发展起来，但是，由于缺乏大量的必需的劳工，使这种扩张受到了滞碍。毛织品机器的发展没有棉织品机器发展得迅速，而且它们最初多半是英国的发明，机器本身也是如此。

美国在纺织业的毛织品这个部门中最惊人的进步，表现在地毯的制造方面。直到“南北战争”之后，地毯多半还是用手工织成的，多数的发明都出自美国人，他们使美国成为世界上最大的地毯出产国家，除了比不上东方出产的手织地毯之外，产品的质量也是最上等的。全国的繁荣与财富，使国内的高度的消费成为可能。1937 年，美国出产了六千五百三十四万六千平方码的毛毡与地毯。地毯的工厂生产开始于 1841 年，那时波士顿的比吉洛采用了动力纺织机去织成生染的地毯，几年之后，又织成了威尔顿和布鲁塞尔式绒毯。1864 年，杨克斯城的史密斯与斯金纳补充了他的工作，把动力纺织机用去织成爱克斯敏斯特式毛毯。已制成的毛毡与地毯的价值从 1860 年的七百八十五万七千元增加到 1950 年的制造增值数四亿七千五百万元。那时，营运的工厂地点主要是在纽约、宾夕法尼亚和马萨诸塞。

在袜子和针织品的制造方面，美国也居于世界的领先地位。直到 1832 年，袜子还是在家庭里织成的，那时，纽约州科霍斯地方的埃吉伯次应用了动力针织的原理，自那时以后，袜子的制造就渐渐地移转到工厂里来。由于品种的多样化，这项工业有移转到资本较少和组织较小的工厂的趋势。直到第一次世界大战时，袜子多半是用羊毛和棉纱织成的，高级的奢侈品是用丝织成的。20 世纪 20 年代，开始使用了人造丝，30 年代使用了尼龙。用尼龙去织妇女的长袜胜过了所有其他的材料。对日本的作战断绝了生丝的来源，从而丝袜实际上绝迹了。这项工业主要是集中在宾夕法尼亚和南部。

美国纺织业中最为显著的进展便是丝织工业。这是一项比较惊人的进展，因为这项工业是建筑在必须从远方进口原料的基础之上，而且要同早已建立和设备完善的法国工厂进行竞争。竞争之所以能够成功，是由于得到了关税的保护，由于制造商的企业精神，以及由于全国的财富为产品创造了市场的缘故。由于这些有利的因素战胜了巨大的不利因素，丝织品的价值就比任何其他国家的产值大得多，其中 90%以上供给国内消费。正如织袜工业一样，近年的战争使国内的丝织工业受到了严重的打击。但是，甚至于在战前，已制成的人造丝的价值超过了真丝的价值。尼龙和其他的代用品使这项工业的产量减少了。新泽西州帕特孙城的莱尔和康涅狄格州曼彻斯特南部的陈尼斯家族创建了这项工业，开始制造丝线和丝带，以后终于扩大到了制作布匹。帕特孙城成为了纯丝和人造丝工业的中心，主要出产丝织品的州有宾夕法尼亚、新泽西、纽约、康涅狄格和马萨诸塞。

紧随着纺织工业的发展而来的，便是现成衣服的制造工业。这项工业受到"南北战争"时需求的刺激，而且由于缝纫机的发明使它得以形成。为这个工业提供劳动力的是妇女和儿童，此外还有不断涌入的外国人，首先是爱尔兰人；1876 年以后有波兰籍的犹太人和意大利人。把工厂的方法应用于缝制成衣还是比较晚近的事。大约直到 1914 年，这项工业仍然被人们诅咒为使用了血汗工厂的方法，工人们在家里和经常在最有害于健康的环境里工作，只得到少得可怜的工资。出于人道、公共卫生和商业等方面的考虑，工厂主就自动地或通过法律渐渐把这种血汗工厂的成衣业取消了。一些近代缝衣工厂的设备，是与其他任何工业一样地现代化的，尽管许多的衣服仍然是在一些有时只比血汗工厂稍好一点的小工厂里缝制。在生产男子和妇女的服装方面，纽约市远远地居于领先的地位，但是也还有其他一些生产男子服装的中心都市，如芝加哥、费拉德尔菲亚、罗契斯特和巴尔的摩，从而使产量增加了。在洛杉矶和圣路易还发展了一些新的生产妇女服装的中心地区。

直到 1845 年，靴鞋的制造仍然是一项手工业，通常是在家里做成的。在发明加速生皮制造的皮革辗制机的那一年，就使这项

工业移转到工厂里去进行。以后又有了布朗查德式的鞋型机，能够生产尺码标准化的鞋型。不久以后，林恩城一个名叫尼古拉的制鞋工人，采用了豪的缝纫机缝制鞋面；“南北战争”刚开始时，布勒克又发明了把鞋面缝在鞋底上的麦克式绱底机。制鞋机是世界上最精巧的机器当中的一种，一个普通的工厂要使用六十种的机器。这项工业的特殊性是：最重要的专利权操纵在联合制鞋机器公司这一家单独公司的手里，这家公司出租一切重要的机器，每制成一双鞋子就要付给这家公司一份租用费。[①]

1910年的《国情调查报告书》说，“今天，美国制造的鞋子是世界上的标准产品”，这句话现在仍然适用。制鞋业的中心是在波士顿近郊、纽约和圣路易。三个新英格兰州（缅因、马萨诸塞和新罕布什尔）所出产的靴鞋，占美国总产量的三分之一以上，而马萨诸塞在各州中仍然占第一位，纽约占第二位，密苏里占第三位。

钢铁工业　钢与铁在近代生活中的重要性是不会被强调得过分的。我们生活在一个以钢铁为基础的机器时代，我们的运输系统和巨大的房屋建筑也以钢铁为基础。钢铁这项基本金属与我们日常生活有着密切的关系。制造钢轨、火车车辆、汽车和各式各样的工具与机器都必须使用钢铁。产量的迅速增加主要是由于需求的增长，由于使用焦炭代替烟煤进行冶炼，由于一些革命性的发明便利了生产和降低了成本的缘故。钢铁和它们的产品一直是美国

---

① 联合制鞋机器公司受到政府的控告，认为该公司所规定的使用一种机器时就必须与另一机器联合使用的那项联系条款，违犯了“克莱顿法令”，这个论点1922年得到了最高法院的支持。见《联合制鞋机器公司与美国政府讼案》，美国政府卷宗，第258号，第451页。

的领先工业。其中包括着许多工业，如鼓风炉、炼钢厂、辗片厂和其他的钢铁制造业。但它并不包括机器、陆地和海洋运输设备以及铁路的修配车间在内。所有这些在政府的调查报告中都构成单独的项目。

钢与铁的制造，可以分为两个部门：生铁的生产和它的转变为商业上使用的钢与铁。直到"南北战争"之后，钢材仍然是一项稀有的商品，主要是应用于制造刀剑和高级工具方面。铁是最常用的主要金属，直到1839年使用有烟煤之前，主要是用木炭冶炼的。"南北战争"之后，有烟煤，主要是炼成焦炭形式的烟煤被用来炼铁。这一因素使这项工业分布得十分广泛，以至于1880年时有三十个州都有了炼铁工业。钢铁史上最重要的事件发生于19世纪50年代，那时有一个名叫凯利的美国人和一个名叫贝斯默尔的英国人单独地发现了一种叫作贝斯默尔的炼铁方法，把一股冷空气贯入熔化后的生铁里使杂质氧化，然后再加入一定数量的炭和其他元素，这样就制成质量合乎要求的钢。通过生产成本的降低，这个方法使钢材普遍地被使用，把生铁贬低到比较不太重要的位置。[①]

贝斯默尔的炼钢方法也有它的局限性。它不适宜用于含高度磷质的矿砂，这就使它被开口炉或马丁式熔炼法所代替，这个方法，能够熔炼成分较低的矿砂。由于苏必利尔湖区域的矿砂都是成分较高的，贝斯默尔的方法一直沿用到1906年，但是自那时以后就为使用开口炉的方法所代替了。最近在使用电力熔炼的方法

① 价廉而比铁更为耐久的钢轨大大地影响了运输事业。

方面取得了一些进步。由于有了更多的产量和更好的熔炼方法，也就出现了其他的一些改进。自从1870年以来，炼炉的体积扩大了一倍，受热的能力加大了两倍。1870年，每炉每天平均生产五十吨的产量已经增加到每天四百五十吨(1929年的产量)。到了1951年，美国生产了一亿零五百万吨以上的钢，几乎达到1935年产量的四倍，占世界产量的一半以上。

国内出产铁矿的主要中心是明尼苏达、密歇根和阿拉巴马。这也是影响产钢地点和使它向西部移动的一个因素。苏必利尔区域的铁矿在开发了半个世纪之后已经开始减产。结果是美国现在要从其他的十几个国家进口铁矿砂。产钢地区的向西移动已经终结。最近美国钢铁公司在特拉华河上建筑的巨大炼厂，是用来熔炼委内瑞拉的铁矿砂的。

其他的基本制造业　虽然前面的论述着重于钢铁的生产，但是，有色金属及其合金在美国工业系统中所占的重要地位是不应该被低估的。这些金属包括铜、铅、铝、锌、锡、黄金与白银。它们在制造复杂的机器、电器用品和小五金方面的重要性都十分明显。在有战争的时候，它们的地位仅次于钢材，而其中特别以铜、铅和铝最为重要。

电气用品的制造是另外一项依靠于金属的工业，其中如铜、铅、锌、铝和钢。虽然电报在19世纪40年代已经使用，电话在80年代开始使用，但是这项工业的普遍发展乃是过去四十年中的事。铁路的电气化以及无线电和家庭用具的惊人发展，曾经给予这项工业以巨大的刺激。事实上，把电力应用于电报、电话、无线电报、照明、摩托和电影方面对经济和社会生活所产生的影响，要比造成工业革命的任何其他种类的机械的发明还大得多。

必须记住，石油工业是在“南北战争”期间诞生的。[①] 这项产品在用于润滑和照明方面是这样地重要，以至于在六年之内开凿了第一座油井之后，它就在美国的出口货物中列于第六位。由于石油代替了其他的照明用品，这项工业就迅速地发展起来，但是直到内燃机和柴油机发明以后，它才进入了一个伟大的扩张时代。1895 年达到了年产一亿桶的目标。但是，在这一世纪之末汽车发明以后，这个数字跃升到 1917 年的五亿桶和 1923 年的十亿桶。到了那个时候，美国的生产大约占世界产量的三分之二，主要的生产中心已经向西南移动到得克萨斯、加利福尼亚和俄克拉何马。这项工业的历史，由于第二次世界大战以前紊乱的生产过剩，由于在提炼方面的长期受到垄断以及由于后来政府的统制而弄得复杂起来。1941 年以后，主要的问题在于石油工业跟不上用于燃料和运输方面的日益增长的需要。这一情况，再加上国内资源的有限，使美国油矿商人的注意力移转到世界的其他地区上去。第二次世界大战时美国除了把石油作各种用途之外，还加上了人造橡胶的制造。

① 见第十七章“北部的制造业”一段。

第二十一章　企业的合并

放任主义的高峰

在“南北战争”以后的半个世纪里，出现了放任主义经济哲学思潮的高峰和对它的反动。“南北战争”大大地加速了美国工业革命的各个过程；但是迅速增长的工业与农业生活，使自由成了无缰之马，竞争之风，盛极一时。亚当·斯密和他的继承者们所主张的放任主义政策，在战争刚刚结束的那些年月里，曾为广大的美国人民所接受，被认为是绝后的至理明言，就连宪法“第十四次修正案”的第一节也是奠基于这个理论之上的。[①] 虽然这一条被认为是订在宪法上来保护黑人的，但是，由于各大公司不断对法院施加压力的结果，终于形成了一种解释，使它甚至可以限制各州州政府对于企业营运的干预。据那些正在兴起的资本家们看来，而且，事实上，据一般公民看来，对私人资本加以管理，不仅是不必要的，而且是一门很坏的经济学。人们认为资本应该受到协助而不应该受到

---

① “任何州政府不得制定或执行使美国公民的特权受到剥夺的法律。任何州政府不依法律程序不得剥夺任何人民的生命、自由或财产的权利，也不得否认法律对一切人民均应给予平等的保障。”见本书第二十三章“‘农会运动’与铁路”一节。

阻碍，才能开发广大的天然资源，这些资源是足够供给大众应用的。这一理论在1860年以后的四十年里，通过企业界对联邦政府的操纵而得到了实际的应用。这个观点，由于边疆人民的拓荒者的个人主义思想而得到了进一步的增强，这些人要求行动上的最大自由，因此，竞争与放任主义的思想在当时是风靡一时的。

在那些年代里，政府把千百万亩的土地给予了铁路公司，而且任意地颁发了许可证。最有价值的油田、木材和金属产地，都被人们根据联邦土地法令加以占领、买进，或是通过欺骗手段而占有。虽然全国的确有足够的财富供给全民享用，但是，胜利却是属于最有势力和最无耻的那些人们。在市场的争夺方面，情况也是如此。在这一世纪之初的几十年里，得到国外制成品自由供应的国内市场，在1860年时从本国生产者买进了89%的制成商品，而到1900年时则买进了97%的成品。在为这些资源和市场进行争夺的当中，贿赂风行，人民遭到掠夺，[①]违法的方法层出不穷，而且有时甚至于还使用了武力。晚至1910年，一位著名的英国新闻记者恰如其分地把美国比成是“被一群强盗式的富商所蹂躏；被中央政府和某些当地的精明社团极不恰当地统治着的一个十分富庶的国家”。[②]

亚当·斯密1776年所写的某篇名著里有下面这样的一段：

① 俄尔菲尔德在《明尼苏达大学学报》(1915年)所发表的《联邦政府对各州的土地授予兼论明尼苏达》一文，指出某一个富饶的州里的公地、森林和矿山财富是怎样进入了私人手里的。

② 威廉·阿琪尔：《美国的廉价宝库》，载《半月评论》，1910年第87卷，第930页。

“每一个私人都在不断地努力为自己所能支配的一切资本去谋求最为有利的用途。诚然，这个私人所看到的乃是自己的利益而不是社会的利益。但是，对于他自己的利益的研究，就自然会或是毋宁说必然会使他宁愿选择对于社会最有利益的那种用途。”[①]这项在工业革命发轫初期做出的关于放任主义会对社会幸福产生有利结果的乐观预言，在“南北战争”以后的几十年里被证明是很难成立的。当时所发展的无缰之马的竞争，不仅摧毁了许多制造商，而且结果带来了经常是对原料生产者和消费者都有损害的企业合并制度。不受限制的竞争和放任主义带来的祸害，在某种程度上也限制了它们的发展。人民公众最后终于起而反对了对国家资源的浪费开发以及人们普遍地使用的违法方法，而且由于剧烈的竞争对企业本身所产生的巨大危害，使人们不能不另谋解救之道。这样，企业的合并与政府管理就成为不可避免的必然后果。

企业合并的产生

“南北战争”的前数年，是小型制造业的黄金时代。在这个时期，典型的工厂是由一个单独的企业家，一个家族或是少数的股东所拥有。19 世纪 70 年代以后，就有了进行合并的趋势。持相反的经济思想的经济学家们都一致认为小商业的合并为大商业，乃是工业革命所产生的必然结果。不论这种趋势是否可以避免，它在我国的经济生活中是十分明显的。出席 1899 年“工业管理委员

① 亚当・斯密:《国民财富的性质和原因的研究》第 4 卷，第二章第 4 段。

会”作证的许多人,都认为“由于竞争十分剧烈,几乎所有互相竞争的厂家的利益都被消灭”,[①]这就是造成企业合并的主导力量,而且这好像也就是使得许多人联合起来以免被迫进入绝境的直接原因。19 世纪 70 年代初期,各家铁路公司在运费方面的剧烈竞争使得竞争地区的车费和运费都低于运输成本。例如由于制糖业的过分竞争,八十家糖厂中有十八家在合并以前就已经倒闭。

除了削价所造成的损失以外,还有在广告与售货费用方面竞争所带来的必然损失,以及小商业比大商业在利用副产品、在获得最完善的管理方法和在与工人、银行家、运输公司进行订约时所遭到的许多不利。减少不必要费用的欲望是与求得更大利润的迫切希望携手并进的,特别是当一项商业庞大得足以实行垄断时,它就可以获得更大的利润,例如美孚石油公司的情况就是如此。促使合并的其他原因中,当然还包括对基本专利权的控制以及通过新成立的机构所获得的巨大创业利润等在内。

虽然这些都是直接的原因,工业革命所产生的某些结果也使大企业有形成的可能。因此,企业合并的历史与大企业发展的历史是紧密地交织在一起的。节省劳力的机器的发明,使大规模的生产有利可图,对贵重机器设备的大量固定投资也抑制了竞争,而且国家面积和企业规模的扩大也使合并难以避免,各家铁路公司在这一方面的情况就是一个例证。一些较小的发明(如打字机、计算机和许多其他用具),都渐渐地构成了大企业时代的必要元素。这种发展,由于采用了许多大工业单位所组成的合资公司形式而

① 《工业委员会初步调查报告》,第 9 页。

大大地加强了。同样，还不可忘记，企业的集中乃是19世纪的一个特色。这不仅可以从企业方面看出来，也可以从工会的形成方面以及在政治领域中意大利与德国的联合看出来。

放任主义在19世纪后半叶也许在美国经济政策里占着主导的地位，但是在这方面，也还有一个明显的例外。美国在它的正在发展中的工业的影响下，1881年采取了高额的保护关税制度，这个制度，就一般的意义上讲，是从那时候起就一直在实行着的。放任主义政策的这种偏向也好像有助于大企业和垄断资本的发展。美国"食糖托拉斯"成立时担任总经理的哈符迈耶硬说："关税乃托拉斯之母"，而且有许多人也同意这个说法。虽然像美孚石油托拉斯、美国烟草托拉斯等许多垄断组织都几乎没有得到关税的什么好处，但是也有其他的一些如食糖托拉斯等却是得到了的。无论如何，关税使企业获得垄断利润。詹克斯和克拉克曾说："如果把1850年以来获得了数字资料的一切主要工业的平均纯收益加以计算，便会使人惊奇地看出在过去两代人的时间里，美国的工业是多么地集中。这样的计算说明，在美国的十三项主要工业中，从1850年到1910年的这六十年里，平均每个制造工厂的资本都增加了三十九倍以上，工人的人数增加了大约七倍，产品的价值增加了不止十九倍。"①这种趋势一直继续成为美国工业的显著特点，这可以从下页的图表里看出来。到了1923年，政府的调查表里对于每年产量价值在五千元以下的工厂都不予列入。从1914年到1929年，营业额在五千元到二万元的小工厂的相对数目从48.9%

① 詹克斯与克拉克：《托拉斯问题》，1917年第7版，第17页。

减少到 32.9%。而大工厂的数目却增加了。这些小工厂的工人百分比从 6.0%降低到 2.3%，产品的价值从 3.7%降低到 1.1%。把这些数字与营业额在一百万元或一百万元以上的工厂所增长的巨大数字加以比较，便会是很有趣的。虽然 1929 年时这一阶层的工厂只构成总数量的 5.6%，它却雇用了全国工人总数的 58.3%，生产了 69.2%的产品价值。

合资公司形式的优点与缺点

由于企业单位规模的扩大和竞争的越来越鲁莽与苛刻，个人单独经营或合资经营的旧式方法已经不适当了。厂房、设备和存货所需要的资金很大，远非一些私人所能提供，而且风险的巨大也不是个人所能单独负担的；因此，"南北战争"以后，人们就采用了

按产品价值分类的制造业一览表(1914—1929)

工厂类别（按产品价值分类）	工厂		工资收入者		产品价值	
	数目	分配百分比	平均人数	分配百分比	金额	分配百分比
5,000 元以上(a)						
1929	210,959	100.0	8,838,743	100.0	70,434,863,443	100.0
1925	187,390	100.0	8,384,261	100.0	62,713,713,730	100.0
1921	196,267	100.0	6,946,570	99.4(a)	43,658,282,833	99.7(a)
1919	214,383	100.0	9,000,059	99.5(a)	62,041,795,316	99.8(a)
1914	177,110	100.0	6,896,190	98.2(a)	23,987,860,617	99.1(a)
5,000—20,000 元						
1929	69,423	32.0	202,958	2.3	771,417,436	1.1
1925	55,876	29.8	156,373	1.9	628,373,403	1.0
1921	71,075	36.2	224,852	8.2	782,977,433	1.8
1919	79,699	37.2	227,977	2.5	866,086,290	1.4
1914	86,587	48.9	423,829	6.0	893,459,166	3.7

（续表）

工厂类别（按产品价值分类）	工厂		工资收入者		产品价值	
	数目	分配百分比	平均人数	分配百分比	金额	分配百分比
20,000—100,000元						
1929	75,225	35.7	693,155	7.8	3,587,697,276	5.1
1925	68,951	36.8	660,309	7.9	3,272,196,872	5.0
1921	72,251	36.8	746,024	10.0	3,330,350,409	7.6
1919	75,627	35.3	773,701	8.6	3,487,756,280	5.6
1914	56,557	31.9	995,743	14.2	2,540,949,405	10.5
100,000—500,000元						
1929	44,153	20.9	1,672,983	18.9	10,023,771,653	14.2
1925	42,209	22.5	1,675,911	20.0	9,576,090,022	15.3
1921	38,027	19.4	1,629,573	23.3	8,405,758,540	19.2
1919	39,477	18.4	1,712,854	18.9	8,929,364,110	14.4
1914(b)	30,147	17.0	3,000,612	42.7	8,759,391,117	36.2
500,000—1,000,000元						
1929	10,395	4.9	1,121,547	12.7	7,294,860,945	10.4
1925	9,771	5.2	1,131,439	13.5	6,870,112,293	11.0
1921	7,581	3.9	966,559	13.8	5,296,720,583	12.1
1919	9,197	4.2	1,112,815	12.3	6,457,485,019	10.4
1914(b)						
1,000,000元以上						
1929	11,763	5.6	5,148,100	58.3	48,757,116,133	69.2
1925	10,583	5.7	4,760,229	56.7	42,366,941,140	67.5
1921	7,333	3.7	3,379,562	48.4	25,837,475,868	59.0
1919	10,413	4.9	5,172,712	57.2	42,301,103,617	68.0
1914	3,819	2.2	2,476,006	35.3	11,794,060,929	48.7

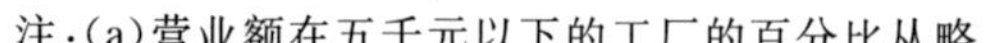

注：(a)营业额在五千元以下的工厂的百分比从略。

(b)数字中包含十万元到一百万元两类。

摘自《1933 年统计摘要》第 693 页。

合资形式的营运方法去适应新形势的需要。在那个时期之前，这种组织形式多半是用于银行，用于修筑收取通行费的公路与铁路，或是用于某些公共事业的必要工程，其规模也许是如此巨大，从而使风险得以广泛地分摊。这种组织普遍地被看成是一种危险、不民主和与垄断思想有关的形式，而且是一个必须加以认真监督的形式。例如在1846年宪法产生以前，纽约的普通法律不允许成立州营的合资公司。

根据某个精辟的定义，一个合股公司“乃是一个自愿的和自主的，为各股东谋求私人利益而组成的社团。它以一个带强制性的统一体而行动，经过州政府批准去完成某些公益事业”。[①] 换句话说，一个合股公司乃是通过法律允许所创设的一个组织或社团，它根据营业执照上所授给的权利去经营某些业务。合股公司虽然不是个人，但是是一个人为的实体，能够像一个人那样地去经营商业，也能触犯法律，提起诉讼或是被人控告。它具有许多有利的条件，因此几乎为人们普遍地所采用：(一)它使大量资本的募集变得更为容易。根据执照的条文，合股公司被准许为产权而募集资本，并且发行股票。这种股票可以由许多人购买小额的数量而构成一项巨大的企业。因此，1952年时美国电话电报公司曾夸耀说它有一百二十二万个股东，通用汽车公司说它的股东在四十八万八千八百人以上，新泽西美孚石油公司也说它的股东超过了二十六万

① 见汉尼所著《企业组织与合并》第82页。更为著名的定义是高等法院院长马歇尔在达特茅斯学院一案的判决里做出的。他说：“一个合股公司是一个人为的实体，看不见，摸不着，只能依照法律的意旨而存在。由于它只是一个法律的动物，只具有创立时营业执照所赋予它的那些特性，不管这些特性是公开的或是附属于它的存在上面的。……特性当中最重要的便是它的永久性，或者说，如果能用这一词句的话，它具有单独性的这一特性。也就是，许多人的永久继续性被认为是相同的这样一些特性，而且它能像一个单独的个人那样地行动。”《达特茅斯与伍德瓦德讼案卷宗》第4卷，《惠登报告》第518号，第636页。

九千人。一个合股公司也可以借入款项和发行公债，因此，它可以获得巨大的资金源泉。（二）通过拥有合资的股票，许多的人可以共享全国的发展和最大的厂家的利润，这些工厂常常由一些具有才干的人经营，他们贡献除了金钱以外的一切力量。（三）股东承担的风险由州政府的法律加以限制。（四）股票通常可以买进或卖出，因此，一个人可以按照自己的意志自愿地加入或脱离一个公司。（五）合股公司具有巨大的优点，就在于它不因股东的死亡或退休而使营业受到阻碍。

另一方面，合资的组织形式也有一些缺点。在股东人数众多和居住分散的地方，就不可能对他们的代理人，也就是每年会议上选出的董事去进行真正的控制。董事们的不负责任由于这样一个事实而加剧了，那就是：法律认为合股公司乃是一个单独的法人，而且各个董事乃是公司的代表而不是股东，这就使得一个股东或少数的股东对失职或舞弊的董事或代理人所进行的控告不起作用。各股东对董事的无法控制，常常鼓励了后者利用他们的地位去为私人的利益打算，或是进行投机的经营，进行舞弊的人事提升和过分地扩大资本，结果使各股东遭受巨大的损失，而各股东只要股红不受到损害是不会去仔细地过问这些事的。

从投资者的观点看来，合股公司这样经常地发行的许多股票与公债是弄不清的，只有专家才能算出它们的真正价值。从社会政策更广泛的观点看来，合股公司似乎在促成垄断，因为股票的拥有便利了连锁式董事制和连锁式所有权的建立。然而，不管它具有怎样的缺点，合股公司今天已经成为企业组织的主要形式。虽然 1919 年时合股公司只占全国企业组织的 31.5%，它们雇用了

86%的工资收入者，生产了产品总值的87.7%。[①] 有足够的事实足以证明最近二十年来它们的相对重要性是增加了。

集中的演进

虽然有些大的工厂是通过内部扩充和自然的扩张而扩大了组织的，但是更多的工厂却是通过把生产同一商品的许多工业合并起来而达到他们现在的庞大的规模。像1830年以后弗吉尼亚西部的一些食盐生产商人那样，想通过对产量的限制以达到控制价格的企图，在“南北战争”以前就曾经有人这样做过了，但是，直到1873年的经济恐慌以后，合并运动才流行起来。合并运动所经历的时期，可以根据它们所采取的形式大致划分如下：(一)合伙经营，(二)托拉斯，(三)控股公司，(四)合并，(五)“利害相通”。

合伙经营　1873年的经济恐慌以后，出现了合伙经营的工厂，这种运动大约一直继续到1887年。合伙经营乃是一些企业单位的组织形式，组织的成员企图用某种方法划分经营范围，以控制价格。这种形式在铁路方面尤其普遍，因为在互相竞争地区，剧烈的敌对行为会迅速地导致共同的毁灭。虽然受到1887年《州际商务法令》的禁止，这种方法仍然在继续，尤其是在南部，那个地区的棉花运输很久以来就由各家铁路公司加以分摊，而且货运运费也共同商议决定。合伙经营在铁路方面现在已经是一种合法的行

① 《1919年制造业调查摘要》，第340页，附表195。1919年1925年之间根据所有权做出的分类未经列出。

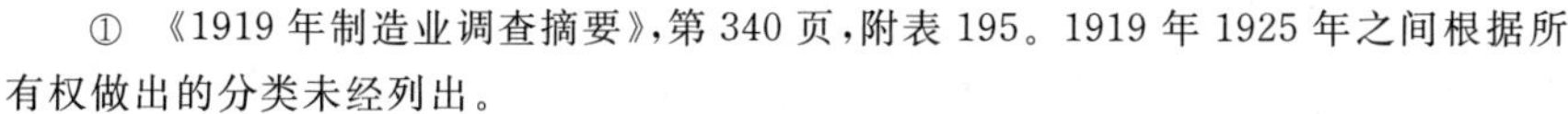

为，只要是州际商务委员会准许的话。除了运输的合伙经营之外，还有“产量”的合伙经营，例如 1886 年面粉商人做出了协定，企图通过互相的谅解在产量和价格方面消除“不按规定和未经许可的竞争”。毫无疑问，在同一类工业里，由各单位非正式地将营业加以分摊的办法在一定程度上仍然被坚持地使用着。另外一种合伙经营的方式，就是把营业地区和市场加以分配。最典型的例子便是 1902 年英国的帝国烟草公司与美国烟草公司所订立的协议，这个协议给予前者对英伦诸岛的营业绝对控制权，让后者控制美国本土、美国殖民地和古巴的营业。另外还成立了一个英美烟草有限公司的新合资公司，去处理世界其他各地的营业。第一次世界大战结束不久以后，又出现了一种更为晚近的销货合资经营，企图由英国马可尼公司与美国无线电公司把世界的无线电交易加以平分。此外还出现了另一种的合伙经营方式，把一部分利润或收益存入一个中央机构，留待以后进行分配。

托拉斯　铁路的合资经营，1887 年时被《州际商务法令》宣布为是违法的，1897 年最高法院在反对“横贯密苏里运输协会”一案里，又一次做了同样的宣布。1887 年以后，合伙经营的事业衰落了，但是并没有被人们放弃。代之而起的是一种新形式的谅解，这种谅解好像是合法的，同时也是更有效率的。从那一年起直到 1897 年，托拉斯是最流行的一种企业合并方法。托拉斯乃是一种组织形式，由缔结托拉斯协定的各个股东把大部分的股票交给一个理事会，取得了信托券。它与合伙经营的情况不同，并不仅只是一个联盟，而且是一项利益的实际合并。它是一种利用委托权的旧法律观念所造成的垄断组织，早在 1879 和 1882 年时就已经由美孚石油公司开始使用。以后随之而来的有1877年的威士忌托拉斯(即酿酒与养牛托拉斯),食糖托拉斯(即制糖公司),铅矿托拉斯,棉油托拉斯(1884年)以及以后各年中所成立的一些组织。把绝对权交给理事会的托拉斯形式,实际上构成了垄断,受到了1889年及以后各年中各州反托拉斯的法律以及1890年联邦政府的《薛尔曼反托拉斯法令》的禁止。早年联邦法院对《薛尔曼反托拉斯法令》的执行一般是不太成功的,但是1890年纽约州"控诉院"的解散北河制糖公司和1892年俄亥俄法院的解散美孚石油托拉斯,给予了这种合并方法以肯定的挫折。有趣的是,这些案件的判决理由,都说托拉斯的成立违犯了营业证所赋予的权利,而不说它们已经构成了垄断。[①] 无论怎样说,这些判决都被这些公司接受了。此外,1893年的经济恐慌和以后各年中的经济萧条,都暂时止住了人们进一步走向合并的动机。

控股公司　反托拉斯的法令导致了一种新形式的合并,那就是,控股公司的出现。虽然直截了当的合并与企业联合一直在继续,控股公司乃是从1897年1904年这些企业合并最为盛行的时期里人们所应用的一种主要形式。控股公司乃是一种组织,通过拥有控制其他合股公司的一部分股票,来统治这些公司。虽然这种办法曾经在这个时期以前由宾夕法尼亚公司和美国贝尔电话公司应用过,那时又被迅速地采用起来,美孚石油公司正如它采用托拉斯的情况那样又一次带头使用了这个方法。许多州政府的温和的法律大大地便利了控股公司的运动,尤其是新泽西、西弗吉尼

① 薛格尔与盖立克:《托拉斯与合股公司问题》,1929年版,第51—55页。

亚、特拉华和缅因，这些州的某项普通法律允许组织纯属财务性质的合资公司，赋予这些公司极为广泛的权力。它们的义务是这样地轻微，以至于只要能维持一个做幌子的办公室，提交一份贫乏的年度报告就符合法律的规定。新泽西州由于地位的关系，能够比别州抢先，而且在那里成立了一些总公司，使纽约的董事们旅行到那里去举行年度会议，这已经成为泽西城一项重要的专业活动了。

从 1897 年 1904 年，卖出的股票价值在六十亿元以上。仅 1897 年一年就成立了许多新公司，名义资本共为三十五亿一千二百万元，其中至少有四分之一是虚股。1904 年，穆迪列举了三百一十八家大大小小的工业托拉斯，它们由五千三百个全然不同的工厂所组成，资本总额在七十亿元以上，其中有二百三十六家（占资本总数的六分之五）自从 1898 年 1 月 1 日就已经合并；有一百七十家是根据新泽西州的法律合并的。[1] 事实上，今天的许多大合资公司都是在那些年月里组成的，包括许多年来一直是它们当中最大的美国钢铁公司在内。

这个庞大的控股公司由十一个分公司组成，控制着大约一百七十个分厂，它是由摩根和盖雷一手造成的，而且就某种意义上，它标志着托拉斯运动达到顶峰。组织这个公司的内在原因是当时钢铁商业方面的剧烈竞争和卡内基提出了将展开更为尖锐的

① 穆迪：《托拉斯真相》，1904 年版，第 486 页。他所列举的七家大托拉斯——美国制糖公司（1891 年），美国冶炼公司（1899 年），烟草联合公司（1901 年），美孚石油公司（1899 年），美国钢铁公司（1901 年），美国商船运输公司（1902 年）——夸耀说资本超过二十五亿元以上。除掉一家之外，都是在 1898 年以后组成的。所有上述托拉斯都根据新泽西州的法律进行合并。

商业战的威胁所造成。卡内基由于渴望退休，最后成功地把这份巨大的钢铁财产股票抛售给摩根。摩根把它与自己已经投资的一些钢铁工厂合并起来，再买进了一些工厂，总起来组成了美国钢铁公司。根据“公司管理委员会”的估计，这家新公司真实财产的实际价值是六亿八千二百万元，然而它的账面资本是十四亿零二百八十四万六千元，其中优先股占五亿一千零二十万五千元，普通股占五亿零八百二十二万七千元。[①] 很明显，所有的普通股和一大部分优先股都是虚股，但是这个企业是这样地有势力和经营得这样成功，以至于除了三年的时间以外，直到 1932 年都对普通股付出了红利。从发起人和原来投资人的观点看来，这个公司是合并的大企业中营运得最为成功的。

的确像许多投资者所发现的那样，仅只组织庞大，并不一定意味着利润。例如国际商船运输公司[②]和美国造船公司两公司的合并就没有得到利益而是受到了损失；而且合并事业的加速，使市场上充满了摩根所说的“未消化的股票”。到了 1904 年，许多重要的工业都在不同的程度上进行了合并，而且，在短暂的时期内，几乎没有什么行业没有被合并的势力所征服。此外，当控股公司变成一个垄断组织以后，它的地位并不比一个托拉斯更为安全。1904 年罗斯福总统获得了法院的判决，把北方证券公司解散，这是掌握着开发西北部的三条大铁路股票的一个组织。法院申述说：虽然控股公司在合并的那一州里是合法的，但是当它的目的显然是为

① 《公司管理委员会关于钢铁工业的报告》，1911 年版。第一部分序言第 17—24 页。转载于弗鲁格尔与福克讷：《美国经济与社会史文选》，第 566—573 页。

② 见前引薛格尔与盖立克所著前书第十二。

了造成垄断时，那就是违法的了。以后，法院也以同样的判决解散了“美孚石油”和“美国烟草”这两个控股公司。

合并与“利害相通” 控股公司今天在美国仍然是一种最重要的合资组织形式，而且近年以来，还利用了“投票信托公司”与“金字塔似的控股公司”等方法而得到了新的改进（见本书第361、362页注释）。同时，它又得到其他合并方法的补充。合并与归并，或是一个组织直截了当地收买另一个组织，便是方法当中的一种。同样地，反托拉斯的法律又通过准许成立“利害相通”而鼓励了另一些达到垄断目的的新方法，这些方法通常是通过由私人、控股公司、合股公司、投资信托公司和投票信托公司来收买其他公司的股票。一个公司能够大量地收买另一个公司的股票以发展它的势力，因此，一家公司的代表可以担任另一家公司的董事。诚然，《克莱顿法令》禁止那些资本、盈余和未分配利润总数超过一百万元从事于州际商业的互相竞争的公司采用“连锁董事”制度，但是，即使在这样的情况下，同样的一些人，以股东的身份仍然可以通过“名义”董事的办法去造成巨大的势力影响。“利害相通”的办法在石油公司方面是这样地普遍，以至于1892年对托拉斯和1911年对控股公司的解散都只产生了微小的影响。长期以来，人们都以怀疑的眼光去看待各家铁路公司，认为它们曾特别地使用了“利害相通”的办法去进行合并。铁路公司互相购买股票的情况已经达到这样一个程度，以至于可以依照它们所控制着的金融集团把它们划分为七八个不同的组合。这种情况，曾经在某些使用这种制度的地区使竞争缓和下来。

美孚石油公司

研究工业合并的时候，了解石油商业的历史具有特别重要的意义，因为美孚石油公司的兴起和发展，实际上代表性地说明了垄断的方法与垄断的发展在美国进行的整个情况。事实上，石油商业的历史为美国垄断资本提供了典型的历史。在德雷克油井发现之后，1859 年就开始了宾夕法尼亚州铁塔斯维尔附近石油的成功的探钻。虽然在战争时期凿井和炼油的商业有了超速的扩张，1865 年的产量仍然落后于需要，整个工业都因为缺乏运输条件和效率较好的炼油机器而严重地受到了障碍。运输乃是发展石油工业的一大问题和主要开支的这一事实，使得许多有才干的油商明白地看出：只有那些具有足够资本、装备最好的机器、能进行大量生产和有足够产量去迫使铁路减低运费的公司才能取得成就。1867 年，虽然这项工业还处在幼稚时代，洛克菲勒就已经把威廉·洛克菲勒公司、洛克菲勒与安珠鲁斯公司、洛克菲勒公司、哈克乃斯公司、富莱格勒公司联合起来，组成了洛克菲勒-安珠鲁斯与富莱格勒公司。他说："这个公司形成的原因乃是由于要想把我们的资本与技术联合起来去经营一项巨大的与重要的企业，以代替那些从前个别地经营的小企业。"①由于需要进一步增加资本，这个公司便在 1870 年改组成为俄亥俄美孚石油公司，资本为一百万元，在它的克利夫兰的油厂里每天大约可以炼油六百桶。但是，

① 《工业管理委员会初步报告》，第 95 页。

这个数量只等于当时美国所炼的石油的4%，而且美孚石油公司甚至于还不是当时美国最大的一家公司。

1879年以前，油商的竞争主要是在产量方面。在以后的年月里，就变成了在运输与特惠运价方面的竞争。这是一场剧烈的战争，使得美孚石油公司取得了完全的控制权。这项胜利主要是归功于洛克菲勒和他的伙伴们经营企业的敏锐才干，归功于特惠运价，以及归功于这些人所采用的消灭竞争的审慎方法和向铁路公司与政府所取得的有利的让步。他们在取得低廉的运费方面，主要是由于得到了伊利铁路公司、纽约中央铁路公司和宾夕法尼亚铁路公司的协助，这些公司那时都在为石油商业的运输而互相竞争。为了符合当时的政策，这些铁路公司都对那些具有发展前途的公司把运费降低到使旁人不能竞争的程度。在所有与铁路公司讲价还价的这一方面，没有其他的炼油商像美孚石油公司那样地获得成功的。然而，它的成就还必须归功于更好的行政能力，而不能归功于采用了更多的犯罪方法。它在克利夫兰地址上所占的有利条件，当然是取得成就的一个因素，因为它取道“五大湖”与伊利运河，可以把货物由水路直接运抵海岸，使工厂不完全依赖于铁路的运输。

最为恶名昭彰的运费协定，是与南方促进公司缔结的。这家公司1871年得到宾夕法尼亚州政府发给的营业执照，获得了广泛的权力，其中包括有权“建造或经营任何公营或私营的工程，这些工程的目的，包括着增加、便利或发展商业、客运、货运、牲畜与旅客的运输；或是经营美国境内任何地区的陆路与水路的

交通事业。”[①]这家公司的二千股股票中，有九百股为洛克菲勒和他的亲密伙伴所拥有，这家公司实际上是由招揽生意的铁路公司而不是由寻求廉价运费的炼油商人组织起来的。然而，这家公司与宾夕法尼亚铁路公司，纽约中央铁路公司和伊利铁路公司都订有合同，同意把它所承运的45%的石油交由上述第一家铁路公司去承运，其余由其他两家铁路公司平均分摊运输。转过来，铁路公司也同意对这家公司所承运的一切石油都给予回扣，对其他公司交运的石油就按照运价收费；此外还对南方促进公司在它们铁路线上运输的一切石油和产品都提交运货单。每家铁路公司也同意：“尽量在法律允许的范围内，随时与本合同的甲方合作，以避免因伤害或竞争而遭致损失，以使本合同甲方能保持盈利，营业得到充分和正规的发展；为此，各铁路公司将在法律允许的范围内必要时按情况在各干线及支线上适当地提高或降低运费以克服这种竞争。”南方促进公司引起了人们猛烈的反对，因此，三个月以后，它的执照便被撤销了。我们在这里叙述这一段事迹，目的只在于指出回扣制度会发展到怎样的程度。尽管南方促进公司结束了，回扣制度和特惠运费的区别对待办法仍然在继续。美孚石油公司渐渐地把它的营业扩充到油管的拥有。到了1879年，它控制着全国已提炼的石油的90%到95%，而且事实上能够转过来操纵铁路的运价。1880年1月“赫本委员会”在向纽约州政府提出的报告中写道：

① 《工业委员会初步报告》第608页。有关南方促进公司的执照问题见本书第二十八章“扩张中的20世纪20年代”一节；有关与宾夕法尼亚公司所签订的合同见同一章“企业合并的复兴”一节。

"这家公司拥有并且控制着与铁路相连接的产油区的油管。它完全控制着这些铁路，承运全国总油量的95%。……它操纵着铁路的运费和承运条件，收买和冻结了全国的炼油厂，利用了它所拥有的运输优越条件，能在产油区抬高买价，在世界各地的市场上贬低卖价。因此，它一直在收买和冻结一切的反对力量，直到它吸收和垄断了这项巨大的商业和这项占我国出口第二位的巨大生产。被它们挫败的那些油商，拥有充裕的资本，也具有执行商业中一切事务的同等能力，但却无法获得运输方面的便利。"①

为了更加全面地控制局势，俄亥俄美孚石油公司1882年制定了一项计划，把十四家公司的股票和另外二十四家公司的大部分产权放在具有"完全代理权"的九个理事的手里。转过来，股东们也得到信托券。这些证券的票面金额共为七千万元，其中四千六百万元为决定所属公司营业政策的九个理事所拥有。对于这种新组织的目的，公众是不难理解的。州政府通过了一系列的反垄断的法令，而且俄亥俄的法院1890年把美孚石油公司拆散为二十个公司。用这些新公司的股票按比例收回了信托券。

1899年又组成了新泽西美孚石油公司，这是第二次想把整个财产放在一个单独的管理机构下面的一项企图。它是一个控股公司，也是一个本身进行营业的公司，成立的目的在于把各个合股公司的股票转入这个公司的手里，以便时机成熟时这个单独的公司

① 《1880年纽约州议会文件》第38卷。

就可以拥有和指导整个的石油工业。1904 年的“北方证券”讼案的判决[1]，大大地动摇了这个公司成为控股公司的地位，最后由于 1911 年最高法院的解散命令而使它垮了台。[2] 自从那个时候起，这项商业就由几个州政府发给营业执照的那些合资公司去进行，好多年来，营运都很顺利，而且由于某些私人拥有这几个公司的控制股权，使用了“利害相通”的方法，对市场产生了控制的力量。到了 1904 年，美孚石油公司控制了国内大约 85% 的石油贸易和 90% 的出口贸易。它的收益从 1882 年的八百万元增加到 1905 年的五千七百四十五万九千三百五十六元。分派的红利也由 1882 年的 5.25% 增加到 1898 年的 30%。近年以来，各家美孚石油公司的营业已经发展到国外，主要是在拉丁美洲和中东。

汽车运输业务的增加，也推动了石油的生产，而且鼓励了许多新的势力雄厚公司的成立，其中有“得克萨斯公司”“海湾公司”“壳牌公司”等。这些公司实际上使五十年前几乎是由美孚石油公司集团所完全享有的垄断利益暗中受到了损害。可是，美孚石油公司继续在运输和炼油方面占着统治的地位，而且仍然使它的劲敌的业务感到逊色。[3] 在停止阐述石油工业的垄断情况以前，还应该再一次着重地指出，美孚石油公司是通过炼油方面的垄断而达到它长期以来的统治地位。其他的公司生产了石油，美孚石油公司就把它们加以提炼。在以后的几年里，由于竞争的发展，各家美

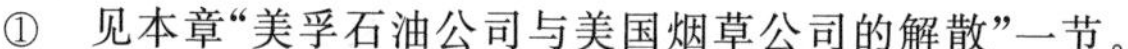

① 见本章“美孚石油公司与美国烟草公司的解散”一节。

② 同上。

③ 关于美孚石油公司的简史，参阅薛格尔和盖立克所著前书第六、七两章及累德勒所著《美国工业控制的集中》第二章。

孚石油公司和它们的竞争者都被迫去经营油管的运输，进行批发和零售，以及从事于产品的探钻和提炼等业务。

合并与垄断

我们的论述到目前为止主要是关于合并运动和它所采用的各种形式。然而，还必须记住，一个合伙经营、控股公司或者甚至于一个托拉斯的组成，都可以不至于造成一项垄断，但是，在这些组织者的心目中，一般仍然是具有垄断的希望和得到垄断利益的冀图的。因为控制了产品的巨大百分比之后，事实上就可以造成垄断。组织托拉斯去消灭竞争和控制产品的这一事实是这样地明显，以至于“托拉斯”这个名词在美国已经普遍地被用去指任何一项接近垄断的合并，而且有时甚至于被不加区别地用去指一切大的企业。

我们所熟知的垄断有好几种。有个人的垄断，也就是某一私人具有特殊的足以驱除竞争者的天才或知识的垄断。有“合法的”垄断，其中又分公众的垄断(如像美国的邮政)和建筑在专利权、版权或选举权之上的私人垄断。另外一种重要的垄断便是对环境或某个组织的天然垄断，其中如电车或公共汽车公司，煤气或电力公司，还有有烟煤煤矿等。熟练工人合并所产生的“劳动力”的垄断常常控制着劳动力的供应。但是，这里我们特别感兴趣的是“资本主义式的”垄断，或是对某个组织的垄断，它们通过了大量累积资本的集中和足够数目的生产单位的统一，就能够产生垄断的作用。

只要对这些类型加以简单的考虑便可以正确地了解这样的一个事实，那就是：某些形式的垄断是不可避免的，而另外的一些垄断乃是为了公共福利而受到了鼓励。个人对修筑铁路的天才，常常是一种不可避免的垄断。政府的邮政制度和创设一条电车路的特权，可以是因为谋求公共福利而构成了这项垄断；专利权的授给是按照广泛的社会福利去加以考虑的。另一方面，对资本主义式的垄断和劳动力的垄断会立即导致人们的纷争。但是，即使在这个问题上，当代的情况不容许我们抱着过于教条的态度。建设一个制糖厂或炼钢厂的费用是这样地巨大，以至于绝对的自由竞争几乎是自动地取消了，而且工人们通过一个更为强大的谈判组织去获得较好工作条件的非常值得赞美的决心，是不容草率地加以非议的。

资本主义式的垄断——优点与缺点

大规模垄断式的生产，常常得到人们热烈的拥护，同时也受到人们的批评。前一些人特别强调在生产与销售方面的节省。关于生产方面，他们认为有了大量的资源就有可能只使用那些位置最有利的工厂和最有效率的机器，特别是在经济萧条时期；他们认为大规模的生产能使副产品得到更为充分的利用和分工方面的节约；认为大规模的生产能在不同的工厂里进行生产的专业化；认为通过消灭重复的高薪职位，可以减少行政费用，同时还可以获得那一方面的最有才干的人员。他们也指出：研究工作可以更大规模地去进行；通过对生产同一物件的各家工厂进行仔细的比较，就可以容易发现浪费和效率较差的生产方法；而且在对付劳工方面就会有更大的力量。关于产品的销售方面，他们认为，由于可以接受最邻近的工厂的订货和更有力地发展对外贸易，就可以不雇用售货人员和不进行广告宣传，减少转运费用，从而就节省了开支。他们还进一步争论说，把半制品和制成品的市价加以控制，就有助于稳定物价和生产，从而便会对经济生活产生良好的影响。在垄断资本迅速发展的时期，他们常常强调竞争的坏处，并且把"竞争就是商业的死亡"的这句格言提到第一位来。[①]

另一方面，有人也争辩说：虽然垄断可以降低制造成本，但是，节省下来的那一部分费用并没有转嫁到消费者的身上，因为垄断的目的是为了增加利润，而且，十分明显，在许多情况下，公众遭受蒙骗去负担不正当的费用。"工业管理委员会"1912年时在经过最为彻底的研究以后认为："在很多情况下，合并对于物价产生了巨大的作用，而且几乎在所有的情况下，它增加了原料与制成品之间的'赚头'，既然没有理由相信生产成本在一个很多年的时期内会减少，就可以明显地得出合并增加了他们的利润的这一结论。"[②]在较早的时期，詹克斯教授就已经得出结论，认为："增加'赚头'的力量至少是暂时的和有点是武断的，以及'赚头'已经在某些特殊情况下有所增加的这一事实，好像显然已经构成了。"争论的焦点主要不在于是否物价已经降低，而是在于是否它们已经

---

① 贸易协会的提倡者爱迪在他书里的标题页用"竞争就是战争，战争就是地狱"这个题目摘要地加以说明。见他的《新竞争》一书，1914年版。

② 《工业管理委员会最后报告》第19卷，第621页。

足够地降低，从而使大规模生产的成本也因之降低。[①]

虽然消费者所负担的物价常常是保持在一个不必要的高度之上，而原料生产者如牧牛人、甜菜种植人和其他的人们却遭受到买主之间缺乏竞争而来的这样一种损失。此外，垄断常常产生对消费者提供不足的和草率的服务，而且消费者被迫去接受他所能得到的物品。从纯科学的观点看来，不管垄断有什么好处，如果制造的过程形成了一种垄断，那么，原料生产者和制成品的消费者都将要大大地受制造商的支配，这是十分明显的。

在比较优缺点时，还必须指出，很多被人们认为的垄断所具有的优点，也可以同样地适用于没有垄断的任何大规模的工业。企业的逐渐合并已经有相当的发展，因此，我们有十足的理由相信，在许多工业里，这种过程将会继续。然而，这样的垄断一般人们都不敢加以信任，认为它是一种经济的与社会的罪恶，人们曾经不遗余力地想通过立法的手段去恢复竞争或是去控制垄断。

早年的反托拉斯运动

尽管放任主义占着主导地位，而且企业的合并在热烈地进行，但是，这种趋势曾经遭到了强烈的反对。这首先是产生于人们继承了旧的英国普通法律的观念，对于垄断有着根深蒂固的憎恶，这种根憎无疑地是由于新的合并使人们生活受到损害的那些不幸事件所激起的。第二，人们害怕国家的资源会被放在一些不负责任

---

① 詹克斯：《托拉斯与工业合并》，载《劳动部公报》，1900年7月第29号，第765页。

的人们的控制之下。到了1873年，有六家合股公司拥有宾夕法尼亚的多数有烟煤煤矿和运煤的交通工具，而且在以后的各年里，许多的煤田都被分割了。到了1882年，美孚石油公司的三十九个炼油厂控制了这项产品的90%。劳埃德1894年时说道：

> "有一小撮人正在获得权力去禁止除掉他们自己以外的人们把近代生活与工业中常用的一切形式的'火'供给人们使用，其中包括从火柴到火车头和电力在内。他们控制着我们使用的无烟煤和绝大多数的有烟煤：控制着我们的火炉、熔炉、各种暖气设备、蒸汽锅炉和一般锅炉的调节器，煤气和煤气装置，天然煤气与煤气管，电灯和所有的附属物。你自己不能自由地从使用电力改为使用煤气，或是从使用城市的煤气改为使用野外的煤气。如果你从使用煤油灯飞越到使用洋烛，你仍然会受到禁止。"①

到了1904年，我国的多数主要产品都受到了大的合并公司的控制，这些合并的公司庞大得足以构成垄断。人们不仅为国家资源被分割与被合并而忧虑，也完全被竞争的欺骗方法唤醒过来，这种竞争在许多情况下是由于公开地逃避了法律而获得成功的，那些不愿意参加托拉斯的工厂，都受到了一些不公平的方法的打击，其中比较不太含有恶意的方法便是取得特殊的铁路运费回扣，这种办法是使美孚石油公司营运成功的一个重大原因。它们不仅逃

① 劳埃德：《不利于共和国的财富》，第9—10页。

避了法律，而且也向政府进行贿赂。大企业对政治所施加的腐败的影响势力，不仅表现在铁路免票的自由分配方面，更表现在选举时所进行的各项活动方面。密歇根州的最高法院在对涉及钻石牌火柴公司案件（这是那时托拉斯中的最为恶名昭彰的一个）做出下列判决的时候，显然代表了当时盛行的一种思想，这份判决书说："诚然，在这样大量金钱积累在合股公司金库里的一个国家里，如果把这笔金钱任意地违反人民大众的利益用去控制全国的商业和财产，以谋求私人利益和达到少数人发财致富的目的，那么，这个自由政府能否持久，是令人怀疑的。"①

此外，足以导致合并的财政措施，"虚股"的发行，对律师和银行付给大量的佣金等，都足以使人民大众受到掠夺。最后，工人们也感到更不容易应付资本合并后所增加的力量，这是托拉斯制度受到的最严厉的批评之一。这种力量的最为典型的例子便是美国钢铁公司。这家公司在三十多年的时期内，阻止了工人们在工厂里成立规模较大的工会组织，而且通过它在这项工业里占着领先地位的势力，也阻止了其他公司里的工会组织。

许多善于思考的公民对于垄断资本发展的迅速和与之同时产生的不负责任的权力的使用都十分关怀。在唤起人们注意当时经济生活缺点的书籍中，最为流行的名著有三本：亨利·乔治 1879 年出版的《进步与贫困》，提倡对地价采用单一税作为解决垄断问题的方法；贝拉米 1887 年出版的赞扬社会主义国家的《回顾》一书也提出了另外的一项解决方法；劳埃德的《不利于共和国的财富》

① 李查逊与布尔等讼案判决，载《密歇根州政府报告》，第 77 号，第 658 页。

(1894年),是一部对托拉斯攻击得最有力量和最为剧烈的书籍。在反对托拉斯方面所发展的力量曾在政治上产生了影响。1872年,美国的两个主要政党都反对政府再对铁路合股公司和垄断企业给予补助。1880年“绿背纸币的支持者”和1884年“反垄断主义者”们都请求政府采取行动去阻止或控制垄断,而且四个主要政党(共和党、民主党、禁酒党和工会联合党)也把它作为竞选的政纲。虽然人们都以为垄断资本已经受到普通法律的禁止,在1890年年末,还有二十七个州和“准州地区”通过法律去防止或毁灭垄断资本,而且有十五个州的宪法上也加入了同样的条文。那一年,联邦政府也采取了行动。

《薛尔曼反托拉斯法令》

到了1890年,垄断问题引起了全国舆论的十足重视,以致人们要求进行联邦立法以补充各州法律的不足。1880年,众议院[①]和纽约州的参议院[②]都各自成立了委员会去进行调查,所提出的建设性的建议虽然不多,但是证实了当时人们所相信的垄断资本的弊害。哈里森总统在1889年的一次咨文中,促请政府制定法律反对具有阴谋性质的托拉斯组织[③]。1888年,有人向参议院提出了几个反对托拉斯的法案,但是讨论了两年之后才最后通过了一

① 见《托拉斯调查报告》,载1887—1888年第五十届国会第一次会议众议院《报告》第9卷,总编号第3112。

② 《参议院普通法律委员会有关托拉斯的调查报告》,1888年3月6日发表。

③ 李查逊:《历届总统咨文及报告汇编》第9卷,第43页。

项法令。这项法案的制成法律，在很大程度上是由于保守的共和党参议员们想利用他们的投票权作为交换条件去获得《麦金莱关税法案》的制定才得到实现的。

1890 年的《薛尔曼反托拉斯法令》[①]共有八条，但是它的原理和理论，不外下面的几点：

“第一条——兹宣布凡具有妨碍各州之间商务与对外贸易的一切合同，或按照托拉斯及其他形式所组成的企业合并或阴谋，均属违法……

“第二条——凡进行垄断或企图垄断、合并、或与他人阴谋垄断各州间任何部分的贸易及商务或对外贸易的人，其行为均属违法……”

违犯法律的人，都要受到罚款或监禁的处分，而且受害人可以得到所受损害数额三倍的赔偿。美国的一些“巡回法庭”有权防止或禁止对这个法案的违犯；首席检察官受命对违法的行为提起公诉。

许多人把《薛尔曼反托拉斯法令》看成是对合法商业的不必要的一种打击和对不可避免的经济发展的一项无益的反对。但是起草这个法令的委员们的确认为这个提案只不过是重复一下英国的一般普通法律的原则并且把它们引申到美国来应用而已。这个法令并不曾企图对“合同、合并或妨碍贸易的阴谋”去下定义；它被故

① 法规第 26 号，第 209 页。本章里所提到的这个法案和联邦政府制定的其他反托拉斯法案的本文载詹克斯及克拉克所著：《托拉斯问题》一文，载《美国联邦政府对托拉斯的立法，附录 F》。附录各条中含有许多有价值的资料。也可参阅弗鲁格尔及福克讷所著前引书，第 541 页后半段。

意地用一般的词句草拟出来，让法院去加以解释，目的在于使合法的商业能继续经营，不必恐惧会受到干预。

参议员克朗姆把《薛尔曼反托拉斯法令》称为“国会所通过法令中最为重要的法令”，但是这个法令在早年的一个长时期内肯定没有发生什么作用，理由有三：第一，19 世纪 20 年代的经济恐慌，在一定时间内延迟了进一步的大规模的企业合并；第二，这个提案所使用的一般词句需要根据法律加以详细的解释才有作用；第三，联邦政府表示了缺乏执行这个法令的兴趣。1893 年的经济恐慌使商业暂时停滞，而且使联邦和州政府都不愿再增加它们的负担。哈里森总统任内政治上的软弱以及克利夫兰总统第二任时与东部资本家们所取得的必要的联系，都阻止了带有积极意义的法律的通过；而且在麦金莱总统任内，合并运动仍然畅行无阻，总统显然无意去进行干涉。直到 1901 年，政府曾提出过十八次公诉，但都没有取得什么成果。在这个时期里，放任主义的精神和合并的经济趋势，以及在处理托拉斯和合资组织形式上所遇到的技术上的困难，使政府无法采取当机立断的法律行动。

《薛尔曼反托拉斯法令》的失效，到了 1895 年时好像已经是无可争辩的了，那时，最高法院拒绝解散美国制糖公司（这家公司刚刚收买了四家宾夕法尼亚的同它竞争的糖厂，从而控制了全国 95%的砂糖的产量），理由是《薛尔曼反托拉斯法令》只适用于使贸易受到妨碍的垄断，并且认为按照宪法的严格意义讲来，仅只收买糖厂或炼糖并不是一种商务。[①] 可是，这个几乎令人难以置信的判决，在四年以后的“艾迪斯登油管案”里便大大地被削弱，那时，

① 《美国政府与乃特公司涉讼案卷宗》第 156 号，美国政府卷，第 1 号。

最高法院认为虽然合伙经营的成员制造了油管，他们缔结的合同牵涉跨越各州境界去进行买卖的问题，因此是违法的。[①] 法院已经决定把这项法令使用于铁路，并且判决了有两个铁路协定是违法的。[②] 虽然这些讼案使《薛尔曼反托拉斯法令》起了一定的作用。我们还必须同意詹克斯教授的看法，他说："对这些法令和对最高法院根据这些法案所做的判决加以研究，便可以看出它们对我国工业发展趋势方面所产生的效果是比较小的，或者甚至是没有什么实际效果的。"[③]

《薛尔曼反托拉斯法令》对于企业合并所产生的影响很微，相反地，资本家在有效地利用它去抵制工会方面却获得了成功。1894 年"普耳曼"铁路的罢工由于政府通过法院采取行动而遭到了破坏，那时，法院认为工会的行动乃是企图妨碍各州之间商务的一项阴谋，颁布了禁令去阻止罢工。[④] 在著名的邓伯利制帽公司的罢工案件中，工会会员们被判决：根据《薛尔曼反托拉斯法令》应对在各州间举行抵制运动所引起的商业损失负财务上的责任，要用他们的私人财产来赔偿全部的损失。[⑤] 某些法院甚至于对正规的工会组织的合法性加以怀疑，认为由于工会有了限制性的规章

① 《爱迪斯登油管钢铁公司与美国政府涉讼案卷宗》第 175 号，美国政府卷，第 211 号(1899 年)。

② 《美国政府与横贯密苏里运输协会涉讼案卷宗》第 166 号，美国政府卷，第 341 号(1897 年)，及《美国政府与联合运输协会涉讼案卷宗》第 171 号，美国政府卷，第 505 号(1898 年)。

③ 詹克斯：《托拉斯问题》(1905 年修订版)第 218 页。

④ 参阅《有关戴布斯一案卷宗》第 158 号，美国政府卷，第 564 号(1894 年)，并参阅薛格尔和盖立克著：前引书第 374 页后半段。

⑤ 《洛维与劳洛涉讼案卷宗》第 235 号，美国政府卷，第 522 号(1915 年)。

和行为，这些工会不管是根据普通法律或是根据《薛尔曼反托拉斯法令》[①]来看都是不合法的。我们将要看到，在通过 1914 年《克莱顿法令》的时候，美国国会要想如像它有效地控制商业那样地使反托拉斯法令不适用于工会，但是不管在哪一方面，国会的努力都没有取得显著的成效。

揭发者与反托拉斯活动的恢复

在美国与西班牙战争刚一结束以后的那些繁荣的年份里，由于企业合并的广泛恢复与合资组织利益的庞大，使公共福利遭受到滥用与忽视，从而产生了合乎逻辑的反应。自从塔贝耳 1903—1904 年在《麦克勒耳》杂志上发表了《美孚石油公司史》一文之后，就出现了把美国经济与社会生活里最丑恶的那些特点暴露无遗的这样一个时期。林肯·斯特芬斯的《城市的耻辱》(1904 年出版)一书，揭露了许多地方政府的腐败情况；托玛斯·劳逊 1905—1906 年在《人人》杂志上发表的《发狂的财政》一文揭发了华尔街的丑恶；优卜顿·辛克莱所著《丛林》一书(1906 年版)泄露了肉食罐头工业工人所遭受的可怕的污秽与痛苦的生活；查尔斯·罗素在《人人》杂志上发表的《世界最大的托拉斯》一文也严厉地批评了“牛肉托拉斯”的组织；温斯顿·丘吉尔在《科尼斯顿》(1906 年版)一书里描绘了州政府如何屈从于铁路公司的情况。雷贝克尔连续在《麦克勒耳》杂志上所发表的《铁路公司的考验》一文论述了铁路

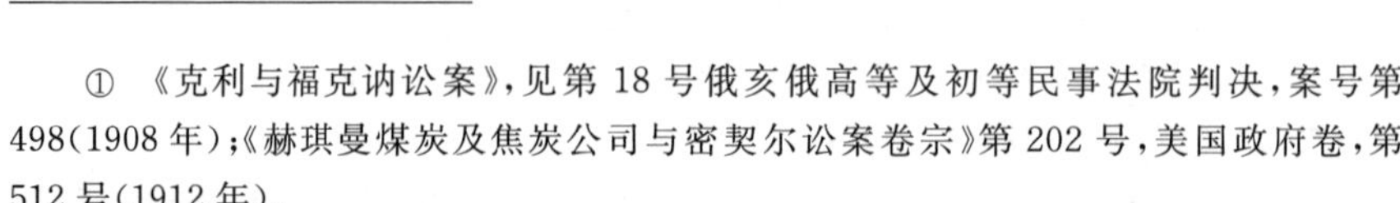

① 《克利与福克讷讼案》，见第 18 号俄亥俄高等及初等民事法院判决，案号第 498(1908 年)；《赫琪曼煤炭及焦炭公司与密契尔讼案卷宗》第 202 号，美国政府卷，第 512 号(1912 年)。

其他方面的问题;亨德里克也在同一份杂志上发表了《人寿保险史》一文(1907年),揭穿了保险公司的违法和欺骗行为。还有其他的一些书籍和无数杂志所发表的文章,都暴露了大商业的违法与贪婪和政客们的贪污行为。在1896年、1900年和1904年的竞选中,民主党也集中一部分的炮火对托拉斯组织加以攻击。

这样的"揭发",有些无疑是被夸大了,但是,很不幸,多数仍然是千真万确的。不管是否有所夸大,都有助于激起人们进行改革的有益反应,在这个改革运动中,罗斯福总统起了带头作用。他在1902年的竞选演说中攻击了托拉斯组织,第二年,国会通过了三个法令,对大企业做了更为有效的控制。第一个法令便是人所共知的《促进法令》,对根据《各州之间商务法令》和《薛尔曼反托拉斯法令》提出的案件由联邦政府优先受理。第二个法令便是《艾尔金斯反回扣法令》,目的在于澄清法律意义含糊的地方和消灭各家铁路的恶劣行为。第三个法令创立了一个商务与劳工部,下面设公司局"对各个公司的组织,营运和管理进行经常的调查"。同一年,总统又责成首席检察官对北方证券公司提起公诉,这是新泽西州的一家控股公司,它的目的在于想通过对大北方、北太平洋、芝加哥、伯林顿与昆西各家铁路股票的控制在西北部创立一项运输垄断企业。1904年所提出的这个讼案获得成就,说明了"薛尔曼法令"在一个进取的总统的手中并不是一纸空文。[1] 在罗斯福任内,联邦法院曾提起过十九项民事公诉和二十五项刑事公诉;塔夫脱总统任内,对《薛尔曼反托拉斯法令》执行得更为认真。1906年的

① 《北方债券公司与美国政府讼案卷宗》第193号,美国政府卷,第360号。

《食物与药品防伪法令》显然把政府为保护公共利益而进行干涉的政策向前推进了一步，一个星期以后所通过的《肉类检验法令》也起了同样的作用。

美孚石油公司与美国烟草公司的解散

塔夫脱总统认为合法的商业可以继续进行而不受到干涉；关于托拉斯的问题，可以用各家公司自动向联邦政府注册的办法去加以解决，它们的营业证将由一个公司委员会批准，但是国会保留有撤销这些营业证的权利。根据这样的原则提出了一个法案，但是由于缺乏足够的群众支持而没有得到通过。因此，政府继续促使那些已经开始的控诉得到执行，1911 年获得了两项著名的判决。其中一个控告新泽西州美孚石油公司[①]的案子在法院里一直悬了四年多，被告争辩说，各家美孚石油公司乃是经营一项单独商业发展起来的自然产物，说什么它们从来没有互相竞争，因此不曾构成使贸易受到妨碍的阴谋或合并，然而巡回法院和最高法院都同意政府的看法，认为这些公司曾经使用了许多不正当的方法，阴谋形成一项垄断。执行解散这家公司的方法是把各家组成公司的股票按比例分摊给这个控股公司的股东。

美国烟草公司的情况便比较复杂[②]，因为这个组织不仅是一个控股公司，而且实际上是一个制造工厂，从事于许多产品的制

① 《美国政府与新泽西州美孚石油公司讼案卷宗》第 221 号，美国政府卷第 1 号。
② 《美国政府与美国烟草公司讼案卷宗》第 221 号，美国政府卷第 106 号。

造，其中包括嚼烟、吸烟、鼻烟、小雪茄烟、香烟和香烟锡纸。法院想用按每一项产品成立许多个别公司的方法让它们恢复竞争。例如把烟丝的制造分成四家公司，香烟的制造分成三家，扁烟烟丝的制造分成四家，锡箔的制造分成两家。政府曾经把股票按比例分配给这些新成立的各家公司，数目与旧公司的股权相等。每一家新划分的公司都不许与另一家公司合作或是持有另一家公司的股票。

这些判决提出了两项有趣的事实。第一项便是这些公司的解散，并没有达到目的。形式上虽然有竞争，事实上，竞争却是很小的。股票的分配只不过是在各个工厂之间创立了一项“利害相通”，这些工厂的经营仍然像一个单一组织时那样地协调。解散后的美孚石油公司股票价值的上涨，说明了并没有什么恶劣的后果值得畏惧。《薛尔曼反托拉斯法令》在实行了三十多年以后和通过法院的许多判决与解释，已经完全丧失了它防止垄断和抑制的目的。第二项值得注意的事实便是这两个判决所给予这项法令的解释。1897 年横贯密苏里运输公司一案的判决[①]，对于抑制贸易的合理的与不合理的合并都不加以区别，但是在 1911 年的两个判决中，法官承认它们之间是有区别的，并且认为法律上所说的对贸易的抑制，乃是指垄断或企图垄断而言。换言之，他们提出了所谓的“理性的法则”，而且试图把“好的托拉斯”与“坏的托拉斯”区别开来。许多人认为“理性的法则”乃是一项不负责的解释，是法律上的一种“附论”，而且认为它只能削弱这个法令的力量。它当然会

① 《美国政府与横贯密苏里运输公司讼案卷宗》第 166 号，美国政府卷第 290 号。

使法院在对托拉斯案件做进一步考虑时情况变得更为复杂起来。

民主党人与托拉斯——《克莱顿法令》与联邦贸易委员会

许多年来，民主党一直在攻击共和党人，说他们是托拉斯的友人与同盟者。在1912年的竞选政纲中，民主党人要求把《薛尔曼反托拉斯法令》更为严格地执行，以恢复自由竞争。民主党总统候选人威尔逊在一系列著名的竞选演说中都强调了他所说的“新自由”。虽然他自称并不属于主张用法律建立自由竞争以反对全球性经济趋势的那些人们当中的一员，他仍然相信美国许多旧的、自由合作的生活是可以恢复的。他并不谴责大企业本身，而是把竞争受到摧毁的原因归咎于托拉斯制度。他说：“美国的工业今天已经没有以往那样地自由了。美国的企业现在并不自由，资本较少的人感到更不容易满足，越来越不可能同他的大伙伴进行竞争。为什么会这样呢？这是因为美国的法律并不禁止强者摧毁弱者。”[①]这位新总统的目的好像是说，只要有可能便要使以往的一些竞争恢复起来。很显然，在通过若干年的批评以后，就会通过一些法令。

如果说还有另外的一些动力进一步使反托拉斯的法律实现的话，那么，这些动力就是威尔逊就任的最初几个月里对纽约、纽黑文与哈特福德铁路公司活动的惊人揭发提供出来的。这家铁路公司在摩根、洛克菲勒和梅隆以及其他一些人的指导下，想在新英格

---

① 威尔逊：《新自由》，第15页。

兰实现运输的垄断。他们滥用了纽黑文的信贷去控制"波士顿、缅因与阿尔巴尼铁路"及纽约、安大略和西部铁路公司。他们也收买了一些互相竞争的电车公司，最后获得了对来往于新英格兰的沿海水路运输的实际控制权。这项垄断资本所进行的许多交易的细节，不仅说明了"管理方面的疏忽、松懈与浪费"[①]，而且也暴露了法制的腐败，对报社的津贴，留任了具有政治势力的老板去充当并不从事正当法律工作的律师，对股票进行买空卖空以抬高市价，对不列入细账的传票进行付款，挪用公司的款项，以及（用州际商务委员会的话来说）成立了一个纠缠不清的同盟网，这些同盟是"由一些特意保留下来的律师表面上进行过计划，加以创立和操纵，以达到隐瞒或欺骗的目的"。[②] 由于这些情形是经过政府提起公诉以后揭发出来的，即使是最天真的公民也可以看出需要有进一步的反托拉斯及铁路的立法是有一定根据的。

威尔逊总统在他的竞选演说中坚决地认为，《薛尔曼反托拉斯法令》的缺点在于它并不是十分肯定的，而且需要对不法的行为加以详细的解释才能使那些合法的商业更能知道它们要在怎样的情况下才算符合于法律的规定。国会想把这些意见包括在 1914 年的《克莱顿法令》之内[③]，主要的条文如下：

（一）本法令禁止（甲）任何人直接或间接地在商品购买人之间进行使价格发生足以减少竞争或制造垄断的区别对待的行为。

① 《州际商务委员会报告》第 31 卷，第 34 页。

② 同上书，第 31 页，其中一段见弗鲁格尔及福克讷所著前引书，第 577—583 页。

③ 卷宗第 38 号，条文卷第 730 号，部分转载于弗鲁格尔与福克讷所著前引书，第 543—547 页。

(乙)制造商把货物卖给批发商时要后者不经售另一竞争者的产品——这是对所谓的“约束”协定的一项打击。

(二)禁止各个公司收买另一工厂的股票,而这种收买又是足以大大地减少竞争作用的。但是法律许可持有纯粹以投资为目的的股票。

(三)凡资本、盈余和未分配利润总数在一百万元以上而从事州际商业的工厂,不得使用兼任董事制,如果这些工厂是处于互相竞争状态的话。

(四)在银行业务中,如果某一银行的存款、资本盈余和未分配利润总数超过五百万元时,不许这个银行的人员兼任另一银行的董事或高级职员。

(五)特别宣布工会和农民组织都不得进行妨碍贸易的阴谋。

在这个法令制定的前几天,就已经成立了一个五人的“联邦贸易委员会”[①],它的职责是对那些触犯反托拉斯法律的个人或公司(各州间的运输商行和银行除外)进行调查,并且提出工作报告。这个委员会也有权发布命令去停止一切违法的行为,如果命令不被遵守,可以请求犯罪地区的巡回控诉院替联邦政府采取行动。这个委员会接管了旧日的公司的工作,对各家公司所具有的权力与州际商务委员会对各州间运输商行所具有的权力很相似。

为了使美国人民能在平等的条件下与外国的大厂家进行竞争,反托拉斯法律在1918年受到了修正。《韦伯出口法令》规定:

① 卷宗第38号,条文卷第717号,部分条文转载于弗鲁格尔与福克讷所著前引书,第547—551页。

不能够把《薛尔曼反托拉斯法令》的任何条文解释成，认为“一个纯粹经营出口贸易和实际上只做这项贸易的社团是违法的”，如果这个社团并不企图参加任何妨碍竞争或控制国内物价活动的话。此外，我们也同样不能把《克莱顿法令》解释成是禁止任何一个公司去取得或拥有纯粹从事出口贸易的其他公司的一部分或全部的股票或是其他形式的资本。《韦伯出口法令》鼓励了对外贸易与国内的商业合并，这好像是毋庸置疑的。[①]

反托拉斯立法的失败

尽管美国绝大多数的人民都赞成维持商业的竞争，只要这个制度有维持可能的话，但是他们要保存这个制度的努力并没有得到完全的成功。我们将要在后面看到，在繁荣时期人们自己就疏忽了这事，而且大企业常常促成一些法令以规避或者削弱当时的反托拉斯法律，如在所谓“公平交易”的法令之下对有商标的商品价格进行控制就是一个例子。虽然有某种竞争的形式存在，合并仍然在继续。1947年时，在产品运输价值超过十亿元的三十八类工业中，有七类工业的50%以上的产品是由四家公司生产出来的。其中香烟占90.4%；肥皂与甘油占79%；轮胎与内胎占76.6%；鼓风炉占67.3%；铜片与铜丝占60.1%；摩托与发电机占58.6%；摩托车辆及零件占55.7%。[②] 至少还有其他四类工业的

① 弗尔尼尔：《韦伯——庞墨林法的目的与结果》，载《美国经济评论》，1932年3月第22卷，第18—33页。

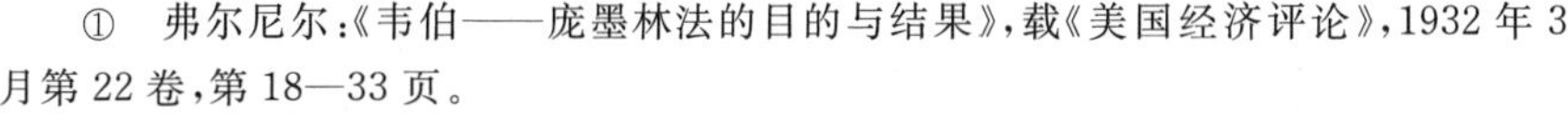

② 《1952年美国统计摘要》，第755页。

八家公司生产了50%以上的产品。当然，还有其他的许多工业实际上是进行了垄断，其中如公用事业的垄断是通过特许权而产生的，或是如美国制鞋机器公司那样，乃是通过对专利权的控制而实行垄断的。

关于许多被少数大公司支配着的工业，它们的竞争从消费者的立场看来只不过是一种幻觉而不是一项实际。又如香烟、肥皂、汽油、轮胎和许多其他的商品，竞争在很大程度上是限于广告方面，它们的价格与质量实际上几乎是相同的。这样的事件一部分是通过商业协会去进行，由协会把价格和贸易的方法通知各个行业，并且采用了一种方式，使这个行业有可能去规避反托拉斯法令和在价格与质量方面的竞争。此外，大的工业都感到把贸易加以平分比设法集中经营还更为安全，而且归根结底也比较获利，特别是在面临着反托拉斯法令的时候。这种情况所造成的结果是使我们生活在一个行政的时代而不是物价竞争的时代。[①] 当物价保持稳定的时候，也许会有(但并不经常会有)质量、服务和式样方面的竞争。

谈到法律本身，还有许多其他使它们失败的原因。首先，这些法律并不是针对问题而制定的。某个学者说得好："当人们的需要是为未来着想的时候，它(国会)却往后看。在最伟大的工业革命的前夕，联邦政府所铸造的武器是处理零星商业的……就这样地使用了一个从零星商业里产生出来的普通法律去控制工业上的大

① 福克讷：《放任主义的衰落》，第171—175页。

问题。"[①]国会不但没有认识到在演变中的经济世界里商业范围与合并的日益扩大，以及利用执照与监督来保护大众的利益，反而只努力于继续维持过去的状态和通过对各州间的贸易加以限制来处理当前的局势。

人们有时会忘记的一点便是：司法部的反托拉斯局从来没有得到足够的经费去适当地推动它的工作。也常常不恰当地指派了一些陪审员去处理他们所遇到的问题，而且律师们自己也常常不能为辩护而引用许多必要的文件。此外，原告自己也常常不能胜诉，因为他们没有"出席"使他们受害的那种阴谋的审判。反托拉斯法律的执行，主要是决定于总统的态度。1900 年以来，除掉麦金莱总统任内和 20 世纪 20 年代的这个时期之外，各任总统通常是乐于执行这项法律的。不仅如此，最高法院好像也谨慎地解释这项法律。但是法院是那样经常地改变它的观点和解释，从而使案件弄得混淆不清，削弱了执行当时法律的可能性。政府没有取得什么成果，是令人感到惊奇的。

货币托拉斯

在论述商业合并时如果不提到银行权力的集中，这个论述便是不全面的。银行的利益一直是在与迅速而广泛的企业合并相辅而行。美国日益增长的财富，使银行的组织自然而然地扩大起来；而顾客们需求的增加，又造成了银行的发展与合并以适应这样的

① 汉密尔顿引用于前述书，第 185 页。

需要。但是，到了20世纪的开初，这种集中的风气就这样地盛行，以至于使许多人肯定不移地相信有一小撮人在控制着全国的金融资源，任意地贷放款项和收缩资金，从而把许多商业的命运掌握到他们的手里来。

我们将在第二十三章里看到：一些铁路的重要干线是怎样通过兼任董事和控制股权的办法落入于由二十几个人所支配的六个有势力的集团的手里。现在据说同样的这些人也控制着银行业务。关于摩根与洛克菲勒财团，姆迪1904年时写道：

"……所有资本家的小团体集合在一起，最后就必然形成一个更大的团体。他们组成了联盟，而且他们的各种相互利益是交织在一起的。例如'宾夕法尼亚铁路'财团一方面与'凡德尔比尔兹铁路'结成了联盟。另一方面也和洛克菲勒财团结成联盟。凡德尔比尔兹与摩根财团有着密切的联系，而宾夕法尼亚和凡德尔比尔兹财团最近已经成为李丁铁道系统的主导力量。这个系统，以前是摩根铁路和最近由摩根财团的人员所统治的有烟煤联合组织中最为重要的一个部分……从整个情况，我们可以看出，托拉斯的主导力量是由一些大大小小资本家的复杂的网状组织所形成的，许多资本家都在不同程度上结成了联盟，但是他们都是一些大财团的附属物或者是它们的一部分；而这些较大的财团本身又依靠着洛克菲勒和摩根这两个巨象式的财团，或是与他们结成了同盟。这两个巨象式的财团联合地……构成了全国商业与商务生活的心脏。”[①]

资本的集中,乃是由于洛克菲勒与摩根财团利用他们所控制的银行进行活动的这一事实所促成。从而使几年以来一直是美国最大的银行机构的花旗银行,[②]变成了洛克菲勒银行;而摩根则控制着第一国民银行,银行信托公司(为摩根财团所创立)和其他的一些银行。华尔街与各家保险公司形成了一个“利害相通”的组织,共同领导着最大的托拉斯公司,因此,华尔街的势力在各家保险公司的巨大的贷款业务方面占着主导的地位。

人们的这种共同信念,在1913年普党委员会的报告书里得到了完全的证实。报告书指出:货币与信贷控制的集中,主要是通过互相竞争的或者有可能竞争的银行与托拉斯的合并而产生;通过兼任董事的营业和控制股权的方式而产生;通过有势力的钱庄、银行和托拉斯公司与保险公司、铁路、生产和贸易公司取得联系而产生;最后,还通过具有摧毁竞争力量的少数居领导地位和购买股票的钱庄的合伙经营而产生。这个委员会指出:摩根公司、纽约第一国民银行、花旗银行乃是力量最大的银行机构,它们在纽约市的资产总数在二十亿元以上,由七个附属的银行控制着。这个委员会认为除了上列的这些财团之外,李·赫金逊公司、基德尔·皮巴底公司和孔赖布公司也是一些主要的银行代理机构,许多美国的合资企业都通过它们去获得经营资金。这个委员会也证明纽约市有

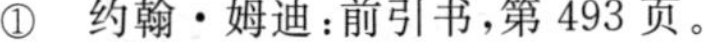

① 约翰·姆迪:前引书,第493页。

② 通过各种合并,大通银行的组织于1930年最后超过了花旗银行。19世纪晚近40年代,加利福尼亚美国银行成为世界最大的银行。

四家联盟的金融机构，在银行业、运输业、公用事业和保险公司中占着三百四十一席董事长的职位，它们的资产总值是二百二十二亿四千五百万元。

> “如果货币托拉斯的含意指的是由少数几个金融领袖设立而意义明确的实体和‘利害相通’的组织，而这个组织是创立起来和通过控制股权、兼任董事，以及其他的形式联系在一起，去统治银行、托拉斯公司、铁路、公用事业和工业组合，而且结果产生了把货币与信贷的控制广泛而日益增长地集中在少数人的手里，那么，本委员会根据调查的结果会毫不犹豫地指出：主要是在过去五年之内所发展起来的这种情况，今天在我国是存在的。”①

虽然，在很大程度上，这种发展与合并是自然经济规律所产生的后果（正如其他一些国家金融力量的合并所证明的那样）这是一个事实，但是，与此同时，当一个国家的经济命脉被操纵在使用权力以达到私人目的的少数人手里的时候，就会产生一种真正危险的局面。这个委员会的报告书里也提出了一些有关改善银行业务，打破集中和监督证券交易的建议。这些建议当中的最好的那些意见已经被列入制定“联邦准备银行制度”的法律之内，这项调查无疑地促成了这个制度的采用。这些建议也被列入禁止大银行

① 第六十二届国会第三次会议所指派货币与信贷集中控制情况调查委员会提出的《报告书》第130页。曾引用于菲利普斯：《货币银行文选》（1916年版），第606页。并参阅弗鲁格尔与福克讷所著前引书，第597—600页。

实行兼任董事制度的《克莱顿法令》之内，也列入了"爱琪·康明斯提案"之内，这个提案授权州际商务委员会在州际铁路改组和发行股票的时候，对计划加以监督。然而，直到实行"新政"的日子里，联邦政府的这些法令在禁止资本合并方面所收到的实际效果仍是很小的。

到了1914年，人们对垄断的问题几乎从所有的角度去加以研究和讨论。二十多年以来，各州和联邦政府都试订了一些法律去防止或检查没有得到政府许可而经营的垄断业务。然而，美国在20世纪20年代的繁荣时期，却出现了从未有过的广泛而深刻的合并时代。这种合并的后期历史和人们最近对于这一问题的态度，将在后面一章里加以叙述。

第二十二章 1914年以前的工人运动

劳工组织的背景

美国的经济史从最早的殖民地时期开始时起就有了“劳工问题”的这个特点，可是，“工人运动”（那就是，工资收入者为了改善生活水平做不懈努力的有组织的行动）的产生，又必然有待于人口的增加、制造业的迅速增长和城市人口集中所形成的条件。“工业革命”所产生的这些后果在我国被推迟的原因是很多的——工人的稀少，流动资金的缺乏，大量未被占用的肥沃耕地的存在——所有这些，都把人们的精力引导到农村职业方面去，从而迟缓了制造业与城市生活时代的开始。①

然而，全国的人口增长得很迅速。1860年以前，几乎每二十年就增加一倍。1840年以前，八千人以上城市人口的百分比增加得很慢，以后就迅速地增长起来。1841年时只有8.5%的人居住在这样的城市里，但是到了1860年，百分比就增长到16.1%，到1930年则又增长到49.1%。下表所列人口增加得最快的年份，是

① 弗鲁格尔与福克讷：《美国经济与社会史文选》，第240页后段。

与工人运动进行得最激烈的时期相吻合的。如果按照人口调查报告里所指的意义“城市”这两个字是用来指居民在二千五百人以上的地区，那么，我们就可以看出，美国 1950 年时有 54% 的人口居住在城市里，而 1880 年时却只有 28.6%。

虽然，城市人口的增长是全国性的，但在制造业地区却特别显著。1920 年时，有三分之二以上的人口居住在三个按地理划分的区域——新英格兰，大西洋区中部和东北部中央各州。在罗德艾兰和马萨诸塞两州，住在城市里的人口占 90% 以上，纽约州占 80% 以上，新泽西州占 70% 以上。上面所提到的三个区域几乎出产全国按价值计算的 75% 的制成品。1849 年的《国情调查报告书》指出：有九十五万七千个工资收入者生产了价值十亿一千九百万美元的商品；1889 年的《调查》指出：有四百二十五万二千个工资收入者生产了价值九十三亿七千二百万元；而 1914 年的工资收

城市人口增长情况一览表

年　份	人　口　总　数	居民在 8000 人以上地区		
		人　口　数	地区数目	人口百分比
1790	3,929,214	131,472	6	3.3
1800	5,308,483	210,873	6	4.0
1820	9,638,453	475,135	13	4.9
1840	17,069,453	1,453,994	44	8.5
1860	31,443,321	5,072,256	141	16.1
1880	50,155,783	11,365,698	285	22.7
1900	75,994,575	25,018,335	547	32.0
1920	105,710,620	46,307,640	924	43.8
1930	122,775,046	60,333,452	1203	49.1
1940	131,669,275	64,896,083	1323	49.3

注：1930 年第十五次《国情调查报告》第 1 册，《人口篇》第 9 页。

入者人数有二百零三万六千人，产品价值为二百四十二亿四千六百万元；1929 年有八百八十三万九千人，产品价值为七百零四亿三千五百万元。

工资收入者这一阶级的兴起和他们的集中于城市，乃是导致工人运动发展的基本原因。"南北战争"以后，制造业的增长发展了较大的企业单位，这种资金力量的倍增激励着工资收入者，特别是那些职业受到新机器发明威胁的熟练工人去采取行动。由于雇主与工人之间能够维持私人密切关系的小工业的消失，由于这种商业为公司组织所代替，而公司的成千上万的股东又散居全国各地，从而使劳方与资方之间缺乏彼此的了解。

新机器的发明和大企业单位的发展固然使工资收入者受到严重的危害，但是，它们也包含着使工人得到拯救的因素在内。大工厂把工人吸引到城市里去和他们的伙伴聚居在一起，更容易互相交流思想，也更容易联合起来采取抵抗的行动。造纸与印刷术的改进，使他们有可能散布纲领，使他们更忠实于工会，并且使当地的工会组织更为紧密地团结起来。进步的工人报纸一经发展之后，不仅在一些有关的问题上对工人起了教育的作用，也同样使资方了解到工人的目的。整个工人运动，通过我国民主的教育制度所传播的知识而加速，而且也由于铁路的发展和更为迅速的运输方法而达到了行动的统一。

最后，工人的工作条件，对于一个有组织的运动的发展起了实际的推动作用。实物工资制、公司商店制、漫长的工作时间、低微的工资、不卫生的工作环境、血汗工厂的弊病，对妇女与孩童的不正当的剥削，许多工厂里所实行的令人难以相信的腐败规定，有效的劳工立法的缺乏以及在法院里劳工的不能得到公正的待遇——所有这些以及在“南北战争”以后数十年中所存在问题的其他许多方面，都有助于清楚地说明劳工协会和美国劳工联合会等组织乃是必要的。[①]

“南北战争”对劳工的影响

我们已经指出，劳工组织的历史可以追溯到“南北战争”以前的半个世纪。[②] 可是，直到19世纪50年代，劳工组织多半是地方性的，而且规模也是比较小的。“南北战争”给予了美国工人运动以显著的推动。这个斗争乃是人们对于经济和社会事务更为深思熟虑的结果，因为讨论奴隶解放问题时就不能不牵涉到北部劳工的地位，尤其是当讨论到南部的经济学家们认为南部奴隶的情况比北部工资收入者的情况还要更好一些的时候——这一论点，从工作时间与工厂环境方面考虑时是不无见地的。工资的增加，赶不上由于战争所造成的生活费用的不断上涨，因为移民的不断涌入和节省劳力机器的采用都有助于弥补劳动力的不足。使劳工尤其受到刺激的，便是1864年7月4日的那个法令，这个法令使雇主的代理人能够雇用外国工人，在契约中规定他们的旅费可以在将来的工资内扣除。

战时的关税和战时的商业合同，使财富突然积累在少数工业

① 参阅弗鲁格尔及福克讷：《美国经济与社会史文选》一书所摘录《参议院劳资关系调查委员会报告》(1885年)中的一段，载该书第816—829页。

② 弗鲁格尔及福克讷：《美国经济与社会史文选》，第300页下半段。

家的手里，同时也加深了贫富之间的悬殊。一方面出现了资本家力量的增长，而另一方面，当士兵们复员以后，却又担心劳工市场有充斥的可能。这两个因素在战争的最后两年工资开始上涨的时候，使工人们增强了要求提高工资的决心。从1863年到1866年，出现了无数地方性的工会和至少十个全国性的工会。第一个巨大的铁路工人协会，亦即机车驾驶员协会1863年以“机车踏板工人协会”的名义在底特律成立。1869年机车生火工人协会也仿效他们的榜样而随之成立。到了19世纪70年代，已成立的全国性工会不下三十二个，而且每个重要城市都有自己的工会集会，自己的报纸和自己的工人图书馆。

美国劳工协会及其先驱

在“南北战争”所产生的推进作用还未完全消失以前，至少曾经有过一次显然想把所有的劳工纳入一个单一组织的企图。在西耳维斯的领导下，以城市的工会大会为基础，组成了“全国工会”。从1866年起，曾经举行过七次年会，在它的势力发展到高峰的时候，拥有会员六十万人。这个组织十分强调工资收入者的前途乃是建筑在合作之上而不是建筑在具有战斗意义的工会主义之上的这一概念，并且进行了无数次的实验。在“全国工会”的任务当中，除了旁的一些之外，主张排斥华工，实行八小时工作制和成立一个政府劳工局。但是，它基本上是一个政治改革的组织而不是一个真正的工会，在1872年“全国劳工改革”党组成之后它就不存在了。

紧接着“南北战争”结束以后的第二个显著的发展，便是圣克里斯宾工人协会[1]的成长，这个协会 1867 年在密尔沃基成立，而在马萨诸塞的制鞋业中心势力尤其强大。这个协会从 1868 年到 1870 年都一直在发展，这个期间，它"无疑地是世界最先进的工会组织"。[2] 这些劳工团体，也正如其他的许多团体一样，由于参与政治和 1873 年经济恐慌之后的萧条而遭到了摧毁。从 1873 年到 1880 年这一时期的特点是商业道德的败坏，失业的盛行以及罢工的剧烈和常常遭到的失败，有时还发生了暴乱与犯罪的行为[3]——以 1877 年的铁路大罢工最为显著，所有这些使得工会组织发生分裂，而且在某种程度上失去了人们的信任。在这些年份里只有 18%全国性的工会继续存在。

在这一个令人沮丧的时期里，劳工用全力去进行政治活动和秘密组织。其中的一个在 19 世纪 80 年代初的复兴时期起了重要的作用。1869 年，费拉德尔非亚的缝衣工人尤利阿·斯特芬斯和他的六个同行伙伴组织了荣誉工人协会。斯特芬斯的高尚理想被列入了协会的会章，并且得到了他的继承者鲍德利会长的支持。他采用了苏伦的座右铭，认为："协会是一个最完整的组织，在这个组织里，对某一成员的危害就是对全体成员的危害"。它们的目的乃是使工资收入者能全部享受所创造的财富的权利和谋求智慧，道德与社交能力的发展。他们赞成实行八小时工作制，对收入所

① 因制鞋业的牧师授权人克里斯宾而得名。

② 麦克奈尔：《工人运动》，第 200 页。

③ 这个时期，以宾夕法尼亚产烟煤地区"莫利·麦凯斯"党的行为说明了工会的违法。罗治：《1877—1896，从海斯到麦金莱总统的美国史》，第 52 到 87 页。对这一段通史作了叙述。柯曼的《莫利·麦凯斯的暴动》(1936 年版)作了更为全面的描述。

得和遗产进行课税，成立邮政储金银行，主张对因缺乏劳动保护而受伤的工人进行赔偿以及建立各居民区对土地自然增值的拨款制度。当时欧洲盛行的社会主义思想在美国取得一些进展的情况，可以从劳工们提出的把铁路、煤气工厂和自来水厂等公用事业收归公有的这些主张看出来。此外，他们还竭力主张工人的私人合作组织去处理物资的生产与分配。[①] 协会的领袖们和少数会员认为，"罢工所产生的后果是悲惨的，而且是违反协会的最高利益的"，还认为应该把他们的成功建筑在"宣传鼓动、教育和组织"之上。鲍德利说："没有组织，我们就会一事无成；我们希望通过组织的形式去永远废除近代文明的祸患——奴隶工资制。"[②]

这个协会最初是秘密的；甚至于连名字也没有人知道，它用了五个五角星做标志，通常被人们说成是"五颗星"。开始时发展得很慢。1869 年时，第一个分会的会员只有十一个缝纫工人，1873 年只有六个分会，所有的分会地点都在费拉德尔非亚。两年以后，这个组织在城市和附近的分会就有八十个。1875 年在宾夕法尼亚州的泰龙城召开了全国大会，并且发出了请帖，邀请其他的工会组织参加。到了 1883 年，会员人数有五万二千人，但是三年之内就猛增到七十万人；在这个工会的事业发展到最高峰的时候，人数接近一百万。由于广大地区的人们对于这个组织的不信任（虽然这种不信任是没有根据的），使"协会"在 1881 年废除了它的秘密会章。在组织形式上，它很像一个"巨大的全国产业工人联合会"，

① 赖特：《劳工协会简史》，载《经济学季刊》，1887 年 2 月第 1 卷，第 142—143 页。也可参阅弗鲁格尔及福克讷所著：前引书，第 793—798 页。

② 1880 年在匹兹堡年会上的演说。

而不像后来的美国劳工联合会那样的一个职业工会。不论是地方性的工会或是职业工会的一个集体，都与中央的管理机构有着直接的联系。由于它是由全国工会和地方性的分会组成的，因此组织不纯。最初，它对所有的工人都开放（不论是熟练的和不熟练的工人、男工、女工、黑人或白人），但后来规定四分之三的会员必须是工资收入者。但是，甚至于这个规定仍然允许各种主张改革的人们参加进来。许多的分会还包含有小商人和农户。在这样的情况下，就一定会产生政策方面意见的强烈分歧。

协会里出现了两个主要的派系。一派主张通过政治途径进行改革，另一派主张采取直接的行动。后面的一派势力较大，而且发起了一次要求提高生活水平的剧烈运动，举行过多次的大罢工，其中最著名和最成功的一次，便是 1885 年反对高尔德铁道系统的罢工，使当时最有势力的一个资本家不得不做出让步。伊利教授 1886 年写到“工人协会”时，把它描述成是“近代工会组织中最有力量和最引人注目的一个……（它）的确是按照科学的原理成立起来的，这些原理既包括着工业进展性质的现实理解，也包括着经济社会规律的充分掌握”。[①]

但是，在标志着它们的势力发展得最高的 1886 年，也标志着它们衰退的开始。那一年许多次罢工的失败，使它们的荣誉受到了损害，也失去了人们的同情；[②]派系的分歧使它们不能采取一致

① 伊利：《美国的工人运动》，第 75 页。

② 在 1886 年赫马凯特地方的暴动中，由于有人投掷了炸弹也使人们对工人运动失去同情，虽然工人协会和美国劳工联合会与应该对这种行为负责的无政府主义分子是没有关系的。

的行动，领导的不当使工作受到了阻碍，[①]参加政治活动使它们遭到损害，权力的过于集中产生了猜疑。除了这些之外，美国劳工联合会这个新组织对它们的日益反对也加速了它们的瓦解。这个协会在1888年以后的衰退也正如它成立时那样地迅速。然而，它的简短而震撼人心的事业，并不是没有收到效果的。许多组织不够健全的工会都曾经加以改组，而且通过与"协会"的联系得到了巩固，也建立了其他的一些工会。1883年，美国下议院成立了一个劳工委员会常务委员会，第二年又成立了全国劳工局，专门从事情报的搜集。同时，1883年参议院又成立了一个委员会，对劳资关系做了彻底的调查。[②] 甚至于对在他第一任内所发生的劳资纠纷的重大意义不甚了解的克利夫兰总统，在1886年致国会的第一次总统咨文中也完全谈的是劳工问题；在这个咨文里，他主张成立一个劳工委员会作为劳工纠纷的正式仲裁人。这个建议在1888年得到了国会的热烈支持，制定了一项法律，用仲裁的方式去解决铁路的纠纷，如果劳资双方愿意这样做的话。"劳工协会"的最大贡献也许就是它们对于劳工神圣的一再强调和指出了组织与团结的必要性。

① 魏尔：《1860—1895年的美国工人运动》(1929年版)一书特别强调了这个弱点。在鲍德利的自传《我践踏过的小道》一书里对它做了比较有利的叙述，该书为卡尔曼，戴维德及盖特里等所编(1940年版)。

② 《参议院劳资关系调查委员会报告》(1885年版)。弗鲁格尔与福克讷所著前引书第816—832页引用了这个报告的一部分。

美国劳工联合会(A. F. L.)

美国劳工联合会起源于1881年,那时中西部强有力的组织产业工人协会和工人协会(Knights of Labor)的分支工会联合会联名召开了一次年会。这个大会同一年又在匹兹堡召开了第二次大会,组成了一个工会,这个工会1886年在哥伦布市改组为美国劳工联合会(American Federatin of Labor)。虽然这个“联合会”的早期政纲里包括着征收保护关税,实行“反契约移民”(Anti-contract immigration),推翻对工会所实施的各项阴谋法律,以及实施义务教育等要求,它的政策却趋向于不直接参加政治活动而成为一个单纯的工会。在这一方面,它和工人协会有着很大的区别。

美国劳工联合会,正如它的名字所指出的那样,显然是一个职业及产业工会的联合而不是一个“大的工会组织”,而且它对于各个会员工会的自主性方面所采用的政策显然是宽大的。1951年时它包括着以下的组织:

(一)一百八十个全国性的和国际性的工会,其中包括五万五千个地方性的工会。会员总数在九百万人以上。

(二)地方的和联邦的工会。这种工会由七个或七个以上的工资收入者组成,他们既没有行业的组织,也不是与“劳工联合会”有联系的任何团体的成员。这样的工会有数百个。

(三)五十个各州的工人联合会(包括阿拉斯加和波多黎各在内),由各州指导其境内的劳工团体参加。

（四）大约一千个的城市劳工中心团体。各个地方工会都希望和这些中心团体联合起来，但是它们的权力受到美国劳工联合会和各个全国性工会的限制。

（五）各个全国性的与国际性的工会，都根据职业性质大致分成了一些部门，例如建筑业部、金属业部、铁路工人部和全国商标部等。有七百多个地方性的部门委员会监督各个部门的工作。这四个部门各设有专职干部。

美国劳工联合会的专职干部中包括着一个主席、十五个副主席和一个财务秘书，由每年的大会里选出，构成一个强有力的行政团体。全国性的和国际性的工会都有实际的自治权，但是地方性工会的权力显然是有一定限制的。劳工联合会向每个会员收取会费，从而得到了充足的经费去开展工作，在华盛顿设有自己的办公大厦。

在许多年里，美国劳工联合会的发展很缓慢。1890 年时只有会员十万人，1898 年有二十七万八千人。到了 1900 年增加到五十四万八千人，1904 年时增加到一百六十七万六千人，1914 年时有二百万人。从 1898 年到 1904 年也许是“劳联”最成功的时期，有一个劳工问题的历史学家把这些年份称之为工会主义的“英勇的”日子。[①] 在这个时期里，人们的富于理想，自我牺牲以及进取的精神，使劳工组织成为美国经济生活中的一个重要因素。它也是劳工组织得到雇主们广泛承认的一个时期，另外的一个历史学

① 罗尔温：《美国劳工联合会》，第 59 页注释。

家把它叫作“劳资双方的蜜月时期”。[1]

不仅会员人数增加得很迅速，而且像全国消费者联盟（1898 年成立），全国市民联合会（1901 年成立），全国童工委员会（1904 年成立）以及美国劳工立法协会（1906 年成立）等中产阶级的组织也给予它们以协助。所有这些组织都采用集体争议工资的办法（collective bargaining），而最后的那两个组织还采取了更为具有深远意义的社会立法的手段。冈珀斯说：“它是组织工作时期的收获物，正在开始开花结果呢！”[2]可是，这些成功的岁月使资方战线上的工事变得坚固起来，以后的十年，进步就不十分迅速。[3] 与劳工组织越来越对立的带头团体便是 1895 年成立的全国制造商协会和它的附属机构美国反经济抵制协会（American Anti-boycott Association）等组织。这个协会拿出经费去支持邓伯利制帽公司和巴克炉灶公司的法律诉讼。这个协会的特点便是它扩大和加强了打击劳工的技术，其中包括着使用法律禁止罢工，受雇工人必须签订不加入工会的雇佣契约，以及雇佣工人密探等办法。工会本身的内部力量，由于互相之间的不断争执而削弱了。那就是，赞成成立产业组织与赞成成立职业工会的人们之间的争执；赞成成立一个工党与赞成继续接受“劳联”政治方针的人们之间的争执。那些赞成采取政治行动的人们，一般是一些社会主义者，他们渴望通过运动而赢得有工会组织的劳工的支持。第一次世界大战期间，

① 倍尔曼引自康芒斯等：《美国劳工史》，第 2 卷，第 524 页。

② 冈珀斯：《生活与劳动七十年》，1925 年版，第 2 卷，第 105 页。

③ 参阅福克讷：《放任主义的衰落》，第 295—301 页，及弗鲁格尔与福克讷著：前引书，第 808—812 页。

出现了工会运动迅速发展的第二个时期，那时会员人数扩大了一倍，从1914年的大约二百零二万人增加到1920年的四百零七万八千人。在实行“新政”和第二次世界大战的那些年份里，出现了第三次最巨大的会员人数扩充时期。[①]

虽然职业工会是工会组织的基础，但是，某些大的产业工会如矿工联合会、西部矿工联合会以及国际酿酒工人联合会等组织，都和它取得了联系而基本上没有改变一个庞大的组织所具有的复杂性。另一方面，某些重要的团体，主要的如铁路司机协会却经常拒绝与“劳联”发生联系。我们将要看到，近年以来，“劳联”的队伍里曾经产生了大量的脱离工会组织的情况，并且出现了另外一个强大的敌对组织——产业工会联合会（The Congress of Industrial Organizations）。工人从来就没有按一个单独而统一的团体去进行活动。

美国劳工联合会的政策

概括地讲，美国劳工联合会的目的在于：（一）宣传一切对工人阶级有利的问题以促使州政府和联邦政府制定对工人有利的法律。撤销压迫工人的法律；（二）用一切方法消除工人在工作中所受的虐待，并且确保工人的正当利益与特权；（三）加强和改进组织，以保证达到这些目的。更为肯定的是，“劳联”曾企图争取较短的工时，更高的工资和更好的工作条件，以求提高工人的生活水

① 见本书第三十章，“工会组织的复兴”一节。

平。同时，它也想采取一些福利和保险方案以及促进会员的生产方法来保护它的成员。

工会的这些政策和在过去五十年里所获得的成就，在很大程度上应该归功于它们的那些领袖。在这些工会形成的年月里，美国的工会就整体来说都幸运地得到了良好的领导，而且那些最能干的指导人物的长期任职，足以说明一般会员们对这一事实是认识到了的。最有才气的领袖也许就是约翰·密契尔(1870—1919年)。他从十三岁开始就在煤矿工作，1890 年美国矿工联合会组成时加入了这个工会，九年之后做了这个联合会的主席，那时他才二十九岁。虽然当他最有威望的时候工会的人数只有四万三千人，但是，他是那样地善于领导他们的艰苦的斗争，因此，在他未死以前，会员达到四十万人，这也许就是他那个时代的最大的工会。三十二岁的时候，他领导着矿工进行了获得惊人成就的 1912 年煤矿罢工，方式极为巧妙，博得了全国性的荣誉。

在那个时期，最著名的工人领袖和对工人们做了最有价值的服务的人便是冈珀斯。他 1850 年出生于伦敦，父母是荷兰籍的犹太人。十三岁时移居美国，不久就做了学徒，加入了在纽约组织的第一个雪茄烟工人工会。在美国劳工联合会与雪茄工人国际联合会建立时他是一个积极分子，1882 年担任了“劳联”的主席，而且除了 1894 年这一年之外，在 1924 年未死之前，每年都连选连任。我们还可以提出许多其他具有才干的工会领袖(在铁路司机协会方面，这种人才特别众多)，这些人对于一百个以上的全国性和国际工会所做出的贡献在劳工界里是为人们所熟知的。

这些在艰苦当中受过磨练的人们，曾经采用了一种精明现实而同时又是进取的政策。不管他们为了最终的目的采取怎样的态度，他们在为那时所能得到的任何稀微的利益进行斗争的道路上，都不抱任何的幻想。雪茄烟制造工人联合会的主席斯特拉塞尔1883年在参议院的一个委员会上说："我们是讲求实际的。我们没有最后的目的。我们每天都在前进。我们仅只为了直接的目的而斗争——为一些在几年之内就能实现的目的而斗争。"[①]由于冈珀斯坚持一个以全国职业的组织或工会为基础严格服从于组织的政策，坚持在经费方面实行节约和坚持避免采取激进的经济理论，使得他十分成功地应用了劳工组织的压力提出了如八小时工作制，星期六半日休假制、联邦童工立法、对移民及与雇用的外国工人订立合同的限制以及实行工人赔偿金等实际的要求。总之，美国的工会在冈珀斯和"劳联"的领导下在很大程度上又恢复了宪章运动失败后几十年中英国所实行的旧的工会主义路线。

美国劳工联合会虽然满足于一切能用和平方法得到的利益，但是，在罢工和经济抵制运动的激烈战斗中却毫不犹豫地支持了各个成员工会。通常，一个地方性的工会不得到全国总工会的允许是不能举行罢工的，但是，一经允许，全国总工会就要负责，以求得到成功的结果。与"劳联"发展的同时，罢工和停工的次数并没有减少而是同样地有所增加，尽管许多大的工会组织曾经采用了一些解决纷争的进步方法。罢工的两个主要目的就是要求增加工资和对工会的承认。有趣的是：由于争取第二个目的而进行罢工的比例不断地在增加。例如1881年所进行的罢工有五分之三是

① 《参议院劳资关系调查委员会报告》，第1卷，第460页。

为了增加工资，只有十六分之一是为了要求承认工会；而在 1905 年，不到三分之一的罢工是为了增加工资，有一半的罢工是为了要求承认工会。[①] 工会曾企图使用经济抵制的方法，对某些与工会敌对的雇主的产品盖上了不予承认的印记，例如对圣路易的巴克炉灶制造公司和康涅狄格州邓伯利地方的旦尼尔·罗威制帽厂，就曾经使用了这种方法。与间接的经济抵制起同样作用的便是请求所有工会的友人只使用盖有工会标记的货物。工会也还有其他许多保护自己的方法。它们要求制定章程，规定工作时间，规定工厂里工会会员与非会员的关系，非工会物资的使用，助手与学徒的人数，以及其他许多似乎应该有确切了解的日常重要事项。

工人们最基本的愿望就是关于对工作与工资要有一定的保障。这种愿望，加上工会主义的不断增长的力量，加速了集体争议工资制度的发展。约翰·密契尔认为“产业界未来和平的希望是建筑在‘雇佣合同’(trade agreement)[②]之上的”。而且，我们还必须承认，只要加以公正的判断，就可以证明集体争议工资制在减少严重的劳工斗争方面乃是一个最具有希望的因素。已往曾经有过的“雇佣合同”，包括着从最简单的形式到最复杂的形式，其中如国际排字工人联合会与美国出版业协会和现成衣服业所采用的那些细致的办法在内。某些雇主对于使用这些合同去调和“非工会会员不得受雇”(the closed shop)制度所产生的稳定作用感到十分满意。

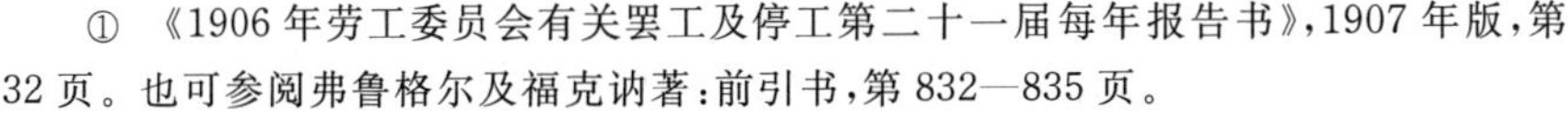

① 《1906 年劳工委员会有关罢工及停工第二十一届每年报告书》，1907 年版，第 32 页。也可参阅弗鲁格尔及福克讷著：前引书，第 832—835 页。

② 约翰·密契尔：《工会组织》，1903 年版，第 347 页。

产业工会主义与世界产联(I. W. W.)

虽然职业工会主义运动从1880年到20世纪30年代晚期无疑地是在向上发展，但是，甚至于在早期的几年里，并不是整个阶段都一直如此。产业工会主义为美国矿工联合会(从选矿工到工程师都属于这个工会)。国际码头工人协会和现成衣服业工会等组织所坚持奉行。[①]

由于某些实际的原因，甚至于在熟练工艺人占主导地位的时期产业工会主义仍然存在，对具有各种不同职业的工人的工业，或是对如经常与大城市中心隔离的采矿业来说，它是一种必然的组织形式。此外，正如我们将要看到的那样，它实际上乃是在节省劳力机器迅速地代替熟练工人的许多新的与大量生产的新工业中能够获得成功的唯一组织形式。[②]

工人协会瓦解以后，战斗性的产业工会主义却从来没有完全消失过，但是，直到1905年，它才对各种工会起了严重的挑战作用。那一年，在“西方矿工联合会”和倾向于社会主义的“美国工会”的策动下，由社会党领袖尤金·德布斯、社会工人党创始人旦尼尔·德里昂和威廉·海伍德等激进分子主持在芝加哥召开的大会上，创立了世界产业工人联合会。他们宣称：“使工人阶级受到影响的全球性经济弊害，只有通过全球性的工人阶级运动才能加

① 包括男子现成服装工人工会及国际妇女服装工人工会。

② 见本书第三十章“工会组织的复兴”一节。

以清除。”他们要求成立“一个巨大的产业工会，把所有工业的工人包括在内，建立地方性的行业自治团体、国际性的产业自治团体和普遍的工人阶级的团结。”宣言说：“它（工会组织）必须建立在阶级斗争的基础之上，而且它的一般行政工作的进行，必须与资本家和工人阶级之间存在着不可调和的矛盾的这一认识相符合。”1908年列入会章的一个新的绪言说：“斗争必须继续进行，直到整个世界的工人都组织起来成为一个阶级，把整个世界和生产机器掌握在自己的手里，并且推翻工资制度。”[①]他们相信阶级斗争，主张采取直接行动，作为取得胜利的手段。直接行动包括着如大罢工、经济抵制以及怠工等战术。怠工可以用和平方式进行，即仅只懈怠工作，也可以用暴力战术，如损毁财产等。仇恨当时的社会秩序就是他们的哲学基础，并且他们战斗的方法是最适合于当时环境的。“世界产联”就是全世界不断增长的社会主义革命在美国表现的一个方面。

“世界产联”的纲领对于一般没有工会组织的广大非熟练工人，特别是对于美国东部某些工厂里的工人和西部从事收获与砍伐木材的流动工人最有号召力量。“世界产联”虽然在起初由于派系的争吵和由于有势力的领导人物过多而受到了阻碍，但是从1909年到1917年间乃是一个进取的组织。它的领导者们很有才能地发动了1912年劳伦斯的罢工和1913年帕特孙的罢工，使西北部处于不安的状态。他们的革命性的文字宣传和激烈的方法，终于引起了社会大众的反感，使大众对于那些为了要力图摆脱这

① 布里森登：《世界产联》一书，附录Ⅱ，引用了这一段。

个组织而采取违法和非法行动的居民地区给予了宽恕。“世界产联”对1914年战争的反对，使它和美国政府发生了直接的敌对行为，使政府进一步限制了他们的活动。虽然在它的活动达到高峰的1916年人数也许并不超过七万人，但是，人员的热忱和革命的热情抵消了人数不多的缺点。在战后几年里，许多会员都被吸收加入了共产党。

“世界产联”虽然消失了，它对于工人运动的影响是很强烈的。它增强了“美国劳联”对双重工会主义的敌视情绪，但同时也明白地指出替不熟练工人做些事情乃是必要的。正是由于纺织工人工会在劳伦斯和帕特孙的罢工中没有起过带头作用才替“世界产联”开辟了道路。“世界产联”特别重视黑人和流动的非熟练工人，而且无疑地曾替后者改善了环境。但是，最重要的是：正当新的大量生产的工业产生出千百万非熟练工人的时候，它加强了走向产业工会主义的趋势。

在进一步论述之先，最好对工会受到的某些批评做概略的叙述。社会大众对“世界产联”这类形式的革命组织的仇视，并不难于理解。但是，“美国劳联”，尤其是近年以来的“产联”，都不是激进的，也不是社会主义性质的。因此，攻击乃是来自另外的一个角度。许多批评家攻击工会；所持的理由是工会乃是“一些足以消灭效率、限制生产，大量增加成本和产生工人垄断而得到法律认可的措施”①，而且这种责难无疑地包含着攻击工会的主要理由在内。

① 布勒德：《危险线上的工会》，载《大西洋月刊》，1923年12月第126卷，第6号。

工会也被责难说对会员的工作量和工作进行的方式规定得太详细，而且是那样武断地限制了入会的资格，以至于对其他的工人和社会福利表示漠不关心，几乎形成了反对社会的一种阴谋。这些批评指出，这项缺点最典型的例子可以从最大的基本工业之一的建筑工业看出来，这个行业里的地区之争、生产的受到限制，以及各种的武断规定，有时达到了极端荒唐和浪费的程度。工会也被人们严厉地批评说某些不讲理的领导人物曾经使用了权力去掠夺工人与雇主。虽然这种类型的歹徒是很少的，但是他们(尤其是在 20 世纪 20 年代)足以损坏了一个伟大和基本上是诚实的运动的声誉。近年以来，常常为人们提出的攻击是：工会已经发展得这样强大，以至于使经济制度失去平衡。只要工人们不得不依靠旁人去求得一个职业，这种情况存在一天，这种批评总是会存在的。

工人与政治

一到选举权向下扩张把工资收入者包括在内的时候，就不可避免地出现劳工的要求与政治的交织。19 世纪 20 年代和 30 年代的第一次工人运动，情况就是如此。但是交通的不便与制造业的地方化，使这项首次的政治努力没有成为全国性的运动。可是，纽约州成立了许多的工人政党，费拉德尔非亚、新英格兰和其他地方也提出了工人的总统候选人。随 1837 年经济恐慌之后出现的萧条，阻碍了劳工的政治活动。直到“南北战争”之后，这种活动被引导到其他的途径里去进行。[①]

虽然，劳工改革党(Labor Reform Party)在1872年的总统选举中也提出了候选人，急进的工人的选票在以后的几年里为“绿背纸币”党所吸收，这个党1878年与“劳工改革党”进行了合并。“绿背纸币”党的党纲除了主张通货改革之外，还包括对各州间的商务进行管理，征收累进所得税，禁止契约劳工的入境，以及进行劳工立法等要求。1880年和1884年“绿背纸币”党得到的支持主要是来自西部农户和东部的工人。这个政党在1888年的选举中被解散，为联合工党(The Union Labor)所代替，所得的选票大半是来自“西部”和“南部”。早年时期最有势力和最激进的第三个政党便是民粹党(The Populist)，或“人民党”。这个党1892年时所得的票数在一百万票以上，它的党纲中包括着银币的自由铸造，累进所得税的征收，以及邮政储蓄银行的成立，铁路、电报、电话的收归政府所有。他们在大会上宣布“同情有组织的工人们所主张的缩短工时”的要求，而且认为“乡村与城市劳工有着一致的利益和共同的敌人”。这种把农民与城市工人的政治利益结合起来的努力，甚至于扩展到1920年的工农党、1924年的进步党以及因此而产生的一些左翼分子的身上去，成为美国政治史上最持久和最有趣的一项发展。

由于民粹党的消亡和美国劳工联合会力量的日益增长，劳工组织就不太正式参加政治上的活动。冈珀斯在长期控制工会的期间，坚决而成功地反对成立一个突出的工人党，而且他的继承人威

① 见本书第十五章，最末一节。

廉·格林也采取了同样的政策。然而,“劳联”的这个政策,受到了左翼党派的不断攻击,这些党派中有的坚持主张采取独立的政治行动,而有的则想要“劳联”同意他们的社会主义纲领。这个工团早期的聪明领袖丹尼尔·德里昂在19世纪企图使工人协会(Knights of Labor)和美国劳工联合会加入社会党的核心,但是没有得到成功。这事失败之后,他组织了一些敌对的团体,[1]成为了社会主义工人党(The Socialist-Labor Party)的显要人物。可是,这个政党却从来没有强大起来,而且在1898年以后被尤金·德布斯、摩理士·希耳奎特和维克托·伯杰等所领导的“社会民主党”推到了幕后。虽然社会党无疑地得到自由的中产阶级的大力支持,所得的选票绝大部分必然是来自劳工。这个党受到广泛拥护的旗手德布斯1912年几乎得到九十万票和1920年得到九十一万八千票的这一事实,[2]说明到了那个时候,实际上已经有一个工人党存在;如果它能得到工会的正式支持,很可能会变得十分强大。

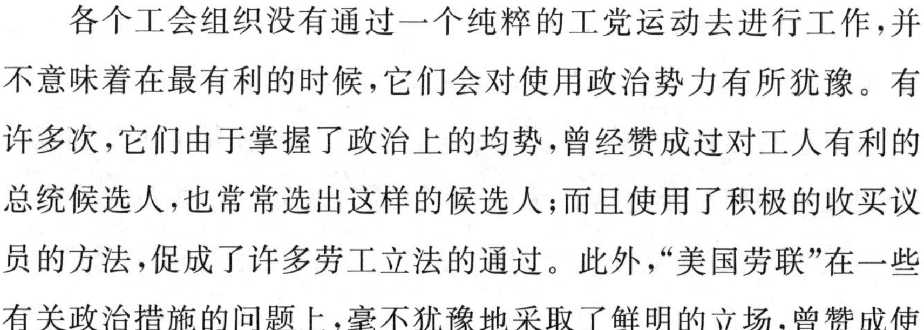

各个工会组织没有通过一个纯粹的工党运动去进行工作,并不意味着在最有利的时候,它们会对使用政治势力有所犹豫。有许多次,它们由于掌握了政治上的均势,曾经赞成过对工人有利的总统候选人,也常常选出这样的候选人;而且使用了积极的收买议员的方法,促成了许多劳工立法的通过。此外,“美国劳联”在一些有关政治措施的问题上,毫不犹豫地采取了鲜明的立场,曾赞成使

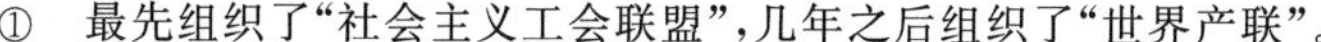

① 最先组织了“社会主义工会联盟”,几年之后组织了“世界产联”。

② 1920年时人们仍然投票选举德布斯,虽然那时他因被指控违犯了《间谍法案》而在狱中。

用创制、复决、罢免权等建议，也赞成参议员的直接选举；赞成妇女有选举权；政府拥有或管理公用事业；限制移入人口；成立各州和联邦的劳工局和国家教育部；废除童工制度以及进行一切保护生命、健康和工人前途的各项立法。冈珀斯简明地总结了他的哲学说："我曾常常力求利用政治局势为劳工谋取福利。"[①]

虽然共和党为了使劳工与他们进行调和而提出的"饭盒装满"的论点一向很有力量，工会一般却倾向于把选票分配给各个对立的政党。当民主党1896年吸收了"民粹"党，同时严厉地批评最高法院对所得税的决定和对"罢工禁令"使用不当的时候，对劳工所产生的影响是很大的。1908年，工人们向两个大会提出了反罢工禁令的政纲。冈珀斯说："共和党反动派告诉工人们到民主党即将开会的丹佛去。[②] 在那里，民主党把自己说成在劳工纠纷问题上是反对政府使用罢工禁令的。"自那时以后，冈珀斯和其他的领袖都非正式而公开地为选举布利安与威尔逊做总统而努力。以这个政党为媒介，他们取得了立法上的两次最大的胜利，那就是：《亚当孙法令》和《克莱顿法令》的通过。1924年，工人们暂时放弃了他们由来已久的政策，那时，"美国劳联"正式赞成他们的终身友人拉·富勒特当任总统。从那时起直到1952年，在赞成了艾德赖·斯蒂文森担任总统之后，"美国劳联"才又恢复了它的正式中立地位。但是，可以明显地看出，全体劳工都支持民主党和"新政"。

① 冈珀斯著：前引书，第2卷，第77页。
② 冈珀斯著：前引书，第2卷，第202页。

劳工与法院

虽然工人们能够影响各州和联邦的立法，而且在与雇主打交道方面取得了显著的发展，但是，他们在司法方面所取得的经验却并不是十分幸运的。在美国的互相牵制和权力均等的政治制度之下，司法部（它在本质上一般是保守的而且并不代表工人阶级）按照宪法去通过法律，进展缓慢，是毫不足奇的。工人们不仅要向保守的司法进行斗争，也要向那些法律理论和起源于工业革命以前的经济哲学作斗争。各个工会是不会组成的，如果工人们不是曾经被强拉到法院里去被告诉说，在没有法律明文规定的问题上，英国的旧普通法适用于美国；又说，工人们联合起来要求提高工资乃是对社会的一项阴谋，因此是违法的。19 世纪的头二十年，法院做出的判决一般都对劳工不利；但是，法院的态度渐渐地有了改变。仅只是联合起来的这种行动不再被认为是一项阴谋，而且司法部开始把注意力放在各个工会为了达到目的时所使用的方法上面。可是，好多年来，罢工、经济抵制和罢工时实行纠察的权利都遭到了法院的审讯。

美国宪法的第五条修正案规定，“非经正式法律程序，不得剥夺任何人的生命、自由或财产”，而且多数州的宪法上也有类似的条款。修正后的第十五条第一款又重申了这一概念，那时对各州也作了同样的限制。虽然法官霍姆斯某次曾说，这项修正并没有把放任主义或任何其他经济原理放进宪法里去，但是，坚决反对那个原理的人们一般都不接受他的这个信念，这些人把许多劳工立法解释成是对自由的一种侵犯，是对合同的破坏，或是一项阶级的立法。由于这样的一个背景，难怪许多有关劳工的法律都被宣布成是违反宪法的。历次为法院所取消的这些法律包括着：规定从事市政工程工人工时的法律；在私营工业中限制工作时数以保护男性成年工人健康的法律；禁止使用临时钞券支付工资或强迫购买公司附设商店物品办法的法律；禁止在住宅中制造雪茄烟等商品的法律；禁止雇主延期支付工资的法律；实行工人赔偿金的法律以及规定最低工资的法律。

据许多观察家看来，法院好像在费尽心力地阻挠工会组织。罢工时工人们行使纠察权的范围被大大地缩小了；[①]禁止雇主不得因工人加入工会而解雇的法律被废除了；[②]禁止雇主强迫工人签订受雇后不加入工会组织的法律被置之高阁了；[③]同时还不许工会指导曾经签订过这种合同的工人去加入工会。[④] 事实上，几乎每一类型的社会立法或是保障工会活动的法律都在这一时期或那一时期被判决成是违反宪法的。

虽然法院有许多不利于工人的判决，工人们曾根据州政府有保障人民健康与安全的公安权力坚持不懈地证明劳工立法是符合宪法规定的。这项权力虽然不经常是，但一般地是被法院在执行工时和女工工作条件法律时所承认，而且州政府所保持的童工监护人的地位，使儿童们得到了法律上的保障。在成年男子方面，法

① 《杜鲁克斯与柯立根讼案卷宗》，第 257 号，美国政府卷第 312 号（1921 年）。

② 《爱德尔与美国政府讼案卷宗》，第 208 号，美国政府卷第 161 号（1908 年）。

③ 《卡倍基与堪萨斯讼案卷宗》，第 236 号，美国政府卷第 1 号（1915 年）。

④ 《赫漆门煤炭及焦炭公司与密契尔讼案卷宗》，第 245 号，美国政府卷第 229 号（1917 年）。

律上就有许多不同的解释。那些显然是制定了来保护居民地区的健康与安全的法律(例如对运输交通事业中工时的限制)一般得到了法院的承认。在执行私营工业中有关工时的法律时,如果这个法律主要是为了保护工人的健康与安全而与公共安全关系不大的话,法院对这样的案件处理得就十分拖沓。例如,1895 年时伊利诺伊州的最高法院曾宣布妇女的八小时工作制是违法的。[①] 1899 年科罗拉多最高法院对冶炼工业的八小时工作制也作了同样的判决,认为这个制度是“对雇主与工人签订合同权利的不正当的干预”。[②] 美国最高法院 1905 年宣布纽约州规定面包厂工作时为十小时的罗琦乃尔法律“已经达到或者超过了公安权力的范围”。[③] 纽约州的最高法院 1907 年把禁止妇女做夜工的法律宣布为无效;[④]晚至 1923 年,美国最高法院宣布哥伦比亚特区规定最低工资的法律是违反宪法的。[⑤]

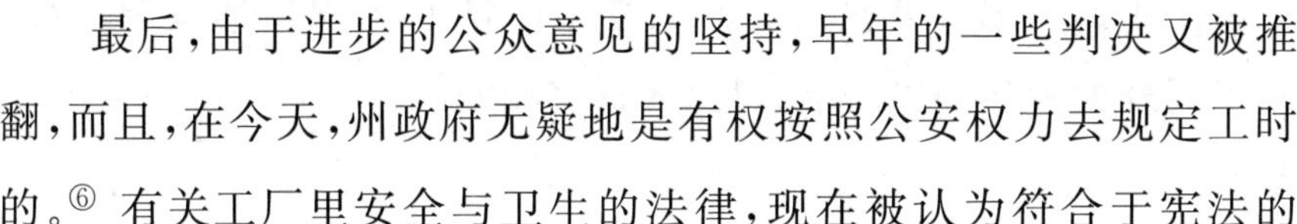

最后,由于进步的公众意见的坚持,早年的一些判决又被推翻,而且,在今天,州政府无疑地是有权按照公安权力去规定工时的。[⑥] 有关工厂里安全与卫生的法律,现在被认为符合于宪法的

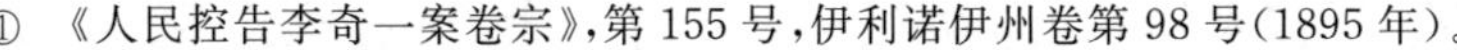

① 《人民控告李奇一案卷宗》,第 155 号,伊利诺伊州卷第 98 号(1895 年)。

② 参阅有关摩根案件,卷宗第 26 号,科罗拉多州卷第 415 号;卷宗第 58 号,太平洋卷第 1071 号(1899 年)。

③ 《罗琦乃尔与纽约州讼案卷宗》,第 198 号,美国政府卷第 45 号(1905 年)。

④ 《人民控告威廉斯案卷宗》,第 189 号,纽约州卷,第 131 号(1907 年)。

⑤ 《亚德金与儿童医院讼案卷宗》,第 261 号,美国政府卷,第 525 号(1923 年)。

⑥ 《何尔登与哈岱讼案卷宗》,第 169 号,美国政府卷,第 366 号(1898 年);《板丁与奥里根州讼案卷宗》,第 243 号,美国政府卷,第 240 号(1917 年);《李奇与魏曼讼案卷宗》,第 244 号,伊利诺伊州卷,第 509 号(1910 年);《人民控告施温勒尔出版社案卷宗》第 214 号,纽约州卷,第 395 号(1915 年)。

精神，而且法院现在对于修改旧的普通法律方面采取了比较更为公平的态度，在发生事故的时候，要雇主负更多的责任。

联邦政府对各州间的商务加以管理之后，曾引起了人们的希望，认为这样可以在劳工立法方面取得一些成就。1913 年成立了一个处理劳工问题的“内阁部”的独立机构；1914 年曾按照《克莱顿法令》做出了努力，想使工会不受有妨碍贸易阴谋的罪名而遭受迫害；1915 年《拉·富勒特海员法令》进一步保证了美国海员的适当的工作条件。1916 年的《亚当孙法令》把各州间交通运输业从业人员的工作时间基本上定为八小时，乃是一个巨大的胜利，也得到了最高法院的认可。[①] 另一方面，1916 年通过的，禁止在各州间的商业方面雇用十六岁以下童工搬运矿产品或石矿产品以及禁止它们经营由十四岁以下童工所生产的制成品的“帕默尔·欧文法令”在 1918 年被宣布为是违宪的。[②] 1919 年为了达到同样目的想对雇用十四岁以下儿童工厂的纯收入征收 10%税款的企图，也遭到了同样的命运（1922 年 5 月 18 日宣布）。[③]

① 《威尔逊与纽讼案卷宗》，第 243 号，美国政府卷，第 322 号（1917 年）。

② 《贝利与德赖格赛尔家具公司讼案卷宗》，第 259 号，美国政府卷，第 20 号（1922 年）。

③ 华金斯教授（在他所著的《劳工问题研究引论》一书第 324 页里）说：“禁令乃是由一个正当的法院所颁发的命令，其目的在于防止对于人身或财产的损害，和保持当时状态以待对权利做出最后的决定”。在理论上，它是非常适宜的，只是在财产和人身的权利受到危害时，以及当法律不能采取其他补救办法以应付意外时才加以使用。违犯禁令，是当作侮辱法令处分的，不须经过审讯就可以受到拘留或罚款的处分。在早些年里，只有在特殊的情况下，法院才使用禁令。近年以来已经成为处理劳工问题的普通工具了。自由地使用禁令的这一发展有两个重大意义。第一，它大大地增强了司法的力量；第二，禁令的原来的理论被滥用来符合于劳工争议的案件，而且发展到主要是用来作为反对工人的一项武器。

在司法的活动方面，没有其他措施像使用法院颁布“罢工禁令”的方法处理劳工争议那样地受到工人们剧烈反对的。“禁令”原来是英国皇室的一项有力武器，只有在发生违法行为或暴乱时才使用，可是近年以来，已经被美国的法院十分平常地用来在罢工时去限制工人们的活动。1894 年普耳曼铁路工人罢工时，德布斯和其他的人因违犯一项联邦禁令而入狱，冈珀斯、密契尔、莫理逊等人也因不遵守巴克炉灶公司工人罢工时法院所颁布的禁令而被判处徒刑，所有这些都是法院多少自由地使用这个工具的显明事例。人们把这种“禁令以为治”的方法谴责为是片面的和权力的滥用，而且工人们成功地在 1914 年的《克莱顿法令》中加上了一条，在雇主与受雇人之间发生争议时，禁止使用羁押的禁令，“除非为了防止申请人的财产或财产权受到无法赔偿的损害，而法律又没有其他适当补救方法的时候”。从这个禁令措词的含糊，可以看出所做出的实际更改是很少的。1932 年的一个联邦《反禁令法案》(《诺理斯-拉加迪亚法令》)又一次禁止联邦各法院对工人使用罢工禁令，并且禁止使用不许受雇工人加入工会的办法。可是，在第二次世界大战以后的几年里，《塔夫脱-哈特莱法令》又加强了罢工禁令的使用。①

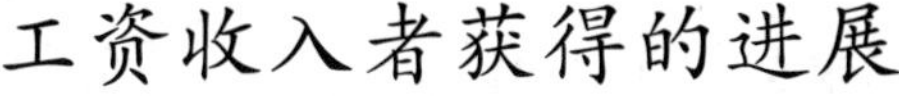

工资收入者获得的进展

除了 20 世纪 30 年代漫长而痛苦的萧条时期以外，美国工资

① 参阅本书第三十三章“劳资关系法令”一节。

收入者的生活水平自从1865年以来已经有所改善。在“南北战争”时期，物价比工资上升得更快，战争末期，实际工资仍然低于1861年的水平。战后物价跌落了，但是工资仍然有保持1865年水平的趋势，或者还更高一些。从那一年到1890年间，工业方面的实际工资至少上升了100%，农业方面的工资上升得较少。从1897到1914年，工资继续有所提高，但是物价也上涨了，其结果是，在这些年间，有关实际工资方面，许多工资收入者如果得到了好处的话，也是很少的。第一次世界大战时的情况也是如此。但是从1920年到1929年，实际工资好像有了显著的提高。[①] 当然，工人的收入和实际工资的问题是很重要的，因为它立刻提出了在全国工业生产率空前增加之后工人是否得到了财富增加的合理享受的这个问题。

另一方面，应当指出，实际工资只说明工人阶级的局部情况。很有可能，实际工资下降了（如1897年与1919年间发生于某些工人中的情况那样）而生活水平会同时还有所提高。通过社会福利事业和捐助等方式，国民收入的某一部分会回到整个人民的手里来。同样，各种发明和节省劳力机器的使用，会通过大规模廉价的生产而使人民群众获得利益。此外，社会福利的立法也可以改善工作的条件。例如，减少工时会使生活得到实际的改善。在19世纪40年代，纱厂里的工人有时要工作十三到十四个小时。到了1860年，所有的工人平均每日工作十一小时——这是通过三十年

① 参阅本书第二十七章“战时的劳工”一节。

1840—1891 年工资与物价比较表

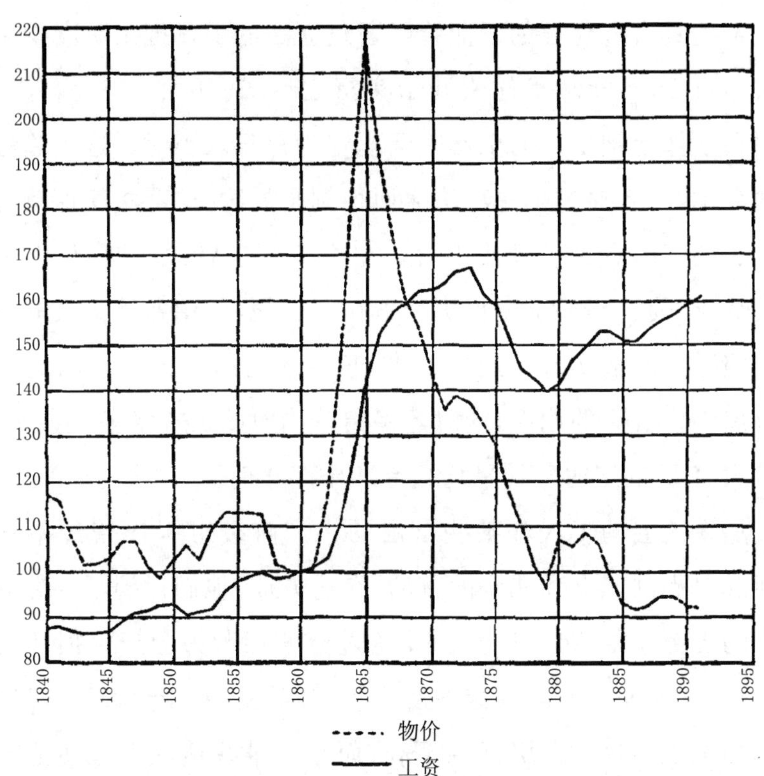

资料来源:《1899 年统计摘要》第 92 页及《1921 年统计摘要》第 854 页。

来为争取十小时制进行了斗争才实现的。《阿尔德里奇报告书》所提供的从 1840 年到 1890 年这一时期的数字虽然不很完备,却是最有用的。这份《报告》指出:1844 年的平均工作时数是每天十一小时半,1865 年是十一小时,以后渐渐减少到 1890 年的平均每日十小时。美国劳工联合会自从成立以来就一向主张八小时制,加上星期六的半天休假,每星期的工作时数就是四十四小时,这就是工人们的最大要求。在 1920 年前后,多数组织严密的工业的工会都达到了这个希望，[①]但是，绝大多数工人的工时仍然是更长一些。某些具有危险性的职业曾经通过立法的手段把工时减少了几小时。自1896年从犹他州开始实行之后，1916年左右就有三十个州在法律上把矿工的工作时间规定为每日八小时。这个趋势由于国会1892年通过了一项法律而得到了鼓励，这项法律把政府工作人员的工时定为每日八小时。在第一次世界大战期间，由于劳工的缺乏，使这项要求变得更为迫切了，多数使用熟练工人的行业都按照这个时数实行。近年以来，某些地区的许多行业已经采用了每周工作五天的制度，同时还保留着当时的工资水平。事实上，1951年工厂的工时每周平均只有四十多小时。

加入工会的工人和某些自由的中产阶级组织，[②]曾经不遗余力地反对剥削妇女和儿童的劳动，在这方面，他们得到了外部许多人士的支持。很明显，妇女和儿童过分使用劳力会产生损坏健康的后果，从而使种族与国家的前途受到威胁。对于男性工人来说，女工和童工不仅对工资标准不利，而且在某些情况下还使他的职业受到危害。然而，在能够采取实际行动之前，还必须推翻那种认为工厂是上帝派来的保护者，足以保障儿童不致坠入懒惰祸害的旧式信念；必须打破放任主义的影响；也必须消除那种由于这类劳工而养肥起来的贪婪势力的影响。早年的纺织厂多半雇用妇女和儿童，而且这种情况在某些地区一直继续到20世纪30年代。虽然第一次世界大战前的童工人数增加了，但在相对数量上却有所

① 1930年间，为了要防止赶工的缺点和把现有的工作加以分摊，有一些工会发动了六小时工作制的运动，而且达到了目的。

② 例如1899年创立的美国消费者联盟和全国童工委员会(1904年)。

下降。根据 1870 年的《国情调查》,有七十三万九千一百六十四个十岁到十五岁的儿童从事于挣钱较多的职业,而 1910 年的调查数字就有一百九十九万零二百二十五人,其中女孩几乎占一半。这个数字等于受雇于挣钱较多的职业人数的 5.2%,比较 1900 年以后减少了 0.8%。然而,受雇于挣钱较多的职业的儿童与全国儿童总数的比例,从 1880 年的 16.8%增加到 1910 年的 18.8%。虽然上述的这些儿童绝大多数是从事农业或其他非工业性的职业,令人仍然感到寒心的是,1914 年时,还有成千上万的童工在工厂里工作。在经常利用北部资本建设大纺织厂的南部各州,情况尤其是如此。诚然,农业劳动在某种程度上不至于危害未成年儿童的身体健康,但是,工厂或血汗工厂的工作就很难这样讲了。这些年来,在有关全国童工的报告中,所报道的情况坏得使最不关心民众的政府也会感到惭愧而采取行动。[①]

政府企图取消童工所采取的办法是制定限制工作时间的法律;规定在一定年岁以下的儿童不得受雇去做收入较多的工作;禁止作夜工;以及推行强迫教育。有关童工的立法是 1836 年在马萨诸塞开始的,那时制定了一项法律,规定受雇于制造业的儿童应该有受教育的权利。1842 年,十二岁以下儿童的工作时间限于十小时(人们认为这已经是一个巨大的进步!),1866 年和 1867 年的法令禁止雇用任何十六岁以下的儿童每星期工作六十时。1873 年,政府把童工就学的时间延长为二十个星期,入学年龄规定为十二

① 参阅约翰·史巴各:《儿童们的惨痛呼声》,1906 年版;樊·沃斯特夫人:《孩童们的呼声》,1908 年版;以及《罐头业的童工》等政府报告书,载《童工报告》,1913 年 2 月第 1 卷,第 4 号。

岁。十年之后,所有超过一万人口的城镇都强迫设立夜校。1888年的一项法律把工厂、车间和商业机关里年龄在十三岁以下的儿童都加以清除,并且规定十四岁以下的儿童除了在假期之外不得做工。也禁止十三岁的儿童去做其他一些室内的工作,除非他们已经就学二十个星期。1889年强迫入学的年龄提高到十四岁,就学的时期改为三十周。向来在劳工立法方面走在前列的马萨诸塞这个州,就是这样踌躇地处理了危害童工的问题,其他的一些州也几乎采取了同样的处理方法。

虽然晚至1914年,还有六个州(全都在南部)没有强迫儿童入学的法律,所有其他各州在20世纪30年代时法典上都已经有了某些有关童工的法律条款。1914年,法定的雇用童工的最低年龄有从十二岁到十四岁的不同规定,这是取决于各州的经济情况和社会觉悟的。例如,新墨西哥除了限制十四岁以下的儿童在矿山里工作外,就没有其他的法律规定。犹他州和怀俄明州只禁止儿童在矿山工作和禁止从事具有危险性的职业;南部有四个州对儿童在商店里工作的年龄并没有限制。除了少数的例外,各州现在都把十六岁以下儿童的工时限制在八小时;绝大多数的州和哥伦比亚特区都禁止做夜工。这种类型的法律,与努力执行强迫教育和适当的违法罚款办法一道,对于清除这项祸害是十分必要的。童工在新到的移民中是最常见的,也出现于南部某些地区的"贫穷的白人"当中,这些地区经济的压力在许多情况下足以使父母们不顾当时的法律而与雇主进行合作。①

① 1933年时所实行的童工法律,都总结在《有关童工的事实和数字》第197号里(1933年10月增订),由劳动部儿童局出版。

由于受到这一世纪早年时期人们反对童工呼声的震动，联邦政府也加入了这场战役。1912 年，国会在劳动部内增设了“儿童局”，而且有好几次在哥伦比亚特区通过了禁止童工的法令。我们已经指出，国会曾先后在 1916 年和 1919 年企图减少全国的童工，可惜这些法律被最高法院宣布为违宪。为了挽回这些法律，国会 1924 年向各州提出对宪法的修正，以求禁止十八岁以下童工的规定得到宪法的许可，但是到了 1953 年年末，只有二十八个州批准了这项请求。可是，某些“新政”时期的立法，包括《全国工业复兴法令》、《沃尔西-赫勒政府契约法令》和《公正劳工标准法令》在内，都想要达到这个目的，[①]由于最后一个法令合乎宪法规定而得到了认可，工业中的童工大部分都已经绝迹。然而，根据人口调查局的估计，1951 年时在各种职业里工作的从十四岁到十七岁的青年接近二百万人，虽然有一部分主要是做零工。还有几十万个十四岁以下的儿童在工作，至少有一半是为了工资而工作的。

工厂制度和工业革命的其他后果曾为妇女打开了无数谋生的新机会。许多旧日的如缝衣、制造肥皂、蜜饯、腌肉等家庭职业都移转到工厂里来，妇女们也跟踪而至。她们常常是没有组织的，在家里住宿，把工作看成是临时性的，她们也像童工那样遭受经济上的剥削。特别是在早些年里，她们都是“血汗工业”的牺牲者，在这些工业里，她们签订了合同，接活来家里做。近年以来，雇用于家庭以外的妇女的数目比整个人口增加得更快，但是这种增长多半出现于一些中产阶级的职业团体而不出现于工厂里的工人。还值

① 参阅本书第三十章“救济与安全”一节。

得注意的便是某些受雇于传统的如侍者、一般仆役和缝纫等职业的妇女人数，却相对地减少了。1914 年，受雇于各种制造业的妇女人数有一百五十万人，1950 年时约有三百五十四万五千人。政府要想消除的雇用妇女方面所存在的两大弊害，便是工资太低和对身体的损害，两者会对整个社会带来恶劣的影响。人们渐渐地感到妇女也像儿童一样需要得到州政府的保护，尤其是作为未来的公民的母亲，她们的身体健康是社会所关心的。某些州曾经成立了一些委员会，对生活费用加以调查，并且决定最低工资的标准，这种标准有时是强迫执行的。1912 年，马萨诸塞通过了全国第一个规定最低工资的法律。虽然第一次世界大战把千万个妇女吸收到那些工作环境被认为是有利的工业里面去，但是许多对劳动条件有研究的学者始终认为妇女的工资待遇，并不好于男工的待遇。根据纽约州 1919 年对一百一十七个工厂所做的调查，有二十九个工厂付给女工的工资每周不到十二元，有六十九个工厂不到十四元。[①] “消费者联盟”1919 年时宣称，根据美国劳工统计局所编的统计数字，在纽约市的十四种雇用大量妇女的工业中，只有一种工业付出能够维持生活的工资。[②] 今天，虽然多数职业中妇女的工资的确仍然很低，但是她们的工作条件已经有所改善。政府曾经通过了许多改进工厂环境的法律。实际上，所有的州都限制了妇女的工作时数，有几个州还定了一些禁止做夜工的法律。

① 纽约工业委员会 1919 年 3 月所发表的公报:《产业方面妇女的代替男子》。

② 见 1920 年 4 月 17 日《调查》。整个州的百分比更为明显。“有 19%工人的工资每周不到十一元，71%的工人的工资不到十四元，88%的工资不到十六元。”

虽然工人中发生事故的百分比在美国比在其他大的工业国要大得多,但是我们在最后才认识到这些事故应该由那个工业而不应该完全由工人负责。直到最近四十年,法律仍然以下列的理论为依据:发生事故的责任应该放在某人的身上,而且他必须承受损失。这种责任几乎常常是放在劳方而不是放在资方,理由是:工人如果接受了一项工作那就意味着他已经知道所要遇到的危险,或者是说,事故发生的原因是他自己或另一个同伴造成的。如果雇主能够证明他已经采取了适当的预防措施,通常就解脱了责任。

社会的观点最后终于改变了。人们都认识到那些对工业革命以前的环境也许还能适应的普通法律,现在已经是不恰当了。在现代的工作条件下,许多事故的发生都不能证明是属于某人的责任。很显然,它们是由于工业中存在着不可避免的危险才发生的。事实上,工业才是应该承担罪责,而工人是无罪的。美国的许多州,从 1902 年马里兰州开始就跟随着德国(1884 年)和英国(1897 年)的步伐,通过了工人赔偿金的法律。马里兰(1902 年)、蒙大拿(1909 年)和纽约(1910 年)第一次通过的赔偿法律被宣布为是违反宪法的,但是 1911 年以后所拟定的一些法律却经受过法院的考验而仍然成立。到了 1942 年,除了密西西比州与阿拉斯加、夏威夷领地和波多黎各之外,其余各州都像哥伦比亚特区和美国政府对公务人员那样地有了工人赔偿金的法律。多数的这些法律除了废除旧日保障雇主的普通法律之外,还规定:(一)最大限额的死亡或永远残废赔偿金,按周支给,期限是三百到五百个星期,(二)遭到暂时残废时,则须付给医药费和在一定期内付给按正规工资的

一定百分比的赔偿金，以及（三）在某些特定工业中一次付给赔偿金的办法。通常，农业工人和家庭仆役是不包括在内的，因为他们一般是在雇用不满五人的机构里工作。法律规定的付款条文，通常是由州营或私营的保险公司进行某种形式的保险。今天，避免发生意外事件对于雇主和工人都是有利的，而且这些法律的优点也越来越明显。通常，这些法律由一个审查赔偿请求的特殊法庭来加以监督。工人赔偿金制度的广泛采用，也许就是第一次世界大战刚开始的前几年中劳工在立法方面所取得的最大胜利。

进展不仅表现在获得了保护女工和童工以及规定工人赔偿金的法律方面，也表现在其他改善工人工作条件和提高生活水平的一些重要社会立法方面。由于市政府或州政府制定了法律的结果，使他们的小孩能够喝到较好的牛奶，城市里有了游戏场，学校里有了保健设备，并且在教育方面也有了改进。房屋租赁法律改善了他们的居住环境，使工厂里有较好的照明和医药设备，所有这些使得他们的工作时间更为愉快，这一方面是由于州政府进行了立法，一方面也由于资方想以此提高产量，同时，还采取了对母亲们付给养老金的初步办法，而且1914年以前，人们对疾病、失业保险和养老金等办法曾积极进行宣传。所有这些和其他新型的社会立法，是与20世纪30年代的“新政”下的经济萧条相偕而至的。与此同时，有关这类的立法也由州政府移转到联邦政府的手里来。

外侨的移入

与劳工问题有密切关系，并且在我国的政治、社会和经济生活的各个方面含有重大意义的事，便是外侨移入问题。从 1860 年到 1920 年间，大约有二千八百五十万名外国人想在美国上岸，永远地或暂时地加入美国的劳工队伍。这个数字几乎等于美国 1850 年的总人口。工人入境浪潮的起伏，恰恰是与经济繁荣与萧条的时期密切相吻合的。因此，在 1873 年的经济高潮时，到达美国的外侨有四十五万九千八百零三人，1882 年有七十八万八千九百二十二人，1892 年有五十七万九千六百六十三人，1907 年有一百二十八万五千三百四十九人，1914 年有一百二十一万八千四百二十人。虽然移入的实际数目在第一次世界大战爆发以前每十年都有所增加，移出的人数和人口的自然增长使外侨与本国人口保持着 14%这样的一个比例。1860 年时，比例稍低一些，1910 年又稍高一些。

正如在"南北战争"以前那样，改善经济的希望，或是想得到更大的政治与宗教自由的欲望，乃是移入的人们内心所具有的一个强烈动机。然而，有一部分动力却是来自外部。康芒斯教授认为："取得廉价劳工，收取旅客运费和出卖土地的欲望所带入的侨民，也许比欧洲、亚洲和非洲因情况困难而送出的人口还要多"。[①] 资方在寻求廉价劳工的不断供应。各个受到土地赠予的铁路公司，由于希望有人住上它们的土地和售卖地产，曾与轮船公司合作去欧洲搜寻有发展前途的移入侨民。[②] 直到最近几年，在美国的外侨的亲戚和朋友至少有四分之一的人把旅费汇回欧洲去。人们的

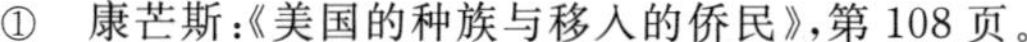

① 康芒斯：《美国的种族与移入的侨民》，第 108 页。

② 见本书第十八章，"农民的疆界"一节。

1860—1950 年移入美国人数

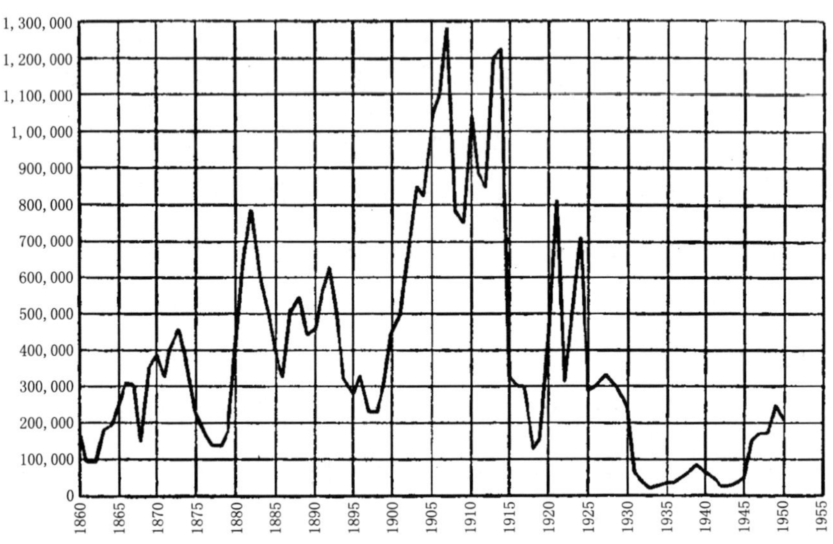

资料来源:《1921 年统计摘要》第 883 页;1940 年同书第 99 页;1952 年同书第 95 页。

移出,已经不是一件限于那些身体强健和有自信的人的冒险事业了。

由于从欧洲迁出比较更为容易,移入美国人口的来源就发生了变化。直到 1896 年,从大不列颠,爱尔兰和德国移来的人占大多数——他们是一些具有进取心与魄力的人,而且常常是一些熟练的技工和农民,在血统和特性方面和已经住在美洲大陆上的人们没有很大的差异。在 1851 年到 1861 的这十年里,从这三个国家移来的移民约占 88%,而来自奥地利、匈牙利、意大利、俄国和波兰的移民只有 1%的十分之四。1891 年到 1910 年,从上述的三个北欧国家移来的人占 31.6%,而欧洲东南部这四个国家移来的人占 50%以上。在以后的那个时期里,"新的移民"占总数的五分之四以上。这些从欧洲东南部涌入的人却是另外的一种类型,他们当然是勤俭而耐劳的,但一般都是不熟练的工人,而且习惯于政治的与经济的独裁制度。

从 1900 年到 1914 年,为数在一千三百万人以上的这样一个"新移民"数量引起了人们的反对和要求这个数字的减少。这项反对主要来自两个方面:(1)来自一大部分有组织的和没有组织的工人,他们认为廉价劳工的不断涌入,会使工资继续降低,不能提高生活水平;(2)来自很多热心的美国人,他们认为美国的理想和标准正在受到这个"熔炉"里的人增加太快的危害,而这个熔炉里的人也还没有被"熔化"。另一方面,直到第一次世界大战时,资本家们都拥护把移民律放宽。他们争论说,廉价劳工的不断供应,对于发展全国资源和填补美国本国人民所不愿做的那些职业都是很必要的。关于这一论点还值得大加争论,因为,毫无疑问,美国的经济结构在很大程度上被新来移民的粗劣劳动拉向后面去了。然而,不遗余力地寻求越来越廉价的劳工是否不会把无法被吸收的人和不需要的人带到美国的海岸上来,却是一个疑问。第一次世界大战期间证明了即使在有迫切需要的时期,没有外国新劳工的供应,工业仍然能够维持。萧条时期广泛的失业,很难说明会需要更多的劳动力。廉价劳工归根结底,一般是最昂贵的,而且,很有可能,美国被迫去提高国内已有的工人效率所得到的好处要比进口不熟练的和工资低廉的工人所得到的好处大得多。

直到最近,不管对移民有什么限制,主要都是因为需要劳工的后果。拟订限制移民的法律到 1882 年到达了顶点,这些法律都禁止华人的移入,以后与日本缔结的一些协定也同样地排斥了日本

公民的入境。有了1882年的法案,联邦政府就对移民的控制采取了第一个步骤。这个法令对入境的人征收五角美元的人头税,禁止某些不受欢迎阶层的外国人入境,而且规定在执行这个法令时,各州应该与联邦政府进行合作。在"工人协会"的影响下,1885年和1889年曾制定了一些法律,禁止把订有合同的移民带入美国的工人队伍。这些法律一般被人们逃避过去了。1891年成立了一个与今天的"移民总监督署"相当的机构。在1891年、1893年、1907年和1917年的法令里,政策进一步排斥了那些道德、精神和身体不合格的人,以及那些身体上和精神上患有疾病的人。流浪者、贫民、无政府主义者和订有合同的工人也在被排斥之列。如果非法地带入移民,轮船公司将被罚款,并被勒令将移民送回,也不许轮船公司鼓励或引诱移民。

为了要用一些新的方法来排斥移民,国会规定了对移民进行识字测验,但是被克利夫兰、塔夫脱和威尔逊三个总统否决了。最后,这种要进行测验的法律在1917年越过了威尔逊的否决而得到通过。由于战争的结果,也由于人们恐惧美国会有欧洲受到战祸的国家人民的大量涌入,在第一次世界大战末期,人们又掀起了对移民进一步加以限制的鼓动宣传。不仅工人,还有社会一般人士,尤其是许多装作是特别爱国的组织(虽然他们的祖先也完全是一些移民)都赞成进行限制,因此20世纪20年代就出现了一次坚决而成功的努力,严格地限制外国移民的流入。①

① 见本书第二十八章最后一节。

第二十三章　1860年到1914年的运输与交通

铁路的迅速扩展

在1860年以后的半个世纪内，铁路扩展在美国历史上的重要性，我们必须做适当的估计。美国工农业的发展在很大程度上都有赖于国内的运输事业，主要也就是铁道事业。铁路促进了西部大部分地区的殖民事业。在许多地区铁路首先通过了无人居住的地带，随后才有移民的到来。1860年时，全国铁路的总里程共有三万零六百二十五英里，其中多数是在1857年经济恐慌前几年的繁荣年代里建成的。"南北战争"对于铁路产生了破坏性的和刺激性的影响。当南部的机车和其他设备都已经折旧磨损或是遭到破坏的时候，战争促使北部去修建新的铁路。[①] 正是在战争进行的时期和一部分是出于战时的措施，才开始修筑第一条横贯美洲大陆的铁路。然而，在那十年里，许多的建筑工程在1865年以后才开始。1870年时的总里数有五万二千九百二十二英里。

---

① 见本书第十七章"北部的资本"一节。

在以后的几十年里，铁路建筑增长得很迅速，除了严重的经济萧条时期以外，一直在继续修建。1867 年与 1873 年间建成的铁路有三万三千英里，以后，这一最初的大跃进才松弛下来，经济恐慌暂时使铁路的建筑停顿了。1873 年的经济恐慌本身有一部分原因是铁路的过分修筑和过量的投资所造成。从 1860 年到 1875 年的这一时期，不仅修筑了第一条横贯美洲的铁路，还延长了从大西洋到芝加哥的四条干线——即纽约中央铁路、宾夕法尼亚铁路、巴尔的摩－俄亥俄铁路和大干线铁路。萧条结束，经济恢复以后，全国又进入了一个铁路惊人发展的时期。1880 年共有铁路九万三千二百六十一英里，1890 年增长到十六万七千一百九十一英里——那就是，十年之内就增加了七万英里。1893 年的经济恐慌又使铁路的建筑受到了阻碍，但是，在 1898 年以后的繁荣年代里又恢复起来，在以后的十二年里，每年平均增修了新铁路五千英里(即每年增长百分之二)。1900 年，使用中的铁路达到十九万八千九百六十四英里，1920 年有二十六万三千八百二十一英里。

这种发展远远地超过了人口的增长。“南北战争”以后，人口增加了三倍，而铁路的英里数却增加了八倍。1860 年时，全国平均每一千零八十七人就有一英里铁路，1920 年时，每四百一十七人就有一英里。1914 年，美国号称它的铁路英里数比所有欧洲的铁路加在一起还要长，超过全世界铁路三分之一以上。

另一方面，到了 1914 年，全国铁路好像已经达到了饱和点。虽然 1910 年与 1913 年间每年修筑的铁路平均在三千英里以上，但以后就迅速地下降，直到 1920 年，才修筑了三百一十四英里。从 1916 年到 1920 年，被放弃的铁路比建筑起来的铁路还要多，而

1850—1950 年运用中的铁路英里数

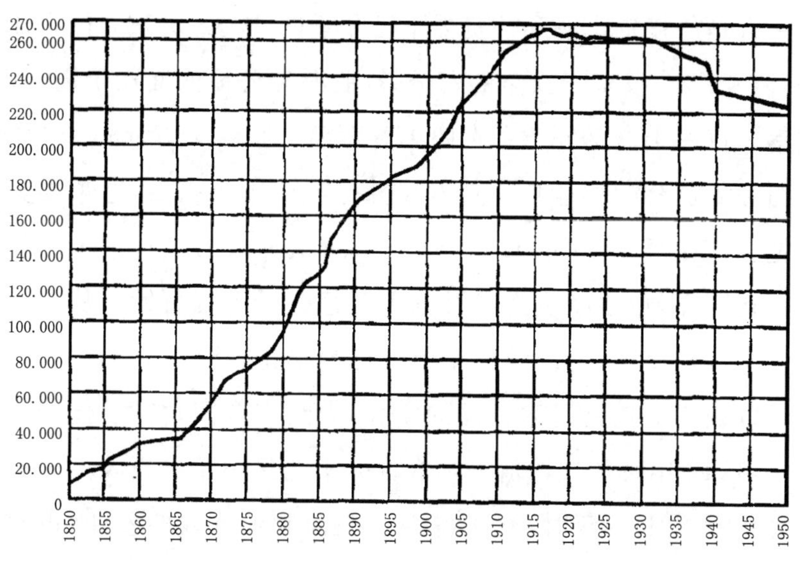

资料来源:《1940 年统计摘要》第 424 页;《1952 年统计摘要》第 507 页。

且这种趋势一直继续到现在。[①] 放弃的原因有几个:(一)受到使用汽油摩托车运输的竞争;(二)战时的经济情况;(三)铁路利润的下降和许多铁路因费用增高而引起的财政状况的不稳;(四)饱和点的接近。从 1920 年直到现在,(除了战争期间以外),那些营业不振的铁路都努力在为生存而挣扎,而营业发达的铁路公司也只改善了它们的设备而没有加长线路。

铁路的经济意义远远地超过了仅只提供运输的意义。它在打破农村的孤立状态和连接城市与乡村的利益方面所产生的便利与

① 1916 年达到最高峰的二十五万四千零三十七英里,到了 1951 年降低到二十二万三千四百二十七英里。各家铁路公司所报告放弃的铁路,1932 年是一千三百七十英里,1943 年是一千一百四十九英里。在以后的第十二年,放弃的铁路超过了一千英里。

社会意义是无法估计的。在美国财政制度中，铁路股票几十年以来一直是与投资市场和信贷界不可分割的一个最为重要的组成部分。1921年，投资于铁路的资金（按股票和公债的面额价值计算）共达二百一十八亿九千一百四十五万零七百八十五元；1920年州际商务委员会的估计是一百八十九亿元。十年以后，这个委员会又把它们截至1930年12月31日的价值估计为二百一十六亿九千一百万元，账面净值为二百三十五亿一千八百万元。从能够得到的统计数字中，可以做出一个合理的推论，那就是，第一次世界大战以前投在铁路运输方面的资金，大约占全国财富总值的十分之一，1912年时估计约值一千八百七十七亿三千九百零七万一千零九十元。1910年时，铁路提供了一百七十万人的就业，占收入较高的就业人员的4.4%。

横贯美洲大陆的铁路

修筑一条横贯美洲大陆铁路的理想，好像是起源于远东贸易的引诱，但是，1848年加利福尼亚黄金的发现和那个地区的迅速殖民，给予这个理想以巨大的推动，而且使国会在1853年进行了勘测，想找出一条由密西西比河通到太平洋的路线[①]。由于“南北战争”时政治、军事和经济方面的迫切需要，终于使第一条路线修筑起来。国会1862年成立了联邦太平洋铁路公司，目的在于从内

---

① 在东部，商人惠特尼花了许多年的时间来提倡建造这样的一条路；在西部，朱达测量出一些道路，使萨克拉门托的商人史丹佛、亨廷顿、克罗克尔、霍布金斯对这个计划感到了兴趣。在铁路还没有开始修筑时，他们两人就死了。

布拉斯加修筑一条向西通往加利福尼亚的铁路。在赖朗德·史丹佛、柯里斯·亨廷顿和其他一些铁路著名人士的领导下，组成了中央太平洋铁路公司，从太平洋沿岸向东修筑一条铁路与联邦太平洋铁路相衔接。这两条铁路在平原地区每英里由政府补贴建筑费用一万六千元，在山区每英里补贴四万八千元，在山脉中部地区每英里补贴三万二千元，政府对铁路财产有“第二留置权”(second line)。此外，政府还把靠近铁路交错地区的土地赠给了铁路。由于得到贷款和土地赠予的鼓励，而且受到人们广泛兴趣的驱策，这两条铁路便从彼此面对的方向发狂似地修筑起来，希望能够尽量获得政府的补助。不论是费用的浩大、印第安人的敌对行为和高山的严寒气候，都没有使工作停顿。在工作快要结束的那几个星期，两万人每天就铺轨二英里:这种努力，使两条铁路 1869 年 5 月 10 日在犹他州的普罗孟塔利接轨。在那里，史丹佛钉上了用加利福尼亚黄金铸成的最后一颗道钉；而有线电报也收到了钉入道钉的报道，把消息传送给全国欢欣鼓舞的人民。这两条铁路的接轨，是自从伊利运河建成以来美国史上运输工程的一项最高成就。

在理想方面同样地离奇，但在立刻实现方面并不是那么成功的事，便是修建“北太平洋铁路”所做的努力。这条铁路 1864 年得到国会的特许，所领到的土地赠予的面积，比新英格兰的六个州合并起来的面积还要大，通过贾埃·库克公司财政上的支援，从 1867 年开始兴修。修了五百英里以后，由于贾埃·库克公司的倒闭而被接管以后，建筑工程又积极恢复起来；同时，主要由于得到亨利·维拉德天才的领导和德国资本的支持，这条铁路便在 1883 年建成。1863 年，“阿契森·托皮卡和圣菲铁路”从联邦政府获得了每修筑一英里铁路就有六千四百亩土地赠予的补助。但是,这条铁路直到1869年才开始建筑,而且还没有修到科罗拉多州东面的边界就由于1873年的经济恐慌而停工了。1880年又再行复工,基本上按照着圣菲的路基修筑,1884年修到了太平洋海岸。

1878年,詹姆斯·希尔(当时是圣保罗地方的一个著名的商店老板,后来成为最大的铁路总经理之一)引起了一些有势力的加拿大人的兴趣,去对一条破产的和显然没有任何前途而且全长只有二百英里的小铁路进行投资,这就是人所共知的圣保罗太平洋铁路,这条铁路被人们描述成是“一条通过沙漠的锈铁”。这些加拿大的资本家之所以对于这条铁路发生兴趣,只不过是因为它可以作为“哈得孙海湾公司”经营密西西比与温尼皮格两河之间货物运输的联络线的缘故。但是,在希尔的指导下,这条铁路一直推进到太平洋,而且发展成为“大北方铁道系统”。同时,已经修建了“中央太平洋铁路”的人们开始把旧金山以外向南开行的各条小铁路加以合并,并且在19世纪70年代使它们通过了阿里佐纳和新墨西哥而到达得克萨斯的埃尔帕索,从那里在1882年连通了与东部的交通。到了80年代中叶,通到太平洋的各条干道都已经修建完成。

财政的支持与政府的援助

美国各条铁路史上较为有趣的一面,便是它们在早期得到财政支援的这一情况。关于这一点,这里只能作简单的叙述。由于国内运输的迫切需要,伊利运河的显著成功,各个地区之间的竞争以及私人资本的稀少,便是使各州对许多早年的铁路工程给予财政支援的主要原因。州政府的资助太过分了,1837 年的经济恐慌使这种资助停顿下来,造成了巨大的损失,这是一项使美国州营运输事业不能正常地发展的事件。自那时以后,虽然政府也进行了资助(特别是对于各条横贯美洲大陆的铁路的资助),但是国内运输事业的资金和管理权,大部分仍然落入私人资本家之手。

每年国家财富的盈余,有一大部分是用于铁路的投资,这种情况至少在 1916 年以前是如此。运输事业对于国家的建成十分重要的这一基本事实是很明显的。美国人愿意以国家的发展为投机的对象,没有其他事业比在铁路方面还表现得更清楚的。但是,在私人资本投入铁路以前,人们希望政府能大力支持以解除困难。铁路的修建是通过州政府投票以后发给特许状去进行的。所有的特许状里都含有一些可贵的权利和特权,而许多特许状乃是用腐败的方法得来。政府都毫无例外地发给了“土地征用权”,那就是,铺设铁路的权力和对需要的土地如果不能用其他方法获得时,便可以宣告没收的权力。在某些情况下,政府也授权给铁路公司去进行垄断或是得到不受竞争的保障,同时,还给予特殊的银行信贷便利以协助铁路筹集款项。某些特许状还允许铁路长期免税,有一些则在某个时期内免税,还有一些则允许在红利达到某个百分比时才付税。

另一方面,甚至于在这些早年的宽大而容易获得的特许状里,有时还附上一些条文,允许红利超过一定的数额时才降低运费。政府和人民的态度是:应该用一切方法去鼓励运输事业,而特许状的内容也反映了这种态度。在获得特许状以后,就用从国家、各州、各县、各市或私人认购的股款或信贷去修筑铁路。国家的资助是通过下列的方式进行的:(一)对铁轨豁免关税,(二)土地的赠予,(三)直接的财政援助。政府原来赠予的土地几乎有二亿英亩,但是由于铁路不能按照法律规定去进行而丧失了权利,使这个数字减少为一亿三千七百万英亩。这些赠予的地区包括着明尼苏达和华盛顿州的四分之一,威斯康星、爱荷华、堪萨斯、北达科他和蒙大拿的五分之一,内布拉斯加的七分之一,加利福尼亚的八分之一以及路易斯安那的九分之一的土地。给予铁路的土地总数有二十四万二千英亩,是一个比德国或法国的面积还要大的地区。在私人的捐赠方面,"北太平洋"铁路得到了四千四百万英亩;"南太平洋"铁路得到了二千四百万英亩:"联邦太平洋"铁路得到了二千万英亩;"圣菲"铁道系统得到了一千七百万英亩。也发行了六千四百六十二万三千五百一十二元的国家公债,以另一种抵押品作为担保来协助某些西部的干道,这些借款,最后几乎都完全还清了。

各个州政府进行协助的主要方式有:(一)认购投资用的股票,这是许多州采用的一种方法;(二)通过直接购买铁路公债,或是用在铁路公债上进行背书等方法办理州政府的信用放款;(三)州政府赠给土地;(四)负担铁路的勘测费用。由州政府转入运输公司的土地,几乎有五千五百万英亩。各个县政府和市政府也仿效州政府认购股票,用市政府或县政府的公债去交换铁路债券,或是用直接捐赠款项和土地的方法去鼓励铁路的建筑。纽约州的各个城镇和乡村捐给铁路的款项有二千九百九十七万八千二百零六元,有五十一个县津贴或捐助了从五千元到三百万元不等的款项。直到1871年,马萨诸塞的一百七十一个城市发行了公债去协助铁路。[①] 这种来自人民大众的援助，在以后讨论铁路舞弊和人们要求对铁路加以管理时是不应该把它忘怀的。

各类这种形式的款项协助，在许多情况下都几乎等于直接的津贴，数额很大；可是，私人所支援的数字却更大。购买铁路债券的投机商有两类：第一类是为了红利和债券的上涨而购买的；另一类是为了要使铁路经过他们的地区而购买的。后一类人热衷地愿意用劳工、土地和金钱去交换股票，这些股票后来常常变成了一文不值。一大部分的资金支援是得自欧洲，在那里，美国的运输业股票十分受到欢迎。1907 年时，铁路总值的四分之一以上为欧洲，尤其是为英国所拥有。1914 年，据《华尔街日报》的估计，价值三十四亿元的公债，也就是三分之一的未偿还铁路抵押债款属于外国所有，但是，第一次世界大战使许多的这些债券回到美国来，使美国的铁路首次真正地脱离了外国的资本。

早年时期铁路的舞弊与混乱

在这样一个迅速扩张的时期里，就容易产生紊乱的情况，各种舞弊也乘机而入。在一个商业道德达到低潮的时代，这种情况就更有可能。在某些年里，人们对于运输的需要是那样地迫切，以至于对旁的事都已经不太注意。但是，在 19 世纪 70 年代初期，铁路

① 拉克林：《运输经济学》，第 56、57 页。凯莱亨在他所著的《论海德勒的〈从官方纪录(1659—1930)看一个典型的新英格兰城镇的政治发展〉》一文中，叙述了一个典型的新英格兰镇获得各种运输条件的经验，该文载《史密斯学院历史研究》，1930 年 10 月至 1931 年 1 月第 16 卷，第 1—2 期。

的舞弊把人们的合作热忱变成了一种失去信任的情绪，而且要求对运输公司加以控制。舞弊产生于许多方面。首先，人们抱怨说，有的经费被浪费在不必要的和纯粹投机性的企业方面去了。美国人民的热衷于修筑铁路，显然是由于他们相信在全国境内可以修建无限量的英里数。有些铁路并列地修筑起来，形成了直接的竞争，而且修筑到前途值得怀疑的无人居住的地区上去。

虽然在过量的修筑方面可以找到一些借口，但是那些铁路的促进者们以建筑公司为媒介所搞的贪污行为，却没有人能够察觉出来。这些建筑公司本身并不一定是坏的。事实上，在很大程度上，它们是很公正的，因为当时南部和西部的未来收益，都不足以吸引资本，要在那里迅速地扩充铁路，还有赖于那些愿意领取土地和接受铁路债券作为付款的机构去修筑。问题在于投标时几乎没有什么竞争，因为这些建筑公司一般就是那些管理铁路工程的团体，他们自己是建筑公司的成员对修筑铁路的合同自己进行投票。由于铁路前途的不肯定，因此就经常存在着一种诱力，使他们在建筑工程中尽量获取利润，某些这样地修筑起来的铁路，一开始就负债累累，从而破产便成为不可避免。中央太平洋铁路的建筑费用是五千八百万元，但付给某个建筑公司的工程费就是一亿二千万元。修筑联邦太平洋铁路的利润估计在四千万元与五千万元之间。

这些建筑公司中最著名的有谋比利尔信贷公司，是为修筑联邦太平洋铁路而组织的一个机构。为了要防止从联邦政府那里得来的补助受到干预，马萨诸塞的众议员兼“谋比利尔信贷公司”的显要人物欧克斯·艾木斯得到了三百四十三股的股票去分配给国

会的议员，请他们在必要的地方给予“尽力的协助”。艾木斯的活动终于引起了一次调查，这项调查指出：他曾经把股票的实际价值降低卖给一些国会议员，以求获得他们的票数，而且贿赂的道路一直达到了副总统。这些建筑公司的过分的和无度的支出，是许多铁路财政开支途径中最为典型的例子，我们只能公正地说，只有某些铁路谴责过这些措施。

比建筑的浪费和不负责的方法更令人气愤的，便是在铁路建成以后铁路财政被人肆意操纵的情况。在早期的几十年里，铁路的巨擘们把整个事业看成是一种为个人谋取利润的私人事业。他们显然没有什么公共的责任感，而且他们之间的忠实程度是极端脆弱的。这种态度可以用柯奈里斯·樊德比尔特有名的事例来说明。樊德比尔特也许是早年最大的铁路建筑家之一，在某次因有武断的行为而引起公愤时回答说：“群众是该死的！”像贾埃·高耳德、里尼尔·德鲁等人，控制了铁路并不是要为群众服务、增进铁路财产和谋取正当的利润，而是为了要操纵股票，增加他们的私人财富。

没有其他工业比铁路拥有更多的“虚股”。因为铁路资本的一再扩充，并没有等量地增加实际设备。增加的资本主要是为了支付铁路在正常开支方面不愿负担的那些费用和为了要隐蔽收益。在很多情况下，财产的不断增值，就代替了虚股的添增，而在更多的情况下，虚股对于真正的收益形成了一项负担，而且股东们所吵嚷的红利，只有不合理地提高运费才能支付出来。据估计，在各条铁路 1883 年时的七十五亿元负债中，有二十亿元之多是虚收数。从 1868 年到 1872 年的四年中，伊利铁路的股票在投机市场里从一千七百万元虚涨到七千八百万元。1897年全国只有29.9%的铁路股票付出了红利；繁荣的1890年付出红利的铁路不到50%，而且甚至于在1918年的战争年月里，也只有59.09%的铁路付出了红利。用某个铁路公司总经理查尔斯·亚当斯的话来说，“铁道系统的确是像蜂窝那样地充满了营私与腐败”。[1]

使我们民主制度的基础受到打击的一项铁路舞弊，便是铁路财团向美国政府的廉洁所做的不断进攻。谋比利尔信贷公司的舞弊案是臭名远扬的，因为它把美国最高的行政官吏也牵涉在内。此外，小规模的同样活动也是普遍的。有人曾经用尽一切方法去向立法院议员施加压力，要他们颁发对铁路有利的特许状，也向法院施用压力，要他们对这些特许状做广义的解释。当免费乘车证制度达到了它光荣的最高峰的时候（也就是它衰老的时候），许多的权势得到了照顾。最有势力的立法院议员常常被聘任为领取高薪的法律顾问。在这样做还感到不够的地方，许多铁路都仿效伊利铁路公司的办法，每年花费七十万元作为贿赂费用和法律开支，把这笔款记在“弹性橡皮”的账目项下。一般人的态度与那些铁路巨擘的态度很相似，传闻他们曾说，在共和党执政的那一县，他们就是共和党员；在民主党执政的那一县，他们就是民主党党员。但是，不管在哪里，他们都在为铁路的利益作打算。那个时期政治与商业道德的低落，使一切腐败的行为成为可能，不应该完全责备铁路。

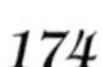

与普遍的繁荣有密切关系的，便是竞争对铁路所引起的困难。

① 亚当斯：《铁路的起源与问题》，第126页。

运费方面的战争，使互相竞争地区的运费降低到大为亏本的数字。1873年8月，从克利夫兰到波士顿的客票曾降低到六元五角。那一年，把一车牲畜从芝加哥运到纽约的运费只要一元。虽然竞争地区的航运商（尤其是在有航路可以选择的地区）牺牲了铁路的利益而获得利润，由于铁路把不进行竞争地区的运价普遍地提高以弥补损失，使农民受到了损害。这些原因也导致了另外一种使人感到同样憎恨的区别对待的方法，那就是，把短途的运费收得比长途运费还要高的风气。当时还十分流行的另一种不公平的办法，便是许可货运得到回扣。在竞争最为激烈和运输公司势力强大的地方，就可以得到大量的退款。美孚石油公司和其他的一些大运输商就是这样地得到回扣的，这就使它们比得不到回扣的小商号享受到了好处，而且，这些小商号还得像农民那样付出更高的运费去弥补铁路所受到的损失。

剧烈的竞争终于导致了“合伙经营”的制度，通过这一方式把营业按比例地划分，收取一致议定的运费。虽然铁路公司的合伙协定几乎刚一成立便宣告破裂，人们把这种企图看成是不公平的、垄断性的和违反普通法律的。只要列举19世纪70年代这十年里人们对铁路的怨言便可以了解当时反对的激烈。这种反对，在“农会运动”（The Granger Movement）时达到了高潮。虽然许多这类铁路的弊端有的已经清除，有的已经减少，但是，人们对旧日铁路公司的不予信任的心情并没有完全消除。[①]

---

① 《管理各州商务委员会年报》，（其中一段转载于弗鲁格尔及福克讷：《美国经济与社会史文选》，第609—618页）比较详细地叙述了通过“1887年各州间商务管理法令”的各种原因。

“农会运动”与铁路

第一次剧烈反对铁路的运动，是19世纪70年代初期由农民发起的，特别是伊利诺伊、明尼苏达、爱荷华和威斯康星等中西部各州的农民。这种活动叫作“农会运动”。这个运动的称号是来自“农民保护会”的“农会”，也就是一项地方性的秘密集会。“农会”的重要意义在于通过这个组织，在一定程度上消除农民的孤立状态，而且使农民能够申诉自己的痛苦。这个“农会”声称：“我们不是铁路的敌人，我们也不对任何其他利益集团进行侵略性的战争。”[①]不管农会会员是怎样地说，他们把铁路的舞弊看成是一项痛苦。从事农业的各州，为了要更好地管理和控制普通运输商第一次制定的那些法律，把它们叫作“农会法律”，把违犯这些法律的案件叫作“农会案件”。从1869年到1875年对铁路展开的剧烈攻击，只不过是因农村不安而引起的声势浩大的运动的一个方面，这个运动由“农会运动”揭开了序幕，而且在许多年中震撼着整个的“西部”。

由于早年的法院判决（例如达特第斯学院的案件）都把特许状解释成是一个合同。因此，西部各州都很小心地在它们的宪法上加入了一些条款，宣布创设合资公司的法律可以被修改或废除；或是在特许状上特别规定铁路的运费必须公平合理。由于得到这些特殊权利和普遍法律观念的支持，把从事公用事业的商业放在州政府的管理之下，于是农民的代表们就通过了一些法律，企图对铁

① 见上述一书，第741—744页，所载摘自《全国农会第七次会议》记录中的一段。

路加以控制。第一个法令是 1869 年在伊利诺伊州通过的，这个法令规定铁路要有“公平、合理和一致的运费”。伊利诺伊州 1870 年的新宪法规定，政府必须“通过各项法律去矫正铁路的弊端，防止在客货运运费方面有不公平的区别对待和敲诈行为”。1871 年通过的一些法律企图用下列的方法来达到这个目的，那就是：规定最高的客货运运费，管理货栈和粮食的运输，成立一个铁路与货栈委员会的理事会，准备制定一项一般的铁路公司管理法令。

明尼苏达州也在同一年通过了法律，规定了运价和旅客行车时间表，并且成立了一个铁路委员会。爱荷华和威斯康星州也在 1874 年通过了类似的一些法令，后一个州制定了“波特尔”法律，是农会法律里最激进的。在这十年中间，越来越多的人要求对铁路加以管理，因此，毫无疑问，密西西比河上游的各个“农会州”的积极活动，大大地推动了人们要求管理铁路的整个运动，这种管理有些州直到以后的十年里才完成。多数的州政府都通过了某些种类的管理铁路的法律，但是，在那十年里几乎所有各州的新宪法或不成文宪法都加上了一些条文，规定政府有管理运费和防止运价不一致的职责，而且宣布铁路是公有的大路，把铁路公司称为“普通运输商”(common carriers)。

总的说来，“农会”法律的目的在于：(一)通过直接的立法手续或通过委员会去规定最高运价表，(二)禁止短途运输的运费高于长途运输的运费，(三)禁止平行干线的合并以保持竞争，(四)清除对官员发给免费乘车证的流弊。布克教授说：“美国铁路立法的几个主要特点，可以看成基本上是起源于农会运动。”[①]后来联邦政

① 布克：《农会运动》，第 205 页。

府通过的法律，目的也在于杜绝有农会组织的各州已经制定法律禁止的那些流弊。在通过铁路法令的地方，一般都成立了一些专家委员会。委员会有两类，那就是：强有力的委员会，也就是如伊利诺伊州所成立的那样，是有权去规定运费和执行法律的；另一类是权力较小的委员会，如马萨诸塞成立的那样，只有咨询的权力和向政府提出报告的任务。

这些为了要对铁路加以管理的最初企图，当然受到了铁路公司的剧烈反对，而且立刻引起了在法院里的争辩。一般地讲，这些管理铁路的法律从两个角度受到攻击。首先，有人认为只有国会才有管理州际之间商务的权力；而且，由于大量商务都属于州际的性质，如果有必要加以管理，就应该由联邦政府来进行。其次，有人认为管理运费的办法，违反了宪法第十四次修正案第一条的规定，这条规定载明："任何州政府不得制定或执行使美国公民特权或免税权受到剥夺的法律；不通过法律程序州政府不得剥夺任何人的生命、自由或财产，也不得对它所管辖下的任何人否认其在法律上享受平等的保护权。"

第一个所谓的"农会案件"，便是孟恩与伊利诺伊州政府涉讼的案件。由最高法院 1876 年判决而且牵涉 1871 年伊利诺伊州管理铁路的法律，这项法律宣布谷仓乃是公用的货栈，并且规定了最高的收费金额。原告提出的控诉理由是：(一)货栈业务并不是一项公用的事业，因此，它的营业不在州政府的管理范围之内；(二)运价的规定，剥夺了货栈所有者收取较高运费的权利，从而也等于不经过法律手续就剥夺了他们的财产。他们还认为如果法院真的把他们的业务判决成是一种公用事业，那么，对收费标准做出公平决定的应该是司法部门而不是立法部门。所有这些争辩，都被高等法院院长魏特的判决驳斥了。魏特认为宪法上的这项条文，并不使修正案通过时为人们普遍接受的旧的英国普通法律失效。他说："当财产被使用来产生社会性的后果和影响整个社会的时候，就的确构成披上了公共利益的外衣。所以，当一个人使用财产而牵涉到公共利益的时候，他实际上已经在使用时答应为社会谋取利益。为了公共的福利，他必须让大众来加以管理。"他还认为，规定运价乃是一项立法而不是司法事件，并且说："自古以来，就是由政府宣布在这样的情况下合理的赔偿费应该是多少。"[①]

在同一年处理倍克与芝加哥及西北铁路公司的讼案中，法院坚持了孟恩案件的肯定态度。各家铁路公司争论的理由是：州政府对铁路进行管理，便是对各州间商务的干预（因此是违反宪法的），因为多数的铁路运输都越过州际的境界。这种论点被驳斥了。法院驳回了认为这些法律会影响本州以外的人的那种论点，宣称："在国会没有对这家公司与州际间商务的关系采取行动之前，威斯康星州当然有权规定该州的运费等项，因为这些是属于该州的内部事务。"[②]铁路公司认为应该由法院而不应该由政府规定运费的论点也同样地被批驳了。法院认为："在使用财产而牵涉到公共利益的时候，政府可以规定一个在法律上能合理地使用财产的限度。这个限度对于法院和人民都有约束力。如果规定得不恰当而必须加以更正时，应该向政府而不应该向法院提出请求。"孟

① 《孟恩与伊利诺伊州的讼案卷宗》，第 94 号，美国政府卷第 113 号。

② 《倍克与芝加哥及西北铁路公司讼案卷宗》，第 94 号，美国政府卷第 164 号。

恩与倍克案件的判决被认为是已经解决了有关铁路管理问题在宪法上的那些主要纷争之点。因此，在十年以后（1886 年）的魏伯奚、圣路易和太平洋铁路公司与伊利诺伊州的讼案中最高法院取消这项规定的时候，乃是令人感到诧异的事。[①] 这个案件的发生，是因为铁路违反了禁止对短途运输比长途运输收取更高运价的规定，那时，人们发现从吉耳门到纽约的货运运费高于从倍利亚到纽约的运价，虽然后者的途程比前者还长八十六英里。那时，法院的判决认为任何州政府管理商务的权力都不能超出这个限度。三年之后，在“明尼苏达运费条件”中，铁路公司赢得了它们曾经做过长期斗争的胜利，那时，最高法院认为运费的公平与否，归根到底乃是一个司法问题。魏伯奚与明尼苏达案件使铁路的管理不可避免地由州政府转到了联邦政府的手里。

联邦政府管理铁路的经过

“农会”对于铁路的攻击，产生了人们希望州政府和联邦政府同时对铁路进行管理的要求。通过格伦特总统 1872 年的建议，成立了一个由明尼苏达州的威廉·温道姆担任主席的委员会。这个委员会 1874 年提出了一个报告，[②]建议政府扩充运输条件，使政府成为一个私营铁路的竞争者以降低运费。目的在于清除铁路上某些流弊的《李根法案》，1878 年得到众议院的通过，但是参议院

---

① 卷宗第 118 号，美国政府卷第 557 号。

② 《温道姆报告》，载第四十三届国会第一次会议《参议院报告书》，第 307 号。

没有采取行动，而且铁路立法的问题一直拖延到1885年。那时，成立了一个参议院委员会，由伊利诺伊州不屈不挠的铁路立法工作者谢尔必·卡兰姆担任主席。这个委员会第二年提出的报告，[①]认真地总结了补救当时情况的各项方案，赞成联邦政府对铁路加以某些形式的管理和控制，以杜绝铁路“对不同人、不同地区、不同商品或不同的运输项目区别对待”的严重流弊。

1887年开始了联邦政府对铁路的管理，作为政府拥有铁路和私人自由营运之间的一项妥协。虽然《州际商务法令》是在克利夫兰总统任内通过的，它得到了两个政党的支持，也受到城市和乡村各个集团的拥护。这个法令规定：(一)一切运费必须公平合理，(二)禁止用特殊运价、回扣或其他方法对私人进行区别对待，(三)禁止在各个地区，各类货物和互相连接的路线之间对运费区别对待，(四)禁止对短途运输收取比长途运输更高的运费，(五)禁止成立运费同盟，(六)命令铁路公司印发并公布一切客货运价，而且除非在十天以前通知，不得增加。这项法律交给了一个由五人组成的“州际商务委员会”去执行，委员会有权从各个运输公司收集资料，召集证人，听取申诉和进行判决。如果各委员认为法律受到违犯，而且铁路公司不遵从它的决定时，有权向巡回法庭提起公诉。委员会必须每年向国会提出报告。

《州际商务法令》的通过，受到了铁路公司负责人员的剧烈反对，他们曾预料这个法令会产生可怕的后果。由于他们持续不断

① 《卡兰姆报告》，载第四十九届国会第一次会议《参议院报告》，第46号，第2卷。

的反对和规避，同时，由于得到各种司法判决的协助，使这个法令的力量被大大地削弱了。直到1893年，各条铁路都成功地规避了提出充分的业务证明文件，那一年，这个委员会才取得强制调查的权力。[①] 1897年，最高法院实际上使这个委员会失去了权力，那时，在“最高额货运价格”案件中，最高法院认为：“限制或订定运费的权利，并不属于委员会的职责范围”，从而限制了委员会去决定某些运价是否公平的权力，也没有权利去对运费做出公平的规定。[②] 好像这还不够，法院也抹杀了这个法令其他条文的主要精神(例如第四条)，这项条文禁止“在基本相同的情况下”，把短途的运费收得比长途的运费还更高。在阿拉巴马与米德兰德的讼案中，法院曾命令把“在基本上相同的情况下”的这句话按照文字上的意义去解释——这是一件难以办到的事。[③]

然而，委员会的最大弱点，在于它的决定是非强制性的，而且它负有向法院提起诉讼的责任。铁路和法院所持的态度，使1887年的《州际商务法令》经不起公正的考验。从1887年到1905年，在委员会向最高法院提出请求执行的十六个案件中，有十五件的判决是有利于运输公司的，只有一个案件的一部分使委员会得到了支持。在这些早年的时期里，办理铁路案件的时间一般约要四年，某些案件的诉讼时间长达九年。在这样的情况下，委员会的地位很快就降低到法院的地位以下，形成了只起提出诉讼和出庭担

---

① 《布朗与瓦克尔讼案卷宗》，第161号，美国政府卷第591号。

② 《州际商务委员会与辛辛那提、新奥尔良及得克萨斯铁路公司讼案卷宗》，第167号，美国政府卷第479号。

③ 卷宗第168号，美国政府卷第144号。

任原告的作用。

虽然在使运价公布和减少货运类别方面曾取得了良好的效果，这个法令的重要性主要在于它具有教育作用的价值并且能向联邦政府提出法案。这个制度到今天还一直在实行。毫无疑问，最高法院本身也知道它曾经故意地使广大人民要求管理州际运输和结束长期存在的舞弊的期望归于无效。在驳回阿拉巴马与米德兰德的案件时，法官哈兰说道：

> “结合规定州际商务委员会权力的其他判决，据我看来当前的这个判决，已经使那个委员会成为一个不起实际作用的无用机构，而且推翻了国会制定的许多有关州际商务法律的重要目的。成立委员会是为了要禁止从事州际业务的运输公司的不法行为，使公共利益得到保障。的确，它现在只有提出报告和进行抗议的权力。但是，由于立法部门的解释，它能有效地执行业务的权力已经被剥夺了。”①

1887年的《州际商务法令》没有起解决问题的作用，已经是人所共知的了。法文的文字和精神都遭到了规避。“工业委员会”1900年提出报告说：“各家铁路公司仍然在对私人区别对待，而且程度也许和以往相同。”②可是，罗斯福和拉·福勒特等人所领导的政治方面的“进步”运动的发展，意味着是一项加强联邦控制的

① 卷宗第168号，美国政府卷第176号(1897年)。

② 《工业委员会对运输事业的报告》，第4卷，第5页。参阅弗鲁格尔与福克讷：前引书，第618页。

新努力。

目的在于取消回扣制度的1903年的《艾尔金斯法令》宣布，不按照公布的运价收费就构成不公平的区别对待，并且认为这在授受双方都是犯法的。那一年通过的《促进法令》允许巡回法院优先处理违犯1887年《州际商务法令》和1890年《薛尔曼反托拉斯法令》的案件，所持的理由是：这类案件与人民大众“有着重大的关系”。对1887年的这项法律做出重要修正的便是1906年的《赫本法令》。这个法令扩大了《州际商务法令》的范围，把快运和寝车公司，油管、转轨、支线、铁轨和终点站的设备都包括在内。委员会的人数也增为7人，其中属于同一政党的人数不得超过4人，委员会有权决定公平合理的运费，并且能够命令运输公司遵守这些规定，让后者有权向法院提出申诉。

就表面上看来，这种改变好像很小，但实际上，它几乎是一项革命性的变革。从那个时候起，“州际商务委员会”变成了一个重要的机构。法令也命令委员会规定铁路的会计制度，而且要强迫采用。为了要结束某些类型的区别对待，禁止各家铁路公司运输它们自己生产的商品，除了在营业上需用的木材与货品之外。也禁止发出免费乘车证，而且要改变运费时必须在三十天前公布。虽然关于法令限制铁路载运对自己有利的货物的权利有一部分已经被法院取消，一般地讲，法院的工作仍然限于决定委员会的命令是否合法，而不在于决定它们的行动是否明智或恰当。“赫本法令”进一步纠正了1887年法令的错误，而且自从1906年以来，委员会已经是一个有责有权的机关。

1910年，《孟恩-艾尔金斯法令》通过了。它澄清了《州际商务法令》的短途与长途运输的词句意义，而且扩大了委员会的权力，允许它有权命令新的运费标准停止行使十个月，以便有进行调查的时间。这个法令也成立了一个特别“商务法庭”去受理委员会所提出的有关铁路的案件。人们认为这是一个十分必要的创举，因为对于铁路案件，显然必须由专长于这些问题的法官来审询。[①]在以后的立法中，还必须提到1913年对《州际商务法令》的修正案，它要委员会对所有普通运输公司所拥有或使用的全部财产价值提出报告。没有这些资料，实际上就不可能订出公平的运费。1913年又通过了《纽朗兹法令》，对1898年的《尔德曼法令》加以修正，规定铁路纠纷应自动地进行解决。根据1916年的《亚当孙八小时工作制法令》，政府规定了从事州际运输工人的八小时工作制，从而进入了一个管理铁路活动的新时期。在这些具有进步意义的年份里，有几个州（比较显著的有爱荷华、加利福尼亚和威斯康星）通过了新的法律去积极打破各家铁路公司的政治权力。

第一次世界大战的爆发，使政府进行管理的原则巩固地建立起来，而且铁路工业也获得了从未有过的稳定状态。同时，由于管理的不够完善，和早年过分发展所引起的不可避免的后果，再加上人们对政府管理的不满，使这项工业的许多单位渐渐地产生了一种不安和前途渺茫的情绪。此外，铁路劳工也更感不安，公众对铁路的要求也更为严厉。最后政府允许了铁路增加客货运费的请求，但是行动太慢，没有给予铁路以适当的协助。所有的这些因素

① 国会里的进步党员不信任这个商务法庭，认为它是由一些同情于铁路的具有保守性的法官组成的。1912年停业拨款维持这个法庭，把它解散了。

都进一步发展了在战争爆发时联邦政府对铁路的管理。

铁路的合并

与其他工业资金合并的情况相似，铁路也出现了合并。合并的目的主要是为了保证更大的效率和节约，清除竞争，以及获得更大的利润。合并是通过两个途径来进行的，那就是：把一些铁路连接起来，构成一条连续的运输线和按地理的分区把各家铁路公司加以合并。第一种类型的合并开始于“南北战争”之前，而且一直继续了好几年。最好的例子便是樊德比尔特的把以前效率低劣地承担着阿尔巴尼与布法罗之间运输的十一条小铁路合并成为“纽约中央铁路”，并且从1855年到1858年在这个系统内增加了五条铁路。

前面已经提到，19世纪60年代后期和70年代的整整十年里，乃是铁路竞争最剧烈并毫不受到拘束的时期。在这个时期，实行联运的路线已经形成，并且业务竞争剧烈。由于这种竞争大有摧毁铁路之势，各家铁路公司就一再努力利用合伙经营和运输协会等方法来消灭竞争，这些方法的目的在于按照彼此同意的运价，由各条铁路彼此分配可能得到的营业。事实证明，这些方法是不恰当的，因为各家铁路并没有遵守协定，而且构成了违法的行为，因为后来《州际商务法令》曾经禁止“各家不同的和互相竞争的铁路使用任何的合同、协定或合并形式缔结运费同盟。”这项条文为最高法院在批驳横贯密苏里运输协会的案件时所确认，那时，判决书认为这个协会所缔结的那些协定，违犯了1890年的《薛尔曼反托拉斯法令》，乃是一些“限制贸易与商务”的合同。

由于法律禁止实行运费同盟，各家铁路公司便仿效其他工业，再度采用了合并的方法，以使自己从剧烈竞争的厄运中解救出来。19 世纪 80 年代和从 1898 年到 1904 年的这个期间，合并进行得很迅速。许多大铁路公司都通过收买、租借和收购绝大部分股票的办法吸收了许多较小的和同它们竞争的铁路，这些小铁路后来常常被当作一些单独的但又是附属的公司来营运。迅速合并的时期，在 1904 年最高法院判决北方股票公司案件以后终止了。1901 年，控制着“联邦太平洋”与“南方太平洋”两个铁路公司的哈立曼财团和统治着大北方铁路公司的摩根、希尔财团，为了要控制“北方太平洋铁路”（这条铁路又控制着通入芝加哥的“伯灵顿铁道”系统），曾引起了一场混战。当“北方太平洋铁路”的普通股在几天之内每股从一百元左右猛涨到一千元以后，这些大亨们发现他们的战斗已经达到了僵持的局面，因此就调和了他们的纷争，组织了“北方股票公司”。这是一个控股公司，收买了“大西北”和“北太平洋”两条铁路的股票，从而控制着伯灵顿铁道系统。这样的一个组织意味着“西北部”铁路竞争的消除。这家公司成立还不到三个月，风暴似的反托拉斯运动的恢复给予它以沉重的打击。联邦政府根据《薛尔曼法令》提起了公诉，1904 年，最高法院命令它解散了。法官说：“如果国会没有用这个法令的字句来解释本案和类似的案件，那么，恐怕我们就无法找到其他的字句来解释它们。”①

1906 年，当铁路大肆合并的时代达到顶点的时候，地区和所有权的划分已经十分明显地形成了。那一年，在所有二十二万八

① 《北方股票公司与美国政府涉讼案卷宗》，第 193 号，美国政府卷第 360 号。

千英里的铁路中，大约有三分之二是操纵在七个财团的手里。里程在二万二千五百英里以上的“樊德比尔特铁路”系统控制着从纽约到芝加哥的北部路线，宾夕法尼亚财团统制着从宾夕法尼亚与马里兰通到“西部”的二万英里的铁路；长一万八千英里的摩根铁路和它的支线控制着“东南部”；几乎长达一万七千英里的高尔德铁道和洛克岛铁路系统（约长一万五千英里）在密西西比河流域是最有势力的。在越过密西西比河以外的地区，长约二万一千英里以上的希尔铁路垄断了“西北部”；哈立曼铁道系统则控制着中部和南部横贯美洲大陆的线路。虽然全国铁路的里程在这个时候已经被七个财团所平分，事实上，合并还要走得更远得多。例如，这七个财团控制着全国85%的铁路收入。此外，在这些财团中，有的还通过同一的银行财团，通过兼任经理和收买股票等方法，彼此建立了密切的联系。虽然由于在某些铁路投机商的压力下使合并有了新的调整和变化，从而使局面不能固定下来，但是在第一次世界大战爆发时，这种局面基本上并没有改变。那个时期的某个权威人士曾经评论说：“铁路合并方面的更高战略的出现，乃是在1910年的这十年中美国运输史上最为显著的一个特点。在这个简短的时期以内，那些现在多少是具有永久性的金融和营业团体，都从1893—1897年萧条时期的竞争紊乱中产生了出来。”①

在面临这样的趋势下，政府感到十分棘手。联邦法院1904年

① 里普利：《铁路的财政和组织》，1915年版，第459页。1921年时，参议员拉·富勒特控告说有二十五个经理人把九十九条第一类的铁路连接起来了，他们经营着二十一万一千二百八十英里，也就是占全国运输路线的82%的铁路，而且这些铁路还同一些大的设备公司有着密切的联系。这些控告的正确性，使人们越发相信合并是一直在“利害相通”的方法下继续进行的。见1921年3月14日《国会纪录》所附表解。

解散了“北方股票公司”，1912 年命令“联邦太平洋”铁路把“南太平洋铁路公司”的股票卖出，而且 1914 年解散了纽黑文的铁路垄断组织。国会想通过 1912 年的《巴拿马运河法令》去禁止各家互相竞争的铁路对国内水路的运输进行控制，也根据 1914 年的《克莱顿反托拉斯法令》禁止一个合资公司“直接或间接地收买其他商业公司的一部或全部股票或其他股份资本，从而大大地减少了出卖股票与收买股票公司之间的竞争”。1920 年的《运输法令》承认了要阻止一项既成的事实显然是无效的，而且铁路的合并也常常能取得更大的效率，这个法令便授权“州际商务委员会”准许一家运输公司用收买或租借的方式去控制其他一家运输公司，只要它们并不合并成为一个具有所有权和管理权的单独铁道系统。这个法令进一步授权委员会提出把各条铁路合并成为许多系统的方案，以使它们之间“能尽量和充分地保持着竞争的状态”。[①]

铁路的服务和成本

许多因素阻碍了铁道车辆进行更为迅速的改善。财政上的困难，合并以后竞争的消失，以及快运公司和政府承担了更为困难的运务责任的这一事实，造成了推迟这种发展的原因。然而，铁路方面取得的进步是很大的，可是，在改进之前，还必须使用钢轨去代替铁轨，这正与以往必须使用纯粹的铁轨去代替木轨的情况相同。最初使用的钢轨是 1863 年由外国进口的，国内的制造开始于

① 见本书第二十八章“战后时期的铁路”一节。

1865年，它受到了贝斯默尔炼钢方法发现的推动。自从那个时期以后，许多英里的铁路都改用钢轨铺设。

由于轨道的改善，也就有了更为科学的路基；由于车辆的加重，就有了更好的桥梁和其他建筑。

自从这一世纪开始以来，铁路营运方面最为显著的进步也许要算某些铁路线上使用了电气去代替蒸汽，以及近年以来柴油引擎和石油代替蒸汽与煤炭。首先做出这种改进的是纽约中央铁路。这条铁路从1906年开始由“大中央终点站”使用电气。纽约—纽黑文—哈特福德铁路，也在两年之后把从这个终点站到康涅狄格的斯坦福德的这一段全部改用电气。诺福克及西部铁路使用了电力运输较重的货物，芝加哥—密尔沃基与普季特湾铁路也使用了电力作长途运输。人们发现使用电气机车更为经济、迅速、卫生，尤其更适合于车站设在城内拥挤地区的情况，而且在严寒的气候里也比较可靠。仅只是因为许多铁路发生了财政危机和第一次世界大战的爆发才阻碍了更为迅速的电气化的发展。可是，战后的几年里却出现了一个改善服务的新纪元，它的特点是使用柴油机车、流线型车辆，更多的舒适设备和行车速度的增加。

在美国的铁路上，货运收入比客运收入大过三倍以上，而且每有一辆客车就有四十辆货车。绝大多数的货运都是一些如钢铁制成的商品，煤炭、粮食和木材等体积庞大和沉重的货物，这对于车辆的增加有很大的影响。与欧洲的铁路设备相反(欧洲的火车设备比较轻便、小巧，是为了短途运输精密的货物而设计的)，美国的铁路有着巨型的机车和宽大的车辆，它们是为提供沉重货物的长途运输而制造的。客车车厢在体积方面也跟上了这一趋势，而且美国更为民主的风气不允许我们采用欧洲式的隔室车厢。机车和车辆的巨大重量对于路基不断产生了日益增加的压力，但是原材料的充足使修理费降低了。

乘客所得到的舒适程度是早年的旅行家们梦想不到的。这是由于火车上装有更好的弹簧、取暖和照明，普耳曼式的客车寝车和餐车等设备的缘故。1898 年波士顿的“南站”建成以后，就开始了一个建筑雄伟车站的纪元，以美丽而奢华的华盛顿火车站（1907 年建成），纽约的宾夕法尼亚火车站（1910 年建成）和“中央大车站”（1913 年建成）达到了车站建筑的顶峰——它们是美观与实用的巧妙结合体。许多安全设备大大地消除了从前乘客和工人们会遇到的那些危险。空气刹车、障碍物信号、自动接车器和钢质车身等设备进一步加强了行车的安全。可是，美国铁路上发生的生命损失仍然是很大的，而且从事铁路工作仍然是最冒险的职业之一。据报告，1920 年铁路上的死亡人数是六千九百五十八人，出事受伤的有十六万八千三百零九人，职工中死亡的有二千五百七十八人，受伤的有十四万九千四百一十四人；在乘务员中每三百九十一人就有一人死亡，每十一人中就有一人受伤。[①]

对于经济生活有赖于运输大量货物的一个国家来说，运费的公平合理是十分重要的。铁路运输应该是一种不断增加收入的营业，因为它的最初成本最高，而且随着人口的增长，铁路的营业就应该自动地增加而不致引起开支的比例增加。当然，这种情况，对

① 1951 年的伤亡数字大量地减少了。根据各家铁路的报告那一年有三百七十一名职工死亡，一万九千八百五十五人受伤。自从那个时候起，乘客的伤亡就很少，而且铁路旅行已经成为重要交通工具中最安全的一种。

于像美国这样一个新兴的和发展中的国家特别应当如此。由于人口已经增长和新的工业已经建立，运输事业就受到了鼓励，结果便产生了效率更高的服务，使用更为进步的机器和铺设更好的路基。所有这些因素，再加上竞争所起的作用，使1899年以前的运费一直在降落，但是从那个时期以后，政府就感到有必要使它们保持着一个最低的数额。1867年时，按黄金计算的每十英里的平均货运收益是一点九二分，1899年时是零点七二四分。自那时以后收益就上升了——1905年时是零点七六六分，1928年是一点零九四分，到了1950年就增加到一点三二九分。必须指出，这些变化大致是跟随着这一时期里一般物价的上涨而产生的。

客票并没有降低到同样的程度，但是，乘客们享受到了服务改进的好处。1871年，每载运乘客一人的每英里平均收益是二点六三分，1910年是一点九四分，美国铁路委员会在第一次世界大战期间提高了票价，1920年时州际商务委员会又提高了一次。1920年，一等车载运乘客一人的每公里平均收益是二点七六分，1951年时是二点六零分。

那种主张尽量“收取运输能够负担的费用”的陈旧理论已经受到了修正，首先是由于铁路不希望再引起舆论的指责，其次就是由于受到了政府的干预。1920年的《运输法令》规定的现行运价制定办法，允许把运费提高到足以对财产的实际价值产生公平收益的程度。虽然全国人民得到了运费降低的好处，受惠最大的乃是农民、矿商和其他的原料生产者。[①]

---

① 关于1914年以后铁路情况的讨论，参阅本书第二十八章“战后时期的铁路”一节。

电车运输

电车的发展几乎全然是在最近六十年内出现的。它是长期以来为了要解决城市迅速扩张所引起的运输问题而做出的努力的一个部分。1884年，堪萨斯城第一次架设了高空电车线，到了1889年，美国全国境内有十三条电车铁路，共长四十八英里。1890年以后，就有了十分迅速的发展，那时，像查尔斯·范德波尔、史台芬·菲尔德、弗兰克·史普拉格和艾里胡·汤普生等发明家，都把他们的天才应用到这方面来。与此同时，托玛斯·瑞安、查尔斯·伊尔基斯，威廉·艾尔金斯等金融家和企业家都像半世纪以前那些"橡皮大王"修建火车铁路那样地热心地和积极地参加了电车的修建。正如铁路那样，人们早年时期，也沉迷于电车的修建，因为一个乡镇要取得一个市的资格就取决于是否拥有电车。

1890年以前，在街上行驶的铁路种类是很多的，但是主要是使用兽力和蒸汽作为动力。它们很快就被电力所代替。纽约、芝加哥和波士顿1901年时都有了架空铁路，但是直到晚近，纽约的架空铁路才首次使用了电气。电气不仅大大地方便了铁路运输，而且也使地下铁道的修筑成为可能。美国首先有地下铁道的波士顿城，1898年完成了它的第一个单位工程。纽约也在1900年开始修筑。到了1905年，地下铁道的车辆在"东河"下面驶到了布鲁克林；三年以后，又在"北河"下面驶到了新泽西州。1920年，街车和电车的单轨里程共有四万七千七百零五英里，自从那时以后，1940年，又降低到一万九千六百零二英里，1950年有一万零八百一十三英里。当然，这种下降并不意味着运输设备的减少，而是因为公共汽车已经代替了电车。

电车满足了因城市生活发展而引起的迫切而重要的经济需要。到目前为止，它们的主要营业是运输人口稠密地区的乘客。电车的货运能力，由于受到火车的敌对与竞争，从来就没有得到充分的发挥。它所承担的这项运务，在社会和经济方面都具有重大的意义。电车盛行的时期曾有助于消灭乡村生活的孤立状态，减少乡村生活的不便，改善城市附近地区的经济和文化事业，而且大大地便利了城市人口到达乡村。因此，除了汽车之外，它们在连接城市和乡村方面所做的贡献是无与伦比的。

在某些情况下，某些地区的电车能够十分成功地与火车在乘客运输方面进行竞争。由于建筑和营运费用的更为低廉，使运费有尽量降低的可能，而且由于可以行驶单独的车辆，使得车次更为频繁，从而为人们提供了更大的便利。由于电车一般是架设在人口稠密的地区，因此就比必须拖着长列车辆驶过人口稀少地区的火车还处于更为有利的地位。可是，电车在它的历史上却产生过波折。燃料和设备价格的上涨，再加上在许多场合下由于必须遵照市政法令做出经常的改进，使得营业费用一向是高昂的。起因于法律和习俗的票价五分的习惯也难于打破，必须有大量的资金周转，筑路时的过分乐观，以及使用汽油车辆运输的增长，等等，都增加了电车公司的困难。从 1900 年到 1913 年间，大部分的电车都因为财政上的困难而进行改组或是被政府加以实际的接管。

人们对于电车与对于火车所持的态度相同——在最初的时

期，通过给予宽大的特权和认购股票的方式加以鼓励和支援；但是，在以后的时期，便产生了不满和批评。这种不满和批评在许多情况下是应该的。最后，人们都认识到铁路乃是一项不可缺少的运输工具，必须加以保留；而且为了整个社会的利益，必须加以管理。铁路是从两个方面来与城市和城市之间的电车进行竞争的。第一，通过收买电车和自己也经营电车业务的方法；第二，便是使自己的路线电气化。在交通拥挤地区的纽黑文铁路和纽约中央铁路就曾经使用过这些方法。第二次世界大战以后，各家铁路大都避开了电力运输而使用柴油机车代替蒸汽机车。今天，几乎所有正在制造的铁路机车都属于这种类型。

汽车与道路建筑的复兴

比街上的电车对于人类未来还具有更为重要意义的，便是使用汽油开动的摩托车辆的出现。通过一个世纪的实验(多半是用蒸汽实验)，1893 年生产了可供实际应用的汽车。但是直到 1903 年，这项工业还处于实验和不稳定的阶段。早年的实验多半是在欧洲进行的，在美洲对汽车还不太感兴趣以前，欧洲的汽车工业已经有了很大的发展。但是，至少早在 1877 年时已经有一个美国人(纽约州罗契斯特地方的乔治·塞尔登)做成了一辆装有汽油引擎的车子，并且最后在 1895 年获得了专利权。当 19 世纪 90 年代“无马马车”的消息传到美国时，许多机械修理师如查尔斯·杜里埃、朗生姆·俄滋、艾尔伍德·海恩斯和亨利·福特等人，成功地把一些新发明的能够行驶的机件装置起来，有的使用电力，有的使用汽油，有的使用蒸汽或是碳酸瓦斯和酒精去开动。[①] 塞尔登的专利没有能够阻止汽车的迅速发展，[②]而且1900年以后随之出现了一个剧烈竞争的时期，这时，汽车很快就制造得实际可用。汽车的普遍化，无疑地因设计的进步而增加了。这种设计把引擎从车身的下部移到车身的前部，使汽车不太像一辆无马拖曳的马车，而且做了许多技术方面的改进，使没有受过机械训练的人也能够驾驶。1900年，有了可以倒退开行的汽车。1913年左右，发明了一种实用的自动发动器。此外，在福特的鼓励之下，价格也在1914年降低到至少为中上层阶级的人们能够购买的这样一个数目。那一年，制成的汽车大约有五十六万九千辆，而已登记的各种车辆共有一百七十一万一千三百三十九辆。制造汽车的投资在四亿元以上。以后的十五年内就产生了摩托车的巨大扩张和它的深远影响。[③]

汽车发明以后的最为重要的结果之一便是公路修筑的复兴，这种情况与18世纪末和19世纪初取收通行税公路的那个时代很相似。[④] 18世纪90年代时人们对自行车的狂热，1896年时使用的农村免费送货制度，人们想使农村的运输与城市运输看齐的欲望，以及摩托的发明，形成了一个改善公路的广泛运动。也组织了一些改良公路的机构，以1910年成立的美国公路改进协会达到了

---

① 当全国汽车商务部1925年决定对这项工业的先进人物授奖的时候，授给奖章的有马克思威尔、艾伯生、莱克尔、克拉克、怀特、富兰克林、杜里埃、查尔撕·金、海恩斯、温顿和俄滋等人。

② 费尔特：《美国发明通电》，1924年版，第四章。

③ 见本书第二十八章“运输设备的扩充”一节下半段。

④ 同上。

运动的高峰。这个运动是 1891 年由新泽西州带头掀起的，在以后的几年里很快就为其他各州(尤其是东部各州)所响应。各州开始捐助了小额款项去改善乡镇和各县的公路，但是渐渐地增加了拨款与监督；到了 1914 年，其中的一些州已经开辟了公路干道，而且拨款数百万元去改善和修整公路。在汽车运输的压力之下，人们感到那些陈旧的、用泥土和碎石建成的、被“淹在水里的碎石路面”都已经不很恰当，逐渐地改用了沥青碎石或是沥青去铺设。到了 1914 年，也铺设了几条混凝土的公路，而且把这种材料大量地使用于与新公路同时建成的桥梁。由于有了铁路，公路的经济意义已经丧失，但是，1914 年又迅速地恢复了它旧日的重要地位。但是建筑公路的伟大时期，也正如汽车发展的时期那样，是在以后的十五年才到来的。

航 空 事 业

虽然过去三十年里发展得很迅速的商用航空事业在第一次大战以前没有在美国获得进展，但是，航空科学已有了长足的进步，从而使这项事业的发展成为可能，而且，在这一方面，首先要归功于美国的发明家们。19 世纪 90 年代英国和法国已经做了一些制造飞机的实验，但都没有什么结果。那一世纪之末，人们对航空的兴趣主要是在飞艇方面。美国史密斯科学院卓越的科学家塞缪尔·兰利 90 年代就在孜孜不倦地设计一个使用蒸汽开动的飞机模型，这个模型的飞行成功了。后来，他应用了国防部的一笔拨款，制成了一架供一人乘坐的飞机。他的助手查尔斯·曼利想乘这架飞机飞过波托马克河，两次都失败了。兰利宣称，失败的原因不是因为飞机本身而是因为不能使它正常地起飞的缘故。他的这个信念 1914 年时部分地得到了人们的支持，那时格伦·柯蒂斯为他装上了一个力量更大的引擎，驾着这架飞机做了成功的飞行。

当报纸还在嘲弄着史密斯科学院的这些科学家们遭到失败的时候，有两个俄亥俄州托莱多地方名叫俄尔维尔和怀特的机械师架着一架比空气还重能乘坐一人的飞机，在世界史上做了第一次成功的飞行。这些在孤僻的卡罗来纳州海岸凯蒂荷克地方所做的多次飞行，乃是许多年来的实验结果，实验的时期一直继续到 1908 年，那时，怀特弟兄开始在欧洲和美洲进行飞行表演。虽然得到人们广泛的热忱支持，但是，以后几年的进展主要是出现于欧洲。然而，1914 年以前美国曾进一步做出了一项重大的贡献，那时，柯蒂斯制成了一架水上飞机，1911 年驾驶着飞到圣地亚哥。正是由于第一次世界大战时飞机在军事方面所表现的功能，使航空事业首次得到了巨大的推动。20 世纪 20 年代开始了商用航空的迅速发展。[①]

内 河 航 运

据估计，美国有二百六十条河流可供商业运输，可航里程在二万六千英里以上。这些河流与“五大湖”一道，为美国提供了世界上任何国家所没有的最优良的内河航运水道。尽管这样，而且联

① 本书第二十八章“运输设备的扩充”一节，将进一步对航空事业加以阐述。

邦政府每年拨出大量的经费去改善河道，但是，自从有了铁路以后，内河水道的重要性逐渐减小了。只有“五大湖”上的航运情况才不是这样。虽然铁道所运输的吨位已经大大增加，河道运输的吨位在绝对数量和相对数量上都在下降。甚至于密西西比河上的运输也是如此。密西西比河下游河道运输的高潮出现于 1880 年。那时，出入于圣路易而往来于密西西比河下游的货物有一百万吨，1905 年时下降为十四万一千吨。出入于圣路易而往来于密西西比河上游的货物吨数从 1870 年的三十四万吨下降到 1905 年的不满七万吨。由河道运入新奥尔良的棉花，从 1880 年的一百零八万七千包下降到 1906 年的二十三万一千包。但是，俄亥俄河上的运量由于运输煤炭的关系，绝对数量有所增加，而相对数量却下降了。

河道运输所产生的情况，在运河方面尤其是如此。美国在 1909 年以前所建筑的四千六百三十三英里运河中，有二千四百四十四英里(亦即半数以上)已经被放弃。在所有的人工运河中，纽约州的伊利运河一直是最重要的一条。这条运河的统计数字说明了这一总的趋势。这条河里每年运输的吨位，1880 年时高达四百六十万吨以上，只有在 1906 年时才下降为二百四十万吨，1920 年下降为八十九万一千吨。尽管 1882 年取消了海港税，而且自从 1903 年以来运河曾经加宽和进行了改善，情况仍然是如此。[①] 在那一州里，“伊利铁路”的运输吨位 1905 年时增加到三千万吨以

① 近年来吨数已有增加，1950 年的货运总数是五百二十一万一千四百七十二吨。

上，纽约中央铁路的运输吨位也超过了四千万吨。1853 年，纽约州的运河系统运输了全国货运总额的 81%，1873 年运输了 35%，而 1906 年和 1908 年两年只运输了 3%。今天，仍然由水道运输的物件多半是体积庞大和低级的货物，如生铁、煤炭、木材、粮食和建筑材料等。连接苏必利尔湖和休伦湖的苏圣马利河，是美国运河里运输吨数最大的一条，1908 年时，这条运河运输的货物有 59.6%是铁矿石，23.9%是煤炭，7.7%是小麦。近年以来，密西西比河有一半以上和俄亥俄河有四分之三以上的货运都是煤炭。蒙农加希拉河、阿勒格尼河和卡诺瓦河的情况也很相似。在近年的营业里，切萨皮克和俄亥俄运河的总吨数中，几乎有 90%是煤炭。

美国水路运输衰落的原因是很多的。虽然水路运输通常比陆路运输要便宜一些，但是，这种优点，由于其他的一些因素而抵消了。第一，美国的铁路是设计来承运大量体积庞大货物的。由于铁路的改进和扩充，在许多情况下就能把运费降低到几乎与水道运输费相等的水平。在不可能有这种情况的地方，铁路就收买了轮船公司和运河，或是兼营这些业务，或是停止了这些业务。铁路的速度以及能够承运高级货物的优越性，在吸取运务方面起了很大的作用，因为美国这个国家是喜欢速度的。铁路的许多支线通到了运河不能达到的无数地区。早年的运河有的地位很不恰当，有的里程较短，不能作通程的货运，还有一些是修建在如木材等天然产物已经耗竭的地带。低廉的运费所能产生的有利条件，经常被转运的费用抵消了。此外，除了纽约的巴尔基运河之外，运河所给予人们的服务和便利还没有改善到能够满足今天运输要求的这样一个程度。河道航行的困难，撇开冬季河水的冻结不讲，由于有着流动的河沙、暗礁和其他的障碍，常常使这项运输不易发展。此外，美国的许多大河都是向南流动的，而大多数的货物却是要向东西两个方向运输。

尽管水路运输的衰落和汽车与飞机的出现，但是，自从 1900 年以来，人们又对运河与河道运输发生了兴趣，而且还不断进行了鼓动和宣传。铁路承运业务任何暂时的困难或是运费一有增加，都会肯定不移地把运输商的注意力移转到水路运输方面来。接近河流的城镇，由于希望前途的更为光明，都几乎不停地鼓动人们去改进航路。巴拿马运河的修筑，大大地鼓舞了人们对于人工运河的兴趣。这条运河是联邦政府所从事的一项最为巨大的运输工程。威廉·果盖斯上校与热带疾病做斗争的胜利以及乔治·果索斯上校实现了几个世纪以来的梦想，消灭了几乎是无法克服的各种天然障碍以后，使他们自己和美国人民兴奋万分，又把人们的注意力转移到运河方面来。不久之后，这个问题就与水土保持运动发生了联系，1907 年，罗斯福指派了一个内河水道委员会去调查整个的计划。人们的策动终于使政府在 1911 年拨了大约一千万元去改善俄亥俄河的航运，也使伊利诺伊州把早已计划的“五大湖到海湾深水道”工程第一次连接起来，而且恢复了最初由盖莱廷所鼓吹的沿大西洋修建一条沿海内部水道的那个旧的计划。1909 年，有一家私营公司开始修筑一条通过克普-科德的运河，1914 年完成了。可是，人们这一次策动所产生的最实际的效果，乃是纽约运河系统的改进与扩充，其中包括着改进或新开出四百四十英里的运河，并且把三百五十英里的河流与湖沼改成了运河。1903 年，政府首次拨款一亿零一百万元，而纽约还希望着“五大湖盆地”

的产物有一天会经过它的水道运输。

河流与运河的运务虽然减少，“五大湖”的运务却有所增加。在那里可以明显地看出水道运输的一般有利条件；而且，一年里能够进行远程运输的时间比在同一个纬度上的运河里能够进行运输的时间还要长，维持费也比较低，这可以从运价方面看出来。1900年，由湖里或运河从芝加哥运一蒲式耳小麦到纽约的运费是四点四二分，铁路的运价是九点九八分，1920年时则各为十四点六分和十六点六八分。此外，货物也特别适宜于由水道运输，因为这些货物几乎完全是一些体积庞大的原材料。人们也把有烟煤与无烟煤运到了北部和西部，船只返回时运来的货物有面粉、粮食以及苏必利尔湖矿区（默萨比山区）的铁矿石和木材。“五大湖”贸易的吨数从1860年的四十六万七千七百吨增长到1950年的一亿六千九百八十八万一千吨。同时，经过苏圣马利运河的船只所载运的货物，也从1860年的四十万零三千六百五十九吨增长到1950年的一亿零六百一十四万吨。

电话、有线电报和无线电报

在19世纪的最后几年里，电话的应用有了迅速的发展。电话是交通史上具有划时代意义的一项发明。虽然人们曾在利用电力传送声音方面做了许多试验，直到1876年亚历山大·格伦姆·贝尔才同他的助手托玛斯、华生成功地通了话，他所架设的这条电话线，从波士顿通到马萨诸塞的剑桥港。那一年贝尔第一次所得到的专利权，标志着电话工业的开端，这主要是一项起源于美国和由美国加以改进的工业。[1] 今天,美国拥有约占世界60%的电话。1880年时,美国的电话线有三万四千三百零五英里;1952年,根据美国电话电报公司(这是一个庞大的控制着美国绝大多数电话线路的控股公司)的报告,它所经营的线路约有一亿五千九百万英里。它号称1900年时,拥有电话八十五万五千台,1915年时有九百一十七万二千台,那时,电话已经成为一项中产阶级家庭的基本设备。1952年时,这个公司控制着大约三千九百四十一万四千台电话。1887年1月,纽约与费拉德尔非亚之间的线路架成以后,就有了长途电话。但是直到1915年,贝尔才在他原来的机器上发出了准确的复述声音,而且华生在旧金山也清楚地听到了。与此同时,美国电话电报公司的大批研究人员已经做出了一些技术上的改进,使以后的十五年成为一个有惊人进展的时期。

正当电话在我们的交通方法中起着革命性作用的时候,有线电报方面也有了重要的发展。由于受到"南北战争"的刺激,1862年已经有了一条通过美洲大陆的有线电电缆,而且自从那个时间以后,有线电报的发展便很迅速。1945年,美国的电报线共长二十七万六千零八十四英里,在世界有线电报业务中占着极大部分,发出的电报大约有二亿三千六百四十五万三千份。不仅这项工业有着巨大的发展,而且许多的发明也使它在各方面得到了扩充。自从1872年斯特恩发明了双重发报方法,可以从同一方向发送两份电报以后;由于发现了同时发送四份电报的四重发报方法,可以由两对方同时发送两份电报,也由于后来发明了多重的发报方法,

① 贝尔是苏格兰人,年轻时来到了美国。

使电线受到了进一步的利用。1858 年,赛拉斯·菲尔德的海底有线电报获得了暂时的成功,1866 年获得了最后的成功。有线电报交通的重大意义是十分明显的,这里用不着加以评论。映图式的电报也得到了发展(例如股票行市的指示机),各种类型的书写有线电报也已使用。美国所有的电报线路几乎全部都是私营的,而且自从 1943 年西方联合电报公司与邮政电报公司合并以后,就用第一家公司的名字进行营业。1927 年前后,有线电报业务达到了高峰。自从那个时期以后,它受到了电话和无线电报的竞争。

电报事业中最为惊人的发展,便是这一世纪的头十年里无线电报的出现。人们曾根据无线电的原理做了许多试验,但是使它成为实际可用的,乃是意大利人马可尼。马可尼 1896 年第一次在英国取得了专利权,逐渐地扩大了营业的范围,直到 1901 年 12 月,他在纽芬兰的圣约翰地方收到了从柯恩瓦尔普渡站发出的电报。第一次世界大战爆发后,无线电装置成为一切大小船只的一项基本设备,也建立了许多大型的无线电台;商用无线电报也获得了成功,从而为无线电话和收音机开辟了道路。

邮 政 业 务

近代时期,政府最重要的社会和经济任务之一便是对邮件做适当的收集与分送。人们认为这事十分重要,把任何对邮件的干预看成是一项犯罪的行为。自从 1880 年以来,邮政制度就出现了巨大的发展。1816 年通过直到 1845 年仍然有效的邮政法令,规定在三十英里以内寄出一张纸头收费六分,可以事先付款。1847

年，邮资降低了，使用了五分和十分的邮票，必须事先付款。1861年，把途程在三千英里以下重量为半盎司的邮件降低为收费三分，1883年把重一盎司的第一类邮件改为收费二分。挂号信的办法开始于1854年。林肯总统任内又开始实行免费投送邮件制度（1863年）、火车邮政（1862年）、和邮汇制度（1864年）。1896年在麦金莱任内又建立了农村免费投送制度，邮路共有八十七条，1950年增为三万二千一百六十九条，途程有一百四十九万三千三百六十五英里。1838年，政府宣布每一条铁路都是一条邮路，但是邮局却向前推进，超过了设有铁道的地区，初期在人口稀少的西部所进行的业务，形成了一件离奇而动人的逸事。由于经常注意到每一个新的通邮机会，联邦政府1918年开始了航空邮务，那一年，陆军的飞机第一次把邮件从纽约运到华盛顿。[①]

近年以来，政府把邮政业务推广到快递和银行业务方面来，虽然开始做这两件事时受到了有关的利益集团的剧烈反对。1910年开始了邮政储蓄制度，用低利率的方法为贫民的存款提供绝对安全的保障。事实上，年息定为二分的存款利息太低了，因此存入的金额是不多的。在欧洲营运成功并于1913年开始实行的国内包裹制度的推广，对于人民乃是一个巨大的福音，它在小型包裹的运送方面，比任何其他方法更为迅速、价廉和安全。某些工业，其中最显著的有芝加哥的一些巨大的邮购机构，把它们绝大多数的业务都寄托在这个制度之上。还有，农民是最大的受惠者。另一方面，联邦政府为了要促进全国的文化与经济生活，大大低于成本

① 见本书第二十八章“运输设备的扩充”一节，最后一段。

地递寄大量的第二类邮件，尤其是报纸和杂志。虽然在某种程度上已经达到这个目的，这个政策实行的结果却产生了补贴广告和运输许多不能提高反而降低文化水平的材料的作用，所有这些都是牺牲了纳税者的利益而进行的。邮政事业发展的某些迹象，可以从这样的一个事实看出来，那就是：邮政收入的总额从 1860 年的八百五十一万八千元增长到 1950 年的十六亿零三百六十二万八千元。

第二十四章　1860年以后的财政

对“南北战争”的财政支援

在美国的经济史上，没有其他方面比财政还更直接受到了“南北战争”的影响。事实上，这次战争对于全国财政体系所产生的后果，就其范围来说，乃是革命性的。为了筹措战费，政府便大大地提高了1861年的保获关税的税率，创立了一个新的联邦银行制度，在通货里注入了不兑现纸币，而且使通货膨胀主义者和通货紧缩主义者之间发生了半个世纪的剧烈纷争。战争的费用对于那个时期来说是十分浩大的，比战争爆发时人们所预计的还要大得多。据税务官大卫·威尔斯1869年时估计，在战时和战后的八年零三个月里，国民政府的战费开支总数合四十一亿七千一百九十一万四千四百九十八元三角三分。此外，他指出，还必须计入数达二十亿元的养老金的支付以及联邦政府和同盟各州直接与间接的大约四十八亿二千三百万元的损失。威尔斯说：“这些被人们认为是适当的与合理的估计数字，说明了自从1861年以来，美国财富受到破坏的总数大约有九十亿元；这也就是说，全国的工业由于战争发生了改变，如果没有这个改变，这些工业是会生产财富的……这个损失的数额，等于全国拥有奴隶财产最多时的价值的三倍；它到期末所产生的利息，等于南部在最优良的土地上每年用奴隶所生产的产品价值的两倍。”[①]

四年之内，政府的开支超过了全国历史上所有的开支数字。为了要筹措这些经费，国会尽了一切方法去获得收入。由于关税提供了截至那时为止的联邦政府的收入，人们把它认为是一个最为重要的经费源泉。1861 年 3 月 2 日，刚刚在林肯总统就职之前，参议院通过了基本上是由莫理尔起草的一项新关税。这项税率的目的在于补充 1857 年税率的不足，使它恢复到 1846 年“瓦克尔税率”的一般水平，这个税率的平均数大约是 25%。但是，莫理尔提出的关税并没有产生预期的收入；在以后的各年中，政府逐渐提高了平均税率，直到 1864 年时，税率达到了 47%。

政府制定了一些不断提高税率的法令，以求在一定程度上平衡对国内许多制成品和商业交易所征收的高额税率。威尔斯把分配消费税的方法比喻为在东尼布鲁克展览会上给予那个爱尔兰人的劝告：“你只要一看见人头便敲它一下；你只要一看见商品就向它征税。”[②]到了战争末期，国内的收入相当于关税的两倍。另外一种形式的课税，就是所得税，这是 1861 年在美国历史上第一次开始征收的。那时，对八百元以上的收入课税 3%。这项税率在 1862 年和 1865 年都继续有所提高，直到对从六百元到五千元的

① 《1869 年份税务委员员报告》，载第四十一届国会第二次会议《参议院行政文件》，第 27 号，引言第 6 页。“南北战争”的养老金为数在八十一亿六千九百五十万零六千元以上。

② 陶雪格引用语，见《美国关税史》，第 5 版，第 164 页。

收入都课以 5%的税款，对五千元以上的收入课税 10%。在 1872 年废除这项税制以前，征收的税款约有三亿四千七百万元。

虽然政府不受拘束地征收税款，但是所获得的大部分这种收入直到战事的后期才实际入库。同时，战争的进行，最初是靠发行短期公债借款去支持的；在以后看到战争显然不会在几个月之内结束的时候，又进行了长期的借款。1865 年 9 月 1 日国债达到了 1917 年以前的最高额，为数在二十八亿四千六百万元，而且是用许多种类的债券借来的。1866 年 6 月，“支付利息的债款中包括着五种利率不同的债款和十九个不同偿还期限的借款”。[①] 有些债款要用硬币偿还，有的则用纸币偿还，其中九分之八是短期债券。另一种政府支持战费的方法所产生的结果，使得全国受害几十年，那就是用“美国政府的信用”发行纸币。在美国历史上早年的困难时期，就已经发行过金库券，但是，它们都带有利息，并不是一种法币，票面金额多半较大，因此只有少数当作货币在流通。除了这些之外，政府就没有发行过其他的纸币。战争初期使用的货币，包括着大约一千六百家州立银行发行的钞票，美国造币厂铸造的硬币，以及 1861 年发行的“旧兑换券”。[②] 国库里硬币的耗竭，产生了 1861 年 12 月的停止支付硬币，最先是各家银行停付，不久以后，政府也停付了。金属货币被人们窖藏了起来（除了太平洋沿岸以外），而且各个州立银行所发行的纸币，不足以满足当时人们对流通媒介的不断增长的需要。

① 杜威：《美国财政史》，第 10 版，第 322 页。

② 这些钞票，不像绿背纸币那样，是可以用来缴纳关税的，从而使硬币不能流回国库，加快了现金的停止支付。同上书，第 279、283 页。

绿背纸币

1862年2月25日，政府通过了一项法令，准许用美国政府的信用发行一亿五千万元的纸币，并且使它们成为法币。以后又通过了一些补充法令，准许把绿背纸币发行到四亿五千万元。除了不能支付关税和国债的利息以外，它们对一切公私债务的支付都具有法律上的效力。俗语所说的“绿背纸币”，起源于这些纸币的背面是用绿色油墨印成的。政府又准许发行了五千万元的小额纸币去补充绿背纸币，它们的面额有的小到三分，用来代替硬辅币，而且，随着战争的继续，这种硬币便被人们窖藏起来，不再流通市面。1865年9月1日未收回的美国政府纸币有四亿三千三百一十六万元，此外还有二千六百三十四万四千元的小额纸币。[①] 其他的政府债券也被当作货币去使用，但是不付给利息。战争留给了全国一个不兑现纸币的问题，而且绿背纸币成为一个法律上和财政上亟待解决的重大问题。

虽然全国的资源完全足以支持战争，而且国会好像也愿意增加税收，但是对于“南北战争”的整个财政的处理却是不恰当的。财政部长萨蒙·蔡斯直到1864年6月还根据美国的一些早年战

---

① 人们为了必须兑换零钞去换取小硬币，在较早的时期曾使用邮票，西班牙二角五分的旧银元，或是把银行钞票截成一半或四分之一去兑换，也使用了由私人、工厂、银行乃至于市政当局发行的票券、期票和其他形式的债券。人们把这些债券叫作“小额本票”。国会干涉了这种私自发行货币的行为，而且首先允许使用邮票。以后，为了免除使用附有胶水邮票的不便，就授权给邮局发行票面从五分到五十分的邮政货币。到了1863年5月27日，流通的数额在二千万元以上。

时经验去制定他的政策，那就是，"用借来的资金去作战费开支，而税收的增加，只是为了去支付新债款的事务费用"。山姆纳把1861—1862 年的财政巧计叫作"暂时弥补的简单记录"[①]，但是山姆纳的主张好像有一点刺耳，特别是当人们把蔡斯的政策与后来的一些战时财政政策加以比较的时候。多数的学者都认为支援这次战争的最大缺点在于没有及时采取有效的税收政策。1862 年到 1866 年的四个会计年度内，只有四分之一稍强的联邦政府收入是用这个方法得来的。[②]

"国民银行制度"

从 1836 年"美国第二银行"结束到 1863 年成立"国民银行制度"的这段时期，联邦政府放弃了对全国银行业务的督导。[③] 有一个时期，政府把款项存入了州政府核准营业的银行，[④]以后又成立了一个"独立金库制度"，办理政府的经费收支。政府的控制撤销以后，州立银行便像雨后春笋般地发展起来。当时使用的纸币就是一些由各州立银行发行的钞票。谈到当时的纸币，其紊乱程度几乎是无法描述的。1862 年时，根据各州法律成立起来的银行有

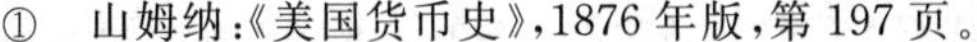

① 山姆纳：《美国货币史》，1876 年版，第 197 页。

② 这四年的关税收入有三亿零五百三十六万零四百五十一元；国内收入和所得税有三亿五千六百八十四万六千一百三十六元，包括金库券在内的借款共有二十六亿二千一百九十一万七千七百八十六元。借款与税款的比率从 1861—1862 年的八点五二元比一元减少到 1864—1865 年的二点九五元比一元。见杜威所著前书，第 299 页。

③ 见本书上卷第九章"1834 年到 1862 年的银行与货币"一节。

④ 以下简称州立银行。——译者

一千六百家，它们发行的纸币，根据人们对各家银行的信任和发行银行所在地点的远近按不同的折扣在流通。赫本说："据估计，金额大小不一的钞票共有七千种。有关完全伪造或篡改钞票的报告有四千件。"[①]对于各种钞票的价值很难加以估计，它们给交易带来的困难和损失，是不难想象出来的。成立"国民银行制度"的一部分原因就是为了要清除这种紊乱的纸币。这也是战争带来的一项有益的后果。

但是，清除州立银行的纸币并不是人们主张创立"国民银行制度"的唯一理由。人们希望各个国民银行会替美国政府的公债开辟一个市场，为全国提供标准化的纸币，并且把财政利益与联邦的利益更为紧密地结合起来。事实上，这个计划得到了人们广泛的赞许。正如杜威教授指出，一个把银行建筑在国民政府而不建筑在各个州政府权力之上的制度，"迎合了民族主义的思想……引起了那些忌妒私营公司权力的人们的共鸣，符合于要想使政府摆脱困难处境和希望政府在控制资本方面能占上风的人们的愿望；最后，还符合于那些害怕再发行美国钞票会使政府和私人信用终于破产的人们的见解"。[②]

1863 年的《国民银行法令》(1864 年修正)准许那些股东人数在五人以上的团体领取执照营业(资金按城市大小而定)，他们必须向联邦政府缴存等于银行资本三分之一的联邦公债，而且金额

① 巴顿·赫本：《美国货币及铸币史》，第 177 页。1863 年纽约编出了一本有趣的旧书，协助人们辨别伪钞，这本书就是《哈奇钞票宝鉴》，"附有一万种以上银行钞票影印说明，包括美国及加拿大所有的真钞在内"。

② 见杜威著前引书，第 321 页。

不得少于三万元。反过来，银行可以按这项公债的当时市价领取90%以下的钞票（不能超过公债的票面价值），这些钞票除了不能交付关税之外，可以用作法币去缴纳一切政府的款项，而且政府也可以用它去支付各种开支，但是不能用去支付国债的本金和利息。许多的规定，其中包括银行的缴存准备金，银行各股东的负有一定责任和严格的国家监督等办法都为存款人提供了保障。银行要获得营业许可证是很缓慢的，而且1865年时，州立银行发行钞票的权力，由于政府每年课以10%的税款而受到了排斥。1900年的补充法令把《国民银行法令》放宽，允许发行额可以同公债的票面金额相等；允许人口在三千人或三千人以下城市的银行资本从五万元降低为二万五千元；允许把当时的国债用为期三十年、利息二分的公债去偿还；也允许把利息在二分之下的一切公债的税，每年由1%减低到0.5%，如果这些公债是用来担保货币流通的话。流通中的钞票1873年时达到了三亿三千九百万元，而1891年公债到期还本以后就减少到一亿六千八百万元。后来又发行了公债去作为“美-西战争”的战费和其他开支，把钞票流通额增加到1913年的七亿一千五百七十五万四千二百三十六元。这些钞票是由七千四百七十三家国民银行发行的。①

① 1950年12月30日国民银行的数目已经增加到四千九百六十五个。由于有了《联邦准备法令》和后来“新政”时期的货币立法，国民银行的钞票大多数为联邦准备银行的钞票所代替。

支援战争的结果

1861年12月，北部各银行停止了硬币的支付，不久之后，联邦政府也停止了支付。由于发行了绿背纸币，金属货币实际上已经绝迹。在“格来兴法则”作用的支配下，[①]最便宜的货币，也就是绿背纸币，变成了一般商业交易的价值标准。但是，如果把战时物价的上涨完全归咎于有法偿价格的绿背纸币，那便是错误的。造成物价上涨的原因，乃是由于使用了那些几乎像货币一样地在流通的短期金库券以及由于各州立银行扩大了钞票发行的缘故。“南北战争”时期的繁荣和人们对各类商品不断增长的需要，也影响了多数商品的价格。但是，正当物价上涨的时候，又发行了约值四亿五千万元的不兑现纸币，从而大大地加强了物价上涨的势头。我们将从下面的图表看出，按照黄金计算，绿背纸币在战争期间从来没有达到与票面相等的价值。1864年夏天，绿背纸币跌落到只值票面金额的39%。它们价值的波动，一部分是起因于投机，一部分是起因于人们对政府的信用有着不同程度的信任，而不一定是因为生活费用上涨的缘故。

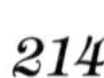

虽然“南北战争”时期，政府由于发行绿背纸币成为劳工的雇主而得到了好处，但是，由于政府在物价上涨时期是一个商品购买者，归根到底仍然受到了损失。据估计，由于法偿货币价值的低落，使战争的费用增加了五亿元以上。从1860年到1865年间，纺

① 见本书第九章“第二‘合众国银行’”一节，脚注。

织品的价格上涨了四倍；副食品和面粉的价格增加了一倍，肉类、燃料和房租涨了 50%以上；而在同一时期，实际工资，特别是领取薪水的人们的实际工资，却大大地落后了。[①]

1862—1879 年按黄金计算的绿背纸币价值

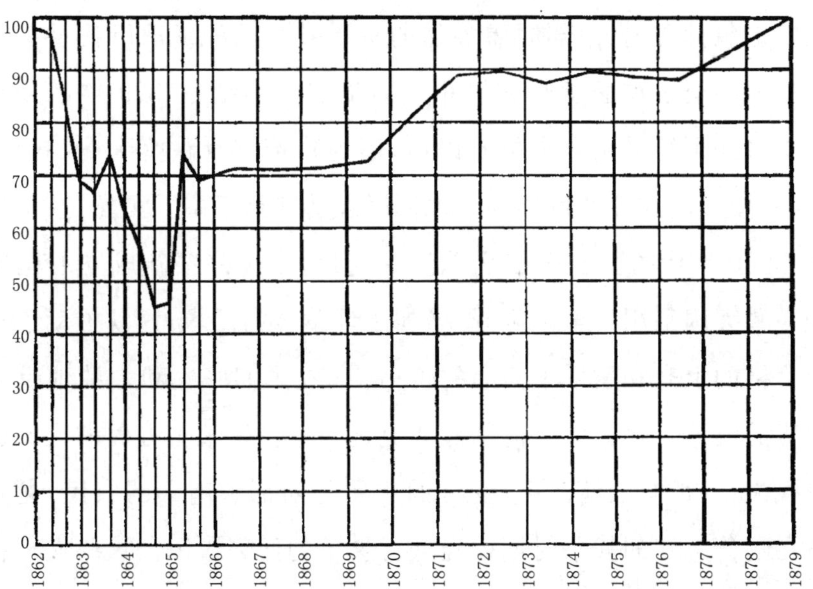

“南北战争”的财政遗产之一便是欠债团体，特别是农民，所发动的三十年斗争，为的是要阻止通货的收缩和维持“南北战争”时期的物价水平，在那个时期，他们都负了许多的债务。战后几年中物价下落的原因主要有三个：第一个就是战争所造成以及为 1873 年严重经济危机所加深的人为的商品需求的停止。第二个原因是粮食的存量过多，这主要是由于横过密西西比的西部都非常迅速地进行了耕种。第三个原因是政府的货币政策，希望收缩纸币和

① 见本书第十七章“劳工与生活费用”一节。

恢复硬币的支付。

这三个原因当中的最后一个也许就是最重要的。当商业上需要更多货币的时候，政府紧缩了纸币，这种情况在战后由于这样的一个事实加深了，那就是：美国货币流通的地区日益扩大，把南部地区也包括在内，南部同盟各州的货币被美国的货币所代替。这种局面甚至于在通货收缩停止之后仍然在继续。1879 年恢复硬币支付和再行采用金本位制以后，国内物价一直跌落到 1896 年。此外，按黄金计算的世界物价也同时在普遍地下降。虽然 19 世纪 70 和 80 年代的黄金产量几乎没有变化，由于许多新成立的国家和一些大国采用了金本位制，增加了对黄金的需求，这就推动了黄金价格的上升和压低了商品的价格。[①] 农民们坚决和一致地反对通货的收缩。物价的任何剧烈变更都一定会使某个方面的人们遭受损失，在那时的情况下，受害的主要是西部和南部的农民，尤其是在物价上涨的战争时期曾经进行垦荒的西部人民。这些人现在越来越感到不容易负担抵押借款和偿还购买牲畜与机器所负的债。粮食价格的下跌和通货的收缩，带来了严重的困难，负债的农民想通过通货膨胀而努力维持或恢复以往的物价。

在较早的阶段，斗争是围绕绿背纸币问题而进行的。战争结束时，有三个主要问题必须立刻予以解决，那就是：(一)根据宪法，国会是否有权发行法币？(二)当时的发行额是否应该增加或是收缩？(三)硬币的支付应否恢复？第一个问题通过 1871 年的诺克

① 见费特尔：《当代经济问题》，1916 年版，第 48—54、74 页后半段。

斯与李的讼案[①]由最高法院解决了(推翻了 1870 年赫本与格里斯沃尔德一案的判决)[②],那时,最高法院宣称,绿背纸币可以用来偿付任何在货币法案通过以前所缔结的债务。其他的两个问题又引起了通货膨胀主义者和通货收缩主义者之间的冲突,这项冲突在一定程度上是在美国历史上永远存在着的。在是否合乎宪法的问题还没有解决之前,已经开始了通货膨胀的斗争。人们最初的动机是要促使政府用纸币去支付"南北战争"时期发行的所有公债的本息,除非那些公债是规定要用黄金偿还的。这个被人们叫作"俄亥俄式方法"的计划,曾经列入了民主党 1868 年的竞选纲领,但是格兰特被选作总统以后,提出了用黄金偿还债款的保证。通货膨胀主义者在这个战役里被击败以后,不仅企图阻止绿背纸币的再行缩减,而且甚至于想把它的数量增加。1864 年,政府把绿背纸币的最大限额定为四亿元,另外再用五千万元的准备金去收回一项临时借款。1866 年,国库奉令收回绿背纸币,财政部长麦卡洛克真的收回了大约七千七百万元,把流通的数量减少到三亿五千六百万元,自 1868 年 2 月以后就没有再行缩减。这个数字实际上几乎保持了五年。1874 年,国会把最高额定为三亿八千二百万元。1875 年的《恢复硬币支付法令》规定把美国的纸币数量减少为三亿元,但是,1878 年,绿背纸币派又成功地阻止了进一步的缩减。那时未曾收回的三亿四千六百六十一万八千零十六元,仍然

① 《诺克斯与李讼案卷宗》,第 12 号,华莱士卷第 457 号。

② 《赫本与格里斯沃尔德讼案卷宗》,第 8 号,华莱士卷第 603 号。这个判决特别有趣,因为它是由最高法院院长蔡斯宣布的,当第一次准许发行绿背纸币时,他曾经做过财政部长,他在这里却违反宪法地使自己的行动得到通过。

是今天还在流通的绿背纸币的数量。

人们的斗争现在转到了恢复硬币支付的问题方面来。如果用黄金去收兑纸币，那就会使绿背纸币恢复票面的价值，使通货稳定并提高政府的信用。另一方面，人们认为，这样做会进一步压低物价，而且是否能够得到足够的黄金来达到这个目的，仍然值得怀疑。1874 年共和党在国会中选举的失败，使那个政党连忙在第二年通过了一个恢复硬币支付的法案，号召自 1879 年 1 月 1 日起实行恢复。这项对纸币问题的纷争，特别是在其后期，产生了一个新的政治组织，那就是“独立国民党”或“绿背纸币”党的成立。自 1876 年成立以后，这个政党在三次的总统竞选中都提出了有关全国性问题的政纲，要求进行许多在当时是十分激进的改革，尤其是主张用纸币兑付公债和不再恢复硬币的支付。这个党最大的力量，表现在 1878 年的国会选举这件事上，那时，这个党投了一百万以上的选票。但是，这并不足以说明这个运动的力量，因为两个大党都热衷于通货的膨胀。

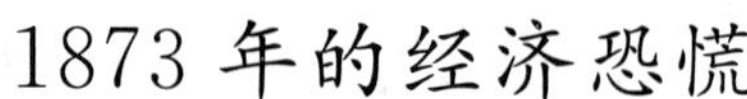

1873 年的经济恐慌

与此同时，1873 年的经济恐慌加深了债务人的痛苦并且鼓励了绿背纸币的运动。“南北战争”期间，北部工农业的积极发展，由于受到物价上涨的鼓励，开始了一个史无前例的繁荣时期。在西部开拓了广大的农业区域，而且战时繁荣中容易地得来的利润，都被任意地用作固定资本的形式去投资，主要是运输事业的投资。繁荣来得太快了，开支过于浪费了，因此情况就不很健康。19 世纪70年代的这十年出现了一些令人难以乐观的情况。大量的资金陷入了铁路,用作了1867年与1873年间所修成的三万英里的经费开支,而这些铁路所能立即提供的利润却很小。西部土地的开拓,使许多旧的耕地被放弃,并且降低了它们的价值。投机和奢侈十分盛行,而且一些政客和资本家的商业道德,正如谋比利耳信贷公司和1869年到1873年的"金融恐慌"所表现的那样,是难以令人满意的。1873年9月,正在从事修建北太平洋铁路的全国最大股票经纪商贾埃·库克公司的倒闭,加深了到那时为止的美国历史上最为严重的经济恐慌。以后又随之出现了无数银行的倒闭,证券交易所的十天停业,以及硬币付款的部分停止。以后的几年是一个厉行节约和经济萧条的时期,直到再累积了足够的资本才又继续前进。①

白 银 问 题

1879年,总统的决定恢复硬币支付,迫使通货膨胀主义者们采取了另外的办法。如果通货的价值不能降低到不兑现纸币的地位,那么,把足够的白银按膨胀的比率注入于货币系统,也许会达到同样的目的。我们还记得,1834年与1837年的法令已经把从前定为十五比一的黄金与白银的比价改为十六比一(实际上是十五点九八比一),自那时起,每一金元含纯金二十三点二二格令,每

① 有关美国经济恐慌和商业周期的进一步讨论,见本书第二十九章。有关当时的两种解释(一种是美国的,一种是英国的),可参阅弗鲁格尔与福克讷所著《美国经济与社会史文选》,第688—695页。

一银元含纯银三七一点二五格令。[①] 由于这样是把黄金略微地高估了，根据“格来兴法则”，白银就宣告绝迹，只有黄金在流通。1873 午时，银币每元值黄金一元零二分，铸造已经不再划算。白银是这样的稀少，而且很久已经没有人把它送到造币厂去铸造，于是国会便从 1873 年起不再铸造任何标准的银币。[②]

目的绝不在于策划废除银币而后来被斥责为“1873 年罪行”的这个法令，只不过说明政府认识到当时已经没有人在铸造银币的这一事实罢了。三年之后，由绝大多数代表白银商人利益的国会议员所组成的某个委员会严厉地谴责了这个法令。他们指出：当白银具有货币作用的时候，它总是会防止黄金价格的猛烈上涨的。这个委员会说：“由于暂时的缺乏便把金属作为货币的作用加以剥夺，乃是轻率而不明智的……这正如一支军队的司令员，当战役正在进行的时候撤销和遣散了他的后备队伍，因为他们并没有在前线作战……也正如像一条船的船长割断了绳索和凿沉了救生艇，因为天气晴明，海面平静。”[③]

当通货膨胀主义者们想起了 1873 年法令的时候，他们也许会更加反对，因为自那个时期以后，白银的情况发生了迅速的变化。德国在 1871 年，荷兰与斯堪底纳维亚半岛各国从 1873 年到 1875 年都先后采用了金本位制，而且“拉丁货币联盟”(参加的国家有法国、瑞士、比利时、意大利和希腊)1873 年限制了银币的铸造。这

① 标准的重量是含九成金二十五点八格令和九成银四百一十二点五格令。

② 1853 年的法令当然还维持着辅币的铸造而且还为商业上使用的银元做出了规定。

③ 见弗鲁格尔及福克讷：前引书，第 695—697 页。

就使大量的银条流入了市场，而内华达大量银矿的发现又增加了市场白银的数量。银价跌落得十分迅速，以至于到了 1876 年每一银元就只值九角，而且前途还继续看跌。由于白银变得更为便宜，很明显，如果按照十六比一的旧比率大量地铸造银币，那么，由于“格来兴法则”的作用，黄金将会被驱逐，而且把货币的价值贬低到与白银价值相等的地位。那时，人们把废止白银铸造货币的行为叫作“1873 年的罪行”，而且负债的西部和南部，由于得到产银各州的支持，都要求政府“替白银出个主意”。

人们对于白银问题的情绪 1876 年时已经十分激昂，以至于政府指派了一个委员会去对货币问题加以研究。但是，在这个委员会还没有提出报告以前，密苏里州的理查德·布兰德提出了一个议案，主张按照十六比一的旧比率，准许自由地和无限制地铸造银币。这个提案在比较保守的参议院里被缓和下来，规定每月购买的银条不得少于二百万元、多于四百万元，铸成含四一二点五格令的银币。这样的一个提案得到了人们广泛的支持，这是毋庸怀疑的。议案执行委员会的主席在芝加哥的一次群众大会上说：“在这件事情上，我们愿意唤醒沉睡中的总统和他的顾问们，多少要认识到这样的一个事实，那就是：西部的人们正在酝酿着一次风暴，除非他们得到照顾，有人就会要受到群众愤怒的闪电般的攻击，除非他们答应人民的公正要求。”[①]尽管人们有了这样的情绪，海斯总统仍然否决了这个提案，但是，这个提案仍然在他的否决之下很快被国会通过了，而且在执行法令的十二年中，铸造了三亿七千八百

① 威廉斯引自《海斯传》，第 2 卷，第 120 页。

一十六万六千块银元。1878 年的《布兰德-艾理孙法令》规定按照银元存款发行十元和十元以上的银元券；但是这种金属货币在贸易中心地区却不受欢迎，1886 年，银元券的票面金额缩小到包括着一元、二元和五元的钞券在内。

《布兰德-艾理孙法令》并没有止住白银价值的下跌或是物价下跌的趋势，使白银财团和通货膨胀主义者们都大感失望。也没有任何迹象足以说明白银会根据“格来兴法则”把黄金驱逐。造成这种局面的原因有好几个。原来当时全国正在处于一个巨大的工业扩张时期，需要大量的货币，因此银元和银元券就毫不困难地被吸收了。此外，在 19 世纪 80 年代的几年里，联邦政府的国库有了盈余。这些盈余有一部分存储在国库，有一部分被用去兑付“南北战争”时发行的公债。这两种情况当中的任何一种都有减少流通媒介物和防止通货膨胀的趋势。从 1886 年到 1890 年，由于收回了“南北战争”时的公债，就使钞票的流通减少到只有一亿二千六百万元。政府在发行了一种货币以后，又正在把另一种货币加以收回。

《布兰德-艾理孙法令》通过以后那一年的元旦，国库恢复了硬币的支付。1879 年 1 月 2 日，财政部长薛尔曼通过很大的困难积累了为数不多的一亿四千万元的黄金，去应付预料中的纸币持有人的挤兑，但是请求兑换的黄金只有十二万五千元；而用来兑换纸币的黄金却值四十万元，这一事实，说明了政府信用的巩固。

虽然《布兰德-艾理孙法令》实行了十二年，但是通货膨胀主义者和他们的反对者都不满意这个法令。前者把它看成只不过是一个破开木料的楔子，如果通过这个法令的目的没有实现，还得要把这个楔子钉得更为深入一些。农产品的价格继续在跌落，以前借入了五角的负债农民，现在却要偿还八、九角，他们的痛苦越来越加深了。到了 1889 年，银元里所含的白银已经减少到只值七角二分，而且人们都一直在希望，如果把更多的白银强行使用到通货里去，就会产生通货膨胀。这正是拥护黄金的人们所惧怕的，而且阿瑟和克利夫兰两个总统都竭力主张废除这个法令，克利夫兰总统向国会指出，继续铸造银元最后会使通货增加到超过了商业上的需要；往后，不为人们需用的那个部分会被窖藏起来，从而使黄金渐渐地绝迹。

虽然受到总统和财政部的反对，要求使用更多白银的压力却越来越大，为了作为政治上的策略和为了使它作为保证《麦金莱关税法令》得到通过的一项手段，共和党就发起和通过了 1890 年的《薛尔曼白银购买法令》。这个提案要求财政部长每月买进四百五十万盎司的银条，用发行有完全法偿价格的金库券去支付。财政部有全权决定用黄金或是用白银去收兑这些金库券，这是因为"使这两种金属互相保持不变的比价，乃是美国的既定政策"。这个条款后来被总统解释成是允许用黄金去收兑所有的金库券。根据这个法令所买进的白银，数量实际上等于美国所有矿山出产的白银数量，而且几乎有《布兰德-艾理孙法令》规定的一倍，三年内购入的数量共值一亿五千五百九十三万一千零二元。这证明已经超过了货币需要的数量但却没有危及金本位制。这个法令唯一的特点便是它规定按盎司而不按美元购买，这意味着政府收买的白银将按一致的标准加以保存。如果法律是规定按照美元数目（如《布兰德-艾理孙法令》所规定的那样）而不是按盎司数目收买，那么，银价一有下跌便会自动地增加铸币的数量。由于在法案有效期间银

价逐渐下跌，一直跌到1893年每盎司只值六角，因此，这项规定显然是具有重大意义的。

1893年的经济恐慌与1896年的选举

19世纪90年代这一十年的开始，正值全国接近另外一个商业周期的末端。当80年代修筑铁路的时候，曾同时出现了泛滥的投机行为。人们认为这种投机使许多强大的商业机构受到了危害。有些公司在破产的边缘上还支付红利，并且用资本来支付一般的红利。1893年初，费拉德尔非亚·里丁公司和国民制绳公司的倒闭，引起了全国人民对工业方面不健康的情况的注意。这种景况事实上已经由欧洲的金融情形预示出来了。全国所经过的那些投机泛滥的岁月，不可避免地就要产生一种反应；但是1892年选举总统的结果至少在某种程度上也加深了1893年的经济恐慌。这次的选举预示着政府关税政策的修订。人们也恐惧金本位制将会不能维持。克利夫兰总统是那一年在一个民主党主张降低关税的政纲之下选举出来的，制造商们认为这一情况预示着前途的黑暗。克利夫兰本人是相信金本位制的，但是他的政党却醉心于通货膨胀。①

从主张保持金本位制的人们的观点看来，联邦政府的国库已经面临危险的处境。这是由许多原因造成的。根据《薛尔曼白银

① 有关当代人们对这次恐慌所提出的对立的理由，参阅弗鲁格尔及福克讷：前引书，第710—717页。

购买法令》所买进的白银，数量已经多得难以吸收，而且由于“格来兴法则”的作用，黄金开始被挤出了流通的领域。1890年英国的金融危机引起了英国企业的倒闭，结果造成了因不能从美国进口而产生的价值六千八百万元黄金的纯损。1891年美国小麦的丰收恰巧碰上欧洲粮食的歉收，造成了暂时的贸易顺差；但是1893年时，情况就完全相反，产生了出口黄金八千七百万元的纯损。哈里森总统任内的浪费，和1890年麦金莱总统所实行的高度关税政策，使80年代的盈余一扫而尽，从而更加加深了财政部的困难。到了1893年，眼看国库的亏损很快就要到临。

1882年通过的授权财政部长把存在国库里准备兑付美国政府钞券的金币或金条减少到一亿元以下时就停止再发黄金兑换券的那个法令，默认了国库必须存有准备金和制定了一个最低限度的安全点。往后的各任财政部长都没有允许准备金降低到这个安全点以下，而且甚至虽然受到了1890年《薛尔曼白银购买法令》的额外困难，国库仍然有足够的准备金去维持金本位制。把黄金准备耗尽就会意味着硬币付款的停止，或是就要根据1890年的法令，用白银代替黄金去支付纸币的兑现。上述的任何一种情况，都意味着金本位制的取消和货币的跌价。虽然这会使通货膨胀主义者感到高兴；但是只要一有这种可能，便会使固定资本的持有者和一般商业因恐惧而陷入瘫痪。

克利夫兰总统就任时，黄金的准备数字有一亿零九十八万二千四百一十元。1893年4月22日降低到一亿元的指标以下，7月间暂时得到了恢复，以后又往下降，直到11月，达到了五千九百万元的数额。一些著名工厂的倒闭，使人们对商业结构的信心发生了动摇，而准备金的降低，形成了一个从未有过的最为严重的商业倒闭时期。1893 年，有六百家以上的银行倒闭了；那一年夏天，拥有三万英里路线的七十四家铁路公司也落入接管者之手。第二年年末，有一百九十四家经营三万九千英里路线的铁路公司宣告倒闭，其中包括费拉德尔非亚-里丁公司、伊利铁路公司、北太平洋铁路公司和联邦太平洋铁路公司在内。1893 年，企业的倒闭有一万五千起，所引起的负债金额有三亿四千六百万元。生铁和煤炭的产量减少了，而 1894 年由于粮食的歉收和欧洲对小麦需求的减少，就更增加了普遍的灾难。1893 年冬季和 1894 年，国内充满了失业、罢工、群众的不满和许多实际的痛苦。这个时期内还出现了芝加哥普耳曼铁路工人的罢工和群众的游行。

坚决相信金本位制的克利夫兰，决定不惜一切代价地维持这个制度。由于他绝对相信国库的困难和经济恐慌本身“主要应归咎于国会购买白银和铸造银币的法律”，[①]便在 1893 年 8 月 1 日召开了一个国会的特别会议，要求把《薛尔曼白银购买法令》废除。这个提案很快就在众议院通过了，但是参议院把它压了下来，直到 10 月 30 日才进行分区的投票，结果是西部和南部联合起来反对北部和东部。如果人们认为实行金本位制会引起经济恐慌的恐惧是正确的，那么，《薛尔曼白银购买法令》的废除就来得太迟，并不会产生什么效果。1894 年 1 月，国库抛售了五千万元利息为五分的十年期公债去收回黄金，11 月又发行了五千万的公债。这样得来的黄金不久就耗竭了，因为没有法子去阻止一个人今天借出黄金换成纸

① 有关他对白银的演说，载前引书，第 707 页。

币，而明天又把黄金换回来。在这样的情况下，政府举债好像是无济于事的，而且当 1895 年 2 月国库发现自己的黄金准备只有四千一百万元的时候（那就是，每天按二百万元的比率在减少），克利夫兰就与摩根和一些银行家们协商，向他们借入三百五十万盎司的黄金，将来用年息四分的政府公债偿还。双方议定，半数的黄金将自国外运入，而且这些银行家们将竭尽一切力量阻止黄金的收回，直到合同履行完毕为止。克利夫兰私自向银行家们借款的这一行动，引起了人们的剧烈指责，而且一年之后（1896 年 1 月）政府又进行了第四次的借款，这一次是向社会公开借入的。这时，全国已经渐渐产生了商业的倒闭；人们认借的数字超过了借款总额的数倍，那一年，国库的黄金准备继续在增加。

自从“南北战争”结束以后，通货膨胀主义者显然在继续为扩大通货所做出的努力在 1896 年的竞选时达到了最高峰。19 世纪 60 年代以来日趋下落的农产品价格，在 90 年代初期达到了最低点。1894 年，小麦的售价是四角九分，①1896 年，玉米的售价是二角一分。在堪萨斯和内布拉斯加，把它们当燃料烧比卖出还划算。民粹党对这种情况提出了有组织的抗议，而且 1896 年还与南部和西部民主党的农民一起进行反对。

民主党人由于受到克利夫兰主张硬币的激怒，把控制着他们的党主张金本位制的“东部人”赶下台来，推选了威廉·布赖安担任他们的领袖，而且与民粹党一道，展开了美国历史上一次最为剧烈和最有意义的政治运动。1896 年运动的主要目标是要按十六

① 每蒲式耳价格。——译者

比一的比率自由地和不受限制地铸造银币。但是在这个要求的后面却是三十年来农村的不安，对货币信贷制度的持续不断的抗议，以及对使他们曾深受其害的铁路与其他的垄断组织的反对。这一改革运动的失败使联邦政府在这个新世纪之初控制了东部保守的资本主义。

1866—1930 年各年中以每年平均银价按黄金计算的 371¼ 格令的白银价值(即一个美国银元的含银量)

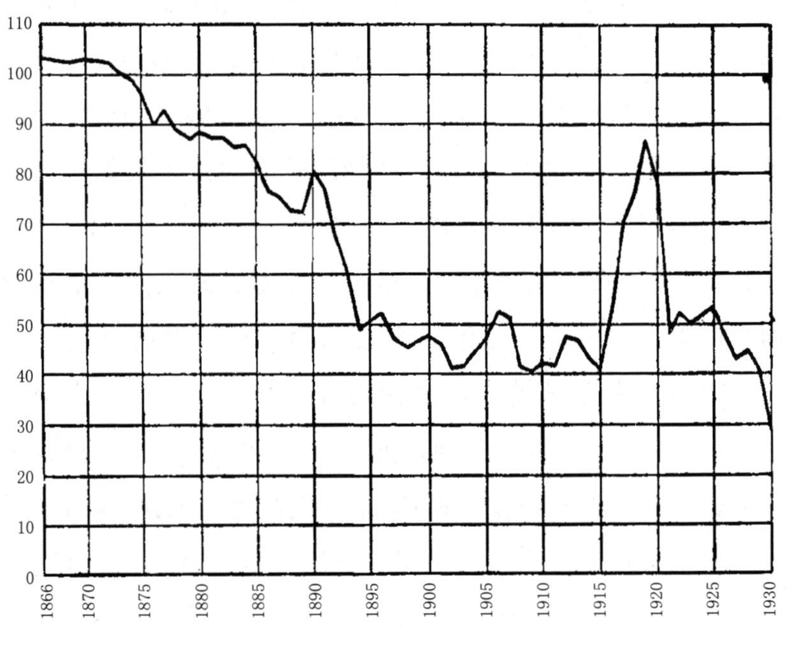

资料来源:《1930 年统计摘要》第 769 页。

1900 年的《货币法令》与物价趋势的扭转

虽然 1896 年的运动解决了长期以来对复本位制的纷争，但是，白银政策的拥护者们在参议院里仍然有着强大的势力，以致直到四年后才正式采用了金本位制。1900 年的《货币法令》最后规定，每一金元须含二十五点八格令的九成纯金，作为价值的单位，而且所有其他形式的货币都应该与金元保持一定的比价。为了维持这个比价，规定国库里必须经常保持一亿五千万元的黄金准备。这个法令还规定要把 1890 年的金库券收回，使用以银元为准备的银元券去代替它们，并且放宽了管理国民银行的法令。

通过这个法令的时候，人们都在怀疑，如果发生了严重的经济危机，这价值一亿五千万元的黄金准备能否支持住那时所有要求兑现的货币的压力；这些货币包括着三亿四千六百万元的绿背纸币，四亿八千四百万元以上的银元券，七千六百万元的白银（已铸或未铸货币的银条），其中每一银元值纯银四角七分，还包括着三亿三千一百万元的完全用美国政府信用发行的国民银行钞票。这一架维持通货的机器，虽然很笨拙，证明了它是有足够的力量的，而且 1900 年所规定的金元，一直继续作为价值的单位，到了 1933 年和 1934 年才被那时通过的一些货币法令所改变。[①]

使美国感到幸运的是：南非洲、育空河和阿拉斯加黄金的新发现，以及从矿砂里提出这项贵重金属的新方法的发展，使这些危急的年代里在世界上涌现了大量的黄金，每年平均铸成的金币，从 1891 年到 1900 年时是六千七百一十八万五千元，到以后的十年中便增加到一亿零一百零二万二千元。有了这些金质货币，再加上钞票的印发，使按人口计算的货币流通量从 1893 年的二十三元八角五分增加到 1907 年的三十三元八角六分和 1911 年的三十四

① 见本书第三十章“通货与信贷”一节。

元二角。这就不仅使政府能够维持金本位制而且也扭转了物价下跌的趋势。一般物价从1896年到1914年的最低点上升了40%。作为主要政治和经济问题的通货膨胀的要求平息了下来，而且负债的农民享受到了一个少有的经济繁荣的时期。有趣的是，黄金曾有助于造成了几年以来许多人认为可以通过使用白银而容易获得的通货膨胀。

1907年的经济恐慌与银行改革运动

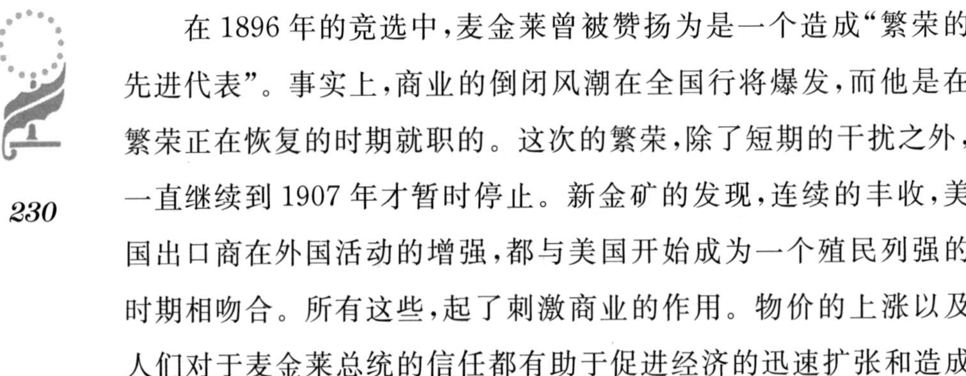

在1896年的竞选中，麦金莱曾被赞扬为是一个造成“繁荣的先进代表”。事实上，商业的倒闭风潮在全国行将爆发，而他是在繁荣正在恢复的时期就职的。这次的繁荣，除了短期的干扰之外，一直继续到1907年才暂时停止。新金矿的发现，连续的丰收，美国出口商在外国活动的增强，都与美国开始成为一个殖民列强的时期相吻合。所有这些，起了刺激商业的作用。物价的上涨以及人们对于麦金莱总统的信任都有助于促进经济的迅速扩张和造成走向企业合并的巨大运动。

这次的繁荣，只受到轻微的干扰而一直继续到1907年，那时，出现了一个短期而严重的“银行家的经济恐慌”。这次的恐慌主要是由于在大金融中心出现了过度投机，以及由于准备金不足，办理商业银行业务而迅速兴起的信托公司与比较保守而受到严格管理的商业银行之间长期斗争达到了顶点的缘故。[1] 10月22日尼克

① 史密斯：《美国信托公司的发展》，1927年版，第345—352页。

巴克信托公司关闭大门以躲避银行挤兑的这一行动，也加深了这次的恐慌。许多投机性的冒险事业都失败了，但是政府和大资本家的努力在阻止这次恐慌扩大的这一方面，起了很大的作用。恐慌主要是发生于城市，而且它的影响也并不广泛，这一事实，使它得到了“富人的经济恐慌”的称号。1907 年的经济恐慌，是罗斯福总统任内的资本家们造成的，有人说，罗斯福总统的干预商业，加深了灾难的程度。这种指责，并没有根据，根本而直接的原因乃是由于经济的过度扩张和金融家们轻率无度的投机以及银行业务的不当所引起。换言之，它是由于银根的吃紧、人们信心的削弱和纽约的一些银行大大地紧缩了信贷业务而产生的。

这次的经济恐慌也起了一种良好的作用，那就是，它清楚地揭露了美国银行制度的缺点。虽然国民银行由于办理了比较安全的银行业务和发行了以联邦政府信用为担保的标准钞票而前进了一大步，但是更进一步的改善仍然是有必要的。人们对于这个制度的主要批评也许就是因为它缺乏弹性。1900 年的《货币法令》允许在某些情况下可以把发行 90% 钞票的限额扩大到与发行准备的公债面额完全相等，但是在紧急时期，这就不足以提供足够的货币。可以通过买入更多的公债以获得更多的货币的这一事实，把纸币的问题与国债联系了起来，而且意味着国民银行发行的钞票数量，是按照联邦政府的货币需要而不是按照商业上通货的需要在波动。有人还认为法律上硬性规定的准备限额，使信贷业务不必要地丧失了弹性。

美国银行制度的另一个大的缺点，便是它对于农业地区不能提供恰当的信贷便利。1900 年的《货币法令》曾经把人口在六千

人或六千人以下城市里的银行最低资本额由五万元降低为二万五千元(人口的限制也减低为三千人或三千人以下);但是,即使做了这样的降低,也没有促使农业地区建立适当的国民银行。即使真的建立了,由于这些银行受到法律的限制,仍然不能办理土地抵押放款;也由于它们只能办理六十天或九十天商业贷款的政策,使农民的需要无法得到满足。因此,农业地区即使有了银行的便利,主要是由一些利息高而财务状况经常不稳的州立银行提供的。农业利益集团也埋怨说,整个的银行制度,鼓励了资金从已经有了积累的地区流入了大的金融中心去进行投机而不曾满足工农业的正当需要。手续烦琐而收费高昂的汇兑和现金调拨制度,以及黄金储存的分散,使这个制度的效率受到了障碍。许多的这些缺点,在一个时期里已经十分明显,而且在1907年经济恐慌的前十年,人们就采取了积极行动,要求改进。

由于取得了那一次经济恐慌的教训,国会便在1908年通过了一项紧急法令,也就是人所共知的《阿尔德里奇-符里兰德法令》暂时规定银行可以用经过批准的州政府、城市政府、乡政府或市政府的股票和商业票据作为准备发行钞票,也规定成立一些国民银行协会去发行钞票。这个法令在1914年6月30日以前有效(以后又延期一年)。法令也号召成立一个全国货币委员会去研究银行业务的情况,向国会提出报告。[①] 于是许多人对这事都发生了兴趣,两个主要政党也提出了一些进行改革的保证。1912年1月,

① 《全国货币委员会报告》,1912年,第6—9页,详细地阐述了旧的国民银行制度的缺点,见弗鲁格尔与福克讷:前引书,第719—721页。

这个委员会提出了报告，特别推荐了人所共知的“阿尔德理奇计划”。两个政党都不同意这个计划，但是，威尔逊总统在处理了关税问题以后，就努力从事银行业务的立法工作，产生了 1913 年 12 月 23 日通过的《联邦准备银行法令》。

“联邦准备银行制度”

1913 年的法令（1916 和以后的几年曾加以修正）在消除“国民银行制度”的某些缺点方面起了很大的作用。这个法令把全国划分为十二个区域，并且规定在每一个区域的重要银行城市里成立一个联邦准备银行。这就等于默认美国基本上是由几个经济地区组成而不是各州的一个结合体。决定成立“联邦准备银行”的城市有波士顿、纽约、费拉德尔非亚、克利夫兰、里士满、阿特兰塔、芝加哥、圣路易、明尼阿波利斯、达拉斯、堪萨斯城和旧金山。这个法令规定每家国民银行都必须（其他的银行则用鼓励的方式）成为这个制度的成员，认购它们所在地区的“联邦准备银行”的股票，金额须等于各该银行资本与盈余的 6%。在这样的方式下，每一个区域里的“联邦准备银行”就为分散于那个区域里的各个会员银行所拥有。各个区域里的准备银行受到一个由九人组成的董事会的管理，其中六人由各会员银行选出，三人由联邦准备银行管理局派任。

为了领导整个制度的工作，便在华盛顿设立一个联邦准备银行管理局，负责指导整个银行制度，由八个委员组成，其中包括财政部部长、货币司司长和由总统派任的委员六人。这个管理局有

监督的权力，并且对政策方面比较重大的问题做出决定。还成立了一个联邦顾问委员会，由每个联邦准备银行派代表一人组成。委员会的任务是向“管理局”进行咨询和协助执行与统一既定的各项政策。

联邦准备银行并不对私人或商业行号直接办理银行业务，它们只不过是一些“银行家的银行”，也就是各个会员行的中央代理机关。它们的职责包括着为各该区域的会员行办理票据贴现，买卖汇票，贷给各会员行以政府债券作为抵押的放款，以及从事其他类似的银行业务。除此之外，它们还发行“联邦准备银行债券”。另外，联邦准备银行也充当政府的财政机关。联邦准备银行的钞票，也如像各家国民银行的钞票那样，是用政府公债（1933 年以后也用票据）作为抵押发行的，而且最后被用去代替早年发行的那些纸币。各个“准备银行”有权用短期商业票据为抵押，发行“联邦准备银行债券”，以提供一种能根据需要进行扩张或收缩的货币。当这类票据到期时，联邦准备银行（未到期票据持有者）所收回的多半是一些联邦准备银行债券。因此，这些债券的数量就与商业票据的数量相等，而商业票据的数量又等于商业上所需要的货币数量。“联邦准备银行”的债券可以用去缴纳税款，支付关税和一切国家债务，是美国政府的一项负债，而且在 1933 年以前是可以凭票向财政部兑换黄金的。

为了保卫这个制度，各会员银行必须（1917 年以后）向各该所属地区的“联邦准备银行”缴存定期存款总额的 3%，而且根据各城市的人口数目，缴存活期存款总额的 7% 到 13%。转过来，各个联邦准备银行必须根据已发出的债券数量，保持 40% 的黄金准备

(1933年以后改为黄金券)和35%的合法货币作为存款准备金。对原法令所作的一些修正案使州立银行和信托公司变成会员行而得到了好处。同时,这种迅速的扩张使法令有再度进行修正的必要,以便能在许多大城市里成立"联邦准备银行"的支行。

人们都普遍地认为联邦准备银行制度比旧的"国民银行制度"有着显著的进步。它在政府的控制下取得了更大的协调,改善了一切条件,使全国广大地区都有了银行,提供了具有弹性的货币去适应商业扩张或收缩的需要,并且对旧银行制度的某些限制做了必要的放宽。后一种情况的例子,便是准许会员行办理等于它的资本和盈余的四分之一的五年期土地抵押放款,各会员行也能承兑以进出口商品为抵押的对外交易的期票和汇票。由于利用了弹性的货币,这个新的制度在第一次世界大战期间给全国以支持,没有引起纸币通货的过度膨胀或是金本位制的废除。

可是,不久以后,这个制度就暴露了某些缺点。例如,《联邦准备法令》并没有允许各个会员银行在美国境内成立分支行,这项权力后来由1923年的《麦克费登法令》所授予,准许各会员行在各城市设立分支行。1933年的《银行条例》允许它们在各州成立分支行,如果那一州的银行法令允许各州立银行成立分支行的话。另外的一个缺点便是它不允许办理中等期限的信贷业务。这个缺点被1923年的《中等期限贷款法令》所清除,这个法令给予各会员银行特权,向联邦准备银行办理九月期的农业票据贴现,以取得联邦准备银行债券。当时所发展的最大的流弊也许就是股票的互相关联,这一行为,被1933年的"银行条例"取消了。我们将要看到,股票互相关联的取消,五千元以下存款必须进行保险的规定,以及其他一些必要的改进，后来都由于“新政”时期通过了 1933 和 1935 年银行条例而办到了。[①]

本章小结

本章目的，在于追述 1860 年以来美国的金融史，主要是要阐明它与银行和货币方面的关系。这些年里的税务史，基本上是一个关税政策问题的历史，这已经在其他的章节里叙述过了。[②] 即使从这样一个简短的总结性的叙述也可以清楚地看出某些事实。首先，便是“南北战争”的财政支援对于银行与货币所产生的影响。为了进行这项支援，便创立了“国民银行制度”，同时也开始使用了国民银行的纸币，清除了州立银行的纸币。由于“南北战争”的需要，产生了绿背纸币。把战争爆发时所使用的纸币加以清除而代之以另外两种新的纸币，就使我国的货币产生了根本的改变。

战争所产生的影响在战后一个长时期内仍然是很明显的。为了力图恢复战时的物价，使得负债的农民和其他的一些通货膨胀主义者努力进行斗争去阻止硬币支付制度的恢复，扩大绿背纸币的发行以及按照十六比一的比率恢复金银币的自由与无限铸造。利用《布兰德-艾理孙法令》和《薛尔曼白银购买法令》进行通货膨胀的企图，使货币系统里增加了大量的银币或银元券。还应该记住，通货膨胀的这一运动，是与美国的整个情况（经济的、社会的和

① 见本书第三十章“通货与信贷”一节。

② 见本书第九章“南北战争以前的关税政策”一节。

政治的)有着错综复杂的关系的。在某种程度上,它起了阻止工业资本主义势力的日益强大和农业衰退的作用;它受到了 1873 年和 1893 年经济恐慌的深刻影响;而且引起了三十年政治上的纷争。

通货膨胀的长期斗争,也许是与共和党的金本位制的主张一道在 1896 年暂时结束了,但是,银行与货币改革的历史以及它们之间的内在关系并没有结束。1913 年的《联邦准备法令》大大地修正和改善了“国民银行制度”,货币制度也由于增加了“联邦准备银行钞票”和“联邦准备银行债券”而发生了变化。今天,虽然由州政府批准营业的银行仍然继续存在,由国家发给执照的银行制度是与 1863 年的法令直接有关的。同样地,今天所使用的通货乃是各种货币的一个混合体,这些货币主要是在“南北战争”开始以后开始使用的。根据 1953 年国库的报告,流通的货币有下列几种:黄金券、银元、银元券和 1890 年的金库券(根据《布兰德-艾理孙法令》和《薛尔曼白银购买法令》发行)、硬辅币、美国政府债券(即“南北战争”时的绿背纸币)、国民银行纸币、联邦准备银行钞票和联邦准备银行债券。甚至于“新政”时期所通过的重要银行法令,也没有把从 1862 年第一次发行绿背纸币时起到 1913 年通过《联邦准备法令》时止这半个世纪内经济与政治斗争的痕迹从美国的货币制度中清除。有关银行与货币的晚近历史,将在后面一章里阐述。[①]

① 见本书第三十章“通货与信贷”一节。

第二十五章　国内及国外商业

国内商业的路线及其障碍

由于全国各个地区都不专长于发展或制造同类的商品，国内商业的进行，主要是把商品从生产地区分配到消费者的手里去，不管消费者是在什么地方。在最初的几十年里，商业的路线主要是顺着河流和运河而进行。随着火车与汽车的发明以及道路的大为改善，只按照地理进行分配的问题大体上得到了解决.由于全国人口的一般趋势主要是向着西部而不是向北部或南部扩张，由人工造成的运输条件就随着人们的所在而发展；因此，美国商务的主要路线是朝东西两个方向进行。

当然，这个向东西两方进行的一般趋势，受到了地区专业化的限制，也受到了各个"大都会地区"的影响。例如全国东北部地区，主要是从事于制造业和进出口贸易。许多地区的粮食或供制造用的原料，都运到这里来进行加工，或是出口到欧洲和拉丁美洲的市场上去。与此相反，进口货和制成品乃是从东北部各地区分送到全国各地去满足消费者的需要。"旧西北部"（也就是俄亥俄河以北、密西西比河以东的各州）是国内最能自给自足的地区。肥沃的农业土地，丰富的矿产和发达的制造业，使人们基本上能在国内买到需要的物品。但是，尽管如此，也还有像汽车和钢铁等制成品的继续出口和其他国家制成的专业产品的入口。从最早的时期起，南部就已经专长于天然产物的生产——最初是烟草，后来又有棉花和其他农作物，最后还有木材以及化学药品和石油等矿物产品。有一定数量的这些天然产品被运到北部去进行加工，但是，当地的制造业由于受到从北部输入的资本的刺激，在过去半个世纪内已经有所增长。“远西部”的情况也与此相同。19 世纪时，主要是从事于农业和采矿业的这个地区，也发展了制造业，由于西海岸人口的迅速增长和人们想节省运费的欲望，使许多东部的制造商在那个地区建立了分厂。然而“远西部”的大部分制成品都是从东部运入用作交换水果、蔬菜和其他农产品的。

前面曾经指出，这些主要的商务路线，受到了一定的限制，这是与这样的一个事实分不开的：一个地区的剩余产品，多半是先集中到一个中心地点进行仓储、批发并得到资金的供应，然后再分配到全国其他各地去。这种集中就产生了一些“都会地区”，这些地区在很大程度上控制着国内某一区域的经济生活。前一章里已经谈到，当 1913 年“联邦准备银行制度”成立时，政府把全国分为十二个区域，使它们的银行业务集中于纽约、费拉德尔非亚、里士满、克利夫兰、阿特兰塔、芝加哥、圣路易、达拉斯、堪萨斯城、明尼阿波利斯和旧金山等城市。事实上，这些城市不仅是金融中心，也是商业中心。在各个大都会地区里，又有一些附属的都会地区，但是，支配着商业的主要是那些中心城市。虽然一个区域的一部分产品是分配去供邻近地区消费的，但是，剩余的那一部分，通常也就是总产量中的绝大部分，却被运出这个区域去。

经济学家们曾常常强调美国在州际商务方面享有自由的这一有利条件。人们认为美国宪法是保证这项自由的，它给予联邦政府管理州际商务的权力。可是，近年以来，各州越来越有一种趋势，想找出各种方法去规避宪法上所载的明确目的。它们这样做的理由是可以理解的，而且在某些情况下也值得加以赞扬，因为这样做是为了要保障公民的经济利益和实际福利。一个州政府总是要建立一些检疫手续以保障人民的健康或是防止昆虫或兽疫的蔓延，有时，目的却在于防止逃税。通常，这显然也是一项防止竞争和保障公民经济利益的措施。虽然，这种有碍州际商务的倾向在过去十五年里发展得十分迅速，但是并没有成为一个主要的问题。这些障碍主要是为了要干预各州间农产品的移动。因此，某一州经营牛乳业的农民可以促使政府制定一些为其他州不易达到的检验标准和规格。同样，生产乳酪的农民也竭力设法使州政府制定一些禁止出售人造奶油的法令。

政府也订出了一些巧妙的方法去刁难来自本州以外的商贩，以协助本州内从事这种贸易的农民。也常常故意地制出一些有关等级和标签的规定，使水果、蔬菜或鸡蛋等物不能进入某个特殊的地区。宪法第二十一条修正案规定：把易醉的酒类违反州政府法律运入那个州去是违反宪法的。某些州把这一条当作一个楔子，制定了一些法律，其目的不在于保障居民不受酒精饮料的毒害，而在于协助当地的酿酒商、蒸酒商或农民。达到这个目的的方法是对外地的酒类征收更高的营业税，对由外地来的制造商颁发特别许可证，以及使用其他的一些方法。这些措施常常引起报复，发展到一个州对另一个州进行攻击，其情况与订立“同盟国条款”时期很相似。直到今天，最高法院还不太注意去阻止这种趋势的发展。

批发与零售的动向

在过去半个世纪的时间内，国内商业受到的主要影响是城市人口的发展和运输设备的改善。地区的日益城市化，使批发业和零售业日趋专门化；而运输的改善，对农村的购买几乎产生了革命性的作用。例如，人口的增加和集中，使批发商能专门去从事于单一商品的买卖，也使粮食、棉花、咖啡以及其他的交易有可能发展；这些交易的进行，都仿效了股票交易的那些方法。因此，原料的买进和卖出就会为这项商品订出价格。城市化不仅使批发商能够进行专业化的经营，对零售商也是如此。从事某一特殊商品的批发和零售地区在大城市里是常见的。

零售业务的专业化，在城市居民区里已经成为一种正常的情况；在城市里，有足够的交易量使专业化成为可能。有趣的是，存在着一种与零售专业化恰恰相反的稳固的趋势，那就是百货商店的不仅继续存在，甚至还有了发展。19 世纪 60 年代原来由纽约一个名叫亚历山大·斯蒂瓦特的人所发起，以后几年中由费拉德尔非亚的约翰·瓦纳马克尔和芝加哥的马歇尔·费尔德经营的百货商店，只不过比一个受到赞扬的乡村杂货店稍大一些。只要具有在一个屋顶下而不必到几个商店去就可以让人们买到各种物品的这样一种方便(尤其是对城市的买主所给予的方便)，就足以使那个地方变成一个百货商店。许多这些商店的交易量十分巨大，以至于它们的各个部门都可以像一个专业商店那样具有效率地和大规模地进行营业。

19世纪末期，农村里物件的购买多半是在乡下的杂货商店里进行的，这种商店好像城市的百货商店那样，几乎出售居民们需用的一切物品。那时，也还有旧式的挨户售货的小贩，但是人数越来越少了。19世纪90年代时，有两项发展对于改变这种情况起了很大的作用，那就是农村的免费送货制度和汽车的发明。第一项发展使邮购商店有可能迅速地扩张。1872年成立的蒙哥马利·瓦德公司专门出卖农民协会会员所需要的物件。1895年，薛尔斯·罗拔克公司也开业。这两家公司在90年代的后期和1913年创立了邮寄包裹制度以后，营业都十分发达。对于一个典型的农民和小城镇里的美国人民来说，邮购物品已经和在乡下的商店里购买物品那样地平常了。汽车方面也有了革命性的发展，这就大大地拓展了农民的购买地区。汽车没有发明以前，一般农民都从自己乡下的商店和从邮购商店购买物品；如果他富裕的话，每年还可能进城一次。汽车使人们能在周末的午后驶到最靠近的城市去购买物品，即使城镇是在五十英里或五十英里以外的地区。

汽车对于那些已经被迫把营业减少到只售卖少数必需品的乡村商店给予了另外的一种打击，也迫使邮购商店改变营业技术。为了要兜揽那些经常进城的农民的生意，1926年时，许多中小型的城市中心里成立了邮购商店的分店。这就有了可能使用卡车运送货物，从而进一步为农民们减轻价格的负担，同时还使邮购商店有扩大业务的机会，把城市和农村的买主都网罗在内。这些连锁式分店的成立，是与许多年来已经在进行的一项发展情况相符合的。最初成立和规模最大的连锁商店起源于1858年的大西洋与太平洋茶叶公司。1930年时，这家公司大约已经有了一千六百个分店，每年的营业额为十亿元。它的经营的成功，使副食品和其他行业也成立了许多连锁商店。伍尔华斯·五分与一角商店成立于1879年(1952年时拥有一千九百六十个商店)；联合糖业商店成立于1892年；克雷斯吉商店成立于1897年。近年以来所成立的一些连锁商店也都获得了成功，尤其是缝纫业、靴鞋业和成药业。这些连锁商店经营了五十种以上不同的商品，而且，在许多小城镇里，它们经营着绝大部分的零售业务。1948年，连锁商店共有六千多家，拥有十万零七千四百零九个分店，销货净额为三百零四亿二千五百万元，经营了全国四分之一以上的零售业务。[①]

各种形式的广告宣传，也许是起源于那些最先的售货商人试图找到买主的那个时期，但是直到20世纪，广告宣传才进入它的全盛时代。为了想卖出商品，商人们就不遗余力地去探索人类的每一个弱点和欲望。如果你对某种商品不感兴趣，你也会被宣传得对它产生起欲望；如果你已经有了这种商品，你会被说服：你的商品已经过时，需要另买一件新的；如果你认为你非常健康，你也会被告诉说，你现在已经得或是将来可能得这种或那种疾病……通过建议、暗示或是直截了当的宣传说明，某种商品会被说成是比另一种更为优越。这种哲学主要是以“当面看货，出门不换”(eaveat emptor 即购买者请留神！)的老办法为基础的。在有关专

---

① 见《1952年统计摘要》，第899页。

卖药品和化妆品方面，上述的情况发展成为对一些常常是毫无价值的或是有害的商品的大肆宣传。1906年的“食品与成药检验法令”对于售卖有害的药物曾起过一点限制的作用；1938年的《食品、成药与化妆品法令》对这些东西的检查就比较严格一些。到了20世纪50年代，广告业务有了巨大的发展。在50年代的初期，全国在广告方面所花的费用估计在六十五亿元以上，这还不包括当面宣传、挨户售卖和其他无数推销商品的方法所花的费用在内。报纸和杂志的广告收入，超过了订户收入的两三倍。这个事实，使得典型的报纸基本上成为了广告刊登者的宣传机关。无线电和电视台也多半依赖广告收入来维持。

我们无意要在这些篇幅里贬低广告事业在使消费者认识一种新产品的优点，或是在说明某种特殊产品的好处，或是在协助有用商品的大量生产的发展等方面所具有的有益作用。毫无疑问，广告宣传可以增强一个人购买物件的欲望，从而使商业得到增长。它所引起的缺点有两个。第一个缺点是它使人们在广告方面去进行竞争而不谋求产品质量的改进。另一个缺点是广告常常形成了一种刺激，使消费者对买不起的物品也产生起欲望。这种矛盾一部分在20和30年代通过分期付款制度的巨大发展而得到了解决，在所有的货物中大约有15%是用这种方法售出的。近年以来，大约有60%的汽车、55%的家庭用具和50%的家具是用分期付款的方法购买的。办理信贷业务的机关主要的有小型的放款公司，设立有专业部门来分享这项获利的业务的银行，在某些情况下，还有制造商，其中如通用汽车公司，曾组织了一些放款公司来促进销货。

货物成本与分配

要追溯和估计国内商业的货物流通和制造品的成本分配，乃是一件困难的工作。1930 年的《国情调查》企图首次承担这项工作。使用的年份是 1929 年，这是截至那时为止国内商业在美国历史上达到最高水平的一年。正如《20 世纪的基金》一文[①]所指出，1929 年在制成品方面所付出的款项有六十五亿六千万元。在这个数额中，大约有三十八亿五千万元，或 59% 代表着分配费用的总数。文章说："因此，就整个的情况看来，那一年里，分配货物所用去的费用超过了制造的费用。"文章接着又说，1930 年的分配成本，比制造货物的总成本和把它们送到消费者手里的费用还要大得多。总而言之，分配货物的费用，大于制造货物的费用。[②] 这就有力地说明了各类分配者在美国经济制度中所起的重要作用。同时，它也指出了在商品的总成本中，原料和人工所占的实际成本是多么地少。

对一项商品从离开工厂到最后到达消费者时其成本在两倍或两倍以上的这一认识，使人们一再努力去削减分配的成本。虽然个别的分配商对于个别的商品所要的价格常常好像是比较合理的，而复杂的商业结构所产生的费用却沉重地压在消费者的身上。分配与销售机关固然很重要，但是许多人都认为分配的过程过于

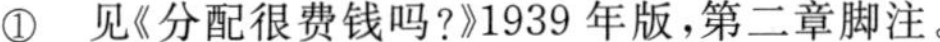

① 见《分配很费钱吗？》1939 年版，第二章脚注。

② 同上书，第 62、67—68、117—118 各页。

复杂和费用过于巨大了，并且它们还占着一项商品总成本的绝大部分。这就部分地说明了消费合作社迅速发展的原因。

对外贸易发展的原因

自从1860年以来，美国的对外贸易有着惊人的发展。到了1920年，出口贸易已经增加了二十四倍，进口贸易增加了十六倍。1850年时，进口贸易超过出口贸易二千零四万零六十二元，而1920年时出口超过进口的数字便是二十八亿八千零十一万四千元。在同一个时期里，按人口计算的进口贸易增加了三倍；按人口计算的出口贸易增加了七倍。这个巨大发展的原因是不难找出的。首先便是由于国内移殖地区的不断与迅速的扩张，开拓了广阔的农业区域和新的矿产资源。与此俱来的，便是运输事业的发展，足以应付商业扩张的需要。第二，美国的无与伦比的丰富资源以及迅速增长的人口和高度的保护关税，渐渐地把它从一个基本上是农业的国家改变成为一个以制造业为主的国家。由于它基本上是处于一个原料丰富与机器不断改进的环境里，因此就产生了制成品的生产过剩，必须在国内外寻找市场。美国的工业需要国外市场，而且当工业发达以后，就必须促进对外贸易。

同时，各类足以刺激对外贸易发展的便利条件也有着迅速的发展，其中包括国内运输系统的扩充，如发明了有线电、无线电和横渡大西洋电话等交通事业方面所取得的技术进步以及银行与信贷业务的改进。1852年以后，电报的原理就被应用去经营海底电报，那一年架设了一条从多维尔通到奥斯坦德的短线。主要是通过赛拉斯·菲尔德的努力，最后在1866年成功地装成了一条横渡大西洋的电线。到了1918年，至少有九条营业繁忙的电报线从北美洲接通到欧洲，而且二十八万一千海里长的电线把世界各个重要城市连接起来，这些线的长度足以围绕地球十三周。1888年以后，德国的亨利琦·赫滋、意大利的马可尼和世界许多发明家所做的实验，使无线电达到这样一个完善的程度，以至于1903年时已经可以把电报拍送到大西洋的彼岸。[①] 在有了横渡海洋的无线电以后的二十年里，人们花不多的钱就可以在家里用收音机收到新闻报导、股票行市以及当天的商业消息。

随着对外贸易的发展，金融业也有了扩充。美国最大的一些银行在欧洲、亚洲、南美洲和非洲都设有分支机构，能够提供信用资料、办理放款、开发汇票和用其他方法对商业进行协助。关于这一方面，研究对外贸易的人们还不应该忘记政府的各项措施所给予的不断协助。在这一点上，20世纪20年代胡佛担任商务部部长时做得最为突出。

当然，如果没有商品以供出口，对外贸易就无法进行。19世纪的后半期，也正如早期的年份一样，美国的农产品为出口贸易提供了主要的商品棉花，使欧洲的纺织厂能继续开工，也出口了粮食去养活西欧迅速增长的工业人口。可是，那一世纪之末，出口的货物中就开始有了工业品，而且最后还超过了农产品的价值。美国人民的机智，由于得到了专利权的保护，曾发明了各种类型节省劳

① 1931年12月12和13两日，马可尼在纽芬兰的圣约翰地方，利用一个风筝收到了从可恩瓦尔、波渡电台发出的信号。

力的机器，它们具有重大的划时代的意义，因而在国外很快就可以找到市场。

1860—1939 年的进出口贸易(单位:美元)

年份	出口商品	出口商品及现　金	进口商品	进口商品及现　金	出超或入超额 a
1860	333,576,000	400,122,000	353,616,000	362,166,000	37,956,000
1900	1,394,483,000	1,499,462,000	849,941,000	929,771,000	569,691,000
1920	8,228,016,000	8,663,723,000	5,278,431,000	5,783,609,000	2,880,114,000
1929	5,240,995,000	5,440,985,000	4,399,361,000	4,754,950,000	686,035,000
1932	1,611,016,000	2,434,394,000	1,322,774,000	1,705,739,000	728,655,000
1939	3,177,176,000	3,192,314,000	2,318,081,000	5,978,047,000	2,785,733,000

注 a:本栏中数字除 1939 年份外，均为出超数字。入超的原因是由于第二次世界大战时大量黄金流入了美国。

资料来源:《1921 年统计摘要》表 482，第 840—841、854—855 页及 1940 年份该摘要第 488—489 页。

在这些机器里值得提起的有农具、缝纫机、打字机和现金计数机。在大量生产的发展方面，美国也居世界的领先地位，而且这样成本低廉地制造出来的商品(如汽车)，为出口贸易提供了货物。当然，对外贸易的起源和发展是由于世界的一个部分需要另一个部分产品的缘故。正如我们曾经一再强调的指出，在资源方面，没有其他国家比美国所处的位置还更为幸运的。美国能够在最有利的条件下把粮食、原料和工业品供给世界其他地区。

虽然自从 1860 年以来，出口超过进口的那一部分的增长远非不论出口或者进口的增长所可比，但是进口也随同出口一起有所增长。进口的原因主要是由于我们需要某些自己不能出产的如咖啡和天然橡胶等类商品，也由于我们还必须用我们的某些商品去交换一些奢侈品和精制品等类产品，这些产品是由外国受过更多工艺训练的匠人和用更为低廉的劳工成本制成的。还必须记住，出口超过入口的价值,有一部分是通过下列方法得到补偿:(一)付给欧洲人的(尤其是在第一次世界大战前)大量航运费和保险费,(二)付给外国股票和公债持有人的股红与利息,(三)移民汇回国去的款项,(四)美国旅行家们的旅费开支。据报告,这些年里美国旅行家们每年约花费三亿五千万元。

政府对商务的协助

虽然促进贸易和人民的幸福繁荣乃是政府的职责,但是就政府实际所做的说来,有时就不能达到这个目的。甚至于在美国,直到近年以来由于在政府的职能问题上一直受着放任主义理论的支配,联邦政府始终不断地从事着促进商务的活动。这主要是通过三种方法来进行的:(一)建筑和改善码头以及采取加强航运安全的措施,(二)努力使商务更为有利可图,(三)资助造船工业。这些协助首先是开始于由国会制定法律,交由行政部门的各个处局或是独立的机构去执行。自从"西美战争"结束,美国商务有了迅速的扩张以后,尤其是自从1913年把商务部和劳工部划分为两个行政机构以后,这种活动便更为扩大了。只要列举现在商务部所属的各个处局便可以大致看出这个政府部门活动的广泛。这些机构是:进行海岸测量和制图的海岸与陆地测量局;收集有关国内外重要商业情报的国内外贸易局;促进、鼓励和发展内河航运的内陆航运公司;为空运、航运和其他事业提供气候预报的气象局;监督与鼓励航空运输的民航司与民航总署;在美国进口海岸加速与促进对外贸易的国外贸易地区管理局。此外还有其他一些专为协助美

国商业的机构。商务部所发表的有关贸易的各项公报、报告和统计资料也是很有价值的。

1802年以来，联邦政府第一次划拨给河流和码头方面的费用就在十亿美元以上。这项工程是由美国陆军工程队建议和监督进行的，但是由于这笔拨款在很大程度上受到了政治上的相互吹捧的影响，并不是全部都用得十分明智。负责促进航海安全的机构是灯塔局，这项工作现在是直属财政部的水上警察局的一部分任务，此外，还有上述的海岸与陆地测量局与气象局也同时负责其事。水上警察局的工作分为维持灯塔和其他安全设备的两个部分，这两个部分就是具有二百五十个积极活动站、在发生危险时警告船只和进行救护工作的“救生队”，以及目的不仅在于执行岁收法令而且也协助救生队的岁收检查大队。海岸与陆地测量局的许多工作，受到海军部航运局的水路测量处的协助，这个处的任务是提供准确的航海地图、航海指南以及各种指导手册。

自从美国有史以来，政府就一直在努力促使商务更为有利可图。曾通过了一些有利于美国船只的吨位法令，也缔结了一些使美国产品得到有利待遇的条约。除了由州政府、财政部、邮政部门和各个附属处局提供具有价值的资料之外，1912年又在商务部之下成立了国内外贸易局，它的任务在于“收集和公布有用的资料或应用其他方法以发展美国的各项制造业和在国内及国外为本国的货物寻找市场”；也通过一些特设的国外代理机构和商务代办以及通过与国务院的领事部门取得合作，收集和分送有关国外情况及商业机会的资料。前面已经提到，这个“局”的工作，尤其是那些特设代理机构和商务代办的工作，在胡佛担任商务部部长的那些年里曾大大地得到了扩充。1918 年 4 月 10 日通过的“韦伯出口法令”给予对外贸易以特别的鼓励，允许那些“专门从事出口业务并且已经实际营业”的协会不受《薛尔曼反托拉斯法令》的限制，只要这些协会不进行操纵物价或限制竞争的阴谋。那些要想局部地或全部地拥有这种对外贸易协会的公司也不受《克莱顿法令》的限制。我们将要看到，在 20 世纪 30 年代，罗斯福总统甚至于采取了一些意义更为深远的步骤，通过缔结贸易协定，对拉丁美洲国家进行贷款，以及由进出口银行提供新的银行便利等办法来促进对外贸易。[1] 这个政策自从第二次大战以后都一直在继续着。

商船业务

国内拥有商船，对于进行广泛的对外贸易并不十分重要。事实上，雇用其他国家的人来承办运输也许比自己直接参加经营还要便宜些。但是，另一方面，也有某些有利之点，尤其是在战时，值得由政府积极鼓励来维持一队商船。“南北战争”给予了美国一度闻名的商船以一种永远不能恢复的打击。南部“同盟”缉私队的破坏和在国外的大量出售船只，使吨位数量减少了。迟迟不采用铁制轮船使英国的造船商处于有利的地位而且一直保持着这个地位。但是，比这一切还更为重要的，乃是投资于国内运轮事业和投资于战后萌芽的巨大工业时代里原料的开发事业都能够获得较大利润的这一事实，把从事于海运事业的资本吸引开了。政府的缺

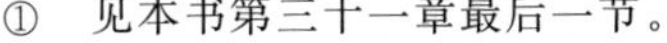

① 见本书第三十一章最后一节。

1789—1951 年美国从事对外贸易商船吨数统计图

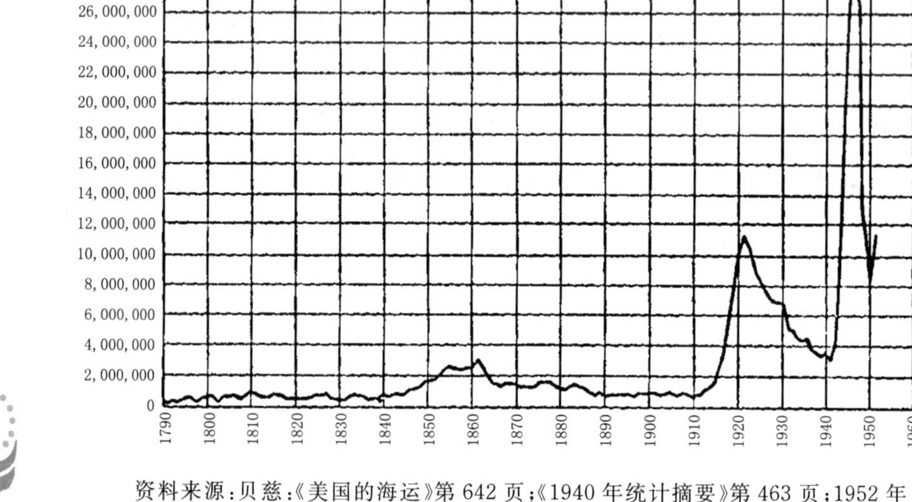

资料来源：贝慈：《美国的海运》第 642 页；《1940 年统计摘要》第 463 页；1952 年该项摘要第 565 页。

乏兴趣，也促成了美国航运事业的全然失败[①]。

商船事业在“南北战争”以后的五年里有了少许的恢复，但是衰落的趋势却仍在继续。从事于对外贸易和捕鱼的美国船只，1870 年时共有二百六十四万二千六百二十八吨；1900 年时降为八十二万六千六百九十四吨。1860 年时由美国船只载运的进出口货物的百分比是 66.5%，但是 1870 年时降为 35.6%；1880 年降为 13%；1890 年降为 9.4%；1900 年降为 7.1%。缅因州的参议员弗莱尔是商船业的一贯赞助人，他在 1891 年提出了一些贴补邮船、货船和帆船的议案，但是这种鼓励是不够的。以后他在 1901

---

① 见本书第十二章“复苏与衰退”一节。

年提出的一个议案，被农业和制造业财团推翻了。

1915 年的《拉·福勒特海员法令》被航运业的财团不公平地废除了，这是对衰落中的商船事业的一个致命打击，但是支持这个法令的人们宣称，它是对美国航运业的一项保障，也是对美国海员的一个简明而公正的法令。除了其他的一些内容外，这个法令规定：(一)美国拥有的和由美国经营的船只，应该有 75% 的水手能懂得船上官员们所发布的一切命令；(二)雇用于美国船只的普通水手在通过体格和业务考试后应该有 64% 最后成为上等水手；(三)对每个海港的水手，应该付给他们工资的一半；(四)任何在美国海港靠岸的船只其水手可以自行解雇。人们把其他一些规定海

已注册及使用吨数统计表

年　份	从事对外贸易已登记的吨数	雇用于沿海及国内商业的吨数	用美国船只载运的进出口贸易价值比例
1910	782,517	6,668,966	8.7
1914	1,066,288	6,818,363	9.7
1915	1,862,714	6,486,384	14.3
1916	2,185,008	6,244,550	16.3
1917	2,440,776	6,392,583	18.6
1918	3,599,213	6,282,474	21.9
1919	6,665,376	6,201,426	27.8
1920	9,924,694	6,357,706	43.0
1921	11,077,000	7,163,000	35.7
1925	8,151,000	9,216,000	33.0
1929	6,906,000	9,526,000	33.1
1932	5,071,000	10,728,000	35.6
1939	3,312,000	11,228,000	35.8(a)

注：(a)这是 1985 年的数字，1940 年《统计摘要》中载有最后得到的百分比。见《1921 年统计摘要》，第 410 页；1933 年第 377、396 页；1940 年第 463、488 页。

员的安全和海港工作时间的条文看成是标志着管理商船法令的一项长足的进步。

为美国水手们提供适当待遇的这个法律，究竟对美国商船业务复兴的延迟起了多大影响是无法得到证明的。事实上，迹象已经明显，复兴就要到来了；即使没有第一次世界大战所提供的人为的刺激，它也是会取得进展的。美国的制造商能比欧洲制造商生产更为廉价的钢板，而且还有足够的剩余资本，可以投入航运工业。战事爆发后，德国商船的消灭，以及战时订货所引起的出口业务的迅速增加，给予了美国造船厂以新的激励。

从1914年到1916年，对欧洲航运的依赖，再度说明对于商船的需要，后一年里，国会批准成立一个美国航运局去监督航运运费，防止不合理的合并和过高的收费，以及建议增加商船的方法。美国参战以后，航运局组织了紧急舰队公司，用尽一切力量造出了一些钢质的、木质的甚至于水泥制成的船只。国会拨款四十亿元去进行这项工作，在战争进行的十九个月当中，建成了八百七十五艘船只，共有二百九十四万一千八百四十五吨。1917年，有六十一个造船厂设有二百三十五个新船下水台。到了1918年11月就增加到三百四十一个造船厂和一千二百八十四个下水台，工作人员的数目也从四万五千人增加到三十八万人。

1920年时，总吨位中的一大部分都属于政府所有，至于它的前途问题，则是人们要求国会加以决定的问题。资本家们对政府拥有交通工具的剧烈反对，就预示着政府将要从航运业务中撤退出来。这个目的在1920年的《商船法令》通过时部分地达到了。这个法令也叫作《琼斯法令》，它允许“美国航运局”继续保留下去，部分地承认了对美国的航运事业进行补贴的原则，方法是把轮船公司的过分利得税豁免到一定的数额，五年内每年由政府贷款二千五百万元作为造船的费用，款项是从售卖政府船只的价款而来。政府还用了其他的许多方法去稳定和协助新生的商船业务。

然而，《琼斯法令》对于促进美国航运事业所起的作用很小，以后又通过了一些修正案和法令（主要的有1928年5月23日的《琼斯-怀特法令》）以求增强它的力量和放宽管理的尺度。虽然避免了使用直截了当的补贴方法，间接补贴的原则仍然可以从政府的办理各种类型的放款，付给邮运运费，税款的免除和政府亏本地经营航运业务等方面看出来。1920年的一个法令允许在吨位和关税税率方面给予区别对待，但是由于受到总统的反对而终于被废除了。另一方面，还完全禁止外国船只经营沿海的业务，对政府的船只则按低廉得可笑的价格卖出，而且政府还在许多方面进行合作去鼓励海运事业的发展。到了1929年，政府已经成功地把它在太平洋上的货船、客船和在大西洋上的客船卖给了私商，从而就基本上退出了航运业务。

尽管有了这样宽大的政策和政府做了肯定的努力进行协助，商船业务在第一次和第二次世界大战期间仍然相对地在下降。从事于对外贸易运输的吨位，从1921年的一千一百零七万七千吨降低到1939年的三百三十一万二千吨。用美国船只载运的进出口贸易比例，从1920年的43%降低到1935年的35.8%。[①] 据航运局1927年的报告，每年由运货人付出的六亿元运费中，有四亿八

① 见本书第259页附表。

1850—1939 年进口及出口商品

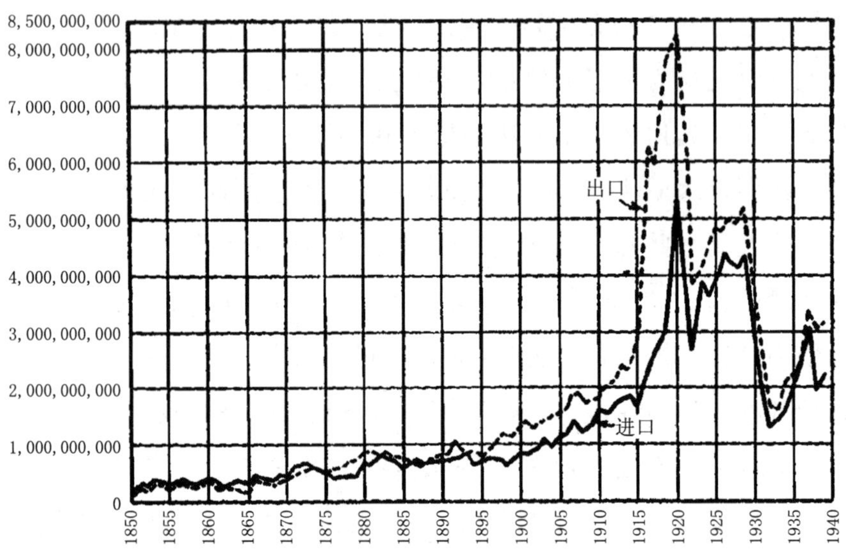

资料来源:《1899 年统计摘要》第 92 页;1921 年第 854 页;1940 年第 487 页。

千万元是付给外国商船的。《劳埃德记录》也报告说,1925 年美国所造的船的吨位不到英国和爱尔兰所造的八分之一,不到意大利的三分之一,不到德国的一半。1927 年航运局报告说,自从 1921 年以后,美国每造成一艘一等商船,英国就已经造成了四十一艘,德国造成了十二艘,意大利五艘,法国及日本各为四艘。[①] 那一年,具有历史意义的威廉·克伦普父子公司由于没有营业而退出了造船业。政府官员认为美国航运业的不能进展,是由于建筑和经营成本较高的缘故,但是,毫无疑义,这种情况之所以造成,也还

① 1929 年时只建造了十二万八千九百七十六吨,而 1920 年却造了三百八十八万零六百三十九吨。

有其他的一些因素，其中包括这项工业的人为的经济环境（比如这项工业是一项新的和发展迅速的事业）以及其他工业在资本方面的竞争等原因在内。尽管有着这些因素，商船事业的人为的发展使它在1928年时在世界的船队中列为第二位，英国占第一位，列于美国之后的有日本、意大利、德国和法国。[①]

1860—1930年的对外贸易趋势

“南北战争”严重地影响了对外贸易。由于战争而征收的高额关税刺激了制造业。南部商业的被割断，迫使南部的生产者去另外寻找市场，结果是：从1860年到1865年间，除了棉花之外，出口的货物实际上增加了。战争暂时毁灭了南部的棉花交易，直到1875年，出口的数量还没有达到战前的水平。这又转过来减少了南部的入口贸易。虽然战争毁灭了商船业务，却鼓励了铁路的修筑，而且通过资本的集中和1863年建立的较好的银行制度，进一步协助了商业的发展。

从1865年到1920年，进口与出口贸易的增加都是不规则的，但是归根到底数量仍然是很大的。1870年与1890年间，每年进口的商品增加了74%，每年出口的商品增加了118%。那一世纪的头十年，出口贸易价值增加了25%，进口贸易的价值增加了83%。后二十年里增加的数字更为显著，但是价值的增加，由于物

① 关于商船在“新政”和第二次世界大战时期的情况，将在本书第三十章中“运输事业”一节，及第三十二章，第一节中叙述。

价的上涨和由于它们代表着第一次世界大战时人为刺激的结果，而必须在一定程度上打个折扣。1929年以后贸易的减退，乃是经济萧条的后果。要想知道对外贸易发展的真实情况，下表所列数字，应该按某些进出口商品的数量而不按其价值加以比较：

每十年进出口商品统计表(单位:美元)

年份	出口	进口
1860	333,576,157	353,616,109
1870	392,771,768	453,958,408
1880	835,638,658	667,954,746
1890	857,828,684	789,310,409
1900	1,394,483,082	849,941,184
1910	1,744,984,720	1,556,947,430
1920	8,228,016,307	5,278,481,490
1930	3,843,181,000	3,060,908,000
1939	3,177,176,000	2,318,081,000

注:1920年以前按财政年度计算。本表系根据1921年《统计摘要》附表482第840—841、854—855页及1949年份，第487页编制而成。

直到1890年，主要的出口货包括着小麦、玉米和肉类等农产品以及面粉、葡萄糖、棉花、菜油、黄油及乳酪等农业加工品。农产品占1870年全国出口的79.4%，占1880年的74.5%，1900年的61%。地位仅次于农产品的是工业品，再其次是森林产品和矿产品。从个别商品来看，出口的粮食占第一位，其次为棉花、肉类、肉制产品，钢铁和矿物油。

按价值数字的百分比来看，在出口贸易中，农产品的相对重要性逐渐在下降，而工业半制品或工业制成品则在上升。在那一世纪的最后十年，情况尤其是如此。到那时为止的最大市场是大不列颠；但是除了俄国之外，所有北欧国家的需求都在上升。与南欧的贸易就比较迟滞，对南美洲的贸易虽然在1870年与1900年间数量几乎增加了一倍，但是在总的百分比中只占着少数。对亚洲、澳洲和非洲的贸易，获得了健康的发展。1870年美国的出口贸易总额中，到欧洲去的占79.35%，到北美洲的占13.03%，到南美洲的占4.09%，到大洋洲各国的占0.82%，到非洲的占0.64%。1900年到欧洲去的占76.60%，到北美洲的占18.45%，到南美洲的占2.79%，到大洋洲的占3.11%，到非洲的占1.79%。

按生产分类的各种国内出口货物统计表

	1870年		1880年		1890年		1900年	
	价　值(a)	百分比	价　值(a)	百分比	价　值(a)	百分比	价　值(a)	百分比
农　业	361,188	79.35	685,961	83.25	629,821	74.51	835,858	60.98
制造业	68,280	15.00	102,856	12.48	151,102	17.87	433,852	31.65
森林业	14,898	3.27	17,321	2.11	29,473	3.49	52,218	3.81
采矿业	5,026	1.10	5,863	0.71	22,298	2.64	37,844	2.76
捕鱼业	2,836	0.62	5,255	0.64	7,458	0.88	6,327	0.46
杂　项	2,981	0.66	6,689	0.81	5,141	0.61	4,665	0.34
合　计	455,209	100.00	823,935	100.00	845,293	100.00	1,370,764	100.00

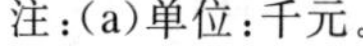

注：(a)单位：千元。

资料来源：《商务与财政月报》，第3249页(1903年4月)。

从1870年到1890年的进口货物中，有未加工和半加工的食品，数字一直保持不变，而半成品的数量实际上还有所增加，其中食糖一项占第一位。增加得最快的物品乃是应用于制造业的原料，其中包括橡胶、生皮、皮革、生丝和纤维。1900年，欧洲输入美国出口货物的74.6%，而运给美国的货物只占美国进口贸易的51.8%，其中多数是制成品。从北美洲进口的相对数量大大地下降了，从南美洲的进口却略有增加，而来自亚洲的进口货物 1870 年时占总数的 7.8%，1900 年时增加到 16.5%。

到了 1900 年，美国工业的发展，已经达到工业品和矿产品都有过剩可以供做出口的这样一个阶段，而且这种情况，由于进一步受到了“美西战争”的刺激，把美国的资本与产品驱入了外国的市场。前一个世纪最后十年中已经产生的上述这种明显趋势，变得越来越明显了。在出口贸易中居领先地位的各种食品，为制成品所代替。1900 年，各类食品占美国出口总额的 39.80%，1910 年只占 21.58%，减少的绝对价值几乎有一亿七千七百万元。由于整个的物价都在上涨，这种下降的趋势就越加突出。必须指出：虽然从 1900 年到 1920 年出口的食品价值几乎增加了四倍，但是，它们在出口总数的百分比中已经从 39.80%降低到 25.18%。在这二十年的期间，出口的制成品价值几乎增加了十倍，占的出口总额从 35.38%到 51.52%。1929 年时，供制造业进一步使用的原材料的相对数量，与那一个世纪之初的数量相同。直到 1914 年，每年有三分之二供出口的棉花，占这类产品的绝大部分，而且保持着美国个别出口货物项目中的领先地位。从下表可以看出农产品出口与制成品出口相比较时，相对地减少的情况。

由于美国的制成品是大量地出口的，其他国家曾经努力想用剧烈竞争和高额关税的方法来加以排斥。虽然美国 1914 年对欧洲的出口占出口贸易总额的 63.37%，其中主要是棉花、小麦、面粉、肉类产品和烟草。我们还必须向其他地区为制成品寻找出路。北美洲的一些国家，尤其是加拿大，为他国提供了主要的新市场，对这些国家的出口贸易在绝对数字和相对数字方面都有所增加。

按经济种类划分的美国出口商品

年　份	出　口　总　额	占　出　口　总　额　百　分　比				
		原　料	未加工食　品	已加工食　品	半成品	制成品
1900	1,370,764,000(美元)	24.81	16.48	23.32	11.18	24.20
1910	1,710,084,000	33.57	6.42	15.16	15.66	29.10
1915	2,716,178,000	21.77	11.66	16.74	13.10	29.73
1920	8,080,481,000	23.30	11.36	13.82	11.86	39.66
1925	4,818,722,000	29.51	6.60	11.90	13.73	38.26
1929	5,157,083,000	22.15	5.23	9.40	14.13	49.09
1932	1,576,151,000	32.60	5.67	9.65	12.48	39.60
1939	3,123,343,000	17.44	3.55	6.48	19.17	59.21

注:见《1933 年统计摘要》,第 406、411 页;1941 年份,第 533 页。

在头二十年中,远东方面出现了剧烈的竞争,日本进入国际贸易市场使情况复杂化起来;可是美国在亚洲的贸易中仍然幸运地得到了它的份额,至少 1930 年以前的情况是如此。对南美和中美商务的进展也特别值得注意,这项贸易一部分是出于正常的发展,一部分是受到了第一次世界大战的推动。1929 年时,按出口贸易百分比计算供美国出口的市场,其相对重要性可以排列如下:出口到欧洲的占 44.7%,到北美洲的占 26.6%,到亚洲的占 12.3%,到南美洲的占 10.3%,到大洋洲各国的占 3.7%,到非洲的占 2.5%。与美国的出口贸易相反,美国的许多进口货都来自欧洲以外的国家。1929 年,来自欧洲的进口货物不到美国进口贸易总额的三分之一,从亚洲来的数量也大约与此相等,来自北美洲的有 22.3%,来自南美洲的有 14.5%。从南美洲我们得到了美国不能生产的咖啡,从远东则得到橡胶和生丝。同时,从这些地区得来供美国应用的矿产品、皮革、化学药品和热带果品，数量也大大地有所增加。

所有这些都可以总结起来说，在“南北战争”以后的年份中，美国出口货物中有三分之二是供制造用的原料，五分之四以上是原材料和食品。到了那一世纪之末，这种情况就发生了迅速的变化；而且，到了20世纪20年代，半制成或全部制成的食品，供进一步制造用的半制成品和可供消费的工业品占美国出口贸易的五分之三以上。这就意味着美国已经不再是欧洲市场的主要原料的供应地，而是自己正在向世界寻求原料和为制成品寻找新的市场。

对外贸易的组织

在过去的一个世纪里，对外贸易的一般组织曾经起了很大的变化。19世纪的头几十年，出口商和进口商几乎都经营许多种类的商品，拥有自己的船只，而且自己提供必要的服务。与此相反，近年以来的对外贸易已经变得更为专业化起来。进口商和出口商都倾向于把自己的活动限制在某些方面。他们自己不再拥有船舶，而是雇用经纪人去代订开往对他们有兴趣的那个地区的舱位。对于典型的制造商来说，情况也是如此。制造商只要把产品卖给出口商，出口商就自己去订舱位，再把商品卖给外国的零售商。换言之，一项商品可以是由一家公司制成，中间通过了一些掮客或经纪人，再由另外一家公司的船只载运出口。

在贸易专业化的同时，也发展了某些方面规模巨大的综合性组织。例如“水果联合公司”拥有自己的种植场、铁路、船只，并且批发自己的热带水果。同样地，一些大的石油公司（如美孚油公司),不仅生产和提炼自己的产品,而且还用自己的油船运输出口。其他一些经营大量出口贸易的公司(如通用汽车公司),成立了许多附属公司使用自己的货仓和运输系统去经营出口贸易。我们已经讲过,由于美国出口商的地位有加强的必要,就通过了1918年的出口贸易协会法令(即《韦伯出口法令》),[①]使那些从事对外贸易而其营业并不危害美国人民的机构不致受到各项反托拉斯法令的检举。

1860年以后的关税史

美国实行高额保护关税制度的时期,可以说是从“南北战争”时开始的。当然,在那个时期以前已经有过保护关税,但是税率并不太高,而且在战争刚要开始的前几年,一直有降低的趋势。1857年的法令把最高的保护税率降低到24%,而且自从1815年以来,一般的税率都已经降到最低额。从1833到1861年这一时期里通行的这种税率降低政策,在1861年通过《莫理尔法令》时被完全反转过来了。从这个法令开始生效以后就实行了高额的关税制度。1861年的《莫理尔法令》并不是被当作一个战时增加岁收的措施而通过的,但是它对于支持战争却起了作用。关于南部叛变时对高额关税的恐惧与憎恨的相对重要性,历史学家们的意见极不一致,但是大家都越来越重视这一点。以下的事实好像是十分明显

① 有关以后各年的对外贸易情况,见本书第二十九章“萧条的过程”一节及第三十一章“有关国际贸易的问题”一节。

的：1860年时，制造商们一般并没有要求提高关税：莫理尔本人在几年之后也承认“制造商并没有请求加税，他们对于加税只表示淡漠的欢迎，他们经常地但是正确地恐惧着经济的不稳定”。[①] 除了1857年经济恐慌的那个时期以外，从1846年到1861年，乃是一个经济十分繁荣的时期。正在谋求方法去笼络北部反对分子的共和党人，显然认为如果要实行保护关税政策，很可能把主张保护主义的老自由党人同新共和党人联合起来。主张高额关税的《莫理尔法令》是在1859—1860年国会开会时在众议院提出并且得到了通过的，但是直到1860—1861年国会开会时，才送到参议院去。

在同一时期，共和党也在芝加哥召开了大会，会上，主张高额保护关税的工业家和希望得到免费宅地的边疆农民的代表，与1856年和1858年更为理想地主张自由土地的人们一道，都争先恐后地赞成实施保护关税。共和党在会议上不仅主张自由土地，也主张自由的宅地和保护关税，而且在“中大西洋”从事制造业的各州，保护关税乃是一个受到重视的主要问题。宾夕法尼亚州的州长候选人寇丁在他的就任演说中甚至没有提到奴隶制度，而是在讲“宾夕法尼亚的雄心壮志，它的子孙渴望着要保护他们的劳动与最可贵的利益”。[②] 从林肯被选出到他就职的这段时期内，参议院都在遵照着《莫理尔法令》行事，而且南部得到了一个最为肯定的证明，认为政府的控制权已经由自由的土地独裁政治转入到

① 陶雪格在他所著的《美国关税史》，第7版，第160页中引用了这句话；又见《1869—1870年国会议事录》，第3295页。

② 比尔德夫妇：《美国文化的兴起》，第2卷，第35页，引用和讨论了这句话。

北部正在兴起的财阀政治。“莫理尔关税”刚一成为法律，“山姆特炮台”就遭到了进攻。高额关税在美洲的叛变中第三次起了作用。

“南北战争”开始以后，不仅保留了《莫理尔法令》，而且没有一次国会的会议不把税率提高的。支持战争，还必须筹措经费，战时的工业也需要保护，而制造商们也在吵嚷着需要高额的税率去推翻那时正在征收的和范围很广的国内消费税制度。最重要的战时关税便是1862年与1864年所施行的那些制度。早在1862年就曾经通过了一个增加国内收入的提案，而且为了使制造商得到补偿，又增加了一些保护性的税率。在强有势力的保护主义分子的指导下和在战争需要的促使下，1864年又施行了批发预付款制度。陶雪格说，后面的这一个法令“在许多方面是生硬的和考虑得欠妥的。它所征收的保护关税比美国历史上任何一个冒险地实行的关税法令还更为极端”。可是，“上下两议院总共只得了五天的时间去考虑这个法令，从作用方面讲来，它是美国曾经通过的最为重要的财政措施当中的一个”。[1] 这个法令除了其他的规定外，把税率的平均数提高到47%。这个匆忙地起草的、生硬的和对保护主义者的请求毫不拒绝的1864年的法令，在几十年里一直是美国关税制度的基础。

这些不科学的和过分的战时关税，自然要受到战后关税改革者们的批评。1867年特任税务署署长的大卫·威尔斯和财政部长麦卡洛克曾联名请求减少关税，但是他们的提案失败了。1870

① 陶雪格前书，第167—168页。

年的一个法令目的在于减少税款，但是所减少的几乎完全是如茶叶、咖啡、酒类和食糖等纯粹是收入源泉的税率。1872 年，主张低额关税的“自由共和党”运动的发展，很有魄力地在那一年大选的前夕把税率减少了 10%，但是 1873 年的经济恐慌以及因之而引起的岁收损失，又给予人们一种借口去恢复早年的税率。在恢复经济建设的那些年月里，主张高额关税的人们的行贿活动实际上战胜了每一次企图改革的努力；在出现经济繁荣的时候，人们就把它归功于关税，而税收负担的减轻是通过降低国内消费税的方法来进行的。

几乎有十年的时间，没有什么重要的再行减少关税的企图。可是 1881 年与 1882 年，由于国库有了一亿元的盈余，使阿瑟总统提议对关税做一次通盘的审查，成立了一个坚决主张保护关税的人们组成的委员会，他们主张把税率平均降低 25%，但是 1883 年通过的一个法令只一般地降低了 5%。从“南北战争”结束到 19 世纪 80 年代，没有一个政党的正式声明中对关税做出明白的主张。在那些主张关税改革的社团和北部的关税改革者当中，既有民主党人也有共和党人，而像阿瑟总统那样的共和党人，主动地催促采取减税的行动。但是，1887 年，克利夫兰总统把关税看成是一个政党问题，曾在他的全部咨文中做了专门的讨论。他指出了国库盈余不断增加的危险，而且宣称当时的关税是一个“不必要的、错误的、不公平的和不合逻辑的税收制度的来源”，他要求把关税做一次全面的降低。由于这位总统的带头和在约翰·卡莱尔的指导下，提出了一个议案，得到了民主党占多数席位的下议院的通过。但另一方面，参议院也通过了自己所提出的一个议案，也就是人所共知的"密勒氏议案"。由于国会里上下两院彼此都没有通过对方所提出的议案，这件事便只好等待着1888年竞选时由全体选民来决定。于是，关税便第一次在美国历史上成为一个竞选的主要问题，而且得到了适当的讨论。

虽然克利夫兰得到了民众选票的大多数，哈里森却在"选举团"中获得了胜利。1890年，共和党人在修正了下议院的规定以防止对方采取拖延的战略之后，就通过了《麦金莱法令》，把税率平均提高了49.5%；对于高级的毛织品、棉织品、麻织品和布料，以及对钢、铁、玻璃和马口铁都课以高税。为了取得农民的谅解，对农产品征收了关税；为了照顾到盈余，取消了食糖的关税，并且对国内产品每磅补贴二分，以保护路易斯安那的制糖商人。

这项税率很快就在生活费用的上涨方面反映出来，使民主党在1890年取得了下议院的控制权，1892年取得了参议院的控制权和总统的席位。这个政党自"南北战争"以来第一次取得行政部门和立法部门上下两院的控制权。由于1892年的竞选在关税问题上进行过斗争，不可避免地就要做出一些改变。克利夫兰立刻促使国会采取行动，但是他想作一次健康地减税的努力，被民主党保护主义分子所支持的积极贿赂行为击败了。在抨击了1894年的《威尔逊-戈尔曼关税法令》之后，他自己没有签字就让它成为一项法律，这是对党不忠和使党丧失威信的一个例证。可是，这个法令的确使羊毛、青铜和木材等列入了免税之列，而且把平均税率减低到39.9%。这项岁收的减少是用对四千元以上的收入征税2%的方法来加以弥补。法令的这个特点，在1895年时被宣布为是违反宪法的。[①]

1896 年竞选所争论的主要是货币方面的问题。1897 年时，人们对于关税问题或是对于改变关税的要求，都已经不太感兴趣。可是麦金莱进入白宫不久之后，就召集了一次国会要进行修改税率。《威尔逊-戈尔曼法令》很快就被废除而代之以《丁格莱法令》，这个法令不仅恢复了麦金莱法令的税率而且把一般的税率提高了 25%，对生熟羊毛都征收高额的税率，也恢复了对生皮的征税。

在美国所有的一般关税法令中，《丁格莱法令》是实行得最久的。“美-西战争”结束后，使全国进入了新的商业周期高涨时期的普遍繁荣，使许多大垄断集团的威信提高，但是这种威望，由于生活费用的上涨和人们反对托拉斯情绪的恢复，终于破灭了。1908 年，共和党的政纲中答应进行税率的“修改”，但是选民们把这句话的意义解释成是税率的降低。1909 年通过了《潘恩-阿尔德里奇法令》以后，人们所感到的失望，是 1910 年共和党失败和 1912 年选举威尔逊做总统的一个重要因素。塔夫脱总统在他的温诺那的演说中把《潘恩-阿尔德里奇法令》标榜为共和党执政以来所通过的一个最好的关税法令。但是这种高度乐观的看法，没有得到人们广泛的支持。

自从克利夫兰任总统以后，民主党就曾经严厉地抨击了高额的保护关税主义，而威尔逊竞选的胜利，不可避免地就产生了一个新的法令。他强调“竞争性的关税”，因此 1913 年的《安德伍德·赛门斯法令》把钢铁、羊毛、食糖（1916 年）；和某些农业品列入免

① 《波拉克与农贷信托公司讼案卷宗》，第 158 号；美国政府卷第 429 号。

税之列，并且大大地降低了棉毛织品的税率，但是提高了化学药品和其他产品的税率。用征收所得税的方法来弥补岁收的减少。根据宪法第十六次修正案的规定，征收所得税是符合宪法规定的。不管民主党的正式立场如何，它两次想制定关税的企图，结果都产生了一些具有高度保护性质的法令。

现在正在酝酿中的美国关税，具有一个程序最不科学和政治上是互相妥协的特点。1882 年的关税委员会和 1909 年关税局的成立，确认了有必要把这个问题交给一些专家去处理。国会对这两个机构都没有给予足够的重视，而且通过立法程序把后一个机构取消了。1916 年成立了一个由六个人组成的新关税委员会去研究一切有关关税的问题，并且向国会提出报告。这些关税委员会，不管人们认为它们是多么地“科学化”，当共和党执政时就做出共和党的姿态，民主党当权时又做出民主党的姿态。

第一次世界大战结束和共和党 1920 年恢复了政权之后，人们就预料到对关税会进行修改。修改的主要原因有二：第一，战时繁荣崩溃以后农业的歉收；第二，经济财团利用战时引起的国家主义情绪所提出的呼声，加强了他们的请求力量，受到战争刺激的各项工业也要求得到保护。为了防止战后的倾销和满足农民的要求，1921 年 5 月 27 日国会召开的特别会议匆忙地通过了一项“紧急”关税，对小麦、玉米、肉类、羊毛和食糖进行课税，而且在定出另外一个比较详细的法令之前，这个紧急关税一直有效。所说的另一个法令，也就是人所共知的《福德尼-麦堪伯尔关税法令》，是 1922 年 9 月 19 日通过的，它不仅恢复了 1909 年的高额关税和早年的一些关税，而所起的保护作用，甚至于还超过了它们。农产品受到了高度的保护，虽然这种保护并不太需要而且显然没有阻止物价的下跌。可是，对生皮仍然没有课税，以抵消对靴鞋免税所产生的影响，这是农民们坚决要求实施的一项免税。工业品也像农产品那样实行了高额的关税，而且在意义上还更为重要。1912 年曾一度免税的钢和铁，又恢复了课税，而纺织品，尤其是生丝的税率则有所增加。为了要满足上面提到的那些要求，这个法令特别对那些所谓的“战时的幼稚工业”，尤其是化学和染料工业，给予特别的照顾，对它们提供了充分的保护。在通过这个法令的时候，人们都在谈论怎样能使“美国生产成本与其他竞争国家生产成本的差额达到平衡”。由于恐怕国外的竞争可能会使美国生产者受到损害，通过关税委员会的建议，总统有权在 50% 的范围内去提高或降低关税。这项权力和关税所提供的极端的保护作用，也就是这个法令的显著特点。[①]

① 关于 1930 年关税，见本书第二十九章“萧条的过程”一节。

第二十六章　经济帝国主义

“老帝国主义”

帝国主义，也就是倾向于向超越本国国界的地区进行政治、经济和文化的扩张与统治的国家政策，乃是在最早时期财富和实力地位已经有了进展的那些国家里可以看到的一种现象。在近代，世界上曾出现过两次显著的帝国主义的浪潮或突发。其中的一次，也就是人们所说的“老帝国主义”，自 15 世纪之末发现了到达东方新航路的那个时期开始，一直继续到 1815 年英法“第二次百年战争”的结束。以后，势力的扩张曾暂时停止，在这个时期里，政治家们都不太有兴趣于在外国扩张本国的势力。可是，在那一世纪的后半叶前期，许多国家又恢复了向国外扩张的兴趣与活动。这个时期是从英国的底士莱里(1874—1880)和 19 世纪 70 年代之后法国与德国重新进行帝国主义活动时开始的。

“老帝国主义”实行于重商主义时代。它希望殖民者进行移殖，在全世界范围内建立起一些“小西班牙”、“小英格兰”和“小荷兰”，作为原料供应地和销售本国产品的市场。在“老帝国主义”思潮的激励下，南北美洲、澳洲和西伯利亚都为欧洲人所占领，并且在南非洲、印度、东印度群岛和其他各处成立了一些殖民区与贸易站。

如果把“老帝国主义”解释成是攫取土地，并且在这些土地上由土地取得者实际定居下来的一种制度，那么，1898 年以前美国的扩张在很大程度上可以被认为是属于这种性质的。当然，在这个时期之前，这种扩张主要是包括着把人民移殖到无人居住或是人口稀少的地区上去。1800 年时美国的面积有八十九万二千一百三十五平方英里，许多人都认为这块土地足够无限期地供应它的人民的需要。但是，拓荒者们的难于安定和渴望得到土地的心情是那样地迫切，以至于只不过三年之后就完成了面积为八十八万五千平方英里的“路易斯安那的购买”。

1819 年又从西班牙得到面积为五万九千六百平方英里的佛罗里达，1845 年兼并了三十八万九千平方英里的得克萨斯，1845 年又凭借条约得到了二十八万五千平方英里的俄勒冈地区。仅仅是为了要使对得克萨斯的兼并得到认可和把美国的边界扩张到太平洋而发动的“墨西哥战争”，又使美国增加了五十二万平方英里的土地；通过 1853 年“格拉德斯通的购买”，又添增了三万平方英里。在兼并佛罗里达、得克萨斯和俄勒冈的那几次时，移殖者在土地未获得之前就到了那里，[①]但是，一般地讲，吞并大块土地时，并没有想立即使用那块土地。1867 年以七百二十万元购入阿拉斯加的情况也与此相同，但是，在所有的情况下，都是移殖的人们很

① 犹他的情况也是如此。在墨西哥战争正在进行的时候，摩尔门人已经先移殖到那里去。当这个战争爆发时，从美国到加利福尼亚去的移民也许不到八百人。

快就进入、统治和占领了那个地区。与土地的价值比较，付出的价格是微不足道的，而且在发生战争的地方，获得土地既不困难，价格也很便宜。那些反对扩张主义的人们，会很容易地被边区的人们或是被“南北战争”以前一般地控制着政府的南部扩张主义者用计谋所战胜。印第安的居民被毫不留情地抛到一边去了；一个居民稀少地区的劣等文明不可避免地要让位给一个精力充沛、具有足够人数去征服并拥有开发土地的资财的进取的人民。

“新帝国主义”

1870年以后，风靡全球的新帝国主义的浪潮，比之近代“工业革命”以后所产生的任何其他经济发展还带来更为深远的后果。事实上，“新帝国主义”乃是“工业革命”所产生的直接后果。它的原因主要是经济方面的。划时代的机器的发明，使生产大为增加，以致必须发展新的市场去出售剩余的产品，而非洲和亚洲的广大人口被看成是具有潜力的顾客。陆上和海洋运输与交通的改善，对于加速寻找新市场是具有莫大价值的。由于“工业革命”使人口增加，从而也增加了国内的市场；也由于要在国外开辟市场，就有必要去发现和发展新的原料资源。对制造业和商业发生兴趣的人们，认为这些资源由本国政府控制要安全得多。除了这些经济的因素之外，还有第三种因素也是同等重要的。随着制造业和运输业的惊人增长，就产生了寻求投资出路的资本积累。由于欧洲的过剩资本增多，利率降低，金融家们就不得不到远方去进行有利的投资。

因此之故，欧洲的资本就大量地投资于外国。根据乔治·佩希公爵的估计，英国1914年在国外的投资约有二百亿美元，约合全国投资总数的23%。[①] 英国在印度的投资几乎就有十八亿四千四百六十万美元，第一次世界大战前在美国的投资约有三十六亿六千七百四十万美元。[②] 1912年时，法国对外国的放款（主要是在近东和俄国）在八十亿美元以上，等于法国人民私有股票总额的37%；德国在战争初期的国外贷款估计约有六十五亿美元。这笔投资于工厂、矿山、油井、铁路和其他公用事业的资金，或是借给外国政府的贷款，还必须加以保护。当比较富裕的国家得到经济控制权以后，资本家和政府的眼光便会不断地被吸引到国外去，而且起了削弱一些小国独立的作用。这就产生了"新帝国主义"的趋势，实质上也就是产生了金融帝国主义。正如在16、17和18世纪时国内送出了移民去征服或占领外国的情况那样，19世纪的资本家们也把制成品和资金送出了国境。他们对殖民事业并不感兴趣，因为在那些已经开发出来的土地之上，一般都早已有人居住。

除了经济的动机之外，当然也还有其他的动机。首先，基督教徒热忱地希望能使其他宗教的教徒改信基督教——这是各类帝国主义者最常用的一种方法，因为他们知道在传教士开辟了道路之后，商人和军队就会跟踪而来。19世纪时，天主教和基督教的传教士曾做出了出色的努力，他们有时要求得到政府的保护，以便利他们在国外进行工作。第二，有人也常常争论说，殖民地可以吸收

① 博加特：《战费与战费筹措》，第14—16页。

② 克罗纳·刘易斯：《美国在国际投资方面的危机》，第531页。

产品和乃至于吸收一部分欧洲过剩的人口。从 1870 年到 1900 年的这一时期，英国占领的新土地（不算势力范围地区）约有五百万平方英里，人口估计约有八千八百万人；法国新增加的土地约有三百五十万平方英里，人口约有三千七百万人；德国新增加了一百万平方英里和大约一千四百万的人口。第三，要想获得国家势力和特权的这种欲望，使整个运动受到了鼓励和纵容。这种新的扩张与各国陆军和海军方面的竞争有着十分密切的关系，而且形成了 20 世纪两次世界大战的一部分主要原因。

美国与“新帝国主义”

对于上述的这种治外领地的竞争，美国也参加了——当然，参加的时期较晚，但是却十分积极。1898 年之前，还没有十分的理由去进行海外的扩张。那时，有着适宜于殖民的自由土地，而且任何的自由资本都可以找到足够的投资机会。事实上，在这个新国家里，资本的一般缺乏是那样地严重，以致到了 1914 年，投资在这里的欧洲财富还有七十亿美元（其中半数以上是英国的）。[①] 但是，“美-西战争”却标志着一个转折点。1860 年，美国已经从一个劣势的地位前进到一个经济力量十分雄厚的地位。从 1870 年到 1900 年，美国人口增加了 97%，农产品增加了一倍，而且矿产品的生产也有了惊人的上升。美国显示出它的资源在所有的国家里是最丰富的，而且开发也很便利。虽然产品的十分之九是消费于国

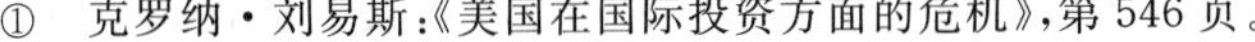

① 克罗纳·刘易斯：《美国在国际投资方面的危机》，第 546 页。

内，出口的那十分之一1898年时价值十亿元以上，足以使国外市场成为一个重要的问题。

到了1897年，已经没有十分必要继续向欧洲求助借款去发展运输和工业。虽然直到第一次世界大战爆发时资本一直是向国内流入，美国仍然为自己迅速发展的经济生活提供了大部分的资金，而且甚至还有剩余供国外投资之用。到了1897年，它的国外投资(包括直接的和间接的)已经达到六亿八千四百五十万元；这个数字在第一次世界大战爆发时增加到二十五亿元以上。至于这笔款项是怎样分配的，我们将在后面阐述。

“美-西战争”被人们普遍地认为是标志着美国进入帝国主义的一个肯定的开端。但是，它逐渐发展的情况却可以追溯到一个更早的时期。“门罗主义”所公开宣布的目的——(一)不干涉欧洲事务；(二)欧洲列强把它们的政治制度扩展到美洲大陆任何地区的一切企图，都将被认为是对美国的和平与幸福的一种危害；(三)提出警告，美洲的殖民地时代已经过去——好像是只在于重申华盛顿的孤立政策而并不具有想成为一个列强的任何动机。然而，“门罗主义”的作用是那样地被扩大，是那样地被做出了更为广泛的解释，以致终于构成了美国成为帝国主义的有力因素。“门罗主义”早已指出，美国对那个地区有着十分强烈的兴趣，而且美国也开始了它的财政扩张。简言之，它“把美洲保留给了美国人”。

美国的一心想维护“门罗主义”，可以从“南北战争”期间反对法国对墨西哥进行扩张的这一事实看出来。另一方面，不管“门罗主义”在拉丁美洲各共和国建立了怎样的基础，使人们相信美国的讲求友谊和大公无私，但是，这种信心，由于“墨西哥战事”结束时美国吞并了整块的土地而丧失殆尽。拉丁美洲的人民开始把“门罗主义”看成是一个把欧洲人从美国想统治的地区赶出去的政策。然而，主要是由于詹姆斯·布莱恩的努力和1889年“泛美大会”的召开，才使最初由克莱所提出的要与美洲各共和国维持更为亲密关系的那个理想得以保持。在英国与委内瑞拉之间所发生的边界纠纷中，克利夫兰在南美洲那个共和国所获得的侵略性的胜利，也就是这个政策的继续。

与此同时，继太平洋上政治情况发展之后；又进行了经济的渗入。加利福尼亚的征服和阿拉斯加的购买，使美国肯定地成为太平洋上的一个列强。早在美国移民还没有到达西海岸之前，“美国佬”的水手已经和远东在进行着频繁的贸易。1854年舰队司令派到日本的著名航行，乃是发展商业利益的自然结果，这正与美国舰队的终于出现于萨摩阿群岛的情况相似。早在1875年，就预兆着美国对夏威夷的控制，那时缔结了一项互惠条约，规定不得将任何土地出租或卖给任何其他列强。到了19世纪90年代时，夏威夷基本上已经受到外国财团主要是美国财团的控制，而且它的繁荣主要是靠着食糖的出口到美国。这项以同美国订立互惠条约为基础的繁荣，受到了1890年《麦金莱关税法令》的突然摧毁。这个法令不仅对国内的食糖免税，而且还对美国的制糖商每磅食糖给予二分的补贴。夏威夷由于繁荣的衰退和由于一个独裁的与具有民族主义思想皇后的就位，激起了外国财团主要是美国财团的叛变。由于美国使节的积极合作以及美国海军的出现，才使当地革命的时机濒于成熟。克利夫兰总统拒绝用这样的方法去取得这块土地，但是，夏威夷的美国人不愿意再恢复旧日的政权。这事便被搁

置下来，直到1898年麦金莱总统在战争的压力之下才兼并了这块土地。[①]

美-西战争

在西班牙与美国之战的前半个世纪，美国人已经把眼光移转到控制古巴的这个问题上面来。在控制墨西哥湾的入口方面，古巴具有战略的地位，并能使南部的奴隶制得到自然的扩张，而且它的取得，似乎是使美国取得佛罗里达和西南部土地政策的合乎逻辑的继续。

美国控制古巴，乃是从1850年到1861年这个时期里的一个重要问题。史提芬·道格拉斯1858年时说："取得古巴乃是天命所归，对这个问题进行争辩是愚蠢的。它当然属于美洲大陆。"[②]在"南北战争"推翻了拥有奴隶的独裁政治以后，归并古巴的问题又沉寂了下来，直到美国向外扩张已经有了准备。这个局势在1898年时来到了。

虽然"美-西战争"对于具有肯定倾向于经济帝国主义特点的美国外交政策乃是一个转折点，战争本身的主要原因并不是为了经济的利益。诚然，到了1898年，美国在古巴的投资已经相当巨大，而且古巴的食糖利益集团渴望美国去恢复那个骚扰不安的岛上的和平。然而，渴望促进日渐恢复的商业繁荣的一般美国商业

① 普拉特：《1898年的扩张主义者们》，第九章。

② 1858年12月6日在新奥尔良演说词，载署名为"西方律师协会一会员"所著《史提芬斯·道格拉斯传》，1860年版，第184页。

人士却反对这个战争。[1] 这个战争基本上是一个"新闻记者之战"，是由所谓的"黄色报社"掀起来的，这家报社加强了美国对古巴革命党人的同情，痛恨西班牙实行的苛政，同时，还尽量挑起使它足以和西班牙破裂的意外事件。在报社的后面有着一群为数不多但是很有势力的人，以罗斯福、亨利・凯拔特・洛奇、约翰・海和其他一些人为首，这些人都醉心于船长马亨的哲学并且欢迎战争，认为战争是美国在世界事务中完成它的"天定命运"的一项机会。普拉特教授说，他们的目的"不外乎要使美国无可争辩地成为统治西半球的一个列强，拥有一支强大的海军，占有和控制巴拿马运河，在加勒比海和太平洋上保持海军基地，以及至少是要与那些最大的强国在平等的基础上争夺太平洋与远东的海军和商业的优势地位"。[2]

战争把菲律宾、波多黎各、关岛留给了美国，并且把古巴的命运交到美国的手里来。当时面临着的主要问题是菲律宾的前途问题。很明显，把它兼并就意味着把一个遥远热带地区的异族加以征服而且肯定要走上不稳定的帝国主义的道路。这一个步骤的含义，可以从那些不遗余力地反对兼并和剧烈地反对帝国主义的少数人那里看出来。他们从烟草、甜菜和其他一些害怕竞争的农业财团那里得到了一些支持，也得到了畏惧东方廉价劳工竞争的劳

① 普拉特：《1898 年的扩张主义者们》，第七章。

② 普拉特：《1898 年的大政策》，载《密西西比流域历史评论》，1932 年 9 月，第 19 卷，第 223 页。

工领袖如冈珀斯等人的支持。[①] 另一方面，有许多地区的商业财团也终于被说服而接受了这个概念，承认在远东保留这些西班牙的岛屿会意味着美国贸易的迅速扩张。总统最初对于这事很犹豫，但是麦金莱总统最后终于相信绝大多数的选民都赞成土地扩张，因此他坚持要把这些地区加以吞并。这个条约在只比规定的三分之二的票数多一票的情况下，1899 年 2 月 6 日得到了批准。

兼并菲律宾的重大意义是清清楚楚的。但是，麦金莱坚持说这纯粹是一项利他主义的决定。他 1899 年时说："战争把菲律宾像古巴和波多黎各那样地交到我们的手里来，按照上帝的意旨和为了人类的进步与文明，我们负有承担这样一个巨大的委托责任……在这些殖民地没有通过征服或是没有通过条约而成为我国的土地之前，我们是不能解除这项责任的。我们所关心的不在于土地、贸易或是建立一个帝国，而是在于那些不出于我们的意愿就把利益和命运交到我们手里的人民。"[②]一年之后，参议员贝佛里奇以更为现实的词句用取得胜利的帝国主义者的姿态说："菲律宾永远是我们的，正如宪法把它叫作'属于美国的领土'的那样。只要一跨过菲律宾，就有着中国的无穷尽的市场。我们将不愿从这两个地区中的任何一个里撤退出来。我们不愿意放弃在这些多岛海上的责任。我们不愿放弃我们在远东的机会。我们不愿放弃我们的种族所负的使命。这个种族，按照上帝的意旨，乃是世界文明

① 海里顿:《1898—1900 年美国的反帝运动》，载《密西西比河流域历史评论》1935 年 9 月，第 22 卷，第 211—230 页。

② 1899 年 2 月 16 日在波士顿的演说词，载《波士顿前锋报》，1839 年 2 月 17 日，第 2—3 版。

的受托者。”①

对加勒比海的渗入

美国渗入加勒比海的动机是受到了两种利益的支配。第一种也就是最重要的一种，乃是为了自卫，而且牵涉到保卫巴拿马运河的海军和空军的战略问题。第二种动机是经济上的，也就是为了要扩充商业与投资。这些利益显然是互相交织在一起的，它们合在一起在很大程度上构成了过去半个世纪以来美国与这些地区的历史关系。在所有加勒比海的岛屿中，古巴是最重要的一个，而且美国在那里进行的经济扩张是最积极的。当美国向西班牙宣战的时候，国会在“泰勒尔决议”里宣布说：“除了安抚的目的之外，美国并不对上述这些岛屿具有行使主权、司法权或管理权的任何居心或企图；当达到安抚的目的以后，美国决定把岛上的行政与管理权交与岛上的人民。”尽管有了这个决议，但直到 1902 年时，美国的军队仍然驻扎在古巴，在撤军以前，强迫古巴订立了一项条约并且在它的宪法中加入了“普拉特修正案”的条文。根据这项条文，古巴同意不与任何外国缔结有损它的独立的条约，不超过它的一般岁入去举借外债，承认美国有权进行干涉，以“保持古巴的独立，维持它的政府，使它能保护生命、财产和个人自由”，而且古巴将租赁或出卖给美国以足够的土地，作为添煤站和海军站之用。这就把

① 1900 年 1 月 9 日第五十六届国会第一次会议《国会记录》，第 33 卷，美国国会卷第 1 号，第 704 页。

古巴的地位贬低了成为一个美国的保护国，有可能对这个岛屿重新进行干涉，为彻底的经济渗入开辟了道路。

关于古巴和其他一些加勒比海的共和国，我们还必须着重地指出：美国政府对它们的政策主要是与修筑运河的策略有关的。这意味着要维持加勒比海的和平和防止产生任何其他国家能借口对那个区域进行干涉的情况。这样的一个政策不可避免地就为美国的经济渗入铺平了道路。实施“普拉特修正案”与经济渗入，就使古巴在政治和经济上都依附于美国。谈到政治的依附方面，富兰克林·罗斯福为了作为他的“睦邻政策”中的一个部分，决定把这种情况加以结束，至少在表面上是如此。1934 年与古巴缔结的条约，废除了著名的“普拉特修正案”，同一年，根据“贸易协定法令”缔结了关税条约，扩大了古巴商品在美国的市场。[①]

自从 1898 年就被美国吞并的波多黎各的社会和经济史，其情况也和古巴很相似。这个岛上的卫生和教育事业都有了显著的进步，运输设备有了改善，并且进行了一些市政工程。这个岛上的财富也从一亿美元增加到六亿五千万元或者还更多一些，但是，也正如古巴那样，它被置于美国资本的控制之下，把土地合并成为一些大块的食糖和烟草种植场，小农户被降低到没有土地的无产者的地位。根据 20 世纪 30 年代初期一些专家著作的估计，“外在地主”至少控制着这个岛上 60% 的土地。使情况变得更为复杂的是，这个岛基本上已经成为一个依赖于美国市场的一年收获两次的国家。美国市场一旦崩溃（例如 1929 年），它的经济情况就会坏

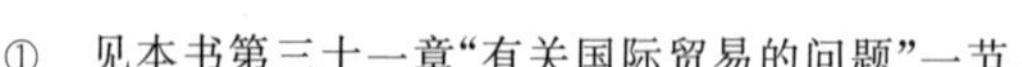

① 见本书第三十一章“有关国际贸易的问题”一节。

到难于容忍的地步。在1932年经济萧条最为严重的时候，岛上60%的人口失了业。1920年以后与美国进行的自由贸易，是有利于波多黎各的，但是美国的关税制度也适用于这个岛上，使得生活费用比没有这种关税时大为上涨。

美国实行“新政”时期的救济与复兴计划，给予了波多黎各一些帮助，去减轻处境的困难，第二次世界大战也鼓励了它的经济活动。但是，所得到的好处，都被一部分由于缺乏运输设备不能进口所造成的粮食不足和粮价高涨而抵消了。在特格威尔执政期间(1941—1946年)，通过制定最低工资法令和其他的劳工立法，曾取得了巨大的进步。特别具有重要意义的是波多黎各政府决定执行1900年美国国会所通过的一项法令，把土地的拥有限制在五百英亩以下。岛上的政府拨款收买了这些土地，希望恢复小农经济，使农民生产更多的粮食以便更好地供应居民。战时和战后的几年中成千上万的波多黎各人的移入美国，首次使许多美国人明白了岛上的经济困难。①

在兼并了波多黎各和把古巴建成一个保护国以后，在两大洋之间修建运河的那个旧计划会对于美国产生新的重要作用，这是必然的。如果美国希望要维持一个海外帝国的地位，那么，即使撇开它的自卫不谈，这样的一条运河不仅是必需的，而美国政府对它进行管理也是十分必要的。通过一系列的策略，其中包括与英国缔结新的条约、对巴拿马国内的革命给予协助、收买新巴拿马运河公司的股权，以及承认巴拿马共和国等等措施在内，美国才在

① 特格威尔所著《苦恼的土地》一书中(1940年版)叙述了波多黎各当时的处境。

1914 年把这条运河修建完成。[①] 巴拿马成为了美国的保护国，虽然这样的地位通过 1939 年的新条约表面上是清除了。

巴拿马运河建成以后，保持美国在中美洲和加勒比海各国的利益就越发地重要了。这些不稳定的、由于政治上强烈的骚动而经常改变的政府，使不断增长的美国投资和迅速发展的商务受到了危害。对外国借款的赖债行为所引起的债权国的干涉，使美国的运河政策经常受到危险和威胁。为了应对这种局面，美国政府开展了一个略如下述的计划：首先，“门罗主义”必须坚持，这个态度，具体表现在 1902 年时罗斯福坚持要把委内瑞拉的债款纠纷采取仲裁的方式去解决。第二，虽然美国的政策反对欧洲的债权国强制收取债款，但是认为那些顽抗的国家应该公正地履行它们的债务。第三，在遇有必要，或是美国的利益受到损害时，可以采用干涉和监督的政策。这样，就可以在加勒比海成立一个“美国强制式的和平”。

自那时起被人们叫作“门罗主义”的“罗斯福式推论”的这个政策，是 1904 年锡奥多尔·罗斯福在给国会的咨文中首先提出来的，而且在二十年的时间内它一直在美国与加勒比和中美各个小共和国的关系上起着主导的作用。罗斯福说：

> “如果一个国家表现出它知道在社会与政治事务中怎样有效而适当地采取合理的行动，如果它遵守秩序而且偿还它

① 迈奈尔所著《巴拿马航路的争夺》一书中（1940 年版）对这事有比较详细的叙述。

> 的债务，那么它就不用害怕美国的干涉。长期的错误行为，或是有了足以使文明社会的团结产生一般松弛的无能行为，最后会在美洲或其他地区引起某些文明国家的干涉。在西半球方面，由于美国的奉行‘门罗主义’，在上述错误的或是无能的行为十分严重的场合下，不管多么地勉强，会迫使美国行使国际警察的权力。”

“罗斯福式推论”的政策在圣多明各第一次做了实际的应用。自 1899 年赫罗总统死后，那个国家的情况就十分紊乱，以至于到了 1940 年时，国家已经破产，不能付出它的负债利息。1905 年双方就做出了履行债务的安排(1907 年用条约形式加以规定)，由美国接管了它的海关行政权，付给圣多明各政府收入的 45%作为它的经常开支，以 55%赔还外国债款。1908 年，根据一项条约，“纽约昆·赖布公司”退回了二千万元的债务，由美国根据条约收取关税，直到债务还清为止。此外，不经美国许可，不得增加外债。1912 年，开始了对那个国家政治生活的干预，那时，塔夫脱强迫那个国家的一个总统辞职，而且 1916 年终于使用海军侵入了那个国家。从那时起直到 1924 年美国海军撤退时，圣多明各就一直保持着一个在美国操纵下的军事政府。那一年，又起草了一项新的条约，承认早年所订的履行债务的安排仍然有效，把 1907 年的条约延长到与发行公债的年限相同，这一安排，使美国继续控制着圣多明各的财政和内政干预权。同时，美国的财团取得了那个国家的财务控制权，取得了三分之一的制糖工业和其他一些重要的资源。

在圣多明各，美国也想出了一套办法，这套办法很快就使用于

那个岛上西部的海地。居民有三百万人的海地，是西印度群岛上人口最为稠密的国家，而且资源方面也许是最丰富的。在许多年里，美国的银行家们就对海地的金融财政发生了兴趣。第一次世界大战给予了美国一个干涉它的政府的机会。美国声言德国对海地具有野心，而且在决定了不许欧洲任何国家对它进行控制之后，美国军队就侵入了这个岛屿，强迫签订了一项条约，而且，不顾当地人民的武装反对，强占了这个国家几乎有二十年。1915 年的条约，也用了几乎与对待圣多明各相同的条件强加于海地。那就是：美国协助它发展天然资源和商务；美国接收了它的海关和监督着它的开支，派遣了一个美国财政顾问，而且海地不得将土地割让给任何其他外国。于是，美国帝国又增加了另外的一个保护国。这种状态一直保持到 20 世纪 30 年代初期美国海军撤退后才缓和下来。所有这些都促进了海地的教育、卫生和运输事业，但也带来了美国对它的经济渗入。

在“巴拿马运河”的建成和哥斯达黎加与洪都拉斯的美国水果财团的活动并且对后面那个国家做了实际的统治之后，美国在中美各地的利益就发展得很迅速。尼加拉瓜是在中美遭受美国渗入最深的国家，主要原因是由于它拥有另外一条接通两洋之间的运河航路。美国海军曾多次应尼加拉瓜政府的请求而登陆，甚至于在美国未参加那个国家 1912 年的革命以前就已经如此。今天(根据 1913 年数字)美国经营着那个国家 35%的进口贸易和购买那个国家 56%的出口货物。在这一干涉之后，美国的银行家们得到了国务院非正式的认可(在要想订立一个进行干涉的条约而没有得到参议院通过以后)，就改组了那个小国的财政，成立了一个国民银行，并且控制着那个国家的政权。在尼加拉瓜1914年批准、美国1916年批准的一个条约里规定：由美国付给那个国家三百万元，就获得了在尼加拉瓜的航路上修筑一条运河的绝对权利，也获得了三个小岛为期九十九年的租借权，以及在封塞卡湾建立海军基地的特权。

讲到美国政府方面，在“布赖安-凯摩洛条约”签字后，就已经达到了它的主要目的。可是，国务院一直在根据1917年和1920年的协定积极地协助美国的银行家们。这些协定直到20世纪中叶都继续不受财政的约束。同样地，在1925年以后尼加拉瓜革命的年月里，柯立芝总统也感到有必要把海军开回到尼加拉瓜去保护美国人的生命和财产、保卫运河权利和防止外国的干涉直到1933年，海军才从那里撤退。

尽管威尔逊总统的反对土地扩张是人所共知的，但是在他任职期间的1916年，却出价收买了丹麦属的西印度群岛，那时人们把这些岛叫作“处女岛”。收买这些岛屿并没有什么直接的经济意义，主要是一项保卫通到运河航路的海军策略。但是，不论目的何在，已经十分明显，在第一次世界大战之末，美国在加勒比海已经取得了一个“势力范围”，这就使那个区域实际上成为一个“美国湖”。波多黎各被兼并了，“处女岛”被收买了，古巴、巴拿马、多米尼加共和国，尼加拉瓜同海地都被降为保护国的地位，而且还在加勒比海的各个战略要点布置了海军基地。这种控制的发展，在1898—1918年的二十年里就已经出现。在所有的国家元首当中，只有锡奥多尔·罗斯福能够被称作是一个扩张主义者。塔夫脱总统是主张“金元外交”的典型人物，他的理论是：美国的经济渗入乃是对不发达国家的一种特殊援助和一项稳定的力量。威尔逊既不是一个扩张主义者,也不是一个金元外交家,但是他对加勒比海的政策上,同他前任的总统们没有很大的区别。

墨 西 哥

墨西哥是不受美国在加勒比海和中美洲地区的霸权控制的一个极为例外的国家。美国把控制势力伸张到微小的海地和尼加拉瓜共和国是容易的,但是在墨西哥的问题上就比较困难,而且自从1910年革命以来,与那个国家的关系就一直十分复杂。在波菲里奥·迪亚兹持续三十年的坚强统治的鼓励下,美国的油矿钻探商、银矿商、铁路建筑商、大牧场主以及其他的一些人在那里的投资约有十亿美元,欧洲人在那里的利益约有这个数字的一半。到了1900年,墨西哥铁路的投资约有80%是控制在美国人的手里,有70%的石油是美国厂家生产出来的。墨西哥的革命爆发以后,美国政府在压力之下去为保护美国的资本而进行干涉;同时,欧洲各国实际上也强迫着我们要么就照顾它们的利益,要么就允许它们自己去进行干预,后面的这种举动,是与"罗斯福式的推论"政策不相符合的。在主要是受剥削的农民反抗土地大量集中的墨西哥革命爆发的同时,出现了许多的盗劫行为和美国公民投资遭受巨大损失,而由于欧美财团常常在幕后进行操纵,对革命活动给予了鼓励,使情况更为复杂起来。

美国军队曾有两次(1914年和1917年)进入了墨西哥,但是后来撤退了。这也许是因为欧战的关系,才阻止了外国的进一步

干涉。自从1917年以来，两国的外交关系主要是转移到那一年墨西哥宪法对美国投资者所产生的影响的经济问题上面来。这个宪法把教会财产收归国有，使学校脱离了宗教，允许制定各项法律，并且宣布了墨西哥的土地和地下资源属于墨西哥人民所有。将来只有墨西哥人才能拥有墨西哥的土地，墨西哥可以让外国人享有拥有土地的权利，除非这些外国人必须同意："由于这种土地财产的关系，他们被看待成是墨西哥人民，但是，在违反这项协议或是遭受没收处分时，他们不能向自己的政府请求保护。"[①]外国人民绝对不得在离边境一百公里以内或离海岸五十公里以内的地区购买土地。虽然这在理论上并不是一项反动的法令，但是受到了美国投资者的剧烈反对。

美国与墨西哥的关系，在晚近二十年由于德怀特·莫罗大使的机智而得到了改进，但是十年之后由于在劳工情况方面产生纠纷的结果，关系又恶化了。墨西哥政府1938年把外国人的油矿财产收归国有，但是答应给予赔偿。美国政府，正如过去那样，承认了土地征用的权利，因此，自从1938年以来美国与墨西哥在这一方面的关系，主要在于谋求一项公平的土地估价和适当的赔偿价值。虽然两者也许都没有达到（至少美国债权人的意见是如此），墨西哥1947年大约以二千四百万美元的数目清偿了它的负债。一般地讲，从塔夫脱到罗斯福时，美国的政策是让墨西哥人去拯救自己，但同时又施用压力去使情况更趋安定与保护合法的外国

① 这就是所谓的"卡耳伏主义"(Calvo Doctrine)，是墨西哥与拉丁美洲政府和外国投资者签订合同中越来越常见的一个部分。

利益。

远　　东

美国在远东拥有的经济利益，从18世纪90年代就已经开始。那时，美国商人在中国找到了销售皮货和其他商品的市场，也找到了一个茶叶与其他东方货物的供应地。[①] 如果说19世纪时美国在远东有任何政策的话，那就是希望那个地区保持开放，让各国有自由的和平等的商业机会。在促进这个目的方面，美国曾做出了各种的贡献，其中包括19世纪50年代使日本对外国贸易的开放。这个政策一直继续着，而且1899年以后由于美国国内工业的发展，由于经济帝国主义的新精神和远东的三项重要的发展，使美国更为肯定地重申这个政策。这三项重要发展中的第一项便是菲律宾的兼并，使美国成了远东的一个列强；第二项便是日本惊人地以一个强国的地位出现；第三项便是日本和欧洲一些国家对中国领土的帝国主义式的图谋。

我们已经讲过，虽然美国遭到国内的强烈反对和必须克服菲律宾人的武装抵抗，仍然在1899年兼并了菲律宾。虽然兼并的动机很多，主要的一个似乎是为了要扩展商业。不像美国统治波多黎各和某些其他地区那样，美国在菲律宾的治理一般是具有效率的、宽大的，而且主要是关心着当地人民的利益的。1901年，成立了有当地人参加的市民政府，1907年建立了局部的地方自治，

① 见本书第八章“‘危险时期’究竟有多危险？”一节。

1916 年的《琼斯法令》使它得到了实际的地方自治。通过 1902 年的法令促进了它的贸易，把关税率降低到 25% 以下，允许菲律宾的商品进入美国。1909 年，除了对食糖和烟草有特定的限额之外，允许菲律宾的货物自由运入美国；1913 年以后就实行了完全的自由贸易。

从一开始，菲律宾对于美国的纳税人来说，与其说是一项财产，不如说是一项负担。美国与这个岛上的贸易增加了——美国的出口贸易从 1901 年的四百万元增加到 1939 年的八千三百四十万元；进口贸易从 1900 年的大约一千万元增加到 1939 年的九千二百万元。但这全然不是一项纯益，因为菲律宾出口到美国的某些主要商品（食糖、烟草和椰子产品）构成了与美国产品的竞争。同时，事实证明，菲律宾也不是一个有利的投资场所。美国 1935 年在那里的投资总额约有二亿元，其中约有六分之一是政府公债。投资总数还不到投入古巴资本总数的五分之一。此外，很难看出拥有这些岛屿对于发展东方"寓言式的贸易"会做出很大的贡献。但是，下述三个因素结合在一起（菲律宾的要求独立，美国的农业集团和反帝的民主党）导致了 1934 年《泰丁斯-麦克道菲法令》的通过，允许菲律宾在十年以后独立。但是这并不是完全对于菲律宾人有利的。独立一旦实现，那么：菲律宾人移入美国就要停止；从菲律宾进口的货物就要缴纳正规的美国关税。1934 年美国吸收了菲律宾出口贸易的 87%，这就是一个很高的代价。但是，最大的代价乃是日本侵略的危险，后来的事实证明，在美国从这些岛上撤退以前就已经付出了这个代价。

由于菲律宾的受到侵略，整个情况就很快地改变了。战争时

期(1943年)美国承认了菲律宾的独立，这项独立最后在1946年7月4日实现。同时，美国国会决定减轻它在独立初期的困难。1946年的《菲律宾贸易法令》允许在八年内进行自由贸易，以后要在二十年的时间内每年增加5%的关税，直到与其他国家所缴纳的关税相等为止。

美国兼并菲律宾，只不过是一个巨大的帝国主义运动中的一个方面。这个运动使远东陷入了混乱，而且在第二次世界大战时达到了顶点。这是从1895年“中-日战争”结束时开始的，那时，日本吞并了台湾而且使朝鲜成为它的一个势力范围。这事之后就立刻发生了法国、德国、俄国和英国向中国要求长期地租借一些重要的口岸，以达到它们暗藏在后面的建立经济势力范围的目的。为了努力保护美国日益增长的商业，约翰·海1899年9月向那些对开发远东有兴趣的列强提出内容基本相同的照会，宣布了新的著名的“门户开放政策”。照会要求每个取得势力范围的国家提出下面的保证：(一)在每一个国家的势力范围内的现有条约口岸和既得利益不受损害；(二)中国的关税必须由中国的官吏管理和征收；(三)对各国经商的侨民所收的海港和铁路费用应一律平等。俄国拒绝了这项要求，其他的国家(除意大利外)都含糊地答复了，但是约翰·海不管这些含糊的答复，宣布说：既然他的提议已经顺利地被接受，它们就被看成是“最终的和被肯定了的”。

这个鼓励中国的经济完整的政策，约翰·海在第二年使之进一步发展，即力求维持中国政治上的完整性。当一些中国的民族主义者在1900年的“太平天国”起义中采取行动反对外国的侵略时，他重申了“门户开放”主义，而且坚持说这个起义不应该被当作

吞并土地的一个借口。这个企图维持中国经济与政治完整的政策，在过去五十年中一直是美国的官方政策。虽然这个“现状”在1904—1905年“日-俄战争”和第一次世界大战时先后被推翻，美国在1921年的“华盛顿会议”上，又成功地暂时把它重建起来。直到1931年日本侵略满洲时，这个政策才完全破产。

截至第一次世界大战时为止的美国对外投资，只要一看下列的附表就可以看出，美国的国外投资在1897与1914年间增加了五倍。我们也将会看出，墨西哥与加拿大是美国投资的主要地区。墨西哥在1897年时占美国总投资的第一位，加拿大在1914年时占第一位。自那个时期以后，加拿大一直占主要的地位，直到第一次世界大战以后，才暂时地被欧洲所超过。

按地理区域分类的直接投资与间接投资

（单位：百万美元）

地　　区	1897	1908	1914
欧洲	151.0	489.2	691.8
加拿大与纽芬兰	89.7	697.2	867.2
古巴与西印度群岛	49.0	225.2	336.3
墨西哥	200.2	672.0	853.5
中美洲	21.2	41.0	93.2
南美洲	37.9	129.7	365.7
非洲	1.0	5.0	13.2
亚洲	23.0	235.2	245.9
大洋洲	1.5	10.0	17.0
国际性投资（包括银行业）	10.0	20.0	30.0
长期贷款总额	684.5	2,524.8	3,513.8

注：见克罗纳·刘易斯，《美国在国际投资方面的危机》，第606页。

早在1900年以前，美国就开始了对加拿大的经济渗入。主要的原因有三个，那就是：希望开拓加拿大的市场；获得美国所需要的原料和使美国在多米尼加制造的商品能逃避那个国家的关税。经济的渗入集中在自动车辆、橡胶、电气设备、机器、金属、化学药品、纸浆、纸张和木料等物品的制造方面。到了20世纪20年代，美国的投资超过了英国，到了20世纪30年代，美国控制了三分之一以上的采矿工业、电气产品和至少四分之一的制造业。这种渗入，大半是采用成立一些美国制造商分支机构的方式，在加拿大的市场上推销货品而不在加拿大的工厂里进行私人投资。

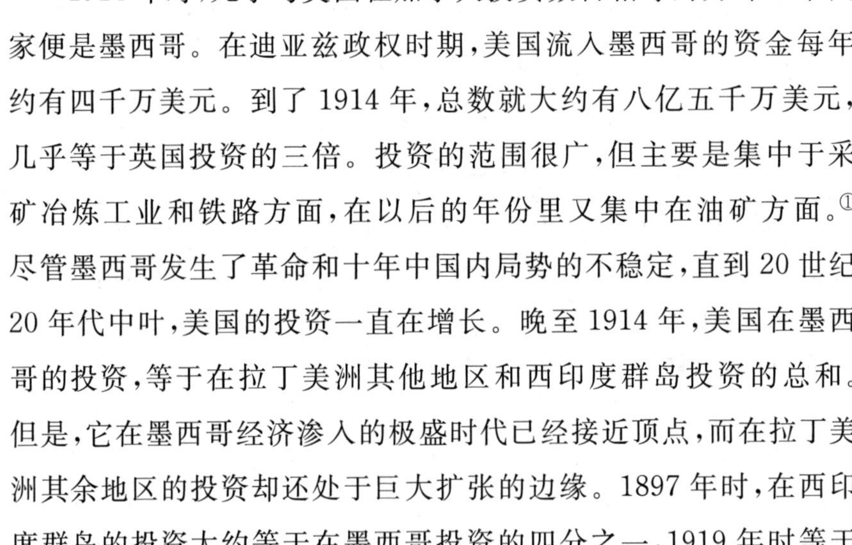

1914年时，几乎与美国在加拿大投资数目相等的另外一个国家便是墨西哥。在迪亚兹政权时期，美国流入墨西哥的资金每年约有四千万美元。到了1914年，总数就大约有八亿五千万美元，几乎等于英国投资的三倍。投资的范围很广，但主要是集中于采矿冶炼工业和铁路方面，在以后的年份里又集中在油矿方面。[①]尽管墨西哥发生了革命和十年中国内局势的不稳定，直到20世纪20年代中叶，美国的投资一直在增长。晚至1914年，美国在墨西哥的投资，等于在拉丁美洲其他地区和西印度群岛投资的总和。但是，它在墨西哥经济渗入的极盛时代已经接近顶点，而在拉丁美洲其余地区的投资却还处于巨大扩张的边缘。1897年时，在西印度群岛的投资大约等于在墨西哥投资的四分之一，1919年时等于三分之二。1897年时在南美洲的微不足道的投资，到了1919年

① 主要项目估计如下：采矿与贵重金属开采的投资为一亿四千万美元，工业金属的投资一亿六千二百万元，铁路一亿一千零四十万元，石油八千五百万元，其他投资包括农业、公用事业、制造及销货组织。见刘易斯所著前书，第578—601页。

就接近八亿美元。在所有的投资区域内，1897 年以后的二十年里发展得最迅速的地区也许要算是古巴，特别是在第一次世界大战开始以后。到了 20 世纪 20 年代末期，美国在那个岛上投资于食糖、公用事业、铁道、矿山、烟草和政府债券方面的款项在十亿美元以上。所有这些款项是由“纽约花旗银行”的各个分行以及美国的经纪人行号提供的。上面已经提到，有一半以上的波多黎各的财富很快就集中到美国人的手里来。尽管有了一些保护国和有了某些人为的刺激，美国在西印度群岛其他地区的投资与在古巴的投资比较起来，是相对地微不足道的。

到了 1914 年，在中美的估计约为九千万美元的投资中，有三分之一是投资于铁路，三分之一投资于热带果类，其他的三分之一投资于宝石的开采、公用事业和对当地政府的贷款。在美国的投资已经迅速发展的南美洲，约有三分之二的投资是在采矿事业。其中大部分是投资于智利阿纳康达铜矿公司和(由康尼卡特控制下的)布莱登铜矿公司的铜矿。有更小的一部分经济赌注是投放在贵重金属与宝石的开采方面。直到 1916 年以后，才开始对油矿发生一点兴趣。如果与金属的投资相比较，美国在铁路、公用事业和制造业方面的兴趣是很小的。但是，1914 年时，冻结在销货组织方面的款项约有二千万美元，石油工业方面的款项也与这个数目相等。

尽管美帝国主义者们有着狂妄的梦想和乐观的预言，但是远东并没有成为美国工业家们的重要贸易中心，也没有成为美国投资的有利场所，美国对整个亚洲的出口货物 1897 年时估计约值三千九百二十七万美元，亦即占出口总额的 3.47%。二十年之后，

数额约为三亿八千零二十五万元。其中大约有三千七百一十五万元是对中国的出口。这个数字所以比较微小的原因很简单，那就是，由于东方各国平民的贫穷，以及受到了欧洲各国和后来日本的激烈竞争。在资本投资方面，情况也很相同。1897 年时，美国在亚洲的投资总额（直接的或间接的）估计约有二千三百万元，其中二千万元是投于石油销售组织和其他贸易与销售公司。到了 1914 年，在亚洲的投资总额包括投入菲律宾的数字在内，约有二亿三千五百二十万元，其中约有半数是有价证券的投资，这主要是对日本政府的贷款。

虽然联邦政府对于在加拿大、古巴、墨西哥和南美洲的经济扩张只给予了很小的协助或鼓励，但是，在远东方面，至少在中国，情况就全然不是如此。我们已经讲过，对于这个地区，美国政府曾做了不少的努力去实现贸易机会的均等和保障中国的经济与政治的前途。从麦金莱到威尔逊的任内，美国曾做出努力，想把美国资本引入中国，作为对铁路和其他工程的贷款。但是就整个情况来讲，这些企图都没有什么结果，原因有两个：第一，美国的资本家们正忙于在其他地方的投资，其中包括对美国经济制度的某些改组工作在内。第二，正如与中国进行贸易的情况那样，美国人遇到了日本和欧洲一些国家不断的、剧烈的和进行得十分成功的竞争。[①]

---

① 福克讷：《放任主义的衰落》，第四章对美国的国外投资做了更为详细的论述。

帝国主义的手段

上面已经做了足够的说明，为读者提供了一些有关帝国主义所采用的方式的概念。过去八十年里的“新帝国主义”一般是采用了下面方法当中的一种或数种或几种共同使用去实现的：（一）通过军事的征服，比如“波尔战争”和“美-西战争”；（二）通过分割某些还没有被白种人预先占领的地区，例如像在非洲的大部分地区那样，这通常是用与当地的人民缔结条约而实现的；（三）利用把款项贷给较弱的或是贫穷的而最后又不能偿还的政府，以后贷给款项的政府就插足进来，接收海关，指派财政顾问，或者实际建立起一个保护国以强制赔偿借款——英国之于埃及，美国之于海地和圣多明各就是最好的例子；（四）在与当地人民发生摩擦，以及应当地移民对本国政府请求进行干涉与保护之后进行经济渗透。夏威夷便是最后一种情况的例证。

实行帝国主义的过程可以是一举而成，但是这多半是要经过各个阶段才实现的。第一个阶段可能是在经济渗入以后随之而来的传教士的活动；经济的渗入反转过来又会引起与当地人民的摩擦或是使投资受到了危险。于是可能就会发生干涉，从而在那个地区终于成立了一个保护国。最后一个阶段便是对领土的实际吞并；但是，在近代的情况下，这常常是不必要的，因为在一个保护国里经济的渗入也同样能够实行得很有成效，而且还可以免除行政的开支与麻烦。这在古巴的情况尤其明显，美国在那里的投资远远地超过了在所有美国殖民地与保护国里的投资总额。

虽然近代帝国主义所使用的手段显然是与17和18世纪时所使用的不同，但是主要的动机（为本国或投资国谋求经济利益）基本上却是一致的。但是，必须指出：利益并不是单方面的。美国的帝国主义虽然有时也意味着（“经济不发达国家”）政治或者经济独立的丧失，但它一般都为后者带来更大的繁荣兴盛和更好的生活条件：交通条件的改进，卫生状况的改善，对热带疾病的严重打击，教育设备的扩充以及随帝国主义而来的一个更具效率的政府。虽然这种情况并不完全是出于非自私的动机，但是，美国用严肃的心情承担了“白人的责任”的这一事实仍然继续存在。从下图中可以看出，经济帝国主义的政策是与美国和这些附属国的商业迅速扩

美洲大陆与准州地区及属地的对外贸易

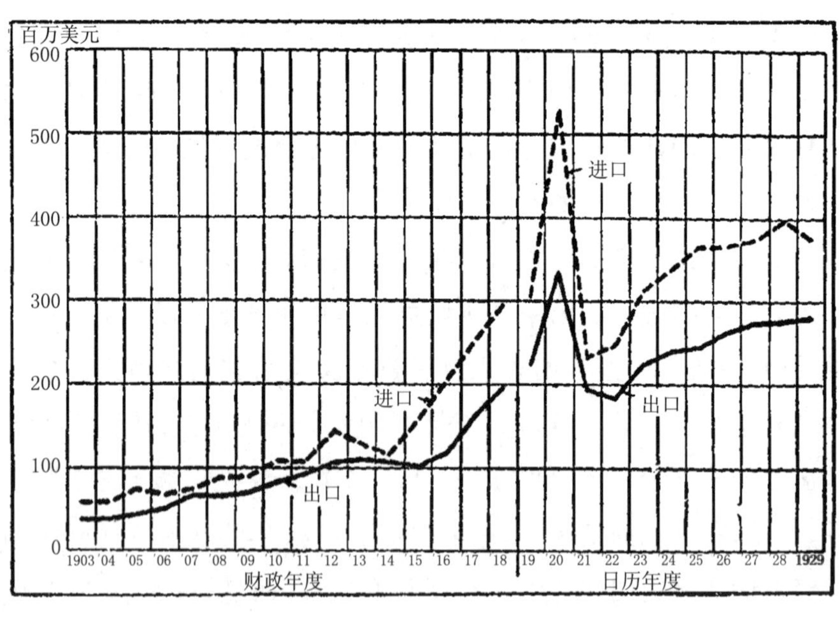

注：摘自《1930年商务年鉴》第1卷第88页。

张同时发展的。在美国的贸易与投资有了发展的世界其他地区，以及在没有政治扩张或是经济控制的地区，情况也是如此。例如，1933 年美国在日本的经济投资共有四亿一千八百万美元，比在菲律宾的投资多出两倍以上。

我们还必须根据第二次世界大战以后的这个时期所取得的经验，对帝国主义的手段再做一点说明。上述的种种描述乃是西欧与美国正在发展中的资本主义的手段。由于这好像是资本主义经济发展的必然结果，于是有人认为帝国主义，不论它是经济的、政治的或是文化的，都将在另一个不同的经济制度下消失。但是，情况好像并不如此。虽然像美国这样的一个资本主义国家或者像英国那样一个发展中的社会主义国家都已经放弃了帝国主义和殖民地，而共产主义的俄国却大大地扩张了它的领土和势力范围。自从 1939 年以来，它曾经结束了八个到十个国家的独立或是把它们贬低到保护国的地位，而且插足进去统治着它们的政治、经济和文化生活。

从帝国主义后撤

在前面各页中，我们曾企图追溯在 20 世纪早期的几十年里美国经济帝国主义的发展。虽然在某些地区商务和投资有了迅速的扩张；但是总的经验是不愉快的，或者在某些方面是不成功的。菲律宾群岛并没有证明是到达“中国的无限市场”的一块跳板。不诉诸战争就不可能达到“门户开放”政策的目的，而且随着岁月的消失，美国好像不愿意陷入一次远东的冲突来维持这个政策。当战争最后来到的时候，发动战争的不是美国而是日本。人们认为在加勒比海上使美国成为拉丁美洲的警察或是代美国公民收取贷出款项的“罗斯福式推论”政策已经证明是不实际的。太多的拉丁美洲国家受到了革命的骚扰，很多的这些国家都把它们发行的公债宣布作废，使任何一个单独的国家都不能向它们行使警察权。此外，美国的企业家们都渴望扩张外国市场，但是如果不与美国南部的邻国建立友好关系，这仍然是办不到的。最后，美国人开始明白，殖民地与附属国更容易成为一个烦恼的源泉，并且是一项财政上的损失而不是收益。总之，“罗斯福式推论”的政策已经变得令人讨厌，再做进一步冒险的欲望已经不太大了。

有了这样的一个背景，在“美-西战争”以后，美国显然就开始放弃帝国主义的形态。1934 年的一项法令允许菲律宾在十年以后独立。在拉丁美洲方面，应用了“睦邻”政策渐渐地去代替“罗斯福式推论”的政策。1924 年停止了对圣多明各的军事干涉；海军在 1933 年撤出了尼加拉瓜，1934 年撤出了海地。1934 年与古巴和 1939 年与巴拿马订立的条约有助于提高这些国家在实际上是保护国的地位。在美国所促成的一系列的“泛美大会”中，清楚地阐明了这项新的政策。1933 年美国在蒙特维迪奥采取了坚定的立场，反对“美洲大陆的任何一个国家干涉另外一个国家的内政”，而且 1938 年在里马正式废除了“罗斯福式推论”的政策。使用了缔结互惠协定及类似的方法以代替武装干涉，促进了更为密切的经济关系而为各国谋求福利。当第二次世界大战的乌云密布时，美国政府也希望把由它自己制定的“门罗主义”改变成一个所有的美洲国家都能合作起来维持一个西半球共同防卫计划的主义。后来的一些会议强调了这个政策，美国已经用事实和言辞证明了它的诚意。

第二十七章　美国与第一次世界大战

战争前夕的经济趋势——放任主义的衰落

在上面的最后八章里，作者曾企图追溯从“南北战争”结束到1914年时美国经济发展的情况。读者对于在那半个世纪里美国经济生活中所产生的一些比较重大的变革应该已经有了清楚的理解。随着经济的变革，也产生了人们对于经济政策态度的改变。虽然联邦和州政府有若干次曾拨款协助内政的改进，而且工业也得到了保护关税所给予的协助，但是，在这些年月里，全国仍然一般地采用了“放任主义”的经济政策。人们对于这个主义的信任，是再没有比在“南北战争”以后经济发展的狂热时期还更为强烈的。这个政策在早年深得人心的原因，一部分是对中世纪时政府对工业所做的无数规定的反对，这些规定不恰当地妨碍了近代工业和商业的迅速扩张。如亚当·斯密和约翰·穆勒等18世纪后期与19世纪初期的经济学家们，都对这个主义做过经典式的阐述。从查尔斯·达尔文的《物种原始》(1859年出版)里演绎出来的“适者生存”的思想，为这些经济学家们的辩解增强了力量。根据达尔文的这个理论，最能适应环境的人，才是最容易生存的人。

如果说放任主义带来了财富的巨大悬殊，如果说许多人都遭受到毁灭或是过着困难的生活并受到痛苦，那是大自然决定了的。如果一个人没有获得成功，那是出于他自己的错误。

放任主义的政策无疑地加速了一个正在扩张的国家的发展。它当然受到了那些在经济斗争中取得最大胜利的人们的拥护。19世纪80与90年代出现了放任主义的黄金时代，但是一般公民对它的信心已经削弱了。农村长时期的痛苦，人们对铁路弊端的憎恨，小商人和制造商对工业与资本合并的反对，以及欧洲和澳洲所实行的国家控制和社会实验的范例，使这项信心特别受到了损害。人们越来越感到美国已经不再是一个机会无穷的国家，而且放任主义只有使一小撮累积了国家大量财富与资源的人得到了好处。人们的这种不满，到这一世纪的头十年达到了顶点，那时，锡奥多尔·罗斯福看出了当时人们不安的情绪，带头展开了一个加强政府管制作用的伟大运动，这个运动许多州政府都加以仿效。

1887年的《州际商务法令》和1890年的《薛尔曼反托拉斯法令》早已为这个运动鸣了第一炮。这两个法令开始了一个政府施行管制的政策，而且在以后的几十年里，还扩大了管制的范围和加强了力量。但是联邦政府的活动，并不仅只限于防止危害性的行为；联邦政府肯定地在许多方面扩大了自己的经济利益，其中比较显著的有：通过办理包裹制度（1912）而插足运输事业和通过邮政储金的办法（1912）而插足银行业务。政府也努力协助农业、工业、商业和劳工，特别是通过1889年成立的农业部，1903年成立1913年分开的“商业与劳工部”。

放任主义的崩裂，有许多方面在州政府的立法中比在联邦政府的立法中表现得更为显著。从 1900 年到 1905 年的时期内，在拉福勒特的鼓励下，威斯康星在各州中起了带头的作用。正是在那一时期，威斯康星成为了社会立法的一个真正实验室。它加强了自己的铁路管理委员会，成立了规定收费标准和决定价目的公用事业委员会，创立了一令执行劳工法令的工业委员会，还成立了一个推行更为公平与科学化的税务制度的委员会。威斯康星州法律中最重要的一项便是征收个人所得税（1911 年），这一措施，联邦政府也相继实行（1913 年），最后为许多州所采用。[①] 几乎所有的州都征收了遗产税。然而，必须指出，这些新的课税乃是政府开支增加和人民态度改变所产生的结果。

在这里，没有必要去重述各种类型的劳工立法和 20 世纪头十年里特有的倾向于社会管理所做出的其他努力，也没有必要指出人们对于社会管理的要求是怎样地被列入了政党的宣传纲领。[②] 比尔德博士 1914 年时写道："著名的经济学家们都从自由贸易与放任主义而转向于考虑工人阶级所受的痛苦，并且许多人都放弃了为时已久的'经济学说'的讨论而赞成德国与英国已经采用的包含国家社会主义原理在内的立法计划……虽然并没有一个州做到了把退休金、健康和意外保险等制度建立起来的这样一个

① 虽然在"南北战争"时期曾征收过所得税，（见本书，第 20 章，第 1 节），1895 年要再行征收时便被宣布为是违反宪法的。通过那一年宪法第 16 次修正案才使 1913 年所得税的征收成为可能。1952 年时，有 31 个州和哥伦比亚特区也征收了某种形式的所得税，在新罕普什尔，所得税的征收只运用于利息和红利。

② 见本书第一章，特别是最后的两节。

地步，但是，只要研究一下20世纪头十年的法律，便可以明显地看出它们已经走上了德国、英国和澳大利亚等国所走过的道路。”①

关于这个问题常常被人们忽视的一个方面，就是放任主义内部的与外部的衰落。那就是说，私商开始认识到残酷而漫无限制的竞争，足以导致完全的毁灭。当资本主义成熟和竞争更为剧烈的时候，某些人会应用合并与垄断的方法去消灭“自由企业”。首先破坏自由竞争制度的不是政府而是工业家自己。以后，政府在大众的压力之下便用管制的办法开始努力去恢复威尔逊所说的“新自由”。② 在人们还没有要求政府恢复竞争或控制垄断之前，放任主义就已经被商业所摧毁。

资源的保存

放任主义衰落的一个重要方面，便是1900年以后人们对人力和资源的保存问题突然发生了兴趣。在三个世纪的时期内显然是受到了无穷尽的土地与原料供应恩赐的美国人民，对他们的遗产进行了挥霍，并且养成了浪费的习惯。由于人口对土地开始产生严重的压力和原料成本的上升，对于剩余资源的保存问题，便越来越引起人们的注意。某些调查报告指出：美国的木材和矿产资源

---

① 比尔德：《美国现代史》，第304—305页。

② 福克讷所著《社会正义的要求》和《放任主义的衰落》，对放任主义受到攻击的情况，有比较详细的叙述。

并不是取之不尽的，[①]美国五分之四的森林已经被砍伐而没有考虑到它们的更替；除了煤炭之外，许多矿产将会在20世纪之末耗尽。这些报告也指出，在有烟煤的开采方面，有四分之一是让它残留在地下永远损失了；至少有一半的无烟煤也同样地受到了损失，同时，每年还有千百万加仑的矿物油已经挥发或是在汲取时丧失了。不科学的采伐木材的方法，不仅把全国的林区砍伐得精光，而且使洪水泛滥，造成了灾害，土壤也受到腐蚀或是丧失了生产力而没有得到恢复。人们不仅发觉生产过程很浪费，在使用制成材料方面，情况也是如此。此外，在工业高度发达的国家里，没有一个国家像美国这样地轻视人命的。根据保守的估计，20世纪20年代初期，因工业事故而造成的死亡，每年在二万人以上，不同程度的受伤人数约有二百万。[②] 据称，1923年时（死亡率最低的一年），每开采二十五万吨煤炭，就要有一人死亡和数人受伤，但是这种情况已经有所改善。“州际商务委员会”提出的报告说，1919年有二千多个铁路职工死亡，受伤的在十三万一千人以上。

虽然物力与人力的保存可以采取许多的形式去进行，人们一般认为美国的“保存运动”是通过吉福德·平肖和弗雷德里克·纽

① 某家大都会的报纸所载关于美国某项单独资源的消费数字，足以对美国资源耗用迅速的情况提供良好的说明。芝加哥《论坛报》的“公共服务部”指出，1924年发行一次《芝加哥论坛报》星期日版所需要材料数字的大略如下：现成木料五十四英亩，硫黄二十一吨，煤六百六十五吨，电力六万三千度，水一千八百二十万加仑，石灰石二十八吨，纸八百吨。纽约《世界报》的威廉斯先生估计说（1924年），平均每发行《世界报》星期日版一次，需要四百到四百五十吨的白报纸，每吨纸需要消耗大约从一千四百到一千七百磅的煤和要砍伐大约五十亩的纸浆林木（主要是云松和香液）。

② 见陶格蒂：《美国工业中的劳工问题》，第五章。

埃耳等人的鼓动才开始，并且得到了罗斯福的推动。事实上，好几年以来，某些科学家就已经指出了保存资源的必要。美国地质测量局的约翰·鲍威尔在19世纪70年代就竭力主张把草原作为国家的一项资源来加以保存。后来做了“开垦服务部”总工程师的鲍威尔在90年代写出了许多关于灌溉和垦殖的论著。1894年的《凯雷法令》和1902年的《纽朗兹法令》开始了联邦政府在这方面的协助。唤起人们对森林的保存发生更大兴趣的人，乃是美国的第一个职业性的森林学家平肖。由于受到平肖的影响，罗斯福在1908年召集了一次有名的州长大会。

以上的事实所产生的结果是成立了四十个各州的资源保存委员会和一个全国资源保存委员会，并且把整个问题广为宣传。从此就产生了人们早年反对浪费资源的反应，产生了更为科学和合理地使用资源的兴趣，特别是内陆水道的使用，并且政府也通过了保护公用地产和公有土地下层资源的新法令。人们感到在宽大的土地法令之下，某些大公司常常用舞弊的方法去取得国家大部分的矿产和森林资源。为了避免产生巨大动力的水力资源将来遭受同样的命运，罗斯福就赶忙收回了一亿七千二百万亩以上的公地。关心公益的人们要为全国保存一部分公地所作的努力，由于缺乏国会的合作和遭到私人财团的反对而受到了阻碍。然而，也获得了实际的进展。

在人力资源的保存方面也取得了进步。这种进步，只要回顾一下20世纪开始以来所通过的重要社会立法以及注意一下如劳工部组织的妇女儿童局和最近成立的卫生、教育与福利部等各种联邦及州政府机构便可以看出来。同样也可以从天主教与基督教关于社会与经济正义方面所采取的更为进取与肯定的态度看出来。在打破放任主义的一般过程中，资源保存运动的意义固然很重要，但是，它出现在刚刚第一次世界大战把世界投入一个史无前例的巨大浪费与毁灭的前数年，却是具有讽刺意味的。

收入与财富的分配

当人们试图对第一次世界大战前数年中美国人民的物质福利进行研究的时候，就可以清楚地看出：必须实行资源保存和必须对于生产与经济财富分配的整个问题进行更为科学的研究。根据1900年的《国情调查》，美国全国财富的总值约为八百八十五亿美元。这个数字到1914年时增加了一倍以上，而且按人口计算的财富也随之有所增加。也可以看出，在这些年里，国民收入的增加是很大的。1909年以前还没有适当的统计数字，但是自从那时以后所收集的最可靠的数字，可以从下表中看出。在研究这些数字的时候，还必须考虑到1900年以后物价上涨的情况，特别是要考虑到1914年以后通货膨胀的情况。例如，如果把物价降低到1913年的水平，那么1918年的六百一十亿美元的国民收入的购买力就只等于三百八十八亿元；每一人口的五百八十六元的收入就只等于三百七十二元。

表列的数字并不一定意味着一般工资收入者的所得按照购买力计算都在继续增长。1914年时经济学家们一般地同意了以下的两点：(一)只有比较少数的成年工资收入者挣入了能够维持适当生活水平的工资；(二)从1900年到1914年的这个期间，实际工

1909—1918 年的国民收入

年　份	国民收入（以亿元为单位）	人　口（以百万为单位）	每一人口的收入（以美元为单位）
1901	28.8	90.37	319
1910	31.4	92.23	340
1911	31.2	93.81	333
1912	33.0	95.34	346
1913	34.4	97.28	354
1914	33.2	99.19	335
1915	36.0	100.43	388
1916	45.4	101.72	446
1917	53.9	103.06	523
1918	61.0	104.18	586

注：摘自“国家经济研究局”所编《1909—1919 美国国民收入的数量与分配》，1921 年版。本表选自该书第 1 卷，第 13、64、68 页，附表 1、9。

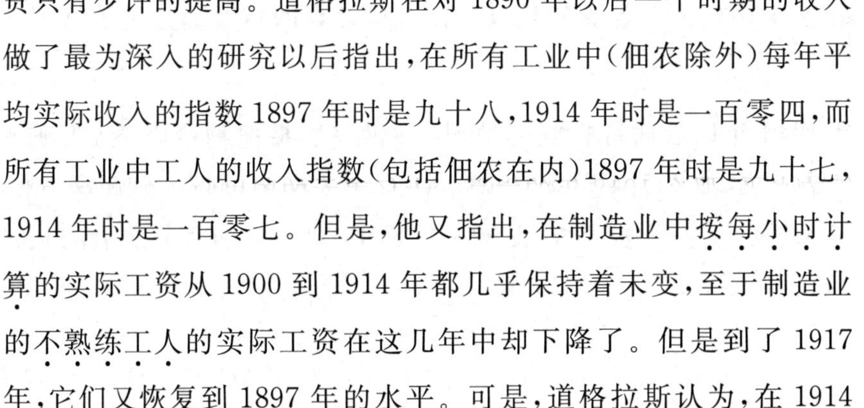

资只有少许的提高。道格拉斯在对 1890 年以后一个时期的收入做了最为深入的研究以后指出，在所有工业中（佃农除外）每年平均实际收入的指数 1897 年时是九十八，1914 年时是一百零四，而所有工业中工人的收入指数（包括佃农在内）1897 年时是九十七，1914 年时是一百零七。但是，他又指出，在制造业中**按每小时计算**的实际工资从 1900 到 1914 年都几乎保持着未变，至于制造业的**不熟练工人**的实际工资在这几年中却下降了。但是到了 1917 年，它们又恢复到 1897 年的水平。可是，道格拉斯认为，在 1914 年以后的十年里，全周工作者的购买力增加了 19%，而且他认为在战后的十年里，多数体力劳动者的实际工资有了巨大的增长。

另一方面，他又认为除了教师以外，许多非体力劳动工人的工资实际上也降低了。①

从另一个角度来看，也就是说，从国民收入总数中分配到工人的数目比例来看，就可以知道，在 20 世纪 20 年代，工资收入者所分享到的工资增加，即使有的话，也是很少的。② 不管在国民收入中有关实际工资与工人分享的情况如何，1929 年以前的四十年里生活水平逐渐有所提高是没有问题的。提高的原因主要是由于两种关系，那就是，新的发明，使工作更为容易，生活更为舒适；大量的社会立法，进一步保障了工资收入者和他们家属的健康、福利和工作条件。工资收入者的生活水平的确提高了，但是，在很多情况下（例如 1914 年），仍然停留在维持最低生活的最低水平以下。此外，由于战后各年中工人组织运动的趋于低潮，美国的工资收入者们，作为一个阶级来说，1932 年所处的地位不如 1914 年。③

至少，还要注意到这个问题的另一方面，那就是，财富的分配。虽然美国按人口计算的收入和按人口计算的财富都大过了欧洲的国家，但是，一般财富的分配并没有太大的区别，至少在 20 世纪 40 年代末期是如此；这是一个惊人而又千真万确的事实，如果我们没有忘记美国具有较多的资源，是一个新兴的国家而且具有民主机构的话。根据 1890 年的一次详细调查，美国八分之七的家庭

① 福克讷：《放任主义的衰落》，第 251 页，对此做了总结性的叙述；有关详细的讨论，参阅保罗·道格拉斯：《1890—1926 年美国的实际工资》，第二十二章，第 111、174—184 页，附表第 25、59 及 147。

② 见《近代经济的变革》，第 2 卷，第 766—771 页。

③ 见本书第二十八章“工会组织的衰落”一节。

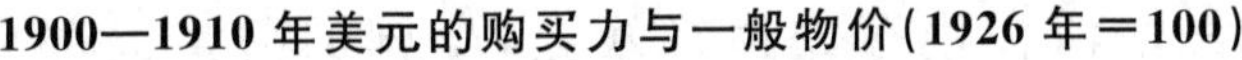
1900—1910 年美元的购买力与一般物价(1926 年=100)

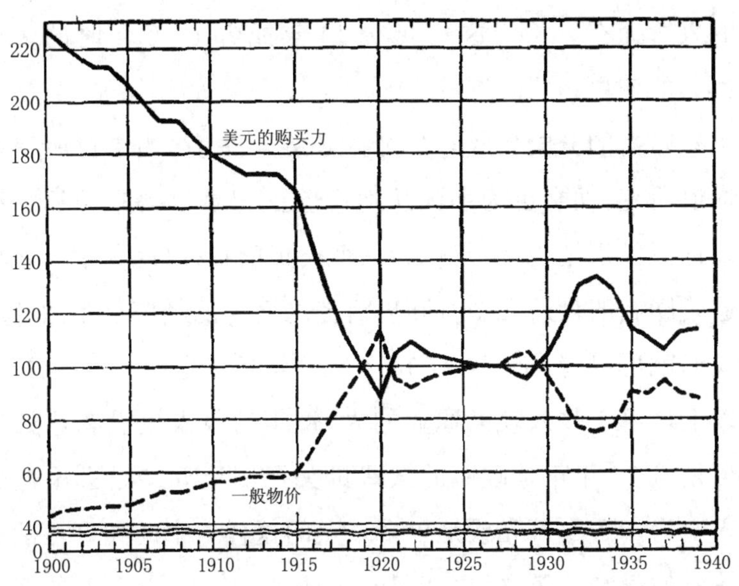

注:摘自根米尔和布拉格特,《经济学的原理与问题》,哈倍尔兄弟出版社出版。

只不过拥有全国财富的八分之一,而 1% 的家庭却拥有其余 99% 以上的财富。[①] 十年以后,情况只有少许的改变。根据 1900 年时对威斯康星州五个县的财产调查,那里的三分之二的赤贫人口只拥有财富总额的 5.6%;五分之四最穷的人拥有的财富不到 10%,而 1% 的最富有的人却拥有财产总数的一半。由于这些威斯康星的各县中包括农村居民区和密尔沃基等城市在内,而且由于这些数字与在不同时期内对马萨诸塞州所做的研究情况相同,因此可以把它们看成是有代表性的。[②] 这些研究明确地指出美国整整有

① 史巴:《美国今日的财富分配》,第 65—70 页。

② 金:《美国人民的财富与收入》,第 72—87,90—115 页。

80%的人民生活在生存的边缘线上，全国的财富大部分为其余20%的人所拥有。关于这一点，1914 年或者 1940 年时的情况都没有太大的变更。[①]

虽然财富的分配比收入的分配还更不平衡，如果对所得税的收入加以研究，便会更为加强从遗产验证记录里得来的那个结论的正确性。如果把 1920 年作为一个公正的指标(因为这一年包括战时通货膨胀的最后几个月和以后随之而来的经济萧条的开端在内)，我们就可以看出，甚至于在这个工资部分地有所增长的一年，80%以上从事于收入较高职业的人，每年的收入也没有达到一千元。可是，这一年正是政府的某些机关把一个五口之家最低生活的收入定为二千二百元或是更多一点的这样一个时期。虽然即使通过政府的强制力量，要想获得有关收入的正确资料也是极端困难的，但是，仍然可以看出 1920 年时，能得到约为国民总收入20%的工资收入者不到 1%；得到国民收入 34%的人只有十分之一。同时，虽然得到一千元到五千元的人的收入占全国总收入的64.35%，他们所付的税只占税收总数的 15.43%。尽管在研究收入与财富的分配时出现了一些令人懊丧的事实，但是，美国人民在文明方面的进步却从来没有像第一次世界大战以前的十年里那样迅速的。那时，不仅经济方面有着惊人的发展，在对经济生活的协调和调整方面，已经并正在获得巨大的进展。那些“时弊揭发者”对当前社会、政治和经济弊害的痛切攻击，无非是全国人民态度发

① 联邦商务委员会对 1912 年与 1913 年的遗产调查指出：80%的人的死后遗产价值不到五百元，90%以上的遗产价值不到五千元。1%的死者拥有全国 90%的财富。见奈斯特洛姆：《消费经济学》，第 152 页。

生改变，是人们愿意对国家的资源做认真的盘点，愿意控制进入这个新国家里来的经济掠夺行为和更为重视改正许多缺点的科学方法的象征而已。对旧秩序的攻击已全面展开。在各州采取创制权、复决权、罢免权以及改进市政府等方法来防止州政府和地方政府侵犯私人利益，并使之把这些利益归还于人民。联邦政府宪法第十七次修正案也是朝着这一方向而进行努力的。这个新的国家通过了一系列的社会立法，这些立法一方面反对贫民窟，反对对女工和童工的剥削，和反对在工业中对生命的浪费，另一方面则旨在改进教育、文娱和健康状况。在战前的年代里，又通过了四个著名的联邦立法：《克莱顿反托拉斯法案》，这是防止垄断的一个新的尝试；《联邦贸易委员会法案》，以便更好地来控制大企业；《联邦储备法案》，以使全国的银行得到更紧密的协调；《安德伍德法案》，这是内战以来最好的关税法案。

中立的年份

威尔逊总统就任后第一年所制定的那些著名法令，代表着20世纪早些年代革新运动的顶点。1914年夏末，席卷欧洲和以后延长了两年半并且把美国囊括在内的第一次世界大战，实际上使社会正义运动暂时停止，并且引入了一个发生反作用的时期。密切注意报纸新闻的美国人中，在1914年时还很少有人认识到战争会带来怎样深远的经济后果。在四年的时间里，许多欧洲国家都竭尽一切努力去从事于歼灭敌人的工作。千百万个工人由从事生产的工业里抽调出来投入了肆意破坏的工作，这种破坏耗用了几十年以来所积累的财富。除了在战斗中死亡的七百四十五万人以外，还必须加上为数更多的残废或因伤早死的人以及由于疾病和饥饿而致死的平民。除了一千八百六十亿美元的直接战费之外，还必须加上因此而引起的养老金的开支，恢复建设的费用和其他数目无法估计的担负。这些费用使参战各国的债务堆积起来，达到一个无法偿还只能抵赖的数字。在战后的二十年中，整个世界都为了战债和通货膨胀问题而感到苦恼。在一个时期内，战争瓦解了全球的财政、商务和工业体系。但是，即使付出了生命与物质财富，仍然是无济于事的。第一次世界大战证明它只是另一个更为巨大的世界战争的初步冲突。

第一次世界大战早期给予美国的影响与在法国革命时期和"拿破仑战争"时期所产生的影响十分相同。1913 年与 1914 年，美国遭到了一次较小的经济萧条，这个萧条由于欧战最初几个月里的经济紊乱而加深了。可是，自从 1915 年起，随之就出现了一个为期五年的惊人的工农业扩张时期，这首先是起因于欧洲需求的增加，后来又因美国的参战而加剧。当欧洲人放下了和平时期的事业以后，这个缺口还得要别的国家来补填，而美国，正如在一个世纪以前那样，已经成为了一个原料与粮食供应的策源地。由于工业的发达，美国当时所起的重要作用就与"拿破仑战争"时所起的作用不同，成为了一个矿产品、半制成品与军火的出口国家。但是，归根结底，它从欧洲战祸中所获得的利益都由于它本身的参战而抵消了。世界又一次证明了它狭小得使美国难以逃避地卷入了一场世界性的冲突。

虽然 1914 年至 1918 年间，全国生产总值估计只增加了

15%，但是，对于战争所需要的产品，情况就全然有所不同。[①] 首先受到刺激的，自然是金属和其他矿产品的生产者。铁矿石的生产从1914年的四千一百四十三万九千长吨增加到1917年的七千五百二十八万八千长吨；铜的生产从十一亿五千零一十三万七千磅增加到十八亿八千六百一十二万磅；锌的生产从三十四万三千短吨增加到五十八万四千六百短吨：有烟煤从四亿二千二百七十万零三千短吨增加到五亿五千一百七十九万短吨；石油从二亿六千五百七十六万二千桶增加到三亿三千五百三十一万五千桶。由于对棉花、小麦、羊毛、皮革和木材的需要增加，很快就使农业繁荣起来。1915年市场上药棉的价格，从每磅八分五厘涨到1920年时的平均每磅三十五分九厘。小麦的生产1913年时是七亿六千三百三十八万蒲式耳，1915年增加到十亿零二千五百八十万蒲式耳。1916年和1917年的歉收减少了产量，但是1918与1919两年的产量超过了九亿蒲式耳。小麦的价格从1913年的九角七分涨到1920年的二元七角三分。玉米的收成1913年时是二十四亿四千五百九十八万八千蒲式耳，到了1917年就增加到三十亿零六千五百二十三万三千蒲式耳，这是截至那时为止的一个最高纪录。不仅金属与农产品的生产受到了鼓励，许多从前要向外国购买的物品现在也更多地在国内制造出来，其中必须提到的有染料、钾、化学药品、科学仪器和光学用品。事实上，作为“战时婴儿”的最为重要的化学工业的迅速发展，是战争带给美国工业的意义最为重大的一个后果。

① 有关天然产品的指数，见库兹涅茨：《战时的全国生产》，第148页。

由于美国是最大的主要原料生产者，也是最方便的粮食策源地，外国向美国的购买，在战时和紧接着战后的几年中数量都极为巨大。因此，对外贸易有了很大的增长，尽管有着德国潜艇的活动。在战前的十年中，美国的出口超过入口约有四亿五千万元到五亿元。通过付给借入款项的利息和红利，通过付给欧洲运输商的运费，通过美国旅行家们的开支，以及通过侨民的汇款，使贸易的差额抵消了。截至 1914 年 6 月 30 日止，出口超过入口的金额总数有四亿三千五百八十万元，到 1917 年就猛增到三十五亿六千七百八十万元。从下表中将可看出，1914 年与 1920 年间美国的出口贸易增加了三倍以上。当然，这种巨大的增长是来自军火与粮食方面，因此，出口的爆炸物资的价值从 1914 年的六百二十七万二千元增长到 1917 年的八亿零二百七十八万九千元；出口的化学药品和染料等的价值从二千一百九十二万四千元增长到一亿八千一百零二万八千元；出口的钢铁从二亿五千一百四十八万六千元增长到十一亿三千三百七十四万六千元；肉类产品从一亿四千三百二十六万一千元增长到三亿五千三百八十一万二千元；小麦从八千七百九十五万三千四百元增加到二亿九千八百一十八万元。出超之所以可能是由于：第一，同盟国结清了大约值二十亿元的美国债券；第二，它们向美国的借款到达了它们信用的极限；第三，美国参战后，它们用美国政府所提供的大量借款进行物资的购买。

即使把战争所造成的物价高涨考虑在内，对外贸易增加的数额也是巨大的。所以产生这样结果的原因，不仅是由于欧洲的需求的增加，也是由于与拉丁美洲和亚洲的贸易有了增长的关系，在

1914—1921 年美国的进出口贸易(金额单位:百万美元)

年　份 (a)	出口的 本国商品	进口商品	出口超过 入　口　数	农产品出口 的百分比	制成品出口 的百分比
1914	2,329.7	1,893.9	435.8	48	47
1915	2,716.2	1,674.2	1,042.0	54	43
1916	4,272.2	2,197.9	2,074.3	36	62
1917	6,227.2	2,659.4	3,567.8	32	66
1918	5,838.7	2,945.7	2,893.0	39	58
1919	7,749.8	3,904.4	3,845.4	53	45
1920	8,080.5	5,278.5	2,802.0	43	52
1921	4,378.9	2,509.1	1,869.8	48	46

注:(a)截至 1918 年 6 月 30 日财政年度数,以后则为每年数。

(摘自《1921 年统计摘要》,第 840,847,849 页,附表 482。)

这些地区,美国把德国市场被消灭以后和英国早先占领的市场的缺口弥补起来。出口的超过入口,再加上美国的繁荣与欧洲市场的摧毁,都有助于说明世界金融中心移转到纽约的原因。美国第一次在自己的历史上变成了一个债权国。

美国商务的迅速扩张并不是顺利地进行的。美国所遇到的困难当中最重要的一个便是运输设备的不足。当时,美国并不像拿破仑时代那样拥有世界上第二支最大的商船舰队。1914 年时,它的船只吨位是比较小的。那一年,从事于对外贸易的美国船只大约有一百万吨稍多一点。它严重地感到了商船的缺乏,特别是正当德国潜艇击灭同盟国船只的速度超过了盟国船只补充的速度,和同盟国的船只从商务方面抽调出去纯粹充作军用的时候,德国的大轮船公司也被逐出了海面。情况是很严重的,而且早在 1914 年时联邦政府就采取了积极的政策去鼓励运输事业。那一年,有关船舶登记和其他事项的法律都被修正,以允许外国船只插上美国中立国的旗帜到这里来避难，而且通过了法律，在财政部下设立一个战争保险局，对那些不能享受低廉保险费的美国船舶与货物进行保险。[①] 两年之后(1916 年 9 月 7 日)，国会又批准成立美国航运局，以促进商船业务的发展和对航运的管理。

由于欧洲正在进行生死存亡的斗争，美国要想顺利地享受中立国的利益是不可能的。正如像在“拿破仑战争”时候的情况一样，交战国的一方都很想使美国的产品不能运到对方。为了达到这个目的，英国和德国都破坏了中立国的权利，它们只考虑眼前的需要而不顾美国的不愿意和可能采取的行动。英国控制着海洋，封锁了德国的港口，而且独断地扩大了违禁物资的种类，把从前不在没收之列的棉花、羊毛、皮革、橡胶、铜和化学药品也包括在内，以后还包括了粮食。它也执行了“最终目的地”的理论，没收了运往欧洲中立国家的货物，所持的理由是：这些货物终于会被运给德、奥、匈三国。德国方面也把英伦诸岛附近的海面宣布为“战区”，而且采取了无限制的潜艇战争的政策，使美国人的生命财产受到了损失。

使我们参与战争的原因是极端复杂的，而且这些原因的相对重要性也不可能加以确定。第一次世界大战后，人们着重地把经济的原因说成是美国参战的理由。他们指出：美国的经济生活越来越与供应主要军需品的任务有关，而这些商品，由于英国控制了海洋，只能运到交战的一方。正是由于德国的干涉这项商务，才造

① 1917 年 10 月加以扩充，把水平和他们的眷属死亡或残废时的补偿金包括在内。

成美国1917年4月17日宣战的外在原因。此外，在美国参战以前，贷给盟国的私人放款在二十五亿美元以上，而贷给德国的放款只有四千五百万元。威尔逊总统最初对于这些贷款感到忧虑，但是1915年时就采取了旁观的态度，允许把这些款借了出去。这项行动后来使总统受到批评，说这样就发展成为美国不可避免地参战的背景。[①]

毫无疑问，美国肯定是有着经济的利益，希望同盟国能够战胜。但这完全不能解释它参战的原因。[②] 不提旁的因素的影响，只提德国在外交方面所铸成的令人难以相信的大错和对中立国权利的侵犯就有了足够的理由使美国参战。美国的文化与风俗传统，是以英国的文化和传统为基础，它的语言、法律和宪法制度都发源于英国。此外，同盟国的宣传工作也做得比德国的成功。早在1917年以前，美国人民就深信同盟国事业的公正，他们把这项事业解释成是一项为了文化与自由制度而进行的斗争。除参战外，不能做出其他的抉择。

① 威尔逊总统对于战债问题所持的这种态度，是在1936年早期以哲罗德·耐伊为首的一个参议院委员会调查了军火工业以后开始的。关于反对的意见，可参阅C. A. 比尔德：《用战争解决国内危机》一文，载《新共和国》杂志，第86卷，第127—129页(1936年3月11日)。也可参阅牛顿·贝克尔在《外交杂志》所著一文，载该杂志第15卷，第1—86页(1936年10月份)。对美国参加第一次世界大战的最客观的研究，要算唐锡尔所著《美国参战了》(1938年版)一书。

② 据最近的一篇文章根据对三十个以上的主要贸易与财政论文进行了研究以后，免除了1917年美国商人充当战争贩子的罪名。参阅赛雷特所著《1914—1917年的商业报纸与美国的中立》一文，载《密西西比河流域历史评论》，1942年9月，第32卷，第215—230页。

经 济 动 员

20 世纪头二十年中已经渐渐消失的放任主义政策，在战争状况的压力下完全崩溃了。甚至在美国参战以前，美国的经济生活就已经那样严重地受到战争的影响，以至于人们感到政府有必要去积极干涉私营的商业。由于美国的参战，生产与分配的集中监督与指导对于进行有效的参战是绝对必要的。对于政府从来没有实施到这样程度的这种控制，乃是通过成立联邦的一些处局、委员会或是公司来实行，某些机构具有十分广泛的权力，而且有时还受到下一级的各州和地方团体的协助。

美国参战时，战事已经进行了两年半以上。欧洲的经验使美国的领袖们至少认识到经济动员问题的艰巨性与复杂性。基本上，这是一项统一与协作的工作。它意味着：第一，对资源进行调查，对需要做出估计，以后便是把满足和平时期需要的生产改变为战时的生产。使美国感到幸运的是，为同盟国生产金属与军火工业的迅速扩张，为这一改变打下了基础。第二，它意味着成立中央的管理和采购机构，按优先法则去配给原料，按公平的价格去指导采购工作，消灭制造商为原料、机器与劳工互相竞争所产生的混乱而建立秩序。

在有必要尽量加速战争物资生产的同时，还有标准化、利润控制、劳工政策、规定物价和满足平民需要等问题。政府本身也插足于生产事业，例如在制造硝酸盐和从事航运方面就是如此。其他的一些迫切问题包括着更有效率的运输事业的发展、更多的粮食生产和对战费的支持。对于一个幅员广大、只习惯于个人行动而不习惯于合作和实际上对于这种类型的行动没有经验的国家来说，这项任务几乎是一项超出人力的巨大工作。尽管是出于措手不及，不可避免地缺乏效率，犯了错误和某些计划实施的失败，但是整个的任务却完成了。在美国参战的十九个月里，政府继续对同盟国的粮食和军火做了不断的供应，募集和武装了四百万以上的士兵，把二百万名士兵运到了欧洲，把一百万人送上了前线。此外，在这些岁月里，政府还从财政上支援了同盟各国。

当美国参战的可能性越来越大的时候，国会被督促着采取了行动。1916 年 9 月的一项法律批准创设一个美国航运局去促进和管理商船业务，也成立了一个“国防委员会”去监督和统一防务计划。直到 1916 年 10 月 11 日，仅仅在宣战前六个月，才把这个包含着陆军、海军、内政、农业、商业和劳工各部部长在内的委员会组织起来。同时，也成立了一个由七个专家组成的顾问委员会，去处理军火、制造、运输、工程与教育、医药与外科治疗、原料、军需和劳工等方面的问题。[①] 最后，由这个委员会和顾问委员会里又产生出许多附属的委员会或局去处理一切几乎与战争有关的各个方面的重要问题。委员会与顾问委员会必须担任繁重的领导工作，可以从这样的一个事实看出来，那就是：迟至宣战前六个星期，陆

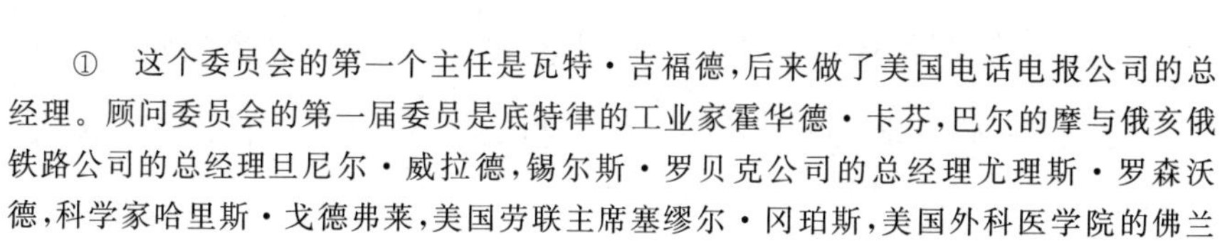

① 这个委员会的第一个主任是瓦特·吉福德，后来做了美国电话电报公司的总经理。顾问委员会的第一届委员是底特律的工业家霍华德·卡芬，巴尔的摩与俄亥俄铁路公司的总经理旦尼尔·威拉德，锡尔斯·罗贝克公司的总经理尤理斯·罗森沃德，科学家哈里斯·戈德弗莱，美国劳联主席塞缪尔·冈珀斯，美国外科医学院的佛兰克林·马丁医生和伯纳德·巴鲁克。

军部还没有一个组织或装备一支庞大军队的计划。

在国防委员会成立的所有附属机构中，最重要的当然要算战时工业局。这个局担任的任务很广泛，因为它“要做政府战时工业需要的一个交换所，决定满足这些需要的最为有效的方法和增加生产的最好方法与手段……”[①]这个局所完成的任务是那样地重要，以至于总统在1918年春季把它加以改组，扩大了它的职权，任命伯纳德·巴鲁克为局长，并且使它成为直接对总统本人负责的一个独立机关。这个局的工作划分为下列一些执行的部门——那就是：人力物力保持部、优先调拨部、物价核定部、军需部、劳工部和盟国采购部。为了协助这些部门，战时工业局在某些特殊的工业里逐渐地成立了五十七个专家小组作为情报交换所。根据国会授给总统和这个局的权力，它能够决定优先调拨，核定它所购买的商品的价格，而且必要时还可以征用制造工厂。后面的这种权力，是通过陆军部和海军部的命令来执行的。

粮食与燃料

由于参战国的粮食和燃料贮备都下降了，这些物资的生产与贮备在美国就成为一个极端重要的问题。局势使国会在1917年8月通过了两项法令——那就是：《粮食生产法令》与《燃料管理法令》。第一个法令授权农业部，鼓励各农场的粮食生产与贮备。第二个法令授权总统去管制“粮食、饲料、燃料及燃料油、天然煤气、

① 克拉克逊：《工业的美国与世界大战》，第37页。

化学肥料与肥料原料、工具、用器、器械，以及生产粮食、饲料与燃料所必需的机器与设备”。这项法令禁止囤积、故意销毁和销售与分配方面的区别对待或不公平的行为，而且授权总统在某些情况下去采购、贮备和售出小麦以及其他商品。甚至于在这个法令还没有通过以前，就把胡佛从比利时的救济工作岗位上调了回来去处理粮食问题。胡佛后来做了全国粮食部部长，这个部是成立起来执行法令中有关农业方面的规定的。

全国粮食部与战时工业局不同，它具有法令授予的一些特殊权力。胡佛本人比较喜欢自愿合作的方式，但是，由于战争的持续，就有必要去实施管制和行使国会授予的权力：对粮食产品的制造、贮存和分配采用了颁发执照的办法；也对食糖、小麦、肉类、黄油和其他食品的使用采取了有效的管制。鼓励全国人民厉行节约，使用代用品；为了进一步节约，也实行了在某些日期里不供应肉食和小麦的办法。在促使消费者减少消费的同时，也使用了一切方法去鼓励农民从事增产。

虽然粮食部没有规定农产品价格的权力，它终于这样做了，因为它替陆军、海军、同盟国、比利时救济会以及红十字会所采购的物资中，包括着大量的这些供应品在内。它能够，也的确保证了最低的物价，并且把价格提高到足以刺激生产的程度。某些采购的任务，是由一些附属的非营业性的政府公司来进行的。例如，成立了一个粮食部谷米合作社为美国与盟国收购肉类与小麦和维持担保的价格。同样地，也成立了一个食糖平准局用议订的价格向生产者购入粗糖，按照规定的利润交给炼糖厂去提炼，并且稳定了糖价。

战争期间民用和军事工业方面最感缺乏的便是燃料。在哈里·加菲耳德所领导的“燃料管理部”之下，几乎想尽了一切克服这个困难的办法。问题的性质在于三个方面，那就是：生产、分配与定量供应。为了刺激生产，政府敦促燃料的使用人和矿商要减少浪费和采用更为有效的节约方法。分配问题一部分是通过使用按地区供应的制度来解决，使消费者使用与矿区最为接近的燃料和减少运输的往返。为了使煤炭能尽量供应远地，就减少了不必要的照明和取暖的消耗，而且在1918年4月，还建立了一个对家庭的一般用煤定量供应的制度。1918年1月实行了燃料油类分配的管理办法，以后还扩大到天然煤气和汽油方面。

运输的战时管制

上面已经提到，在美国未参战以前，就已经做出了初步的努力去扩充美国的商船。美国参战以后，美国航运局的权力就被扩大，其中包括对规模巨大的造船计划的督导，使用政府的权力控制船只，以及为商船训练人员等工作在内。美国宣战时，德国炸沉轮船的速度胜过了船只能够补充的速度。美国的问题在于扭转这种局势，使供应品能在海上继续运输。1917年4月，航运局成立了一个紧急船队公司的附属机构，资本为五千万元，负责商船的建造工作。五月间，国会授权总统接收扣留在美国港口以内的六十万吨德国船只。八月间，政府征募了所有正在建造的钢铁船只，这样就增加了净重三十万吨的吨位。最后，政府还接收了所有重二千五百吨或二千五百吨以上适合于使用的美国船舶，但是允许船主自行开驶。

紧急船队公司开办时实际上得到了国会无限经费的支持。这个公司的目的是要建筑一座横过大西洋的“船桥”，所采用的方法是使用预先做成的部分和按照设计标准制成的材料进行大规模的生产。它把已经充分使用的旧船坞加以扩充，也建筑了一些新的船坞。其中最大的一个是费拉德尔非亚州哈格岛上的船坞，它的生产能力比战前任何一年英国船坞的生产力还要大。1917 年建成了六十一个船坞和二百三十五个下水台，到了 1918 年 11 月就增加到三百四十一个船坞和一千二百八十四个下水台；工人人数从四万五千名增加到三十八万名。在战争进行的十九个月中，造成的船有八百七十五艘，总数在二百九十四万一千吨以上，到了 1918 年 9 月 1 日，航运局已经控制了八百六十九万三千五百七十九吨的航运业务。美国从事于对外贸易的吨位，从 1916 年的二百一十八万五千吨增加到 1921 年的一千一百零七万七千吨。

自从 1887 年以来，对铁路的管理就已经成为政府的既定政策，但是直到战争期间才试行了由政府直接经营。由于铁路不能满足战时的紧急需要，由于有绝对必要使运输业服从于战事取胜的目的，才采取了这个步骤。欧战爆发时，铁路的地位是很不巩固的。在十五年的时间里，铁路营运的维持费、材料费和工资的成本一直在上升。另一方面，直到 1914 年以前，铁路要想提高运费的企图都没有得到成功。1910 年时，某些铁路曾呈请政府准许提高运费 10%，但是被州际商务委员会拒绝了，委员会根据 1910 年的繁荣情况做出了这项决定。这些铁路公司在 1913 年与 1914 年所做的进一步请求获得了成功。这便是委员会最后允许大大地提高运费，但是，这已经做得太迟，没有产生很大的直接价值。1914 年对于铁路是一个灾难性的年份。1915 年时，美国六分之一的铁路(共四万二千英里)落入了接收者之手。战争带来了 1915—1916 年的暂时繁荣和运输业务的巨大刺激。但是，一部分由于 1916 年亚当逊八小时工作法令所引起的材料价格的上涨与工资费用的增加，吸收了大部分的利润。[①] 各家铁路在一个时期里添购了数量不多的设备，而且它们的车辆也不能满足战争的迫切需要。这正是当美国参战时铁路困难处境的情况。

总的说来，各家铁路公司都尽了最大的努力去应付事变。巴尔的摩与俄亥俄铁路公司总经理兼国防委员会顾问委员会运输专家旦尼尔·威拉德组织了一个国防特别委员会，选出了一个由五人组成叫作战时铁路局的行政委员会。这个战时铁路局的办事处设在华盛顿，与政府取得了密切的合作。但是，随着岁月的消失，由于陆军的特别需要，由于“优先调拨局”的命令，由于设备的缺乏，由于不能强迫各家铁路遵守这个委员会的命令，由于无法取得在互相竞争的各家铁路的联合行动，也由于劳工要求更高的工资所引起的困难和铁路员工的参军等关系，使情况变得更为复杂起来。最主要的原因是整个铁道系统的一般地缺乏效率。所有这些都造成了私人管理的破产和由政府直接经营的必要。1917 年 5 月的《艾斯琪法案》授权州际商务委员会去管制货运。最后，1917 年 12 月 26 日，由于州际商务委员会的建议和通过对情况加以彻底调查之后，威尔逊总统发布了一项公告，宣布在两天之后铁路改由政府经营。

① 见本书第二十二章“劳工与法院”一节。

总统的公告发布以后，接着就通过了 1918 年 3 月 21 日的《铁路管理法令》，规定：(一)在 1917 年 6 月 30 日以前的三年中，每一条被接管的铁路所领的每年经费不得超过它的平均营业的净收入；(二)拨出周转金五亿元作为营运经费；(三)在停战协定批准后的一年零九个月内，各条铁路即归还原主；(四)各条铁路归还时，"应全部修复并全部具备政府接管初期的一切设备"；(五)"州际商务委员会"应撤销其命令铁路公司取消某项运价的权力，但是保留了多数的其他权限。

普耳曼寝车公司和一些快运公司也被接管了，但所有的短途线路并不包括在内。财政部长威廉·麦克杜兼任了铁道总督。[①] 最后，整个运输系统由设在华盛顿的八个部门来处理，为了方便营业，全国分为七个区域性的机构。每一个区设有一个区域主任，每一条铁路有一个联邦政府派任的总经理，后者有时是从前铁路公司的总经理。在运输管理史方面还必须提到的便是 1918 年 7 月政府接管了电报与电话系统，使它们受邮政总局长的指导，那一年 9 月又接管了海底电报。战争开始时就已经接管了无线电，受海军的管辖。

在处理劳工问题方面，政府感到必须承认铁路员工的工资没有其他企业的工资那样地高的这一事实。由于没有强制铁路员工不得任意离职的法律规定，唯一的办法就是提高工资，这事在一个无党派的工资调整局的建议下办到了。工资既有增加的必要，因此，1918 年 5 月 25 日，各级货运运费提高了 25%，旅客票价每英

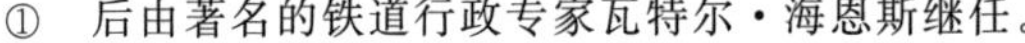

① 后由著名的铁道行政专家瓦特尔·海恩斯继任。

里提高为三分。

由政府营运去有效地支援战争所取得的好处是很多的。终点站、设备和修理厂的联合使用,任意使用路线以避免车次的拥挤,从根本上更好地管理运务,更有效地调拨军队和军需品,消灭客运的重复,购入设备的标准化——所有这些,都有助于支援战争。由于在统一的单位下取得了协调和为了公共利益而营运,使铁路成功地担负了一项艰巨的任务,这在它们是一些单独的或互相竞争的财产时所不曾办到的。[①]

"政府经营"这个名词的意义很不确切。政府固然进行了某些指导、管理,施加了一些压力,但是,在许多情况下,仍然是从前的那些行政人员经营了这些铁路。停战以后铁路方面进行了广泛的宣传,说什么由"政府经营"是浪费的和缺乏效率的,而且这项财产没有得到适当的保持。这些宣传硬说在政府管理的二十六个月中,营业费用超过了收入大约九亿元。这个超支的数字,究竟有多少是产生于费用的增多,有多少是产生于从前许多应该加以纠正的铁路失修的情况?将是永远无法知道的事情。政府的错误在于没有尽快地增加客货运费,乃是公认的事实;但是,不论是国家用增加客货运费的方法来付出战时的运输费用或是用补贴的办法来支付,都没有很大的区别。无论如何,铁路在战后得到了格外的赔偿,而且客货运费又一再有所增加。关于维持不恰当的问题,海恩斯总督写道:"那种认为在联邦政府管理末期铁路的财产处于损坏情况的概念,是从来没有什么根据的,而且由于以后的事实和对这

① 乔治·索尔:《繁荣的十年》,第 36 页。

种概念加以分析而清楚地被驳斥了。”①

战时的劳工

第一次世界大战对于劳工所产生的最大直接影响便是造成工人的缺乏，这种缺乏甚至于在美国未参战以前就已经威到了。每年平均一般移入美国的人口，从 1912—1914 年三年中的大约六十六万二千一百人减少到 1915—1918 年的二十五万七千八百八十七人。与此同时，千万个从事于工业的人口都被遣派到欧洲军队里去服役或是参加本国的军队。劳动力供应的下降正是发生于工业正常发展的时期。美国参战以后，由于美国军队里增加了四百万人，使劳动力更为缺乏。在劳动队伍里所产生的这种缺额，一部分是由妇女来填补——至少有一百万名妇女在战时参加了工业——但是，缺乏仍然继续存在。政府处理这个问题的方法是扩大“劳工部”、“职业介绍所”的活动。这个机构与各州和各个地方的机关合作，在一定程度上使防务工作得到必需工人和减少劳工周转的工作得以协调。1918 年 6 月，总统要求所有从事于战时工作的雇主雇用工人时要通过职业介绍所。那一年，介绍所每天介绍就职的工人在一万名以上。

由于这种缺乏所产生的自然结果，使劳工的地位至少暂时有所加强。按美元计算的工资迅速地上升了。工人们因实行八小时工作制而得到了很大的好处。这一部分是由于 1912 年通过了一

① 海恩斯:《战时美国铁路史》，第 120 页。

项法律使八小时制对从事与政府签订合同工作的工人成为一项强迫性的制度。虽然政府劳工局对职工会所采取的政策是承认现状，但是实际上却是倾向于工会的。仲裁局感到在有工会存在的地方，就容易监督劳工的集体争议工资制度。工会会员的平均人数从1916年的二百七十七万二千七百人，增加到1919年的四百一十二万五千二百人。

年份	每小时工资	生活费用	实际工资
1913	100	100.0	100.0
1916	111	118.3	93.8
1917	128	142.4	89.9
1918	162	174.4	92.9
1919	184	188.3	97.7
1920	234	208.5	112.2

虽然直到1920年初的几个月里工资一直在迅速地上升，但是工人们的实际所得并不是如此，因为物价上涨得更快，因此不论计时或计件的实际工资都越来越往下降。是否归根到底实际工资会因为战争而得到改善，仍然令人怀疑，但是由于有些工人也许是第一次能够买得起奢侈品，所以产生了"穿丝衬衣的工人"的神话。可是，劳工的总收入无疑地是增加了，但这完全是由于战争使更多的人就业所致。必须记住，第一次世界大战时对限制物价所做出的一切努力，都是与政府向生产者和加工者的采购有关的，它并没有涉及平民的一般消费品的价格。上页"劳工部"所编的指数表说明了在作战的几年里工资与生活费用之间的一般情况。[①] 美国劳

① 见《1931年统计摘要》，第347页。工资数字不包括农业工人在内。其他的一些学者们把这些统计数字略加修正，但一般地讲，它们代表着实际情况。我们将要看到，自从1920年开始，实际工资增加了，这个趋势整整持续了十年。

工联合会在冈珀斯和“行政委员会”的领导下(这个委员会说“这是工人的战争”)全心全意地致力于战争,取消和中止了一些有碍效率的限制与规定,但是要求不要降低生活水平。冈珀斯被调入国防委员会的顾问委员会,一些劳工领袖都被派到政府组织的许多战时机构里去担任职务。战争初期,冈珀斯以国防委员会劳工委员会主席的名义,召开了一个劳资代表大会,在这次会议上,劳资双方同意不利用国家所处的紧急状况作有碍支援战争的过分要求。这是在战事时期劳资双方的一次非正式的停火;但是,令人感到十分意外的是,这项停火进行得相当顺利。当然,它并没有终止劳工纠纷,甚至于也没有阻止了罢工。根据“劳工部”的统计,在十九个月的作战期间,发生的罢工有六千起,但多数都时间很短,而且由劳工自愿地停止了。[1]

1918 年年初,为了要把劳工政策与各个劳工机构与委员会的仲裁工作加以合并,总统指派了劳工部部长威尔逊担任劳工总署署长,在他的下面成立了一个战时劳工局和一个战时劳工政策局。后面这个机构的任务是决定政府对工时、工资和工作条件的一般政策,并且尽可能地规定劳资双方的关系。“战时劳工局”是一个接受劳资纠纷案件的司法机关。这个局判决了大约一千五百起的纠纷案件,在许多案件中,它规定成立了一些车间委员会和使用了其他一些方法以解决其他类似的纠纷。除了这些机构之外,对某些工业,还成立了专门委员会。作战部的一些附属机构也成立了

① 乔治·索尔对第一次世界大战时的劳工问题做了最简明而扼要的总结,见索尔:前引书第三章。

工业服务组去处理劳工问题。在政府开始接管以后，各家铁路的行政当局也成立了一个铁道工资委员会，负责处理有关铁路工资调整的事宜。利用这个机构，利用增加工资的方法，利用领导与被领导双方对国家的忠诚感，使战争期间的劳工纠纷大大地减少了。

劳工对于取得战争胜利所做的贡献，使它斗争已久的某些特权在和平条约里得到了承认，并且还在条文里规定成立一个改善国际劳动条件的永久机构。根据这个条约，1919 年在华盛顿举行了一次国际劳工大会，会议起草了一个纲领提交给国际联盟。其后果便是国际劳工组织的成立。

尽管这个国际组织取得了人们的认可，战争对于美国工人的影响乃是有害而不是有利的。当然，在取得八小时工作制的承认方面，工人们得到了好处，但是，实际工资 1919 年时比 1913 年时降低了。[①] 然而，最重要的损失还不在于工资或工作条件方面。1912 年时组织已经相当庞大的社会主义党力量的削弱，以及世界产业工人联合会和对劳工运动进一步发展所不可少的其他左翼组织的解散，才是一项真正的不幸。战时和战后使工人难以忍受的情况的发展以及个人自由的减少，使工人比其他的阶级还更受到损害。在工业家和金融家获得了战争利润的同时，劳工的经济利益也相对地下降了。

① 见《美国劳工统计局公报》，第 274 号，第 47—50 页所载“1919 年 5 月 5 日工会工资及工时等级”一文，及第 270 号公报第 50—58 页所载“1913 到 1919 年 12 月的零售价格”一文。

对第一次世界大战的财政支援

美国参加了第一次世界大战以后，不仅负有在财政上支持它自己的战费，而且也负有支持盟国费用的责任。1917 年 4 月通过的《第一自由贷款法令》授权财政部长通过总统的批准可以在一百亿美元的范围内对各盟国政府进行贷款。自此之后，私人的贷款就停止了。战费是否应该立刻用当时的税款来偿还或是用贷款的方式推迟到以后的年份里再偿还的问题，仍然像平常那样是通过妥协的方法而解决的。大约三分之一的战争直接费用是用当时的税款去偿还，约有三分之二是用贷款的方式去偿还。

联邦政府的费用在战前的几年里增加得并不太大。1916 年时正常的开支净额（六亿七千四百二十三万零二十元）超过 1910 年的开支不到三千五百万元，但是以后各年中就有了巨大的增加，战事结束后的两年内，仅联邦政府的利息费用一项就比战前政府的全部经常开支还要大。美国所支出的战争直接费用，包括盟国所开支的九十五亿元在内，大约合三百五十五亿元，这个数目比联邦政府成立 100 年以来的总开支还大三倍，也就是等于在战争期间每一小时要开支二百万元。战前只合十亿元的国债到了 1919 年 8 月末就猛增到史无前例的二百六十五亿九千六百七十万零一千六百四十八元。

要得到这样一个庞大的供本国使用和贷给盟国的经费，美国政府主要是依靠借款的方式来筹集的。人民曾认购公债五次，最低的认购单元是五十元，利息从 3.5% 到 4.25% 不等。头四次发行的公债叫作“自由公债”，停战后所发行的第五次公债叫作“胜利自由公债”。在五次借款中，政府的目标是一百八十五亿元，由人民认购的有二百五十亿元，摊派了二百一十四亿元。[①] 在全国人民战争热潮高涨时期，二千二百万以上的人民一次就几乎认购了七十亿元。据估计，这些战时公债约有七十亿元或30%是由收入在二千元或二千元以下的人们认购的；大约有一百亿元是由收入在二千元或二千元以上的人们认购的。其余的数目由各家公司和

1917—1920财政年度美国政府开支累计及对外国放款统计表

年　份	正常开支净额	战费净额（越过估计的正常开支的数目）	
		陆军与海军超支数	利息、养老金等超支数
1917	659,860,650元	393,852,949元	2,690,164元
1918	682,458,285	6,770,295,897	120,952,611
1919	691,858,252	10,917,817,469	379,367,891
1920	826,550,410	1,073,892,747	1,073,392,874
	2,860,727,597	19,155,859,062	1,576,403,540

年　份	战费净额（越过估计正常开支数）		对欧洲各国政府贷款（减去偿还数）
	战时特别费	战费总额	
1917	33,060,510元	429,603,623元	885,000,000元
1918	1,094,994,128	7,986,242,636	4,739,434,750
1919	2,487,710,885	13,784,896,245	3,470,280,265
1920	1,634,695,094	3,781,980,715	350,291,840
	5,250,460,617	25,982,723,219	9,445,006,855

注：摘自罗沙所著《联邦政府的岁入与岁出》一文第21页，附表3，载《美国政治及社会科学科学院年报》，1921年5月，第95卷，第184号。

① 《1920年财政部部长报告书》，第419、439页。

银行认购。[①] 除了"胜利"和"自由"公债之外，还发行了面额为五元的战时储蓄券和面额为二角五分的战时储蓄票，总数为十亿元。用这两种方式发行的债款总数接近二百二十五亿元。

政府不仅采取了大量借款的方法，还征收了新税和更重的税。与"南北战争"时所采用的方法相反，1913 年减低了关税的民主党的国会，不承认进口税是岁收的一项重要泉源。在战争进行时的 1918 年，从这个泉源得来的税款还不到 5%。另一方面，也采用了一种广泛征税的税则。根据 1913 年宪法第十六次修正案所征收和 1916 年提高了的所得税，到了 1917 年又一度增加。私人收入的免税额对已婚的人降低到二千元，对未婚的人降低到一千元。税率从超过免税额的第一个四千元的 6% 累进到收入在一百万元以上的 63%。此外，还采用了：(一)对各个公司，合伙营业和私人的收入征收战时过分利得税，税率从 5% 到 60%，按投资额的大小决定税率；(二)对酒类、饮料和烟草征收附加税；(三)征收奢侈品及娱乐税；(四)对公用事业所提供的各种便利征收战时税；(五)对各类证券和票据征收战时税；(六)提高地产税。这些附加税款所起的作用，通过把战时和战争将要爆发的前几年所收入的税款加以比较就可以看出来，其情况如下：1914 年 6 月 30 日止财政年度内所征收的税款共为七亿三千五百万元；1915 年为六亿九千二百万元；1916 年为七亿七千九百万元；1917 年为十一亿一千八百万元；1918 年为四十一亿七千四百万元；1919 年为四十六亿四千八百万元。最大的收入来源是过分利得税，利得税和所得税约占岁

① 克拉克：《美国人民所负担的世界大战战费》，第 137 页。

入总数的三分之二。

关于战时的货币数字统计，还必须再一次着重地指出，它们一定要与这些年份里的通货膨胀联系起来去解释。正如前面已经指出，在美国，实际上是没有停止过硬币的支付的，但是，却有过高度的通货膨胀。这首先是由于有大量的黄金被送到美国来购买作战物资，从而几乎把世界上一半的这项金属货币带到美国来。第二，战时联邦准备银行制度在放款方面所采取的宽大政策和通过贷款而协助发行的“自由公债”，使通货有膨胀的趋势，政府所发出的大量可以用作银行发行准备的公债，也起了同样的作用。除了这些因素之外，正如在一切战争中所产生的情况那样，由于需求的增加，使商品的价格上涨了。的确，通货膨胀的程度是如“南北战争”时那样地巨大的，不同之点在于它是由于黄金过多和信贷的过分扩张所造成，而不是由于硬币的停止支付和印发不兑现纸币的缘故。

结　论

本章的重点是放在第一次世界大战时期联邦政府所采取的经济政策方面。这次战争的经验必然会影响而且在某种程度上也的确影响了第二次世界大战时美国政府的行动。第二次世界大战时成立起来协调经济力量的各个部、局和委员会等令人扑朔迷离的机构，表面上好像与第一次大战的那些机构不同，但是基本上它们都付出了相同的努力，方法也十分相似。在经济战线上，威尔逊总统在工业的扩张方面取得了最大的成就，但在阻止物价和工资上涨方面却遭到了失败，它也没有提出任何战后的复兴政策。第一次世界大战时政府学会使用的对经济生活的控制，在第二次世界大战时更为扩大了范围。另一方面，第二次世界大战后的战后复兴计划，也几乎是像20世纪20年代那样地不恰当，并且政策也是同样地愚昧的。

美国参加第一次世界大战的时间比较短，但是在经济方面所产生的重大影响的时期却很长。尽管为“恢复正常”而尽了一切努力，美国仍将永远不会回到战前的经济情况。战争年代里工业的发展遗留给它一个在某些方面远远地超过了正常需要的生产能力。这在纺织、制革、造船和煤炭工业方面特别是如此。战后的通货紧缩和其他商品的竞争使这些工业陷入一蹶不振的状态。商船的迅速扩张留给了国家一支超过需要的海洋运输队。农业生产的同样扩张，使农民们在受到不可避免的崩溃以后，地位比“南北战争”以后还更坏。政府对运输事业的经营与管制，提出了一个是否要继续经营，或是交还私营的问题，结果是财产归还了私人，但是管制加强了。战后工资的紧缩引起了全国从未有过的巨大的工人斗争。所有这些和其他的一些后果，将在下一章里去叙述。

第五篇

一个崭新的社会

第二十八章　巨大的幻觉

复　　员

把美国在第一次世界大战以后所发生的事件描述成是“复兴”，便是对这个名词的曲解。除了后来在处理铁路与商船方面做出了某些必需的决定之外，总统和国会都没有对战后的计划给予很多的考虑。① 并没有订出一些计划去帮助四百万名复员军人寻找职业，去使战时的工业得以复员或是保持战时对商业管制所取得的某些好处。基本的愿望在于使停战后的结束工作尽快地完成，并且恢复战前的各项政策，或是像哈定在1920年竞选中所说的那样，把一切恢复到“正常”。在停战后的一个月之内，有一半未完成的战时合同被撤销了，那一年年末，许多的政府管制机构都已经停止执行职务。停战两天以后，战时工业局就取消了对物价的

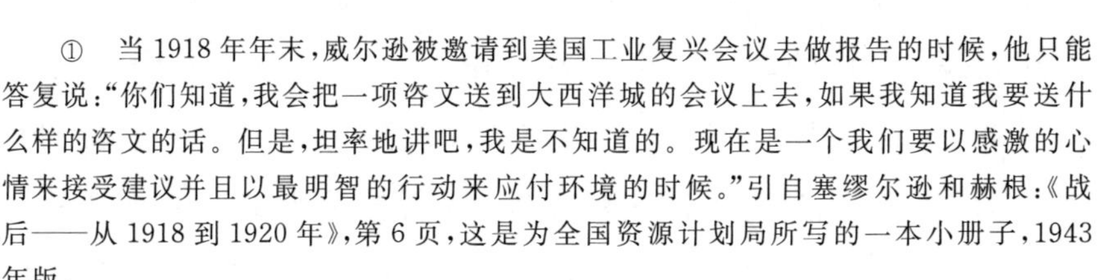

① 当1918年年末，威尔逊被邀请到美国工业复兴会议去做报告的时候，他只能答复说：“你们知道，我会把一项咨文送到大西洋城的会议上去，如果我知道我要送什么样的咨文的话。但是，坦率地讲吧，我是不知道的。现在是一个我们要以感激的心情来接受建议并且以最明智的行动来应付环境的时候。”引自塞缪尔逊和赫根：《战后——从1918到1920年》，第6页，这是为全国资源计划局所写的一本小册子，1943年版。

管制。

尽管缺乏计划，而且所进行的军事与经济复员工作快速得好像产生了紊乱，但是，全国不仅渡过了当时的困难，而且战时的繁荣还一直在继续。这主要是由于1919年时国库继续开支了比从当时由全国收入得来的款项还要更多的经费。这些经费被用于对盟国进行贷款，(大部分耗用在美国)用于造船和尚未复员的工业，用于清结商业合同，用于当时的军事开支和士兵的遣散。虽然由于军队的复员和工业的恢复而产生了失业，但是工业的恢复却十分迅速，而且没有使全国的收入剧烈地影响到足以减少购买力的程度。此外，有两种因战争而萎缩的重要工业，那就是汽车制造和房屋建筑，停战后得到了迅速的恢复。与这种情况一道发展的，还有银行的大量办理私人放款，这些放款很少流入股票投机的市场。

这种战后的不平常的商业活动，从1918年年末起一直继续到1921年的仲夏，以一次严重但幸而时间较短的经济萧条而告终。经济崩溃的原因好像是相当明显的。首先是政府开支的缩减和对盟国贷款的停止。除了这种情况之外，还由于参战各国都因战争而变得贫困，因负债过多而摇摇欲坠，而且外汇汇率对它们也是不利的，从而使这些国家既无经费也无信贷可向国外进行大量的采购。这当然就把向美国购买制成品的市场割断了，而且，正如我们将要看到的那样，也给美国的农民带来了灾难。1910年与1920年时达到闻所未闻的进出口贸易数字，在1921年时急剧地下降了。

此外，到了1920年，战后的繁荣发展到了一个很不健康的程度。信贷的扩张达到了法定的限额，银行被迫紧缩了业务。战后物价一直在上涨，直到通货膨胀把固定收入的人们排出了市场。

可是，许多工资收入者的所得还能跟上通货的膨胀，因此全国消费品开支的总额增加了。然而，某些阻力也是很明显的。制造商突然认识到他们生产了比能够卖出的数量还多的商品，批发商和零售商都对自己的存货感到疑虑，而且开始取消订货。

由于这些不利因素所起的作用，经济周期就迅速地向着低落的方向发展。取消订货或是不订新货使得产量减少和工厂关闭，从而造成了工资的下降与失业。首先出现在奢侈品生产，尤其是出现在造丝工业和橡胶与汽车工业的某些方面的经济萧条，很快就变成了普遍的不景气。只有少数工业的营业继续保持正常。没有其他的人比农民还受到不景气的深刻影响的了。许多农民由于受到战时物价上涨和人们需要粮食的鼓励，为了要想增加生产，曾大量地借入了款项去购买土地和农具，但是却碰上了市场充斥的困难。市场价格跌落，跌到了生产成本以下。1919 年 12 月每蒲式耳卖价为二元一角五分的小麦，到了 1920 年 12 月跌落到一元四角四分；玉米从一元三角五分跌到了六角八分；燕麦从七角二分跌到了四角七分；棉花从每磅三角六分跌到了一角四分。

已经习惯于较高生活水平的劳工，不愿再恢复以前的工资水准，而且在工会组织力量强大的地区，成功地保持住了多数在战争期间所获得的成果。然而，在萧条时期，受雇的工人人数几乎减少了三分之一，[①]根据国家工业局的报告，平均每小时的工资如下：1914 年 7 月每小时为二十四点三分；工资最高的 1920 年，每小时

① 金认为 1921 年失业人数为四百万人，见其所著《繁荣与萧条期间的就业时数与收入》，第 29—31 页；伯里奇认为 1921 年的失业的严重情况几乎是 1908 年的两倍，至少是与 1914—1915 年的两倍，见其所著《经济周期与失业》，第 59 页。

为六十二点一分，1921 年 12 月为四十八点二分。全体资本家所受的损失也许比旁人还少，虽然也正如在以往的不景气时期那样，受损失最大的乃是小商人。工商业的倒闭 1919 年时有六千四百五十一起，1921 年时增加到三倍以上。虽然 1921 年时银行倒闭的数目达到了三百八十三家，负债几乎有一亿六千八百万元，但是，他们多数是一些资本较小的农村银行，基本上还没有使一般的银行机构受到危害。通货虽然十分紧缩，还没有达到构成经济恐慌的程度。

这次工业的崩溃对物价所产生的自然后果，便是迫使物价下跌。跌价的东西包括大多数的商品在内，最突出的是粮食和衣服，下跌得不太显著的是燃料和房租。战争期间正常的房屋建筑的局部停顿造成了房荒，加上建筑材料价值的高涨，在一定程度上说明了为什么房租没有下跌的原因。要解释燃料价格高涨的原因是不容易的，但是，除了其他的原因之外，有下列的几项：工资与运费的增加，垄断和资本家继续取得高额利润。根据“美国劳工部”的统计，某些典型的商品批发价格的平均指数（以 1913 年为一百）1920 年 5 月是二百七十二；1921 年 6 月是一百四十八；1922 年 6 月是一百五十；1923 年 6 月是一百五十三。战后的经济萧条无疑地带来许多的痛苦，但也带来了一个幸运的后果。它刺穿了通货膨胀的气泡，并且大大地降低了物价。从 1922 年到 1929 年，粮食批发价和一般的生活水平都保持着相对的稳定。

到了 1922 年年末已经产生了通货紧缩，工业也自行调整到和平时期的水平。许多的重要工业都几乎又全部开工，铁路的营业也打破了纪录，失业也基本上消除。某些工业，特别是农业却没有跟上这次繁荣的恢复，而且农业方面的不安局面，一直是政治上和经济上的一个重大问题。这一情况，与国外局势的动荡，在1923年时，对于好像即将开始的更多的商业活动和更为正常的时期构成了一个主要的障碍。

扩张的20世纪20年代

回忆起来，战后的萧条好像全然是战争的岁月里人为的扩张所产生的正常后果。更为困难的是解释20世纪20年代萧条的短暂与商业十分活跃的问题，在这个时期里，世界其余各地还在继续遭受着战后的经济衰退。虽然20世纪20年代这一时期的经济生活有很大一部分是人为的，但是，从1923年到1929年秋季股票市

1921—1929年的经济发展

年　份	工业生产（1933—39为100）	批　发　价（1926年为100）	国民收入（按十亿元计算）	每一人口的实际收入（按1929年物价计算）
1921	58	97.6	59.4元	522元
1922	78	96.7	60.7	553
1923	88	100.6	71.6	634
1924	82	98.1	72.1	633
1925	90	103.5	76.0	644
1926	96	100.0	81.6	678
1927	95	95.4	80.1	674
1928	99	96.7	81.7	676
1929	100	95.3	87.2	716

见乔治·索尔：《繁荣的十年》，第108页。工业生产指数及批发价格系摘自《联邦准备公报》，1945年10月份，第1049页。国民收入及实际收入数字系摘自赛门·兹涅茨《国民收入及其组成》，全国经济研究所1941年出版，第137及153页。

场大跌的这六年中，大部分的人们和全国某些地区享受到一个与战时情况十分相近的繁荣的这一事实并没有改变。只要一看下表便可以看出，在那十年里，工业生产几乎增加了一倍，而且国民收入与按人口计算的实际收入都大大地增加了。

关于这次萧条的短暂和美国能很快地摆脱的原因，人们曾提出了各种不同的解释。存货的迅速减少，使制造商恢复了生产，使零售商增加了订货。虽然消费者的开支从 1920 年的六百二十亿元减少到 1921 年的五百六十一亿元，物价的跌落甚至于还更快一些。从另一个角度来看，也就是说工资率比生活费用降低得少一些。这个局面有助于购买力的维持。与此同时，制造商得到了原料价格降低的好处，这好像就保障了他们在制成品方面的利润，并且鼓励他们去继续生产。

对于 20 世纪 20 年代以后几年里造成经济十分活跃和繁荣的原因人们所提出的最有力的解释，便是工作效率的增加。人口只增加了 12%，而工业生产却几乎增加了一倍。每个工人的生产率也几乎增加了一倍，国民收入至少增加了二百亿元。虽然 1920 年以后在整个国民收入中工资收入者所享受到的那一部分即使有所增加也是很少的，但是，某些职业里工人的实际工资却有了巨大的增长。生育率的下降，移入人口的限制以及科学方法的继续应用于商业，都有助于促进这项效率。据许多经济学家看来，上述的最后一个因素是效率增加的基本原因。密契尔在研究“经济变化研究委员会”所提出的报告里写道：“自从 1921 年以来，美国人民比以前更能有效地把智慧应用于逐日的工作上面……把科学使用于工业的整个过程比以前更为深入了。人们还做了不断的试验，

把科学应用到管理、工会政策和政府的行政事务方面去，使效率更为增加。”[1]复兴时期由于新机器的使用，大量生产和科学的管理方法（早年为泰勒所提倡）的发展以及研究工作的迅速扩充，说明了劳动生产率所以能提高的理由。正是早年这些倾向的加速而不是机构方面的改革，为人们提供了理解 20 世纪 20 年代经济上升的关键。

虽然，这十年里工业有了广泛的扩张，但基本上是以汽车制造、电气设备和房屋的大量建筑为其基础的。汽车生产的首次巨大扩张出现于从 1914 年到 1929 年的这十五年内。据估计，汽车工业直接和间接地创造了四百万个就业的机会。而且这些职业也许养活了三倍于这个数字的人口，这是这十年内人口增加了一千七百万的主要原因。虽然一大部分投入汽车工业的收入乃是一些平时会耗用在其他商品上面的收入，从而使其他的工业受到损害，但是，汽车创造了许多新的工业、加速了整个经济机构运转的这一事实，仍然是不能磨灭的。在所有创造就业机会与刺激工业的汽车工业的许多副产品中，最重要的也许要算那些修得较好的道路，在 1930 年与 1931 年的经济萧条时期，修筑道路所开支的经费每年大约有二十亿元。

次于汽车的最重要的工业发展，便是电气机器与电气用具的制造。这些产品的使用范围很广。工业都转向于电气化，家庭主妇都非常愿意购买电熨斗、洗衣机、吸尘机以及电气冰箱等用具。20 世纪 20 年代无线电工业也有了惊人的发展，这项产品的价值

① 《近代经济改革》，第 862 页。

从 1921 年的一千零六十四万八千元增加到 1929 年的四亿一千一百六十三万七千元。在这十年里，电力的生产增加了一倍以上，这是毫不足奇的。电气工业不仅生产了工厂与家庭里使用的机器，也增加了电力本身的生产。它的产值几乎增加了三倍，那就是，从 1921 年的八亿零九百五十九万元增加到 1930 年的二十三亿三千四百二十四万六千元。

除了汽车与电气设备工业的惊人发展之外，20 世纪 20 年代中叶繁荣年间最为显著的一个方面便是房屋建筑的异常活跃，这是在美国历史上房屋建筑极为兴盛的一个时期。战争期间停顿下来的正常的房屋建筑还得要把它们继续完工，房租的高涨又刺激了房屋的建筑，盈余财富的迅速增加使这事有了可能，而且现代化的技术方面的改进使最新式的建筑也显得过时了。一百二十个城市里房屋建筑的费用 1916 年时达到九亿一千九百万元的顶峰，1918 年下降到三亿七千万元，1919 年又上升到十一亿七千二百万元，最后又上升到 1952 年的三十三亿九千九百万元，这是一个最高额的数字。[①] 那一年，建筑的房屋总值达到了六十亿元以上。大部分的城市房屋建筑是在纽约进行的(约有三分之一)，这个城市里摩天大厦改变的速度十分惊人，有八十六层，一千二百四十八英尺高，耸入云际的“摩天大楼”也在 1931 年建成了。在第三个十年里，全国所创造的财富都投资在汽车工业、新的道路、新的房屋建筑和电气设备方面。

① 布勒德斯垂特根据一百二十个城市计算的数字，见《新国际年鉴》，1930 年份，第 118 页。

这个繁荣时期所出现的庞大支出之所以成为可能，无疑地是由于具有“高度压力”的广告宣传和赊购方法的发展而引起的。根据比较保守的统计，1927 年时用分期付款方法售出的汽车大约占 60%，但是，根据另外的一些估计，各个年份的数字还要大得多。[①]有关分期付款购买的方法，根据塞利格曼所做的比较保守的估计，1925 年时分期付款的零售商品的总额共为四十八亿七千五百万元。[②] 在以后各年中，这些数字都继续有所增加，直到所有货物的 15%都以分期付款的方法售出。到了那一十年之末，不论奢侈品或必需品，几乎没有一件是不能“立刻”买到的。

虽然许多人都以未来的收入为质押，进行分期付款的购买，并且把工资的一个不相称的部分用去购买汽车和作为汽车的维持费，但是，这样的一个事实仍然存在，那就是：从 1914 年到 1925 年这个投机盛行的时期，储蓄存款的户数几乎增加了四倍，那就是，从一千一百万户增加到四千三百万户，金额从八十亿元增加到二百三十亿元。除此之外，还值得注意的是，到了 1926 年年末，美国人民投保的普通人寿险在二千五百五十万户以上，工业保险在七千六百万份以上，资产总值为一百二十五亿元。房屋与放款的保险户数到 1924 年时的十年内从三百一十万零三千九百三十五户增加到八百五十五万四千三百五十二户。那时，有一千一百万以上的家庭拥有自己的住宅。

并不是所有的经济学家们都毫不犹豫地承认这一十年乃是一

① 塞利格曼：《分期付款售货经济学》，共 2 卷，1927 年版，第 1 卷，第 3 章第 117 页；第 2 卷第 427 页及《近代经济变革》一书，第 1 卷，第 390 页。

② 同上书，第 1 卷，第 117 页。

个繁荣的时期。[①] 这样的繁荣,如果是真有的话,也是十分不均衡的,因为它并没有包括所有的人和所有的地区在内。此外,煤炭工业、棉织品制造业、造船业、靴鞋和皮革业,特别是农业都停滞不前或者甚至于还下降了。“中部大西洋”各州,“东北中部”各州以及“太平洋沿岸各州”好像出现了繁荣,但是受到纺织品不景气影响的新英格兰、南部各州以及“中西部”的农业地区和“山区”,遭到了农产品价格下跌的损害,并没有出现很大的经济繁荣。甚至于在最繁荣的这些年份里,还存在着大量的失业,这一部分是由于技术改进的缘故。例如在马萨诸塞州,受雇于制造业的工人人数从1920年1月的七十五万七千一百人下降到1928年7月的五十万零九千七百人。所有这些都还不是自我颂扬的欢乐歌里的唯一悲调。有些学者很快地就指出,尽管利润、工资和消费品的消费有了增长,在解决失业问题或是在经济的与养老金的保障问题方面,几乎没有什么进展。此外,人们对赌博与投机的狂热,对于有经验的经济“航海家”来说,乃是一个警告的信号。虽然有些充满信心的人夸夸其谈地在称赞着这个他们认为经济危机与萧条将永不会再来的“新经济时代”,而且欧洲的一些观察家们也来到美国研究这个繁荣的原因,但是,少数的现实主义者却半信半疑地在认为当时正在产生着一个不稳固的经济结构,而且恐惧地看到了它未来的崩溃。

① 司徒·蔡斯:《繁荣,是事实呢还是神话?》一书里对这种情况的两个方面做了叙述。

企业合并的复兴

尽管各州和联邦政府曾经通过了一些希望维持自由竞争与保障消费者的法律，美国的企业合并仍然很少受到阻碍地在进行。事实上，第一次世界大战以后的十年里出现了企业合并大量恢复的现象，足以和1897—1904年的情况相比拟。对这一问题做了深入研究的某项材料指出，制造业与采矿业逐渐合并的数目，从1919年的八十九起增加到1928年的二百二十一起。同一时期，合并或被收买的工厂也从四百三十八个增加到一千零三十八个。[①] 在实际的合并当中，钢铁与机器制造业走在前列，占采矿与制造业总数的五分之一。但是，其他的工业没有一项不是明显地朝着这个方向进行的。重大的企业合并出现于汽车工业、食品制造业、电影工业、银行业，而其中最为显著的也许是各类公用事业。从1919年到1927年，有三千七百个公用事业公司消失了，其中包括许多市政当局经营的工厂在内。[②]

在成千上万的公用事业公司消失的同时，那些较大的公司也正在合并成为大型的控股公司。联邦贸易委员会的报告说："1915年时，十六个最大的集团控制着全国发电量的22.8%，而1925年时，包括着十一个控股公司集团和5个独立经营财团在内的16家

① 维腊德·索耳浦语，见《近代经济变革》，第1卷，第184页。

② 同上书，第187页。

最大的财团控制着全国贸易总额的53%。”[①]从1925年直到大萧条时期，主要是通过控股公司方式进行的这种合并过程进展得十分迅速。美国电力资源合并的迅速，使得对这项工业进行有效的控制成为全国面临的一个重大问题，而且所谓的“电力托拉斯”在1928年以后变成了一个政治上的纷争问题。[②] 经济萧条不仅结束了公用事业合并的时期，而且在20世纪20年代时期根据1935年《公用事业控股公司法令》所成立的许多狂妄机构也崩溃了。

在以前的几十年里，工业的合并几乎是与法人形式所有权的发展在同时进行。可是，到了1929年，这种形式已经成为美国大小商业的典型，以至于政府的调查报告也根据着它们的管理形式（不论是独立的形式，或是由一个统一的中央机构控制许多工厂的形式）作了新的分类。调查报告书里说：“从1919年到1929年的这十年里，高度的工业活动并没有随之带来一般制造厂家的规模的实际改变。所发生的变革大部分产生于其他一些方面。例如，把更多的工资收入者集中于单独的工厂里所造成的合并，并不像把所有权与控制权的集中于一个共同的上层建筑所造成的合并那样地多。”[③]

我们曾经十分清楚地看到，战后企业合并运动的趋势，在好几

① 见联邦商业委员会的报告《电力工业：电气设备的供应与竞争情况》，第七十届国会第一次会议，参议院文件第46号第176页。联邦商业委员会的数字是根据1924年的生产做出的。联邦电力委员会1936年提出的报告说公用事业工业的90%的发电能力（账面价值一百三十亿元）受到了五十七家公司的控制。其中有十二家控制着49.7%；有一家，即电力公债与股票公司，控制着11.5%。

② 见本书第三十章“对电力工业的管理”一节。

③ 《1929年制造商调查报告书》，第1卷，第61页。

方面与过去的合并有所不同。它不仅包括前一个合并时代所出现的那些新工业，而且范围也比 1917 年以前还更为广泛。例如，它扩展到汽车工业，扩展到罐头食品的生产和银行业务方面来。零售业的合并趋势也像生产事业那样迅速的发展。成药、烟草和副食品连锁商店的发展尤其显著，小商人开始感到他们所受到的大公司的竞争，与几十年以来小制造商所受到的竞争的情况相同。[①]譬如，大西洋与太平洋茶叶公司 1922 年有五千个商店，1928 年就有一万七千五百个，每年的营业额为七亿五千万元。

本书因限于篇幅，不能对企业合并所进行的各个方面的情况做详细的叙述，但是还必须特别提一提银行业务，在这个行业里，这种倾向是特别显著的。1921 年时，美国银行的数目达到了三万零八百一十二家的最高纪录。虽然全国的财富与资源都大大地增加了，十年以后的银行数目却减少到只有二万二千家。那些已经不存在的银行，有一些是倒闭了，有的是与邻近的银行合并了。合并的倾向在大城市里特别显著。带头合并的是 1928—1930 年纽约的三家银行巨擘，那就是：花旗银行与农业贷款及信托公司的合并；担保信托公司与商务银行的合并；以及大通国民银行与公平信托公司的合并，使得“大通银行”成为当时世界上最大的一家银行。当城市里的银行产生大规模合并的时候，“连锁银行”业务的发展也使资金集中起来。在“连锁银行”发展到顶峰的加利福尼亚，巨大的控股公司横贯美洲公司控制着加利福尼亚美洲银行和其他一些大银行，这些银行反过来又控制着五百个分散于全州各处的“连

① 见弗鲁格尔和福克讷：《美国经济与社会史文选》，第 600—607 页。

锁银行”。当“普觉委员会”1919 年时坚决主张成立一个“货币托拉斯”的时候，金融业的合并实际上已经进入了它的婴儿时代。[①]

20 世纪 20 年代这种不平常的合并的恢复应该怎样解释呢？第一，从 1923 到 1929 年工业方面的广泛繁荣刺激了这项运动。尽管产生了许多减少剧烈竞争与稳定物价的合并，只有在繁荣时期，合并才更为普遍。[②] 人们的信心和证券发行的容易是造成这种情况的部分原因。第二，战争时期人为的经济扩张使美国的工业产生了过分的与过于扩张的状态，人们想使用这种方法去进行挽救。第三，我们还必须注意到全国人民态度的不断改变。人们对 1910 年以前常有的企业合并失去信任，在 20 世纪的第三十年时好像已经大为削弱，原因有下面的几个：人们认识到在资本主义制度下合并不可避免；反托拉斯法令不能对它加以防止；生活水平的提高使人民群众不易查出这个运动的缺点；最后，还有大商业财团的不断宣传。

也必然可以明显地看出，战后商业控制权趋于集中的这一运动，是大大地受到了控股公司，受到了旧日股票合并与兼任经理的方法，以及受到了近年以来“有投票权托拉斯”和“无投票权股票”等方法的鼓励而产生的。人们绞尽脑汁地去逃避反垄断的法律，防止大公司受到民众的控制，并且隐瞒真正的收益。正如累德勒所说，这样的结果就“导致了合并与托拉斯的发展（直的、横的和环形的发展），使它们具有更为广泛的分支机构，比以前出现过的任

① 见本书第二十一章，最后一节。

② 索尔浦：《近代经济变革》，第 1 卷，第 183—184 页。

何合并企业还具有更大的财力。"[①]企业的合并自然就牵涉到资本的合并。到了1930年，有两百家最大的公司控制着几乎一半的所有不经营银行业务的机构的财富（约合所有商业财富的38%），得到了43.2%的所有不经营银行业务的公司的收入，而且它们受到了大约二千个私人的控制。[②]

当然，对于合并的态度的改变，反映在联邦政府的态度与活动方面，在20世纪20年代，联邦政府基本上很保守。第一，在执行反托拉斯法律方面，曾作了广泛的豁免。[③] 第二，联邦商业委员会的人员变得更为保守起来，修改了一些规章程序，工作的效率也降低了。这种情况的产生，一部分的原因是由于柯立芝总统把一些执行法律不严的人安插到委员会里来。最后，最高法院的判决，具有使商业的公共管理工作越来越感困难的性质。

用形象的语言说来，盖子在1920年时揭开了，那时，在美国钢铁公司被控告的案件中，[④]最高法院不许这家公司解散，认为只要没有实际的垄断行为，不论公司的组织大小如何，或是限制贸易的力量多么巨大，都不构成对《薛尔曼法令》的违犯。尽管美国钢铁

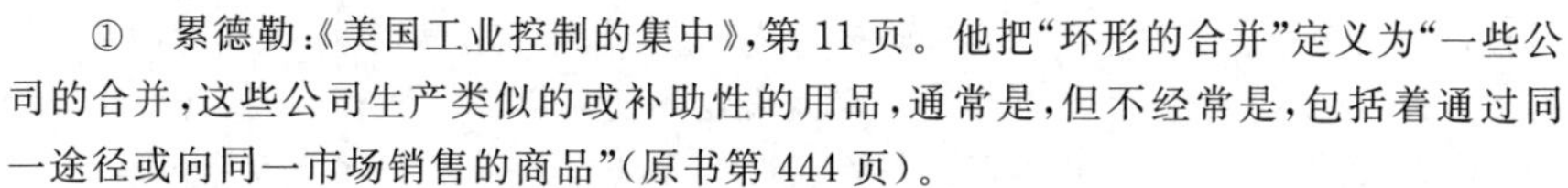

① 累德勒：《美国工业控制的集中》，第11页。他把"环形的合并"定义为"一些公司的合并，这些公司生产类似的或补助性的用品，通常是，但不经常是，包括着通过同一途径或向同一市场销售的商品"（原书第444页）。

② 伯勒和敏斯：《近代公司与私人财产》，第28页。

③ 费恩比："我国联邦反托拉斯法律下的特殊权利"，载《美国科学院年鉴》，1930年1月，第147卷，第38号，这篇文章列举了十二个不受这项法律限制的团体，即：工人，农民，种植园主，牧场主，牛乳商，干果及水果种植商，铁路，国民银行，美国轮船公司，出口商，工业用酒精制造商，菲律宾出口商。但是，必须注意，《克莱顿法令》允许工人不受反托拉斯法令限制的权利，被最高法院的一些判决削弱了。

④ 法院卷宗第251号，美国政府卷第444号。

公司实际上已经操纵着这项工业的价格有十五年乃是人所共知的，但是，最高法院仍然做了这样的判决。人们在更早的时期认为应该根据公共利益的原则对更多的商业活动加以管理的希望破灭了，那时，在两年里的三个判决中，最高法院认为田纳西的汽油商，新泽西的职业介绍所，以及纽约的车票经纪人都不属于“公共利益”这一类别的职业。① 最高法院也用许多方法大大地削弱了早被人们认为是直接影响着公共利益的公用事业，特别是在估价的案件中引用了“再生产成本”的论据。② 最高法院使用了一个比较简单而又公正的方法去决定公用事业的收费标准，把问题弄得极端困难和复杂化起来，使消费者经常处于不利的地位。最高法院对一些贸易协会也盖章批准，虽然这些协会的活动好像常常是与反托拉斯法令相抵触的。③ 某个学者曾简洁地指出：“近年以来没有做过一次相反的判决去要一个实际上在实行合并的商业机构解散，这是具有十分重大的意义的。”④

① 《威廉斯与路易斯安那州美孚油公司讼案》，美国法院判决书摘录第 63 号，10 月份卷（1929 年）；《鲁伯特·索布尼克与安德鲁·麦克布莱德讼案卷宗》，第 277 号，美国政府卷第 350 号（1928 年）；《泰森与班腾讼案卷宗》，第 273 号，美国政府卷第 418 号（1927 年）。参阅《基惠尔与斯台西·麦：《商业的公共管理》，1930 年版，第 108、235 页；还可参阅罗先布希的《政府拥有与管理》，《美国科学院年鉴》，第 149 卷，第 133 页（1930 年 5 月）。

② 《麦克杜与印第安纳波利斯自来水公司讼案卷宗》，第 272 号，美国政府卷第 400 号（1926 年）。

③ 《麦颇地板装制商协会与美政府讼案卷宗》，第 268 号，美国政府卷第 563 号（1925 年）；《水泥制造商保护协会与美政府讼案卷宗》，第 268 号，美国政府卷第 588 号（1925 年）。

④ 华金斯：《薛尔曼法令》，《经济学季刊》，第 43 卷，第 37 页（1928 年 11 月）。

战后时期的铁路

战后复兴期间，国会不能逃避的一个问题便是有关铁路前途的问题。战争时期，政府接管和经营了铁路，答应发还时基本上保持接收时的状态，这就不能无限期地不采取行动。但是，铁路是美国经济结构里一个十分重要的部分，因为即使是一个保守的国会在把铁路发还私有者时也不能不认真地考虑它的前途问题。威尔逊总统在 1918 年的《国情咨文》里指出了三种可能性：按照旧有的情况发还给铁路所有者；完全由政府控制和拥有；按照新的情况发还而加强政府的管理。他说："我能够具有信心地说的一个结论便是，按照旧日的情况不加以修整地发还，对于铁路所有人和国家都是有害的，这种情况就是一种不加以发展的抑制。"

在积极讨论铁路前途的时候，麦克杜署长建议政府继续使用铁路五年；另一方面，工人们也竭力主张政府拥有铁路，而且努力宣传"勃兰姆计划"。这个计划建议政府收买铁路，由一个由公众铁路行政人员和职工都有平均代表权的董事会来经营。扣除了营业费、维持费和买价以后的收入，平均分给政府和经营的公司。这个机智的计划也许会进而使铁路问题的许多困难得以解决，但是，对于战后情况具有保守思想的人们来说，却是一项过分的革新。最后，由于总统提出不管国会用立法的方式与否，要把铁路在 1920 年 3 月 1 日发还原主的威胁，国会才不得不采取了行动。

主要是对《州际商务法令》加以修正而产生的 1920 年 2 月 28 日的《运输法令》（或称《埃斯克·柯明斯法令》），把委员会的人数增加为十一人，并且授给了新的职责与权力。除了其他的规定外，还向铁路担保在 1920 年 3 月 1 日以后的六个月内，把政府经营期间租金的一半净额退回。授权“州际商务委员会”把全国分为运费不同的区域，就每个区域规定运费，使它们在“公平、有效与经济的管理下按铁路财产的总值产生公平的利润”。让委员会去负责对财产进行估价和决定“公平的利润”，但是在两年之内利润率暂定为 5.5%，如果委员会认为有必要时，还可以增加 0.5%，作为改进的费用。为了要保存那些营运较差的铁路，而不让营运发达的铁路获得过分的利润，曾经规定，任何一条铁路如果每年的纯益超过 6%，就应该把超过数目的一半交给州际商务委员会作为周转基金，借给营运较差的铁路。铁路所保留的那一半，必须作为准备金保存，直到累积总数等于财产价值的 5%，以后每年的超额收入就可以自由使用。如果有任何一年的收入没有达到 6%，就可以动用准备金去支付红利。

委员会受命去提出一个把铁路合并为不少于二十条，不多于三十五条干道系统的计划。同时，它也能批准合资经营的合同，在它的监督下去进行经营。它也得到了新的权力去规定铁路的资本和审定最高与最低的运费标准。它也有权控制车辆和终点站设备的使用以及有关新建铁路的管理事宜。1919 年的大罢工，使人们正确地认识到运输不应受阻的重要性；为了防止罢工，这个法令在一条铁路或数条铁路与职工之间成立了调整的机构，此外还成立一个铁路劳工局，由九人组成，三人代表铁路资方，三人代表公众，三人代表劳方。

从以上对这项法令的比较冗长的叙述就可以看出委员会的权

力是大大地被加强了。比这一点还更为重要的，也许是人民群众对铁路态度的不断转变。直到目前为止，委员会的职责主要是保障大众不受铁路的损害。1920年的法令，也使委员会有责任去注意使铁路能对已投资资本得到公平的收益，而且使铁路继续保持成为我国经济设备中的一个主要部分。虽然竞争还继续存在，这个法令的精神在于把许多铁路系统进一步合并以增进效率。

1920年的《运输法令》所做出的许多革新，无疑地是很必要的，但是实行得成功的却很少。使劳资双方都不能满意的“劳工局”，由于它的决定没有法律上约束力量的软弱无力，在1926年被撤销了，以后又试验了一些新的劳工仲裁方法。① 州际商务委员会在执行1920年这个法令的“收回条文”所做的努力是没有结果的，尽管最高法院认为它的性质符合于宪法的规定。使用这个条文时，遇到了不少的困难，并且由于营业较好的一些铁路的无情反对，使得委员会1930年时请求国会对法令的这一部分加以修改。我们将要看到，这项行动是在1933年时采用的。② 在实现1920年法令的理论时，也同样遇到了一些巨大的困难。那就是，一方面要鼓

① 1926年的《铁路工人法令》(或称《华生·派克法令》)为1934年的《克罗塞尔-狄尔法令》所修正。由于有了这项法令，有关工资及劳动条件的现有合同，如果实行时发生障碍引起纠纷，得由劳方或资方提到“全国铁路调整局”去请求处理，这是通过立法手续成立起来的一个机构。有关工资及工作合同方面的纠纷，应尽先处理。如果不能解决时，劳方或资方都可以提到全国仲裁局去，如果双方接受仲裁的话，就成立一个仲裁局去对纠纷做出裁定。如果劳资任何一方不愿意接受仲裁，总统可以指派一个紧急的机构去加以调查，“全国仲裁局”得在三十天内提出报告，在报告提出后的三十天内，发生争端的环境不得加以改变。这就使罢工推迟六十天，以期通过仲裁、调查和宣传等方法消除罢工的可能。工会根据这个法令，所起的重要作用实际上已经结束了铁路公司的联合。

② 见本书第三十章“运输事业”一节。

励铁路合并以增加效率，而另一方面只要有可能，却又要尽量维持竞争的状态。虽然人们曾向委员会提出了各种的计划，委员会也对它们做了一些研究，但是，直到 1929 年 12 月，委员会才最后提出一个把铁路合并为二十一条干道的试验计划。甚至于在那个时候，取得的进展还是很少的。各家铁路感到难于对计划同意；委员会也只有建议与批准之权，不能强迫执行。实行这个法令以后，没有产生什么重要的合并。1940 年，国会解除了委员会所具有的有关合并方面的一切职权。

20 世纪 20 年代的铁路

年　份	对铁路与设备的投资（百万元）	货运收入（百万元）	客运收入（百万元）	运送旅客人数（千人）	税收（百万元）
1920	19,849	4,421	1,305	1,269,913	289
1925	23,231	4,648	1,065	901,963	366
1929	25,405	4,899	876	786,432	403

注：州际商务委员会《1922、1930、1931 年美国铁路统计报告》。也可参阅莫尔登等：《美国的运输问题》，第 28 页下半段。

某个 20 世纪 20 年代的铁路统计研究，总结性地证明了铁路地位被削弱。虽然车辆与其他设备的投资都有了巨大的增加，而且税务的负担也加重了，但是收入却增加得很少，而且客运还减少了大约三分之一。减少的原因显然是由于私人拥有的汽车增加了，同时也由于公共汽车有了迅速的发展。而在繁荣的这十年，货运之所以没有显著的增长，也同样地是由于汽车货运发展起来的缘故。虽然到了 1930 年时国内航空乘客的人数在四十万人以上，来自这一方面的竞争还不太重要。汽车的竞争迫使铁路放弃了一些里程和减少了旅客的服务。一些比较进步的铁路自己也兼营公共汽车业务，有一些铁路则使它们的车辆流线型化，装备了有冷热气设备的车厢，而且企图使火车更为豪华和快速，以夺回它们的客运业务。很明显，在20世纪20年代，由于运输事业的税率很低，而且缺乏有效的管理，因此摩托车辆的运输取得了暂时有利地位，但是这些有利的条件30年代时在一定程度上消失了。[①]

尽管有了这种新的竞争，营业比较兴盛的铁路的一般情况在20世纪20年代时几乎与世界第一次大战以前的几年一样地良好。诚然，一等铁路[②]的投资平均收入从1921年到1927年的七年中估计约为4.3%，但是，管理得更好和地区较好的铁路，在这个时期的某些年份里，实际上曾获得了较大的利润。从1920年到1927的八年中一等铁路和它们的支线使用于延长路线，增加和改进设备的费用在五十亿元以上。直到1929年开始时的经济萧条时期，铁路的总里数逐渐地在增长，虽然“一等轨道”的里数仍保持着不变。此外，1929年时，宾夕法尼亚铁路公司、费拉德耳非亚李丁铁路公司、特拉华赖克汪那与西方铁路公司和其他的一些铁路都宣布了电气化的计划，而且尽管有着经济的萧条，这些工程都完成了。

① 见本书第三十章“运输事业”一节。

② “一等铁路”是指那些营业收入每年各为一百万元以上的公司而言，它们约占全国铁路里程的95%。

运输设备的扩充

尽管摩托车辆的运输事业有了巨大的发展，而且铁路不断地改善了业务和有了能够满足正常需要的适当设备，在20世纪的头十年里，人们对发展内河运输和人工水道方面的兴趣的恢复仍然一直在继续。产生这种情况的原因，一部分是由于在“五大湖”及其支流的运河里的内河运输有了显著的增长，而且由于人们认为水道运输比铁道运输便宜，应该加以鼓励。① 同样地，人们也认为美国比世界任何其他国家拥有更为优良的内河水道，因此应该进一步地发展它们。20世纪20年代和30年代时，中西部的农业歉收以及人们认为更为廉价的通向国外市场的航路会有助于补救当时处境的这一信念，形成了一个巨大的推动力量。

长期以来，人们曾经讨论了两项工程：(一)沿芝加哥卫生排水运河、伊利诺伊、密歇根运河与密西西比河而修筑的五大湖到海湾区的深水河道；(二)圣劳伦斯航行运河。人们希望第一项工程会恢复密西西比的运务，而且为从密西西比河流域到南美洲海港提供一条直接的航路；后面的那项工程会使中西部各州的大农业区域由一条全程的水道直接接通欧洲。“五大湖到海湾区的深水河

① 按整数计算，苏圣马利河的货运从1910年的六千二百三十六万三千元增加到1929年的九千二百六十二万二千元。只是在1932年时降低为二千零四十八万六千元，1950年时又增加到十亿零六百一十四万元。伊利湖和其他纽约运河的运输吨数只能维持原数，平均从三百三十二万八千元(1906—1910年)增加到三百九十三万七千九百五十二元(1946—1950年)。1929年苏圣马利河所载运的货物有巴拿马运河所载运的三倍以上。见《1930年统计摘要》，第435、436及442页。

道”自从锡奥多尔·罗斯福在任时起获得了各个继任总统的赞同，而且自从1917年使得到一系列的法律与拨款的支援。这项工程牵涉到必须花出大笔用款去控制洪水的问题，但是由于那些希望既能控制洪水又有内河水道的人们所施的政治压力很大，使得两项工程都完成了。1933年伊利诺伊河道开放以后，把密歇根湖、伊利诺伊河与密西西比河通过运河而连接起来，从而就打通了从五大湖直接通到海湾区的航路。1924年，联邦政府甚至于进一步组织了一个内河运输公司去经营国有的内河、运河以及沿海的水路运输，特别是要指出密西西比河上游航运的可能性。1929年最出色的一件事便是俄亥俄河运河化的正式开放，这项工程曾经进行了五十年，所花费用为一亿二千五百万元。密西西比与俄亥俄这两条运河的最低深度是九英尺。

包括着一个巨大发电厂计划在内的圣劳伦斯航行运河工程，受到了纽约州的剧烈反对，这个州自从1903年以来曾为驳船运河(亦即归伊利河的扩大与改善)投资了二亿元以上，这个州需要一条贯穿全国的航路。这项工程也受到了铁路公司和新英格兰与中大西洋各州沿海各城市的坚决反对。在进行了各种调查以后，胡佛部长提出了建议，认为圣劳伦斯河的航路由于它是通到欧洲北部的一条比较接近的航路和由于它能节省更多的运费，修筑起来比纽约的那一条更为便宜。在胡佛做总统的期间，对这个计划的实行并没有获得多大的成功。他的继任者富兰克林·罗斯福1934年促请参议院批准建造这项工程的条约，但是参议院没有采取行动。以加拿大与美国国防的长远利益所必需作为理由，两国便在1941年以协定的方式(只要得到国会多数人的同意)恢复了这条运河的修建。直到 1952 年年末，国会还没有采取什么行动，加拿大宣布说，不管美国参加与否，它都要进行这项工程。

很明显，圣劳伦斯运河工程牵涉到政治和地区利益的问题，这就常常蒙蔽了修筑这条运河的基本因素。人们都承认，通过这条航路，中西部与欧洲海港之间的里程将会缩短，而且还可能节省运费。从工程的角度看来，这是有实现的可能的；而且，毫无疑问，中西部各州也热忱地希望它的实现。可是，这项工程的费用约需一亿美元（包括发电厂在内），许多专家们都怀疑，纯粹从经济价值来看，在未来的若干年内是否值得这样做，[①]所节省的运费是否与开办成本和维持费相适应，还值得怀疑。另一方面，发电厂的开办，会对于加拿大和美国东北部地区有利。

第三项不太重要但曾经广为宣传而且得到联邦政府不断拨款的工程，便是从波士顿到得克萨斯州布朗兹维尔的一连串的隐蔽水道。这一部分是参照着 1808 年[②]所提出盖莱庭的旧计划设计的。只要一看本页所附地图便可以知道这项工程的一大部分在 20 世纪 50 年代初期就已经完成了。沿大西洋海岸的一些运河，如像特拉华运河与切萨皮克运河，曾经发展了频繁的煤炭和石油的运输，但是许多的里程除了作为通往佛罗里达的游艇的航路以外，用途并不太大。另一方面，从佛罗里达西面的苏圣马克司河通到得克萨斯州布朗兹维耳的“海湾区近海水道”为原油和不断增长的石油产品的运输提供了一条重要的航路。

---

① 见莫尔登，摩根与李所著《圣劳伦斯河的航运与发电工程》，1929 年版。也可参阅莫尔登等：《美国的运输问题》，第 505—513 页。

② 见本书第十四章“内河轮船”一节。

第一次世界大战爆发时，汽车工业刚刚通过了试验的阶段。汽车的使用仍然限于富有的和中上层阶级的人们；美国1914年所生产的汽车数目有五十万六千九百零五十四辆，而已登记的数目为一百二十五万八千零六十二辆。在以后的十五年里，汽车就进入了一个巨大的发展时代，而且成为各个阶层的人们的享乐品与商业运输工具。1929年时，轿车与卡车的生产增加到五百六十二万一千七百一十五辆，而已登记的数目是二千六百五十万零一千四百四十三辆。[①] 这个数字代表着世界产量的六分之五，大约每五个美国人就有一辆汽车。虽然汽车无疑地影响了火车与城区电车的业务，甚至于使它们放弃了几千英里的路线，但是，许多公共汽车和摩托卡车还是初次营业，它们只是补充而不是代替了旧的运输工具。例如今天美国有四万五千个居民区，除了摩托车辆以外还没有其他重要的交通工具。

由于19世纪80年代与90年代初期自行车的风行，激起了人们要求有更好的道路的运动，主要是想使农村的运输达到城市运输的水平。这项运动由于汽车的使用而得到不断的推动，但是筑路的工作，在第一次世界大战以前主要是操于地方与州政府之手。[②] 联邦政府不顾杰克逊总统否决梅兹维尔公路时所指出的宪法上的限制，[③]重复使用了1916年修筑全国收费公路的那个旧政策。联邦政府根据1916年的《农村邮路法令》以及以后的一些补充

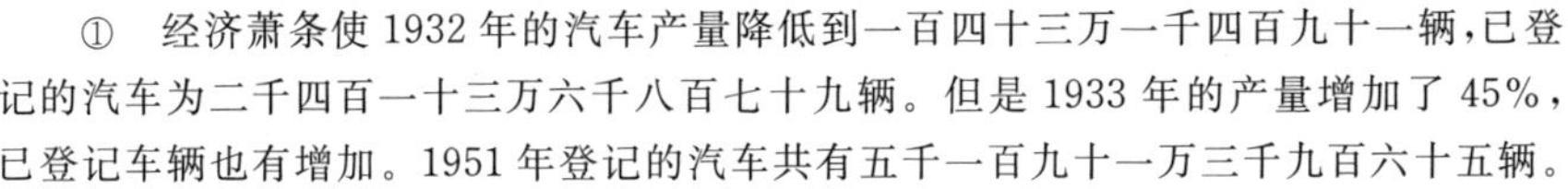

① 经济萧条使1932年的汽车产量降低到一百四十三万一千四百九十一辆，已登记的汽车为二千四百一十三万六千八百七十九辆。但是1933年的产量增加了45%，已登记车辆也有增加。1951年登记的汽车共有五千一百九十一万三千九百六十五辆。

② 见本书第二十四章。

③ 见本书第十四章“联邦政府的参与”一节。

法令，协助各州修筑了州际之间的主要干道和次要的连接支线，各州所负担的费用与联邦政府负担的款数相等。在这种情况的鼓励之下，到了1950年时所改善的道路在三十万英里以上，那时，联邦政府所捐助的款项每年大约有四亿元。由于联邦政府对改善公路所进行的协助是那样地重要，因此它所拨给的款项与各县和各个城市公路的费用总数比较起来，数目是很少的。尽管有了这样惊人的进展，但是在美国三百万英里的农村道路中，有一半以上只不过是比土路稍好一些。但是，汽车与道路的改善在美国的经济、社会和文化史上对于刺激美国的经济生活，对于维持千百万人民的生活与提供职业，对于加速文化进展的步调，对于消灭农村的孤立状态，以及对于调和社会与文化发展等所起的作用，几乎是远非人们所能理解的。

对于年纪较长能回忆起汽车出现以前日子的那些人们来说，摩托车辆所发生的影响是十分明显的；但是对于这一代的大学生们来说，它的重要性也许不会那么地清楚。20世纪30年代所发表的关于运输问题的某项研究评论说，“汽车在人口当中的分布之广，不论是就横的方面或纵的方面来说，都是史无前例的。它增加了社会各阶层人民的流动性，并且使他们能控制自己的行动，这是三十年以前所不能预见到的。它使各个地区的居民区之间和较远的地区之间有了新的和统一的运输系统，并且有助于使这些地区改变为更大的和更为紧密地联系的城市区域，大大地增加了边远地区的人们之间的私人往来，也加强了本地人民之间的接触。它是使现代生活的许多方面发生变化的一项革新。”[①]当汽车的史话

① 魏勒和赖斯：《交通工具与社会生活》，第39—40页。

最后写成之后，就会容易地看出，摩托车辆的出现，开始了一个第二次的工业与社会革命。

直到1917年以前，有关航空的事迹，主要是一项技术进步的事迹。[①] 直到20世纪30年代，飞机才在美国经济生活中具有重大的意义。直到那个时候，它的重要性主要是在于军事方面。到了1914年，飞机被充分地加以发展，供第一次世界大战时作战之用，但是它的主要价值在于进行侦察和指挥战斗。只要一看下列附表便可看出20年代航空在商业方面所起的微小作用，1929年到1931年出现了突然的发展。商用航空与许多工业和其他类型的运输工具不同，在萧条时期，仍然保持着它的地位。30年代中叶出现了第二次的迅速发展，第二次世界大战结束时，出现了第三次的繁荣。

1929年，商用与军用航空事业的突然发展，可以用某些明显的理由来加以说明。首先，技术的进步为飞机的构造和相对安全的驾驶操作奠定了基础。同时，在繁荣的20年代，许多惊人的飞行引起了人们对航空事业的极大兴趣；当时，这项工业的资本容易获得，而且有了飞机的交易。最后，联邦与州政府也进行了协助。这种协助是不会被估计得过高的。美国是航空器材制造商的主要顾客。例如在1931年时，所制造的二千三百九十四架飞机中，有八百一十二架是军用机。实际的航空运输甚至于比飞机的制造还更要依赖政府的协助。政府对航空事业的兴趣，首先是在军事方面，以后才是商用方面。1918年，邮政部与陆军部联合成立了一

① 有关航空早年历史的叙述，见本书第二十三章“航空事业”一节。

国内客运及邮运航空交通统计表

年份	乘客人数	快递与货运(磅)	邮件(磅)	飞行英里数
1928	49,713	216,644	4,063,173	10,673,450
1929	173,405	257,443	7,772,014	25,141,499
1930	417,505	468,571	8,513,675	36,945,203
1931	522,345	1,151,348	9,643,211	47,385,987
1932	540,681	1,033,970	7,908,723	50,932,967
1933	493,141	1,510,215	7,362,180	48,771,533
1940	3,185,278	……	10,117,858	119,517,000
1945	7,995,330	30,914,363	65,092,921	247,519,000
1950	17,346,943	151,351,000	47,009,000	364,256,000

注:《1933 年统计摘要》,第 371 页,载有至 1932 年的数字;1940 年同书第 457 页;1952 年第 530 页。1945 年以后的快递与货运数字,指飞行的吨英里数;1940 年数字缺。1940 年以后的邮递数字指飞行的吨英里数。

个试验性的航空邮务处,这个机构很快就被撤销了,但是,第二年邮局单独地开办了从芝加哥到克利夫兰的航空邮递,1924 年扩充到美洲大陆各地。当最后成立了一个令人满意的国营机构之后,国会突然把它收回,并且实际上命令邮政部停止运输航空邮件,而把这项营业交给私商去进行。这样对美国的航空事业的津贴主要是采取航空邮政合同的方式去进行的。这种特殊形式的协助,1934 年时到了漫无止境的地步,人们提出了对舞弊与徇私的控告,这时政府便突然取消了合同,自己运送了航空邮件有几个星期,以后就让人投标承办。①

在 20 世纪 30 年代中叶第二次迅速发展的时期,航空事业开

① 据估计,1932 年联邦政府对各种航空运输的津贴共合二千六百二十七万四千元,而所收乘客运费和邮件收入不到一千五百万元。那一年,政府付给航空公司的款数为一千九百九十三万八千一百二十三元,而邮务收入只有六百零一万六千二百八十元。

始不靠政府的补贴而独立营运。1934 年以后，收入的主要源泉是乘客的运费。自 1938 年开始，政府的邮务收入超过了付给航空公司的费用。1940 年，商用客机所飞行的里程在九千四百万英里以上，载运了三百万名以上的乘客，全国所建筑的大小航空站和飞行场共有二千六百个。这大约等于普耳曼火车所载运的乘客的十分之一。飞机运载了七分之一的第一类邮件和四分之一的横贯美洲大陆的航空邮件。商用航空很快就达到了成熟时期。它的推广主要是由于飞行速度与安全的不断增加所形成。到了 1940 年，从纽约飞到旧金山的时间已经减少为十五小时。1940 年 8 月，各家商业航空公司完成了全年中没有发生伤亡事故的飞行。

农业地位的衰落

正如美国农民在“拿破仑战争”和“南北战争”以后的几年里遇到了严重的经济危机的情况那样，在第一次世界大战之后，他们又一次面临到与此十分相似的处境。虽然多数的经济利益在 1920 年与 1921 年的通货紧缩之后都迅速地得到了恢复，但是，农业却没有跟上。基本的原因有两个：(一)由于战争所造成的需求和农业机器的改进，特别是汽油拖拉机的改进所带来的世界市场上农产品的生产过剩；(二)全球性的需求的减退和战后物价的紧缩。第一个原因在不需要增加生产的时候使农业产生了一项革命。第二个原因，也就是世界性的通货紧缩，使农业受到了特别的损害，因为在通货紧缩与物价跌落的时期，原料，尤其是农产品，通常是首先受害而且是受害最深的。虽然工资和零售价格下降得较慢，或者可能还会对通货紧缩产生抵抗的作用，但是，农产品的价格遭到了彻底的破坏，农民们感到他们的收入与其他行业的收入脱了节。此外，虽然农民的收入在20世纪20年代下降了，但是，他们所负担的税款却增加了。

使农民遭受不利的因素当中的一个，便是美国的新移民政策。这个政策截断了外国侨民流入美国，旨在保持高度的工资。运费与手续费的情况也是如此，它们并没有与农产品的价格同时下降。此外，还有饮食和风尚方面的改变，使人们的爱好从肉食和五谷移转到蔬菜与水果方面来。具有个人主义性格的农民，不太容易使自己去适应新的环境。此外，他们也不能像制造商那样很快地调整自己的产品去适应市场的需要。战争鼓励了过分的经济扩张和过分地强调了一年一次的收获制度，这两种情况在战后的几年里证明了是具有破坏的作用的。最后，在人们还不能做出任何满意的调整之前，1920年又开始了第二次全球性的经济萧条。

在战争结束通货突然紧缩时，1921年玉米的价格跌落到1919年价格的三分之一；棉花、小麦和生猪的价格跌到了1919年价格的一半，菜牛的价格也几乎跌了一半。在1923年到1926年的这个时期，多数农产品的价格略有恢复，但以后又下跌了。由于物价的下跌，每一千个农庄的破产率从1920年的0.21跃升到1924—1926年的1.20以上。尽管有了这种增长，1920年与1928年间农业抵押借款的总数几乎增加了二十亿元，也就是从1920年到1925年增加了19%，从1926到1928年上升了1%。[①] 在这样的

① 这三年中的数字是：1920年为七十八亿五千七百七十万元；1925年为九十三亿六千零六十二万元；1928年为九十四亿六千八百五十二万六千元。

情况下，就可以预料到土地价格的下跌，但是，农业土地价值从1920年的七百九十亿元到1927年的五百八十亿元的这种下降，[①]是比较缓慢的。同时，农庄人口从1920年的三千一百六十一万四千人减少到1930年的三千零一十六万九千人，这十年里，从农庄里迁出的人口每年约有六十万人。[②] 战时所引起的生产地区的迅速扩张立刻停止了。据估计，从1919年到1924年期间，有一千三百万英亩的土地又恢复成为了草地、丛林和林区。[③] 由于农民都习惯于把储蓄投资在土地和房产上面，农庄价值和农产品价格的崩溃就意味着终生储蓄的一扫而尽；而破产的增加，意味着佃农的增长。就全国范围来说，佃农的增长从1920年的20%增加到1930年的42%。[④] 此外，这种租佃制度乃是令人感到沮丧的一类。它不像过去那样是向上走到取得独立所有权的一个阶梯，而是向下走到雇农地位的一个阶梯。租佃增加所产生的一项结果便是土地与设备的退化。下表所列的指数提供了战前与战后各年中农业情况的一个比较准确数字。

农业的萧条，不可避免地会在政治上产生反响和引起政府的进行立法。1921年5月，来自农业各州的两个政党的参议员和众议员组成了一个"农业集团"，并且领导着掀起协助农业的立法运动。他们宣称，彻底的农业立法，不仅在有助于挽救严重的局势方

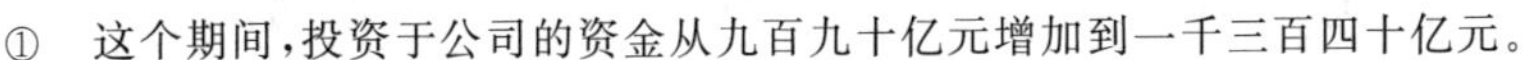

① 这个期间，投资于公司的资金从九百九十亿元增加到一千三百四十亿元。

② 《1934年农业年鉴》，第699页。这六十万人的数字大致代表着迁出农庄的人减去从城市迁入农庄的人的数字。

③ 同上书，1928年版，第393页。

④ 1940年时百分比降为38.7%；1950年时为26.8%。

1910—1929年农庄物价、农民所付物价、农庄工资及税款指数表
(1910—1914=100)

日　期	农产品收入价　格	农民所付出商品价格		付给雇农工　资	农庄财产税(1914=100)
		生活费	生产费		
1910	103	98	98	97	…
1911	95	100	103	97	…
1912	99	101	98	101	…
1913	100	100	102	104	…
1914	102	102	99	101	100
1915	100	107	104	102	102
1916	117	124	124	112	104
1917	176	147	151	140	106
1918	200	177	174	176	118
1919	209	210	192	206	130
1920	205	222	174	239	155
1921	116	161	141	150	217
1922	123	156	139	146	232
1923	134	160	141	166	246
1924	134	159	143	166	249
1925	147	164	147	168	250
1926	136	162	146	171	253
1927	131	159	145	170	258
1928	139	166	148	169	263
1929	138	158	147	170	267
1930	117	148	140	152	266
1931	80	126	122	116	…
1932	57	108	107	86	…
1933	63	109	108	80	…

注:见《1932年农业年鉴》,第900页。《1934年农业年鉴》,第706页。

面十分必要,而且还可以使农民取得与其他受到联邦政府保护与偏爱的经济团体的同等地位。由于这项鼓动的结果,便通过了大

量的法律，这些法律大致可以分为三类。[①] 第一类是各种的关税措施，其中包括1921年的紧急关税，1922年的“福德尼-麦康伯关税”，以及1930年的《霍莱-斯姆特法案》，所有这些法令都力图保护农产品不受外国的竞争。虽然这些关税无疑地有助于维持某些农产品的价格，经济学家们都一般地认为它们对于含有高蛋白的小麦、玉米、大麦、棉花和其他重要商品的价格并不发生作用。对于大量剩余可供出口的农产品，关税所给予的帮助即使有的话也是很小的，尤其是当一般提高关税的政策使可以售出剩余农产品的市场受到限制的时候。用关税来协助像美国农业这样一种出口工业的愚弄政策，即使对于共和党的农业领袖们，最后也会是十分明显的，而且这个自古就有的小让步，已经不能使他们感到满足。20世纪20年代整个农业计划的盲目性就在于这些农业的领袖们没有认识到外国农产品的市场是永远地收缩的（至少在平时是如此），而且美国的从一个债务国转变为一个债权国，使得剩余农产品的出口对于全国的福利不关重要。

第二，政府曾通过了许多法律，旨在给予农民更为有利的信贷，并且鼓励他们努力进行合作。这些法令包括着资助农产品出口和举办紧急农贷的1921年战时财政公司的恢复，1923年的《农业贷款法令》，[②]以及1929年的《农产品销售法令》。所有这些以

① 关于1920到1928年的这项法律的总述，见布莱克：《美国的农业改革》，1929年版，第69—73页，及戴维斯：《世界大战后的农业发展政策》，《1940年农业年鉴》，第297—326页。

② 根据这个法令，每个联邦土地银行区域都成立了一个联邦中期贷款银行，资本为五百万元，有权发行十倍于资本的债券，银行的目的在于以土地为抵押，贷放私人及抵押借款，放款时期是介于定期与活期商业放款之间。

及其他的一些措施，目的在于扩展1916年《联邦农庄贷款法令》所提出的任务。这些法令也许是有价值的，但是它们并没有挽救了当时的局势，而且那些更为急进的农业团体向政府施加压力，要求制订能够实际提高物价的第三类法律。这个希望体现在《麦克奈里—霍根法案》上面，这个法案在1927年和1928年两次为国会所通过，但两次都受到了柯立芝总统的否决。

虽然《麦克奈里-霍根法案》在细节上稍有不同，它所使用的一般方法却没有两样。这个法案规定：某些农产品由一个政府公司来收购，所给价格应含有公平的利润在内，并且剩余品应该不计价值地出售给外国，国外销货的损失将按平准费用的方式分摊于生产者所出售的每一单位产品。付给生产者的净货价，将是规定价格减去平准费用的数额；盈余越高，平准费用就越大，付给农民的金额也就越少。由于烟草和棉花的生产者把这些产品大量地卖给外国从而对这项计划不发生兴趣，而且由于许多卖到国外的产品数量很少，这些法令只适用于中西部，主要是为了要帮助小麦和生猪的生产者。人们宣传《麦克奈里-霍根法案》的主要意义在于它使农民和城市人口习惯于订价的观念，而且为“新政”的农业立法铺平了道路。

民主党和共和党都在1928年提出要救济农业的保证，而且胡佛总统在否决了第二次的《麦克奈里-霍根法令》以后，同意了上面提到的1929年的《农产品销售法令》。根据这个法令，国会拨款五亿元，通过一个联邦农业局把款项借给各个农业合作协会，希望这样就会促进有秩序的销货和使政策趋于完善，并且使农民在销货问题上处于更有效率的地位。虽然联邦农业局鼓励合作社的工作，而且企图通过一些小麦与棉花平价公司去防止物价的下跌，但是，这样对一般的农业局势所起的作用是很小的。这个局的生命很短，而且大为失败，1933 年罗斯福任内用立法的程序把它结束了。遭受损失最大的乃是纳税的公民。

1915 年以后的十五年里所通过的农业法令为数很多，而且无疑地给予了农民巨大的帮助。这在美国的经济史上占有重要的位置，因为它标志着政策的改变。麦林说："1913 年以前，美国的农业政策是把焦点集中在生产问题上面。那一年开始了一个新的方案，第一次有系统地把重点放在销货问题上面。"[①]在分配方法上，显然需要一次革命，而且《农产品销售法令》对于这个事实是认识得很清楚的。可是，20 世纪 20 年代政府所能提供的一切援助，并不能够克服农民们所遭遇到的两项最大的困难，那就是：在世界许多地区不时发生的生产过剩和经济萧条。

工会组织的衰落

虽然劳工的国际地位在第一次世界大战后已经大为加强，然而，美国工人的地位却肯定是削弱了。美国劳工联合会自豪地认为自己在战争期间所做出的贡献，在 1919 的年会上订出了一个"复兴计划"，要求在工业里实行民主，消灭失业，提高工资，缩短工时，对妇女实行同工同酬，取消童工，以及赋予公职职工以组织和集体争议的权利。它也要求减少司法的权力，要求政府拥有公用

① 麦林：《世界大战以后的美国》，第 247 页。

及半公用的事业，发展和经营水力发电，联邦和州政府对公司加以更好的管理，言论与集会的绝对自由，扩大工人赔偿金的范围。成立政府办理的职业介绍所，取消谋求利润的私营职业介绍所，由政府建盖标准的住宅，协助并使工人们能够拥有自己的住宅和在两年的时期内禁止外国移民的入境。①

即使工人们以为怀着感激心情的公众会同情这个计划，这种幻觉也肯定会很快地消失。在战后的几年里笼罩于全国阴郁的反应之下，劳工遭到了来自各方的攻击，而且权力受到了很大的损害。在战时扩张之后不可避免地出现的经济萧条时期，除了组织强大的工人以外，所有的劳工都遭到工资降低的痛苦。为防止通货紧缩和要求提高工资所举行的罢工一般都没有成功。1919 年，联邦政府根据首席检察官的判决，引用了 1917 年《赖维尔燃料与粮食管理法令》颁布了一次严厉的罢工禁令，把一次有烟煤煤矿的罢工加以解散。1919 年铁路修理厂工人所举行的一次罢工，由于政府的反对和工人们的缺乏合作而宣告瓦解，同一年所举行的钢铁工人罢工也没有取得成功。工人们辛苦得来的收入迅速消失和他们的松懈，使冈珀斯大为震惊，他严厉地谴责了美国工业家们的反动政策。但是，主要的原因还是由于劳工缺乏适当的领导。②

---

① 《劳工评论月刊》，1919 年 3 月第 8 卷，第 63—72 页，也可参看弗鲁格尔及福克讷所著前引书，第 839—842 页。

② 美国劳联的执行委员会由于受到鼓励而采取行动，在它的历史上第一次支持了 1924 年的总统候选人拉弗勒特。拉弗勒特一贯赞助劳工的记录是不会被人们忽略过去的。他竞选的失败只会使工会的领袖们深信他们从前的政策是正确的，这种政策如果成功了，在政治行动方面将会比以前还更为保守。直到 1952 年“劳联”才在年会里同意了一个总统的候选人，这一次的候选人是艾德勒·史提芬逊。

例如1919年的钢铁工人罢工便是一次具有战略意义的斗争，在这个斗争里，工人们的要求十分公正，得到了绝大多数人的同情，而且至少有一半的成功机会。美国的工人们如果采取了联合阵线，其结果也许就会是两样。1919年发生了九次罢工的事件，每一次参加罢工的在九万人以上。那一年，罢工的人数有四百万人。①多数的重要冲突结束时劳工都没有获得成功。

工人们在其他方面也受到了损失。经济萧条和社会上的吸收了四百万名军人，增加了职业的竞争，各家公司由于看到利润的下降都削减了福利事业，人们对于社会立法的兴趣下降了，并且司法部门的案件也越来越多了。战争期间，法院对宪法和人权一再受到侵犯的事都视若无睹，一直在继续奖励不按法律进行的那些程序，尤其是那些用来阻止工人积极分子进行活动的程序。与此同时，资本家搬用了战时的经验，增加使用工人密探和间谍，而且还不断地求助于宪警。

在工人组织力量削弱的同时，资本家们组织的力量却强大起来了。“制造商协会”越来越把注意力集中到反击劳工的工作上，而且在许多地区还得到了商务部的密切合作。这种破坏工人力量和促进“自由雇佣制”(open shop)的努力，被委婉地称为“美国

① 据报告，那一年发生的罢工有三千六百三十起。见《劳工评论月刊》，1929年7月份，第一次世界大战以来，参加罢工工人的数字是很有趣的。1919年的四百一十六万零三百四十八人到了1920年就减为一百四十六万三千零五十四人，1921年减少为一百零九万九千二百四十七人，1922年的铁路罢工又增加到一百六十一万二千五百六十二人，1923年降低到七十五万六千五百八十四人，以后就逐渐减少到1926年的三十二万九千五百九十二人。从1927年到1931年，平均每年罢工的数目是七百六十三起，平均每年参加罢工人数为二十七万五千人。见多耳蒂《美国工业中的劳工问题》，第356页附表。

计划”,而且得到了很大的成功。那种说劳工应该对高额生活费用负责的烟幕弹式的宣传,有助于疏远对工人运动十分同情的中产阶级。

对劳工特别不利的便是州政府与联邦政府司法部门的一些反动判决。1918 年与 1922 年时,联邦政府制订的童工法律被宣布成是违宪的,1923 年,哥伦比亚特区的法院取消了妇女的最低工资制。[①] 不仅社会立法受到了威胁,而且工会的生存也受到了危害。1908 年与 1915 年,最高法院在邓伯利帽厂和其他的案件所作的判决里认为工会及其成员应对工会干部所同意的一切行动负无限责任。1915 年,最高法院把一项目的在于防止雇主强迫职工同意在工作期间不加入工会[②]的州政府法令宣布为违宪,而且甚至判决:把已经签订过不加入工会契约的工人组织起来的行为是违法的。[③] 最高法院把“附属的经济抵制”(Secondary boycott)宣布为违法,[④]而且也允许人们控告违反《克莱顿法令》的没有取得法人地位的工会,这样就使得国会要想通过《克莱顿法令》给予工人以保障的中心意义完全丧失。[⑤] 对于劳工威胁最大的便是在劳资纠纷中越来越多地使用罢工禁令,这个程序遭到了美国劳工联合会一贯的和坚决的反对。

① 见本书第二十二章“工资收入者获得的进展”一节。

② 《卡倍基与堪萨斯州讼案卷宗》,第 236 号,美国政府卷第 1 号(1915 年)。

③ 《赫琪曼煤炭公司与密契尔等人讼案卷宗》,第 254 号,美国政府卷第 229 号(1917 年)。

④ 《杜不莱克斯印刷厂与狄尔令等人讼案卷宗》,第 254 号,美国政府卷第 443 号(1921 年)。

⑤ 《美国矿业工人联合会与卡洛那多煤炭公司讼案卷宗》,第 259 号,美国政府卷第 344 号(1922 年)。

劳工组织要抵制那些保守性的司法判决、间谍活动和人们同情心的下降，已经感到很困难，现在又发现它们的影响还被一些更为巧妙的方法所葬送。20世纪20年代用来阻挠工会运动的主要武器之一，便是“公司联盟”。在1917年以前，使用这个制度的工厂还不到十二家，但是到了1927年就有了几百个，会员在一百四十万人以上。1922年修配厂工人罢工失败以后，“公司联盟”在铁路工业方面发展得特别迅速，在五金工业和电气制造工厂里也有相当的发展。另外一种反对工会组织的巧妙武器便是职工入股的办法。虽然这种办法由于它能够发挥工作积极性，减少罢工纠纷与工人周转率和使工人感到满意因而是正当的，但是，它所产生的主要作用乃是削弱工会运动，因此也就削弱了工会的力量。公用事业里推行职工入股制度是由美国电话电报公司首先实行的；在工业方面带头使用这个制度的有柯达胶卷公司、美国钢铁公司和伯斯里亨姆钢铁公司；在铁路方面有纽约中央铁路公司、宾夕法尼亚铁路公司；石油工业方面有美孚油公司。[①] 主要是通过受到分期付款方法的鼓励，职工入股的人数增加到一百万人以上，而且某些醉心于极端乐观经济学派的人们，把它夸耀成是一项经济的革命，通过这个革命，全国的财富就会转移到工资收入者的手里来。[②]

人们已经公认，职工入股制在工人向资本家进行斗争中无疑地是一种腐蚀剂；但是，即使是最偶然的观察也会很快地消除那种

① 见佛尔斯特和狄台尔：《美国的职工入股制度》，1926年版，第99页下半段。

② 卡维尔：《美国今日的经济革命》，1925年版。

认为经济的太平盛世会通过这个媒介而获得的幻想。1922年，联邦贸易委员会对美国商业所做的全面考察指出：在职工们受雇的各个公司里，他们构成了7.5%的普通股股东和3.5%的优先股股东，但是只拥有1.5%的普通股和1.59%的优先股股权。① 普林斯顿大学工业关系研究组后来所做的调查指出：在竭力鼓励职工入股的二十家公司里，职工们实际拥有的股票只占4.26%。② 当我们认识到很大一部分的这种股票是由公司的主任、领取薪水的职员和行政干部拥有的时候，就会看出实际为工资收入者们所拥有的股数还更少。还必须进一步指出，虽然股东的实际人数有所增加，由少数人控制整个工业的技巧已经趋于完善。③ 通过职工入股的方法在资本与商业民主化方面所取得的进步即使有也是很少的。

任何研究劳工问题的人，都不可能会把20世纪20年代常常借“福利资本主义”为词而进行的广泛活动的迅速发展加以忽视。提出这个主义的动机一般地讲是要想使工会制度瘫痪，或是想发展一支更为忠实、稳定和具有效率的工人队伍，但也常常含有热忱地关心工人的健康、安全和一般福利的人道主义的动机。“福利资本主义”的本身具有下面许多的目的：推行教育计划，鼓励工人拥有自己的住宅，办理便宜的公共食堂，免费医疗，分享利润，享受休假和娱乐津贴，等等。④

① 联邦商务委员会《全国财富与收入报告》(1926年)。

② 参阅佛尔斯特和狄台尔：前引书；及邓恩：《论工人的美国化》，第153页。

③ 李卜莱：《大街与华尔街》，1927年版。

④ 见邓恩：前引书，第193—194页。

在所有为改善工人福利而做出的人道主义的努力中，最有效果和最有帮助的便是成立保险与养老金制度。除了实行强迫性的工人赔偿金制度之外，还有各种形式的团体保险，其中包括残废和死亡保险。据估计，1927 年时已领取的团体保险费有五十六亿元，包括的职工人数为四百七十万人，仅只大都会保险公司一家，就承保了二千五百个工厂的工人保险，保险的工人人数有八十一万五千人。[①] 值得提起的还有职工养老金制度的发展。1926 年宾夕法尼亚养老金委员会所做的研究指出：至少有四百个雇用了四百万工人的工厂建立了养老金制度，其中的 88% 在头十五年里就已经开始实行。[②]

有许多类型的福利资本主义，对于工人有帮助，也是具有价值的，但是它们指明，要改善劳工环境的主动性，正在由工人方面移转到雇主方面去，而且个人的独立性与创造性正在迅速地受到了危害。很明显，那时的工会组织运动胜不过雇主们的策略。美国劳工联合会的会员人数从 1920 年四百零七万八千七百四十人的最高峰下降到 1932 年的二百五十三万二千二百六十一人。[③] 这个数字只说明工会组织衰落的一部分情况。美国劳工联合会很不幸地没有把汽车工厂和南部纺织厂里的工人组织起来，它眼看着一些像煤炭业工人那样强大的工会迅速地瓦解而没有加以帮助，

① 《美国政治与社会科学研究院年报》，1927 年 3 月号，第 32 页。

② 伊布思坦：《工业中的养老金问题》，1926 年版，第 18—19 页。

③ 美国劳工联合会里的一百零五个国际工会，从 1924 年到 1929 年时有三十六个丧失了会员资格，只有二十五个保持稳定，……这些工会包括着一些最老的组织，它们在过去是劳联的支柱。见罗温：《美国劳工联合会》，1933 年版，第 279 页。

它也全然没有使钢、铁、锡工人联合协会产生作用。冈珀斯1924年死去，把他的保守政策遗留给一些不太能干的领袖，那些政策在这些人的手里许多年来好像已经退化成了“无为主义”。构成工会组织绝大部分成员的技术工人，在第一次大战后的物价跌落和1921年萧条以后的繁荣逐渐恢复期间，感到地位有所改善，他们也是像他们的领袖那样地保守的。工人队伍里对他们的领袖的政策（或者说缺乏政策）加以质问的积极分子都受到了“劳联”发言人的严厉攻击，并且谴责他们是一些激进主义者。但是，到了20世纪20年代之末，迹象表明：那些认识到有组织的工人运动的迟滞情况而不满现状的少数派，人数却大大增加了，而且很想在美国的劳工历史上写下新的一页。

20世纪20年代的移民

自从第一次世界大战以来，与美国劳工历史有密切关系的事便是移民政策的剧烈改变。几十年以来，有组织的劳工一直在竭力主张对外国移民加以更大的限制，而且自从19世纪80年代以后，有关移民的法律就渐渐地严格起来。有组织的劳工，由于畏惧工资的下降和失业，得到了许多团体的支持，这些团体认为如果再有大量的外国人移入，会给美国的各种机构带来危害。雇主们也不太反对对移民的加以限制，因为在20年代中叶的繁荣期间，实际上并没有感到劳工的缺乏。早年的那些尽量把不许移入的人列入限制之列的法令，并没有阻止大量移民的移入，于是便把限制的方法改成了定额的制度。1921年通过了所谓的“定额法律”，这个法律根据1910年的《国情调查》，限定每个外国国家每年移入美国的人数不能超过那个国家当时在美国的侨民人数的3%。

这个定额还不足以发生严格限制的作用，于是1924年又通过了一项新法律，把定额改为1890年各国住在美国侨民人数的2%。加拿大人、墨西哥人、旅行者、商人、海员和官吏不受定额的限制。根据1924年的法律，日本人不许移入。这项法律不仅把1921年的定额减少了一半，[①]而且在牺牲来自欧洲东南部"新移民"的情况下，便利了来自欧洲西南部的"旧移民"。[②] 1924年的《移民法令》也规定：根据1890年居住人数制定的2%的定额计划，只在1927年以前有效，以后就要使用一种"国籍地区"的方法。政府的科学家们都企图找出1920年时所构成的美国人民的真正来源地，然后再把移民按国籍分配人数，使移民定额的总数每年限于十五万人。这项法律遭到人们的强烈反对，直到1929年7月才开始实行。[③]

不管20世纪20年代的移民法律具有怎样的缺点，它终于达到了目的，那就是：移民的激剧减少。从1927年直到1933年，移民的人数每年都有所降低，1927年到1935年间离开美国的外侨比被允许入境的人数还要多。

---

① 1923年的定额为三十五万七千八百零三人，1924—1925年时为十六万四千六百六十七人。

② 弗鲁格尔和福克讷前引书《文选》，第865—868页。

③ 自从1929年7月1日以后，每一会计年度允许一个国家的移入定额，是按十五万人的比率规定的，正如1920年准许在美国居住的人数是按照1920年美洲大陆居民总数所做的比率一样。1929年的移民法律允许美国领事馆对于可能成为"公共负担"的外国申请人拒发入境签证。这就有助于在经济萧条期间使移民大为减少。

第二十九章　经济的崩溃

一个改变中的社会

一个严重的危机，不论是经济的或政治的，都常常会加速一个从来就不是静止的社会的变化，而且迫使人们去接受新的观点和长期以来人们所需要的改革。这就是1929年开始的经济萧条所产生的结果。本书以下各章将说明这次萧条和第二次世界大战对于美国经济所产生的影响，同时也要说明政府是怎样更多地参加和管理这个经济制度的。本书已经谈到了足够多的情况对1929年以前那一个世纪经济方面所获得的巨大成就加以强调。这些成就使得美国在经济上成为世界上一个最为强大的国家。但是，这个经济结构有着许多的缺点，1929年的经济萧条使这些缺点暴露无遗。正是由于为了要改正这些缺点所做出的努力以及人们认为改革可以完成的信念，首先使这一时期与1929年的灾难时期产生了巨大的差异。

我们将要看到，这些努力一点也没有削弱美国的资本主义经济，但是它与放任主义的旧理论是背道而行的。在当时这种情况下，政府所能做出的唯一选择只能是利用包括各种竞争与垄断在内的市场价格结构去对经济进行某些领导和管理。这些努力只获得了不同程度的效果。但是它们显然促成了更大的经济稳定。它们与集体行动等其他作用一道，带来了更高的生活水平，从而使人们得到更大的保障去避免经济的厄运。关于这个经济社会应该完成哪些任务？对于哪些人有利？以及怎样去进行等等的争论，都局部地在政治上表现出来。而且许多非经济的价值，如民主政治、个人自由以及普及教育等，当然也起了重要的作用。

经济周期

许多人认为曾经开辟了一个新的和永无止境的繁荣纪元的20世纪20年代，是以美国历史上最为彻底的一次经济崩溃而结束的。当然，经济萧条现在已经不是一个新的现象。它间歇性地出现于美国，也正与资本主义世界的其他地区所出现的情况相似。事实上，美国的经济史可以围绕着具有美国经济生活特点的繁荣与危机一再出现的历史而写成。这些周期危机的年份（1819、1837、1857、1873、1884、1893、1903、1907、1913、1920、1929年），是一些关键性的年份、美国的经济学权威密契尔说："……近代的观点认为经济危机只不过是'商业周期'反复出现的一个特点，……危机之后就可以预料到会有萧条，萧条之后就会有复苏，复苏之后就会有繁荣，繁荣之后又会有新的危机。这种周期的发生，在美国至少已经有了一个世纪。"①

① 密契尔：《经济周期与失业》，第5页。

由于这些事实已经很明显，而且由于出现了与旧经济理论不同的实用经济学派亦称“制度经济学派”，许多的论著都专门研究了经济周期的问题。事实上，有些经济学家或冒充的经济学家甚至于进而组织了一些商业公司，目的在于向商人、投资家以及投机者报导某一特定时期周期所能达到的准确程度。过去的一些周期提供了某些共同趋势的这一事实，使得他们的这种推测好像很有可能。1921年，财政部长胡佛指派的一个委员会把典型的经济周期描述如下：

“如果我们从当商业正在恢复时开始进行分析，那么，一般的特点是制造业的产量增加，证券价格继续上涨，继之以商品价格的上升，以后又出现商业的扩充以及商人和投机商对信贷需求的增长。由于商品价格上涨的结果，利率也就坚挺起来，信贷渐渐吃紧，与这些情况一道，可能会同时出现目的在于投机的信贷的减少。于是证券价格下跌，在一个较长的时期内，一般的商业继续在不平衡地增加，运输业务出现了过分的担负，迟延了交货，货物显然缺乏的情况由于投机性的进货和商人以及其他的买主的重复订货而加剧，直到信贷的扩张接近了它的极限。于是人们的信心动摇了，如果周期十分严重，就会产生人们广泛地取消订货。这又常常会引起存货的清结以及物价剧烈地和不规则地下降。在萧条时期，常常会产生相当广泛性的失业。”①

① 见《经济周期与失业》一文，载总统所召开讨论失业问题大会的某个委员会提出的建议与报告书序言，第12、13页。

当然，这个简短而扼要的描述，并不在于说明某个特殊周期的特殊原因或详细情况。当我们回顾一下美国各次经济恐慌的历史，便会看出，某些原因乃是美国所特有的。[①] 几乎在每一次的美国经济萧条之后，就会出现运输事业的过分扩张和土地的投机。因此，在 1837 年的危机之前，出现了修筑运河的繁荣，1857、1873 以及 1893 年的危机之前，曾出现了铁路建筑的过分扩张；20 世纪 30 年代的萧条之前，出现了大量制造汽车和道路的修筑。当优良的公共土地能够获得的时候，土地投机就成为每一次繁荣的特点。甚至于在这些土地被占有之后，在 20 世纪 20 年代的繁荣时期，出现了对城市房地产和房屋建筑的惊人投机。

虽然，这些繁荣与萧条的周期在美国反复出现的主要原因好像都十分相同，但是，仍然经常会有一些差别，因为历史从来不会丝毫不差地重演。在一个复杂的经济现象里，决定一切因素的困难有时是由于下列的事实而增加了，那就是，经济学家们对说明发生危机的原因时所强调的重点，是极不一致的。有些学者强调银行信贷的数量，有的强调物价的结构，有的把经济周期解释成是与收入的分配问题无关。马克思主义的社会学家们把他们的解释建筑在劳动价值的理论基础之上。美国的两个著名学者凡勃仑与密契尔把他们的解释集中在利润的刺激力量方面。密契尔说："利润是一个商业经济里经济活动的焦点。"[②]他又说，归根到底，周期是建筑在"这一决定性的因素之上的，那就是：利润的远景。"[③]不管

① 见本书有关《经济危机》各节里的指数表。

② 《社会科学百科全书》，第 3 卷，第 102 页。

③ 密契尔前引书，第 5 页。

原因是什么，有一点是十分清楚的，那就是：美国经济生活的缺乏稳定性。唯一可以肯定的因素即变化是不断的。

经济萧条所带来的可怕的破坏，尤其是 1929 年的恐慌所带来的破坏，使人们的注意力集中到原因与救治的方法方面来。持有特殊理论的学者们都趋向于认为减少某些原因也许就会使问题解决。例如，强调银行信贷的学者们认为只要更好地控制银行业务便可以防止萧条；谴责投机过度的学者们认为必须认真地管理证券交易；强调利润力量的学者们认为要调整利润制度……总之，一般的经济学家们都认为对这一问题进行科学的研究便会发现风暴的信号，从而可以阻止经济的崩溃；或是通过对竞争的控制和进行社会立法，就可以防止或者至少可以减少严重的萧条。但是，不论 20 年代存在着怎样“科学化”的经济学，都全然没有防止经济的崩溃。罗斯福总统在 1933 年 3 月以后使用了对竞争加以控制和进行社会立法的方法来处理这个问题。

1929 年经济崩溃的基本原因

自从 20 世纪 20 年代以来，人们曾经花了足够的时间去对那十年里的经济趋势进行比较准确的描述。这个时期的繁荣，有一部分好像是战争年月情况的“继续”。战争使欧洲贫困了，但是没有对美国的生活水平发生剧烈的影响。在产生了一次短暂的战后经济衰退以后（1920—1921 年），全国的某些地区和许多工业都恢复了繁荣。我们已经说过（本书第二十八章“扩张的 20 世纪 20 年代”一节），这一次繁荣的基础主要建筑在汽车工业的发展以及随之而来的修筑公路的繁荣时期之上。第二，这次繁荣的特点是由战争期间造成的房屋缺乏所引起的城市房屋建筑的繁荣。由于受到这些国内因素的巨大助力和世界大部分地区一般情况的大为改善，美国在20年代的后期和中期进入了繁荣的岁月。由于受到分期付款购买方法的鼓励与协助，对收音机和家庭电器设备等新产品出现了广泛的需求。国际贸易的顺差，使得已经是前所未有地充裕的黄金增加起来，并在这个基础之上扩大了信贷和发展了贸易。对欧洲和南美洲放出了大量的私人贷款，从这方面所得的收入多半用在美国。

尽管有了许多真正繁荣的景象，足够使这十年呈现一个兴盛的时代，但是，在经济结构中仍然存在着一些根本的弱点。某些工业，主要的有煤矿、纺织、造船、铁路设备和制革，在战后的萧条时期以后并没有恢复。更为重要的是农业没有能适应战后经济恢复的需要。战争时期的过度扩张，人口增长率的日趋缓慢，美国人民对食物喜好的改变，来自世界其他地区的日益激烈的竞争，以及欧洲经济民族主义的发展等等，都部分地说明了美国农民当时的情况。美国农业长期以来就负有两项任务：第一，供应欧洲迅速增长的人口；第二，用商品去和欧洲交换发展一个新兴国家所必需的资金。那时，其他的一些新兴国家也正在供应着欧洲，而且由于美国从一个债务国转变为一个债权国，它的工业就不再需要外国的贷款。美国农民在欧洲仍然拥有的市场，也由于1922年的“佛特尼-麦康伯”与“霍莱-斯姆特”两个关税法令而减少了。这些关税使欧洲不能用制成品去交换农产品。于是，农业比以前更为肯定地附属于工业。

甚至于在20年代十分发达的工业当中，也存在着一些足以危害经济结构的因素。最重要的也许就是“整个国民收入中，成为利润（包括留在商业里的那一部分）的部分越来越增多；而作为工资与薪水的那一部分，却相应地减少。尽管按商品购买力计算的实际工资有了很大的增长，情况仍然是如此”。① 这样所产生的明显后果便是把财富堆积在主要是用去进一步扩充工业单位的地方，而不是放在购买制成品的人们的手里。与这种情况一道，还可以看出另外一个惊人的事实，那就是：就业人数上升得很少，甚至于没有上升，不能跟上人口的增长。在某些工业里，如在采矿、铁路和农业方面，就业的人数实际上下降了。根据保守的估计，甚至于在繁荣的年份里，失业人数平均在一百五十万人以上。② 换句话说，与资本设备的增加比较起来，就业并没有增加。这在很大程度上是由于平常所说的“技术性失业”所造成的。自从工业革命以后，“技术性的失业”就或多或少地在继续，但是，是否比第一次世界大战以后的那个时期更严重，却是值得怀疑的。

由是可知，当时国内的景况是：某些行业继续萧条，某些行业则又过分扩张，加之工业中利润分配的失当，所有这些因素削弱了经济结构。在国内情况暴露出严重缺点的同时，国际经济中的缺点对于经济的崩溃也起了推波助澜的作用。欧洲的贫困与美国的高额关税，使欧洲不可能用黄金或商品来偿还我国的贷款。此外，战争所造成的严重的民族主义思想也在整个欧洲产生了高额关税

① 克拉克：《经济周期的战略因素》，第106页。

② 在1921、1922、1924和1927年的衰退时期，失业人数估计在二百万到四百万人之间，参阅渥尔曼：《劳工问题》，载《近代经济变革》第2卷，第478页。

的新浪潮。甚至于连英国也放弃了它行之已久的自由贸易，以求保护自己的工业，它的各个殖民地也积极地仿效了这一榜样。在战后的几年里，世界绝大部分黄金有流入美国的趋势，这一现象，使得美国的物价继续上涨，使欧洲各国政府更难于恢复金本位制。欧洲的经济困难使那里产生了政治上的动荡，这又反过来产生了国际财政的动摇，整个局势危及了世界的经济。

投机的高潮

投机的增长，特别是股票投机的增长，从来是所谓“景气时代”的一个特征。这在20世纪20年代并不例外。造成这十年里的投机行为的原因很多。由于美国工商业的许多部分都很繁荣，国家财富和许多人的实际收入不断增长，这种情况就一定会反映到证券价值方面来。直到发行“自由公债”和职工入股运动时，从来没有见过一张公债或一股股票的千百万个工人和中产阶级的人们，现在也关心起股票市场来了。由于美国工业的价值实际上是在增长，也由于这种增长反映到股票价格方面来，因此，几乎每一买进，都意味着利润。越来越多的人都跟随着大投资家和职业性的证券投机商进入了股票市场。到狂热结束时，大约有一百万个新的顾客在买卖各种证券。

虽然这些新的购买者有许多都把自己看成是投资者而不是赌博者，但是这对于股票价格所发生的影响却是一样的。千百万个新买户涌入证券市场，增加了对股票的需求，提高了价格。这些羊群拥挤在一起被人剪毛的情景，使工业和金融界的巨头们也无法应对,发行和分配股票变成了一项重要的交易。索尔说:“传统的理论是:商业公司只有在需要额外资本的时候才发行股票和公债……可是,在这个时期,新的证券却好像肥皂块那样地被制造出来,理由不外乎是:发行和出售它们都是有利可图的。”①

工业、公用事业、铁路和银行都赶忙印刷新的债券去适应难以满足的需要,或是把旧的股票加以分割,使它们更容易卖出。从1925年1月25日到1929年10月,在纽约证券交易所的“上场股票”,从四亿四千三百四十四万九千股增加到十亿股以上。一些银行家和公债经纪商,用国外公债和有“担保”的房地产抵押借款去哄骗那些并不想投机而主要是把自己的储蓄用于投资的正当投资人,证券中的一部分是这些银行家雇用的专家们认为具有风险不能买进的。为了要抓到剩余的资金,银行和公债经纪商就组织了一些“投资信托”公司,经常操纵着这些信托公司的股东所拥有的股票。在整个银行业务与投资交易里充满了腐化与堕落的行为。

由于股票价格上涨,从投机活动中得来容易的资金刺激着利息的上涨,直到投机商们都很少谈到股票的实际价值而只想到未来货币数量的增多。股票价值的传统估计方法是以“十倍的收益”为基数的。1929年时,有些股票的卖价甚至于在这个基数的五十倍或者五十倍以上。正如某个专家所说的那样,人们不仅对市场的未来打了折扣,而且对往后的时期也打了折扣。由于联邦政府每年兑付了八亿元的战债使寻求再投资的自由资金数量有所增加,也由于国民收入的大部分不成比例地流入资本家而不流入工

① 乔治·索尔:《繁荣的十年》,第304页。

人之手，投机的狂热加剧了。结果是投机之风增长到令人难以相信的程度，股票的卖价比账面价值高出三倍到二十倍，成千上万的人们都对自己的正当业务失去了兴趣，为的是要集中精力去进行投机，而且股票交换成为了商业上和社交集会的主要话题。以往，在证券交易中每天如果有一百万股的交易几乎就是划时代的纪录。但是，在1929年时，一百二十二天之内成交的股票就在四百万股以上，三十七天之内成交的数目就超过了五百万股。投机是那样地疯狂，以至于股票的市场价格与先前几次经济周期的情况不同，在几个月之内一直还继续上涨，虽然商业早已出现了衰退的现象。

我们可以想到，即使不提经济学家们，那些商业与财政方面具有经验的领袖也许会预见到这种情况所产生的难以避免的结果。但是，他们当中的许多人显然没有这种预见。广大的人们都感到乐观，认为全国已经进入了一个永不结束的繁荣和股票价值永远保持高度水平的新时代。[①] 到了政府开始对局势表示忧虑的时候，时间已经太晚了。1929年年初，“联邦准备银行”的董事会发出了一项警告，反对股票的预卖办法，二月间又开始提高了贴现利息。甚至于证券经纪公司最后也把他们代客买卖股票时所预收的款数提高到50%。但是，任何的这种控制由于某些大公司把巨额资金存入银行和由于其他的人最后渴望以年息高达二十分借出活期放款而抵消了。直到最后经济崩溃之前，仍然毫不缺乏宽裕的

① 自本页起，所引的典型引语来自爱德华・安洛利：《哦，是那样的吗？》，1931年版。

资金去资助投机。

终结只可能有一个，高峰在1929年10月29日来到了。

> “星期二早晨十点钟，证券交易所大厅里的大锣刚刚响过不久，剧烈的风波就突然发生了。大批的股票涌到市场上来，不计价格地在抛售……出卖的不仅只是无数的小商业的股票，也有大商业的股票……股票专家们不断地受到要把股票争先抛售的经纪人的包围，而且甚至于全然没有人想到要买进……交易所的情况十分混乱……开盘后半小时内，交易量就在三百万股以上，十二点钟时就超过了八百万股，一点半钟时超过了一千二百万股，当停止交易的大锣鸣响时，这一天的疯狂交易以一千六百四十一万零三十股的最高纪录而收盘。……根据《纽约时报》的统计，五十种主要股票的平均价格几乎下跌了四十档。”①

萧条的过程

1929年10月股票市场的暴跌，只不过是经济衰退的一个开端，这次衰退毫不受阻地一直继续到1933年的春季。那些价格已经涨到不能再涨的股票，跌到了它们从前开价的一个尾数。根据道琼斯的指数统计，从1929年9月到1933年1月，有三十种工业股票的价格从平均每股三百六十四元九角跌落到六十二元七角；

① 艾伦：《仅只昨天》，第333—334页。

二十种公用事业的股票从平均每股一百四十一元九角跌落到二十八元；二十种铁路股票的价格从平均每股一百八十元跌落到二十八元一角。我们将要看到，银行股票和一些更为实际的商品的情况也是如此。当股票市场在1933年7月跌到最低点时，消失的金额约有七百四十亿元，也就是1929年9月时价值的六分之五。

股票的价格只不过是整个商业情况的一项反映。一般的物价情况可以从下列“美国劳工统计局”所编制的指数表上看出来，这个表以1926年为基期。

	批发价格	就业	工资
1929年平均数	95.3	97.5	100.5
1930年平均数	86.4	84.7	81.3
1931年平均数	73.0	72.2	61.5
1932年平均数	64.8	60.1	41.6
1933年平均数	65.9	64.6	44.0

根据美国劳工联合会的估计，上列按人口计算的就业指数，意味着1930年10月失业的人数约有四百六十三万九千人；1931年10月数目增加到七百七十七万八千人；1932年10月增加到一千一百五十八万六千人；1933年年初在一千三百万人以上。这项估计数字应该和1919年时的四千八百万名以上的工人总数相比较。上述失业人数也可能稍微偏高一些，但是，当我们想到绝大部分的失业者都是一家之主，他们的家属必须靠他们的工资养活的时候，就可以看出：受到失业影响的人还有千百万人。按照1934年年末受到公共救济的人数计算，公正的估计数字是一千七百万人。除了几百万失业者之外，还有更大的一部分人靠着大大地降低了的收入而生活着。上表所提供的工资指数，说明付出工资总数在萧

条期内的头四年中减少了一半以上。

由于生产主要依靠于市场的购买力，因此，商业与工业成比例地下降是毫不足奇的。某个权威学者认为1932年美国的工业生产比正常时期降低了47%，[①]而且在以后的几个月里还进一步下降。根据纽约联邦准备银行所作的交易清算指数(1926年=100)，商业的实际数量从1929年的103%下降到1933年1月份的54%。[②]

在农业方面，情况就有些不同。从下表可以看出，某些主要产品的一般生产水平并没有发生剧烈的变化：

	玉米(蒲式耳)	小麦(蒲式耳)	棉花(包)
1929	2,622,189,000	806,580,000	14,919,000
1930	2,081,048,000	850,965,000	14,243,000
1931	2,567,306,000	900,219,000	17,097,000
1932	2,908,145,000	726,863,000	12,727,000

可是，正如我们已经谈到的那样，[③]在这些年份里，农民的收入急剧地下降了。从1929年到1932年，已经大大地紧缩过的农庄价值又进一步下降了33%，而且，农民的总收入下降了57%。只要还记得自战争结束以后农业一直是处在萧条的痛苦之中，我们便会看出这些数字具有极端重大的意义。

在所有说明萧条带来的危害的数字中，更为显著的也许要算对外贸易下降的数字：

① 艾尔斯：《复兴经济学》，第5页。

② 比尔德与史密斯：《未来的降临》，第9页。

③ 见本书第二十八章“农业地位的衰落”一节。

	出口(百万元)	进口(百万元)
1929	5,241	4,399
1930	3,843	3,061
1931	2,424	2,091
1932	1,611	1,323

关于这种情况,可以找到充分的理由来加以说明。其中最主要的有:(一)不仅美国国内的而且所有世界市场的购买力都缩减了;(二)1929 年以后,美国停止对外国贷款,这些贷款曾经提供了这种国际贸易的一部分资金;(三)在国际汇兑中美元的贴水使外国对美国货物的购买减少了;(四)美国的高额关税政策,带来了旁的国家报复性的关税和利用许可证或限额的办法来排斥美国的货物。毫无疑问,美国经济的崩溃使欧洲也产生了萧条,这又转过来扩大和加深了美国的经济衰退。美国对外贷款的减少迫使英国采取了同样的步骤,冻结了银行信贷,结果加速了德国与奥国的银行崩溃。德国在 1931 年抵赖了它的战债;胡佛总统为了要防止国际经济的进一步衰退,同意暂时停付各国政府之间的债务和战争赔款。不久之后,英国放弃了金本位制,采用了管理通货制,欧洲的一些国家也加以仿效,于是这些国家牺牲了包括美国在内的使用金本位制国家的利益而在国际贸易方面获得了暂时的好处。

1930 年的《霍莱-斯姆特法令》通过以后,把 1922 年《佛特尼-麦康伯法令》已经提高的关税再度提高,引起了世界各地对美国关税制度的反对。根据这项新的关税,所有税则上开列的商品税率都一般地有所提高,有三分之一的课税物品的税率变更了,增加税率的商品有八百九十种,其中五十种由免税改为征税;降低税率的有二百三十五种,其中有七十五种由征税改为免税。由免税改为征税的商品有水泥、生皮和靴鞋。根据白宫的一项声明，对于农作物原料的平均税率由38.10%提高到48.92%，其他商品的税率由31.02%提高到34.30%。[①] 提高的一般平均数可能不算太多，但是所产生的一般后果却十分不幸地加速了商业的衰退和引起了世界其他地区的反对。也在农民和有剩余产品作为出口的大制造商中间引起了不满，在国外有千百亿元贷款投资的银行家们则更不满意，因为这些贷款主要要靠债务国的出口贸易来偿还。有一千个以上的经济学家曾上书请求总统不要批准这个法令，但是胡佛坚持说新的关税会改善经济局势，而且所产生的任何显著的后果都可以通过允许他根据关税委员会的建议对税率进行变更的灵活规定而加以消除。[②]

关于萧条的严重性，几乎可以引用无止境的统计数字来加以说明。到了1934年，多数的学者都同意艾尔斯上校的说法，他认为"这一次的萧条比1790年以来美国所经历过的二十次大萧条中的任何一次还更为严重。"[③]另一方面，对于产生这一次特别严重的经济瓦解的原因，大家的意见却极不一致。某个经济学家提出了两个理由，那就是：物价的不均衡的下落与信贷方面一系列的长期危机。[④] 由于有了上面已经谈到的那些理由，农产品的价格迅

① 据估计，《麦金利关税法令》对上税物品的平均税率是48.4%；《威尔逊-戈尔曼法令》的税率是41.3%；《丁格勒法令》规定的税率是46.5%；《潘恩·阿德里奇法令》规定为40.7%；《佛特尼-麦康伯法令》规定为38.5%；《霍莱-斯姆特法令》（根据1932年进口情况制定）规定为53.2%。见美国关税委员会声明。

② 陶雪格：《论1930年的关税法令》，《经济学季刊》，1930年11月第14卷，第1—21页。

③ 艾尔斯，前引书，第5页。

④ 同上书，第5页，后半段。

速地下跌了，但是工业品的价格由于受到工资协定与垄断等因素的影响却继续在上涨。千百万农民购买力的彻底崩溃，大大地减少了工人与制造商的工作，从而加深了萧条。一系列的信贷危机主要是由于美国银行制度的缺点和欧洲财政情况的不安所造成，这种财政上的不安，在1931年英国放弃金本位制时达到了顶点。1930年前十年中，美国倒闭的银行有六千九百八十七家，1931年有二千二百九十四家，1932年有一千四百五十六家的这一事实就足以说明许多问题。

另一种解释是：萧条的严重性是与国民收入不成比例的大量政府与私人的负债造成的。[①] 又一种解释则认为这是由于在以前的年份里，大量的资金投入了如像汽车等耐用商品的缘故，这类商品的更替是可以推迟的，从而推迟了经济的恢复。[②] 许多人都把萧条之所以严重归咎到与萧条同时发生的许多技术性的失业问题上面来。此外，还有某些使萧条加剧与恢复延迟的因素，例如：世界经济的情况；美国农民的继续受到世界其他地区的竞争；国外工业产品市场的崩溃，尤其是一些美国工厂为了避免关税而在国外设厂从而使情况更为加剧；作为安全投资地点的外国市场的崩溃；财富与收入的不断集中；由于商业合并的增加使物价制度不断地受到了严格的规定和某些产品的价格不能与通货紧缩相适应；以及由于节省劳力的机器的使用不容易使工人恢复工作，等等。美国的农业、商业、银行业以及劳工好像的确已经进入了一个新的纪

① 见比尔德与史密斯所著前引书，第9页。

② 克拉克：前引书，第108页。

元，但这并不是在通货膨胀的20年代里所预想到的那样一个灿烂的“新纪元”。

早年对经济复兴所做的努力

随着1929年股票市场崩溃之后而来的经济萧条，不仅是美国历史上最严重的一次，而且也是使联邦政府积极插手去缓和局势的第一次。在早年的各次经济恐慌中，政府除了保卫自己的信贷之外，并没有采取什么措施，而是静坐旁观，等待风暴的吹过。这种情况，一部分是由于先辈的人们不知道应该怎样做，或是由于受了放任主义哲学支配的缘故，他们并不认为政府有责任去对经济生活进行这种程度的干涉。这并不意味着萧条在加速某些进行改革的法律的通过没有产生什么影响，但是法律通常是在事件发生以后才加以通过的。到了1929年，政府静坐旁观让人民遭受痛苦而不加以某种形式的帮助的日子已经成为过去。在前十年里由于经济情况已经使世界上发生了许多的革命，而且在政府的任务方面，总统采取视而无为的政策的这一哲学已经产生了很大的改变。

尽管胡佛政府以遵守放任政策和“坦率的个人主义”而自豪，仍然为阻止经济崩溃做了肯定的努力。这样就使得某些同情于“新政”的共和党人有机会把胡佛说成是这个政策的创始人。即使如此，总统在1929年10月股票市场暴跌以后，召开了有铁路公司总经理、工业与劳工领袖、建筑与公用事业的核心人物以及全国农业协会领袖参加的一系列的“白宫会议”。他的目的在于听取有利于维持正常商业活动与当时工资问题的意见以求稳定商业。他热忧地敦请私营商业以及各州和市政府在可能的情况下增加正常的建筑计划，以协助改善局势。他也对国会做了同样的请求。国会答应增加对各种类型的市政工程的拨款。由于胡佛相信减税可以抵制萧条，便在1929年12月请求国会降低所得税的税率。国会立刻加以同意，但是只起了使政府的预算超支的后果，于是便在1932年采用了新的课税措施提高了税率。

在股票暴跌以前的四个月，已经通过了《农产品销售法令》。[①]这个法令授权联邦农业局成立一个粮价稳定公司和一个棉业稳定公司，目的在于提高这些商品的价格。自1930年开始，这两个公司就进入了市场，用实际买进这些商品或"预购"的办法，在短期内把它们的价格维持在稍高于世界市场平均价格的水平之上。为了支持农产品的价格所耗用的款项几乎有五亿元，但是，除了对美国纳税人损失了大约一亿四千八百万元之外，好像没有什么结果。

在联邦农业局大力企图稳定农产品价格的同时，政府在1931年国会不顾总统的否决通过了一项复员军人奖金法令以后，便发放了几乎十亿元的款项[②]去对窘迫的复员军人进行临时的救济，但是一点也没有促使经济得到恢复。由于萧条的加深，复员军人便在第二年要求发给结欠他们的奖金。一支约有二万人的"奖金请愿军"进入了华盛顿，向国会施加压力。参议院拒绝对这个请求给予同意，而且由于得到胡佛的命令联邦军队，把奖金请愿军驱出

① 见本书第二十八章"农业地位的衰落"一节，最后一段。

② 1924年的《奖金法令》发行了二十年到期的服役券，复员军人可按到期价值的22.5%向政府借款，1931年的法令把借款金额增加为50%。1936年政府不顾总统的否决通过了一项新的奖金法令，用政府的人寿保险基金去收兑这项调整过的服役券，可以兑成3%的公债，然后再行兑成现金。

城外，造成了萧条期间一项最为悲惨的意外事件。

萧条的继续，再加上即将到来的总统竞选，使胡佛总统在1932年重新做了改善经济局势的努力。那年一月，国会创设了复兴银公司（简称R.F.C.），资金定为五亿元。这个公司有权借入等于资本三倍的款项。创办这个公司的目的在于对银行、信托公司、建筑及放款协会、保险公司、抵押及放款公司、农业及牲畜信贷协会等机构办理抵押放款；如果得到州际商务委员会的批准，也可以放款给铁路。到了7月，复兴银公司的放款力量就增加到十八亿元，而且它的经营范围也扩大了。它有权借款给各个州政府，借款给公营和私营的机构，以促进能自行清偿的公共福利工程。“复兴银公司”被证明是胡佛任内对付经济萧条所做出的一项最有价值的努力，罗斯福总统甚至于更为扩大了它的作用。在这个公司成立以后一年半的时期内，贷出了大约三十亿元的款项。许多人批评复兴银公司说，它把信贷赠送给那些自己已经证明不能指导全国经济生活的银行与工业领袖。但事实是：复兴银公司挽救了许多正在动摇的银行、铁路和保险公司，使它们不至于垮台，而且在一个萧条极为严重的时期减轻了经济紧迫的局面。

1932年通过了另外两个立即进行援助和为未来行动树立先例的不太重要但又很有意义的法令。其中的一个为“联邦土地银行”增资一亿二千五百万元，以增强它们的农贷资力。第二个就是《住宅贷款法令》，准许成立不少于八个，不超出十二个的“住宅贷款银行”，对住宅所有人办理急紧放款。任何一个建筑或贷款协会，储蓄银行或类似的组织，只要认购该银行1%以上的股款就可以成为一个会员行。这项金额，可以由财政部补充到一亿二千五百万元。“住宅贷款银行”利用这项资金对房屋抵押贷款机构进行放款，用这些贷款机构的财产作为抵押，从而就进一步无限制地供给了房屋抵押的借款。虽然复兴银公司和《住宅贷款法令》的目的都在于供给紧急信贷，许多人希望它们也能促使物价回升。

比任何人也许还负有重大责任的胡佛，深信美国的复兴是与对世界其他地区的协助紧密地联系在一起的。他带头去为支持欧洲的经济而做出努力，并且还提议国际债款延付一年。他支持召开“世界经济会议”的计划，这个会议在他离任后举行了。在所有这些工作中，他比后任的总统们还具有更为现实的观点，这些后任的总统认为美国的复兴是可以不与欧洲的经济纠缠在一起就能获得的。

萧条与经济思潮

关于政府把国家从经济衰退里拯救出来所作的努力，将在下一章里叙述。同时，萧条的年月所引起的人们的消沉、不满与怀疑是广泛而深刻的。各界的领导人物，包括经济学家们在内，由于忘记了在以前的年份里也时常出现过萧条，对于繁荣时期的辉煌机构像一所纸板建成的房屋那样迅速地坍塌下来的局面，都瞠目以视。为什么这个为世界最富裕的国家所享受到的“新纪元”会成为灾难而宣告终结呢？

由此所产生的一项后果是许多人都对经济学家凡勃仑的思想加以赏识。凡勃仑早在三十年前对许多人们认为是神圣不可侵犯的古典经济学的理论就加以鄙视，而且曾经对资本主义文明的许多方面加以辛酸的讽刺。另外的一项后果，则是人们又恢复了对社会主义与共产主义的兴趣。许多人怀疑如果资本主义会这样容易地崩溃，那么，一个不以利润而以消费为目的进行生产的经济制度，和一个生产资料、运输、财政都不属于私有而属于公有的制度是否也许会更有意义一些呢？人们把注意力集中到其他国家所做的试验上面去，特别是注意到俄国，在那个国家里，失业与萧条都不存在。在那些地区里，生活水平也许仍然还不高，国家也许是在独裁者的控制之下，人权也许还不被认识。但是，人们说，这种情况只是一个暂时的阶段。高度的生活水平，人权和个人的自由以后是会来到的。马克思主义经济学的一大部分还没有经过时间的考验。但是，许多事业受到萧条障碍的人，都转向"科学的社会主义"之父去获得鼓舞。

在1932年的竞选中，社会主义者几乎投了九十万票，但是，在面临着"新政"对恢复繁荣和改革经济制度的各个方面做出了努力的情况下，他们的力量迅速地降落了。共产党的人数一向不很多(在20世纪30年代晚期与40年代初期力量最强大的时候也许有七万五千人)，但是它吸引了许多"同路人"，他们的影响却强大得多。毫无疑问，在这个时期里，有少数的共产党员和许多的"同路人"在政府里工作，但是所做出的各项实验并不是出自他们，而是出自一项必要，去设法恢复经济秩序，改革20年代十分显明的许多经济缺点。为失望的大众带来希望以及挽救资本主义制度。"新政"的赞同者与策划者们并没有受到社会主义或马克思主义理论的支配，关于这些理论，他们知道的很少。然而他们却是日复一日地在工作，很少有前例的指导，企图进行一些能够生效的试验。

如果说“新政”时期的年轻经济学家们是受到任何理论支配的话，这些理论便是英国经济学家约翰·凯恩斯的理论，他的思想在30年代中叶为许多人所熟悉并且加以讨论。凯恩斯是一个国际主义者而不是一个民族主义者，是一个相信在必要时政府可以进行干涉而不相信完全的放任主义的这样一个人。由于他看到世界不能从萧条中自拔出来，他否定了认为低的储蓄利率会导致企业家投资从而使经济周期上升的古典经济学理论。他指出：在萧条时期，储蓄一定会收缩，在繁荣时期一定会增长。但是，即使在繁荣时期，对于已生产货物的市场仍然常常会有一个限度，结果使储蓄的需求（资本）下降。由于繁荣是有赖于不断的投资与商业的扩充，每一次景气都会受到崩溃的威胁，因为每一次萧条都受到了不能产生经济复苏的威胁。

他坚信要使经济周期上升，政府必须插足进来用减少失业的方法去维持购买力，从而领导着走上恢复商业投资的道路。这会意味着“赤字开支”，但它也会恢复经济的平衡。事实上，这就是“新政”已经在做的事，而凯恩斯用高度的技巧和理论的根据在他的名著《就业、利息与货币通论》（1936年出版）一书里加以阐述。这部书成为了“新政”经济学家们的《圣经》。凯恩斯推翻了古典经济学的许多理论，而且大大地影响了美国的经济思潮。

政治上的反应

经济萧条会在政治上产生反应乃是十分明显的。只有詹姆斯·门罗这一个美国总统曾经度过了一次巨大的经济萧条而没有受到政治上的影响。他之所以得到拯救,也许是由于没有强大的政党进行反对的这一事实所造成。后来的事实证明,胡佛对这个规律也并不例外。1930 年的国会选举清除了下议院里共和党的多数,而且把他们在参议院里的多数席位也减少到最低的限度。当 1932 年的选举接近的时候,许多选民都深信胡佛总统的政策,只不过是使萧条得到缓和而已——这显然是完全不够的。事实上,总统的努力并不仅如此。对于这些努力所能提出的主要批评,只能说它们做得"太少了,而且做得太迟了"。

虽然两个政党 1932 年的政纲都十分相似,在竞选期间,他们绝大部分的注意力都集中到禁酒问题上面来,真正的问题只有一个,那就是经济的萧条。胡佛和他的发言人都想说服选民,认为共和党已经把一切能安全地做到的事都做到了,而且认为民主党的胜利只会加深一次甚至于还要更大的经济崩溃。民主党的候选人富兰克林·罗斯福在一系列的演说中提出了自己对经济问题的见解。他使用了一般的词句,但是暗示说把政策加以改变就会改善局势。总之,他答应实行一项"新政"。这就够了。民主党不仅在全国而且在各州和各地的选举中都取得了压倒的胜利。自从 1919 年以来,民主党第一次控制了立法和行政两个部门。当时没有人知道"新政"的实质意味着什么,但是,如果新总统能有任何挽救一个主要的经济灾难的实际计划,那么,实行这个计划的机会已经来到了。

第三十章 “新政”

“新政”的开端

1933年3月4日罗斯福就任总统时的经济总崩溃和当时全国人民忧悒与悲观的情绪是难以形容的。那时，一般的商业都下降到正常时期的60%以下，四分之一以上的工资收入者失了业，出口贸易下降到三十年以来的最低点。自从萧条开始以后，商品价格已经下跌到最低的水平。当时更严重的，也许是信贷与银行机构的瓦解。1932年时，有一千四百家以上的银行倒闭了，而且在1933年的头几个月里情况变得更加严重，2月14日达到了顶峰。那时，底特律的许多大银行都宣告倒闭，密歇根州宣布银行停止兑现八天。这一行动很快就为其他各地所追随，直到3月2日除了哥伦比亚特区之外，有二十一个州或者停止了银行付款，或者银行是在特殊的管理下而进行营业。罗斯福就职之日，纽约和伊利诺伊州宣布了“银行的休假”，这就关闭了全国最大的金融中心的股票与商品市场。

罗斯福总统在竞选期间所提出的对付萧条的意见与计划，是用最一般的词句表达出来的，而现在的行动却出乎意料地迅速。

他立刻召开了国会的特别会议，并且在3月6日宣布全国的银行延期付款，禁止黄金的提取和运输。当国会3月9日开会时，通过了一项《紧急银行法令》，重申了总统的宣言，并且授给总统以紧急的权力去管理信贷、通货、黄金、白银和外汇的交易。这项法令也授权财政部长把所有的黄金和黄金券储存起来，授权审计官为各个处于困难中的国民银行指派一个管理员，并且对这样的银行加以改组。这项法令也规定作为“联邦准备银行制度”会员行的各个国民银行与州立银行必须领有执照才能开业，也授权复兴银公司对资金薄弱的银行用收买它们的优先股或用这些股票作为放款抵押品的办法去巩固这些银行的地位。为了要打开信贷的困难局面，便扩大了联邦准备银行的发行力量。3月13日银行延期付款正式宣布结束，那时，所有取得执照的银行都重新开业。这些都是一些稳固的和通过政府的协助就能复业的银行。在第七十三届国会特别会议期间，总共通过了几乎二十个应对经济局势各个方面的主要法令，这些法令大致包括了全国后来称为“新政”的内容。

在对“新政”进行更为深入的描述之前，可以提出某些一般的叙述，为各项法律的迷离情况提供一条线索。整个计划的主要目的有两个，那就是：复兴与改革。有时候，在各个立法中，这两个目的有时交织在一起，有时则又分开来。首要的目的在于把全国从灾难性的萧条中拯救出来。第二个目的便是去补救经济方面的十分明显的和导致灾难的那些缺点。除这两个目的之外还有第三个目的，那就是企图使经济制度趋于平衡——加强薄弱的部门，如像劳工与农业等；并且使其他部门如财政与工业，受联邦政府更为严格的控制。罗斯福说：“我们所要寻求的乃是我国经济制度中的平衡，也就是农业与工业之间的平衡，劳资与消费者之间的平衡。我们也寻求使国内市场保持充裕和扩大以及与各国的对外贸易，包括进口和出口都有所增加的平衡。”

由于这些目标需要有一定程度上的全面规划，它们就不可避免地意味着要扩大政府的督导、管理与活动。其结果，联邦政府的官僚机构迅速发展了，但是，不像许多人所说的那样，它是一个引向社会主义的运动。“新政”并不想对经济制度做根本的变革。资本主义的主要元素仍然被保留下来，那就是：生产资料与分配手段的私人占有和利润制度的存在。事实上，“新政”的主要任务在于拯救资本主义。随着“新政”的向前推进，人们就可以看出它的重点的改变，这使学者们可以把它分为“第一个时期的新政”与“第二个时期的新政”来加以研究。在第一个时期，总统想通过与私营企业的密切合作而取得经济的恢复，所做的努力是鼓励“物价上涨，从而使利润增加，并用提高工资的方式使购买力落入那些集团手里，这些集团能应用已经增加的购买力去刺激复兴”。[1] 在1935年开始的“第二个时期的新政”，总统把购买力注入得到特权较少的人们的手里，并且用“社会保障制度”的方法担保他们的未来，以使全国经济转变为永久的复兴。

其他方面还必须着重说明的事实，便是“新政”开始时并没有任何全面的或详细的计划。许多事都是实验性质的。随着时间的推移而逐渐加以改进，并且在这个国家里也没有什么先例可循。虽然总统征求了工业和金融界领袖们的意见，但是，他的主要依靠

① 巴兹尔·劳赫：《从1933到1938年新政史》，第157页。

是由高等学校里聘来的一群专家们所组成的所谓“智囊团”。我们也必须注意到当时局势的另外一个因素。使经济环境得以改进的，不仅是由于有了一些法律和政策，有一部分乃是由于人们道德的进步以及总统敏捷而能干地处理了银行危机和他在各个战线上向萧条进攻的活动使人们恢复了信心的缘故。

通货与信贷

“新政”的金融计划中，在有关通货与信贷方面，具有三个目的，那就是：实行通货膨胀、改革银行制度和加强对证券与商品交易的督导。在美国所遭受过的每一次严重的萧条中，人们都强烈地要求实行通货膨胀。到了1933年，要求实行通货膨胀的呼声是那样地高涨，以致政府无法加以拒绝。要求实行通货膨胀的论据，主要是建立在这样一个事实之上的，那就是：美元的升值，使债务阶级的负担加重，而这一阶级这样或那样地包括着绝大多数的人民在内。要使债权人与债务人之间恢复平衡从而阻止经济的崩溃，就有必要把通货的价值恢复到缔结债务时的水平。正如罗斯福后来所说：“我们已经下决心要想法使一切的价值增加。这就有两条途径可循：用破产的方法和取消债务的方法，把债务减低到财产价值之下，或者是增加财产的价值，使它大过于债务。很明显，后一条途径乃是使国家能够重新恢复元气，而又不至于毁灭人的价值的唯一合理方法。”

上面已经提到了政府通过1933年3月9日的紧急银行法令和行政命令，禁止收藏黄金与黄金兑换券，以及没有财政部的执照

不得出口黄金等扩张信贷便利所做的努力。那年5月通过的《农场救济与通货膨胀法令》(也就是《第一次农业调整法令》)建立了更为广泛的法律基础。这个法令授权总统在他认为必要的时候可以:(一)准许各联邦准备银行将信贷金额扩大到三十亿元;(二)纯粹以美国政府的信用为担保发行钞票,金额可以达到三十亿元,专作兑付联邦政府债款之用,但没有清偿价格,不能用以支付公私债务;(三)将金元的价值贬低50%;(四)在六个月的时间内收买价值二亿元的白银,每盎司价值不得超过五角,作为外国政府清偿美国的战债;(五)无限制地铸造银币,与黄金的比率由总统自行决定。这个法令几乎授权总统用他所愿意的任何方法去进行通货膨胀。他能够印发更多的纸币,这是旧日的绿背纸币的支持者们所要求的。他也能够买进更多的白银,这是1880年与1890年时期白银财团的旧有呼吁。

由于这两个法令所赋予总统的权力,通货膨胀可以说是从下列的这些“行政命令”开始的:没有财政部的执照,不得出口黄金的1933年3月10日的命令;禁止窖藏黄金及黄金券的4月5日的命令和禁止黄金出口的4月19日的命令。人们把最后的那个命令看成是使全国放弃了金本位制。这在表面上的确是如此。但是,由于黄金仍然贮存在财政部,用经济学家们的话来说,它成为了一项“心理准备金”。6月5日通过的“废除黄金联合议决案”使这种说法更为肯定了。这个议决案取消了一切公私债务中,使用黄金支付的条文,使各项债务能用法币去清偿。1933年春末夏初物价的上涨,暂时中止对通货制度做进一步的修正,但是秋初物价的下跌(与销售夏季农产品的时期同时发生),又恢复了人们对通货膨胀的要求。

到那时为止，总统只使用了《农业法令》所授给他的五项权力中的一项，根据这项权力，“联邦准备银行”用收购联邦政府债券的方式使六亿元的货币流通于市面。10月间，总统决定把美元的黄金含量减少以实行通货膨胀。自9月份起财政部开始收买金矿商人所出产的黄金，再按世界价格售出。当这样做并没有达到预期效果的时候，总统在10月22日宣布，财政部可以按照复兴银公司所订的价格收购黄金。把长期以来法定价格每盎司为二十元六角七分的黄金价初步改订为三十一元三角六分，最后又提高到三十四元四角五分（1934年1月16日）。实施的办法是对于同一数量的黄金给予出卖黄金的人比以前更多的美元纸币。只要政府能在公开市场使黄金的价格固定下来，政府就能在理论上贬低美元的价格和提高物价。使这个计划的提倡者们吃惊的是，物价并没有按贬低美元价值的比例上升，12月21日，总统命令财政部按每盎司六角四分半的价格收买所有在美国开采出来的白银。这个价格比当时公开市场上的售价高出二角一分半。

当总统在1983年10月开始执行黄金收购计划的时候，他说他正在“走向一个管理货币”制度。为了取得更为明确的权力，便在1934年1月请求国会制定法律，让他拥有特权把美元贬低到只合从前按黄金含量计算时的五角或六角的价值，在这个范围内管理美元，把“联邦准备银行”的黄金存入财政部，保证政府得到美元贬值所产生的利润，并且用这项利润的一部分成立一项二十亿元的基金去稳定美元。根据1934年1月通过的《黄金准备法令》所赋予的权力，美元的价值在2月间正式订定为值1900年时按黄金价值计算的 59.06%。三个月之后，人们发现虽然美元的黄金含量已经用法律降低了 40.9%，而批发商品的价格只上涨了 22%。在提倡白银的人们的不断叫嚷之下，总统答应做进一步的立法，而且在 1984 年 6 月通过了《白银购买法令》，这项法令的“最终目的”是增加白银在全国货币中的使用，直到四分之一是白银，四分之三是黄金的这样一个比例。

总统所采用的提高物价的这个特殊方法，显然是受了那些认为商品的价格水平与货币媒介物的黄金含量有着密切关系的经济学家们的影响。这种关系的存在是没有人否认的，但是，在当时的那种情况下，却证明了它不是使通货膨胀的一个捷径。全国的商业有十分之九是用银行信用而不是用货币来进行的这一事实，局部地说明了政府在提高物价方面所实行的通货膨胀政策没有达到预期目的的原因。它也有助于说明政府把实行通货膨胀所做的努力从货币转向于信贷的原因，而且指出了有同时修改信贷制度与扩张信贷的必要。事实上，这个过程在胡佛任内成立复兴银公司时就已经开始。我们已经讲过，《紧急银行法案》已经扩大了复兴银公司的权力，而且在 1934 年 6 月，当《工业贷款法令》授权对工业组织在五亿八千万元范围内进行放款时，又一次地扩大了。后面的这个法令引起了许多人的批评，理由是：企图拯救一个已经过分发展的工业制度中的薄弱单位，并不是一个好的经济制度；使人们能继续工作，不致失业的迫切要求，才是举办放款的一个重要论据。

对于稳定信贷局势而同时拯救小房产所有人所做出的进一步努力，开始于 1932 年胡佛任内的办理《住宅贷款银行法令》。这个

法令允许联邦准备银行对私立银行和建筑与放款协会办理房地产抵押放款。这个法令得到了1933年《房产所有人放款法令》的补充，成立了一个公司，在二十亿元范围内发行公债，对价值不超过两万元的住宅办理“第一抵押放款”。这项公债的利息是有保证的，而且1934年的一项修正案把这种担保扩大到本金上面来。这个公司的放款活动继续了三年，就被联邦房屋建筑管理局所接管，这个管理局也担保房地产放款的损失。我们将要看到，任何用扩大信贷来进行通货膨胀的讨论，都应该把通过各种途径去进行的农业信贷考虑在内。

在20世纪20年代的景气年份和30年代的萧条年份里，美国银行制度所具有的悲剧式的缺点已经充分地暴露出来。任何一个总统执政，都不可避免地要进行这种改革。民主党所采取的改革，体现在1933年和1935年所通过的银行法令上面。在”联邦准备制度”下，把各家银行与总行的安全联系分开，并且成立了联邦存款保险公司(简称F.D.I.C.)对存款进行保险①的办法，受到了人们最为广泛的讨论，而且也许就是1933年的银行法令最为重要的两项内容。要各家银行放弃它们的安全联系的规定，又一次严格地限制它们只能经营纯粹的银行业务，而保险计划的作用，则在于使那些几乎是毫无保障的存户能够得到保护。根据后一项法令，各家联邦准备银行都必须进行保险，只要经过州政府银行当局的证明，营业稳固的州立银行也可以参加。法令里的其他条文还

① 1935年时每一存户受到保险的金额最后定为五千元。

限制使用“联邦准备银行”的信贷去做股票的投机[①]，扩大了国民银行的权力，允许它们在州政府准许经营分行业务的地方成立分支行，并且不许国民银行经营一切外国证券。也禁止那些经营担保业务和证券买卖的私立银行办理存款业务，而且建立了一项迅速清结的手续，以保障那些倒闭银行的存户的利益。这项法令也允许工业银行和储蓄银行加入保险制度。许多人都希望这个法令会进一步走上银行改革的道路，但是，无论如何，它是对于自从1913年成立“联邦准备制度”以来所发展起来的那些严重弊端进行纠正所做出的一项忠实的努力。

1935年的银行法令曾做出一项重要的努力，扩大了联邦政府管理货币与信贷的权力。虽然联邦存款保险公司所保险的存款金额已经降低，那个公司的监督权力却大大地增加了。其次，“联邦准备银行董事会”改组成为一个七人的董事会，不让财政部长和货币司长再行担任董事，以减少政治的影响，使董事会成为一个更为公正无私的机构。第三，把各家个别银行的信贷政策改交一个联邦证券公开买卖委员会（已根据1933年法令成立）去监督执行，委员会由上述董事会的七个董事与联邦准备银行的五个地区代表组成。第四，董事会可以在一定范围内调整各会员行所缴存的存款准备金数额，以及定期审查各准备银行所收取的利率，而且各家准备银行派任总经理和副总经理时，必须得到它的认可。最后，某些技术上的改变扩大了信贷的范围。例如，“联邦准备银行”可以

① 例如，联邦准备会员行不能再对“其他人”办理股票抵押放款，那就是说，对于公司或私人存入银行作为股票市场投机放款之用的闲散资金，各会员行不得接受。

按任何满意的抵押品对各会员行办理预付款项，而且会员行可以放出更多的房地产贷款。后面的这项规定允许办理十年期的放款，金额可达该项财产的60%和银行资产的一定比例。由于广大人民普遍地痛恨银行和那些把价值大有问题的证券欺诈地卖给容易受骗的大众的股票交易所，也导致了1933年《证券售卖法令》的通过。这个法令提供了有关在各州之间售出的新证券的某些情况，以使投资者得到保障。根据这个法令，发行证券的公司必须向“联邦贸易委员会”提出详细的材料（后来规定须向新成立的证券交易委员会提出），而且即使委员会批准以后，卖主对于不真实的报告仍然负有民事与刑事上的法律责任。这个法令是另一个法令即1934年6月的《证券交易法令》（1933年修正，包括不上场的证券在内）的初步措施，后者规定对证券的交易加以管理，并且成立了一个证券交易委员会去监督它们。这两个法令都受到金融集团的剧烈反对，他们成功地在第二个法令里减少了原来在《证券出售法令》里规定发行证券的行号的股票保证者、高级职员和董事所应负的责任。1936年，《商品交易法令》对某些农产品也做了类似的规定。这项法令成立了一个《商品交易委员会》，对预售商品的交易进行管理，限制买空卖空和杜绝操纵。这些法令并不担保投资的安全，但是，它们企图从一些公司里获得有关新证券和在交易所里上场的证券的可靠资料以保障投资人。此外，委员会有责任消灭操纵和欺骗的行为。结果，在这些交易的道德方面带来了显著的进步。

证券交易委员会（简称S.E.C.）的一个显著贡献，便是为国会1940年通过的为登记和管理投资信托公司的一项法令做出了准备。这些公司出卖自己的股票,把获得的资金投资于各类股票,把减去管理费用以后的收入分配给他们自己的股东。这些公司是为在时间和知识方面都不能照料自己财政利益的那些小投资者而设立的。由于把这项经费做不当使用的机会很多,因此,严格的管理就很有必要。虽然在20世纪30年代,已经成立了一些投资信托公司,由于有了成千上万的投资者的参加,使它在40年代有了巨大的发展。

对农业所实施的“新政”

前面关于通货膨胀各项措施的讨论,自然会使我们去考虑农业立法的问题。人们认为没有任何人比农民更能得到物价提高的利益的。当“新政”的农业立法有了进展以后,主要的目的便是去恢复农民的购买力和他们在战前所享有的一般经济地位,也就是,从1909年8月到1914年7月这一时期的地位。在那个时期里,农民所付出的物价足够与他售出商品所得的收入相平衡,维持一个过得去的生活。[①] 达到这个目的的做法是一方面实行通货膨胀,一方面通过调整农业生产,以符合市场的需要,这两个方法会对“物价平衡”与“收入平衡”铺平道路。除此之外,还采取了一项

① 《农业与通货膨胀法令》中特别规定了它的目的:“建立与保持农产品生产与消费之间的平衡;建立和保持这样的销售条件,以恢复农产品的价格,使农产品的购买力,即农民用以购买需用物品的购买力,与作为基数时期出售农产品后所具有的购买力相等。所有的农产品基期,除烟草外,将是从1909年8月到1914年7月的这个战前时期。烟草的基数时期将是1919年8月到1929年7月的这个战后时期。”

足以减轻债务和为抵制通货膨胀而提供保障的积极政策。这个计划还包含着普遍的农村救济和扶持界限下土地的农民。政府对土壤保持和土地改善的不断注意，对于未来也是十分重要的。政府积极地实施了这个范围很广的计划而没有预见到农业情况的复杂性。

这个计划是从1933年5月《农业救济与通货膨胀法令》，也就是人所共知的《第一农业调整法令》的通过而积极开始的。[①] 这个法令用三种方法来减少过剩和提高农民的收入：(一)棉花买卖选择方法。根据这个方法棉花栽种人将种棉亩积至少减少30%，可以任意地购进等于同意不从事生产的那个数量的棉花(也就是仍然贮存于从前的“联邦农业局”的棉花数量)，如果棉价上涨，有这项选择权的人就可以把这项棉花卖出；(二)“地租”或奖励付款法。根据这个方法，政府对暂时不栽种的土地亩积给予奖金；(三)订立销货合同法。这个方法可以消灭浪费和进行更为科学的销售。所产生的费用将由对棉花制成品收取加工税来支付。

在实施的第一年，农业调整局把注意力集中于棉花、小麦、玉米、生猪和烟草的减产。结果好像十分成功，因为它在1934年把减产的范围扩大到菜牛、乳牛、花生、黑麦、大麦、亚麻、高粱、甜菜和甘蔗等产品；另外的一些特殊法令加强了烟草与棉花的减产计划。同时，政府也鼓励土地贫瘠的农民，不再从事商业性的农业，并且企图通过贸易协定(互惠关税)鼓励农业商品的外销。

在“新政”的计划中，没有哪一部分比农业部分更引起人们广

---

① 有关通货膨胀的特点，见本章第一节。

泛地批评的。当千百万人面临饥饿的时候，反而减少粮食的生产，整个想法，在人道主义者们看来好像几乎等于是神经错乱。当人们有迫切需要时候，政府却努力推行一种“稀少经济”，似乎是令人难以置信的。此外，它会把负担转移到深受经济紧逼的消费者身上来。但是，甚至于从“稀少经济学”的观点看来，在最初的几个月里，这个计划也并没有被明显地证明获得什么成功。尽管政府做出了上述的种种努力，由于减少亩积的合同被破坏，气候条件的有利和更为集约的耕种，使 1933 年时棉花、玉米和生猪的产量并不比 1932 年的产量低多少。虽然受到控制的农作物减少了，农民们都改种了其他的作物。食品价格的突然上涨，引起了消费者的抗拒；物价的普遍上升使农民的美元购买保持着从前的水平。同样地，美国的减产刺激了外国农产品生产的增加。通过互惠关税所增加的对外贸易也没有使农民感到前途特别地光明，因为在某些情况下，这种关税必然会引起外国产品对本国产品的更大竞争。不管长期的影响如何，但是农民经济情况得到迅速改善的事实是没有疑问的。农业调整局在 1935 年初期就已经看出，1934 年时农产品的购买力平均等于战前水平的 73%，而 1933 年 3 月的最低点是 55%。某些改善，无疑地是由于普遍的经济改善所产生的结果，但一部分也是由于实施“新政”计划的缘故。

不管《农业调整法令》已经做出了怎样的贡献，这些贡献后来却大大地减弱了，因为 1936 年 1 月最高法院宣布这个法令有一部分是违宪的，理由是：它侵犯了各州的保留权利，而且是对征税权力的滥用。由于这种情况很有发生的可能，于是政府便再行研究用其他方法继续对农业进行救济的可能性，最后决定的方法是土

壤的保持。1934 年的旱灾和 1935 年春季的尘暴，引起了人们对土壤毁灭的严重后果的注意，并且国会注意到了这个问题，便在 1933 年成立了土壤剥蚀防治处和 1935 年制定了《土壤剥蚀防止法令》。这项法律创立了“土壤保持处”，隶属于农业部，调查土壤的剥蚀和实行预防的各项措施。根据 1936 年的《土壤保持与国内土地分配法令》决定在通过《农业调整法令》（简称 A. A. A.）以后，把这个机构的工作范围扩大。拨款五亿元作为保持与改善土壤之用，推进了土地的经济使用与保持工作和保护河流与海港不受土壤的剥蚀。在两年之内，进行合作的农民可以得到直接的援助，以后这种援助就只限于采用授权进行立法和土壤保持计划得到农业部长认可的各州。

《土壤保持与国内土地分配法令》乃是一项临时措施。由于 1936 年罗斯福的连任和得到最高法院的更多的支持，国会便在 1938 年通过了一项新的《农业调整法令》（简称第二 A. A. A. 法令）。这个法令保留了一些旧法令的特点，增加了一些新的特点。正如早年的某些法律那样，它的主要目的在于维持“平价”，那就是，使某些农产品（小麦、棉花、玉米、烟草和大米）的价格与农民们 1909 年到 1914 年[①]所购买的商品价格保持着相等的水平。这是通过由政府规定一个“平价”和规定每年所生产的商品数额的方法来达到的。如果市价低于这个“平价”，就由政府把实际收入价与“平价”之间的差额付给农民。如果有某一年的生产大大地超过了政府规定的数量，只要得到生产该项农产品的三分之二的农民同

① 对于烟草，所使用的年份是 1919 年到 1926 年。

意，便可以规定销售的限额。这样的一些协定是通过对超过定额的销货处以惩罚性的税款来加以执行的。农业部在决定每年农产品生产数量时，已经把一个多余的数量包括在内，以使荒年或在其他紧急情况下，手里仍然能经常保持着一个足够的数量。

这个政策是这项法令的一个新特点，人们都盼望用它来保持一个“永远正常的谷仓”。这个法令的另外一个新特点便是对小麦进行保险。《土壤保持和土地分配法令》里所规定的对土壤资源的维持，被作为一个永久性的政策保留下来。

“新政”农业计划的第二个巨大目的，即减轻债务和使抵押品赎回权得到保障，也获得了积极的推行。《第一农业调整法令》授权给“联邦土地银行”发行年息四分，金额共为二十亿元的公债(政府担保利息而不担保本金)，目的在于协助农民改善他们的信贷处境，再度提供农业抵押借款的经费，规定年息不超过四分半。为了加强效率，总统在 1933 年把政府的各个农业信贷机构合并为农业信贷总署。由 1933 年 6 月的《农业信贷法令》授权进行的这项合并，把信贷业务合并为土地银行、生产信贷、中级信贷和合作信贷四类，并且大大地扩充了当时的信贷范围。

这个计划不仅提供更为便利的信贷而且进一步去处理抵押借款的问题。1934 年，国会通过了三项法令：(一)《农业抵押再放款法令》，成立了“联邦农业抵押放款公司”去进一步协助对农业的再放款；(二)《农业抵押品取消赎回权法令》，扩大了《土地银行委员》的职权，放款给农民，让农民们能在赎回权到期之前赎回他们的财产；(三)《佛雷齐尔-陵木克破产法令》，规定万一破产时，农民得要求进行“公平合理”的财产估价，并按年息一分的利息，在六年之内

把他的财产重新赎回。如果债权人或抵押放款人对解决办法不同意时，农民可以按合理的租金在五年之内将财产赎回，从而就不按照破产的手续处理。《佛雷齐尔-陵木克法令》1935 年被宣布为是违反宪法的，因为他违犯了宪法第五条修正案。但是同样的一个把财产保留期定为三年的法令，却在 1932 年又得到了支持。在这些法案通过了一年零三个月以后，农业信贷总署已经放出了一百四十万笔借款，总数为二十亿元。结果是把农业取消赎回权的办法实际上停止了。

以上所提到的法律，并不包括援助农业的整个计划。计划里还包括着把界限下土地的农民移殖到能维持生活的宅地上去的办法，这些办法受到了很多的批评，而且是不太成功的。它也包含着由联邦剩余商品公司收买剩余产品，把它们分配给各州救济机关的办法；包括通过防洪工程（如田纳西大河坝及其他工程）划拨大批款项修筑各州之间的公路，以及划拨大量资金使农村电气化以大力支援农业的办法。此外，互惠关税（见本书第三十一章末）也给予农民和其他的经济团体以协助。事实上，除非实行完全的社会主义化，很难认为，联邦政府曾经忽视了复兴美国农业的任何方法。

只要对 1933 年到 1938 年这五年中的农业立法加以研究，便可以清楚地看到某些事实。首先，农业方面实行的“经济计划”比任何其他经济利益的计划还实行得更为彻底。政府把决定生产与物价以及维持土壤资源和处理农民信贷资源的许多责任都担负起来了。第二，这个计划是在牺牲了消费者利益的情况下实现的。农业成了一项政府偏爱的工业，由纳税人和消费者来负担费用。这当然并没有使农民感激，农民认为农业只不过是得到了像工业长期以来通过保护关税所得到的那种保护罢了。最后,还必须指出,政府是那样肯定地采用了支援农业的计划,以至于到了1937年,它的代理机关已经拥有全国大约一半的长期农业票据。与此同时,私人机构大都放弃了支援农业的业务。所有这些,都对所谓的自由企业制度产生了严重的损害,但是,的确是比早先几十年里所采用的放任主义政策前进了一大步。

工业与“新政”

“新政”对于工业的政策,正如1933年的《全国工业复兴法令》所实现的那样,几乎是与它对于农业的政策一样地具有革命性的。罗斯福签署这个法令时说,它的目的“在于保证工业的合理利润和工人的合理生活费用,以消灭那些不仅干扰了正当商业而且也产生劳工弊害的强盗式的方法与措施”。用更为简明的词句来说,《全国工业复兴法令》(简称N.I.B.A.)的目的在于通过使用商业的自行调节,以减少生产过剩、增加工资、缩短工时和提高物价,从而促进工业的复兴。除了上述的目的之外,这个法令还授权联邦政府在三十三亿元的范围以内去资助各项市政工程的进行。

为了达到这个目的,国会授权总统拟定一些为工业自愿地接受但是可以通过执照制度来执行的公平竞争的法规。这些法规在理论上是由政府、工业界、劳工和消费者共同拟定,但是实际上,它们主要是由工业界的代表拟定的,只有一些势力强大的工会局部地参加了这一工作。正如像农业立法的情况那样,消费者的利益大部分被忽略了。《全国工业复兴法令》所依据的理论是:要想维持不受限制竞争的那些旧的反托拉斯法令已经带来了灾难，因此应该(至少暂时地)代之以有政府领导的工业合作。表面上，各项反托拉斯法令仍然还有效，实际上，它们已经被人们抛在脑后了。通过《全国工业复兴法令》的背景不仅只是由于经济的萧条。在整个20世纪20年代，国家对于各种垄断采取了更为宽容的态度，这反映在最高法院的态度上，也反映在一些执行机关对于违犯反托拉斯法令的行为并没有认真地去查究的态度上。第一次世界大战时，政府曾与大商业取得密切的合作，以后又与一些商业协会取得了合作。这些商业协会反过来发展了工业合作的先例，而且曾经对各个单独工业里所进行的不受限制的竞争加以约束。当然，也还有工业界的宣传，他们认为自行调节会比政府的管理带来更好的后果。

为了执行《全国工业复兴法令》，便成立了一个全国复兴总署(简称N.P.A.)，由休·约翰逊将军担任署长，领导工作的进行；由唐纳·里奇伯格担任总顾问。这些人，与具有专长的助理人员一道，同工业界和劳工的代表进行合作，拟定了人们认为是公平的一些法规，也召开了意见听取会，最后才制成了少数比较完备的法规，得到了总统的签字认可。由于有几千种工业都合于编入法规，而且这个法令的有效期又只有二年，首先碰到的问题便是要决定是否可以一下子就拟定少数适用于基本工业的完整法规，还是大量地和尽快地拟出一些法规，纵有缺点，可以逐渐修正。后面的方法被采用了，但是只作为一项临时措施，继续使用到能够把个别的法规制定出来时为止。那一年的7月宣布了一项工时和工资的概括性协定，也就是人所共知的总统的"再就业协定"。这个概括性的法规禁止雇用童工，规定产业工人的工作时数每周为三十五小时，一般职员的工作时间每周为四十小时，并且把产业工人的最低工资定为每小时四角，其他行业的工资每周定为十二元到十五元，金额按该居住地区的大小决定。愿意遵守这项临时协定（为期六个月，但后来延长到1934年5月1日）的雇主可以领到一个“蓝鹰”的标志。这个概括性的法规，不像工业法规那样地受到法律的约束。然而，大众的赞同为它增加了力量，而且由各个个别工业里加速了制定法规的过程。同时，当工业贸易协会和各个工会的代表们云集首都参加法规制定工作的时候，华盛顿出现了一种与战争时期相似的激昂气氛。最后通过了五百七十六项基本的和一百八十九项补充的法规，并且绝大多数的产业工人都在“蓝鹰”的标志下进行工作。

在美国，从来还不曾有过这样规模的制定法规和使工业统一起来的努力，而且遇到的困难是很大的。然而，国家当时所处的绝望处境，创造了一种为实现《全国工业复兴法令》而合作的意愿，至少，头几个月的情况是如此。可是，从一开始就有人提出了批评。常常有人指责说，这些法规被规避过去了（通过“欺骗”的行动）；又说，在制定法规的时候，消费者的利益被忽略了。这些人虽然是无组织的和没有适当代表性的，但是，他们的抱怨却颇有确凿的事实根据。然而，随着岁月的消逝，工人们很快也提出了批评，认为法规里有关劳工的那些部分被广泛地规避过去了，尤其是《全国工业复兴法令》中第七条第一项的精神实质受到了规避，这一条保证了工人们有组织权利和选出自己代表的权利（见本章内“工会组织的复兴”一节）。最后，工业界，尤其是小制造商也剧烈地反对，他们认为这些法规偏袒了较大的企业。[1] 批评的火网导致了全国复兴审查局的成立去对《全国工业复兴法令》的实施和效果加以调查。人们的不满,以1934年9月纺织业工人的罢工、约翰逊的辞职和“全国复兴总署”的改组而达到了顶点。总统在受到批评时宣称:《全国工业复兴法令》曾经把国家从经济的泥坑里拔了出来,使它走上了复兴的道路。然而许多反对这个法令的人说,它迟缓了复兴的工作。这就是争论的问题当中的一个,它的正确性是永远无法肯定的。我们将要看到,工人当然得到了很大的利益,工业界暂时逃避了反托拉斯的法律,而且一般的经济情况有了改善。好像只有消费者是在变革中被忘记了。

不管在《全国工业复兴法令》下通过工业的组织取得了怎样的利益和损失,当最高法院在1935年5月谢琪特尔一案中认为《全国工业复兴法令》中制定法规的条文使立法权从国会移转给总统乃是无效的,而且认为企图用上述情况来管理工业乃是滥用了州际商务权力的时候,整个问题在很大程度上就变成了一个学理上的问题。这个取得一致同意的判决所产生的结果便是很快地把“全国复兴总署”撤销。尽管有了这个判决,国会仍然试图在全国一个最腐败的工业里保持住它的原则。1935年的“有烟煤保存法令”把有烟煤的开采宣布为“影响了全国的公共利益”,而且成立了一个委员会去草拟有烟煤的法规。最高法院对这项法令也加以责难。

---

① 1934年2月成立的全国复兴审查局提出的报告特别强调了这个观点。这个局争论说全国复兴总署正在促成垄断,这些法典被垄断家们用来压迫小工业家、推销商和消费者。

对上述的立法进行研究之后便可以清楚地看出:在“新政”时期的早些年里,政府是想削弱各个反托拉斯法令以限制不受拘束的竞争。以后制定的法律也明显地反映了这个态度。1936年的《鲁滨逊·派特曼法令》,目的在于加强和澄清《克莱顿法令》的某些禁止事项,使在各个私人与各个地区之间售卖货物时进行区别对待,或是把价格特别降低以消灭竞争或清除竞争者的行为,都订成是违法的。人们希望这个显然是针对着联销商店制定的新法令,会对当地的小店主给予帮助。同时,有些州企图通过立法来协助这些人,允许制造商同他们的推销商或批发商之间成立协定,规定了有商标商品的最低价格。修正了《薛尔曼反托拉斯法令》的1937年的《密勒-泰丁法令》把这种做法在州际商务中加以合法化。

有趣的是,大约在1938年,总统对于垄断所持的态度好像有了转变。罗斯福总统认为1937年和1938年的经济衰退,一部分是由于高昂的垄断价格所造成,于是便请求国会拨款,由一个特别委员会去对这事加以彻底的调查。“临时全国经济委员会”提出的关于《经济力量集中的调查》,把所用的方法和经济力量集中的程度达到了现代化的标准。这是在美国由一个政府或私人机构对垄断问题所进行的一次最为彻底的调查。从这份报告书里可以清楚地看出,“新政”政策加强和鼓励了垄断而没有阻止它的发展。往后不久所发生的争斗也起了同样的作用。诚然,自1933年以后,首席检察官办事处的反托拉斯部门在反对垄断行为方面的活动日益有所加强,但是在第二次世界大战期间政府与工业界密切合作的时期,它所产生的效果却很小。

对电力工业的管理

在20世纪20年代与30年代里，美国的工业中没有比电力工业还更受到批评的。与投入这项工业的资金或者它的财产价值没有多少实际关系的庞大财产机构，以及一个控制着一个的复杂的控股公司机构的这一情况，使投资与消费的大众很难摸清这些公司的财产状况，也很难弄清楚究竟收费标准是否合理公平。除了两三个州之外，各州的公用事业委员会都好像全然不能控制这种情况，这一部分是由于它们的营业跨过了州的边界的缘故。我们已经提到过，1936年时，有十二家最大的公用事业控股公司几乎控制着全国所生产的电力的一半，它们的电缆从各个方向越过了州的边界。总而言之，电力生产与分配的营业，在30年代初期已经到达了类似五十年前铁路所达到的那样一个阶段。早年铁路的情况和舞弊又正在这项工业里重演，而且又导致由联邦政府加以管理的类似请求。

联邦政府试验性的管理，从1920年《联邦水力发电法令》通过时就已经开始，根据这个法令，成立了一个联邦电力委员会，对美国公地上和可供航行的河流上所建立的所有发电厂进行了行政上的管理。委员会有权在五十年的时间内对新建立的电厂发给执照和规定统一的会计制度；也有权发行债券和规定跨过各州境界的电力收费标准。[①] 全国所面临的公用事业问题最为重要的一个方

① 正如铁路的情况那样，法院已经把这项权力移转给各州的委员会。

面，也许就是是否这个委员会的权力应该扩充到把在一个州以上地区营运的各家公司和把电力输送过州境的一切电厂包括在内。此外，也还有是否联邦政府本身应该投入电力生产事业的这样一个问题。结果是后一个问题得到了最先的处理。

政府营运的问题是难以规避的，因为在第一次世界大战期间，联邦政府已经准许在田纳西河上的“麻梭浅滩”(Muscle Shoals)建立了两座发电厂，生产制造炸药用的硝酸盐。为了使这些电厂得到电力，也建立了“威尔逊水坝”。这座水坝在1925年时建成，政府的投资总额约为一亿四千五百万元。全国面临的问题是：政府是否应该经营这些电厂？或是按最少的成本转让给私营公司去经营？由于受到参议员乔治·诺里斯的促请，国会两次通过了一些法案，准许把这些电厂加以扩大，并且由政府经营。柯立芝总统拒绝签署第一项办法，胡佛也否决了第二项，他说，经营这样的一项工程并不是一种“自由主义”而是一种“退化”。人们都知道对于政府拥有和营运方面，罗斯福比胡佛要更为没有偏见一些；而且在1932年的竞选中，电力问题乃是一个次要的因素。在就职之前，罗斯福参观了“麻梭浅滩”并且宣布说他将支持由政府营运的提案。

罗斯福任内最有深远意义和最为重要的，涉及农业、工业和其他经济利益以及公用事业的法令，便是1933年5月通过的《麻梭浅滩与田纳西河流域发展法令》。根据这个法令成立了一个三人的董事会，也就是人所共知的“田纳西河流域管理总署”去维持和经营政府在阿拉巴马州麻梭浅滩的财产，以加强国防和发展田纳西河流域的工农业，改善田纳西河的航运和控制那一条河与密西

西比河的洪峰。“田纳西河流域管理总署”具有收买地产、建筑水坝与动力厂、设置水电厂、拟定洪水控制计划、防止土壤剥蚀、协助重新造林以及为肥料和炸药制造硝酸盐产品等广泛的权力。田纳西河流域管理总署在十年之内就已经达到了所有的这些目的，这是“新政”计划里最有持久意义的一项成就。整个工程代表着使一个地理性区域得到新生与发展的重要实验，这个区域基本上也是一个经济单元。虽然这项法令影响了许多财团，在法院里提出的主要控诉却是来自公用事业方面。尽管受到无数的有法律根据的攻击，最高法院却一直支持这个法令。总统对“田纳西河流域管理总署”的实验所取得的成就是这样地肯定，以至于罗斯福在 1937 年在致国会的特别咨文里提倡成立六个同样的地区性计划机构，把全国绝大部分地区包括在内。可是他甚至于连一个也没有得到同意。

在田纳西河流域发展计划开始两年之后，国会就着手处理联邦政府更为有效地控制发电工程以及为投资及消费大众提供更大保障的问题。1935 年的《公用事业控股公司法令》是“新政”时期立法方面争论得最为剧烈的一个。这个法令除了规定其他的事项外，授权给联邦电力委员会去订定收费标准和在各州之间经营公用事业的营业规章。禁止成立第二级以下的控股公司，规定各家公司发行证券购入财产和经营其他种类业务时须经过联邦政府的“证券及交易委员会”的批准。三年之后，各个控股公司必须把它们的营业纳入一个单独与统一的系统和必须经营直接与消费者电力供应有关的业务。在通过这项法令的时候，人们都在泛泛地加以讨论，认为这是对控股公司的一项“死刑”。不管这个法令做了些什么，它显然没有使公用事业的营业受到损害，因为这种营业是首先摆脱不景气的行业当中的一个，而且到了 1937 年时，享受到了在它的历史上从未有过的最大的收入，只要能勉强存在的电力公司，都没有一家倒闭过。由于公用事业公司的反对和改组的困难，使这个法令的执行迟缓下来，但是到了 1950 年，这个法令的目的实际上已经达到了。

运 输 事 业

在美国的工业生活中，没有哪个部门比运输业还更受到经济萧条的影响。复兴银公司已经对这项业务进行过大量的支援，但是国会 1933 年进一步通过了《铁路紧急法令》，指派了一个“联邦铁道调整委员”，他所发布的命令，除非由“州际商务委员会”加以废除或是有人向委员会提出了申诉，是与这个委员会所发布的命令具有同等效力的。在铁路代表的调整委员会的协助之下，他的职权是提出防止浪费的方案，改进财务组织，把运费减低到符合公共利益的程度，以及改善铁路的信贷。为了达到这些目的，必要时可以置反托拉斯的法律于不顾。这个法令取消了 1920 年《运输法令》著名的但因不成功而又收回的条文，[1]另一方面，它又把各个铁路控股公司放在《州际商务法令》的监督之下，以求弥补早年法律上的巨大缺点。虽然调整委员约瑟夫·伊思特曼同他的助理人员曾经对铁路的情况做了调查，并且提出了改进的建议（有些建议

① 见本书第二十八章“战后时期的铁路”一节。

已经由铁路采纳),1933 年的《紧急法令》有关铁路方面所产生的最为长远影响,好像是对于 1920 年法令的进行修正。作为一项紧急措施成立起来的"联邦铁道调整委员"办事处,在 1936 年撤销了。

1940 年的《惠勒尔·李运输法令》比 1933 年的紧急法令更为重要。这个法令扩大了"州际商务委员会"的权力,把沿全国海岸线、内河以及海岸之间进行贸易的运输船只的监督权包括在内。法令也把委员会建议铁路必须合并的规定撤销,而规定不经委员会批准就不得进行合并。

可是,罗斯福总统对于美国运输问题所做出的最大贡献,并不在于铁路方面。调整委员伊思特曼和他的属员们所提出的建议便是制定一项联邦法令,对从事州际商务的摩托车辆加以管理。1935 年的"摩托车辆管理法令"使这项运输受到"州际商务委员会"的管辖,而且使它的活动与其他运输公司的活动取得协调一致。研究一下这项法令就可以看出:有些规定是根据早年管理铁路的法律制定的。委员会有权制定公平合理的运费,统一会计制度,并且禁止各家运输公司进行打回扣或是对运费、地区和人采用区别对待的办法。委员会也有权规定工时、安全和设备的标准。总之,联邦政府已经真正开始对从事于州际商务的摩托车辆加以控制。

虽然,经济萧条暂时停止了商用航空事业的发展,但是,这项工业并没有瓦解:[①]相反地,在 20 世纪 30 年代,它的进展却很迅速。政府的问题并不在于拯救航空而是要改进联邦政府对它的管

① 见本书第二十八章"战后时期的铁路"一节。

理。由于人们控告各商用航空公司在签订邮件合同时有舞弊和徇私行为，使得罗斯福总统在1934年把所有的这些合同都取消，在一个短期内由陆军部担任邮件的运送工作。根据1934年的《航空邮件法令》，政府把邮件的运输交还民营，另订新合同进行，但由州际商务委员会、商务部长和邮政总长等政府机关分别加以监督。由于这类监督太不方便，国会在1938年把大部分管理权集中于“民用航空管理局”，另有一个半独立的航空安全局负责调查事故和研究安全的措施。这两个机构的工作，大大地加强了民用航空的效率与安全，而且也受到各私营航空公司的欢迎。人们认为这种措施是非政治性的。因此，当总统1940年执行他的权力，进行政府机构改组，把这两个局合并并使之隶属于商务部的时候，便引起了人们的批评。

到了1936年，许多因素又使全国的注意力集中到商船问题上面来。海运事故的连续发生，使人们要求进行更为彻底的管理与监督；严重的劳工纠纷指出有必要改善工作条件；商船事业的普遍衰退说明了如果要对它加以拯救就必须采取新的措施。[①] 海运委员会1937年的报告对于这种情况说得特别清楚，报告里指出，前十年里所建造的九百万吨船，只有5%在美国进行过登记。虽然美国在吨位数量方面仍然占第二位，在速度方面却占第四位，在船龄方面占末位。至少有四分之一吨位的船只是过时的，到1942年，将有八分之七的船只处于那种情况。

为了处理这一问题，1936年通过了《商船法令》，把1920年的

---

① 见本书第二十五章“商船业务”一节。

旧《商船法令》对建造船只进行放款的办法加以废止，解散了旧日的美国航运局商船公司，成立了一个新的机构，叫作美国海运委员会。这个法令指导着委员会对美国的商船事业进行研究，以决定应该增设和补充的事项，调查就业和工资情况，审查造船补助费的申请，以及制定批准这项补助费的规章。直接的津贴代替了旧日通过邮务合同给予补贴的办法。这些补贴主要有两类。第一类可以与政府签订造船合同，然后再卖给运输公司（用长期的容易付款方法），在卖价中将国内与国外造船费用之间的差额减去。第二类是对从事于主要商业航路的船只给予营业津贴，津贴的款数足以抵偿美国与外国船只营运之间的差额。委员会也有权决定工资，最低水手名额以及工作条件，同时还成立了一个仲裁劳资纠纷的"海运劳工局"。

救济与安全

关于由萧条引起的失业和收入下降对工人所产生的严重危害，上面已经叙述过了（本书第二十九章"萧条产生的途径"一节）。当时，收入的下降比生活费用的下降要快得多。工业方面意外事故的增加，肯定地说明了安全与防护活动已经停顿。血汗工厂和妇女与童工工作过度的情况也有普遍的增加。直到这种局势被"全国工业复兴总署"扭转以前，工时一直在增加，工会工人的地位一直在削弱。另一方面，我们将要看到，经过长时期以后才摆脱的经济萧条，使人们感到有进行新的立法的必要。

对于劳工，罗斯福总统采取了三方面的政策。第一个和最迫切的需要便是救济失业；第二便是通过失业保险、老年保险和其他的方法去改善工资收入者的经济安全；第三便是加强工会组织在美国经济制度中的地位。罗斯福刚一就职就开始处理失业的问题，制定了一个法令，授权总统雇用青年人组成一个平民保持队去进行造林、防洪和类似的市政工程工作，以救济年轻的失业者。在头一年里，加入“平民保持”队的人在三十万名以上。作为总统得意计划的平民保持队，一直作为“新政”政策的一个永久特点而被维持下来，直到1942年国会才停止对它的拨款。

五月里通过的《紧急救济法令》，成立了一个联邦紧急救济总署，并且指导着复兴银公司拨出专款五亿元作为各州的紧急救济经费。全国工业复兴总署成立以后，又设立了一个市政工程总署，拨款三十三亿元去发展与公共利益有关的各项建设。市政工程总署（简称P. W. A.）成立期间所花的经费在七十亿元以上，但是，尽管它做出了一切努力，并没有吸收了千百万的失业人员。为了加速再就业，国会在1935年又拨了一大笔款项进行第二个公共工程计划，总统通过使用“行政命令”的权力，成立了工程进展署（后来叫作“工程计划署”）以统一全盘的工程计划。“工程计划署”（简称W.P.A.）在市政工程范围之外还提出了许多的工程计划。

工程计划署一直在继续，直到第二次世界大战所引起的经济活动的增加解决了（至少暂时地）失业的问题。从1935年到1942年国会命令“工程计划署”结束的七年时间内，这个署所耗用的经费大约有一百零五亿元，外加主要来自各个地方政府作为发起人所捐赠的二十七亿元。这个署并没有完全解决失业的问题，但是，在它最为活跃的1938年，为三百八十万人提供了就业，大约等于失业人数的三分之一。有时这个署雇用了八百五十万人。如果把工人的眷属计算在内，它使二千五百多万人直接受到了利益。除了许多成就之外，工程计划署还建筑了十二万二千幢公用房屋，六十六万四千英里的新道路、七万七千座新桥梁、二百八十五个新飞机场和二万四千英里的下水道，并且修理了几千种运输设备。此外，它也修建了公园、游戏场、水库和无数最为人们所需要的建筑物。工程计划署不仅为熟练和不熟练工人在各项房屋建筑工程中提供了职业，也帮助了靠薪水生活的职工，其中包括教师、演员、艺术家和作家在内。它也通过了全国青年总署，帮助大中学校的学生能有受教育的机会。

从一开始便可以清楚地看出：失业救济的政策已经超过了提供人为的职业和刺激经济的复苏。它是以这样一个根本信念为基础的，那就是：人类有工作的权利，最好是让大家都靠工作而不靠救济去过活。可是，这个计划受到了严厉的批评，它被指责为是浪费和缺乏效率的，为政治目的而开支了千百万元，但是没有达到消灭失业的主要目的。总统在答复这些批评的时候说，使千百万人的自尊心不致丧失的乃是职业而不是"救济金"，政府已经做了许多必要的工作，而且整个的计划曾大大地有助于减轻经济的萧条。

工程计划署也同样地在降低住宅费用问题和清除贫民区方面做出了一个实际的开端。为了加速这个计划，1937 年的《瓦格纳-斯提格尔法令》成立了一个美国房产署（简称 U. S. R. A.），办理房屋放款和捐款清除贫民窟以及建筑房租较低的住宅。"房产署"有权在五亿元范围以内进行房屋建筑的放款（后来数字增加了三倍）。人口在五十万人以下的城市，每户的放款限额是四千元；五十万人以上的城市，每户放款的限额是五千元。借款和建筑是与当地的公用房屋建筑机构合作进行的。1940 年年中，美国房产署签订的房屋建筑合同在四百份以上，几乎可以容纳十五万个住户。当我们记起全国有三分之一的人居住条件很差的时候，工程计划署和美国房产署的工作就好像只不过做了一个微小的开端。然而，这是一个方向正确的开端。此外，它还刺激了私人财团在贫民区开展新房屋的建筑，也为第二次世界大战以后联邦政府对复员军人的住宅援助树立了一个先例。

罗斯福总统的第二个大的救济劳工的目的(促进工资收入者的安全)，是用通过各种的法律来完成的。1933 年的《全国就业服务法令》创立了一个全国的交换制度，与联邦政府津贴部分经费的各州就业机构进行合作。根据 1935 年的《铁路员工退休法令》，联邦政府接管了处理铁路工人养老金的机构。养老金是根据工资抽提而来的，由雇主与工人各分担一半。国会在 1936 年通过了《瓦耳希-赫莱政府合同法令》，规定：凡联邦政府各部门所签订金额超过一万元的合同(某些特殊物品除外)，都必须附有条文，规定承包人必须是一个制造商或经营他所签订的合同物资的正规商人；对于他所雇用的工人，工资不得少于那项工业当时通行的工资数额；不得使任何工人每日工作八小时或每周四十小时以上；不得雇用年龄在十六岁以下的男工和十八岁以下的女工。此外，工作环境不得太危险。

这类的立法，以 1938 年通过的《公平劳动标准法令》(即《工资与工时法令》)达到了顶峰，这个法令规定了最低工资额和最高工作时数。第一年，工时的最高额每周订为四十四小时，第二年订为

四十二小时，以后每周定为四十小时。第一年的最低工资额为每小时二角五分，在七年之内增加到每小时四角。这个法令适用于所有从事州际商务或为这项商务生产货物的工人，有一个时期这类工人预计有一千二百万人到一千三百万人。虽然这项法令所规定的最低工资并不足以维持一个起码的美国生活标准，人们认为这项规定已经向正确的方向前进了一步。可是，直到 1949 年，国会才把每小时的最低工资提高到七角五分。

这项法令的一个重要部分便是有关童工的规定。它之所以重要，是因为它多少补偿了童工法令修正案没有获得批准的这一缺点。这个法令禁止在州际商务方面运输雇用“受压迫”的童工的工厂里所生产的货物。“受压迫”的童工是指在法令许可的职业里雇用了十六岁以下的未成年人，或是在“儿童局”局长所宣布的具有危险性的职业里雇用了十六岁到十八岁的未成年人而言。雇主们可以按照“儿童局”所公布的规定在非制造业和非采矿业的职业里雇用十四岁到十六岁的儿童，如果这类职业并不影响儿童的学习、健康和福利的话。这项法令得到了最高法院的认可。[①]

比刚才阐述过的法律更为重要的，便是 1939 年和以后修正过的《1935 年社会安全法令》。这项法令规定推行失业保险、养老金和其他的福利。在 20 世纪 20 年代，失业保险制度取得的进展很小，只有威斯康星这一州到了 1934 年才开始采用。养老金制度的进展比较迅速，到了 1929 年，至少有 29 个州制定了一些养老金的

① 美国政府与达尔比讼案（1941 年），这个案件推翻了韩默尔与戴根哈特讼案的判决，见本章“工业与‘新政’”一节。

法律。正是由于有了联邦政府的社会安全法令，才使这个制度得以在全国范围内应用。首先，这个法令规定对年老贫穷年龄在六十五岁以上的人实行养老金制度，由联邦政府与州政府各分担一半为原则，但联邦政府所负担的那一部分，每人每月不得超过二十元。为了顾及将来，法律规定了一种分摊性质的老年保险金制度，由职工的所得税和雇主的工资税抽取而来，1937 年开始时的税率是 1%，每三年增加一次，到了 1949 年劳资双方的负担都达到 3%。根据这个计划，希望把每月退休金的金额规定为从十元到八十五元，从 1937 年 1 月份的工资算起到退休年龄为止，按照工龄计算付给。1952 年的法令把数额增加了。同时，合于保险的人的范围也扩大了。原来的法令主要只把工商业的薪资工作者计算在内。根据这个新的法令，除了农民以外，也把自雇的人、长期雇用的家庭佣人、农业工人、非营业机构的职员和其他一些团体的职工包括在内。据估计，到了 1952 年，完全符合于这项保险的有六千二百三十万人，这就等于从 1937 年到 1952 年任何时期内曾经做过符合于保险规定职业的活着人数的 73%。

除了年老保险金之外，《社会安全法令》也鼓励那些能够符合某些最低限度规定的各州的失业保险制度的发展。这是通过对雇主的工资单收取特种联邦税款的方法来进行的。如果某一个州也采用一种失业保险的制度来与联邦政府合作，那么就允许雇主从付给州政府的税款中减去 90% 的应付联邦政府的税款。[①]《社会

① 各州所采用的失业保险制度是不一致的。但是，一般地讲，它们开始时约等于每周薪水的一半，最多不能超过十五元，最长时期不得超过十六个星期。这种福利经过一个等候时期证明符合失业条件时才提供。

安全法令》的另外一个特点便是划拨各种款项（通常是与各州的类似拨款金额成为比例）去救济贫穷而需人抚养的儿童，促进遭受严重经济困难地区的妇女与儿童的健康，为瘫痪儿童提供医药、施用外科及矫正手术；救济流浪及被遗弃的儿童；为身体残废的人重建他们能做的职业；救济贫穷的盲人；促进适当的公共卫生事业。

这项法律在谋求社会安全方面推进了一大步。人们对于它的批评主要是在于它的局限性而不在于它的基本目的。它的一个缺点，即范围狭窄的缺点，在 1952 年时基本上已经被克服，这在上面已经谈到了。由于保险是以工人的收入为基础，因此，最需要它的人，却是得到金额最少的人。失业保险也同样地不包括享受年老保险的人在内，而且通常对雇用工人不到八名的雇主是不课税的。此外，这种保险不足以应付长期的失业。这项计划受到了批评，因为它不能够处理由于疾病而产生的失业问题。但是，养老金的范围现在已把五分之三的工人包括在内，而且还继续努力扩大社会保险的范围，并已获得了一定的成就。

工会组织的复兴

“新政”的第三项劳工政策便是加强工会组织的权力。20 世纪 20 年代工会的人数、特权和纪律都大大地下降了。许多人都认为应该采取行动，使劳资关系能更好地恢复起来。这项努力是由《全国工业复兴法令》的第七条第一款开始的。对于劳工来说，这一条乃是“新政”的一个难题。概括地讲，这项法令规定职工有权

“组织起来，并且通过自己选出的代表去向资本家集体地争议工资，而且在选派这些代表或自行组织工会时不受雇主或他们代理人的干涉、限制或强迫”；不得把强迫职工加入“公司联合会”或是限制他们加入自己选择的工会作为受雇的条件；而且雇主必须遵守他们那项工业法规上面有关劳工问题的规定。对于劳工来说，这的确好像是一个新的“自由宪章”，在这样的情况下，无怪乎工会会员人数增加得很迅速。

除了《全国工业复兴法令》第七条第一款的有利的规定之外，政府也期望劳工还能得到各个工业的法规所给予的好处。具有一般代表性的法规当中的第一种，便是纺织工业的法规。这项法规禁止雇用十六岁以下的童工，不许赶工，把北部的最低额工资定为每周十三元，南部定为十二元。可是，与总统的冀图相反，法规里的最低额工资变成了最高额的工资，而且由于物价的上涨，工人们所得的好处便成了疑问。但是，童工的禁止无疑地乃是一项福音。

劳工对于《全国工业复兴法令》所抱的高度希望从来就没有得到实现。远在1935年最高法院把这项法令宣布为违反宪法之前，由于许多雇主的反对，法规的被广泛地规避，以及政府没有通过各个劳工局认真地执行，这项法规的力量就已经大大地被削弱。由于劳工开始认识到《全国工业复兴法令》并不是走向太平盛世的捷径，而且归根到底要推动这个法令，他们负着主要的责任，于是罢工的次数很快就增加起来。1930年时，曾一度低落到十五万八千一百一十四人的罢工人数，到了1933年又增加到八十一万二千一百三十七人，1934年的人数还更要大得多。全国复兴总署之所以不能执行法令第七条和工业法规有关劳工问题的规定，并不是因为不愿意，而是因为它无法完成这样繁重的任务。国会成立了一个无党派的全国劳工关系局来加以协助，而且总统由于面临着罢工的实际威胁，指派了一些仲裁的机构来处理码头工人、汽车、钢铁和纺织工人的劳工纠纷。

取消了《全国工业复兴法令》的最高法院的决定，(见本章“工业与新政”一节)并没有涉及有关劳工问题的规定，国会在1935年的《全国劳工关系法令》里把这些规定保留下来。这项新的法令企图使劳资双方在工资争议方面有平等的权力和消除劳资纠纷的起因。法令特别禁止雇主：(一)在工人行使集体争议工资的权利时进行干涉、限制或强迫，(二)拒绝工人集体争议工资，(三)对组织工会或工会的行政加以干涉或操纵，或在雇用工人和工作时间方面用区别对待的方法对工人加入工会进行干涉。为了执行这项法令，成立了一个永久性质的全国劳工关系局。如果执行得很适当，《全国劳工关系法令》肯定是具有重大意义的。它不仅鼓励工会的组织，还强迫资方实行集体争议工资制，并且根据它的文字，好像会把“公司联盟”、“受雇工人不加入工会契约”和使用工人暗探等制度加以消灭。当然，除非最高法院通过这项决定，否则执行起来是要受到阻碍的。但是，这项法令由于法院在一天之内(1937年4月12日)的五个判决中承认了它合于宪法的规定因而终于得到了确定。这些案件一般都牵涉到某些工业(包括钢铁和成衣业在内)是否都充分符合于法令里所规定的州际商务范围的问题。除了1939年实际上禁止了“静坐罢工”的“芬斯提尔”的判决之外，最高法院在以后的几个月里不仅默认了这个法令的合于宪法的规定，

而且一再地支持了“全国劳工关系局”的程序与决定。

《全国劳工关系法令》的成立和最高法椀对它的认可固然很重要,但是工会组织的发展也有赖于其他的一些因素。首先就是需要得到中产阶级的同情,这种同情在20年代已经丧失了一部分。经济萧条对于这件事起了作用,因为许多人都深信劳工曾经受到深刻的痛苦,需要得到更大的保障。以罗伯特·拉·冨勒特为首的参议院教育与劳工委员会的活动,对这事也很有帮助。这个委员会接到了特别的训令,去对“违犯言论与集会权利和对工人组织工会与集体争议工资的权利受到不正当干涉的事件”进行调查。由于这个委员会提出了有关一些有声望的雇主们使用工人暗探、工贼、催泪瓦斯、凶器,以及在公司控制下的城镇和地区侵犯了人权的事实,人们才开始认识到劳工在组织工会的努力中所遭到的困难。

比政府的协助和鼓励还更为重要的,便是劳工的自助的能力。政府可能会保护和鼓励工会,但是,工人们还必须自己组织起来。由于受到《全国工业复兴法令》和《全国劳工关系法令》的鼓励,工会组织就趁机兴起。涣散的工会又重新组织起来,年长的工会领袖们又担任了职务,也吸收了一些成绩表现良好的干部。在实行“新政”的头三年,工会的会员增加了一百五十万人以上,在以后的几年里增加得更为迅速。[①] 在1933年以后发展会员的运动中,发现按各项工业而不按行业去组织职工更为实际,而且美国劳工联

① 工会年均会员人数1933年有二百九十七万三千人,1936年有四百七十万人,1939年有八百二十万零九百九十九人,1943年有一千三百五十万人,1947年约有一千五百四十万人。

合会对这些联邦工会发给了许多执照。新的工会预备会员中包括着许多对于美国工会联合会工艺工会主义的保守传统还不熟悉的工人。他们使工会添上了更有战斗意义的色调，这种色调反映在1934年的年会上，当时，他们以绝对压倒的多数票去促进某些大量生产的工业，特别是钢铁、汽车、橡胶、无线电和制铝工业的工会组织。由于美国劳工联合会的执行委员会没有执行投票人的这项要求，某些工会便在约翰·刘易斯与美国矿工联合会的领导下组成了“产业工会委员会”①。

虽然产业工人联合会退出了美国劳工联合会，却积极展开了活动。产业工会委员会（简称C.I.O.）最初活动的目标是钢铁工业。但是产业工人组织运动发展得那样迅速，以至于与它的计划相反，第一次的斗争却发生于汽车工业。继1937年年初通用汽车公司和克莱斯勒汽车公司的大罢工之后，产业工会委员会成功地取得了协议。协议承认产业工人汽车工人工会作为替它的会员进行工资争议的机构。实际上，这就意味着对所有以前没有工会组织的汽车工业中的各家大汽车公司的工会组织都实际上加以承认，只有福特汽车公司除外。但这家公司最后在1941年也让步了。

由于战斗的前线移转到了钢铁工业，美国钢铁公司不但没有

① 1939年8月时，构成原来的美国劳工联合会委员会而停止活动的工会有：美国矿工联合会，美国成衣业联合工会，国际妇女服装工人联合会，美国纺织工人联合会，美国油田、瓦斯井及炼油工人工会，采矿、碾矿及冶炼工人国际联合会，美国玻璃工人联盟，钢铁、锡冶炼工人联合会，美国汽车工人国际联合会，美国橡胶工人联合会。国际妇女服装工人联合会（简称I.L.G.W.U.）后来退出了产业工会委员会，而最后加入了美国劳工联合会。

反对劳工，反而出人意外地改变了长期以来的政策，同产业工人委员会签订了合同。虽然其他的钢铁公司也立刻仿效着承认了工会，有少数几家比较重要的“独立公司”却没有这样做，而且由于1937年春季后期对这些公司的进行罢工，使产业工会委员会的政策第一次做出了重要的扭转。但是，在备战的压力之下，甚至于那些“独立的”公司后来也同意承认了工会。与此同时，“产业工会委员会”也迅速地发展起来。到了1942年，它宣称全国有四十个以上的分会，会员人数有五百万，与美国劳工联合会的人数相差不远。尽管有了工会在内部与外部所作的努力，这两个派系的工会仍然不能调和它们之间的分歧。1938年，产业工会委员会更名为产业工人联合会，制订了规章，采取了更为永久的组织形式。早年的领袖约翰·刘易斯1940年辞去了主席的职务，由菲利浦·梅雷继任，领导着钢铁工业的工会组织运动。

随着1937年组织汽车工业工会的努力而来的各次罢工风潮，受到了人们的特别重视，因为美国劳工第一次使用了范围很广的“静坐罢工”的技巧。在罢工期间，工人们拒绝离开工厂，他们认为他们在自己的职业里享有一种固有的利益，这一理论证明是一项有力的武器，因为它强迫雇主在罢工中首先使用暴力。雇主们当然谴责“静坐罢工”是违法的，侵犯了财产的权利，而且某些州曾通过法律加以禁止。这种办法在1939年芬斯提尔一案的判决以后终止了。20世纪30年代的许多罢工，也出现了集体纠察的特点，有时还产生了暴力的行动，使一些人乘机鼓动通过新的法律，让劳工“担负更多的责任”。就整个情况而言，直到第二次世界大战和战后的几年里劳工是能够抵抗这种鼓动的，至少在联邦的立法方面是如此。

“新政”的经济含义

上面对“新政”时期法律与政策的总结，应该为某些一般性的评论扫清了道路。很明显，“新政”在美国首先做出了实际的努力，利用各种经济的武器去对付经济萧条的这一点是具有重大意义的。在早期的各次萧条里，政府大抵只满足于保护联邦政府的信贷而让全国人民尽量地去使自己摆脱萧条，第一次世界大战以后的经济灾难，发展了世界各国对经济生活的各种控制。所谓的“新政”，就是美国对付自己的萧条的一种方法，并且绝大多数的人认为它比其他国家所采用的方法还要优越得多，应该给予公正的评价。

使全国从萧条中解救出来的努力是用各种方法进行的。其中之一便是实行通货膨胀和管理通货以援助债务人和刺激生产。另外的方法便是把资金大量地存入银行、保险公司、铁路和工业，以恢复人们的信心而防止破产，并且把信心建立在更为稳固的基础之上。再一种方法是用加速进行公共工程和拟定较大的创造就业机会的工程计划使工人就业。当然，这种挽救经济结构和谋求职业的办法意味着更大的赤字开支；但是，有人认为这种赤字开支是合理的，其理论是：全国未来的经济扩张可以把它弥补，而且它在萧条的危机中是合理的，也正如它在战争时期是合理的那样。此外，政府开支的扩大政策会促进经济的复苏。

就某个方面来说，萧条所产生的反应，与早年经济恐慌鼓励革新的作用相同。在“新政”时期，复兴与改革紧密地交织在一起。银行结构不仅得到了挽救，而且也得到了革新。电力工业的情况也是如此。对股票交易与证券买卖也建立了某些控制。这种局势也造成了一种机会去进行田纳西河流域工程、土壤与森林保持的广大计划以及通过公共事业振兴总署（简称 W.P.A.）等机构去建设为人民谋福利的许多事业。

最重要的是：“新政”在积极地保存人类资源的这一方面，大大地向前迈进。这不仅包括着工会组织的加强，也包括着通过平民保护队（Civilian Conservation Corps，简称 C.C.C.），公共事业振兴总署和全国青年总署等机构为失业人口寻找工作。这个计划也包括着建立最低限度的工资和最高额的工作时数以及童工的禁止。也建立了老年与失业保险以及达到了《社会安全法令》里的其他一些目的。“新政”也孕育着保持资源的欲望和人道主义的思想。罗斯福在 1937 年促请通过《公平工人标准法令》的特别咨文里说：“我们进一步采取行动去扩充社会进步疆界的时候已经到来了……绝大部分是从事于工业和农业的我国三分之一的人口，现在是营养很差、穿的很差、住的很差……在一个自给的和有自尊心的民主制度里是没有理由让童工存在，没有经济上的理由去榨取工人的工资或是延长工作时数的。”正是“新政”的这一方面赢得了多数人们的永远赞许，不管他们是属于哪个党派。

与我们刚才谈到的有关“新政”的一切情况同样地明显的，便是这个计划使得政府的活动范围扩大和更为积极地去参与全国经济与社会生活的这一事实。国家比以前更为肯定和迅速地放弃了

放任主义的政策。路易·哈克1938年时写道：

> “今天，国家正在对没有特权的人们进行保护，增加国民的收入，并且把那项收入更为公平地分配于各级生产者中间。为了达到这些目的，美国政府不仅把保障社会安全的整个工作负担起来，而且也成为一个商业企业的参加者与创建者。总之，我们的国家已经成为一个资本主义的国家，这个国家在昨天还是一个放任主义的或是被动的国家，今天，它却从事建设和开办工厂，买卖货物与劳务，贷放款项，储存商品，开办航运，经营铁路。就某种意义上说，国家正在寻求方法去保护没有特权的人不受剥削；在另外的一种意义上，它也正在与私营企业进行竞争和代替它们，但却没有让公司与资本主义的关系割离。”①

这项变革是这样地明显，以至于许多人都认为“新政”在美国历史上标志着一次革命。这种观点被过分地夸大了。联邦政府对商业管理的扩大，至少可以追溯到1887年的《州际商务法令》和1890年的《薛尔曼反托拉斯法令》。对银行的控制，可以追溯到更早的时期，联邦和州政府的人道主义的法律，早在“新政”之前就已经实行。此外，政府曾经对商业加以保护和支援，也对它进行了管理。就某种意义上讲，“新政”时期的新东西是不多的；它主要是一

① 路易·哈克：《今日的美国问题》，序言第7页。

个旧方法和旧哲学的延长与继续。[①] 罗斯福说，他是在力图拯救资本主义而不是消灭资本主义，有关财政、工业和商业方面的法律就是一项不容置辩的证明。“新政”的新元素便是加速放任主义的衰落。

① 福克讷：《新政自由主义的前例》中对这个观点有比较详细的论述，《社会教育》杂志 1939 年 3 月第 3 卷，第 153—160 页。

第三十一章　世界经济关系

从 1914 年到 1940 年美国资本的输出

在前面的一章里，笔者曾力图把西班牙与美国战争和第一次世界大战开始期间的这些年份里美国资本渗入国外的情况加以描述。概括地讲，在这些年份里美国直接的和证券方面的投资增加了五倍以上，也就是从 1897 年的六亿八千四百五十万元增加到 1914 年的三十五亿一千三百八十万元。在这一时期，美国的资本主要是投入加拿大、墨西哥、欧洲、南美洲和古巴等地。在加拿大，美国的资本流入了制造业，特别是纸浆、造纸和木材工业，也流入了采矿业和电力生产事业。这些制造业多数都是美国工厂的分厂。美国在墨西哥的投资主要是在采矿、油矿和铁路方面。在欧洲的投资主要是公债、制造工厂、销货机构，其中最重要的便是"美孚石油公司"所成立的销货机构。在南美洲的投资主要是采矿工业，在古巴的投资是食糖的生产。

与美国 1914 年三十五亿一千三百八十万的国外投资相抗衡的，便是外国在美国的七十二亿美元的投资。使美国成了一个大约负债三十六亿八千六百万元的国家。[①] 这些投资主要是来自欧洲——一半以上是来自英国，其次，最大的投资者便是德国与荷兰。欧洲的投资几乎进入了美国的每一种企业，但是有半数以上是投入在铁路方面。[②] 欧洲资本的这样流入美国，自从殖民地上有了移民以来就一直是一种正常而连续不断的过程，这个过程对于美国的发展曾做出重要的贡献。可是，到了 1914 年，美国却产生了过剩的资本，而且正在使用它自己的资本资源去发展世界其他地区。

第一次世界大战不仅揭示了美国有大量过剩资本可以贷给外国，而且很快就结束了它的债务国的地位。在 1914 年第一次世界大战爆发与美国 1917 年参战期间，欧洲拥有的二十亿元以上的美国债券都回到了美国。这些债券主要是通过英国和法国政府转回来的。这两个国家的政府都指导着本国的公民把美国的债券出借，或是把它们换成本国的借款。与美国扭转其债务国地位同等地重要的便是贷给外国政府的美元借款，主要是借给欧洲同盟国的贷款，为数大约有二十六亿美元。由于美国的参战，私人的借款交易终止了。[③] 联邦政府把支援战争最后一年的经费问题承担起来，而且协助了欧洲的战后复兴。根据 1917 年的“自由贷款法令”，美国把九十五亿八千一百万元的借款贷给了欧洲各国

---

① 克罗纳·刘易斯：《美国在国际投资方面的危机》，第 445 页。

② 同上书，第 546 页。

③ 克罗纳·刘易斯：《美国在国际投资方面的危机》，第 355 页；唐锡尔：《美国之参战》附录 1、2。

政府。[①]

这些数字并不足以说明整个的事实，甚至于不足以说明最重要的那一部分事实。战争使欧洲的经济大为耗竭，以至于在以后的几年里，美国继续成为一个巨大的资金策源地。世界的金融中心从伦敦移到了纽约。战争结束以后，私人机构对国际贷款的限制取消了，而20世纪20年代美国的投资达到了一个惊人的比例。不算政府的贷款，美国在国外的投资从1914年的三十五亿一千三百八十万元增加到1919年的六十九亿五千五百六十万元和1929年的一百七十亿零九百六十万元。自从那时以后，数字就迅速地下降，关于这一点，我们就要谈到。[②]

根据商务部1930年研究外国结欠美国公民债款的估计，在贷给外国的款项中，有一半是“债券投资”（那就是，美国私人和机构拥有外国的公私债券），有一半是美国公司在外国的农业、工业、商业、采矿业、公用事业和其他企业的“直接投资”。

那个时期的主要投资区域，按其重要性可排列为欧洲，加拿大和南美。美国千百亿元资本没有向世界其他地区移动，只不过是因为20世纪20年代的繁荣所创造的剩余财富被高利率引诱到外国投资方面的缘故。移动的原因有一部分是由于美国的经济财团正在广泛地伸入到各项商业中去扩充营运。如像福特汽车公司、通用汽车公司、通用电气公司、美孚石油公司、国际电话电报公司、国际农产品收获公司等许多美国大工厂都建立了自己的工厂或是

① 1922年付债谈判开始时减为九十三亿八千六百七十万美元，见克罗纳·刘易斯：《美国在国际投资方面的危机》，第362页。

② 克罗纳·刘易斯：《美国在国际投资方面的危机》，第606页。

收买了外国的工厂。使资金移入外国工业的经济因素是很多的，其中以20世纪20年代进展迅速的高额关税制度是最为重要的一个。当美国制造商发现不能打破关税壁垒的时候，他们就在外国开设分厂，以供应外国的市场。例如，每一个在加拿大旅行的人都会在那里发现许多美国工厂的分厂，这些分厂1948年时代表着六十亿美元以上的美国直接投资，自从那个时期以后，金额已经有所增加。

虽然许多的这种直接投资，特别是在加拿大的投资都十分稳妥，而且对于美国的投资者和世界经济的发展也很有利，但是，大部分债券投资的情况却不是如此。许多的这种投资都是非生产性的，而且至少是由一些偿债能力极端不能肯定的政府或私营公司抛售出来的。索尔说，卖出这种公债的美国投资商行"常常是重视它们所担保的利益而不重视资金安全的可能性"。[①] 这些机构在世界各地搜寻贷款的机会；他们差不多是把这种贷款强加在借款人的身上，这甚至于发生在当商务部和他们的专家提出了危险警告的时候。某个比较保守的银行家曾说："我还记得有关美国银行家与工厂为了要在国外金融市场放出贷款而剧烈竞争的一些报导。对于某些欧洲政府来说，发现有一群美国银行家坐在他们的石阶上把借款送上门来，自然是一桩十分诱人的事。把款项强迫地借给这些国家的市政当局或是公司组织是有损道德的。这种竞争，只会导致人们采用不安全和不稳妥的方法。"[②]

20世纪20年代，这种具有典型意义的政策是十分空想而又

① 乔治·索尔：《繁荣的十年》，第269页。

② 1927年摩根公司的汤玛斯·拉蒙德在国际商务部的演说词，引用于刘易斯所著前书，第380页。

难认持久的，即使世界经济关系是建筑在健全与稳固的基础之上。拉丁美洲借入了甚至在正常情况下也不能偿还的借款。被战争弄穷了的欧洲，必须用美元来偿还负债，而美元又只有付出劳务与输出商品才能获得。在海上运输美国商品的这种劳务，由于美国商船的发达而减少了。外国商品输入美国又受到美国高额关税的阻碍。不正常的情况主要是靠美国的继续贷款和经济活动的加强来维持。在这一十年之末，由于贷款的停止和萧条的来临，使这样的结构崩溃了。

在 20 世纪 20 年代，美国政府还不太了解国际经济的问题，也没有在这方面起过很多的领导作用。它退而处于孤立的情况，在政治方面比经济方面还更为显著，但是，在经济方面的孤立情况也是够明显的。当一个债权国家出现了相反情况的时候，恢复高额关税乃是一项错误的政策。

从正常的观点看来，美国缩减战债好像是足够慷慨的；但是，各国利益的冲突，使得这个方法难以实现，因此，整个的战债问题阻塞了经济复兴的这部机器。尽管有着国内关税的障碍，以胡佛为首的商务部在促进对外贸易工作上取得了很大的成绩，可是，一般地讲，商务部对于不明智的外国投资并没有提出警告而是给予了鼓励。

美国资金的大量流动，在 1928 年时减退了。由于第二年物价的暴跌，使它萎缩到一个微不足道的数字。20 世纪 30 年代出现的经济萧条，几乎消灭了价值一百一十亿美元的外国投资。直到这种局面受到第二次世界大战刺激的时候，从拉丁美洲直接投资得来的收入是比较少的。1940 年时，美国持有的拉丁美洲的美元公债(多数是政府债券)几乎有十亿元。但是这些公债大约有三分之二部分地或全部地没有得到清偿。在欧洲大陆,情况甚至于更坏。在那里的直接投资1940年时有十三亿七千万美元,大部分是在轴心国家。在好几年里,由于外汇的管制,使大量的收益不能从这些国家汇到美国来,而且资金的收回大部分停顿了。更多的一部分资产被冻结,当得到清算的允许时,所遭受的损失已经很大。在那里的间接投资(或债券投资)1940年末有六亿三千六百万美元,但是59%没有收回。此外,1934年的《债款拖欠法令》(或称《约翰逊法令》),不许任何政府拖欠美国的借款不还,这就自动地终止了贷款给许多欧洲政府的可能性,中国同日本的战争以及那个地区的紧张局势的增长,乃是美国在远东投资前途的一个凶兆。

截至1910年12月31日美国在外国长期投资种类及地区表

(单位:百万美元)

地　区	直接投资	间接投资			总　计
		外国公债	杂　项 外国债券	小　计	
加拿大与纽芬兰	2,065	1,390	285	1,675	3,740
西印度群岛	755	74	5	79	834
中美及墨西哥	650	26	…	26	676
南美洲	1,615	893	5	898	2,513
欧洲	1,370	506	130	636	2,006
亚洲	460	155	5	160	620
大洋洲	135	95	3	98	233
非洲	105	2	17	19	124
世界其他地区	25	…	…	…	25
总　计	7,180	3,141(a)	450	3,591	10,771

注:(a)按市价估计约为十七亿九千一百万美元。

见美国商务部《1940年美国国际支付差额》,第51页。

与此同时，寻找出路的外国投资商也把注意力移转到美国来。到了1940年年末，商务部所开列的外国在美国的长期和短期投资共有九十六亿九千五百万美元。这就几乎与美国在外国的投资只相差十亿美元，这种情况于十年前就大为改观。[①]

战债问题与中立法令

虽然第一次世界大战的战债问题在今天好像已经成为一个学理上的问题，但是在二十年的时间内，它一直与美国的对外政策紧密地交织在一起。美国参战时，同盟各国的信贷款项已经耗尽，而这种贷款对于战争的获胜又是必要的。可是，人们认为这些贷款是在信用良好的基础上借出，将来会得到偿还。这些贷款已经到达这样一个不稳定的比例，以至于美国在1922年成立了一个“世界大战外债委员会”去处理各个债务国的偿还问题。就在这事之前，各个债务国已经积极地展开了一个取消债款的运动。它们争辩说，应该把这些债款看成是美国对共同事业捐献的一部分，说这笔贷款使同盟国能把敌人牵制住，让美国有时间去做好参战的准备；又说，这笔款项大部分是耗用在美国，因此既帮助了美国也帮助了各盟国。此外，各债务国也坚持说它们不能用黄金去偿还，因为欧洲的黄金不足，现有的黄金要用去维持它们的货币。由于美国的高额关税政策，用货物去偿还债款也是不可能的。

在美国方面，官方的态度是把欠款的金额大大地加以削减，但

① 美国商务部：《1940年美国国际支付差额》，第56页。

是坚持必须偿还。在七年的时期内逐渐与十五个欧洲国家商订了办法，把本金总数定为一百一十五亿二千二百万美元，六十二年内还清；利息为一百零六亿二千一百万元，共计二百二十一亿四千三百万元。在先头几十年，每年清偿的数额平均为二亿零四百万元，最后十年偿还四亿一千四百万元。这种安排，把英国的欠债减少了23%，比利时的欠债减少了46%，法国的欠债减少了52%，意大利的欠债减少了75%。虽然这些削减好像已经很慷慨，我们还必须记得，债务是在战争期间物价高涨时缔结的，多数的款项都用去购买美国商品，而且削减只会使战后的货币紧缩全部地或部分地消灭，而债款是以紧缩后的通货作为偿还基础的。

无论这些削减是否慷慨，欧洲对取消全部战债的宣传一直在继续。这一部分是由于有一大部分从德国得来的战争赔款来到了美国作为支付盟国的债款。“凡尔赛条约”原定的德国战争赔款是三百三十亿美元，但是后来很快就看出，德国是赔偿不起的。不仅如此，把黄金从德国提取出来之后，在那个国家里造成了严重的通货膨胀，如果以货物去收取战债，那将使债权国的经济受到破坏。1924年，以查尔斯·道威斯为首的一个委员会采用了一项计划，把德国每年赔款的数额逐渐减少，而且为平衡它的预算做出了努力。这种努力一直继续到美国黄金贷款涌入德国时为止，黄金立刻以战债的形式流入了法国和英国，然后又循环地转回到美国作为赔款。直到美国对德国的贷款耗净时，这一奇异的局面仍一直存在。

“道威斯计划”失败后，便另成立了一个以欧文·杨格担任主席的委员会去补救收回战债的计划。“杨格计划”大大地削减了德国的战债，并且规定某些年份的付款数额将以美国削减盟国所欠债款的情况为转移。这种把战债与盟国借款联系在一起的办法美国是不会正式承认的。但是，按实际情况说，这种联系的确存在，因为有五分之四的德国赔款最后终于流入了美国。这种联系究竟有多密切，可以从1931年的情况看出来，那时，经济情势迫使德国抵赖了债款；为了要避免全球性的经济崩溃，胡佛总统与盟国政府进行协商之后，在1931年6月宣布了一切政府债款和战债延期一年偿还的办法。到了1933年6月，只有芬兰一国完全付清了利息，英国、意大利、拉脱维亚、捷克斯洛伐克、罗马尼亚和立陶宛只偿还了少数的白银以表示它们的不愿赖债。比利时、法国、匈牙利、波兰、爱沙尼亚都赖了债。1934年以后，只有芬兰还付给利息。

到了1932年，就很明显地可以看出，整个战债问题必须重新加以考虑。有三种明显的可能性：进一步推迟还款；再把债款削减；或是直截了当地把债款取消。所有这些计划都引起了美国人民很大的不满情绪，因为许多人当时都像财政部长梅隆那样地认为“整个的外债，按美金分文不少地收回，不如让欧洲保持繁荣而作为一个顾客那样地具有价值”。另外的一些人认为，这笔款项抵不上当时会遭到的怨恨与痛苦。还有一些人(后来证明他们是正确的)感到美国无论怎样也是不能把款收回来的，不如在最有利的条件下把它放弃。另外一种像柯立芝等人所表现的极端情绪，便是认为同盟各国既然“租用了它”(指这笔款)，就必须偿还。关于整个赔款和战债问题，最多只能说它为以后的年代提供了一项宝贵的经验。

人们对欧洲关于战债所持态度的憎恨，以及其他的一些因素，导致了 1934 年《债款拖欠法令》的产生。这也是使美国在未来战争中采取一个保持中立计划的原因之一。参议院对军火工业的调查大大地加强了人们的这一信念（虽然对这个信念并未得到证实），那就是：美国之所以被卷入第一次世界大战，是因为它与交战国的一方有着密切的经济关系。为了决心要尽可能地避免使中立地位受到破坏的某些影响的再行出现，国会通过了三项“中立法令”，以 1937 年 5 月的那项法令达到了顶点。除了规定一切从事制造军火的人必须向国务卿登记和必须领有执照才能出口外，这项法令还禁止把贷款、军火和战争物资提供给外国交战国，或是把足以使美国的和平受到威胁的这样一部分军火提供给进行内战国家里的任何一方。法令规定，除非得到总统的许可，美国公民不得乘坐交战国的船只旅行；法令也禁止用美国商船运输军火；成立了全国军火管理局，所有一切军火制造商和出口商都必须向这个局办理登记；限制在战时把美国海港用作供应基地；允许总统将交战国潜艇和武装船只逐出美国海港和禁止美国商船的进行武装。1937 年的法令也授权总统在两年的时期内对贷款及军火以外的商品实施禁运，而且当宣布了这样的禁运以后，有关这些商品的一切交易都必须根据“款到启运”的原则去进行。换句话说，在这些商品离开美国海港之前，美国就必须终止这些商品的所有权，而且它们必须用外国的船只运输。这些《中立国法令》代表了自从第一次世界大战以来日益增长的走向孤立主义的最高情绪。为了和平，美国已经放弃了立国以来所奉行的一项政策，那就是，“公海自由”的政策。是否即使这样做就能使美国不致卷入即将到来的欧

洲战争，很快就会得到肯定。

有关国际贸易的问题

在两次世界大战中间，美国的国际贸易地位有三个方面必须着重地给予指出。第一个方面就是它的易变性。上面已经谈到，[①]原料与粮食的出口数量下降了，而半制成品与制成品的数量却有了增加。同时，原料的进口数量增加，而制成品的进口数量却下降了。这反映了美国的继续工业化，也说明了美国正在接近如英国、德国和日本等工业化国家地位的这一事实。美国在国际贸易方面已经变成一个原料的进口者与制成品的出口者，从而成为其他工业化国家的一个竞争者。

第二点，尽管有了上述的情况，还必须着重地指出：对外贸易在美国的整个经济生活中并没有达到在许多其他国家已经达到的那样一个重要地位。由于有了最重要的原料，有了高度的工业发展，以及美国人民广泛的高度购买力，使得美国的经济繁荣更不仰赖于对外贸易。在这些年份里，没有一个时期的进口或出口贸易价值超过国民收入的8%。这并不意味着某些出口商品的增加或减少，或是为这些商品而付出的价格不会使某些美国生产者受到巨大的影响。一方面，某些美国粮食在欧洲市场的减少，使美国的农业受到了危害。例如棉花种植商是大大地依靠着出口贸易的。另一方面，许多工业由于外国市场的活跃而得到了利益。在这二

① 本书第二十五章“1860—1930年的对外贸易趋势”一节。

十年里的主要出口是机器、石油、汽车、钢铁产品和棉花。

国际贸易在美国经济生活中并不像在某些其他国家里那样地起着重大作用的这一事实，并不意味着美国的进口贸易是不重要的。尽管它有着丰富的原料资源，某些商品（显著的有生丝、锡和生橡胶）美国是缺乏的。另外还有食糖、青铜、纸张与纸浆、生皮与兽皮，美国也没有足够的生产数量供给本国应用，也还亟待购买咖啡、热带水果和其他奢侈品。上面这些，代表着主要的进口货物。大约有 66%的进口货物是原料和工业上使用的半制成品。其余大部分是生的或已加工的粮食；在整个进口货物的价值中，只有 6%是供直接消费的制成品（粮食除外）。20 世纪 20 年代之末，美国是仅次于英国的世界主要进口国家。没有十分必要去指出美国

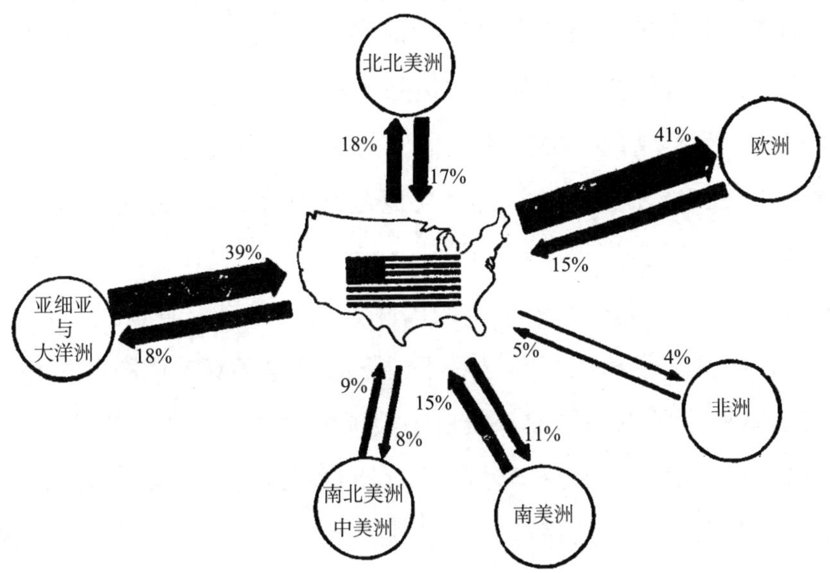

1949 年时的美国国际贸易

（摘自福克讷与凯卜讷：《美国的历史与人民》。）

在加拿大、古巴、巴西、日本和东印度群岛所进行的大量进货，使得这些国家能在欧洲及其他地区进货，从而促进了国际贸易的整个结构。

美国在国际贸易地位上的第三个方面便是出口的继续超过进口。这并不是一个新的现象。自从1889年以来，除了一年(1893年)之外，情况一直是如此。新的事实在于:这项所谓的“国际贸易顺差”，现在已经与美国作为一个债权国的地位混合起来。概括地讲，通过对外国的贷款和出口的出超，使美国的债权国地位继续发展。所产生的结果并不是很健康的，至少从长远的观点看来是如此。在一个贸易不平衡的扩展时期，贷差的余额只能够用黄金或货物来清偿。债务国的黄金大量地绝迹了，而且货物的自由流通受到了高额关税的阻碍。在这样的情况下，结欠债权国的差额一般会导致对外国进行贷款和在国外进行投资。这正是20世纪20年代所发生的情况，那时，美国的贸易在一定程度上受到了这类贷款的支持。这种情况是不会永久地继续下去的，因为债权国资本的继续输出只会使已经不很健康的情况加剧。当时，正在发展一种情况，几乎使那一十年之末的国际贸易完全趋于崩溃。

许多政治家和经济学家对于国际商务地区所潜伏的危险并非盲然;这些危险也并不纯粹是由于美国的特殊地位所造成的，它们是第一次世界大战的遗产。战争时期自然地会产生的禁运、限额制度以及其他阻碍贸易的方法，战后又在许多国家里恢复起来，要想借此以恢复国内经济生活或是维护它们的贸易差额。国际联盟曾召开过多次会议，目的在于终止这些限制和扭转正在发展的高额关税制度，但是收到的实际效果却很小。美国至少被邀请参加了两次这样的会议，其中包括1927年的国际经济会议。它参加了这个会议报告书的签字，这份报告书说："停止增加关税和从相反方向进行的时候已经来到了"。胡佛总统不仅没有采用这个政策，反而提出了"霍莱-斯姆特"关税制度。

1932年民主党的政纲和随之而来的富兰克林·罗斯福竞选的胜利，终于使美国的政策有所改变。这个政纲不仅主张降低关税，而且提议召开一个"国际经济会议以恢复国际贸易和便利汇兑"。"国际联盟"安排了1933年在伦敦召开的这样一个大会。在这个会议上，以国务卿赫尔为首的美国代表团坚决主张把一切不必要的关税壁垒加以减少。以法国为首的某些欧洲国家坚持说，降低关税的政策必须与稳定货币同时进行。罗斯福总统在最初的几次会议上同意了这一点，但后来改变了自己的意见，并且拒绝参加稳定货币的那些计划。那时，他深信复兴的捷径在于通过通货膨胀以提高物价。

罗斯福的态度使"伦敦经济会议"过早地结束。可是，罗斯福在任内曾不遗余力地谋求国际关系的改进和对外贸易的恢复。受到国务卿赫尔热忱地推行的这个政策，乃是通过互惠关税而降低关税的一个政策。1934年的《互惠贸易协定法令》使这个政策能够实现，这个法令授权总统在三年之内可以不通过国会而缔结贸易协定，并且还授权给他可以提高或降低关税到50%。必须指出：这个法令乃是1930年《关税法令》的一项修正。后者，即《霍莱-斯姆特法令》，仍然是美国的基本税则，但是总统有权把它加以修改，以发展美国的出口贸易和缓和当时的经济萧条，《贸易协定法令》在未失效前曾历次加以延长。1948年共和党的国会所做的第五次修正，把这个法令的有效期延长一年，其目的在于减少行政部门规定未来关税的权力。可是，1948 年选举中民主党获胜以后，在 1949 年把它延期三年而不受共和党所提出的那些限制。从 1934 年到 1948 年年末，美国曾与二十九个国家缔结了贸易协定。

互惠贸易协定不仅涉及通过降低关税以促进贸易，而且也打破了限额制度和保证不增加关税或减少现有税单中所列的免税商品（亦即“必须纳税”及“不必纳税”的税单）。后面的一个作用在扭转世界各国提高关税的趋势和战后数十年中特有的剧烈的经济民族主义思想方面，意义是极端重要的。贸易协定在税率减让与海关行政方面，以及有时在限额制度及其他因素方面所提供的最惠国待遇，意义也十分重大。[①] 换句话说，对于某一国所做的关税减让，也适用于与美国订有最惠国协定的其他国家。

要对第二次世界大战爆发以前贸易协定所产生的后果加以肯定是极端困难的，而且 1939 年以后实际上更是不易办到，尽管与美国曾经缔结协定的二十九个国家包括着美洲十大顾主（1937 年）当中的八个在内，而且它们吸收了大约三分之二的美国对外贸易。从 1934 年到 1937 年，对外贸易的总数增加了，1938 与 1939 年时又有所减少，但是，1940 年时由于战争的到来又得到了恢复。这项早年的增长，有多少是由于经济情况的改善而产生和有多少是由于贸易协定而产生，是没有人能够分辨出来的。统计学家们曾经指出：从 1934 年到 1935 年，以及从 1938 年到 1939 年，美国

① 最惠国待遇不适用于 1934 年的“古巴条约”或各个国家同它们的殖民地之间所做出的一般安排。

对缔有贸易协定国家的出口增长了63%，而对没有贸易协定国家的出口只增长了32%。在同一的这些年份里，来自缔约国家的进口贸易增长了22%，来自非缔约国家的只增长了13%。但是，即使没有贸易协定，这种情况也仍然是会出现的。这些协定结束了外国对美国的某些排斥，而且通过关税壁垒的取消，解放了货物的移动，这是毫无疑问的。某个进行过仔细研究的学者对他的研究成果做出总结说："有理由可以断言，如果与没有贸易协定计划时的交易量相比对，美国在贸易方面已经占了便宜。作为一个堵塞损失的方法来说，这个计划是极为重要的。"[①]

贸易协定计划中，包含着改善国际关系的希望在内。这个计划在拉丁美洲推行得特别有力，成为了"睦邻政策"的一个不可分割的部分。除了贸易协定之外，罗斯福总统还企图用与俄国恢复外交关系（1933年）的方法来改善国际关系与国内经济环境。这个动机产生于对苏联不予承认的十六年之后，并且是以伴随着一项特殊的商务协定而实现的。

① 贝克特：《互惠贸易协定计划》，1941年版，第113页。

第三十二章　第二次世界大战

参 战 准 备

1939年8月第二次世界大战的爆发，对于美国产生了两项直接的影响。第一，战事的爆发很快地结束了第一次世界大战以后一个时期内美国显然想保持孤立的一切希望，并且把这个国家又拖回到世界的轨道里来。第二，战事的爆发，把美国从由于1937年的萧条而堕入的经济衰颓中挽救出来。的确，“珍珠港事变”(1941年12月7日)以前，多数的美国人都希望能够避免战争，但是，由于绝大多数的人们深信盟国事业的正义性，很快就终止了想保持中立的一切借口。由于深信英国及其盟国是在为美国和它们的正义事业而作战，美国就正式采取了一个除了参战外从各方面对它们进行帮助的政策。这个政策，再加上战争头几年里轴心国家的胜利，使美国有必要采取一项大规模的防御计划。由于要对正在同德国作战的各国进行支援和为了在国内进行军事准备，使美国的整个经济情况大为改观。

战事爆发不到三个星期，总统就召开了一次国会的特别会议，要把《中立法令》加以修改，允许交战国向美国购买武器和军需品。

总统的要求得到了国会的同意，但是，对交战国的一切销货，都必须付给现金，除了离战区较远地区的销货之外，必须用各国自己的船只载运（即现金与自运计划）。由于英国在海上占了优势，这就意味着除了当时还未参战的日本以外，战争物资只会运给盟国。由于德国相继侵入了欧洲的一些小国，美国便把这些国家在美国的资产加以冻结，以保护美国公民的国外财产。美国参战以后，对德国的资产也做了同样的处理。同时，由于不愿意承担风险，也由于受到《债款拖欠法令》和《中立法令》的限制减少了私人对国外的贷款，于是，对其他国家进行援助的责任就落到政府的身上来。战争开始以后，几乎一切对外国政府的贷款都是由复兴银公司通过进出口银行或用其他的方法去进行的。

打破所有《中立法令》的第二个步骤是在 1941 年 1 月采取的，那时，总统要求对参战各民主国家进行“全面援助”，并且还要求有权把战争物资卖给、换给、借给或贷款给任何一个总统认为该国的防御与美国国防密切相关的国家。由于受到那些认为这样做会肯定走向战争的人们的剧烈反对，总统所请求的立法在进行了两个月的辩论以后才得到了应允。总统要得到更多的权力去实现《租借法令》的请求也得到了认可。这个法令实际上是取消了“现金与自运”的原则和 1934 年的《债款拖欠法令》。从《租借法令》开始实行的那年三月到年末，运到盟国的物资几乎价值七亿五千万美元。由于实行《租借法令》、“行政命令”及其他一些法律的结果，美国在参战之前就已经积极地从事于大规模的经济战争。很显然，总统决定重申《中立法令》中已经放弃的“公海自由”的美国旧日原则。在著名的 1941 年 8 月“大西洋会议上”，罗斯福总统和丘吉尔首相把“公海自由”列为“大西洋宪章”的一个部分。

《租借法令》所产生的需求，使由于1938年严厉执行国防计划而受到刺激的战时经济又增加了新的动力。这项国防计划在欧洲战役开始，尤其是在邓卡克撤退和法国被攻陷以后加速了。国会1940年投票通过拨款一百七十六亿九千二百万美元作为各种类型的国防经费，而1941年的拨款达到了大约五百亿元的惊人数额。1940年国会采取了在两个大洋驻扎海军的政策，并且在美国历史上第一次实行了强制性的平时兵役制度。1941年的大量拨款，是与截至当时为止美国历史上收税最重的提案同时进行的，人们希望这个提案会把联邦所得税的总数增加到一百三十亿美元。

执行与协调这个庞大防御计划，乃是一项艰巨的任务；而且行政机构成立以后，曾引起了混乱与无数的慌张。1939年开始成立了一个战时物资局来对问题做全面的研究。以后，又如第一次世界大战时那样，总统在1940年成立了一个国防委员会，由六个内阁成员组成，下设一个国防顾问委员会进行协助。荷兰被侵入以后，总统成立了一个紧急管理署，是国防顾问委员会的上级机构，以后就把这个顾问委员会归并在内。紧急管理署设有两个主要的机构。一个是生产管理局，经管生产、优先调拨、采购、物资、劳工、合同分配以及民用物品供应等业务——总之，管理作战和民用商品的生产。另一个重要机构是物价管制总署，主要的任务在于管制物价。

1941年1月，总统把生产管理局提升为处理战时生产的最高机构，由通用汽车公司总经理威廉·克努德森担任局长，成衣业工人联合总会(属产业工人联合会)主席雪尼·希尔曼担任副局长。但是生产管理局的工作进展仍然很慢,因此,9月间,总统又成立了一个新的国防机构,叫作供应、优先调拨及分配局(简称S.P.A.B.),主席是副总统华莱士,执行主任是唐纳德·纳尔逊。其他的成员有正副国务卿史汀生和诺克斯,"生产管理局"局长克努德森和希尔曼,《租借法案》监督哈立·霍布金斯和物价控制总署署长赖翁·韩德森。"珍珠港事变"使全国最后参战时,除了总统之外,在国防生产事业方面,这个局是最高的指导机关。

1939年欧战的震动几乎立刻影响了美国的经济。物价管制总署署长韩德森在检查最初几个星期的工作情况时说:"人们又产生了第一次世界大战的回忆(那就是,需求不能满足,物资缺乏和通货膨胀的回忆),而且立刻又产生了进货的急剧增加。平时只购买一车货物的商人,现在却订购三车的货物。物价高涨,在九月份一个月里,基本商品和基本原料都猛涨了35%。物价上涨的本身又产生了普遍的存货累积,进一步助长了川流不息的进货。出现了投机性的繁荣。"[①]但是,美国的经济很快就受到了比害怕物资缺乏和渴望利润还更大的影响。更基本的原因是修改了各个中立法令而推行"现金与自运"制度,以及实行了《租借法令》和大规模的国防计划的缘故。

首先,从1939年8月到1941年12月的这个期间,[②]工业生产几乎增加了一倍。由于产品的绝大部分是卖给盟国,所反映的情

① 见物价管制总署截至1942年4月30日的《第一季度报告》,第1页。

② 联邦准备银行董事会把1935—1939年的平均数订为一百,指出1938年的工业生产指数为88%,1941年12月的指数是167%。

况便是美国的出口贸易从1939年的三十一亿七千七百万元增长到1941年的五十一亿四千七百万元。但是“欧战”与国防计划并不是使工业生产增加到1929年所没有梦想到的高度的唯一原因。消费品的增长也是很大的(从1939年8月到1941年8月增长了25%)。后者增加的原因是由于就业和工资金额的增加以及工资收入者想得到30年代萧条时期所不能买到的商品的缘故。在战事的早期失业问题并没有解决,但是,非农业工人的数目从1940年4月的三千五百三十二万一千人增加到1941年12月的四千一百零三万六千人。同时,工资指数的增长也几乎和工业生产的增长相等。[①]

使经济情况好转,特别是使耐用物品工业的工资收入者的经济情况好转的原因,乃是由于收入比物价增长得更快。每小时的平均工资从1940年的七角三分四厘增加到1941年12月的八角七分一厘。一部分是由于每小时工资增加所引起的每周工资增加数,也从二十九元八角八分上涨到三十八元六角二分。[②] 同时,工资收入者买入的货物价格增加不到10%。农民们由于出售产品所得与购入商品价格之间产生了更大的差额而得到了好处。“欧战”爆发以后零售商品的价格没有立刻迅速上涨的原因,也许是由于1939年的生产仍然停留在产量能力以下的这样一个事实所引起的。1940年8月以前,批发价格的指数并没有怎样地上涨,1941年2月以前,上涨也不太多,自那时以后就开始上升,并且影

① 密契尔:《萧条的十年》,第446—453页,载有有关战争所引起的经济后果的一些图表。

② 密契尔:《萧条的十年》,第389页。

响了零售价格。

随"珍珠港事变"而来的战事爆发以后，全国还没有做好适当的准备。国防生产还在组织阶段，行政机构也还没有建筑在高效率的基础之上。可是，初步的工作已经完成，而且也制定了国防生产的计划。在战争进行中，生产机器都开足了马力，速度超出了最为乐观的人们的预料之外。1940 年与 1941 年的准备，已经取得了 1942 年照许多人看来好像是"生产之谜"的效果。

战时的生产

战争的主要支持力量是人力、财力和物力。所有这三者美国都得到了足够的供应。人力是根据"珍珠港事变"以后修正和补充过的 1940 年"兵役法"得来的。财力则是通过课税的增加和大量贷款的方式得来。我们将要看到，尽管第二次世界大战的战费浩大，全国在支援这个斗争方面并没有遇到太大的困难。主要问题是物资的问题。这个问题不仅意味着要生产包括粮食在内的各种原料，而且还要把平时的生产转变为战时的生产，建立制造武器与军需品的新式设备，以及成立优先供应、调拨和定量供应的制度，也关系到劳工方面的各个问题。

与适当地处理战时生产和分配战争原料有密切关系的便是行政效率的问题。战争期间，对于一些行政机构仍然继续加以改组和安排，但是到了 1942 年，就获得了比较的稳定。那年 1 月 7 日，总统把生产管理局和其他一些有关生产的机构的活动加以合并，成立了战时生产局，由纳尔逊担任局长。[①] 这个局的任务是处理战争期间生产战线方面的问题。除了纯粹有关军事方面的问题以外，整个与国防有关的事宜都由紧急管理署所属的各个部门去处理，这个署是隶属于总统的"执行局"之下的。隶属于紧急管理署的主要机构有：战时生产局，人民自卫局，国防运输局，租借总署，科学研究局，全国战时劳工局，经济战略局和战时运输总署。这些机构和在战时成立而又撤销的其他一些机构的安排，常常是很混淆的，但是它们与第一次世界大战时所成立的那些机构很相似。

战时生产局及其前身的首先的和最重要的问题，便是要把当时的一切设备改变为战时生产的机构，并且把这些设备加以扩充。后一项任务主要是由联邦政府加以实现。联邦政府大约花了一百六十亿元，通过"国防工厂公司"去建立各类战时的工厂。战争期间这些新工厂的建筑费用至少有六分之五是由政府支援的，而且这些工厂里有最新的和最好的制造设备。战事末期，联邦政府拥有全国 90%的制造人造橡胶、飞机、镁和船只的设备；70%的制铝设备和 50%的工作母机制造设备。政府也建筑了炼钢、高度辛烷汽油和化学药品的工厂，还建设了把石油运到东部海岸去的全长三千八百英里的油管（包括"粗油管"与"细油管"）工程。

要改变为战时生产，就必须改变工具、设备、装配、工时和工地，以及在很大程度上把工业重新加以装备。两年的准备和把军备卖给盟国产生了效果。美国参战以后，整个计划都以出人意料

① 战事初期在这个机构里的成员还有国防、海军及农业部各部长，联邦贷款总署琼斯，负责国防部生产任务的长官克努德森中将，物价管制总署署长韩德森兼经济福利局主席美国副总统华莱士和防空总署署长霍布金斯。

的速度在进行。1942 年 5 月末，纳尔逊说："美国今天实际上正在做着前一年所不能想象的事。它正在执行着一个半年前还认为是属于幻想的一些计划。"千万个以前从事平时制造业生产的工厂都改为生产作战物资的工厂。例如，巨大的汽车工业就几乎完全改变了去制造飞机、坦克、吉普车和其他军用品。1943 年时工业生产(1935—1939 = 100)增加到 239%；耐用制成品增加到 60%；机器的生产也增加了四倍，运输设备(汽车、飞机、铁路设备和船只)增加了七倍。正如后来担任战时生产局主席的克鲁格在工作总结里所说："1939 年时……我国用了不到 2%的全国产品去作战，用了大约 70%的产品供人民的直接需要，其余的 28%用作政府行政开支、资本累积和提供出口。到了 1944 年，用于作战的产品就增加了 44%，而民用的那一部分(虽然在数量上相同)，只占全国总产量的一半。"①

在准备防御和作战的五年当中(从 1940 年 7 月 1 日到 1945 年 7 月 31 日)，全国耗用在军火生产方面的费用为一千八百六十亿美元。所产生的结果是很惊人的。"珍珠港事变"时，三军只有一千一百五十七架适合于作战的飞机和数量相同的能供使用的坦克。通过五年的生产，全国制出了八万六千三百三十八架坦克，二十九万七千架飞机，一千七百四十万只来福枪、卡宾枪和供佩带的武器，大量的大炮装备与军火，六万四千五百艘登陆艇，千万艘海军战舰、货船和运输舰。在这五年之内，美国的商船舰队增加了四

① 克鲁格:《生产问题——战时的成就与复员的外观》,《战时生产局公报》,第 334 号,第 4 页(1945 年 10 月 9 日)。

倍，海军火力增加了十倍。据估计，1944 年中间，英国、加拿大和美国的战时生产总和比轴心国家多出四倍。生产进行得十分顺利，以至于到了 1944 年夏末，战时生产局感到可以安全地命令减少军火的生产而恢复一部分民用物资的生产。必须记住，这项庞大的生产并不完全用于美国。从 1941 年 3 月 11 日到 1945 年 12 月 1 日，根据《租借法令》所移转的货物与劳务约共值四百九十亿九千六百万美元，其中约有 60%移转到英国，22%移转到俄国。

很明显，军火的惊人生产，在很大程度上有赖于原料生产的增加和对它们进行分配的能力。矿产品生产的指数（1935—1939 = 100）1942 年时上升到 148%。内政部长伊克斯说："这特别值得注意，因为在第一次世界大战时，国家曾使用了各类矿产资源的许多精华。"燃料（煤炭与石油）的生产也到达了新的产量水平，1944 年的指数是 145%。农产品的生产也同样地是十分显著的。从 1938 年到 1944 年，产量逐年都有增加，后面那一年的指数达到了 136%。[①]

在美国的经济领域中，没有比运输业还更为成功地能适应战时需要的。第一次世界大战时由于铁路的不能适应需要曾迫使政府把它们加以接管，并且经营了一大部分的干道。第二次世界大战时，铁路在国防运输局的指导下出色地完成了任务，政府感到没有必要再对它进行管理。各家铁路公司都报告说，它们在 1944 年所运输的按吨英里计算的物资比 1939 年多一倍半，客运增加了四倍半。这项巨大的运量的增长，实际上只使用了与 1939 年数量相

① 本节所用指数系录自《1947 年统计摘要》，第 629、816 页。

同的机车和稍多一点的客货车车辆。若瑟夫·伊斯特曼所领导的国防运输局(直到1944年为止)不仅监督了铁路,而且还管理着空运、内河与沿海航运,油管设备以及胶轮车辆的运输。

尽管制造商、采矿商、农民和运输工人都做出了显著的成绩,但有时仍存在着军用与民用商品的严重缺乏。早年的困难主要是与制造设备有关,但是这个问题在1943年年中大体上已经得到解决;那时,多数的军用品都完全得到了满足,而且在那一年的最后两个月,军火的生产达到了最高峰。可是,原料的缺乏却更为经常和严重,虽然随时间的前进,困难有所减少。铝是第一种最感缺乏的物资,政府实行了一项由政府建设而由私人经营的措施,这样就使铝的生产比战前年份增加了四倍。

军用铝缺乏的情况在1942年年尾已经不复存在,但又出现了生铁、船只、橡胶、汽油、燃料油和其他商品的不足。虽然那时美国有着丰富的铁矿资源和比世界任何一个国家更为强大的生产能力,钢铁产品的巨大需要使供应量大大地落后了。缺乏的原因一部分是由于不能获得生铁,而这种情况转过来又受到对废铁所订的收买价格太低的影响。幸运的是,随着时间的前进,通过生产能力的增加,对废金属的更好利用,和钢铁的使用于军用生产而不使用于民用生产,使局面有了改善。对钢铁的迫切需要不仅只存在于军需品方面,也存在于军舰和商船的建造方面。商船的缺乏,主要是由于德国在大西洋成功地使用了潜艇战术所造成。1942年末,盟国遭受德国潜艇破坏的货船在六百艘以上。有了一个在1942年制造三百万吨和1943年制造九百万吨的造船计划,加上盟国进攻潜艇威胁的成功,使这个问题在1943年得到了解决。刚刚把潜艇的威胁控制以后不久，海外五百万名士兵需要的增加又使造船设备感到不足。

德国潜艇活动所造成的最大危害之一，便是它干扰了汽油与燃料油的运输，这些物资在正常时期多半是用油船从“海湾区”港口运到东部海岸去的。由于对民用数量的严格限制，由于政府修建了从油田通到东部海岸的巨大油管，以及由于石油产量的增加，使军用石油得到了充分的供应。与政府在处理铝、运输和石油方面的高度效率完全不同的，便是满足橡胶的缺乏方面的混乱与迟缓。在日本攻克了东印度群岛把美国和盟国所用的一切天然橡胶资源实际上加以封锁之后，任何人都能清楚地看出，必须立即采取肯定的步骤。解决的办法是很明显的，那就是，用所有橡胶化学家们所知道的方法去进行人造橡胶的生产。政府把现有的橡胶存货冻结，实行车胎的定量分配；但是直到“珍珠港事变”六个月以后才制定了一个人造橡胶的生产计划。由于情况的混乱、责任的分散以及政治上的关系，使计划进行得很缓慢。这种迟缓，好像主要是由于农业集团坚持要用农产品和石油来制造橡胶所引起的。在总统指派了一个以伯纳德·巴鲁克为首的特别委员会去研究这个问题和又指派了一个全国橡胶贮存主任去推动计划以后，才算采取了最后的行动。由于得到政府建立的人造橡胶厂的协助，1944 年年中产量达到了每年八十三万六千吨的速度，而在战前所进口的天然橡胶，每年只有五十五万到六十五万吨。上述的数量已经能够供应日益增加的军事方面的使用，但是留给民用的数量是很少的。

定量分配与物价管制

第一次世界大战时最大的失败也许要算缺乏适当的定量分配或物价管制制度(见本书第二十七章“战时的劳工”一节)。在那次冲突的十九个月里,物价指数(1914 年 = 100)上涨了 162%。在美国参战的时间有上述一倍长的第二次世界大战期间、物价指数(1939 年 = 100)只上涨了 133%。由于战争初期的不能适当地控制物价,使战费大为增加,并且降低了千百万人民的生活水平。当美国感受到第二次世界大战的震动时,政府立刻认识到物价问题的重要。甚至在 1940 年 5 月国防顾问委员会所属的物价稳定司成立以前,就已经做出了一些有关保护和取得军用原料的努力(见本章第一段)。物价稳定司的地位越来越重要,后来便在 1941 年 8 月改为一个行政机构,叫作物价管制总署。

但是,在战前的日子里,物价管制总署的权力很小。它能够制定物价表,并且通过公告方式所提出的非正式协议、请求和警告有时受到人们的遵守,但是它不能进行处分。可是,它的势力影响很大,因为它对政府的采买机构提供了公平价格单,作为采购的依据。战事爆发以后,国会通过 1942 年 1 月的《物价管制紧急法令》给予物价管制总署法定的权力去管制物价、房租和制定一些特殊的处罚规定。毫无疑问,通货膨胀的压力是很大的。政府与消费者都是大规模的购买者,许多商品都供应不足。虽然工业实际上正在生产着比战前更多的产品,由于消费者的收入已经大大地增加,从而也使需求增加。

据1942年物价管制总署的估计，那一年政府付出的国民收入大约有一千一百七十亿元，其中有三百一十亿元会以税款、战时公债形式的私人储蓄或是印花等方式回到政府手里来，其余的八百六十亿元消耗于民用物资与劳务。同时，这个总署也估计出那一年所生产的货物与劳务将会达到六百九十亿元，剩下一百七十亿元的购买力，成为一个威胁物价结构的“通货膨胀缺口”。政府封闭这个“缺口”和挽回通货膨胀的政策包括着增加税收、大力推销公债、减少分期付款购买、实行定量配给和管制物价等办法在内。推行最后的两项办法乃是“物价管制总署”的责任。

战事发生不到一月，物价管制总署就开始了车胎的定量配给计划(1942年1月5日)。5月间在东部海岸实施了汽油的定量配给，12月扩大到全国各地。1942年秋，东部也同样地实行了燃料油的定量配给；1943年冬，全国一律实行。食品方面的缺乏，首先出现的是食糖和咖啡。在战前正常的年份里，美国人民消费的食糖大约有八百万吨，其中三分之二是由菲律宾、夏威夷和古巴进口。战事爆发以后，菲律宾的供应断绝了，夏威夷的供应也大大地减少，古巴的供应也因缺乏运输工具和潜艇的活动而降低。同时，《租借法令》所提供的食糖的输出和由于使用更多的食糖去提炼供制造炸药应用的酒精，使需求量扩大了。绝大部分是由巴西进口而来的咖啡，也因大量地运给盟国和运输的受到干扰而暂时缺乏。1942年5月开始了食糖的定量供应，发给消费者购糖证；12月份也实行了咖啡的定量供应，虽然这项限制在八个月之后就停止了。

到了1942年年末，三军和《租借法令》吸收了全国食品的25%，尤其是罐装和瓶装的冰冻食品、干菜、果品、果汁和菜汤。12 月 7 日食品管理局局长克劳德·威卡德命令物价管制总署署长韩德森实行定量分配，因而这些商品在副食品商店的货架上消失时，全国并不感到奇怪。二月间，消费者进行登记，领用“配给证第二号”，1943 年 3 月 1 日，实行了“按点购货制度”，对各类罐头和包装货物实行配给。四个星期以后又把这个制度推广到肉食和油脂。根据“按点购货制度”发给了人们按一定点数计价的购货券，按照物价管制总署规定的点数购买各种商品。到了 1943 年年中，定量分配制度包括着 95% 的食品，这个制度保证了更公平的分配，但并没有解决物资缺乏的问题。物价管制总署也负责管制国防区域内的房租，并且对各种足以影响生活费用的商品规定了价格。这两项任务都是困难和复杂的。然而物价管制总署在 1943 年年中已经指定了四百五十六个实行“国防租金”的地区，对许多地区加以管制，把房租冻结在 1942 年的水平。

物价的制定是按照居民区、城市区或是全国地区划分的，而且也常常按生产价、批发价或零售价制定。也许从来没有其他政府机构像“物价管制总署”那样影响许多人的生活，而且它也受到了过分的批评。然而，人们对于它的工作的根本必要性都很了解，而且绝大多数爱国的美国人民都忠心地给它以支持。不幸的是，有极少数人却企图逃避这些规定，在许多时候和许多地方都存在着“黑市”，特别是汽油和肉类。物价管制总署感到自己的组织很不完善，不能把黑市杜绝。尽管有着这些困难，物价管制总署仍然完成了一项出色的任务。它不仅为美国纳税人节省了千百万元的战事费用，而且也防止了普遍的紊乱与痛苦，所有这些紊乱与痛苦，如果不对商品实行定量分配和对物价进行管制就会难以避免。[①]

工资的管制和对农民在物价方面的特别保护，是对通货膨胀进行斗争中所涉及的许多复杂问题当中的一个。带头向通货膨胀进行斗争的罗斯福总统，1942 年秋请求国会授给他管制农产品价格的全权。这个请求，连同稳定工资与薪水的权力一道，得到了国会的允许。总统于是就发布命令指导着：(一)全国劳工局去限制工资与薪水；(二)物价管制总署对零售与批发价格和尚未受到限制的房租加以规定；(三)使农业部与物价管制总署合作，以降低农产品价格。为了要监督这项管制工作，他成立了一个经济稳定局，指派詹姆斯·伯恩斯担任局长。伯恩斯辞去了最高法院的职务来接任这个职位。

战时的劳工

关于劳工，联邦政府遇到了三个主要的问题。第一个便是要为战时工业去获得适当数量的熟练工人。第二个便是要制定一项可靠而有效的处理劳资纠纷的政策。第三个便是要制定一个与政府管制物价的努力十分吻合的工资政策的困难任务。

第一项任务，也就是设法获得适当的工人供应的任务，在开始时好像是一项不能克服的困难。它不仅要使已经参军的大约一千二百万名男子和妇女得到接替，而且还要照顾到更大的军事生产

① 韩德森 1943 年 1 月辞去了物价管制总署署长的职务。继任他的是从前密歇根州的参议员布朗。10 月间又由鲍尔斯继任。

方面的需要。可是，这项任务终于完成了。从1940年到1945年，劳工的队伍从五千四百万人增加到六千四百万人，几乎增加了20%。这个额外的一千万人，加上填补参军工人所造成的空缺的那些人，是从许多来源加以补充的。首先，这项新的需求大体上吸收了1939年的九百万名失业人员。也吸收了适龄入学的儿童，退休的年老工人，特别是吸收了妇女。战争时期，在家庭以外工作的妇女增加了五百万人。从1939年到1944年，工厂里的女工人数增加了一倍。

甚至于有了这项额外的劳工队伍，如果人们不愿意延长工作时间和工作得更为努力，那么，战时的生产工作和要维持战前民用商品的生产水平仍然是不可能的。从1939年到1944年，制造业的每周平均工作时数从三十七点七小时增加到四十五点二小时（增加了20%），建筑业从三十二点四小时增加到三十九点五小时，采矿业从三十二点三小时增加到四十三点九小时。同时，战时生产局宣布说："生产率（每人每小时的生产）上升得十分迅速，因为生产数量增加了，制造方法改进了，而且工人们响应了把军需品更快地送上前线的号召。"①

很显然，千百万个新工资收入者的增加，和把千百万个从事正规工作的人移转到军事工业里去从事新的工作，产生了许多的问题。最困难的一个问题便是对新工作的训练。这牵涉到对成年人要"复习旧的课程"，对青年人要进行专业的训练和要把全国各个工厂的学徒训练工作加以扩充。另外的一个问题便是要把工人送

① 克鲁格：前引书，第2页。

到国防地区去。这就产生了房屋缺乏、居住拥挤、疾病增加，以及高度的缺勤。除了身体最结实的人以外，漫长的工作时间使其他的人感到精疲力竭。许多在工厂里工作的妇女，还要操作家务；男子也要在正规工作之外做一些战时的工作。

正如第一次世界大战时那样，联邦政府了解到与劳工取得密切合作的必要，并且成立了机构，在各个阶段中去保持这种合作（见本书第二十七章“战时的劳工”一节，后半段）。所采用的方法之一便是把劳工代表安置在一切重要的国防机构之内。甚至于在美国参战以前，劳工就已经在国防委员会所属的顾问委员会里有了席位。上面已经谈到，成衣业工人联合会主席雪尼·希尔曼在成立生产管理局为国防和可能的参战做出准备时，就被派任该局的副主任。联邦政府在作战政策中有关劳工的问题是通过两个机构来执行的，那就是：战时人力委员会和全国战时劳工局。战时人力委员会的任务在于“制定基本的国家政策，以保证最有效地动员和最大限度地利用全国的人力去支持战争”。它有权在军事工业中对职业的补充与职业的训练进行监督，并且把工人安置在最需要的地方。它在决定全面的政策方面完成了一项出色的任务，而且最后实际上控制了兵役制度里有关决定延期征募的问题。

同等重要和更为著名的机构，便是全国战时劳工局。被当作一个劳资纠纷最高法院而成立起来的这个机构，对于劳资纠纷有最后判决权。如果不服从它的判决，政府可以进行查封或接管。这是一个由十二人组成的机构，社会、资方和劳方都有平均代表权。它的十二个按地区分设的机构和一些附属机关调停过千万件难以解决的纠纷，对社会做出了很有价值的贡献。人们都承认它是作战期间具有战略意义的一个机构，得到了群众的信任。可是，在它受权承担稳定工资的责任以后，就越来越不受劳工的欢迎。

物价与工资

就整个情况来说，劳工对于战争的进行给予了积极的支持。工会的领袖们提出了保证不进行罢工的政策，并且促请会员们充分合作。曾经产生过无数次的罢工，而且许多的罢工并没有得到各有关工会的许可，或者是“违法”地进行的，但是，就整个情况说来，工会的领袖们还是尽量地遵守了所提出的保证。也有一些例外，显著的有约翰·刘易斯同他所领导的采矿工人联合会的罢工，他们对于煤炭生产的阻碍，将在下面叙述。根据“劳工局”的记录，从 1942 年 1 月 1 日到 1945 年 8 月 14 日，共发生“停工”事件一万四千六百四十七起，参加的工人有六百七十二万八千名，损失了三千五百九十九万八千个“工时”。1943 年停工的长度平均为五天，1944 年是五天到六天。但是，所损失的时间只占整个工时(1943—1944 年)的千分之一。从物价上涨速度受到限制和工作时数的加长等方面看来，整个的情况仍然是很好的。

主要的摩擦产生于工资问题。由于总统在理论上认为工资应当随物价的管制而受到管制，便在 1942 年命令战时劳工局把工资稳定在等于当时生活费用上涨的水平。当“伯什利亨姆”、“杨斯敦”、“内地”和“共和”等钢铁公司的十八万名工人要求每天增加工资一元的时候，战时劳工局只答应增加 15%，理由是：这个数字代表着从 1941 年 1 月 1 日到 1942 年 5 月生活费用增加的数字。这就是人所共知的“小钢铁公式”，自那时以后，就为战时劳工局所采用。研究劳工问题的经济学家们提出了资料，证明物价已经上涨了15%以上，而且还在继续上涨，农民与工业方面的利润也正在增加，但是，战时劳工局却不愿放弃这个数字，坚持说工人们实际“拿回家去”开支的工资与生活费用上涨的数额相等。可是，它把政策加以放宽，准许了休假工资，提高了加班工资和采用了其他间接增加工人收入的办法。

战时劳工局的政策与工会要求增加工资之间的摩擦，在1943与1944年时变得严重了，人们曾做了多次的努力去打破这个“小钢铁公式”，做得最成功的是约翰·刘易斯领导下的采矿工人联合会。他们在1943年曾停工四次，迫使政府接管了矿山，并且允许大大地增加矿工的工资。那一年，铁路工人要举行罢工的威胁也使政府接管了铁路，经营了三个星期，直到劳资争端得到了调整。战时所发生的罢工与举行罢工的威胁，引起了人们的不满。国会的反应是不顾总统的否决通过了1943年的《战时劳资纠纷法令》(或称《史密斯-康纳利法令》)。这个法令一直实行到停战以后的六个月。

《战时劳资纠纷法令》的目的，主要是为了要防止战时生产受到干扰。这个法令加强了战时劳工局的权力，授权总统接管生产作战必需品的一切工业，禁止任何人煽动罢工、闭厂停工和在政府接管以后有其他任何足以影响生产的行为。私营工厂的工人要举行罢工，必须通知政府，而且战时劳工局在三十天之内要投票表决是否工人可以罢工。这个法令也禁止公司、银行和劳工组织对任何有关联邦政府官吏的选举进行捐款。由于1944年的罢工次数和人数都比 1943 年要多，这项法律好像只产生了很小的直接效果。可是，它在表示国会反对工会的情绪以及反对工会团体力量日益增长的这一方面，却有着重大的意义。它标志着国会对劳工态度的肯定改变，并且是战后年份里进行更多的这类立法的一个前兆。

对战费的筹措

筹措第二次世界大战经费的问题，比筹措第一次世界大战经费的问题要大得多。这一次冲突的时间比较长，涉及的经费数量，与国家的实力相对说来，也更为庞大。但是，就整个情况说来，任务却完成得更好。上次冲突的经验也许起了有益的作用。政府与经济生活各部门之间，包括银行在内，取得了更为密切的联系，使工作更为容易。对通货膨胀的更好的控制，降低了费用，而且让消费者有更多的剩余款项投资于政府公债，由政府按低的利息把这些公债卖出。征税的范围更为扩大，使政府的收入相对地增多了。

产生上述的这些情况乃是幸事，因为战争的费用过于庞大。1941 到 1945 财政年度的预算开支几乎达到三千一百七十六亿元，其中有二千八百一十五亿元（或 88.6%）直接使用于战争。联邦政府的支出从 1941 财政年度的一百二十八亿元增加到 1945 年的一千亿元。1941 年的国债是四百八十九亿元，1945 年几乎就有二千五百八十七亿元。在二千八百一十五亿元的直接战费中，使用于陆军的有一千五百九十六亿元，使用于海军的有八百八十四亿元，其余数目使用于美国海关委员会，战时航运总署和各个政府部门或行政单位。在所有这些庞大的军费和政府其他开支中，大约有43%来自1940年7月1日到1946年12月31日这个期间的税收和其他非借款性质的源泉。这是比第一次世界大战时要好的一项记录，第一次世界大战时，来自这些源泉的经费不到全部开支的三分之一。

对于战费的筹措，可以说是从1940年的《岁入法令》开始的，这个法令的目的在于筹集更多的经费作为国防计划的费用。政府没有征收新的税款，但是，这项法令几乎对当时的一切税源都提高了比率或是加宽了基数。往后的财政措施，一般的情况也与此相同。1941年的《国债法令》提出了一项革新，使政府在将来发行证券付出利息时都要扣除联邦所得税。1943年的《付税法令》提出了一项更为重要的革新，规定在工资和薪水内扣缴所得税，从而开始实行了一项“凡有所入，必须纳税”的新计划。1941到1945财政年度的课税收入大约有一千三百八十五亿元，其中个人所得税和过分利得税约占36.2%，各商业公司税款占34.2%，其余的29.6%来自如租税、就业税和关税等其他税源。[1] 有趣的是，纳税的个人、地产和托拉斯的数目，从1939年的七百六十三万三千起增加到1943年的四千三百六十万零二千起。在后面的那一年，大约有二十八万四千个商业公司也缴纳了税款。

从1941年5月1日罗斯福总统买了第一张第五类的储蓄公债之日起，到1946年1月3日出售“胜利公债”的最后一元钱存入

① 本章所举数字，摘自克雷富：《1940—1946年美国经济研究》，1947年版，第120—136页。

美国国库之日止，国库出售了一千八百五十七亿元的证券作为战费。在这个数额内，由发行七次战时公债和最后发行胜利公债筹来的款项约有一千五百六十九亿元。这个数字的三分之二（即一千零二十二亿元）是由商业公司认购的，三分之一由私人认购（即四百三十三亿元），其余为商业银行及国库投资账项所认购。

两次世界大战

第二次世界大战期间，总统大大地吸取了上一次战争的经验。第一次世界大战时，总统本人曾兼任海军部次长，并且对于他的同僚所遇到的问题和为支援战争而成立的一切行政机构的情况都十分熟悉。在某些情况方面，罗斯福的战时内阁实际上胜过了威尔逊的内阁。此外，由于有了平时的征兵制度和建立一支两洋作战的海军的决定，使防御的准备工作在第二次世界大战之前的一个时期就更早地和更为彻底地开始了。

然而，第二次世界大战情况胜过第一次大战情况的地方，主要在于经费的筹集与经济的管制方面。在前面的一段里已经提到，大部分的战费是靠税收而不是靠增加后代子孙的负担得来的。更为重要的，也许就是对消费品实行定量分配和管制工资与物价所做出的努力。后一个办法防止了通货的过度膨胀，而且为纳税者节省了千百亿元，且不说把战争的负担更为平均地分摊于全国。第二次世界大战比我们历史上任何一次战争还进行得更为具有效率。

第三十三章 战后的岁月

战后的反响

除掉在国际关系方面美国好像大体上已经放弃了早年的孤立政策之外，第二次世界大战以后几年里的情况是与第一次世界大战以后的情况相似的。1945 年时，全国也同样地希望尽快结束战争，而且绝大多数的人也希望国家同样像 1918 年那样打上恢复“正常”的标记。复员工作进行得十分迅速和成功。撤销各种管制的工作也进行得很迅速，但是结果却产生了不幸的通货膨胀。通货膨胀所产生的直接后果之一便是劳工的严重不安和由此而引起的与第一次世界大战以后相似的罢工浪潮，随后又产生了反对劳工的立法。所有这些都不仅伴随着经济的动荡，同时也伴随着政治上的反动和偏狭倾向的复活。

战争期间，政府根据 1944 年的《现役军人调整法令》(亦即《士兵权利法案》，G. I. Bill of Rights)对退役军人许下了许多诺言，这些诺言都十分圆满地被履行了。除此之外，就如第一次世界大战以后那样，政府缺乏任何社会或经济复兴的全面计划。1946 年的国会选举，产生了十四年以来第一个反对总统的国会，从而结束了政府各部门在处理国内问题或推行明智的复兴政策方面取得密切合作的可能。新国会的政治纲领，如果有的话，主要是减轻税率和通过反劳工立法。当美国正进行着援助欧洲的计划而且很快就要从事于重新武装的时候，实行减税政策是否明智仍然是值得怀疑的。后一个政策则充满了严酷与报复的气氛，以致不能达到预期的效果。国会不仅毫不考虑一个明智的复兴计划，正好相反，它的兴趣似乎在于削弱某些“新政”时期比较合理的法律和恢复过去的一些法律。这种趋势为 1948 年民主党的意外胜利所推迟，但是 1952 年共和党的胜利又把它恢复了。

复员与撤销管制

就某种意义上讲，复员工作早在 1943 年年末与 1944 年年初就已经开始，那时，战时生产局开始减少某些提前制造的货物的订货，并且允许恢复民用商品的生产。政府在裁减文武官员问题上的意见分歧，事实上就是战时生产局局长唐纳德·纳尔逊辞职(任期由 1942 年 1 月到 1944 年 9 月)与委任朱利叶斯·克鲁格继任的原因之一。它也促使 1944 年 10 月的战时动员与复员局的成立，先后由詹姆斯·伯恩斯、弗莱特·文生和约翰·施耐德担任局长。这个机构的任务在于统一各项计划，制定战争结束前有关资源与人力使用的政策，同时还负责和计划军事复员与恢复平时状态的工作。

关于复员工作的迅速与具有效率，是没有问题的。至少有 50%用于战争的全国生产机构改成了生产民用商品的机构，取得了惊人的成绩。到了1947年年中,复员工作实际上已经完成。人们渴望克服三年半以来市场物资的缺乏是一个主要的动力。战时的一些行政机构也很快被撤销。除了陆军与海军各单位之外,1939年年末与1946年年中成立的战时紧急机构大约有一百六十五个。这些机构有的与当时政府各部或其他机构合并,有的被撤销了。1946年时保留下来的主要机构不到十二个。至于这种速度是否明智,仍有可以保留讨论的地方。我们将要看到,物价管制的迅速取消证明是有害的。后来的事实说明,即使纯粹从军事观点来看,有了管制会比没有管制要好一些。不到三年的时间,全国又恢复了重新武装的计划,而且开始建立一支更大的军事力量。

复员工作最令人满意的一个方面,便是由这一过渡而产生的失业人数很少。不仅没有失业,而工人的人数实际上增加了。总统的经济顾问委员会宣称,从1945年到1952年就业总数几乎从五千四百万人增加到六千一百万人。[①] 这个幸运的局面可以用许多因素来加以解释。首先便是战时繁荣的继续。这种繁荣的"临时支柱"主要有三个,那就是:复员工作和新的建筑与设备的支出;消费者开支的大量增加,把大部分开支用去购买战时不能买到的商品;货物与劳务的大量输出,输出的数量每年价值二百亿元,而输入只值八十亿元。由于这项出口贸易的一半以上是由联邦政府提供经费,因此,这一繁荣在一定程度上是人为地得到了纳税者的支持的。从整体看来,最基本的原因是全国生产力的扩大。关于这方面,还可以指出:在战后的八年里,用于修复铁路的款项

① 《总统经济报告》,1953年1月版,第177页。

每年平均约有十亿元。

国会根据《士兵权利法令》进行了许多工作去缓和复员军人的失业问题，并且在其他方面对他们进行了援助。这项法令规定了医药费、失业救济金、就业补助费、住宅、经营农业和商业贷款等办法，也使千万名复员军人退出了劳工市场，并且协助他们在四年之内继续受到学校教育。维持一支和平时期的军队，以及许多人从工农业中退休出来都有助于维持就业的局面。许多从工农业退休的人，把参加战时工作看成只不过是暂时性的。

物资缺乏与通货膨胀

战后的几年里，全国面临的两个最重要问题也许就是消费品的缺乏和通货膨胀。战争持续了三年半，时间既比第一次世界大战长一倍，而物资缺乏的情况更严重得多。虽然民用商品的生产战时多于战前，但是能够适当地满足人们需要的商品是很少的。幸好各类工厂的迅速复员，使这个问题得到了解决。在战胜日本以后不到两年的时间，许多物资缺乏的困难都已经克服。

到 1948 年时仍然缺乏的物资有汽车和房屋。到了 1948 年末，汽车的生产量实际上已经达到每年五百万辆，但是仍然不能满足需要。更为严重的是房荒。除了为陆军和国防工人建造了房屋之外，住宅的建造实际上已经停顿了四年。据“动员与复员局”的估计，在战后的 1946 年与 1947 年两年之内，寻求新住宅的人在三百万人以上。政府机构原订每年要建盖一百万到一百五十万个住宅单元，但是实际建成的房屋远远落后于这个数目。造成迟滞的原因是原料与劳动力的缺乏和建筑费用的高涨。房租的继续管制也可能是使人们不再在建盖住宅方面投资的一个次要原因。国会1946年拨款四亿元去补助最缺乏的原料的生产，而且批准了大量的贷款去促进房屋的建筑。复员军人得到了优先权，并且可以根据《士兵权利法令》得到直接的补贴。

在20世纪40年代，全国人口的出生率很高，而且在这十年之内增加了一千九百万人。1950年，全国大约有一亿五千零七十万人口，但是，永久性的非农村住宅，从战事结束到1950年大约增加了四十八万七千幢。某些大城市地区仍然感到房屋缺乏，但是，一般地讲，这个局面已经受到政府的控制。1950年年中，许多其他商品的情况也是如此，那时，美国的经济活动只有一小部分能说成是由于战时所引起的物资的短缺。不仅必需品缺乏的困难得到了克服，而某些如像扩大农村电气化等重要的需求也正在得到满足，并且还开始有了一些如电视机之类的新商品。到了1953年，至少47%装有电线的家庭都有了电视机。

比物资缺乏对于国家的未来幸福关系还更为重大的便是通货膨胀的问题。许多物资的缺乏都终于得到克服，但是，通货膨胀所产生的有害后果却更为深远。对于1945年与1946年的国家政策制定者们来说，历史并没有提供什么经验教训。由于零售价格的管制实际上已经取消，许多物价在第一次世界大战期间和在战后都几乎上涨了一倍。有一半的物价上涨出现于战后。通货膨胀一直继续到1920年年中，那时，物价的高涨与政府的大量开支造成了经济的崩溃、物价的动荡和一个新的经济开端。根据劳工部所属劳工统计局编制的报告，大城市里中等收入家庭消费品的物价指数，从1913年的70.7%（1935—1939=100）上升到1918年的107.5%，以后又上升到1920年的143.3%，直到1921年才下降到127.7%。

上面已经谈到，第二次世界大战期间物价的情况与第一次大战时不同，这是因为实行了更为广泛的定量分配和物价管制。按上述指数计算，物价指数由1940年的100.2%上升到1945年6月15日的129%。这就是通货膨胀，但是还没有达到第一次世界大战以后的那个程度，尤其是当我们记取第二次世界大战的时间是比较长的时候。在第二次世界大战结束和物价管制撤销以后，人们又有了十分相同的体验。1945年的物价指数是128.6%，食品价格的指数是139.1%；到了1952年，物价指数就到达189.7%，食品价格的指数是231.4%，衣着的价格指数是202.5%（见附表）。这种螺旋式的通货膨胀的程度，并不纯粹是由于优先制造权和物价管制结束得太快所造成，虽然它们也许产生了决定性的影响。最必需的商品的缺乏和购买力的累积，也是根本性的原因。联邦政府战时的财政政策也许要负一部分责任，它把许多过分的购买力放到平民的手里来。毫无疑义，通货膨胀的一个重要原因便是政府继续对国外进行大量贷款，对联合国救济与复兴的活动做了主要支持以及后来执行了“欧洲救济计划”（即“马歇尔计划”）。

无论怎样说，这些因素都指出继续实行管制的必要。可是，甚至在日本投降以前，“战时生产局”就开始撤销了几百种政府有权优先购买的原料的管制，而且这个程序一直继续到1945年11月战时生产局的撤销时为止。日本投降以后的那一天，物价管制总署就把汽油、燃料油和某些罐头食品从定量分配清单内剔除。那

1913—1952 年生活费用表

(1935—1939=100)

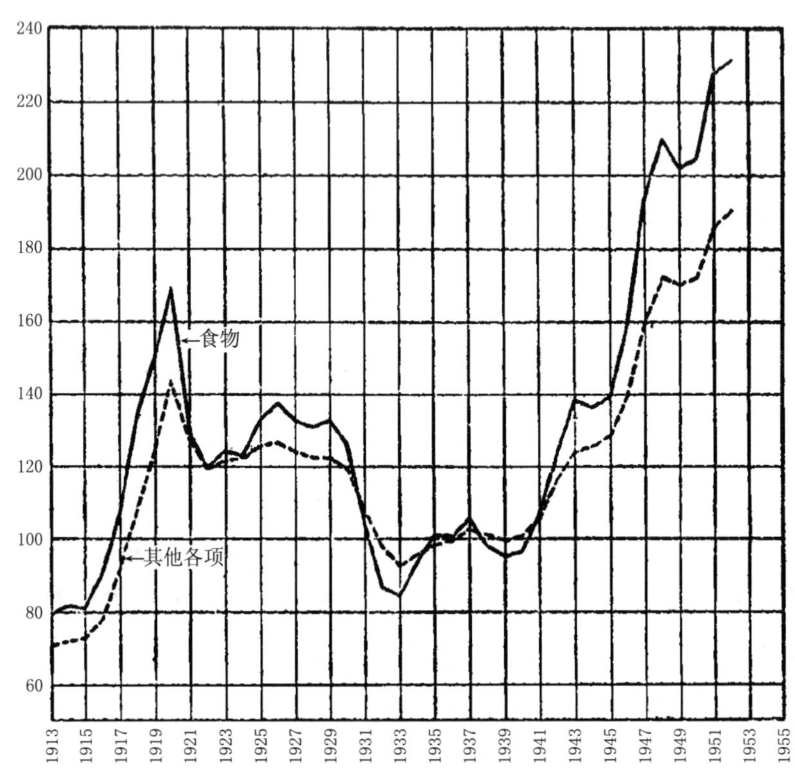

一年的其余时期，物价管制总署又力图管制物价，但是广大人民的反对和黑市的发展，使总统在那一年之末放弃了其他商品的定量分配制度，这些商品是黄油、肉类、靴鞋、汽车和轮胎。当物价管制总署在 1946 年 6 月快要结束的时候，杜鲁门总统对通货膨胀的局势感到十分忧虑，请求国会把这个总署的期限加以延长。国会用一个据总统看来是十分无用的决议来答复这项请求，总统把这个决议加以否决，说它是“有法律根据的通货膨胀与无法律根据的通货膨胀之间的一个选择”。于是国会又通过了一个新的法案，把物价管制总署延长一年，但是这个总署的主要任务是撤销一切的物价管制，除了房租和移交给农业部去管制的农产品之外。

到了1946年年末，除了食糖、大米和房租之外，所有的物价管制都取消了；一年之后，只有房租还受到管制，并且准许增加15%，如果房客同意的话。1946年国会选举中共和党胜利以后，民主党十四年以来第一次失去了对立法机构的控制。杜鲁门感到民主党对于保留物价管制的兴趣很小，而共和党统治下的立法院的兴趣却更小。通货膨胀一直在继续，随之引起了要求增加工资的严重劳资纠纷。在1947年11月召开的一次国会特别会议上，杜鲁门请求给他以广泛的权力去管制物价和援助欧洲。国会只允许了极小的权力，杜鲁门把这些权力描述成是“不恰当得可怜”。

正如总统所预言，这些极小的权力作用是极为有限的。在1948年的大部分时间内，通货膨胀一直在继续，第八十届国会并没有进一步制定控制通货膨胀的法律就宣告休会。当总统看到两大党的政纲都赞成对某些悬而未决的问题（包括住宅与通货膨胀）采取行动的时候，便在7月间召开了国会特别会议来处理这些问题。对他的具有更大权力去控制通货膨胀的请求，国会仍然只允许授权给他去控制消费品的分期付款方法和增加联邦准备银行必须保持的现金数额，以限制它们进行商业贷款的力量。

因此，局面就保持未变，直到因通货的继续膨胀和朝鲜战争促成了1950年9月的《防御生产法令》的通过。这个法令又准许对物价、工资、信贷和定量分配等作全面的管制。总统指派通用电气公司总经理查尔斯·威尔逊担任防御动员委员会主任委员，在他的领导下成立了经济稳定局，分为物价与工资两个部门。但是，直到1951年后期，这项行动才产生效果。1952年年中，物价开始出现了稳定的局面，许多零售商品的限价便取消了。但是到了1952年年末，至少还有76%的市面批发交易仍然受到积极的物价管制。第二年年初，艾森豪威尔担任总统以后，包括房租在内的一切管制都宣告结束，结果是产生了物价的高涨。

还可以再补充一点，艾森豪威尔政府感到对许多的其他问题都不易解决，最突出的是农业。政府也掩盖不住工业在未来可能会遇到的困难。成立有二十年的复兴银公司过去在工业方面有了不少的成就，也在1953年变成了废物，除了有少许残余力量去援助小商业之外（成立了小商业管理总署）。

问题立刻发生了。为什么通货膨胀并没有像第一次世界大战以后那样引起一次经济萧条呢？为什么1945年以后经济活动与繁荣一直在继续呢？这至少可以有四种解释。第一，由于战后复员和新的建设与设备的庞大开支；第二，由于大量消费性的支出，这一部分是来自战时的储蓄，人们用这些金钱去购买战时不能获得的商品；第三，大量的货物与劳务的输出，常常比输入的价值多出一倍，这些货物大部分都由政府加以收购；最后，工会成功地获得了与物价上涨比率相等的工资的增加。

战后的劳工

虽然广大群众对物价的上涨感到不满，并且没有采取行动对国会提出严厉的批评，但是，没有组织的消费者们所能起的影响作用是很小的。工会组织是唯一能施用压力去抑制通货膨胀的有力团体。当工会对通货膨胀的抵制归于无效时，便把精力转移到要求提高工资方面来。此外，工会也是一个能够自卫的团体。正如在第一次世界大战时那样，工会的人数增加了，而且在战事结束以后仍然在继续增加。工会会员人数从 1940 年的八百五十万人增加到 1947 年的一千五百四十万人。

为了要求工资适当地增加以对付日益上涨的物价，工人们在 1945 年的下半年和 1946 年举行了千万次的罢工。1946 年是美国劳工史上风暴最大的一年，罢工约有四千七百次，参加的工人有四百七十万人。这次罢工的浪潮是由一些在汽车制造、电气设备、肉食罐头和钢铁等大量生产工业里较大的产业联合工会领导进行的，而且一般都成功地获得了与物价大致相等的工资的增长。继续上涨的物价很快又把 1946 年的工资水平抛在后面，于是 1947 年又产生了第二次的新罢工或罢工的威胁。当 1948 年物价仍然上涨时，又产生了第三次的罢工。虽然首先得到工资增加的常常是汽车、钢铁和采矿工人，但是，其他工业的工人很快也做了同样的努力。工会在获得更高工资方面的成就，并不完全是由于组织的强大的结果，而是因为这是一些繁荣的年份，有着更高的工业利润和充分就业。许多因素都是对工人有利的。

由于战争期间通过《战时劳资纠纷法令》(见第三十二章“物价与工资”一节)而引起的人们对劳工的批评，在战后的年份里因发生了无数次的罢工和一再要求提高工资而又有所增加。正如以往发生的情况那样，劳工被责备说造成了物价的上升与通货膨胀。劳工否认了这种责任，指出了通货膨胀的主要原因是由于商品的缺乏、购买力的累积、政府的不断大量采购，以及政府不能继续维持各种限制所造成。劳工组织也指出它们是战后反对把各项管制撤销的主要团体。工人们还认为（这种认识是正确的）工业的利润十分巨大，完全有可能增加工资而不致引起产品零售价格的上涨。无论如何，工人们坚定地认为只有通过提高工资才能使他们自己不受通货膨胀的影响；而且如果必要时，就采取罢工来获得工资的增加。

虽然战时工会在人数力量和获得更高工资的能力方面已经有了增长，但它们在其他方面的地位却有所下降。在丧失了20世纪30年代人们显然对它们所具的好感的同时，工会的天然敌人在政治和经济力量方面都有所增长。正如第一次世界大战以后那样，在最近一次世界大战以后的年份里，有着政治上反动和保守主义的特点。要求改革的思想在很大程度上已经终结。许多人认为在战争期间举行罢工是不爱国的，并且战后的罢工是具有通货膨胀性质的。反对工人的集团不断地进行着这样一种宣传，说《全国劳工关系法令》给予了工人太大的力量；应该建立劳资的力量更好的平衡，这种宣传最后产生了影响。而在工会方面，没有能像它的敌人那样成功地保持住良好的社会关系或是向大众说明自己所处的地位。

工会在丧失社会威望的同时，力量与资方相比也相对地降落了。萧条时期大大受到贬低的商业领袖们的声誉，由于他们在战争中做出了贡献而得到了恢复，他们的信心也与利润和繁荣一道有所增长。通过1946年中期选举而控制了国会的共和党的力量，其情况也是如此。美国劳工联合会和产业工人联合会对两个政党都没有给予正式的支持,但是由产业联合工会发起的政治行动委员会自从1936年以来都支持罗斯福担任总统候选人,美国工人党和自由党也是如此,这些党主要是得到了劳工的支持。事情好像很明显:绝大多数的工会组织都把命运寄托在民主党方面。这种情况在1952年艾森豪威尔与史提芬逊的竞选中更为显著,那时,美国劳工联合会与产业工人联合会都正式支持民主党的候选人。

明显地表现在1943年的《战时劳资纠纷法令》里的对工会态度的改变,战后一直在继续。1946年的《李亚法令》禁止在音乐师工会里实行"工作均摊"(feather-bedding);同一年,《霍布斯反敲诈法令》禁止了联畜笃驭者工会的某些活动。国会也通过了《凯斯法令》,其中包括着许多后来《塔夫脱-哈特莱法令》里所规定的限制,但是,由于总统的否决而没有得到通过。虽然国会通过了限制工会的法律,1949年以前它一直忽视了总统一再建议按照《公平劳工标准法令》增加最低额工资的意见(见本书第三十章"救济与安全"一节,后一段)。这就是民主党操纵下的历届国会的记录,直到1947年初共和党执掌国会时才加以扭转。事实上,限制或削弱工会的立法,成为了第八十届国会的一项主要议程。

《劳资关系法令》

1947年的《劳资关系法令》(即《塔夫脱-哈特莱法令》)的理论基础是:在《全国劳工关系法令》之下的劳工,势力已经十分强大,以至于资方不能再按平等的条件去进行工资的议价,因此必须恢复势力的平衡。此外,有人认为某些劳工的行为是有害的,必须加以禁止。许多人都争论说，如果达到了这些目的，就能促成工业上的和平状态。旧的《全国劳工关系法令》曾经规定，雇主的某些干涉工人加入工会和干预集体争议工资权利的行为是不公正的，而且工人可以对违犯这些法令的资方向全国劳工关系局提出控告。新的《塔夫脱-哈特莱法令》把这些规定取消了，而且还禁止劳工的某些“不正当”的行为。对于这些行为，资方、工人或甚至于其他的工会都可以根据这个法令向全国劳工关系局提出控告。

所列举的受到禁止的所谓“不正当”的劳方行为是很多的，例如：(一)不许任何人对不加入工会工人的权利进行干涉。(二)工会不得因为某个工人没有加入工会而对他加以排斥或影响资方把他开除。(三)一个工会可以不拒绝进行集体的争议工资。(四)把某些罢工和“第二类的经济抵制”宣布成是不公平的劳工行为，例如不许工人罢工强迫资本家加入资本家协会，或是强迫一个资本家不与另一个资本家打交道(即“第二类经济抵制”)，[①]等等。(五)法令也禁止司法界的职员罢工。(六)禁止与资方订有限期入会合同的工会收取“过多的排斥性的”入会费。(七)禁止“工作均摊”的办法，那就是，强迫资方对实际上并未完成的劳务付给工资的企图，被认为是一种不公正的劳方行动。(八)根据这个法令，订有已订有合同的工会，如果不在罢工前六十天把更改合同和向资方进行争议工资的冀图通知资方就进行罢工，就是劳方的一种不正当的行为。如果通知发出后的三十天内没有同资方达成协议，

① 根据这项法令的解释，“第二类的经济抵制”是指工人拒绝处理由非工会工人或已发生劳资纠纷的工厂里制造出来的原料而言。牵涉到罢工纠察而不进行罢工的“第二类经济抵制”好像是合法的。

工会必须通知联邦仲裁与调解委员会和各州的仲裁局，如果有这样一个局存在的话。

全国劳工关系局有执行这项新法律的责任，这个局的人数已经由三人增加到五人。它可以发布“停止与断念”(cease and desist)的命令，或者它的大会可以请求联邦法院实施“禁止罢工”的权力，以禁止违犯这项法律。不服从判决时可以受到罚款、监禁或同时受到两者的处分。全国劳工关系局的职责包括着处理工会选举的申请和接受对资方的不正当行为的控告在内，但只限于已经完成下列两项基本任务的工会：第一，每一个地方性的、全国性的或国际性的工会，必须提供有关自己的某些资料，例如会章、附则、财务年度报告和所有干部的姓名与工薪；第二，每个地方性的或全国性的工会干部，都必须每年做一次书面宣誓，声明他不是一个共产党员或是与共产党有关，而且不赞成用武力或违反宪法的方法推翻政府。

工会已经防止了的一项打击，便是工人们竭力要求禁止缔结任何规定工厂所雇用的一切工人都必须是工会会员的合同。法律上作了一项妥协的规定，禁止了“非工会会员不得受雇”的办法，但是允许采用受雇工人限期加入工会的制度。换句话说，法律允许资本家雇用他所喜欢雇用的任何工人，不管这个工人是否是工会会员；但是，如果某个工厂的大多数工人投票赞成限期加入工会的制度，非工会工人就必须在受雇三十天之后加入工会。虽然限期入会的办法得到了保留，当这项法令恢复使用“禁止罢工”的权力以后(即使法令并没有这样鼓励)，劳工已经受到严重的损害。劳工反对法院实行“禁止罢工”的权力已有半个世纪，《克莱顿反托拉斯法令》(见第二十二章“劳工与法院”一节最后一段)曾企图限制这项权力的使用:《诺力斯-拉爪第亚法令》规定除了在非常的情况以外,禁止在劳资纠纷中使用这项权力。《塔夫脱-哈特莱法令》一揽子就把劳工几十年以来斗争的成果打消了。这个法令不仅恢复了法院使用“禁止罢工”的权力,而且资本家还可以对违反合同或因行使“第二类经济抵制”而造成损失的工会提起诉讼。在这样的诉案中,工会须对它们代理人的行动负责,但是法院不能对个别的会员而只能对工会全体处以罚金。

对于工人们挣得的钱,不许资方从工资里扣除会费(即扣除工资制度),除非得到工人的书面同意。可是,资方可以替工会扣除工会福利基金,但是必须签订新的合同,规定由劳资双方选派人数相等的代表共同经管。这项法令禁止在选举任何联邦官吏时动用工会的基金。

《塔夫脱-哈特莱法令》也规定了一项推迟罢工的方法,如果这项罢工有可能“危及全国利益与安全”的话。在发生了这样的罢工或是有了这种罢工威胁的时候,总统有权指派一个“调查委员会”去调查纠纷并且公布调查的结果。总统在收到这项报告以后,可以请求联邦法院颁发禁止罢工的命令,命令工会在八十天以内不得罢工。这项法令也禁止联邦政府的工作人员进行罢工。为了要协助调停劳资纠纷,这项法令把美国调解服务处从劳工部里划分出来,成为一个独立的机构,沿用了联邦仲裁与调解服务处的旧名。这个服务处只能提供服务,但是不能强迫任何人接受调解或遵守它的决定。

以上便是其目的在于肯定要减少劳工力量的这个最为重要的

法律的主要条文。杜鲁门把这个提案加以否决，认为它是一个“一贯不平等类型”的法令，会让集体争议工资的制度受到“官僚式程序”和“消磨时间的法律”的包围。可是，国会不顾他的否决而加以通过。劳工坚持说这项法令把一世纪以来斗争所获的主要权利一笔勾销，而且把劳工降低到奴隶的地位。劳工的敌人则硬说这项法令只不过是恢复工资争议的平等权利，而且结束了对于劳工和社会都不利的那些弊端。在火热的斗争中，劳资双方都无疑地有所夸大，但是，毫无问题，这项法令比消除弊端和恢复平等还更进了一步，它把劳工得来不易的利益取消，而且把劳工降低到劣等的地位。1948 年民主党出人意料的胜利，提出了要把这个法令废除的保证，至少是预言了要对它进行巨大的修改。但是国会对它很不感兴趣，而且只做了一小部分的修正。在 1952 年的选举中，民主党答应把它废除，而共和党则主张对它进行修改后加以保留。

与此同时，普遍的繁荣和对劳工的需求不仅没有使工会会员人数减少，反而有了一些增加。据 1953 年劳工部的估计，工会的人数约在一千六百五十万人与一千七百万人之间(包括在加拿大的分会会员人数在内)，其中有九百五十万人是美国劳工联合会会员，五百万人是产业联合工会会员，其余的会员则分散在铁路工会，被产业工人联合会认为是受到共产党的支配而加以开除的工会，以及其他各种独立的组织之内。工会谴责“塔夫脱-哈特莱法令”使工会的发展缓慢下来，但是其他的一些因素也起了作用。组织松懈的工会已经关上了门；许多工人对加入工会都不感兴趣，而且在某些情况下还投票反对与工会发生联系。在这个时期，劳工所遭到的一个困难，特别是产业工人联合会所遭到的困难，便是有少数工会受到共产党支配的问题。从 1949 年到 1950 年，产业工人联合会开除了十一个这样的工会，而且普遍地成立了敌对的工会来吸收会员。1952 年年末，担任产业工人联合会主席已有十六年的菲利浦·墨雷和担任美国劳工联合会主席二十七年的威廉·格林死去。他们的职位分别由瓦特尔·路塞尔和乔治·米尼接替。

移民问题

战后的几年里，有关劳工移入的情况并没有很大的改变。1952 年的《麦凯伦-瓦尔特法令》把以前有关移民的法律加以修改和整理，但是把 1924 年的限额制度一般地保留下来，从而把目前数目为十五万四千六百五十七人的移民最大限额实际上保留未变。这个法令把对亚洲人和太平洋沿岸人民不得移入的限制取消了，但是把人数定为两千。许多人对这个法令提出了严厉的批评，认为它限制了东欧和南欧侨民的移入，把亚洲和太平洋沿岸的移民人数限定成两千，而且把安全问题作了过分的解释。这个法令加强了不让“颠覆分子”入境的方法，并且授权给最高法院首席检察官把共产党员与共产党的头面人物驱逐出境，即使他们已经取得了美国的公民籍。国会不顾杜鲁门总统的否决，把这项法令通过了，但是在参议院里，这项法令得到的票数，只比规定必须超过多数的票数多出一票。

可是国会却在 1948 年通过了一项《战时流民法令》，允许欧洲因战争而流离失所和无家可归的人移入美国。虽然人们抱怨说这是与限额制度相抵触的，这项法令仍然允许这些人以未来移入限额的50%作为保证而先行移入美国，那就是说，他们宁愿把未来的移入数目减少。在法令执行的三年之内，被允许移入的这类人有三十一万五千名。另外一项在1945年到1948年实行的法令允许美国军人的外籍妻子、丈夫以及美国公民的小孩不受限额的限制而移入美国。这样地被允许移入的大约有十一万九千七百人。由于人们努力鼓动宣传的结果，1953年又制订了一项新的法令。允许在三年之内可以有二十一万四千名难民进入美国，这些难民多半是从欧洲移入的。

通过联合国的经济合作与“马歇尔计划”

美国在战后的许多国内政策是具有反动性质的和令人难以想象的，但是它在国际经济活动方面的情况却全然与此相反。美国不仅带头组织了联合国，而且在战争结束之前也带头组织了各种经济机构，后来成为了联合国经济与社会理事会的一些特殊组织。联合国成立以后，经济与社会理事会成了它的一个最为重要的机构。1949年年初，这个理事会成立了一些有关人权、妇女地位、经济与就业问题、运输与交通、人口、财务、统计等委员会。也成立了有关亚洲与欧洲的特别经济委员会。除了这些委员会之外，还在理事会下面附设各类专门机构或是与国际经济合作有关的一些小组委员会，把世界未来经济合作的希望主要寄托在这些委员会与专门机构之上。

联合国专门机构之一的国际劳工组织，以前曾经是国际联盟的一个部分。这个机构在战争期间一直保留着它的组织，1946 年与联合国发生了联系。这个机构一直在通过它的地区性的大会和工业委员会去改善世界各地的劳工情况。主要是通过美国的影响，战争期间另外成立了四个专门机构。1944 年的布列顿森林会议成立了一个国际复兴发展银行，资本定为九十亿美元，目的在于对受到战争摧残和不发达的国家进行贷款和担保政府与私人机构所办理的贷款。也提议成立一个国际货币平准基金，资本定为八十八亿美元，以稳定世界货币和便利国际贸易。还成立了一个粮食与农业组织，以改善世界农产品的生产和提高生活水平，也成立了一个国际民航组织，以制定有关航空监督与安全的国际民航条例。像联合国教育科学与文化组织、世界卫生组织，尤其是国际贸易组织等机构，含有对重要经济问题进行合作的可能性。美国对于这些机构做出了主要的贡献。

国际贸易组织，是为了要促进国际贸易以维持一个均衡发展的世界经济而成立的。虽然这个组织的规章直到 1948 年的哈瓦那会议才最后完成，在 1947 年的日内瓦会议上就已经做了一个开端，达成了一项“关税与贸易总协定”(简称 G. A. T. T.)。在那次会议上出席的二十三个主要贸易国家签订了一百二十三项贸易协定，包括着与美国签订的十九个一般贸易协定在内。以后又在法国的安纳西(1949 年)、英国的托奎(1961 年)召开了这个组织的大会，达成了降低关税和互惠的协定。那时，美国的关税已经降低到开国以来最低的水平。自从 1934 年以来，美国一直在实行低额关税的政策。其他国家在一定程度上也进行了合作。另一方面，在战后的几年里，某些国家曾提高了关税以减少美国的入口货物，制定了限额和实行了执行这些政策的许可证制度以及其他各种类型的管制。

现在要对通过联合国这个媒介来实现国际经济合作的可能性去做出估计，还未免失之过早。归根到底，这种可能性取决于联合国在维护和平以及减少各国之间政治与意识形态方面的摩擦所能取得的成就。很不幸，这种摩擦在战后乃是有了增加而没有减少。俄国违反了雅尔塔与波茨坦协定，把它的愿望和尽可能地把它的政治与经济制度强加在至少有七个东欧国家和东德的身上。它并不以这一系列的卫星国为满足，还要企图控制希腊，并且对近东和远东的各个地区施加压力。杜鲁门总统曾发表意见说："对于那些正在反抗别国企图对它们进行武力征服的少数国家，或是反抗外界压力的自由人民，美国必须采取给予支持的政策"，国会在 1947 年投票通过，拨款二亿五千万元援助希腊，拨款一亿五千万元援助土耳其。这主要是军事援助，但是"杜鲁门主义"在同一年被所谓的"马歇尔计划"扩大了范围。在某次哈佛大学的毕业典礼会上，国务卿马歇尔提出了美国愿意采取一种"反饥饿、反贫穷、反绝望与反紊乱"的政策，以"恢复世界经济的活动，从而使自由机构能够存在的政治与社会环境得以出现。"他说，要实现这样的一个计划，首先必须从欧洲开始。

"马歇尔计划"意味着欧洲各国的经济合作，也意味着是一个包括着资源合并，打破经济壁垒和按照整个欧洲大陆需要做出估计的计划。这个思想马上受到了采纳，而且开了几次大会着手制定计划。俄国认为这是美国要奴役西欧和对欧洲进行经济控制的一个计划，拒绝进行合作，它的卫星国家服从而勉强地追随了它。

但是，有十六个欧洲国家在这个计划里进行了合作。1948 年 4 月初，美国投票通过拨款六十亿九千八百万美元作为实行“马歇尔计划”的一年经费，有较小的一部分款项分配给中国(其中三亿三千八百万美元为经济援助，一亿二千五百万美元为军事援助)，拨给希腊与土耳其的军事援助有二亿七千五百万美元。这个计划交由经济合作总署执行，总统指派了霍夫曼担任署长。

欧洲复兴计划包括着的里雅斯特和德国境内的法、英、美的占领区以及十六个国家在内。这个计划的目的不仅在于拯救许多欧洲人，使他们不致挨饿，而且还要帮助他们复兴工农业和稳定货币与财政制度，希望他们能够自给。此外，也希望能防止痛苦与混乱，以免导致共产党的统治。这个计划进行得很慢，在那一年春夏季美国出口的物资主要是粮食与农产品。然而，到了秋末和冬初，主要的出口物资有工业品，其中包括使工业长期复苏的产品在内。由经济合作总署执行的“马歇尔计划”，乃是一笔长期性的经济赌注，但是证明了是实行得成功的。例如，在三年中的时期以内，法国与西德的工业生产超过了战前的水平。甚至于连粮食的生产也比战前的水平增加 9%，而全体合作国家的货物与劳务也比战前增加 15%。不仅如此，通过货物更为自由的移动，通过欧洲支付联盟的合作，以及通过把六个生产钢与煤的主要国家联合在统一销货区域的“舒曼计划”(Sohuman plan)，“欧洲复兴计划”就把所有合作国家的经济生活更为紧密地联系起来。

虽然经济合作总署所花费的大约一百二十亿美元主要为经济方面的援助，其中有五十五亿美元是工业品，五十二亿美元是粮食和其他农产品，八亿元是运费。欧洲各国本身也提供了九十亿美

元。1949年,"北大西洋公约"签字后,美国开始划拨大批款项去协助自由国家进行重新武装。1951年,国会把"经济合作总署"撤销,进一步把经济援助的工作置于安全互助总署之手,把军事援助事项交给国防部。从1945年7月到1952年年末,美国政府给予外国政府(主要是欧洲国家)的贷款和捐款在三百七十六亿美元以上,其中有二百七十八亿美元是捐赠,大约有九十九亿美元是要偿还的债款。这不仅包括着经济援助,也包括着一些军事援助以及对联合国善后救济总署(UNBA)的捐款,对英国的一大笔贷款,以及通过"进出口银行"办理的其他一些贷款在内。

与外国的经济关系

在对外贸易方面(商品、黄金及白银),美国从1889年直到1933年都保持着出口超过进口的局面。从1934年直到1940年,进口又高于出口,1941年的到临以及由于美国政府付给同盟国大量的捐款,出超的数字就十分巨大。在支付差额方面,国际交易的情况就有所不同。在这方面,自从1930年以来,中间除了1942年到1945年以及1950年以外,美国一向是有超额的。战争结束以后,除了1950年以外,尽管进行了通过《租借法案》联合国善后救济总署以及其他途径的大量现金与实物的捐赠,美国仍然具有超额。当然,这些国际交易包括着已投资资本的移动以及这些投资的收益在内。

美国投资地位的问题乃是一个困难的问题,特别是自从20世纪30年代中叶以来更是如此。政府的公报与估计都不一致,而且要对交战国国家的财产做出估价是不可能的。如果把短期债款包括在内，那么从 1939 年到 1945 年外国在美国的投资好像很大，即使并不比美国在国外的投资还更大的话。但是，战事结束以后，美国又恢复了它在 20 世纪 20 年代和 30 年代绝大部分时期的那个地位。

回顾以往

以上我们已经看到了三个半世纪以来美国的历史戏剧。我们曾看到了一个世代接着一个世代的边疆居民向西部推进，直到他们征服了整个的美洲大陆，留给了他们的子孙以无可比拟的遗产。我们看到了一个原始的农业人口在无穷尽原料的鼓励之下扩大了他们的利益，而且成为经济生活几乎扩及所有活动的这样一个国家。我们也看到了一个经济不能独立的人民首先获得了政治的独立，以后又获得了经济的独立，直到最后这个国家负起了一个巨大的经济与政治使命，使它在两次世界大战里成为了一个决定性的因素。这是一部开拓一个原料丰富与前途无限的地区的历史。美国成了一个具有足够的资源与财富去对两次世界大战以后许多国家的复兴给予巨大援助的唯一国家。

在发展美洲大陆的工作上，美国人民充满了信心、愉快与乐观。但是使用的方法常常是粗暴与浪费的。许多有价值的东西都不必要地耗费和永远地丧失了。在美国许多有价值的原料方面，都受到了不可补偿的损失。多数的这种情况发生于被许多人称为“放任时代”的这样一个时期。但是，在经济领域里，完全的“放任”

是不可能有的，而且也从来不曾存在过。在政府几乎管理着经济生活各个方面的殖民地时期更是全然不曾存在。放任主义生长于19世纪，但是，即使在这些年份里，高额的关税以及各州和联邦政府对于运输事业的协助，大大地打击了这一哲学；各州或联邦政府控制银行制度所给这一哲学的打击也是如此。到了20世纪，放任主义基本上已经结束。这时，经济问题已经变得十分复杂，不能靠这样一个政策自动地去加以解决。

造成放任主义衰落的原因显然是很多的，其中的一个便是经济集团的不断要求政府给予援助和保护。另外的一个原因便是大商业不顾公共利益地实行了垄断，终于迫使政府去进行管理。当商业进行合并，把自己从无限制竞争的废墟中拯救出来的时候，自己就首先破坏了放任主义的现存结构；而且，由于整个经济与社会生活变得更为复杂，政府进行管制当然就成为必要和难以避免，如果社会的脆弱结构要保持下去的话。

随着我们的民族日渐成长，我们就经历到旧日欧洲各个工业国家的许多经济和社会问题。由于美国很快地而且几乎是紊乱地发展成为一个强大的工业国家，人口就增多起来，而且集中于城市。在城市里经济团体就更为分化，不同的阶级情感也就更为鲜明。幸运的是，当美国达到成年阶段时，许多早年的缺点都得到了纠正。资源的浪费得到了控制，生活水平有所提高，国民的收入也转变得对于收入较低的人更为有利。这种情况自从1929年以后的二十五年内更为明显。如果按1952年的物价计算，付税以后的每人每年平均收入从1929年的一千元增加到1952年的一千五百元。此外，从1935年到1936年，全国五分之二的收入最低的家庭与个人实际收入增加了 90%，而五分之一收入最多的人的收入只增加了 40%。这标志着社会进步有了一般的改善。

以往的二十五年在美国经济史上的确是一个引人注意的时期。按照 1952 年的物价计算，1929 年时所有货物与劳务的产量价值一千七百二十亿美元；1952 年时价值三千四百五十亿美元。在工业生产加倍的同时，农业产量也上升了 50%。同时，从事于文职工作的人员也从四千八百万人增加到六千一百万人。与每周工作时数由四十八小时减少到四十小时的同时，平均每个工人所生产的货物与劳务却增加了 80%。在这个时期，耗用于农场与工厂耐用设备的款项增加了一倍；汽车的数量也是如此，而家庭设备也有了同样的增长。已经建成的非农庄住宅有一千二百万幢，这主要是战事结束后建成的，而拥有住宅的人从 1930 年的 48%，增加到 1952 年的 55%。

虽然在以往二十五年的时期内，与上述情况相同按百分比计算的增长可能曾经出现于某些地区，但是，在一个成熟的经济里，这样的发展似乎是惊人的。至于未来的情况，却很难于加以断言。如果国际紧张局势有所缓和，而且美国能够大大地缩减国防费用，如果原子能不使用于破坏而使用于世界和平事业，我们就可以展望到经济的无限发展与生活水平的不断提高。但是，这样的局面，只有在受到无私与明智的领导、鼓励个人创造性和对我们的经济制度进行明智管理的自由世界才能达到。

图书在版编目(CIP)数据

美国经济史:上下卷/(美)福克讷著;王锟译.—北京:商务印书馆,2024
(汉译世界学术名著丛书:120年纪念版:珍藏本:增订本)
ISBN 978-7-100-23845-8

Ⅰ.①美… Ⅱ.①福…②王… Ⅲ.①经济史—美国
Ⅳ.①F171.29

中国国家版本馆CIP数据核字(2024)第112173号

汉译世界学术名著丛书
(120年纪念版·珍藏本·增订本)
美国经济史
(上下卷)
〔美〕福克讷 著
王 锟 译
许乃炯 校

商 务 印 书 馆 出 版
(北京王府井大街36号 邮政编码100710)
商 务 印 书 馆 发 行
北京新华印刷有限公司印刷
ISBN 978-7-100-23845-8

2024年5月第1版 开本710×1000 1/16
2024年5月北京第1次印刷 印张64
定价:350.00元

珍藏本·增订本
纪念版

汉译世界学术名著丛书

美国经济史

上卷

〔美〕福克纳 著

王锟 译

许乃炯 校

商务印书馆
SINCE 1897 The Commercial Press

Harold Underwood Faulkner
AMERICAN ECONOMIC HISTORY
Harper & Brothers Publishers, New York, 1960
根据纽约哈珀兄弟出版公司 1960 年版译出

汉译世界学术名著丛书
（120 年纪念版·珍藏本）
增订本出版说明

2017 年 10 月，为纪念商务印书馆创立 120 周年，本馆推出“汉译世界学术名著丛书”（120 年纪念版·珍藏本），计七百种。近五六年来，仰赖学界同人倾力支持，订正旧译，增补新译，拓展新著，积累日多。为满足读者需要，本馆在七百种的基础上，继续推出“汉译世界学术名著丛书”（120 年纪念版·珍藏本·增订本）三百种。至此，“汉译世界学术名著丛书”累计出版已达千种。

今后，本馆将继续推进丛书的翻译出版工作，在积累单本名著的基础上陆续分辑刊行，汇印出版。为促进中外文明互鉴、推动我国学术发展，使“汉译世界学术名著丛书”这项对我国学术文化有基本建设意义的重大工程发挥更大作用，诚望海内外学术界、翻译界继续给予支持，帮助我们把这套丛书出得更好。

商务印书馆编辑部

2024 年 2 月

汉译世界学术名著丛书
（120年纪念版·珍藏本）
出 版 说 明

2017年2月11日，商务印书馆迎来120岁的生日。120年前，商务印书馆前贤怀揣文化救国的理想，抱持“昌明教育，开启民智”的使命，立足本土，放眼寰宇，以出版为津梁，沟通中西，为中国、为世界提供最富智慧的思想文化成果。无论世事白云苍狗，潮流左右激荡，甚至战火硝烟弥漫，始终践行学术报国之志，无改初心。

迻译世界各国学术名著，即其一端。早在20世纪初年便出版《原富》《天演论》等影响至今的代表性著作，1950年代后更致力于外国哲学和社会科学经典的译介，及至1980年代，辑为“汉译世界学术名著丛书”，汇涓为流，蔚为大观。丛书自1981年开始出版，历时三十余年，迄今已推出七百种，是我国现代出版史上规模最大、最为重要的学术翻译工程。

丛书所选之书，立场观点不囿于一派，学科领域不限于一门，皆为文明开启以来，各时代、各国家、各民族的思想与文化精粹，代表着人类已经到达过的精神境界。丛书系统译介世界学术经典，引领时代思想，为本土原创学术的发展提供丰富的文化滋养，为推动中国现代学术和现代化进程做出了突出的贡献。

为纪念商务印书馆成立120周年，我们整体推出“汉译世界学术名著丛书”120年纪念版的珍藏本，寄望既利于文化积累，又便于研读查考，同时向长期支持丛书出版的译者、编者和读者致以敬意。

两甲子后的今天，商务印书馆又站在了一个新的历史时间节点上。我们不仅要铭记先辈的身影和足迹，更须让我们的步伐充满新的时代精神。这是商务人代代相传的事业，更是与国家和民族的命运始终紧密相连的事业。我们责无旁贷，必须做好我们这代人的传承与创造，让我们的努力和成果不仅凝聚成民族文化的记忆，还能成为后来人可以接续的事业。唯此，才能不负前贤，无愧来者。

商务印书馆编辑部

2017年10月

目　　录

第一篇　背景

第二篇　农村时代

第三篇　工业制度的兴起

第五版序

本书第三版和第四版的目的，主要在于使本书的内容符合于当前的情况。1931年以来，对本书做全面的修改，这还是第一次。这就使作者有机会去重新安排或合并某些材料，特别是对本书的头一部分进行无数的删减，增加了新的有关资料，也使出版者有可能去设计一个新颖和更为悦目的版本，使作者增添了新的图表而提高了本书的教育意义。总之，这次修订使本书有机会把近年来学者们在这一领域之内已经做出的重要成果加以包罗和认可。在美国经济史的研究方面，人们正在做出的出色工作是十分丰富的，因此，任何要对这些成就加以综合或解释的努力，都将越来越困难，但同时这也是越来越迫切和具有挑战意义的任务。

许多教师都认为本书相当有用，值得再版，作者对此表示十分感谢。只有通过了解美国经济的既往，我们才能明智地策划未来。作者希望本书和其他类似的书籍能在处理未来危急年代里的经济问题所必需的知识方面，做出微薄的贡献。作者也对自本书第一版出版以来曾经提出批评、建议和给予各项协助的学者们表示十分的感谢。凡是通过一次或多次修改的教本，多数就会变成许多人的合作成果。对于本书前数版序言中曾经感谢过的这种协助，作者谨再次致以谢意。

哈罗德·福克纳

1942 年 12 月

于马萨诸塞州诺桑卜顿

第七版序

自从1943年《美国经济史》第五版问世以来，对本书进行全面的修改，这还是第一次。在把第五版头一部分某些次要的章节和一些涉及政治与社会历史边缘的论述删除以后，使本书在不增加过多篇幅的情况下刷新了内容。在必要的地方，还对各项图表、地图和照片等材料作了修正与补充。正如以前各版一样，这个版本曾蒙有关这门科学的一些学者特别是丹诺夫博士提出了建议和批评，作者对此表示十分感谢。作者希望本书再版时，书里一切的有用材料都将在新版本里被继续采用。

哈罗德·福克讷

1954年2月12日

于马萨诸塞州诺桑卜顿

第一篇

背景

第一章　地文因素与自然资源

地文的影响

研究历史，特别是研究经济史，必须首先认识研究对象的地理情况和自然资源。人们曾经把文明解释成是人类征服自然的一个过程；可是，在那个过程里，自然也给了人类以同样的影响。“由此可见，”巴克尔说，“人改变着自然，自然也改变着人，一切事物就在这种相互的改变中产生发展。”①

地理环境在很大程度上决定着人们必须到哪里居住，必须从事哪种工作，可以生产哪些东西，以及在旅行和运送产品时必须走什么路线。由于对经济生活的影响，地理环境进而决定着人们的社会和政治观点，人们的习惯与欲望，乃至于人们的体质构造。②

大部分是按照征服美洲大陆所写成的美国历史，说明了在整个征服过程中地文所起的影响。美国海岸的外形，决定了首批移民的居住地点。沿河流域和山凹地形把移殖的途径引向西部，而

① 巴克尔：《英国文明史》1862 年版，第 1 卷，第 15 页。

② 参阅波阿斯：《移民后裔身体形态的变化》，1912 年版，摘自美国《移民委员会报告》。

土壤的成分和自然作物的性质，决定了移民到达这个新地区以后所从事的职业。

美国的地理分区

北美洲大陆的地势大致好像一个三角形，北部宽约三千英里，而在巴拿马海峡则成为只有数英里宽的一个狭窄地带。它三面临海，受到了每一个海洋的影响。太平洋把一股温暖的海水送到西部海岸，使远到阿拉斯加的地区都适宜于居住，虽然由于科迪勒拉山脉的关系，太平洋暖流的影响只触及海岸的边缘。大西洋的"墨西哥湾流"为密西西比河下游和沿海湾各州提供了雨量，而且它的影响远及于北部的新英格兰。被大西洋与太平洋的海流所切断而与美洲相接触的北冰洋，是被冰封冻着的，因而使美洲大陆北半部的大部分地区不适宜于居住。辽阔绵延的科迪勒拉山脉横贯大陆西部，从阿拉斯加直到巴拿马。大约在纬度四十度附近，这条山脉最宽的地方约有一千英里，许多山峰的高度达一万四千英尺。在东面，沿海岸边缘伸张而且到处点缀着肥沃盆地的阿巴拉契亚山脉，从纽芬兰起一直绵延到阿拉巴马，山的高度没有任何地方达到七千英尺。这两座山脉之间是一片广阔的平原，这片平原，除了少数低矮的山脉之外，从墨西哥湾一直延伸到北冰洋。这片大平原有三个主要排水口：(1)密西西比河及其支流，著名的有密苏里河，俄亥俄河，阿肯色河和雷德河，这些河流注入墨西哥湾；(2)五大湖，流入圣劳伦斯河和大西洋；(3)麦肯齐河与无数小河，流入哈得孙湾。

美国就位于这个大陆上大约北纬二十五度和四十九度之间，

土地面积有三百零二万六千七百八十一平方英里，是欧洲面积的三分之二以上，地理上大致分为六个多少比较明显的区域：

(1)位于海岸与阿巴拉契亚山脉之间的东部低洼地区或沿海平原区。这个地区包括着东部边缘面临大西洋的各州。这一地区的土壤虽然一般没有更为偏西的土壤那样肥沃，却适宜于种植普通的蔬菜，也适宜于种植小麦、玉米和烟草。这个地区幸好供给了初期移民两种土生的植物，那就是，他们的主要粮食玉米和作为主要出口货物的烟草。由于农业中心的向西转移，沿海平原地区以后就越来越侧重于制造业和商业的发展；前者是由于地斜线上高度发达的水力发电而成为可能，后者则是由常常曲折的海岸线上优良港口所促成的。两排一连串的城市，标志着沿海平原的边界。在西面，有倾斜线上的城市芒特加姆里，奥古斯塔，梅肯，哥伦比亚，罗利，里士满，特伦顿，哈特福德；在东面则有海岸港口塞凡那，查理斯顿，诺福克，纽约，费拉德尔非亚和巴尔的摩。

(2)正西面的阿巴拉契亚地区。这个地区是由一些平行的山脉构成的，其中包括布卢山脉和阿勒格尼山脉。阿巴拉契亚山由纽芬兰绵延到阿拉巴马，到了新罕普什尔的怀特山脉和北卡罗来纳的布拉克山脉，就升高到六千英尺以上。在这些山脉中间，从新泽西到乔治亚广达六百英里的土地上，有许多肥沃的盆地。山脉的两侧，特别是西南面，是一片渐渐沉入平地的广阔高原地带。总的说来，这一地区共约三十万平方英里，其中只有一万二千平方英里不能耕种，而且在它的肥沃的盆地和山麓，尤其是在谢嫩多厄河、康伯兰河和田纳西河流域，都有一些美洲最为优良的耕地。资源的位置形成了地理上显著的工业布局。因此，由于新英格兰山脉靠近海岸，河流湍急，有利于水力发电，这样，使新英格兰很早就成为制造业的中心；由于宾夕法尼亚和阿巴拉契亚南部各州有煤铁矿藏，就使匹兹堡和伯明翰成为巨大的钢铁工业城市。

(3)湾流区各州的低洼地区。这一地区包括着佛罗里达、乔治亚南部、阿拉巴马、密西西比、路易斯安那和得克萨斯东部。这些地区富饶的黑色冲积土壤与炎热气候的结合，十分有利于粮食和棉花的种植，也有利于种植蔬菜和亚热带的果类，这就构成了这个地区在农业上日益重要的一个因素。

(4)密西西比河流域的大平原地区。密西西比河流域有一个面积约为二万到三万平方英里的小小冲积层三角洲地带和阿巴拉契亚与落基山山脉的许多大高原。这个地区辽阔肥沃的草原和河道流域，使它成为北美洲的农业中心。正是在这里，出产着大量的小麦和玉米。在密西西比三角洲，也正如像在湾流区的各州一样，棉花的生产占据首屈一指的地位。被称为"百河之父"的密西西比河及其支流俄亥俄河与密苏里河，提供了优越的天然运输便利。由于有了北面的五大湖和与它们衔接的那些运河，这些便利越为扩大。

(5)科迪勒拉区域。这个地区虽然有肥沃的河道流域，而且少数土地经过灌溉也可以进行耕种，但是绝大部分的土地(至少有二十分之十九)对农业是无用的。在过去，这个地区的巨大价值主要在于它的铜、铁和金银的矿藏。与具有能够供应巨大人口粮食潜在力量的密西西比河流域对比起来，科迪勒拉区域的人口也许将会是稀少的，尤其是当它的矿产资源耗竭以后。然而，由于灌溉工程和干燥地耕作法的不断受到重视，这个地区就渐渐地打下一个永远繁荣的基础。此外，博耳德水坝、大古力水坝以及其他各处一些不仅作为灌溉而且作为水力发电的巨大水利工程，也将为这个地区的轻工业奠定良好的根基。

(6)极西部海岸低山的狭窄地区。由于具有十分肥沃的土地和非常平均温和的气候，这个地区已经大大地发展了果类和蔬菜的生产。虽然，很不幸，太平洋海岸只有少数天然港口，但是，巴拿马运河的开拓，以及对远东贸易所占的重要地位，使对金门港，普季特湾、哥伦比亚河与洛杉矶人工港所提供的便利日益得以利用。黄金的生产使大量说英语的人首次涌入了加利福尼亚；但是，加利福尼亚目前和未来的巨大财富，却有赖于其他产品的生产，特别是石油、果类和蔬菜的生产。

在前面的几段里，重点是放在地理上的划分，同时，也力图从“对人效用”的观点去指出它们的经济意义。对于一个经济史学家说来，“对人效用”区域，或按此标准划分，比按照地理划分还更能正确地了解所要研究的那一块国土的情况。[①] 然而，在阐明地文与对人效用的密切关系方面，以及在使对它们进行同时讨论成为可能方面，我们都已经作了足够的说明。关于这一点，作者认为容易使政治史含混不清的因素之一，便是因为政治的疆界常常完全是人为的，而且是与经济疆界无关的。诚如特纳着重地指出的，美国乃是一个经济与文化地区的联邦而不是一个各州的联合。[②] 必须通过对利益常常是互相矛盾的各个不同经济地区的研究，我们

① 参阅哲·亚·史密斯及姆·奥·菲利浦斯：《北美洲》，第38—39页。

② 见弗·哲·特纳：《美国历史中地区的重要性》，1933年版。

才能了解那个民族的经济和政治史。

地理对殖民的影响

虽然美洲大陆可以从西面进入，而且当地土著的祖先无疑是从亚洲进来的，但是，很幸运，踏上美洲海岸的白种人却是从东面进入。如果把美洲大陆倒转过来，它的历史就会是两样，因为那崎岖不平的科迪勒拉山脉会对拓荒者形成一个困难的障碍。进入各个大陆的可能性，在很大程度上取决于河流的通航程度；在这一方面，美洲大陆的东部地区是最有利的。当欧洲人一旦跨过了大西洋这个禁区之后，他们就找到了一块容易进入的土地。与五大湖相连接的圣劳伦斯河流域，流过阿巴拉契亚山脉的哈得孙河，以及横贯美洲大陆心脏地区的密西西比河和它的许多支流，都为人们指引了进入内陆的途径，而且使更为迅速的殖民成为可能。这在南部尤其是如此。南部有无数的小河流入大海，这些河流虽然狭窄得不能航行今天的大货船，但是，17 世纪的那些小船却是可以通航的。在北部，特拉华河、哈得孙河与康涅狄格河横穿沿海平原而直抵阿巴拉契亚山脉，为早期的移殖者造成了天然的航路。

许多殖民区便在这些河流的沿岸建立起来，而且把兽皮和烟草从河里运了出去。它们是首先把殖民地与欧洲市场连接起来的两项产品。据估计，美国有二万六千英里以上可供航行的河流，这并不包括五大湖二千六百七十英里（曲折的长度为四千三百二十九英里）的海岸线在内。如果把凹入的地区计算在内，两大洋的海岸线在六万四千英里以上，其中至少有三分之二可以由大西洋和墨西哥湾流直接通入欧洲。有了无数的河流和一条曲折的海岸线，就不难会有良好的港口。大西洋和湾流区的各州就是具有各种类型的海港的最好例证：属于沉入盆地的纽约和巴尔的摩；由“堡礁”[①]形成的加尔维斯敦港、普罗文斯顿港以及卡罗来纳、佛罗里达和新泽西海岸的许多小港；属于河道港口的新奥尔良和费拉德尔非亚港。所有这些和其他的许多天然港口与沿河城镇，都为收集出口原料和进口与销售母国[②]的制成品提供了场地。

气候与雨量

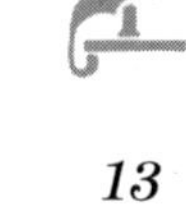

当时，美国所包括的这些土地，显然是适合于那些目的在于移殖和征服美洲大陆的欧洲种族的。这里，每年的平均温度在八度与三十八度之间，十分类似欧洲产生最有活力和已经具有文明的民族地区的气候。埃耳斯沃思·杭廷顿和其他的学者们曾经发觉文明与气候之间、脑力和体力劳动与气候之间，有着密切的关系。[③] 有利于人类迅速发展的气候必须是具有足够长久的温暖季节以生产

① 即与海岸平行的珊瑚礁。——译者

② 指英国。——译者

③ 杭廷顿说：“气压计的变化好像影响很小；与此相反，温度却具有很大的重要性，而最重要的因素显然是温度。这里的人们（一些工厂管理人员和大学生）当温度在二十八至三十三度时，也就是当中午的温度上升到三十八度或三十八度以上时，体力最为活跃；这比我们许多人所预料的温度要高一些；当外面的温度平均为六度时，也就是说，当夜间有微霜时，脑力活动就达到了最高度。另外一个十分重要的气候条件就是逐日的温度变化。当温度保持稳定时，人们就工作得不好。温度变化太大也是对工作不利的。最理想的情形是使温度做适当的变更，尤其是空气能间或冷凉一下。”见杭廷顿：《文明与气候》，1952 年版，第 8 页。这些观点的某些部分曾受到人们的责难。

丰富的粮食，必须有一定的寒冷季节使人们能在冬天储存余粮；此外，还必须有适当的健康环境。所有这些条件，殖民者都在今天的美国大部分地区找到了。

雨量对于人们的幸福也具有根本性的影响。例如人们最重要的粮食小麦，在每年的雨量少于十英寸或多于四十五英寸时，一般就不能种植出来。美国每年的平均雨量是二十六点六英寸，其变化是由犹他南部的五英寸到北加利福尼亚西部流域、华盛顿州、俄勒冈州和湾流海岸的六十英寸不等。湿润而有岛国性的太平洋沿岸气候，到了山区便变得比较干燥，到了广阔干燥的高原几乎就没有湿气。然而靠近墨西哥湾和太平洋地区，雨量便逐渐增加，阿巴拉契亚山以东的每年平均雨量是三十到五十英寸。由于农业生产必须有二十英寸的雨量，也由于理想的土壤温度的雨量是三十到三十五英寸，因此，这个地区最有利于农业的生产。虽然美国的温度与雨量变化比欧洲要大一些，但是，就全国说来，它与欧洲的气候基本上是一致的。①

在美国经济史中，雨量是一个头等重要的问题。美国（太平洋海岸的某些地区除外）大致可以分为两个区域：一个区域是第一百子午线的东面。这个地区每年的平均雨量在二十英寸以上；另一个区域是子午线的西面，每年的平均雨量较少。子午线以东的农业生产较有把握，很少有整个一季或是较大地区遭受干旱的。子午线以西的平均雨量就感不足，在有些季节里，雨量适宜于种植玉

① 戴维斯与巴恩斯：《社会学引论》，1931 年版，第 2 卷，第 191—304 页。杭廷顿曾用了一些有趣的图表来说明地理环境与财富、职业、收入、智慧和教育等的相互关系。

米或小麦，但紧接着可能就会降临这样的季节：旱灾毁掉了庄稼，大风吹卷起干燥的细土，损坏了耕地，有时甚至还会把居民赶出这个区域。大平原区缺乏适当雨量，是这个地区经济史中的一个重要因素，而且对于了解美国的货币政策、银行业务、运输业务和其他经济情况有着重要的关系。[①]

欧洲人能适应美洲气候和环境的这一概念，似乎是毋庸置疑的。有人曾经对来到美国大约有二百年并且保持血统纯洁的一些条顿人和凯尔特人做过研究后指出：欧洲人移殖美洲以后，体质上并没有什么改变。他们的躯干并没有变矮，而是同样地具有活力，能吃苦耐劳，而且活得与他们住在欧洲的亲属一样地长久。此外，这些移民的精力与创造天才显然受到了征服一个大陆的艰巨任务的挑战，但是，其结果是使他们变成了一个坚强而明智的民族。然而，欧洲文明向美洲的移殖，却引起了对某些少见的疾病的传染。对于欧洲人来说，黄热病也许是一种新的疾病，这种病无疑是起源于欧洲，是由黑人奴隶带到美洲来的。除了在欧洲南部以外，疟疾是一种不常见的疾病。当美洲殖民者感染了这些疾病，无论是在新殖民地区或是把病带回旧世界来以后，都造成了巨大的祸害。[②]

① 关于雨量的重要性，参阅前引史密斯与菲利浦斯所著一书第7—8页及第23章内的有趣材料。关于雨量怎样决定玉米种植地带的理论，可参阅贝克尔：《经济地理》，1925年版，第499页和菲利浦斯所著前书第366页。

② 阿希博恩：《死亡的类别》，第99—140页。南部的有钩条虫的祸患也许是奴隶由非洲带到美洲来的；当代的权威学者们并不认为这种寄生虫是西半球土生的。很久以来，人们认为梅毒是新世界给予旧世界的一项遗产，但是，著名的德国医药历史学家卡尔·萨德霍夫（阿希博恩继其后）从他的研究中得出了结论，认为古代亚洲和欧洲早已发现过少数的梅毒病例，而欧洲在15和16世纪的确发现过严重性梅毒大量地增加，从而使那时以后的人们相信它是来自美洲。

幸好这些疾病只流行于美洲的热带和亚热带地区，而且并没有终于因此而大大地推迟了人们对于现今的美国的占领。白人的移民在这个国家里感染最多的疾病也许就是疟疾。这是边区最顽强的一种传染病。大西洋和湾流区沿海平原的平坦地区和良好雨量，使不流动的水汇集拢来，成为生长蚊蚋的所在。这种疾病常常使早期的移民死亡多人，并且使他们离开了某些地区。

另一方面，对土著居民不幸的是：新移居者从旧世界带来一些这里也许从来还不认识的疾病，由于在印第安人中还没有开展免疫工作，这些疾病一经出现，传染便十分迅速，天花和麻疹的情况尤其是如此。印第安人患肺结核的也许只有少数，但是在他们与旧世界的文明接触以后，肺结核病者的死亡率便有可怕的增长。黑人能够免疫的某些疾病，毁灭了一些白种人和印第安人，而且使黑人奴隶制度显得更为重要起来。这一事实，以及非洲黑人所带来的某些疾病，在对美国奴隶制度作经济上的估价时是应当考虑进去的。

土　　壤

北美洲中部也许是世界上最为优良的居住区域。这是由于它具有可供耕种的土地、矿藏和水路运输便利的缘故。只有40%的土地可以耕种；但是，有了各种类型的土壤和不同的气候，就有可能栽种各式各样的农作物，而且这个地区是这样的辽阔，以致从未发生过严重的粮荒。一般的历史学家们对于土壤结构在美国历史上所具有的意义从来就没有充分地认识到，但是，某一地区土壤的质量与经济繁荣之间的密切相关，是研究历史的人都可以清楚地看出来的。甚至对如像阿拉巴马那样小的一些地区做深入的研究，便可以看出土壤的肥沃程度与农作物的分布、经济繁荣、种族和文化之间的密切关系。[①] 建有许多高等学校、古老的印刷厂、著名的报社和繁荣城镇与村落的康涅狄格河流域，也是位于新英格兰的一块最为肥沃的土地。

事实上，从土壤的形成和因此而产生的不同的土质结构开始去研究经济史也许是最合逻辑的。[②] 特别是在北美洲，这种研究应当把白种人未到美洲几千年以前已经出现过的冰河流动考虑在内。美洲大陆北部曾数次被厚达一英里以上的冰河所掩盖，使得人类的未来既得到了裨益也受到了损害。当这些冰河向南移动时，削平了一些古老的大山，使山谷填满了碎石，掘成了五大湖和其他成千上万的湖沼，改变了河道，剖开了土地的外层，使某些地区露出了岩石和杂有碎石的牧场，使另一些地区有了丰富的矿藏，从而形成了未来的农业基础。大陆的冰块曾有六次来回于这个种植玉米的地区，把上下层土壤混合起来，形成了一些富于石灰岩的地带，在这个地带，农业生产现在得到了最高度的发展。在另外的一些地区，这些冰块又留下了一些沼泽或砂砾平原，指出了终堆石的所在。这些大陆上的冰块曾不止一次地掩盖了新英格兰、五大

① 杭廷顿和威廉斯：《商业地理》，第五章。

② 凯洛克在他所著的《养活我们的土壤》一书中（1941 年版），对于植物、风、水和风化岩在相互影响后怎样产生不同类型的土壤，曾做了精辟的论述。还可参阅香农：《农民的最后疆界》，第一章。

湖各州、北达科他的绝大部分和蒙大拿的某些地区。[1] 威斯康星，明尼苏达、爱荷华和伊利诺伊的某些地区则没有被这些冰河掩盖过。把受过冰块掩盖的地区和未经冰块漂过地区的文明加以比较，便会看出地质历史与经济和文化发展之间的联系。这种联系是研究历史的人必须仔细地加以考虑的。数千年前的冰河行动一定既是破坏者又是创造者，在人类生命史上现在仍然是一个强烈的因素。

土产品对早期移民的影响

植物的性质与分布，是仅次于地形、天然航路和气候对我们的历史发生重大影响的一个因素。森林的有无、土壤的肥沃程度和适宜性以及其他一些类似的因素，曾经决定了美洲的移民会在什么地方去建盖他的木房和用什么方法来养活自己。由于气候和土壤的巨大差异，我们有可能在美国某些地区种植任何一种土生的或进口的粮食产品。事实上，今天美国具有巨大经济价值的多数农作物，籽种都是从国外得来的。

移民们最迫切的需要是粮食。即使殖民动机是为了要发现金银的地方，也立刻产生了必须在找到这些贵重金属之前能够养活生命的实际问题。詹姆士敦的移民们显然是在好几年里遭受过痛苦和损失了许多生命之后才认识到粮食的供应应当是他们首先必须关心的问题。造成弗吉尼亚早年高度死亡率的最大原因，便是

① 参阅凯洛克前书第 28 页地图及香农前书第 11、12 页。

由于人们缺乏足够的和适当的营养。这一事实，当我们考虑到当地丰富的粮食资源时，就会感到令人难于理解。森林里藏有大量的鹿和其他一些可食的兽类。森林、海湾和池沼里都大量地出产英国人所熟悉的各种野禽；各处都有咸水和淡水鱼的丰盛出产。在这样出产丰盛的情况下，造成弗吉尼亚"饥馑时期"的原因必须解释为并不是由于土产品有任何的稀少，而是由于早期的移民不知道怎样去采集和利用它们（因为他们当中的许多人既不是猎人或渔民，也不是农民），并且也是由于他们忽略了粮食的耕种——这种疏忽是由于他们想用其他方法很快地发财致富所造成的。

木材对于人类的生存乃是必不可少的，特别是在原始的文明时期，木材提供了房舍、燃料、水陆运输工具，乃至于大部分的食品原料。早期来到太平洋沿岸的人们，发现这个地区森林密布。但这不纯粹是一个福音，因为要使土地适合于各种农业用途，还必须首先清除地面上的树木和棘灌。森林也是提供食物的一个十分重要的源泉。槭树提供了食糖——在许多情况下，除了能得到蜂蜜之外，这是唯一的糖料。这个地区也有甜菜、榛子、山胡桃、板栗，核桃和油核桃。许多种类的果树是从外国进口来的，但是在太平洋沿岸的某些地方也有土生的野梅、樱桃、柿子和桑椹。

在白种人的移民到达时，印第安人所栽种的或野生的而能供人食用的植物有玉米（或称印第安玉米）、南瓜（最初也叫 pompions）、番瓜、豆类、大米、马铃薯、花生、菊芋、胡椒、龙舌兰、红薯、西瓜、橘子、黑莓、草莓、蔓越橘、醋栗和葡萄。蔬菜和各种生长食物的植物则由国外运入，其中一些全是外国种，一些是美洲土生的欧洲种。[①]

对于印第安人和早期的移民来说，大陆上的兽类是非常重要的。除了充作经常的食物、而且有时充作主要的食物来源之外，兽类提供了制作衣服、建盖房屋或制造其他必需品的原料。在所有土生的动物中，对于土著人民最有价值的要算密西西比河东部的鹿和群居在西部广大平原上的水牛，这两种动物今天都没有任何的经济价值。当白人的移民来到，并且毛皮交易开始以后，那些较小的动物如鼬、黑貂、獾、鼬鼠、黑獾、白貂、水獭、海獭等就变得重要了。也产生了对于生产毛皮的啮齿动物如松鼠、野兔和海狸等的需求。除了在南美洲用作驮运的兽类驼马和羊驼以及狗类之外，美洲的印第安人从来就没有驯养过任何一种当地的动物。移民们几乎从一开始就进口了像普通耕种用的马和牛，以及羊、猪等牲畜。人们发现当地的气候适宜于欧洲的畜类的生存，而且广阔的牧饲草原和易于生长的粮食，养活了这些数目增长迅速的动物。各类鸡禽是由欧洲运入的，而在美洲森林里经常出现的无数野禽当中的野火鸡，曾被送到欧洲去驯养以后才运送回来。火鸡是唯一的美洲家禽，但是原来土生的野火鸡实际上比今天牛场里饲养的要大得多，体重有三四十磅。这样良好的鸡种当时只卖一先令一只，而且是那样大量地被宰杀，以至于在美洲殖民不到一百年的时间，这种火鸡几乎完全在殖民地区绝迹了。

新世界所产的鱼，不仅供给了移民而且也供给了整个欧洲。若瑟琳在他所著的《新英格兰奇珍》一书里（1672 年版）列举了新

① 凯利尔：《美洲农业的开端》，第 41 页。

英格兰海河里所能捕到的二百多种鱼类。盖兹诺德在他的记录里也说，1602 年时，他的船队“被鳘鱼所困扰”。不仅海洋和海湾里产鱼，就是河流、湖沼和小溪产鱼也是很多的。人们常常只用一条棍就打死一条鱼，捞起来就可以放进炒锅里。鱼类除了具有供作食物和出口贸易的价值之外，还能供给早期的移民作为肥料。因此，捕鱼工业在新英格兰的商业生活中，占着重要的经济位置。

地理对于职业的影响

我们除了知道河流、海港和长而曲折的海岸线对于殖民的迅速与容易乃是有利的因素之外，还应该特别注意到美洲提供给全世界的两种最重要的植物——玉米和烟草。玉米每亩的产量比一般较小的谷类要多两倍，它不太仰赖于季节，可以不加锄犁，使用最原始的工具栽种，而且只需要最低限的人工便能成长。它提供了一种新的和比较廉价的粮食资源，它的干茎比起其他较小的谷类的干茎来乃是一种更有价值的饲料。这种植物大大地有助于安定早期北美洲的移民。虽然烟草在有助于移民方面并不与玉米具有同等的意义；但是，由于它很快就构成了全国大部分地区的财富基础，因此，在研究其他一些促成欧洲种族迅速移殖的因素时，它的作用也是必须加以考虑的。

在后来的一些年代里，美国的历史就受到了某些地区的气候适宜于种植某些产品的影响。例如人们发现南部各州适宜于栽种棉花，而且，轧棉机发明以后，棉花就成为南部的主要产物。它维系住了南部的奴隶制度。继奴隶制度之后，许多事态的发展导致了南北战争的发生。密西西比河上游的优良气候和肥沃土壤，是种植玉米最为理想的地带，从而加速了移殖事业。哪里有矿藏，经济生活便会转向到哪里去，因而在宾夕法尼亚州的怀俄明河流域，在落基山脉和在许多油田地区以及在采掘场的四周都建立了无数完整的居民区。

东部沿岸的港口与河流不仅推动了殖民事业，而且改变了人们的职业。新英格兰贫瘠的土地，使移民的兴趣从农业转向于比较容易谋生的职业，而且附近的渔业也使 19 世纪处于殖民地地位的新英格兰去从事航海事业。新英格兰于是变成了殖民地航运业的中心，而且把这样的一个地位一直保持到后来美国海运事业的全盛时代。在航运事业退出工业方面的领导地位以后，新英格兰的人们就转而从事于丰富的水力发电，从而使他们又有了用武之地，由此开辟了工业财富的泉源。并且，在中部大西洋各州，既有肥沃的耕地，又有良好的海港，河流与水利，因此人们的活动种类就更为多样化起来，分布到各项主要的职业中去。

还可以再用另一个地区来说明环境对于职业的影响。在“旧西北地区”（俄亥俄、印第安纳、伊利诺伊、密歇根和威斯康星诸州）的早期移民主要是农民，其余的是船夫、商人，或是供应农民需用物品的其他商人。由于大多数的土地都很肥沃，而且特别有利于种植玉米，因此，大部分地区今天仍然是美国农业的重要地带。“旧西北部”除了肥沃的土壤之外，还有其他的财富。位于这个区域的各州都生产有烟煤。俄亥俄州生产石油、煤气和黏土；印第安纳州生产石灰石。这个区域还分布有其他具有价值的矿产。由于有了这些资源，一部分人很快就转向从事采矿和矿产品的制造。

俄亥俄东部以及沿伊利湖、休伦湖和苏必利尔湖地区已经成为全国最大的制造业中心之一。俄亥俄州的杨斯敦和克利夫兰，印第安纳的格里，伊利诺伊的芝加哥和其他许多城市里的大冶炼厂把生铁炼成了钢，而其他的一些工厂再用钢制成千万种的商品。以底特律为中心的这个地区，几乎生产了美国全国的汽车，而汽车所用的橡胶则是在俄亥俄的阿克仑加工的。这个地区也是农产品加工的重要地带，特别是芝加哥成为了世界巨大的肉食加工业中心。

现有资源的种类

今天，我们所受地理上的影响与我们在历史上受过它的影响同样地巨大。此外，美国当前的天然产品和未开发的资源将在很大程度上决定着我们政治和经济的未来。让我们来对美国的天然产品和资源做一番概括的研究。

美国比欧洲任何一个民族具有更为多样化的天然资源。许多国家只有两三类这样的资产，而美国在许多资产方面都居世界的领先地位。美国面积之大、气候的变差以及地理的因素赋予它以种类众多的天然产物、动物、植物和矿物。例如英国虽然有足够供自己使用的煤和铁，但是为了它的经济活动，还必须进口粮食、肉类、皮革、棉花、某些矿产，包括石油及许多工业上和维持人民生活所必需的商品在内。意大利和挪威有水力、粮食，但还必须进口生铁和煤炭。法国虽然有多样化的资源和气候，但在如石油、铜和棉花等许多主要产品方面，却不能自给自足。

与此相反，美国除了如铬和锡等几种不太重要的矿产以及天然橡胶和咖啡之外，在20世纪20年代生产了供国内消费和制造业所必需的多数产品，而且还出口了许多这类的产品。它有着丰富的各种粮食，足够养活比本国还更多的人口，这在两次世界大战中已经可以看出来；而且如果采用更为集约的耕种方法，就更足以说明这一情况。美国向世界许多地方出口粮食，而且虽然也进口一些如咖啡、茶叶、食糖、香料和热带果品之类的产品，但是，这类进口货物都是一些奢侈品而不是绝对必需品。在20世纪20年代的繁荣时期，我们生产了大约占全世界70%的石油，几乎达世界产量50%的铜、38%的铅、42%的锌、42%的煤、46%的铁、54%的棉花、62%的玉米。我们拥有占全世界36%的已发电的马力，然而美洲大陆只有世界6%的人口和土地面积。[①]

森林资源

在目前，美国由于具有四亿三千四百万英亩的森林，出产和使用了全世界制出的锯木的一半。美洲大陆的森林地带，大致包括着从哈得孙湾西岸起、南至得克萨斯这一线的东面、落基山最高的一大部分地区，以及内华达山脉和沿海山脉的太平洋林区。为了便于把产品加以分类，可以把木材产区大致分为下列几处：(1)东

---

① 见《1930年商务年鉴》，第2卷第2篇《世界统计比较》一文。百分率是根据几个年份的平均数得出的，主要是根据1925—1929年的数字。美国在出产燕麦、大麦、烟草、生猪和上述各种商品方面，都比世界任何国家居领先的地位。当然，这些百分率在不同的年份和不同的经济情况下是各不相同的。在萧条的年份里，它们就大大地下降。例如1936年美国生产了全世界61%的石油、23%的铜、24%的铅、34%的铸铁、30%的锌、41%的棉花、51%的玉米。

北部最主要的木类是针叶树或软木，其中包括白松、云杉和铁杉；此外，这个地区也出产胡桃、橡树和槭树等类硬木。(2)南部随着海拔高度的不同也有四种普通的木材：大西洋和湾流区各州河道下游与池沼地带出产丝柏和硬木；从弗吉尼亚到得克萨斯州海岸的平原地区出产黄松；阿巴拉契亚山麓出产硬木；高山上也出产针叶树。(3)五大湖南部地区出产大量的硬木；北部地区主要是出产松树、落叶松、柏树和铁杉。(4)落基山山区主要是以出产西部的黄松和木松而著名。(5)太平洋沿岸出产软木，有大量的道格拉斯枞树、铁杉、松树、柏树和红木。最重要的道格拉斯枞树在普季特湾生长得最好，高度达二三百英尺。

由于开辟陆地时的巨大浪费和广大地区受到森林火灾的损毁，这些地区的木材工业已经不占重要的地位，而且还在不断地改变中。七十五年前出产全国木材总数一半以上的东北部各州，现在只生产不到全国总数十分之一的木材。同样地，松林产地的密歇根和威斯康星在19世纪80年代出产全国三分之二的木材，现在产量也在迅速下降。太平洋沿岸各州很久以来一直是最大的产木区，南部各州居其次。大部分的木材来自俄勒冈、华盛顿、北卡罗来纳、阿拉巴马和密西西比。主要的硬木有橡树、黄杨、红橡和槭树。软木占总产量四分之三以上。按生产价值计算的顺序是：道格拉斯枞树、黄松、洋松和铁杉。据估计，美国原有的森林为八亿二千二百万英亩，可以锯成商用木材五万二千亿平方英尺，到30世纪20年代初期就减少到只有四亿六千一百万英亩，可以锯成商用木材二万二千一百五十亿平方英尺。“换言之”，凯洛克写道，“美国可出售的锯木有60%已经被耗用或销毁，而其中大部分

是在过去五十年里被消耗掉的”。[1] 今天的森林数量则更少。根据比较保守的估计，我们消耗的木材比天然木材的生长要快两倍。很显然，除非采取积极而有远见的措施以保证补充，美国大部分木材的供应就得要有赖于进口。美国木材的产量 1909 年时到达了最大限度，当时出产了四百四十亿立方英尺；1950 年产量就减少到三百八十亿英尺，而今天我们正由加拿大大量地进口。

未来的木材供应不仅有赖于进行科学造林的补充，也有赖于现存森林的小心防护。虽然全国四分之三的林区现在得到了某种保护，但是，火灾所造成的损失仍然是巨大的。1950 年以前的十年中，美国发生了一百八十二万四千起森林火灾，也就是平均每天发生五百起。被火灾烧毁的森林每年平均在二千一百六十二万二千英亩。近年来，由于防护较好的缘故，火灾已经有所减少。木材的保存一部分也有赖于减少砍伐和减少售卖时的浪费情况。把木料从林区运到零售商手里出售时，损耗量占一半以上。

农业资源

虽然工业品的价值超过了农产品的价值，但是，农业仍然是美国的一项基本工业。农产品是我们许多最重要的工业的基础，而且全国八分之一的劳动力仍然是使用于农业。1901 年，按价值计算的主要农作物有玉米、棉花、干草、小麦、烟草、燕麦和马铃薯。在植物性的粮食方面，谷类是最重要的，而其中以玉米占第一位。

① 凯洛克：《美国的纸浆木与木纸浆》，1923 年版，第 148 页。

1946年的产量在三十亿蒲式耳以上——占那一年世界产量的90%以上。玉米大量地生长于南部的产棉区，但是有四分之三的产量是由密西西比河上游的“玉米地带”出产的，这个地区包括堪萨斯、内布拉斯加、伊利诺伊、爱荷华、俄亥俄、印第安纳和密苏里诸州。人们将会发现这些地区栽种玉米具有最理想的条件——阳光和大雨交错，土壤容易吸收水分而不龟裂。

美国的小麦面积只有玉米面积的一半，而且产值不到玉米的一半，但是由于它是人类的主要粮食之一，使它在某些方面比玉米占着更为重要的地位。小麦是早期移民由旧世界带到美洲来种植的，但是繁殖得那样地迅速，以至于在1930年以前的几年里，美国的产量就占第一位。[①] 1915年，由于受到战事需要的刺激，产量增加到十亿蒲式耳以上，这是截至当时为止美国历史上最高的产额。但是，正如玉米那样，它的产量曾一度下降，直到第二次世界大战时又才有所增加。虽然美国所生产的玉米约有五分之四供农场的消费，只有五分之一是供出售的，但是，几乎全部的小麦都供出卖，并且还碾成了面粉。美国有四十个州种植小麦，但是，1951年产量最高的是北达科他和堪萨斯。虽然这几个州占着总产量方面的领先地位，但是华盛顿州的产量有时却几乎比它们高出一倍。

美国不仅在玉米和小麦的产量上居世界第一位，燕麦和大麦的生产也是如此。燕麦每年产量在十三亿蒲式耳以上，其中约有四分之三来自中北部各州。这几州也出产大约全国五分之三的大麦和四分之三的黑麦。

---

① 最近的统计数字说明，1930年以后，苏联的小麦产量已居世界首位。

在美国生产的供人食用的农作物当中，还必须提到大米、食糖、马铃薯和红薯。路易斯安那是美国产米的中心，在那里，大米的种植主要是通过灌溉进行，但是，得克萨斯、阿肯色和加利福尼亚也出产大量的大米。美国所产的蔗糖几乎完全来自路易斯安那，但是，这只供给全国所耗用食糖的一小部分，绝大部分是从古巴、波多黎各、夏威夷和菲律宾进口而来的。可是，在过去的几年里，甜菜的种植已经迅速地增加。[①] 美国各州都在种植马铃薯，1951 年的产值在四亿九千七百万元以上，而南部和东北部地区的条件却更为有利。南部各州在广泛地种植红薯。

说来很奇怪，尽管电力迅速地代替了兽力，1930 年干草的产量却比 1919 年增加了一千五百万吨，这是由于：对每一牲畜饲喂了更多的干草；由于每一种其他农产品的减少，其结果通常都使干草的生产增加；同时也由于人们用轮流种植的办法去改良土地，从而种植了更多的荚类干草。[②] 1939 年时，干草收成的价值仅次于玉米；1951 年列于第三位，至少有 25%改良后的耕地被用来生产干草。

棉花是南部农产品中产额最高和唯一大量出口的物资，占所有美国农产品总值(1951)的第二位。1951 年，棉花的产量是一千五百二十九万包，价值二十八亿七千八百万元以上。这个数量约等于世界产棉量的五分之三；英属印度占第二位，埃及占第三位。美国产棉地带位于一个长约一千四百五十英里、宽五百英里

① 美国出产约世界十分之一的甜菜，占世界这项农产品的第三位。

② 见《1930 年农业年鉴》，第 308—310 页。

的狭长地区，在纬度三十七度以南，包括所有从北卡罗来纳直到得克萨斯和加利福尼亚的南部各州在内。1939年，专用于这项主要产物的土地约有二千三百万英亩。南卡罗来纳州的海岛上和乔治亚、佛罗里达州的内地各县，栽种了一种品质极为优良的棉花，也就是人所共知的"海岛棉"，但数量大约只占全国产量的1%。第一次世界大战以前，几乎有三分之二的棉花是供出口的，但是，今天我们消费于国内的，几乎占产量的一半。

烟草的种植是在密西西比河东部大约十七个以上的州内，主要是在东部海岸平原、阿巴拉契亚山脉地区和密西西比河流域平原地带。1951年的总产量在二十二亿八千二百万磅以上，主要的出产中心地是北卡罗来纳、肯塔基和南卡罗来纳。目前，烟草在美国农产品的价值中只占第五位，虽然美国的烟草产量占世界第一位（包括岛国属地的产量在内），占世界总产量的四分之一。全国消费数量约占产量的五分之三。

土生牲畜对于美洲大陆早期移民和拓荒者所具的重要性已经提到过了。由于美洲具有气候温和与牲畜地区广大的必要条件，这个国家就必然要在牲畜方面取得领先的地位。美国在生猪的产量方面占第一位，牛占第二位，羊占第三位。放牧的最好区域是大平原地区以及落基山高原和东面的坡地。可是，牛乳的生产中心都靠近大城市。威斯康星、纽约、加利福尼亚和宾夕法尼亚等州在奶酪生产方面居领先的地位。饲养生猪的地区，除了得克萨斯以外，是与大量生产玉米的地区相同的。虽然美国各州都饲养羊群，主要的羊毛产地中心是得克萨斯和极西部的各州。马与驴的最大市场是在东圣路易城和堪萨斯城，这两个城市都是产马的中心地带。南部各州产驴的数量比产马的数量要更多一些，因为驴更能忍受较热的气候和能做重活。由于玉米是能使家禽肥胖的最好谷料，家禽工业的中心便在中南部各州，在这几州里，每年生产的鸡和鸡蛋约占全国十亿元总产值的一半。

虽然海洋资源在美国经济生活中已经不像在殖民地和立国初期那样地起着重要的作用，却仍然为大约十五亿七千个工资收入者提供了生计，而且所生产的食品价值每年约为三亿六千五百万元(1950)。美国和阿拉斯加仍居世界这项工业的领先地位。大西洋西部从纽芬兰到切萨皮克湾是世界最重要的两大渔业地区之一。大西洋沿岸所产的鳕鱼、鲭鱼、鳖鱼、青鱼、大比目鱼、鲔鱼和海蚌，大约占美国和阿拉斯加全年产鱼价值的一半。阿拉斯加和西海岸的沙蒙鱼渔业是太平洋沿岸这项工业中最重要的一种。太平洋沿岸的捕鱼额每年达三千九百三十万元(1949)。五大湖出产青鱼、白鱼、鳟鱼、黄鲈和许多的其他鱼类，每年价值约为一千一百四十五万八千元(1949)。

也正如橡木材和某些其他资源一样，美国的捕鱼工业同样具有可悲的浪费和不顾未来的特点。西海岸的沙蒙鱼渔业尤其是如此，那里所采用的基本上只顾暂时利益的捕鱼方法，减少了捕获的数量，并且把鱼赶到遥远的北方去。

矿产资源

1860年美国的矿产品和石矿产品(金属的和非金属的)价值约为九千万元；1949年曾经增长到一百零五亿八千万元。在所有的金属与非金属矿产中，石油占第一位(1949)，价值为四十六亿七千四百万元，亦即约占所有矿产品总值的五分之二。虽然石油最初是为了满足照明的需要而生产的，但是，直到通过提炼和其他方法制成了煤油、石脑油、汽油、粗挥发油、重机油、润滑油、石蜡以及沥青等商用产品之后，它的用途才更为扩大起来。由于使用汽油的马达和用油燃烧的引擎生产的不断扩充，石油在工业中的价值就不断地增长。油矿最初是发现于阿巴拉契亚山脉地区，从纽约一直绵延到田纳西，而且多数的油原来就是产于这个地区。许多地方都发现了油矿，但是今天最主要的油田有三处：(1)美洲大陆中部地区，包括密苏里西部、堪萨斯和俄克拉何马；(2)加利福尼亚油田；以及(3)湾流区油田，其中包括得克萨斯和路易斯安那沿海平原在内。虽然美国生产的石油大约占世界产量的一半，但还从委内瑞拉及其他各地进口大量的石油。由于美国耗用石油资源的惊人速度，使得某些地质学家经常提出警告，并且预言，油的生产已经到了顶点。很幸运，上次大战之后，在近东方面已经开辟了一些新的和重要的油源。

煤炭是按价值计算仅次于石油的一项最为重要的资源。[①] 美国无烟煤的蕴藏主要位于宾夕法尼亚的东北部，质与量都在世界上占着极为重要的地位。最重要的有烟煤煤田位于阿巴拉契亚山脉，从阿拉巴马直到宾夕法尼亚，而在密西西比河流域各州及其他地区，也有丰富的蕴藏。美国煤矿区域的总面积约为五十万平方

① 1949年无烟煤的产值为三亿四千四百万元；有烟煤为二十一亿二千六百万元。

英里，亦即占全国土地面积的13%。[①] 矿床的分布情况十分良好的这一事实，具有重大的意义，因为这项主要商品的运输费用对于工业发展，在最终成本的计算方面乃是一个巨大的开支项目。另外的一个重要事实是：这些丰富的矿藏只要拖运几小时就可以到达纽约和费拉德非亚的大港，而且离新英格兰南部从事制造业的各州也不太远。如果不是这样，那么，工业革命以后，美国东北部的历史就会是另外一种情况。此外，在"旧西北部"地区的煤矿大大地有助于使那个区域成为一个巨大的制造业中心。另一方面，最为不幸的是：这项基本矿产品的生产和使用发生了极大的浪费[②]，以至于这项工业，特别是在两次世界大战中间采掘能力加强以后，受到了生产过剩和劳动力市场紊乱的阻碍。全世界对于煤炭需求的减少，主要是由于石油和瓦斯代替了煤炭，以及水力发电的发展和煤炭能转变为蒸汽与电力等各项技术上的改进所引起。煤炭工业本身对于这些变革都适应得很慢，这是一个生产不科学的典型例证。但是，在过去二十五年间，对于有烟煤的采掘，每人每小时的产量增加了50%以上，虽然用在这方面的科学研究费是比较小的。

除了煤炭和石油之外，最有价值的非金属矿产品就要算水泥和天然瓦斯。1950年，天然瓦斯的产值估计约为四亿零八百五十

---

① 除了这些燃料资源外，未来的历史学家们还必须加上目前几乎被完全忽略了的一些泥炭沼泽，这些沼泽仅只在明尼苏达一州就有七百万亩。参阅索倍尔：《明尼苏达的泥炭蕴藏》一文，载《明尼苏达地质调查公报》，1919年第16号。

② 据估计，实际上从矿山里开采出来的有烟煤只占50%，另外的10%在处理和售卖过程中损耗掉了。这还不算在消费过程中的浪费。但是，必须注意，煤炭的最大回收量是远在100%以下的。

万元。1870年以前，人们除了使用一小部分瓦斯作照明之用外，使用的数量很少，大量任其浪费；直自那时起，人们才认识到把它用来生产热和力是最理想的。现在，只要条件许可，就尽量把它储藏起来。1922年以后，瓦斯的生产增加了一倍以上；但是，许多地质学家仍然预言，用不到许多年，瓦斯就要耗竭。今天，只有五分之一的瓦斯用于家庭照明和燃烧，其余是用于工业。从天然瓦斯中提取汽油而不丧失其燃烧效用的这一发明，是一项值得重视的发展。

生铁在美国是最有价值、分布最广和最为价廉的金属，也是使用于机器、工具、建筑和钢铁时代用途最广的工业材料中最为重要的一项。几乎美国的各州都有铁矿，但是所生产的绝大部分矿砂是来自苏必利尔湖地区，其中包括明尼苏达、密歇根和威斯康星在内。其他的唯一的重要矿源便是田纳西和阿拉巴马的伯明翰区域。苏必利尔湖区域不仅供给了几乎占十分之九的铁矿苗，而且有着至少占四分之三的可供开采的蕴藏量。此外，这个地区的铁矿苗在质量上比阿巴拉契亚或落基山所出产的显然要好得多。匹兹堡和伯明翰在煤、铁方面所占的优越地位，使这两个城市开始发展了钢铁工业，但是由于苏必利尔湖的铁矿苗所占的最终优势地位，使得钢铁工业的中心有转向于布法罗、克利夫兰、芝加哥和格里等沿湖地区的趋势。关于这项金属的生产，美国是特别幸运的，因为已知的铁矿资源几乎等于世界其他各国铁矿资源的总和。但是苏必利尔湖地区的铁矿现在日趋耗竭，而且美国已经要从委内瑞拉、加拿大以及其他地方进口生铁。此外，对美国工业生产日益重要的某些铁合金一例如锰、镍、钒、铬、钨等——美国的产量却很

少，或者甚至全然没有生产。

在原始时代，铜比铁更为有用。这种金属是这样地易于拉长和加工，以致古代的人们善于把它作各式各样的用途。自从人们控制和使用了电力以及电报电话发明以后，铜由于具有优良的导电特性，便成为了一项新的重要产品。铜的用途之所以扩大，是因为它与锌混合之后就变成黄铜，与锡混合就做成青铜。由于采铜技术的改进和需求量的增大，使得世界产铜量从 1801 年的九千吨增加到 1951 年的二百三十五万吨。其中美国生产了大约三分之一①，而阿里佐纳、犹他、新墨西哥和蒙大拿诸州几乎生产了总数的四分之三。单是阿里佐纳一州所产的铜，就超过了任何其他一个外国所产的数量。美国铜矿质量最纯的地区在上密歇根的冰河地带，但最丰富的矿区是在阿里佐纳。这一州供应着美国全国三分之一的生铜。由于有了蒙大拿、内华达和犹他州的矿藏，才有可能建立了蒙大拿的比尤特和阿纳康达两城，犹他的宾汉城，阿里佐纳的比兹比、莫伦奇、格洛布和杰罗姆等四个市镇。

锌的生产是美国一项比较新兴的工业（1873 年初次有了生产的记录）。美国和德国是世界上两个最大的锌的供应地。这项金属的主要用途在于制造铜与锡的合金，制造油漆、镀在钢铁上面以防止生锈。虽然有二十个州开采锌矿，但是五分之二的产品是来自人所共知的乔普林地区，这个地区包括着密苏里的西南部，堪萨

① 美国不仅是世界最大的产铜国家，也是最大的炼铜国家。它向其他一些国家进口铜矿加以提炼。智利是世界第二个产铜最多的国家，它的出口的主要对象是美国。

斯的东南部和俄克拉何马的东北部。[①]

铅是美国在生产方面居领先地位的另一种金属，占世界总产量的三分之一以上。有二十一个州和阿拉斯加都产铅，但是其中多数的产量是小的。密苏里、爱达荷、犹他和科罗拉多出产四分之三冶炼过的铅。工业的进步使纯铅和它的各种合金的用途增加了；正如其他许多金属一样，铅的生产大大地受到了第一次和第二次世界大战的刺激。在和平时期，三分之一的铅被用来做成油漆用的白铅。也正如像其他工业的矿产品一样，铅产量的增长十分可观，它从 1860 年的一万五千六百短吨增加到 1950 年的四十三万零六百七十八短吨。

在其余的金属中，铝已经成为最重要的一种。由于它的坚韧耐用、体轻而不锈的特性，在某些用途方面，比其他的金属更为优越，特别是用于制造烹调器皿和飞机。炼铝的主要矿石铁矾土，大部分是在阿肯色、乔治亚、阿拉巴马和田纳西开采的，虽然平时从英国和荷属圭亚纳进口一大部分。铁矾土经常是要通过很远的途程运来，制成一种带白色的粉末，叫作矾土，然后又转运到有比较廉价电力的炼厂里去。铁矾土的生产和最后炼成的铝，在第二次世界大战时都有巨大的增加，这种增长，是由于田纳西和哥伦比亚两河以及其他各处水力发电事业的进展促成的。

在我们工业生活中占比较次要地位的黄金和白银，亦即所谓的“贵金属”，由于它们促进了人民的移动和新联邦的建立[②]，因此

① 1950 年锌的产量是六十二万三千短吨，约值一亿七千九百万元。

② 见本书第十、第十八章。

在我们的经济和社会历史中起了重大的作用。1848年以前，在美国国土上开采的黄金并不太多(1792年至1847年共有一百一十七万八千一百七十纯盎司)，但是，1848年加利福尼亚金矿的发现，使世界黄金的产量在1852年时增加了四倍，而且美国一直保持着第一位，直到1898年才被南非洲所超过。60年代，加利福尼亚的产量很快地降落了。但是，1859年内华达州卡姆斯托克矿脉黄金的发现，又有助于使全国的黄金产量得以保持。当卡姆斯托克矿的产量达到最高峰时(1859—1869)，每年平均产量几乎有三百万纯盎司。这个平均数在19世纪下降了，直到19世纪90年代阿拉斯加黄金的发现才又恢复。在20世纪的头二十年里，每年的产量介于三百万和四百万纯盎司之间，以后，又降落到1929年的只有二百多万盎司。在实行"新政"对通货加以管理时，人为地提高了金价，大大地刺激了黄金的生产，使它在1939年时上升到五百五十万纯盎司。美国目前主要的黄金资源是在南达科他、犹他、加利福尼亚和内华达。约有三分之二的这项金属是用于货币或维持货币的价格，其余是提供商业上的各种用途。

卡姆斯托克矿发现以后，美国白银的产量突然增多。虽然白银在商业方面的用途有所增加，但是，19世纪90年代以后用作货币媒介的数量减少，使它的价格渐渐地下降了。从1852到1860年间，白银的产量约为五十万零三千纯盎司；20世纪20年代，每年的产量在五千三百万与七千三百万盎司之间。与黄金的情况相同，政府人为地提高银价，刺激了晚近30年代的产量。[①] 在实际

① 1950年的产量约为四千二百四十万零六千盎司，价值三千八百三十八万元。

用途方面，白银现在已经不再是一种贵金属。如果不是由于出产白银的那七个州在国会里安置了参议员去保护这项不太重要的矿产的价格及其未来，那么，它的价格就会低廉一些，而且它在工业方面的经济价值也就会更大，从而将会有利于全国。

水利资源

在美国的经济史和我们目前的经济生活中，水利的重要是不会被估计过高的。水的具有价值，不仅在于它是鱼类和某些产皮动物聚居之所和对于商业提供方便与廉价的运输大道，而且也在于它是供应动力的一个重要因素。这种动力易于控制。可用以满足无数种类的人类需要。除了具有生产动力的用途之外，我们还必须记住，许多类型的制造业都需要大量的水，至少有 75% 的水是作为冷却之用。制造一桶油需要十三桶以上的水；产一吨钢要用水六万五千五百加仑；造一吨硫酸纸需水六万七千加仑。水是没有限量的，也是不会耗竭的。随着人口和工业规模的增加，水的保存问题就更加迫切了。

在殖民地时期，河流是国内商业运输的主要通道，而且在铁路建成以前。水供给了工厂的主要动力①，但是，在 19 世纪 80 年代，蒸汽所产生的动力超过了水的动力。到了 1900 年，各制造工厂所用的动力有四分之三以上来自蒸汽。这主要是由于煤炭资源的开发，使各工厂有可能建筑在最方便的地点。但是，在过去五十

① 见本书第十三章。

年，情况已经大大地改变。电力的迅速发展和使电力有可能运送到广大地区去的发明，又鼓励了人们转回来用水作为首要的动力。

但是，多数的电力并不是用水而是用煤炭或瓦斯生产的。尽管如此，水力发电已经大大地增长。19世纪90年代"控制尼亚加拉"瀑布计划的开始实现和在这方面取得的成就鼓励了其他的一些巨大工程，到今天，在移民比较拥挤的地区，都布满了巨大的电网。水力发电事业的发展已经有了长足的进步，主要的发电站是在下面的四个地区：北大西洋区的梅里马克河，康涅狄格河和哈得孙河河上；圣劳伦斯区的尼亚加拉和其他流入五大湖的河流上；卡托巴河和卡罗来纳山麓的一些河流上，以及太平洋北部的许多河流上。到1935年，美国生产了将近二千五百万匹马力的电力；约等于全世界已发出电的马力的一半。但是，水力发电的可能性目前仍处于幼年时代，科罗拉多河上的博耳德水坝，哥伦比亚河的大古力水坝以及博纳维尔和田纳西许多地方已开始发电的巨大新型电力工程，在一定程度上指出了美国电力事业的巨大潜在力量。已经接用的电力也许还不到一半。

对资源的重新估计

历史上没有一个国家在资源方面像美国这样得天独厚。作为一个庞大工业国家所必需的许多重要矿产，美国都大量地拥有。在它的肥沃的河流区域与广阔的平原上面，它能够生产各种温带和亚热带的粮食，足够养活比现在国内还更多的人口。除了用煤炭和石油发出动力的资源外，它还有巨大的水力储备。在三个世纪的时间内，美国自身已经形成了一个经济世界。今天，它不仅是各国中最富裕和繁荣的国家，比其他国家具有更高的生活水平，而且也是一个实际工资（食物、燃料、居住和衣着）比任何地区更高和更为丰富的国家。

但是，这种富裕和繁荣赖以建筑的原料基础，现在正在迅速地变化。原料的过剩，曾经导致了浪费的开发。许多土壤遭到了损毁，森林受到了任意的毁灭，矿产受到了浪费，国家精华已被耗尽，美国的国民经济，已经发展到使用最基本资源的阶段，在许多重要方面甚至还超过了资源的力量。我们已经由一个资源过剩的国家转变成一个原料不足的国家。我们从前曾一度是大量的铜、铅和锌的出口国家，而今天却成为世界上进口这些金属最多的国家。过去在生铁和石油方面曾一度自足，今天我们却越来越多地要仰给于外国。现在，除了镁和钼这两种金属以外，我们或多或少地都要依靠外国供给一切金属。我们已经由一个纯粹的木材输出国变为一个纯粹的输入国。一个世纪之前，我们出口了原料和粮食，今天，我们却要进口它们。1820 年时，我们的输出中有 60% 以上是原材料，到了 1940 年便只有 15%。1820 年制成品的总数占 6%，而今天却在 50% 以上。进口方面也发生了相反的变化。

前途将会是怎样呢？几十年以来，美国不断增长的人口的正常需要，在粮食、动力，尤其是在由煤炭和水所提供的电力方面还能够得到满足。此外，许多工业方面的需要，特别是以农产品为基础的工业需要，也是能够得到满足的。但是，就是这些也仍然是依赖了科学上已经发明的一切保存的方法。代用品的发展也可以缓和某些原料的紧张情况和满足许多方面的需要。至于矿产品，包括早年自足的石油和生铁这两大项目在内，我们至少还得要向其他地方去寻找一部分的原料。我们绝对能够自足自给的时代已经终结了。未来乃是一个与世界其余部分发生密切关系的时代。

有关统计数字的说明

任何研究经济学的著作，都必须广为利用统计数字，对于这些统计数字的性质，我们必须要很好地加以理解。

金在他所著的《统计方法要义》一书中（第22页）写道：

“统计的主要目的之一在于从大堆事实中给我们提出一个鸟瞰，在于把一些广泛而复杂的孤立现象加以简化，并且把它归入于一种使一般人易于了解的形式。”

要达到这个目的，人们经常使用有关的数学来做出经济的公式和科学的统计，以解释调查机关和其他机构所编制的统计。

还必须对统计表的准确性问题补充一句。我们现在所引用的材料要它绝对准确也许是不可能的。但是我们的目的既是在于对全面作更好的了解，那么，主要的目的便在于得到它们的相对准确性而不是绝对准确性。统计乃是一些估计而不是准确的列举。例如，关于已生产小麦的蒲式耳的数目就不可能得到一个比接近估计还更为准确的数字。此外，不同种类的统计材料在其相对可靠性方面也各有不同。例如已报告的死亡数字是可以相对地准确的，因为法律规定要向政府报告；但是，关于死亡原因的表报，就很不可能是正确的。总之，应该警告读者们小心地去应用某些类型的金融统计数字。例如除非与当时物价联系起来，光谈工资就没有太大的意义。还必须记住，整数的应用有时比实际数字还能给人以更为准确的印象，因为当我们把注意力放在小数字上时，反而会丧失它所要表示的要点，在进行比较的时候尤其是如此。

关于已收集供研究用的统计和事实的简明报道，可参阅 1920 年 9 月份至 1921 年 1 月份《经济统计评论》。该评论的序言说明了关于所采用方法的一些有价值的材料和资料来源。要想对统计的性质只作一清楚的了解而不需要过于专门的叙述，可参阅金所著《统计法要义》第一、二篇。在奥格伯恩和戈登魏塞所编的《社会科学及其相互关系》一书里（1927 年版），有塞利格曼、福克讷、费尔利和奥格伯恩等人所写的启发性的论文，这些论文阐明了统计学在经济学、历史、政治学和社会科学方面所具的功能。

本书所用的统计资料，大部分是来自官方。联邦政府的各部门设有统计机构编制详细的统计报告，而且“国情调查局”设有一批永久性的、专门收集材料的人员。美国商务部调查局出版的年报《美国统计摘要》大量地转载了这些资料。“国情调查局”收集了一些对历史学家们较为重要的资料，载于《1789—1945 美国历史材料统计》（1949 年版）、《制造商调查摘要》和《国情调查摘要》，它们的篇幅没有《国情调查》那样地浩繁，使每次调查的最重要材料更为精炼，比较易于使用。

第二章　殖民的经济背景

商业资本主义的兴起

美洲的发现，是15世纪末的前几个世纪欧洲历史上一系列的事件促成的。文化的、政治的特别是经济的因素，使美洲发现的这一事件成为世界历史的一个转折点。15世纪和16世纪初期，标志着欧洲文艺复兴的顶峰，这是人们对旧制度产生怀疑与不满的一个时期。在政治生活方面，现代化的国家正在封建主义的废墟上建立起来；由于民族国家的建立，结束了中世纪的私人战争，使旅行者和商人得到了更好的保护，缴纳更少的过境税。社会环境的更为安定，鼓励了商务与贸易的扩展；经济生活的恢复，就自然地导致了探险和土地的发现。当时，指南针和罗盘的普遍应用以及地图和航海图的改进，都有助于地理的发现。大约在15世纪中叶所发明的印刷术，便利了科学进步与商业发展新闻的传播。

虽然上面所提到的这些影响都有助于形成欧洲向外扩张的伟大时代，但是，应该特别强调的则是商业资本主义的发展，它使封建主义转变为资本主义经济，从而大大地刺激了殖民事业和海外贸易的发展。放债的行为尽管受到了教会的谴责，但是整个中世纪后期仍然在继续进行。一些大的私人银行家如弗洛伦斯的麦迪琪、奥格斯堡的法格尔斯，都由于经营商业而累积了过剩的资本，从而又转营放款业务。15世纪末叶，弗郎德勒的投机商人在安特卫普开设了一个交易所，进行商品与合股公司股票的买卖。这些商业巨擘和银行家们资助了一些帝王去进行反对他们的封建主的斗争，大大地促进了后来一些巨大民族国家的建立。总之，资本的累积促进了中世纪工商业的发展，从而构成了发现美洲的直接背景。

封建社会的混乱替君主制的民族国家开辟了道路，给予了贸易的扩张和商业资本主义的发展以新的动力。国内情况的日趋安定，大大有利于工商业的发展。这些新的帝王，由于需要金钱去加强他们在国内的地位和国外的威望，鼓励了在他们统治下的工商业的发展，把商业垄断权授给一些愿意承担风险向外国经营商业的冒险家。这些新兴的商人阶层，是在牺牲了旧的贵族身份之下而受到鼓励的。与此同时，“新教徒的叛变”削弱了天主教教会的威望。当时，天主教教会醉心于获得利息和超额利润，并且强调所谓的“公平价格”，以求得到在未来世界中的最后报偿。[①] 凡此种种都为经济的巨大扩张奠定了基础。

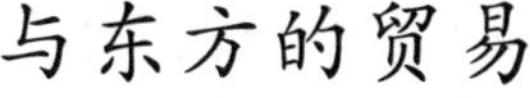

与东方的贸易

至于发现美洲的最重要的直接动力，便是由于欧洲人想寻找

① 陶内在《宗教与资本主义的兴起》一书中对这方面作了详细的叙述。

一条通往东方的迅速而省钱的航路。从商业兴起之日开始，欧洲所需要的绝大部分奢侈品和许多必需品都来自于亚洲。中世纪时，人们对香料的重视，在今天是难以体会的。那时，肉类是用冷藏或腌熏等方法加以保存；但是，那个时期饮食的单调和食品的粗劣，使得人们对调味品和香料产生了十分迫切的欲望，以至于这些东西常被当作帝王之间互相馈赠的高贵礼品。中世纪时，印度马拉巴尔海岸所产的胡椒是一项重要的进口物资，是一项凡是能买得起的人都愿意使用的物品。马鲁古所产的丁香、肉桂、豆蔻，阿拉伯和波斯所产的糖都是比较昂贵的，食用的人也不十分普遍，但是需求量却很大。药剂师从亚洲得到了许多的药材，其中有大黄、香膏、树胶、沉香、荜澄茄和樟脑。欧洲上层阶级人物所佩戴的宝石，几乎完全来自亚洲。然而，与东方贸易的范围并不只限于如香料、药品和宝石等类奢侈品。从那里也可以得到制造业所需要的重要商品染料。靛青是巴格达的主要产品，制造红色染料用的巴西木来自印度。在染色中被认为是定色所不可缺少的明矾，主要是得自小亚细亚，也是东方诸国[①]贸易中最为人们需求的货品之一。一些精巧的制成品、材料和在欧洲驰名的图案也是来自亚洲，其中有大马士革、撒马尔罕和巴格达出产的玻璃与刀器；中国的瓷器；印度、中国、波斯和小亚细亚出产的各种棉织品和丝织品。此外，还有波斯地毯、开什米围巾、丝绸、大马士革花缎、日本漆器，所有这些都证明了它们是东方的命名，并且是最为人们所追求的针织品、地毯、挂毡和家庭奢侈品的策源地。

① 原文是 Lerant，指地中海东部沿海诸国。——译者

当时欧洲用来交换这些产品的货物，只有毛织品和如砷酸、锑、水银、锡、铜、铅等类矿产及金属。虽然这些产品在东方很受到珍视，但是由于它们的沉重和体积的庞大，远程的陆路运输既不经济而又十分困难。与此相反，黄金和白银却是最容易运输的，因此就常常被人们自由地用来支付贸易差额。贵重金属之所以能从欧洲运到亚洲，乃是由于中世纪时欧洲的货币制度还不很发达的原因所造成的。但是，金银的不断运入亚洲，无疑地就使这些金属在欧洲日渐稀少；这一情况，直到墨西哥和秘鲁的矿产开发以后才得以消除。

虽然与近东和远东的贸易是中世纪经济生活的一个主要因素，但是，欧洲人对于亚洲或是对于通向那里的道路却知道的很少。古代时商业虽然已经很发达，但是，由于第五世纪野蛮人的入侵和以后发生的一系列的冲突，这项商务就大部分中断了。11 世纪时，经济生活的普遍复苏才重新带来了活力，恢复了与东方的贸易。“十字军”(1095—1270)在这方面起了巨大的促进作用。“十字军”不仅在介绍亚洲的文化与产品方面扩大了欧洲人的知识和眼界，还为意大利人因进行这种贸易而获得繁荣奠定了基础。意大利半岛极南部的一些城镇立刻显得重要起来，其中有那波利湾的阿马尔菲城，第勒尼安海上端的热那亚和亚德里亚海上端的威尼斯。

中世纪的通商道路

东方的产品，通过了三条主要的商业要道而到达欧洲。其中以中央的那一条在中世纪的大部分时期里是最古老和最重要的。人们把商品从印度和远东收集起来之后，便运到波斯湾港口的奥尔麻斯，再运到底格里斯河口的波索拉，顺河而上运到巴格达。从巴格达起，路途就像扇形般地展开来，往北可以到大不里士，往西可以到安提俄克、大马士革或雅法，再往西南就到亚历山大。南面的那条道路主要是一条海道，从印度跨越阿拉伯海而到红海。在多数情况下，货物是在西面的海岸着陆，改用结队的驿站马车运到尼罗河，顺流而下到达开罗。这一路线，虽然在航行方面有些困难，是最迅速和最便宜的，而且在中世纪之末，也是最重要的。北面的那条路线完全是一条陆路，实际上是从印度和中国内地各省来到里海，顺伏尔加河而到俄国中部和波罗的海，或是到黑海然后再进入欧洲。

出此可见，东方贸易的终点是黑海的特拉布松，博斯普鲁斯河上的君士坦丁堡、安塔基亚、贝鲁特、的黎波里、罗德西亚、叙利亚海岸的雅法和尼罗河河口的亚历山大。西班牙、法国和意大利的商人来到这些城市，或者甚至去到内地的大马士革和阿勒颇城与那些结伴的马队相遇，购买那些在途中没有被风雨损坏或未被海盗没收的货物。沿这一条为东方国家所行经的道路而进行的大部分贸易，从公元1000年到1500年的五百年中都操纵在意大利商人的手里。威尼斯、热那亚和彼萨这三个城市争夺着这项贸易的优势地位，而佛洛伦斯便成了一个银行业与制造业的中心。那些来自东方的货物，从这些意大利的城市通过两条主要的途径分别运到欧洲的中部和北部。德国商人经营着来自威尼斯和热那亚的陆路转口贸易。他们经常走的路线是通过圣哥达山口而到巴塞尔、康司坦茨、斯特拉斯堡，再顺莱茵河而下；或是通过勃伦纳山口而到慕尼黑、纽伦堡或法兰克福。除了从陆路上通过阿尔卑斯山的路线外，大量的贸易是从海道与里斯本、布鲁日和伦敦等城市进行的。至于欧洲北部方面，中世纪贸易最后经过的路线是“低地国家”[①]的安提卫普、布鲁日和根特等城市。从这里再把地中海和波罗的海的货物分途到英国和法国各地。

商业革命

以上，我们的任务在于：第一，指出东方的贸易对中世纪欧洲的重要性[②]；第二，说明欧洲中世纪的贸易中心是在地中海盆地。至于这个贸易中心是怎样从地中海移转到大西洋从而产生了一次“商业革命”，则有待于进一步的说明。这里就牵涉通往东方的新通商航路以及美洲大陆的发现。

在发现美洲大陆和发现通往东方的新航路的许多因素当中，有一个是最突出的，那就是：欧洲渴望获得亚洲的产品，而按照当时的航路，要获得这些产品，费用既大，又很困难。于是，发现一条更为省费和更为迅速地到达东方的航路就成为十分迫切了。那种认为1463年奥托曼治下的土耳其占领君士坦丁堡以及把他的

① 即现今的荷兰与比利时。——译者

② 要说明东方的通商航路仍然是一个重要的问题，只要注意苏伊士运河的历史，以及德国如何想利用柏林—巴格达铁路插入这条航路的企图就很够了。这一重要性在第二次世界大战时从来没有被人们忽略过，巴勒斯坦与幼发拉底河流域的竞争就说明了这一点。在二十年之后，当意大利加入了战争，要想统治地中海以破坏英国对直布罗陀、埃及和苏伊士运河的控制时，英国的生命线又一次受到了威胁。

统治势力扩张到叙利亚和埃及后就关闭了旧的通商航路，从而加速了新航路发现的旧的说法，现在已经不为人们所接受。事实上，通过叙利亚和埃及的那一条航路，是在哥伦布发现美洲大陆一个世纪之后才由奥托曼治下的土耳其去加以统治的。毫无疑问，土耳其在那里增加了对外国商人的税捐，提高了关税和过境税，但是，威尼斯和其他一些意大利城市的商业在16世纪的这一时期内一直是繁荣的。此外，利布耶尔教授的调查已经指出：土耳其征服那些地方以后，并没有对东方的贸易进行严重的干涉，并且欧洲的东方商品的价格也没有上涨。与此相反，利布耶尔教授指出："在那些大探险家和他们的忠实支持者的心目中，有关宗教、十字军、征服和冒险等方面的动机，也许胜过了寻求香料的动机。"关于这个解释，还有许多地方值得争论。[①] 即使对土耳其的干涉完全不给予考虑，那些旧的通商航路也还有很多的不便，这就为第15和第16世纪中探险活动的兴起提供了重要的动力。

虽然意大利的旅行家如哥白尼和马哥孛罗一家三人曾经给欧洲增加了许多有关亚洲的知识，意大利的绘图家也画出了一些准确的地图，但是，发现到达东方那条新路的人却是葡萄牙人。葡萄牙人是一个经常航海的民族，对于北非洲的大西洋海岸并非完全无知，他们受到了"航海家"亨利王子的热情鼓励。亨利出身于葡萄牙的上层统治阶级家庭，具有不平凡的经商能力、探险家的天才和传教士的热情。他曾经连续地派遣探险队去向非洲西海岸进行

① 利布耶尔：《奥托曼土耳其对东方通商航路的影响》，载1914年《美国历史学协会年鉴》，第1卷，第125—133页。

探险。但是，直到1487年，迪亚士才发现了他所说的狂飙角，亦即后来葡萄牙国王约翰第二所命名的好望角。十年之后，达·伽马绕过好望角，逆流而上到达东海岸，1408年抵达印度。这条通往印度的新航路完成以后，贸易很快地发展起来。由于葡萄牙所占的战略地位，再加上这条新航路的运费极为低廉，就使对东方的贸易落入葡萄牙人之手，并且使他们很快地由此而奠定了东方王国的基础。他们统治着这个王国直到西班牙和葡萄牙王冠的联合。自从到东方的新航路开辟以后，世界的贸易中心就从地中海移转到大西洋。诚然，威尼斯在以后的一个世纪里继续成为一个繁荣和重要的运输枢纽，但是，它对东方贸易的丧失，却是一个严重的打击。经营东方贸易的商人都离开了里阿托而到繁盛的里斯本港去。从前属于威尼斯的光荣，现在已经移转到大西洋的一些海港上来了。

美洲的发现

梦想通过一条近路到达东印度群岛而发财致富的国家，不止葡萄牙一国。在达·伽马到印度划时代的航行以前，西班牙的费丁南德和依莎伯拉征服了摩尔人不久以后，就放弃了建设一个伟大的西班牙国家的计划，答应援助意大利的航海家哥伦布去进行航行到西方的计划。正如一切有学问的天文学家和哲学家那样，哥伦布相信地球是圆的，而且认为向正西方航行便可以到达东印度群岛。他说："我常常从书里看到拥有海洋和陆地的世界是圆形的，正如普托莱米和其他人的研究所证明的那样。他们的证明是通过从东方到西方的月食和通过从北到南的‘极’的升起以及其他的观察方法得到的。”当然，他的结论是正确的，但也并不是新的。错误在于他把世界想象成一个比后来发现的体积还要小得多的一个圆体。哥伦布的伟大，不在于他的理想的具有创见性，而是在于他冒险航海的勇气和他对于执行计划的坚定性。1492 年，他驾着三条小船向西航行，最后到达了也许是巴哈马群岛当中的一个岛上。他认为已经到达了东印度群岛的外围岛屿，曾三次回国，但只遭到了人们对他不能一直到达印度所表示的失望。

哥伦布的努力受到了意大利航海家约翰·卡伯特的竞争。卡伯特当时受雇于英国亨利七世，受命向正西方航行去寻找“西班哥”[①]，但是，他只在拉布拉多荒芜的海岸登陆。甚至在巴尔博亚 1513 年发现了西面的大洋和麦哲伦的船维多利亚号向地球航行了一周(1519—1522)在世界航海史上创建了最伟大的功绩以后，在一百年的时间内，探险家们仍然继续不断地去寻找通过或绕过美洲到达亚洲的新航路。对通往东印度群岛的航路的寻求，导致了维拉查诺(1524)、卡尔蒂埃(1534)、佛罗比西尔(1576—1578)、戴维斯(1585—1587)和哈得孙(1609)等人的探险。

虽然他们并没有发现通过美洲大陆到达中国的天然通道，但是，这些航行给欧洲人提供了有关今天美国海岸和东部海岸圣劳伦斯河与哈得孙河两大河流的第一手知识。

商业革命，包括美洲的发现在内，对于经济史产生了不可估量的影响。这里只能就其中最为重要的略加叙述。通向东印度群岛

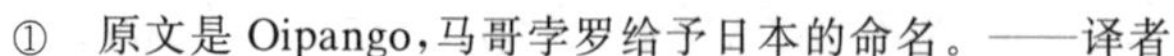

① 原文是 Oipango，马哥孛罗给予日本的命名。——译者

新航路的比较低廉的水道运输费用，降低了东方货物的成本，使这些货物有可能更为普遍地为人们使用。远洋航行推动了更为高大和坚固的船只的建造，这些船只能够把体积庞大的和以前为人们所不知道的茶叶、咖啡、玉米和烟草等商品很合算地运到欧洲。所有这些影响都有助于商业资本主义的发展和经济帝国主义的增强。商业的发展有助于商品运输方法的改进，使新的工业得以兴起，增加了产品的制造——所有这些，使古老的行会制度濒于破产，甚至在农业方面也受到了新作物和有必要养活因商业活动扩大所增长的人口这两者的刺激而增加了生产；奴隶的贩卖也复活了起来，去供应新大陆大农场上所需要的劳动力。美洲的发现对于墨西哥和秘鲁的掠夺也有着重大的关系。从新大陆矿山里不断流出的白银，使欧洲肯定地有了货币经济的基础，并且使商业资本主义得以延长其寿命，使欧洲因渐渐地丧失贵重金属而日益衰退的远东贸易也得到了复苏和繁荣。金银的突然涌入，促成了物价的上涨。由于工资与租金的落后于物价[①]，商人、工业家和其他企业家都获得了巨额的利润。这又转过来刺激了工商业，其结果几乎影响到经济和社会生活的每一方面。

近年来，人们着重地对“商业革命”和新大陆的发现所产生的影响作了一个全面的解释。[②] 这种解释牵涉到西欧（英国）和一个新边界的关系，这个新的边界带给西欧以新的产物，新的财富，

① 亚当・斯密在他 1776 年的著作里坚持地认为：“美洲的丰富矿产的发现几乎是使（1570 与 1640 年间）银价与谷价之间的比例减少的唯一原因。”见《国民财富的性质和原因的研究》，伦敦凯南出版社 1904 年版，第 1 卷，第 191 页。

② 韦伯：《伟大的边疆》。

新的和更多的贸易，并且为它的产品与人口提供了新的出路。从经济方面看来，欧洲在15世纪之末的文明按现代的标准来说是静止不前的。那个地区“挤满了人”，劳动力供应过剩，而且人口对于生存物资产生了巨大的压力。商品供应不足，生活水准也很低。但是南北美洲、南非洲，澳大利亚和新西兰都相继发现了。所有这些地区的土著人口为数很少，而且增长得较慢，这样，就可以由欧洲迁入移民而置他们于不顾。从而使母国产生了一种经济的、社会的和文化的革命以及一个长达四百年的繁荣时期。从这里可以引出近代历史的无数流派。今天，世界正处于这个长期的经济繁荣的末端，而且很多的问题都可以从这一事迹找到其根源。

有关政治与帝国历史，我们在这里还要补充一句。商业革命对欧洲的一个阶级产生了最大的影响。当帝王与贵族们为争夺那些殖民地王国而战斗的时候，资产阶级或城市居民，亦即正在抬头的新兴中产阶级却得了利益。每一个国家里依靠工商业为生的人数迅速地增加起来，而且开始了中产阶级排斥贵族地主阶级的利益而在政治上和经济上取得较高地位的长期过程。在帝国政治的舞台上，“商业革命”揭开了一系列为占有殖民地和商业权力而斗争的序幕，在这些斗争中，海上优势从葡萄牙移转到西班牙，以后，在荷兰起义的时期，再由西班牙移转到荷兰。但是，英国和法国的民族精神和海上力量都在继续增长，这两个国家都向那个富足而国土很小的共和国开火，直到使它实际上处于瘫痪的状态。荷兰被打败后，英法之间又连续进行了七次巨大的战役，战争从1689年开始，直到拿破仑被推翻为止，这就使英国得以称霸海上，并且成为第一号的殖民强国。但是，所有这些国家，虽然放弃了他们的海上霸权，却都保留了他们殖民王国势力的某些部分。

向美洲殖民的各种动机

当欧洲人渐渐地认识到新发现的那块土地并不是东印度群岛而是两个巨大的美洲大陆的时候，不仅政客们梦想着要去建立新的帝国，武士和商人们梦想着要去获得新的财富源泉，就是一般平民也开始想跨过海去建立新的家庭，以逃避旧世界对他们在宗教、政治和经济方面所施的暴政。因此，殖民的动机是多种多样的——常常是宗教的、政治的和经济的动机错综复杂地混合在一起的。

“革新运动”[①]时代，乃是宗教动机极为强烈的一个时代。王子亨利派遣舰队出去，并不仅是为了要去寻找东印度群岛，也是为了要去寻找寓言里所说的基督教王国的普莱斯特·约翰国王[②]。达·伽马说：“我们是来寻找基督徒和香料的。”早年西班牙征服者和探险家们满怀着的黄金狂热是混合得有强烈的十字军精神的。哥伦布说：“黄金是再好没有的东西。黄金就是财宝，有了它的人就可以在这个世界上为所欲为，并且帮助灵魂进入天堂。”[③]法国“耶稣会”的僧侣们作为经营毛皮商人的先行而穿越湖泊河流，沿途替人们洗礼。宗教的热情甚至于动摇了那些更为平凡的

① The Reformation，指16—18世纪欧洲发生的对旧教的改革运动。——译者

② Prester John，中世纪传说中的远东的基督教国王。——译者

③ 见《第四次航行》一书和他在1503年7月7日写给费丁南德与伊莎伯拉的信。载《美国早期历史原叙丛书》中的《北欧人哥伦布与卡伯特》一书，第412页。

英国人。德雷克与霍金斯搜索过“西班牙海岸”[1]去战胜旧教徒，同时也是为了收集战利品。后来，许多人都和“弗吉尼亚公司”的经理们同样地认为那种殖民办法的首要目的乃是“去传教，并且使人们受洗礼而加入基督教，而且通过圣经的宣传去把一些穷人和可怜的生灵从魔鬼的手中拯救出来，这些人几乎是令人难以置信地愚昧无知，至死是受到蒙蔽的”。[2]

这些僧侣为移民而开辟新航路的工作是不应该被估计过低的。在促进殖民事业方面比十字军的精神还更为重要的因素，却是那种为了避免国内宗教迫害而企图获得自由的欲望。分离派和清教徒建立了新英格兰以获得宗教上的自由；但是清教徒对异教的排斥转过来又把罗吉·威廉斯和他的教徒赶到罗德艾兰去，并且驱逐了安妮·哈琼孙。“清教徒主义”把骑士派赶到了弗吉尼亚，把英国的“天主教”派赶到了马里兰。法国的新教徒逃难到两个卡罗来纳州，而教友会派、孟诺派、摩拉维亚派和其他的一些教派则在宾夕法尼亚、新泽西和其他的地方找到了栖身之所。

政治上的动机也产生了作用。每个国家都想为自己去尽量地获得更多的新土地。13世纪殖民地上的人们，受到了鼓励去阻止西班牙人向北方前进和法国人向南面与东面而来的压力。16和17世纪时，西班牙、法国、英国和荷兰的四角争夺，大大地有助于

---

① “西班牙海岸”这一名词的正确意义是指加勒比海沿岸的地方，但有时人们也用以指加利比海。

② 引自下面一段：“在弗吉尼亚开始了对殖民目的的真诚宣言……这个宣言是由殖民长官和议员们公布的。”材料由亚历山大·布朗供给，见《美国的起源》，1890年版，第1卷，第339页。

加速对美洲的占领。常常由于宗教教义所产生的政治思想的分歧,也把许多人送到“新大陆”上来。

比宗教和政治还更为重要的便是经济上的动机。正是为了要寻求去到远东的新航路,才首先导致了美洲的发现;在以后的一个世纪里,正是为了要从美洲大陆上去寻找一个出口的欲望才导致了卡尔蒂埃、弗洛比西尔、戴维斯和其他一些人的探险。当1519年柯特兹在墨西哥和1531年比查罗在秘鲁发现了大量的金银之后,西班牙的主要动机便是去对这个收入的源泉进行探险。在早些年里,新西班牙的国家基础便是建筑在这些贵重金属之上的。早期的英国探险家们也并不是不想发现金银,很快地发财致富的。这些人的欲望,由于他们西班牙的对手得到巨大的财富而增强了。

欧洲渐渐地认识到黄金不是从美洲可以得到的唯一有价值的产物。人们相信,甚至在哥伦布的发现以前,英国和法国的渔船就已经向西航行,一直到了发现大量产鱼的地方。15世纪时,当然,很多国家的捕鱼舰队曾经从那些大河堤地区获得了财富。不久,皮毛贸易就形成了在价值方面甚至于能与黄金相抗衡的一项交易。美洲的食糖、烟草、可可和其他许多产品,包括木材和航海的必需品(沥青、松脂、树脂、绳索、桅杆和木料)在内,显示了两个美洲是欧洲的一个有价值的原料供应地。在欧洲制造业发展的同时,人们体会到殖民地是母国棉织品和工业品的一个市场。在列举英国能从大西洋以外的殖民地得到的各种利益时,乔治·贝克姆爵士写道:它将会复兴尤其是促进“缝衣业、羊毛商、纸片商、纺纱商、织布商、漂布商、剪毛商、染布商、绸缎和制帽商的贸易”,而且会使“许多衰退的城镇”恢复起来。[①] 1606 年以前，有一本名叫《关于筹款支持弗吉尼亚殖民地理由》的小册子的作者把殖民地说成是“适宜于我们货物出口”的地方。[②]

以上所说经济方面的动机，在某种程度上牵涉到私人与国家的利益。其他的一些经济动机更为直接地涉及私人的利益。企图逃避政府和公会规章制度对经济方面的限制、希望到另一个容易取得土地的地方去改善财富状况和避免劳动成果被封建主攫取等等，都是对于贫穷而具有雄心的人们的一种诱力。贵族的后裔和没落的士绅们都看到新大陆会提供他们创造财富或是开始新生活的机会。

16 和 17 世纪时，人们也相信英国人口过剩了。事实上，的确也是如此。人们也相信殖民地可以为过剩的人口提供天然的出路。当代的作家们特别强调了人口过剩与失业的危险。有一部名叫《新不列颠》的作者写道：“我们的国土里充满了无数的懒汉，他们没有劳动的手段去解除自己的贫困，却干了一些粗野和无聊的勾当。因此，如果不找出一些办法让他们到外国去就业，我们就得很快地为他们的不良行为准备更多的监狱和感化院。为了要避免美国无数的人们在国内干那些欺骗的勾当，使国家遭受祸害与贫穷，使人们互相传染比瘟疫还更坏的罪行与卑鄙行动，这样做并不是什么新的事物，而是对国家极为有利的。”[③]1572 年的一项法令

① 贝克姆：《新开拓地的实况》，是 1583 年发表的一本罕见的小册子，转载于《历史问答丛刊》特刊号，第 17 卷，第 68 号特刊，1920 年版，第 43 页。

② 尼耳：《弗吉尼亚、维塔斯塔》第 30 页。

③ 《新不列颠》转载于《美洲殖民简论》，第 1 卷，第 6 期。

也像半世纪以前的某条法令那样地埋怨说英国充满了“流氓、无赖和受尽折磨的倔强的乞丐”。① 据估计，伊丽莎白在位时，英国的游民有一万人之多，每年被处绞刑的有几百人，还有更多的人受到了法律的严厉惩处。

许多因素使得在一个长时期里失业很普遍。其中的一些因素便是亨利第七在位时驱逐了一些封建的扈从，中世纪领主庄园制度的逐渐崩溃，修道院的解散和修道院捐款的停止，农田土地的被圈入牧羊草地，以及伊丽莎白时战争的结束。这样地被剥夺了一贯所从事的职业的许多人于是变成了强盗、乞丐，或者成为社会的负担。对于这种人，美洲给予了他们以希望，而且执政者是不会不愿意舍弃他们的。②

要根据当代官方文件去准确地判断导致美洲殖民的各种因素所占的比重是不容易的。人们对殖民的动机是各不相同的，而且某一时期所产生的重大影响，在另一时期又会是不太重要的。那些为鼓励殖民而写的宣传小册，企图概括所有的论点去迎合一切的人们。然而，归根结底，我们可以有把握地说，绝大多数人（不论是帝王、贵族或是平民）对美洲发生兴趣的主要动机都是经济方面的。对于商人冒险家来说，是为了利润；对于那些正直的移民来说，是要想到新大陆去寻找机会，希图得到一个较好的生活。

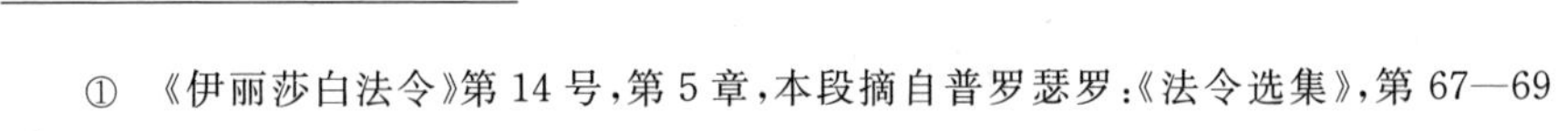

① 《伊丽莎白法令》第 14 号，第 5 章，本段摘自普罗瑟罗：《法令选集》，第 67—69 页。

② 参阅弗雷德里克·提克纳：《美国社会及工业史》，1915 年版，及特雷尔：《英国社会》，1910 年版，第 3 卷，《乞丐》项下索引。

第三章　美洲的殖民

西班牙的殖民制度

四个国家——西班牙、法国、荷兰与英国——都力图去统治北美洲大陆。他们之中的每一个国家都曾经在今天美国的土地上有过殖民区；而且每一个国家都曾经努力在美洲土地上再产生一个新西班牙、新法兰西、新荷兰和新英格兰，它们都在美洲大陆上留下了自己的文化迹印。虽然这四个国家的政治家们都完全相信有必要对殖民地的经济生活加以管理，但是，这一信念，没有其他国家比西班牙本国政府对待其殖民地那样执行得更为极端的。从1503年到1717年，西班牙政府曾经规定：绝大多数与殖民地往来的商业，都必须经过塞维利亚城。在很长一个时期里，进入美洲大陆货物的入口限于墨西哥海岸的维拉，克鲁斯和巴拿马海峡的贝洛港两地，前一个港接纳运往墨西哥的货物，后一个港口接纳运往南美洲的货品。

到了1561年，由于西班牙海湾沿岸海盗的猖獗，政府便建立了每年遣派舰队巡航的制度，这个制度维持了几乎有两个世纪之久。每一年，有两个运输队在战舰的保护下开往西印度群岛，在那里又分为两队，一队开往维拉·克鲁斯，另一队开往贝洛港。船队到达贝洛港的时候，也是当地每年举行集市的时候，那时，从秘鲁矿山里开采出来的白银就“像一些不怕遗失的石堆那样放在地上”，用以换取来自西班牙的酒类。无花果、橄榄、布匹、生铁、水银和奢侈品。在返回的航程中，除了主要的货物金银以外，还带回染料、食糖、皮革和药材。

由于政府对火药、食盐、烟草和水银实行垄断许可制，对出售的货物征收消费税，对进出口货物平均征收25%的税率，对金银矿的产量征收五分之一的皇家采矿税，使商品进一步受到了限制。在殖民地上，橄榄、葡萄、烟草和大麻的种植是遭受禁止的，殖民地之间的贸易也是被限制的。整个的贸易制度受到了高度的人为控制。但是，当英国人和荷兰人在西印度群岛获得立足点，以及英国在1713年通过亚西安托获得了向西班牙属美洲贩运非洲奴隶的垄断权之后，走私盛行，严重地破坏了整个的贸易制度。

人们很容易过分强调黄金与白银对西班牙属美洲的经济生活所起的作用。[①] 虽然金银构成了出口的主要项目，但是，西班牙政府并没有忽视建立农业性的殖民地。殖民主义者们也没有完全去从事这些贵重金属的采掘。绝大部分的人口仍然以经营农业和牧

① 但是，对欧洲的影响确是极为重要的。这种从拉丁美洲和从其他新发现的土地上涌入的贵重金属，使物价结构发生了革命性的变化，而且在很多方面加速了经济的发展。据韦伯在《伟大的边界》一书第19页中所作的估计，1493—1940年出产的金银价值为四百七十三亿八千二百三十一万六千二百五十二元。这个数字，他是按照1701年以前黄金每盎司价值二十点六七美元和白银每盎司按一点三八元计算得出的。从1701到1934年，他使用了当时这两种金属的市价；那个时期以后则按黄金每盎司三十五元，白银每盎司零点八九五八元来计算的。

场为生，所获得的产品，包括皮革、玉米、美洲沉香或龙舌兰、食糖、可可、香草和染料在内，比这些金银矿的产品还更有价值。围绕着采矿和农业这两项基本工业，建立起了繁荣乃至于丰富的文化。那时北部的英国和法国却还在为维持最低的生活而斗争！

早期西班牙属美洲的经济单位叫作“保护地”（encomienda），这是一种土地的授予制度，附有使用一些印第安人的权力。这种制度自哥伦布在西印度群岛开始使用以后就扩大了范围，几乎普遍地使用于美洲大陆。在这种制度之下，印第安人被强迫去替他们的西班牙主子耕田、牧牛和开矿。虽然西班牙曾做了一些努力去限制这种“保护地”制度的实行时期，并且颁布了一些有关对待印第安人的详细章则，禁止奴役他们，并且劝告他们成为基督徒，但是，可以设想，在这样的一种制度下，土著人会怎样地流为农奴和经常受到十分残酷的虐待。一大片拥有落后土著人民的土地被少数醉心于积累财富的冒险军人征服以后，就不可避免地移植了这些人所熟悉的唯一政治制度——欧洲的封建制度。

西班牙人并不像英国的殖民者那样去消灭或赶走印第安人。而是使他们的大多数人变成了农奴。根据“印度群岛委员会”的历史学家维拉斯可的统计，到了 1574 年，距征服墨西哥还不到三代人的时期，新大陆上就有了二百个西班牙的城市、乡镇和采矿的殖民区，包含着十六万名西班牙人在内，其中有四千名是“保护地代理人”（即印第安人农奴主），其余的是移民、矿主、商人和军人。他们在八九千个乡村里统治着大约五百万个印第安人。这是距普利茅斯建立半个世纪以前的情况。由于西班牙人和印第安人并肩定居的结果，他们终于大量地混合起来，以致大部分西班牙的美洲人成了这个民族的混血种。

虽然西班牙文明的影响主要及于拉丁美洲，但是，这种影响在今天的美国国土上也同样存在着。佛罗里达和加利福尼亚的柑橘果类的种植、西印度群岛的制糖业、美国西南部的养牛场和牧羊业，都是由西班牙人创始的，而且目前也还可以追溯出他们对于法律和建筑方面所产生的影响。在所有的这些方面，起最主要作用的一般是那些传教士，他们构成了传播西班牙文化的先锋。此外，西班牙对第一批永久性的白种人的移殖和美国国内的初期探险也是具有功绩的。

法国对美洲的殖民

在维拉热诺的航海几乎有一个世纪以后，法国才于 1608 年在魁北克第一次建立了永久性的殖民区。但是，法国人的探险天才和善于统治的才能在以后的年代里显著地表现了出来。由于受到爱国主义、传教士的热情和为贸易开辟更多新领土的欲望所支配，法国的僧侣和探险家们驾着小船沿圣劳伦斯河逆流而上，顺五大湖而进入密西西比河。直到那一世纪之末，法国的驿站从密西西比河河口的新奥尔良一直伸展到苏必利尔湖西面的莱迪孙堡，东面到达新斯科舍。

法国人作为殖民主义者比不上他们作为探险家和传教士那样地成功。法国人作为整体来说是不太注意于殖民事业的，那些原来可以移殖而受到迫害的新教徒却又被禁止到美洲来。然而，法国在这方面失败的最主要原因也许是在于经济资源问题。新法兰西的经济支柱是皮毛贸易。对于那些具有创造性的法国人来说，圣劳伦斯河流域的恶劣气候与坚硬的土壤给他们的诱力是很小的，而在美洲边远的地方盛产各类的皮毛。为了追逐这些产品，法国人总是向内地深入。由于善于适应环境，法国人常常会在行动和服装方面影响印第安人，把他们引上远征的道路，同他们在一起生活，并且相互通婚。这就使得法国人不仅赢得了大部分的皮毛贸易，而且赢得了除易洛魁族以外的几乎所有印第安种族的友谊。如果说从新法兰西可以得到财富的话，那一定是从皮毛贸易得来的。不论贵族或农民都从事这种贸易。至少有三分之一的人口从事于这种商品的收集和运输。

由于皮毛贸易是财富的主要源泉，它也就构成法国殖民地弱点的一个主要因素。只要经营生皮比较获利，就很难使移民们对农业发生兴趣，从而缺少了永久性殖民的最可靠的基础。英国在1754年所号称的一百三十万个移民当中，十分之九从事于农业。他们沿着海岸密集地住在一起，稳定地居住下来，而法国却只有八万人散居在沿河地区和五大湖以及从密西西比到新斯科舍一带。除了获得最低限度的生活以外，农业被忽视了。他们对于渔业还比较重视，但是，在新法兰西，除了家庭工业之外，几乎没有什么制造业。

从1600年到1663年，法国对美洲大陆的殖民和探险事业是操纵在一些大商业公司的手里，最出名的一家叫作“百家联合公司”。自从那个时期以后，行政就为国王所接管，成立了一个极端专制与权力集中的政府。为了把法国的贵族政治制度移植到新大陆，李色里耳在发给“百家联合公司”的执照时创设了一种贵族式的等级。在沿湖和河道地区发给了“领地”，以诱使那些小贵族留住在美洲。在这些领地住上了人的期间，所有的农人移民通常都住在离开湖泊与河流背面大约半英里的一条线上，他们田地的一端倾斜于水边，另一端则靠近森林。这种领地在靠水的地方通常有四个“阿尔板”（arpents，古代法国度量衡名，合七百六七八英尺），宽有十个“阿尔板”（即一千九百二十尺）。这种狭长形的为法国人所独有的土地，有双重的存在原因。这样，比较不易受到印第安人的袭击，使他们就没有必要拥挤在设有防御工事的乡村里，同时，他们喜好交往的性格又使他们互相聚居起来。

随着这些领地而来的便是封建主义的残余势力。土地租用人是要向地主缴纳地租的——当然，为数很少，而且一般是以实物付给——每年要替地主工作一定的时期，照料地主的磨房，每捕获十一尾鱼就送给地主一尾，并且缴纳其他的封建杂费。虽然这种制度的残余一直留存到英国征服美洲的半个世纪之后，新法兰西的情况与西班牙在美洲的情况却有所不同，它还不是封建主义兴盛的一个地方。由于空地很多，皮毛贸易的诱力很大，在这里，要想把封建主义强加在这些居民身上的任何企图都是注定要失败的，而且农民们向地主所缴的地租几乎已经少得失去了实际的意义。那些并不见得比租户更为富有的地主们，不得不用自己的双手去耕种土地，或是改营皮毛贸易以谋生。与领土制度和独裁政府俱来的便是“父道主义”。移民们被教导说不要依赖自己而是要去依赖本国政府。因而不久之后他们对经济问题就丧失了主动性。由于他们的贸易受到了烦琐规章的束缚和政府垄断的控制，因此私营的工业企业就被窒息，而且法国统治下的加拿大从来就不曾繁

荣过，这是毫不足怪的。这种制度的和经济的背景，深刻地说明了新法兰西为什么终究会被英国征服的原因。

荷兰对美洲的殖民

荷兰人想分享美洲贸易利润的企图，最后导致了他们在哈得孙河流域的殖民。代表着荷兰东印度公司利益的亨利·哈得孙，早在1609年就对那条因他而命名的河流进行过探险。阿姆斯特丹的一些具有企业心的商人，1614年成立了一个叫作新阿姆斯特丹的贸易站。1621年，荷兰在美洲的利益由荷兰西印度公司接管。这是一个庞大的私营公司，荷兰总督授给这家公司的商业垄断权不仅只限于沿海，而且还包括着回归线以南的非洲海岸在内。这家公司经营黄金、热带产物和奴隶买卖，拥有数百艘缉私船，养活着一只陆军和一只强大的海军，用它们去同西班牙和葡萄牙作战。这家公司发觉哈得孙河流域的皮毛贸易只占许多营业当中的一个小项目。因此，公司的董事们对沿河流域并不太感兴趣。这种态度，可以从这个公司对总督提出的忠告里看出来。它忠告总督不要同西班牙保持和平，强调指出他们的目的并不在于“和印第安人进行微不足道的贸易，也不在于对无人居住的地区去进行缓慢的开垦”，而是要“向西班牙国王和他的臣民的船只与财产采取军事的行动”。[①]

尽管这家公司对哈得孙河流域不感兴趣，在那里却做了许多

① 布洛德海德：《公文汇编》，第1卷，第62页。

有关贸易和殖民的事情。这家公司1622年在今天阿尔巴尼的旧址建立了奥仑治堡贸易市场；1623年在曼哈顿岛建立了一个乡村，后来不仅只在哈得孙河流域，而且也在摩霍克、长岛和特拉华湾沿岸建立了殖民区。但是，目的在于积累红利的西印度公司，主要的兴趣并不在于在这个国家进行殖民。由于皮毛贸易可以获得最大的利润，因此，公司和它的代理人都把主要的精力集中于促进这项贸易的发展。后来也经营了一些造船业，终于促成了一些繁盛的农业村镇的建立。

初期的新荷兰的农业好像不是通过租佃的方式而是由公司里工作的雇员们去进行的。公司既拥有农场土地，也拥有土地的股票。在建成了一些贸易站之后，公司对发展殖民事业就感到了较大的兴趣。1629年提出了一个土地占有权的计划。公司的任何人员，只要愿意自备费用，带领五十个人到美洲去就可以在河岸的一边或是河岸两边各占一半的地点领取十六英里长，宽度不限的一块土地。在这样的鼓励下，许多富有的荷兰人，包括阿姆斯特丹的珠宝商基琏·樊·伦赛勒耳在内，就在哈得孙河流域开拓了大片的地产。政府也给予这些土地领受人或地主以土地所有权和附带的行政权。地主们可以开设领主法庭，而佃农则保留有向公司上告的权利。地主也可以设立乡镇和指派这些乡镇的官吏。在他们的地产上，地主有纺织垄断权和其他贸易的特权。在这里，也正如像在新法兰西和新西班牙那样，想把欧洲的封建制度移植到新大陆上来。在这个制度之下，公司里最有势力的人不久就控制了哈得孙河流域最好的土地。这里我们就可以找到一直延续到19世纪的纽约大地产的起源。它们的影响可以从纽约州的经济史里

看出，这也就是从 1830 年到 1840 年反地租战争的原因。

这些从来没有像其他欧洲人那样完全接受过封建制度的荷兰人，对领主贵族和“西印度公司”的不能令人习惯的控制感到了愤怒。领主制度从一开始就十分不得人心。1640 年，公司企图对它加以修改，减少了领主的土地范围，而且增加了一个小地主阶级，他们只能拥有二百英亩土地，由他们自费带来的五个人去耕种。1650 年时，又进一步努力增加了小农户的人数，即给予移民一块土地、农具和牲畜，双方默认，由移民付给一定的地租，并且在第六年之末将牲畜归还或用同等的价值偿还公司。虽然在以烟草为主要产物的哈得孙和特拉华湾的大殖民区与弗吉尼亚州的情况相似，一般地讲，农产品和生活情况却与新英格兰很相同。

在 1629 年以前的那一个时期，新荷兰政府虽然由于实行了具有几乎完全独立行政权的领主制度而削弱了力量，但是新荷兰的代议政府直到荷兰占领美洲的末期才得到承认。同时，由于在半封建的领主制度下缺乏效率和统一的管理，使得殖民地更易于遭受外国的征服。这块像楔子般地插在新英格兰的英国殖民地与南部之间而又具有战略意义的新荷兰土地，自然受到了大不列颠的忌妒和觊觎。事实上，英国的移民已经开始由东部渗入，许多人都在寻求宗教上的自由，这种宗教上的自由，是荷兰人首先在美洲予以认可而为英国人除了在罗德艾兰之外的其他地区所不能得到的。英国人的这种涌入，加上国内“西印度公司”对殖民地的不感兴趣，以及殖民地上独裁政治的腐败和英国在海上实力的增长，导致了 1664 年英国最后对它的征服。根据斯塔伊夫桑特的估计，当英国占领新荷兰时，当地的人口约有一万人。那时，在阿姆斯特丹通行的语言有十九种，因而这个城市自早年起就带有世界性的语调，这种语调自那时起就成为它的一个显著的特色。

早期的英国殖民

在伊丽莎白时代，英国的探险和殖民事业就已经成熟。强大的都铎王朝已经消灭了封建贵族的势力，摧毁了教会的政治和经济力量，而且把爵位授给了一些具有从事商业能力的人们。由于政府权力的不断增长和经济生活的迅速扩张，就发展了一种独立和自信的人民，他们热衷于利益的获得和商务的发展，勇于向西班牙的海上统治势力进行挑战，而且对英国的前途充满了信心。当英国的一些海上将领如约翰·霍金斯公爵和佛兰西斯·德雷克巡逡了西班牙海湾去饵诱敌人、攫取金银块和掠劫城市的时候，许多更为极端的帝国主义分子都梦想着在西部荒芜地区建立大种植场。像威廉·黑克洛伊特这些人，大事鼓励英国水手的航海，写了一些小册子宣扬外国领土会给英国在社会、经济和政治方面带来利益，并且向贫穷和富有的人们煽动说，通过海外冒险就会有希望得到舒适与财富。

正是由于私人已经负起了英国向海外扩张的宣传任务，所以英国的殖民事业是通过私人的主动性而获得成就的，很少或者几乎没有得到英国王室的协助。都德王朝的亨利七世和伊丽莎白都赞成向海外扩张，但所做的事情并不太多。司徒王朝的詹姆斯一世和查理一世处在一个物价上涨的时代，都常常因为经费不足，为了课税问题而不断与国会发生争吵。但是，他们都是热衷于殖民事业的，如果这件事能在不增加他们负担的情况下去进行的话。英国的这些国王都主张这样的理论：认为对于新发现的土地或殖民地的所有权与行政权，应该操在王室的手里。为了保存这种权利而同时又要鼓励海外扩张，他们愿意对某些取得信任的人（通常是王室的亲信）授给皇家的专利权或特许状去在那些新的土地上进行殖民和探险，这样，既可以保护他们的权利和增加国家与他们自己的财富，同时又不致增加自己和政府的直接负担。

从 1496 年第一次授权给约翰·卡伯特起一直到 1682 年在宾夕法尼亚的殖民，都采用了这样一个总政策。为英国占有北美洲奠定了基础的卡伯特的航海（1497—1498），是由布里斯特尔和伦敦的商人资助的。政府授给卡伯特和他的儿子与继承人在他所发现的土地上发展任何贸易的垄断权，但是由国王抽取五分之一的利润。当英国人大约在一个世纪之后又注意到殖民事业时，伊丽莎白授给模范武士汉弗莱·吉尔伯特公爵以特权，“他可以居住或占据所有不属于任何信奉基督教的太子的一切远方地区和异教徒地区”，但是将由皇室抽取他所得到的五分之一的黄金与白银。吉尔伯特作了两次航行。第一次的远征队被风暴所驱散，1583 年的第二次远征在纽芬兰建立了一个小的殖民地，但不久就消失了。

在 1584 年所颁发的许可状中，伊丽莎白又授给吉尔伯特的异母兄弟华尔特·瑞利以早年所颁特许状中的一切权利。瑞利曾五次派遣过远征队到美洲去，自己花用了四万英镑，但是，他的努力都失败了。他 1587 年的第三次远征实际上已经在弗吉尼亚海岸的罗恩诺克岛上建立了一个殖民地。但是，这个殖民地消逝了，因为英国没有对岛上的幼稚事业给予支持。可是，他的努力并没有完全白费。至少，他证明了在殖民的最初阶段的任务是任何一个英国私人的财力所不能承担的。

瑞利的第二次失败，是由于一群资本家用合资股份公司作为媒介去进行的结果。这些人由于受到了“东印度公司”成就的激励，梦想在美洲成立一个前哨站，使商人和采金者能同样地获得像在印度所获得的利润。1606 年所颁的弗吉尼亚特许状创立了两家公司，一家由“伦敦城和其他地区的某些武士、乡绅、商人和冒险家”所组成，另一家则由“普利茅斯、布里斯特尔和埃克塞特的各类武士、乡绅、商人和冒险家所组成”。这两类股东是当时最大的商人，也就是人所共知的伦敦和普利茅斯的两家公司。国王把今天美国沿海的土地权授给它们——对第一家公司授给了北纬三十四度和四十一度之间的地区；对第二家授给了三十八度到四十五度之间的地区，而把三十八度与四十一度之间的地区让两家公司共同享有，但不许任何一家公司在另一家公司地区内一百英里的地方去殖民。这两家公司便立刻开始了殖民的事业。普利茅斯集团在缅因克讷贝克河的殖民没有成功，而“伦敦公司”却一直是成功的。这家公司的远征队 1607 年在詹姆斯河上游三十英里以上的一个地区建立了一个殖民区。

应该指出，“伦敦公司”和“普利茅斯公司”并不是欧洲的君主们授给殖民特权和政府特权去进行贸易垄断的第一批商人。从 1554 年的“莫斯科维公司”开始，直到 1600 年的“东印度公司”的建立，单在英国，至少就出现过另外的七批商人。我们曾经看到，欧洲西北部的那些国王，惯于使用授给私营公司以垄断权的引诱方法去逃避财政危机。

第一批到詹姆士敦的移民们所遇到的困难，一部分是由于那些最初的企业家们财力的不足所招致，一部分是因为公司的兴趣是在于贸易和黄金。但那里的贸易既很少，而黄金又是绝无仅有的。第一种困难由于1609年新颁的特许状得到了克服。这个特许状（除了把“伦敦”和“普利茅斯”两家公司分开之外）把在弗吉尼亚的企业变为一个真正的合伙公司，欢迎人们购买票面价值为十二英镑十先令的股票（这正是一个移民的旅费和装备费），而且，所有的股票持有人都可以享受红利和领取土地。公司用这样募集而来的资金把移民送到美洲去，这些移民要替公司工作七年，七年之后，那块经过改良的土地便分给各个股东，每一股权分给一百英亩。

与此同时，对公司的权利也特别加以规定。这些权利包括对殖民地资源的绝对控制和征收一定高额的进出口税。在二十年内，公司对输入弗吉尼亚的货物将不付税，而且，不论任何时期，公司对运入英国的货物，只付5%的税款，但是，公司必须进行殖民，并且按照所获得的金额给予国王五分之一。可是，就是这些诱力也并没有产生足够的资本。1612年，国王在第三次发给的特许状中，授权公司用彩票的办法去进一步募集资金。最后，“弗吉尼亚公司”终于采取把土地授给那些自费前来或者运送移民的团体和私人的办法来促进殖民事业，通过这个办法才引诱了更多的人去进行移殖。

从第一批移民的到达时开始，直到公司破产和在1624年丧失了它的特许状以后，多数的移民都是一些公司的雇员，由公司付给了他们旅费。殖民地是一个真正的大农场。但是，那些被收集起来用船运到英国的木材和其他森林产物，只抵偿了公司创立“弗吉尼亚农场”的一小部分费用。对于在英国的股东们来说，“弗吉尼亚公司”意味着一项财政上的巨大损失，但是，在世界史上，这家公司所完成的任务是重要的，因为它为英国的世界王国和美国这个国家的建立奠定了基础。

第二批到新大陆去永久居住的英国人，便是普利茅斯的“分离派”教徒。为了希望在美洲能找到一个机会去改善经济条件，同时也为了受到良心的驱使要去礼拜上帝的缘故，他们与“弗吉尼亚公司”的理事会进行谈判，以便取得到他们的土地上移殖的许可证。“弗吉尼亚公司”终于发给了他们特许证，这时公司是操纵在埃德温·桑迪斯公爵和清教徒朋党的手里的。公司授权这一小群怀着满腔热望的人到那里去建立农场，并且得依照英国法律制定自己的法律去进行管理。“弗吉尼亚公司”并不愿意资助移民事业，因此，“分离派”教徒不得不向旁的地方去寻求援助。最后，终于有七十个伦敦商人认购了七千英镑，这个数目已经足以达到预定的目标。按照“普利茅斯农场协定条文”的规定，每股金额是按十英镑计算。作为“自甘冒险”的报偿，每个移民被算作是拥有一股股票，并且允许他尽量购买这些股票。在七年的时间内，移民所获的一切利得都拨入普通股。从这些股金中和从伦敦商人运来的供应品中，移民们得到了食物、衣服和其他的必需用品。在第七年年末，“资本和利润，亦即房屋、土地、货物和牛群等项将平均分配给探险者及种植者。以后，每人就解除了与旁人之间的一切债务或有关这一冒险的损害”。[①] 到殖民地未满七年的人，将按照其所住时间

① 布赖德福特：《普利茅斯农场史》，马萨诸塞国家出版社版，第56—58页。

的长短按比例分享这项权利。那些旅费由公司负担的弗吉尼亚移民，乃是公司的一些雇员，他们在七年之末除了获得自由之外是什么也得不到的；而普利茅斯的殖民者乃是一个公司的股东，他们替公司工作，大家都享受公司的利润。此外，他们的一切工作是由自己选举出来的高级职员指挥而不是像“弗吉尼亚公司”那样是由英国派来的代表去进行管理。整个计划，比“弗吉尼亚农场”在其早年勉强地订出的办法要慷慨得多。

那些出钱认购股票的商人，都希望立刻得到巨额的利润，但是要从那些顽强的土壤上取得足以糊口的产品，实际上需要移民们付出全部的时间。诚然，从皮毛贸易和捕鱼方面也获得了一些利润，但从来就不够支付股东们的任何红利。伦敦的股东方面也不能运去足够的供应品去满足那些正在遭受痛苦的移民的需要。正如在弗吉尼亚一样，公共商店和合作工业计划构成了取得成就的严重障碍。在第三年遭受饥荒的威胁时，有关农业方面的制度便被废除了，而且把土地分给了每个人去作临时的使用。到了1627年，也就是与伦敦商人的合约满期的那年，殖民地就巩固地建立起来。由于殖民者想割断与伦敦商人初期订约时存在的那种关系，就做出了一些安排，用了一千八百英镑把伦敦股东们在殖民地上的利益收买过来，在九年的时间以内每年偿还二百英镑，而伦敦商人们必须放弃殖民地上的所有权利。这笔款项主要是用通过经营皮毛贸易所获得的利润去支付的。

“普利茅斯公司”终于被资力雄厚的“马萨诸塞湾公司”所吞并。“马萨诸塞湾公司”1629年领到了经营商业的许可证，股东多

半是些"清教徒"的商人。查理一世的倾向于著名的"高派教会"[①]，以及要想实行独裁政治的企图（这在1629年达到了高潮，那时，查理解散了英国国会，并且把反对他的政策的主要人物监禁起来），使公司的营业活动发生了转变。对于那些"清教徒"的领导人物来说，"马萨诸塞湾公司"好像是他们反对国王政策的理想避难所。由于在国内属于统治阶级，他们不愿意以一个农业垦殖公司雇员的身份去进行移殖。因此，他们收买了"马萨诸塞湾公司"的股票，并且保证进行移殖。由此我们就看到马萨诸塞湾所移殖的人都是公司自己的管理人员，而且使公司早期的管理形式与近代的合伙公司具有显著相似之点。例如当时的那些自由民可以比喻为今天的股东，而当时公司的总督、副总督和十八个助理可以比喻为今天的总经理、副总经理和董事。会议的地点并没有在特许状上规定。因此就可能把整个公司都搬到美洲来。在1630年到1640年的那一次大移民中，移殖到美洲的有二万多人，其中包括一些英国最好的系族在内，这次移民在美洲生活的政治、社会和经济结构方面留下了深刻的迹印。

后期的英国殖民

我们已经说过，弗吉尼亚和普利茅斯的移民是由一些商业公司进行的。它们远离国内的供应基地，遭受了很多的困难。尔后的英国移民就没有遇到像那些"香客之父"和刚强的史密斯舰长的

① 原文是 High Chureh，注重仪式的英国的一派国教。——译者

伙伴们所受到的那些困难。后来的移民就能够从他们那些较为不幸的前人的错误中取得经验教训，从而使私人殖民有获得成功的可能。以后的英国殖民地的创立者不仅有许多执有特许状的公司，而且还有下列的两种机构：(1)来自当时其他殖民地上的移民团体；(2)富有的地主。第一类移殖的例子有康涅狄格、罗德艾兰，以及新罕普什尔和缅因的部分地区。

缅因和新罕普什尔的那些小渔业殖民区的移民，一部分是在得到了这个地区特许状的费南多·乔治公爵和舰长约翰·梅森的保护下从英国移来的；另一部分是来自马萨诸塞湾的居民，这些居民1652年时成功地把那个殖民地上的政府组织形式搬到这个新的地区上来。罗德艾兰和康涅狄格的殖民地乃是马萨诸塞的分支；前一个地方的移民多半是一些宗教的流亡者，后一个地方的移民是一些前来寻找肥沃土地的垦荒农民。罗吉·威廉斯向印第安人买进了土地，1636年成立了一个"民主州"，在那里首次实行了美洲的宗教自由。那些来自马萨诸塞对宗教不满的人们1635年创立了康涅狄格的温索尔，次年又建立了哈特福德。按照英国的法律，罗德艾兰和康涅狄格的移民都不能享受土地所有权，他们只算是在国王新开辟的领土上的擅自居住者；但是，后来他们终于成功地取得了特许状，确认了他们的土地占有权。

在土地占有制下，国王把美洲的地产授给一个私人(或某个团体，就像在两个卡罗来纳州那样)，这些地产可以由这些人像在国王统治下的封建地主那样地去殖民和拥有，他们具有很广泛的权利和权力；但是，在大多数的情况下，也受到明文的限制，其中规定：他们制定的法律"必须取得，或是为自由公民所同意"。土地就

是这样地被授给了许多人，其中我们已经提到了乔治和梅森。但是，最重要的经验却是来自宾夕法尼亚的威廉·潘恩和马里兰的卡耳维茨。在一个时期里(1665—1685，其中1673年到1674年为荷兰所重新占领的时期不在内)，纽约曾经是约克公爵的领地殖民区。约克公爵把新泽西分给他的两个朋友乔治·卡特雷特公爵和约翰·伯克莱公爵。上述最后一个省的大部分地区，在1702年被接收为皇家殖民地之前，由"教友会"控制着，那里的移民多半是受到了土地自由售卖的引诱而从邻近地区迁来的。两个卡罗来纳州不是被向南推移的弗吉尼亚边疆居民所占据，便是由直接来自英国的移民所占据。查理二世1683年把这个地区授给了八个领主，其中最为活跃的人就是安东尼·艾希利·库伯，他后来是夏富茨伯里的伯爵。他的老师约翰·洛克曾十分详细地设计了一个封建教士政治的示范国家，但是这个计划并不适用，从来就没有付诸实行。1729年，两个卡罗来纳州的领主制结束了。美国十三州中的最后一个州乔治亚是1733年建立的，它的建立一方面是由于英国政府要想成立一个缓冲地区以抵制在佛罗里达的西班牙人，另一方面是出于慈善的动机，要想帮助那些英国的欠债人去开始新的生活。为了这些理由，英国在1732年把特许状授给一些"托管委员"，管辖时期是二十一年。但是，为他们而成立这个殖民地的那一阶层的人，来到的并不多，当地的人口也增长得十分缓慢。

殖民地的土地所有制

在殖民地问题上，首先(但不是最后)就产生了土地所有制的整个问题。尽管印第安人占领了这些土地，但是欧洲的那些君主们仍然认为土地是属于他们的。他们按照一定的条件把土地授给了合股公司，授给了私人地主，在两个卡罗来纳州则授给了一群领主，在乔治亚则授给了一些托管委员会。这样，人们就不可避免地会像上面所说的新法兰西，新荷兰和新西班牙的情况那样，把封建制度的各种办法搬到美洲来。因为这是当时欧洲流行的土地制度，也是移民们所知道的唯一的土地制度。很显然，这样的一个制度在那些新殖民地区终究是要失败的。这是因为第一，美洲这块土地太大了，任何一种想限制土地拥有量的制度当然都是不会成功的，因为空地太多，随处可得，人们居住得又很分散，不易做有效的管理，而且那些领主或国王，不是离得太远，便是缺乏使人们屈从于己的能力。此外，领主们之间对于殖民事业的竞争是那样地剧烈，以至于不可能课征繁重的封建赋税。另外，那些不畏惧边疆生活危险的人们也要求有土地的实际所有权。因此，领主们的免役租[①]只能断断续续地征收，而且，连征收也很困难。限制私人拥有土地数量的那些法律，一般都被人们规避过去了。

在弗吉尼亚和马萨诸塞农业合作制度的企图失败以后，土地就被划分为一些小块。最后，当第一次在弗吉尼亚划分时，各股东每有股票一股就分得土地一百英亩，作为无条件继承的不动产；当实行土地授予时，每一股票又再分给一百亩。各股东每移殖一口人还可享有五十亩的“人头权利”。这项特权后来扩大到所有的居民。1705 年以后，人们每付出五个先令并且在三年之内建盖起一

① 封建时代为了免服兵役而缴的租税。——译者

所房屋和耕种三英亩的土地，国王就授给土地五十亩。国王还把上万亩的土地赠给具有功勋或受宠的人们。弗吉尼亚的法律是那样地容易为人们所规避，以至于到了1700年时，农场的平均面积达到了七百英亩。在马萨诸塞湾则凡是迁送一个移民或者替一个移民负担旅费的冒险家都可以得到土地五十英亩。但是，在新英格兰，殖民制度通常是按团体来进行的，在这个制度下，那些愿意进行移殖的移民一般都可以从"初级法院"得到三十六平方英里的土地去建设乡村，建盖房屋和花园，以后还可以分得耕地和牧场。公地以外的土地，一般都被留作无条件继承的不动产（即绝对地拥有）。[①]

为利他主义动机所支配的潘恩和巴的摩尔两人，只征收少量的免役租，但是为了争夺移民，把免役租降得很低。这一形式的地租在欧洲起源时是作为其他劳动的货币代金的，并且被看成是一种恩赐。在美洲，这种税虽然很少，仍然被人们看成是一种不公平而令人憎恨的制度的遗物。潘恩对任何一个愿意移殖和"定居"下来的人都送给五百英亩的土地，而且愿意按一百英镑的价格售给五千亩。此外，每带去仆人一名，加送土地五十英亩，但是，他保留了对每一百英亩征收一个先令免役租的权利。在马里兰，每一个移民自己可以得到一百英亩，他的妻子和每带去一个仆人又各得一百英亩，每生一婴孩得五十英亩。土地都是世袭的，但每五十英亩要缴纳价值十英镑的小麦作为地租。凡能带去五个移民的人都授给一千英亩，但每年须缴二十先令的免役租。如果能带去更多

① 对新英格兰的详细评论见第四章。

的移民，授予的土地就越多。这些土地可以被划分，按照领地制度的习惯再行分租出去。凡有一支步枪和六个月粮食的人便可以在新泽西得到一百五十英亩的土地，每一个仆人或奴隶也可以得到同样数量的土地，每一名妇女另外还可得七十五英亩——条件是那样地自由，以致许多邻近殖民地上的人都来到了这里。其他的殖民地上也有与此类似的制度。

尽管有了免役租和其他一些封建制度的限制，这种土地制度在其实际发展过程中并没有很大地阻碍已耕地的正常扩张，也没有阻止人们去拥有大量的土地。但是，它却是许多摩擦和不满的一个根源。在革命初期，皇室和地主们所收的地租每年达到三万七千五百英镑，其中实收的金额约有一半。这件事和封建土地制度其他方面所引起的困难，经常形成摩擦的根源，这种摩擦导致了美洲的革命。幸而在许多殖民地上盛行的长子继承权、限嗣继承权、免役租和其他封建制度的附属物，绝大部分都是在美洲革命期间或不久之后就被废除了。

殖民地上土地制度最为不幸的一面，就是它有利于大地产的形成。这全然不像它表面看来那样民主。早到这块地上的人们便获得了最好的土地，其余的人们只能接受那些在边疆所能获得的地方。我们将要看到，在新英格兰，立法部门所宠幸的那些权势们常常不费力气和不花一文就得到最优良的土地。那是一个土地大投机的时代，谁接近政府，谁就获利，尤其是那些既有关系又有资本的人。这种土地制度所产生的不良影响在南部更为严重，在那里，这个制度造成了社会的不平等和政治的腐败，而且发展了一种地主贵族政治，同时也妨碍了殖民地区的向西移动。土地所有权原是可以广泛地分配的，但是那时却是分配得这样地不均，以至于从一开始就形成了一个阶级社会。

第 二 篇

农 村 时 代

第四章　殖民地的农业与劳动力

头两个世纪经济情况的回顾

在英国移民定居于美洲的头两个世纪里，经济生活主要是农业性的。当时的农业是以从欧洲带来的简单的生产技术为基础，再加上当地印第安人的一些土法去进行。除了主要是位于南部的几个较大的农场之外，农业的基础是建筑在小农庄之上的。虽然各个农业单位并不能够自给自足，但是，除了少数几种商业性的农产品之外，市场的交易量都很小。在这样一个面临着劳动力和资金都感缺乏的简单农业基础之上，殖民地之间的贸易量也不多；而且除了家庭工业和小工厂之外，几乎没有什么工业。但另一方面，国际贸易量却比较大。从新英格兰出口的货物主要是海洋和森林产物；从大西洋中部各殖民地出口的物产有面粉、小麦和其他粮食；从南部地区出口的有烟草和少数的商业农作物，所有这些，在欧洲都有它们的市场。当地的城镇不多，面积也小，十分之九的人口都依赖农业生活。由于缺乏适当的货币制度和运输条件，内地贸易和经济生活都受到了限制。

虽然收入和财富的分配有着巨大的悬殊，但是多数人的生活

水平是很低的，消费的类型因而也十分简朴。除了少数从事出口贸易的富商和在那一时期的最后几年之外，几乎没有冒险资本的存在。人们接受教育的机会很少，而劳动的时间却很长。美洲革命时，殖民地上的居民约有二百五十万人，但是他们分散在广大的地区。如果同现代比较，那是一种原始形态的文明。

欧洲的背景

正如美洲生活的许多其他方面一样，殖民地的农业，是建筑在移民们从欧洲带来的知识方法之上的。同时，也受到了美洲环境的影响。17 世纪时，欧洲的农业极端原始，农具既少而又粗劣。最富裕的农民所拥有的农具只不过是犁、耙、锄、钩、铲和镰之类的东西而已，可能也会有一驾牛车。人们不太知道怎样去繁殖牲畜；而且，就是知道了一点，也是很难付诸实现的，因为所有的牛羊群都集聚在一块共同的草地上牧饲。由于冬季饲料较少，多数的牲畜在秋天就被宰杀。由于人们缺乏适当的饲养和照料的知识，使得当时牛羊的躯体比今天的要小一些。

土地的使用也同样十分原始。比较先进的农民采用了一种简单的两块或三块田的轮耕办法。在三田制下，他们用一块田去种植小麦、黑麦或其他农作物，秋季下种，春季收获；第二块田种上了燕麦、大麦、豌豆或其他农作物，春季播种，夏秋季收获；第三块田就让它休耕，以恢复地力。施肥是这样进行的：收获以后，把牲畜赶到留有残梗的田里去牧饲。

就是到了 18 世纪时，对古代耕作方法所做的改进也并不很多,可是,在那一个世纪里,英国在农业上已经有了重大的进步。杰思罗·塔耳和查尔斯·唐森发现了在田里种三叶草与其他的一些农作物要比让它空闲着还更能恢复地力。人们发现了萝卜可以作为牲畜冬季的饲料,这样就使得农民能在寒冷的月份里把牲畜保存下来,并且改良它们的品种。另外一个伟大的农民罗伯特·贝克威尔试验成功了牲畜繁殖的方法,并且使他的羊子的躯体实际上长大了一倍。

美洲的农民们18世纪时开始知道了这些改进的方法,但是采用得十分缓慢。美洲的环境使这些方法不能得到广泛的应用。富饶的处女地和西部那些无穷尽的土地使他们对于科学的耕作方法不感兴趣。粪肥的价值很少得到重视,轮耕也很少见,而"土地的屠宰"却是一桩常事。某个观察家曾说,殖民地的农民们好像只有一个目的,那就是:耕犁新的土地。"情况常常是这样:他们尽快地耗竭旧的土地,直到它不再生产什么东西;既然缺乏粪肥的补充,人们就只好用这样的方法去耕种新的土地。"①

在早年时期,农民们十分注意去对环境做种种试验。很快就发现了欧洲西北部多数的普通谷类、蔬菜和果类都适宜于美洲的土壤和气候。各种的农场牲畜也是如此。但是他们想移殖地中海各国亚热带果树的努力都遭到了失败。曾多次想养蚕产丝也没有成功。这些早年的努力之所以注定要失败,并不是因为气候的不适宜,而是因为高度的劳工成本和劳动力的缺乏使生产难于进行的缘故。在后来的年代里,由于获得了植物的栽培方法和农业上

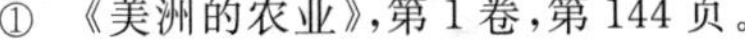

① 《美洲的农业》,第1卷,第144页。

的科学耕种知识，就在某些方面获得了成就。

美洲印第安人在农业上的成就

把美洲的印第安人描绘成是没有固定住所而完全是从事猎渔的游牧民族的这一看法乃是错误的。印第安人是美洲农业的先驱者，而且农业在他们的经济生活中起着重要的作用。卡尔蒂埃和钱普累恩在圣劳伦斯河的两岸、在密西西比河的德苏托，以及在西南部的卡罗乃多都看到了玉米的耕地。到俄亥俄流域的第一批移民在河岸两旁发现了一些长达数英里的种植玉米的地带。魏恩将军 1794 年时写道：他“在美洲的任何地方，从来没有见过那么多的玉米耕地。这些地区，从加拿大直到佛罗里达”。不管是由于战争或是由于狩猎把他带到哪里去，这位战士总是在栽种和收获的时期就转回来。有迹象说明，在这些田地附近所建立的乡村，或是像普韦布洛族印第安人建立的乡村那样，常常是永久性的；像纽约的易洛魁族所建立的乡村，也是半永久性的。

关于印第安人的农业已经发展到什么程度的问题，很难做出准确的估计。当然，在全国不同地区的各个印第安种族，其农业的发展程度是各不相同的，从不大从事农业的阿卑琪斯族起直到能够建筑水库、使用灌溉制度、建筑固定城市和不大从事巡猎的西南部的各个种族不等。英国人首先接触的从缅因到佛罗里达的大西洋沿岸的印第安人，既是农民，也是猎人，而且在先头的几年里，他们所种的玉米帮助了新来的移民能够生存。某些探险家们证明，美国绝大部分的印第安人都依赖玉米和其他农作物作为主食。

印第安人的农业基础主要是围绕着玉米和烟草的栽种而建立起来的。为了准备耕地，他们首先把树皮剥去一圈，或是把树根烧焦，让树死去，然后再把死去的树木、残枝和矮树烧毁，用木棍或粗劣的工具挖出一些相隔约三四英尺宽的浅坑，然后种入几粒玉米和豆子。在小山中间，种上南瓜和甜瓜。当玉米长出时，再盖上一些泥土。收获之后，便把大部分玉米晒干，藏到用树皮架成的地穴或地下温室里去，或是藏入小的米仓，以防止腐烂或生长霉菌。近代农业的发展，与印第安人所使用的栽培玉米的主要方法相比较，很少有什么改变。正如玉米一样，从西印度到加拿大的多数印第安人都广泛地使用烟叶。烟叶是在另外的田地里种植的，但是在大西洋沿海平原地区也有野生的烟叶。如果同今天的产品相比较，印第安人所种的烟叶是劣等的。但是，白种人采用了印第安人的栽种方法以及用阳光或用火熏烤的办法。

马铃薯是美洲土产中的第三种植物，后来成为世界上的一项重要产品，也就是世界最重要的四种粮食当中的一种（其余三种是小麦、玉米和大米）。现在很难确定马铃薯的原始产地，但是人们认为它最先出产于秘鲁或智利。当这种植物被带到英国时，叫作弗吉尼亚马铃薯，但是，那个时候人们的任意命名（例如把美洲的大鸟叫作火鸡），并不足以证明弗吉尼亚就是它的原产地。欧洲各地都栽种马铃薯，但是首先受到了爱尔兰人的欢迎，因此俗话就把它叫作“爱尔兰薯”。马铃薯被带到新大陆以后，直到新罕普什尔的爱尔兰移民推广了它的种植，才在新英格兰受到了人们的重视。南方的土产品红薯，一开始就为英国的移民们所乐于食用，并且用多种方法加以烹调。虽然在美洲革命前马铃薯的产量很少，但是大量红薯的出产，几乎从一开始就成为南部农业所具有的一个特点。

印第安人所使用的工具是非常粗陋的，他们的农具包括：鹿角或鹿肩骨，捆在棍上的扁石片（通常是火石），洁净的贝壳，有时甚至就是一根木棍。多数的工作都由老人、妇女和小孩去担任，但是在栽种或收获时也常有年轻人参加田间的工作。在这样一些时期里的工作；多半具有合作的性质，而且经常还同时举行一些仪式和节日的庆祝。

印第安人对白种人的贡献主要是在农业方面。也许由于狗类是他们的唯一家畜的缘故，因此农业上的进展并不大，但所获得的进展仍然是不小的。他们知道怎样去控制野生植物和采用选种的办法。他们已经懂得施肥和改良土壤，并且已经实行了多种植物的种栽方法。他们知道怎样保存食物——例如用糖水或蜂蜜保存莓类和果类，用人工或太阳干燥法保存水果、蔬菜和肉类。新英格兰的那些用剥去树皮的方法开辟出来的农场，种植着一列一列的玉米，上面缠绕着豆藤。其中还间种着甜瓜和南瓜，周围用稻草人保护着，这些农场就是仿效印第安人田庄的样子而建立起来的。印第安人供给了白种人主要的粮食和主要的出口产品，并且教导他们怎样去栽种这些产物。

新英格兰的农业

正如其他地区一样，新英格兰的首批移民是仰赖英国产品的供应而生活的。一到农作物能够种植的时候，移民们就转向于玉米、南瓜、甜瓜和豆类的种植，栽种的方法是从印第安人那里学来的。他们也栽种豌豆、防风草[①]、萝卜和胡萝卜，种籽也是向印第安人那里买来的。初期从英国带来的小麦的栽种，并没有立即获得成功，但是，在黑麦和荞麦方面却取得了较大的成就。也普遍地种植和繁殖了大麦、燕麦和其他欧洲的谷类；但是，试种的另外一些植物却感到并不适宜。新英格兰有着各种野生的莓类和果类，如蔓越橘、越橘、黑莓、树莓、樱桃和李树等。移民们也立刻进口了苹果树，而且在新英格兰和中部各殖民地区种植得特别成功。约翰逊在他1642年所著的《天道奇迹》一书里写道，移民们已经有了“苹果、桃子和榅桲果酱，以代替他们从前食用的南瓜馅饼”。[②] 每一个农场上都有了果园，而且丰富的苹果产量，使人们认识到“苹果的收成是与农场上的其他产品同样地盈利的”。

由于印第安人没有家畜，移民们就立刻由国外运入了这些动物，而且它们很快就繁殖起来。他们早在1624年就运入了牲口，为马牛迅速增加和乳酪事业的成功打下了基础。新英格兰也大量地养猪，大大地发展了桶装猪肉的出口贸易，也饲养了各种耐劳的马匹。在罗德艾兰尤其是如此。而且还把这些马匹大量地出口到西印度群岛去。马萨诸塞和罗德艾兰在早期也运入了绵羊，成功地发展了这项事业，并且把羊群出口到北部的其他殖民地区去。虽然这些羊都是一些旧式的未加改良的品种，它们能够自己寻找食物，也能吃苦耐劳，但是，在初期，条件十分困难，必须制定特殊

① 美洲一种类似胡萝卜的可食植物。——译者

② 约翰逊：《1628—1651新英格兰锡安救主的天道奇迹》，原故事丛书，第210页。

的法律去鼓励这些牲畜的饲养。通常，整个殖民地的羊群都在一起饲牧，由一个领工资的人去照料。

在殖民地时期，新英格兰的农民虽然可以通过辛勤的劳动以维持生计，而且甚至还可以富裕起来，但是，他所使用的方法却很粗劣和十分原始。我们曾经指出，英国农业的巨大进步，曾使萝卜、三叶草和优良草种带入了美洲，带来了更为科学的轮种方法，而且使人们放弃了“三田制”；但是，所有这些都是到 18 世纪时才得以实现，那时美洲人对这些方法是不太感兴趣的。移民们就是有了一点进步的农业知识，每当面临大量处女地的时候，他们就会把这些知识抛弃。他们的主要农具是耙、铲和叉；所有这些都是用木头笨拙地做成的。在早年时期，很少有人买得起一架犁，一个乡镇常常愿意付出赏金给予任何一个能买得起一架犁并且还能经常修理使用的人。当那些“香客”们在美洲上岸十二年之后，普利茅斯还没有一架犁，“马萨诸塞湾殖民地”1637 年时才有三十七架。一架犁要被用来耕种大量的土地。

那时，人们还不知道科学耕种的这一回事，而且甚至于连轮种法也很少有人采用。要直到地力被用得枯竭了才让它休耕，或是种上天然的青草，一直等到它的复原。由于农庄和村里殖民区的面积都很小，新英格兰的“土地屠宰”还没有弄到像南部的那样一个程度，但是方法却坏极了。甚至连当代的某个观察家也认为新英格兰的耕作是“松懈的和做得不够的。再没有见过比这里犁得更坏的土地了，但是，农民们仍然得到了差强人意的庄稼。这是由于那些古老的森林地带有着松软和肥沃的土质，因而虽然使用了很坏的耕作方法，仍然能够获得良好的收成。这一情况，在新殖民地区尤其是如此”。[①]

耕作的方法既不好，牲畜所受到的待遇却更坏。上面提到的那一位观察家指出，关于牛群的饲养，新英格兰的农民是“世界上最疏忽和最无知的人。我从来不知道会有任何国家像这样地虐待牲畜的。一般地讲，马匹甚至于值钱的马，都在做重活，而且还要挨饿。它们犁田、拉车、驮人、累得疲惫不堪，而人们却很少注意到它们的饲料。马匹在每天做完了最沉重的工作以后，所能得到的营养便是被放到森林里去吃杂草和嫩枝，这些就是牧场上主要的饲料。除非有了干草以后，它们才能分享到一点再生草。[②] 在早期粮食稀少的年代里，还通过了一些法律，禁止用玉米去喂牲畜。

许多新英格兰的农民除了购买几元钱的食盐和生铁之外，实际上是自给自足的。他们从田里得到粮食，从自己的果园里得到水果，从自己的牧场上得到肉食和乳类产品。他们的妻子和女儿纺织田里种出来的亚麻和羊毛，并以之缝做衣服；用蜂蜜和枫树的浆汁做成食物里的糖料，用玉米做成的威士忌和苹果酒提供了他们的烈性饮料。每个农民都必须是一个万能者，而且他的妻子也同样地要能动手操作任何的工作。新英格兰的农民也许曾经是自给自足的，但这并不是出于自愿。所有能够获得积累机会的人，都积累了一点盈余，这主要是从西印度的市场上得来的。整个新英格兰的土壤并不很肥沃，但却十分适宜于集约方法的耕种。由于土壤并不像工商业那样地易于赚钱，因此，新英格兰人转而从事其

① 《美国的农业》，第1卷，第81页。

② 见前书第1卷，第80页。

他的职业。

早期新英格兰殖民区的建立是用订立合同的方式去进行的。合同上订明，每一个股东或移民都有权得到一定数量的土地，以后的土地扩张多半是这样产生的：由于接近海边的空地渐渐稀少，许多团体或组合就向“初级法院”取得许可证，集体地迁入，并且成立一个村镇。许可证所授予领主的土地，一般是三十六平方英里，最后再在他们中间进行分配。从设有会议厅的城镇铺修出一条宽阔的街道，路的两旁是住宅区，附有约为六英亩的园地。最后，再把剩余的土地进行分配，每一个移民都有享受山地、草地、池沼地和一切公有物的权利。这种制度，再加上那些多石的土壤、严寒的气候，以及允许把土地分给后裔的土地法规，是不足以导致大地产的发展的。新英格兰的农庄继续保持着一个较小的规模；“新英格兰人”都住在村里，用自己的双手去耕种土地。

新英格兰的这些村庄有着密集的房舍和花园，共享村里的公产和其余土地的使用权，这一情况，会使人们回忆起英国的领主庄园制度来。多数的土地属于公有，虽然种植是分散进行的。乡议会是做出各种计划的一个中心机构，放牛人、放猪人和管理全村财产的官吏，都由议会选举。上面所说的这种制度是属于过渡性质的。当这些村镇渐渐地扩大，印第安人对它们的威胁减少和劳动种类变得多样化以后，居民们便乐于把他们分散的土地出售，于是就出现了房屋和土地连在一起的密集农庄，同今天我们所熟知的新英格兰农村的情况很相像。由于人们容易得到土地，由于独立生活有了保障，就使得在许多年中实际上不曾出现过无土地的工人阶级，而且使农民们有进行合作的必要。人们建盖了房屋，修筑了篱围,在里面进行玉米的脱落工作。土地也用合作的方式去耕犁,而且这些集聚便形成了人们刻苦工作与狂欢的场合。

中部殖民地的农业

除了在哈得孙河流域实行了由荷兰人所创始和由英国人所继续的大地主土地购买特权制度之外,中部殖民地的土地制度,就拥有量一般并不太大的情况来说,与新英格兰的情况很相似。马里兰的切萨皮克岸上,有一些大农场,但是,即使在这个区域,情况也与新英格兰非常相像。移民们感到哈得孙和波托马克两河之间的土地和气候,比新英格兰在这些方面还更接近他们故乡的情况。瑞典的旅行家彼得·卡姆 1749 年时说,新泽西的土壤是那么地丰饶,使得移民们都成为漫不经心的农人了。“他们不做别的事,只不过是把树木砍下,堆集起来,再把枯叶加以清除,于是就可以立刻开始犁地。在松土上犁地是十分容易的。只要种籽种下,就会获得丰产。这种容易得到丰收的方法,败坏了英国和其他欧洲的移民,使得他们也采用了像印第安人所用的那种耕作方法,那就是:只要不施肥就能出产丰盛的庄稼的时候,他们就会在不加耕犁的地上进行播种,直到土地不能再生长农作物以后,就让它们变成牧场,然后再去使用那些没有被火烧过或是创世纪以来就没有被砍伐过的古代森林新地区”。[①] 在那些肥沃的土地上,小麦和大麦常常长得很茂盛,达到六七英尺高,但顶端的穗粒却很小。1605

① 阿道夫·彭生:《彼得·卡姆北美游记》,第 1 卷,第 308 页。

年时，摩霍克流域有一个观察家写道，他曾经看见过一些连续种麦已有十一年的耕地和有九年未曾施过肥料的农场。这个旅行家也提到了宾夕法尼亚草原的灌溉情况。但是，像这样的情况是很少有的。

虽然新英格兰人十分之九是农民，但是，中部殖民地居民的经济生活甚至于更具有显著的农业特点。除了皮毛和木材之外，这个地区的出口好像几乎完全是农产品。按照出口的统计去推断[①]，主要的出口货一定是小麦，它的每英亩平均产量是二十到三十蒲式耳，这个产量是大于当时英国一般收获量的。所有的这些地区都栽种了玉米，为牛群提供了冬季的主要饲料。这里也普遍地栽种黑麦、大麦、荞麦和燕麦，最后一种种植得十分成功。这里也大量生长适合于温带的果类——例如纽约的苹果，新泽西和特拉华沙地所产的桃和瓜。《美洲的农业》一书的作者说："桃子的味道很好；而且产量是那样地多，以至于整个农庄的猪群都可以尽量地去吃，而且落在树下腐烂的数量也是惊人的……西瓜的生产也是那样地多，所有的农民或者甚至于村民都没有不种上一块西瓜地的。"[②]在长岛、新泽西和其他各处的沿海低洼地上牧放着大批的牛群，猪也很多，在森林里跑来跑去，而宾夕法尼亚的羊的数量也不少。

中部殖民地的农业，受到了多种族的影响。英国人、荷兰人、德国人、瑞典人和其他国家的人都在这里有殖民区，运入了他们的

① 见本书第五章。

② 《美洲的农业》，第1卷，第139页。

特种牲畜，使用自己特有的耕种方法，栽培了他们所喜爱的农产品。即使那时的方法是不科学的和浪费的，但是仍然可以容易地得到丰盛的产量。对于欧洲的农民来说，这的确是一块充满了希望的土地。

南部的农业

移民们感到弗吉尼亚的土壤过于丰饶，气候过于暖和，不适宜于种植英国的小麦。但是他们不久就发现烟草是一项重要的农产品，有着日益增长的市场，可以把精力集中在上面。虽然烟草的价格在后来的几年里跌落了，它的栽培仍然是一项有利的买卖，而且到了1790年，收成增加到一亿三千万磅。由于烟草的种植是为了出口，农场的位置就应该靠近河边，使殖民地时期的那些小船能够划到这里来，去装运每个农民放在码头上的货物。因此，弗吉尼亚的许多河流两岸的土地很快就被人买下，后来被收买的还有切萨皮克的海湾，然后一直向南伸张到北卡罗来纳的阿尔伯马尔和帕姆利柯地区去。在沿河的土地完全被人占据以后，后来的人们只好在这些沿河大农场的后面建立一排农庄，尽可能地把烟草运到他们邻居的码头上去。

人们发现烟草很快就使那些最肥沃的土地耗竭，必须继续使用新的土地。烟草田的使用年限，在最有利的环境下也只有三年，在这个时期以后就要改种其他的庄稼。那时，白种人的劳动力很少，工资也很高，渐渐就用黑人来代替。对于奴隶的劳动，进行监督是必要的。人们认为雇一个监工太贵了，除非他能够监视二十个黑人。这种情况就鼓励了大农场的发展。有时，那些大的农场有一千亩种植烟草的土地，此外还有种植其他农作物的土地。牛群区和森林区。许多弗吉尼亚的烟草农场，面积都有五千英亩，或者还更大一些。所有这些因素，以及新土地的易于获得，便是产生南部大土地占有制的主要原因。只要去进行占领或是付出一点费用或免役税便足以构成土地所有权的取得。“人头权”，亦即对那些把移民送入美洲的人们进行土地的授予，对有功绩的人的土地授予以及纯粹属于私人间的馈赠，都有助于使大地产渐渐地增加起来。

可是，土地的易于取得，就使劳动力感到不足，从而在一定程度上迟缓了大地产的发展。典型的南部的土地占有面积，虽然比新英格兰的农庄要大一些，仍然是中等的，而且南部的白种人一般仍然是一些小农户。把烟草作为唯一主要产品的耕种方法，以及由于国内地理的情况，都促成了一种殖民制度。这个制度妨碍了乡镇的成长，促进了一种与新英格兰情况相反、四周广布着农场的情调浓郁的农村生活。在新英格兰，土地的占有通常是从乡镇的建立而开始的。

在重要性方面仅次于农场制度（这无疑是南部商业性农业的一个基本特点）的便是牧牛区。由于耕地的移动和农场的巨大，使用围栏的办法是行不通的。那些广阔而未被占用的地区，可以现成地被利用来作为牧场。牛、马和猪都成群地在游走，以草根和牧草作为食料。在可能情况下，它们都被打上了标记，但是由于它们的性野，常常被人们当作野兽来猎取。每个移民都有自己“森林里的权利”，可以猎取没有标记的牲畜。虽然西部的牧场技术是来自西班牙人，但是，西部的那些大牛场和驱牛与标记的方法被大规模地加以仿效，而且成了后来在弗吉尼亚和两个卡罗来纳州初期使用的大规模的牧牛方法。这种处置养驯了的牲畜的办法，甚至比北部所使用的方法更不科学。许多人认为把牛关在屋子里和在冬天挤奶，会把母牛弄死！

从南部的马里兰和弗吉尼亚到两个卡罗来纳州，我们会发现不同的情况。虽然，牛群的牧放是北卡罗来纳所具有的特点，这个州的农庄看起来也很小，但农产品的种类却很多；南卡罗来纳则主要是大量地出产大米和蓝靛。北卡罗来纳的农民多数是从弗吉尼亚迁来的（他们是一些穷人，常常是从前订有契约的仆役和欠债者），主要是在小农庄上种植烟草和玉米。

大米的试种是1600年后期在南卡罗来纳开始的。由于运入了能在炎热和潮湿的海岸地区工作的黑奴，就使大米的栽种成为有利可图。美洲革命不久以前，查理斯顿每年大约出口十二万五千桶。在英国国会1748年对每磅蓝靛（一种蓝色染料）给予六个便士的奖金以后，这种产品也成了一种不断增长的致富之源。直到革命之后不久才为棉花所代替。但是，在试种其他亚热带植物方面，却常常遭到了失败。

殖民地农业的特点

要把美洲从1607年到1781年这个时期里的特点准确地写出是困难的。因为在这样长的时间里，情况变化不定。但是，某些一般的事实却仍然是可以一谈的。首先，很明显，殖民地经济主要是农业经济。虽然鱼和海产也是主要的出口项目，但是比起运到海外的农产品来，它们的价值要小得多。南部的经济生活，其基础是建筑在大块土地的授予、奴隶劳工以及像烟草、大米和蓝靛等主要产物的输出之上。可是，还必须记住，虽然农场制度决定了南部的经济性质，而且农场主在政府里有很大的权势，但是，他们的人数在任何时候都没有小农户那样多。某个研究南部情况的第一流历史学家曾说："在南部的任何历史时期中，十分之九的土地所有者都是一些小地主。"[①]这个地区的繁荣既然有赖于单一农产品生产的成败和有赖于国外市场价格的涨跌，这就使得殖民地的议会不断努力去刺激粮食的增产。在这方面，小农户起了很大的作用，因此，1736 年时，粮食和亚麻的生产就足够供应国内需要和外销之用，而且到了 1760 年，已经有足够的牲畜供应当地的消费。与南部的情况相反，北部农业的基础是建筑在有限的土地授与、自由劳工和主要是供国内消费的粮食之上的，虽然出口的粮食也不在少数。

如果有人要了解殖民地的农业，或是为此要了解殖民地经济生活的任何一个方面，他就必须经常记得，他所要了解的那个世界，是受到了重商主义哲学的支配。17 和 18 世纪的那些统治者们，对于"放任主义"是完全无知的。美洲的产物乃是去补充母国的产物而不是去和母国的产物进行竞争。关税条例禁止把某些农业商品、尤其是粮食卖给英国。某些法令则规定食糖、烟草、棉花、羊毛、蓝靛和其他一些产品只能卖给英国。这样也许就给予殖民

① 多德：《南部在建国中的地位》，第 5 卷，第 74 页。

地的人们以英国市场的垄断权。但也在相同的程度上限制了国外的市场。同时，英国和殖民地政府曾不止一次地用奖金去鼓励烟草、亚麻、大麻、蓝靛和其他农作物的生产。那时是一个按照不同情况制定了无数法令去对殖民地农业的正常发展加以鼓励或是加以限制的时代。

我们将在下一章中看到，人们会容易过分地去强调美洲农庄的孤立和自给自足的那一方面。诚然，那时的运输条件很差，而且典型的小农户只有少数的现款。同时，他们经常还要有一些基本的需用品如生铁、食盐、武器和农民们共用的军火以及其他一些极为渴望得到的商品。此外，还要支付现款、清偿抵押借款和付出其他的开支。甚至于边地的小农户也努力栽种一些能够出卖的剩余产品，而南部的大农场主则基本上是从事于种植供出口的主要农作物。很明显，工业革命以后，小农户更能自给自足，但也可以明白地看出，那时他们正在做出种种努力去逃避那样的处境。

殖民地的劳工

在 17 和 18 世纪时，欧洲出现了劳动力充裕而资源不足的局面。在美洲，情况恰恰与此相反。到北美洲殖民的欧洲人找到了一片还没有开垦过的大陆处女地，具有丰富的原料资源，等待人们动手去开发。劳力和资本两者都很缺乏，而且从早年时期起，要得到足够的供应是一个极为困难的问题。这也许部分地说明了何以美国人的哲学以工作为荣和何以清教徒以懒惰为耻的原因；而这种哲学和教义，在殖民地的法律中是历历可见的。本地人口所提供的劳动力几乎微不足道，因为在现今美国地区上的印第安人，宁愿过自己的旧日的生活而不愿让自己去屈从于白种人。至于对那些具有充足的创始能力到新大陆垦拓的欧洲人来说，在当时容易获得机会去做个自由地主的情况下，和在具有可以发挥自己才能的诱力下，自然是不愿屈从于他人权势之下的。在主要农作物是在大农场上栽种的南部，劳动力的需要量要大一些，而在农民本人及其家属耕种小农庄的北部，劳动力的需要量便小一些。因此，南部就有各种类型的雇工。但是，在所有的地区，对他们的需要都很迫切。

在北部，劳动力的缺乏一部分是通过合作的方式得到解决。当发生意外情况时（如造房子和船只下水），就去邀请邻居帮助，通过小组的协作力量，计划就得以完成。北部的劳工不外乎两类——自由的和非自由的。虽然也常有一些前一类的劳工，但是数目很少，因为一个人只要有一点能力，便不难成为一个地主而得到一定程度的独立。

非自由的劳工又可分为两类——契约工[①]和奴隶。契约工也分两类——自愿的与非自愿的。自愿契约工[②]是那些按照自愿签订合同而从事劳动的人。许多要想在美洲开始新生活的人，愿意把自己在三年到七年的时间内出卖给船主或移民经纪人，作为支

① 契约（indonture 在英文中原作锯齿状解释。——译者）这个字的来历是这样的：把合同的格式在一大张纸上写成正副两份，然后从中央剪成两半，剪成锯齿状或波浪状，叫作“锯齿”。

② 琼斯说：“一般叫作‘小孩’。”见其所著《弗吉尼亚现状》，1724 年版，赛宾公司 1924 年再版，第 53 页。

付到美洲的旅费。出卖劳动力时间的长短,决定于他是否有能力去偿还一部分的旅费,或是否能有利地使自己摆脱出来。有少数德国或其他国家的人,自愿立约出卖劳力去学习美洲的语言和得到资金去更为有利地开始新的生活。自愿的自由雇工通常能得到两个星期的权利去寻找买主,但是,由于他们是不容许下船的,因此,这种权利的价值也就不大了。

第二类契约工,也就是那些被强迫劳动的人,通常是一些债务人、流浪者或是被法庭驱逐出境的罪犯。自从伊丽莎白的那时起,英国对流浪者的法律一向极为残酷。此外,还有各种法律,禁止劳工自由地从一个教区迁移到另一个教区,因为怕把贫民送到某个教区去要求救济。在艰难的日子里,人们很容易陷入债务,当时对欠债的处分就是监禁。17 世纪时,英国有三百种以上的罪行可以被判处死刑。由于法院和监狱里都挤满了待赈的贫民、流浪者、欠债人和小罪犯,最人道和最实际的政策似乎就是把他们运到殖民地上去。这样一来,英国就减轻了负担,而美洲就得到最需要的劳动力的供应。如果这些囚犯能自己付出旅费,他们就可以自由行事,否则(实际上,所有的罪犯都是这样)他们就被卖出七年到十年的时间。尽管劳动力很缺乏,这些"国王的七年旅客们"(他们被这样地称呼)十分不受欢迎,殖民地的人们都宁愿独善其身[①],但是反对把殖民地变成罪犯倾销地的抗议并没有收到什么效果。

那些契约工也有的是受了职业性的拐子或人贩子的招募而去的。这些贩子拐走了成千上万的儿童和成年人,把他们卖给从事

① 《弗吉尼亚现状》1724 年版,赛宾公司 1924 年再版,第 53 页。

殖民地贸易的船长。这种绑票式的行为在16世纪后半期是那样地普遍，以至于英国国会通过了法律去加以限制，但是殖民地上需要的劳动力是那样地巨大，以至于当局也就无意去执行这种限制。这种情况，直到17世纪英国成为一个工商业强国时才稍有改变。英国政府越来越想把罪犯驱送到殖民地上去，但却愿把有技术的工人留在国内。1765年，国会禁止技术工人向国外移殖。

雇工的权利得到了一定程度上的保护。生病时可以享受膳食、服装、住宿和医药的照顾，也可以拥有财产。在工作满期以后，通常可以得到一套工具，有时还可以得到五十英亩的土地。虽然法律上保护他们不受虐待，但是，那时是一个艰难困苦的时代，那些契约工，尤其是非自愿的雇工的命运，是极端难以令人羡慕的。一方面由于对劳动力的需要和成本的核算，人们不能不适当地对待这些雇工；但另一方面，为了要在雇用的年限内尽量地取得劳动，又促使人们对雇工滥加驱使。在很多情况下，奴隶的命运还比契约工要好一些，因为对于奴隶主来说，失去一个身强力壮的奴隶比失去一个雇工还要遭到更大的损失，因此就不免要把他们待得稍好一点。正如17世纪时南部的雇工那样，北部的多数雇工都是从契约工当中得到补充的，因为奴隶在初期还不普遍，奴隶制度发展得很缓慢。1681年时，弗吉尼亚的白人雇工有六千人，而奴隶却只有二千人。17世纪后期和18世纪初期，每年有上万名的"自愿者"来到这里，但人数渐渐地减少，直到革命时期，这些人的移入就几乎完全停止了。

在殖民地时期移入美洲的白种人当中，大约有一半是以契约工的身份来到这里的。据估计，在美洲革命时，宾夕法尼亚、马里

兰和弗吉尼亚的四分之三的白种人都属于这一类。虽然在殖民地时期人口的增长多半是由于自然的增殖而不是由于移民的迁入，但是，很显然，那些契约工和他们的后裔，在美洲早期的人口中形成了一个重要的组成部分。

契约工制度有助于解决两个问题：它帮助了穷人们逃出欧洲，去到一块机会较大的土地上开始新的生活，而且这个制度也供给了美洲以迫切需要的移民和劳工。对于一般的欧洲工人来说，用自己的财力去移殖是不可能的。到美洲的旅费需要六英镑到十英镑，这个数字就等于那些工资低得可怜的英国工人三年到四年的收入。按照在欧洲可以得到的工资计算，美洲契约工常常廉价出卖自己的劳力。美洲的自由工人可以得到比在英国高30%到100%的工资。像这样一个残酷的制度，却并不缺乏它的拥护者。自己是一个契约工的乔治·阿尔索普在写给家里的信中说道："在这个被英国那些庸俗而饶舌的人们辱骂为奴隶省(马里兰)里的雇工，比伦敦'最机械'的学徒们生活得还更像'自由人'些，他们并不缺乏任何必需的东西，而且都能根据自己的所长，受到特别的使用和尊敬。"[①]必须记住，那些自愿订立契约的雇工，在很多情况下，是代表着那些具有勇气和毅力、要想逃出那个不能由他们负责而又没有希望的环境的男子和妇女。大部分在美洲能经受严重考验的人，都获得了他们所寻求的比较良好的生活，而且有许多还在当地升任了重要的职位。

当然，还应该注意到，殖民地的劳动力并不限于从欧洲来的契

① 乔治·阿尔索普：《马里兰省的一个特征》，第94页。

约工和从非洲来的奴隶。殖民地上的人们，家庭都比较大，而且童工被尽量地加以利用。殖民地上没有采用欧洲常用的那种把债务人监禁起来的办法。劳动力太缺乏了，因而债务人被允许替债权人去工作以抵偿负债；犯罪者也可以用订约的方法去工作而还清罚款。此外，还广泛地采用了“学徒”制度，在这个制度下，青年们直到十八或二十一岁以前必须替师傅工作，和师傅一起生活，以学得一项本领，并且学习读书和写字。

殖民地的奴隶制度

今天，经济扩张常常是通过把投资资金移转到劳动力的供应地去进行，因为这种类型的资本现在是集中在北美洲和欧洲，而廉价的劳动力却可以在亚洲、非洲、南美和中美获得。我们的祖先当时有了土地和原料的资源，却需要劳动力，这一问题在奴隶制度中得到了局部的解决。许多美洲的农民（主要是南部的农场主）从雇用白人契约工而转向于使用奴隶的理由，便是由于他们相信奴隶比任何一种能够获得的劳动力还更为便宜。对于一个契约工的资本投资，每年平均是二英镑到四英镑；而一个身强力壮的奴隶只要花十八镑到三十镑便可以买来。付出这笔钱之后，奴隶主就可以得到奴隶的终身劳务，而且奴隶的家庭人口增加了，农场主还有增加收益的可能。

15 世纪时，葡萄牙商人开始从“奴隶海岸”把黑人运入欧洲。这个“奴隶海岸”是非洲西海岸的一部分地区，从北部的佛德角直到南部的圣玛莎海角。自从 1482 年葡萄牙人首先在非洲殖民的那个时候起，这种买卖的运输就成为很经常，持续了约有四百年的时间。奴隶是从住在沿海村镇的那些当地经纪人的手里买过来的，而经纪人又是得自内地的土著部落。这些拥有优良武器和军火装备的部落，出卖他们的战俘和由袭击而得来的俘虏，把他们关在沿海岸的奴隶狱中，然后再把他们运了出去。

1619 年把第一批黑人带到美洲詹姆士敦来出卖的，是一个荷兰缉私船的船长。不到几年工夫，殖民地上到处都有了奴隶。最初，虽然劳动力很缺乏，但奴隶并不太受欢迎，因此，他们的数目增长得很慢，而且在半个世纪的时间之内，黑人只占当地总人口的极小部分。17 世纪初，奴隶买卖主要是被荷兰人所垄断，直到 17 世纪 60 年代荷兰的势力崩溃为止。自那时以后，就由英国的“皇家非洲公司”接替了这项垄断权而直到 1689 年。以后，这项贩运买卖就大为敞开，而且迅速地扩张起来。据本可罗夫特的估计，在美洲大陆殖民地上奴隶的数目，1714 年有五万九千人；1754 年有二十六万三千人。1790 年的第一次人口调查指出，那时奴隶的数目在六十三万七千人以上。这时，他们占南部人口总数的五分之二；从占百分比较小的马里兰和北卡罗来纳直到占卡罗来纳白人人口的一倍以上不等。

对英国殖民地上的奴隶交易，很快就被英国人和美国人的船只所垄断，而以后者进行得特别具有效率。那些美国的奴隶商通常的做法是在新英格兰装载了糖酒和其他商品，运到“奴隶海岸”，然后用他的货物去交换黑人，把黑人运到西印度群岛或美洲大陆卸下，再在那里装上食糖、糖浆和烟草运到北部。这种被称为“中间航行”的从非洲到西印度群岛的航运，暴露了奴隶制度最阴暗的一面和那些奴隶商人的最恶劣的行为。黑人们被拴在船上，拥挤在一个小得不能再小的地方，在航行大西洋的漫长的几个星期里，遭受到说不尽的痛苦。如果生了疾病，就被抛下海去，以免传染他的同伴。可是，我们的祖先对于这种痛苦已经变得冷酷无情，对奴隶制度很少感到悔恨。

南部的烟草农场，采用了奴隶经济，作为满足劳力需要的最容易的方法。在南卡罗来纳产米的农场上，也把奴隶看成是能忍受那些灼热而潮湿稻田里的气候条件的唯一劳工。奴隶制度满足了经济的需要，只要这种需要继续存在一天，这种制度就会发展起来。在美洲革命的前夕，当烟草农场渐渐地衰落的时候，这个制度就遭到了冷遇，直到几年之后发明了弹棉机才又恢复起来。

第五章　殖民地的商业和工业

殖民地商业的情况

美洲殖民地从一开始就要发展一个巨大而繁盛的商业。重商主义的整个经济理论，说明了殖民地是母国所需要的商品的生产者，同时转过来又是母国货物与劳务的购买者。这样就必须发展活跃的商务关系。英国需要某些森林和土地的产物，而在一个新地区的移民们也渴望得到先进国家的工业成品。甚至于英国政府所通过的那些禁止食物和其他殖民地商品进口的法令，有时反而鼓励了商务，因为这些法令迫使那些缺乏现款购买英国工业成品的殖民地人民去为自己的产品寻找其他的市场。

在发展商业方面，美洲殖民地特别受到了地理环境的恩赐。新英格兰和中部殖民地的沿海一带，有着星罗棋布的海港。南部和中部殖民地的沿海海湾犬牙交错的海岸与河流，便利了商业的发展。有人曾说："一个大陆能否为人们所接近，主要是决定于河流的可航性。"[①]这对于新殖民的地区来说，情况尤其是如此。南

① 森普尔：《美国历史及其地理状况》，第 20 页。

部无数的小河，使那时的一些小船能直接划到农场主的私人码头边来。1686年，一个在弗吉尼亚旅行的法国人曾评论说："甚至于在最远的地区，没有一个农场的房屋是离'码头'有一百或一百五十英尺远的。因此，人们不仅能乘着小划船去访亲拜友，而且也可以用它去载运货物。"①

在有铁路和汽车以前，从水路进行贸易比从陆路进行要容易得多。这对一个道路不多、通行不便的新地区，情况更是如此。在美洲的少数几个较大的中心地区之间，直到18世纪70年代才有驿站马车的正式通行。1771年，著名的"飞行机"把费拉德尔非亚和纽约之间的旅行时间缩短为一天半多一点。就是到了1794年，从波士顿乘马车旅行到纽约，即使在最有利的情况下，也要行走一个星期的时间。②

在这样的情况下，殖民地上大多数的商务自然就只有由水路进行。但是，纵使如此，当时情况的困难，即使一个现代的水手也会感到难以喘息的。那些船的体积很小，而且要靠风向和天气才能航行。横过大西洋所耗费的时间，漫长得令人义愤填膺。"香客们"从克普－科德海峡到英国，要航行两个多月。彼得·卡姆在一个世纪以后说："在冬季；从古雷务孙到费拉德尔非亚要走十四个到十九个星期以上乃是一件常事。"③这种航行的漫长与痛苦，船上伙食的单调，局促难安的船舱，恶劣气候的苦楚，以及在长途航

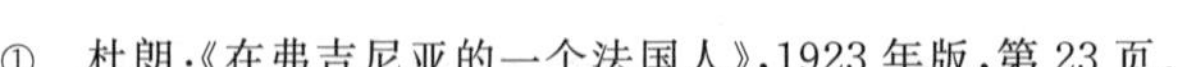

① 杜朗：《在弗吉尼亚的一个法国人》，1923年版，第23页。

② 埃德蒙·昆西：《若西亚·昆西传》，第17—48页。该书第十四章对殖民她的旅行情况作了进一步的叙述。

③ 见本生公司出版的《彼得·卡姆北美纪游》，第1卷，第11页。

行中易得坏血病和传染病等情况，是不难想象的。即使平安地渡过了海上风浪的危险，还会遭遇到沙洲和暗礁的意外，这些东西，早年在地图上并没有标示出来。而且，革命前的那些少数灯塔所起的作用也是有限的。

殖民地的商务还不断地受到其他一些因素的阻碍。其中最重要的便是缺乏一种便利的交易媒介。由于英国与殖民地之间的贸易差额常常对后者不利，只要一有少量的通货流入英属北美洲，便会很快地被调走。当时所有的这样一点通货，主要是从同西班牙和法国的殖民地所进行的贸易，或是从缉私船，或甚至是通过海盗的行为获取而来的。一个当代的作家曾说，来自西印度的货币，“很少停留在当地六个月而不被汇往欧洲去的”。以货易货的贸易，由于外国货币所含金属成分各有不同而被弄得复杂化起来。还有，虽然英国的货币很少见到，而交易却是按照英镑、先令和便士的计算去进行的，这也是使易货贸易弄得复杂化的一个因素。

当然，情况也许不像人们所看到那样坏。当时的国际贸易是用支票和汇票进行，国内贸易多半是用一些稳定的商品进行以货易货，这些商品有：獭皮、玉米和小麦。杜威说：“在哈佛学院的一些学生，每学期的费用，许多年里一直是用牲畜、肉类等产品去支付的。间或还用从欠学费学生家中厕所里挖耙出来的各种物件去支付。有一个后来做了这个学院院长的学生，在1649年用了一条‘老母牛’去还清他的学费。在建筑这个学院的第一所校舍的账簿上记入了这样的一笔：‘收到山羊一头，按瓦特镇农场价格计算，折合三十先令，羊已死去’。”①

① 杜威：《美国财政史》，第19页。

殖民地的人们不断地努力寻求代用品以代替金属货币和易货贸易。弗吉尼亚和马里兰两地，成功地采用了寄存烟草的栈单制度。1690年，马萨诸塞发行了信用证去付给那些参加讨伐皇家港和魁北克的士兵，而这种使用纸币的试验，后来为各殖民地所仿效，希望这种通货能满足商业生活中的十分显然的需要。早年发行的这种通货，可以折抵白银缴纳税款，而且一般是把支付日期固定了的，使用起来效果很好。但是后来由于发行额逐渐扩大，从而使作为它们发行基础的信用也越来越动摇，于是就产生了严重的恶果。通货的发行造成了通货贬值，发行的过多和价值的不稳定所带来的恶果抵消了它们在商业上所起的作用。那些马萨诸塞和宾夕法尼亚的所谓的"放款银行"，用地产、私人担保和商品作为准备，发行了一些放款债券，但是，这些东西现在已很少看到。由于英国不赞同发行这些货币，使国会1751年通过了一项法令，禁止在新英格兰再发行具有法偿价格的信用证。1764年，这项禁令扩大到其他各个殖民地区。虽然遭到人们的痛恨，这个法令并没有完全发生效力。据估计，美洲革命时，仍然有价值二千二百万美元的纸币在流通。

使殖民地商业或多或少地受到阻碍的另一个根源便是海盗的存在，而在战时便是缉私的行为。17和18世纪时是经常有战争的，尤其是在1689年英法的"第二个百年战争"开始以后。从理论上，在海上进行抢劫的海盗和法律授权对敌人进行缉私的行为之间，有着巨大的区别，但是，实际上这种区别有时却很小。著名的基德船长便是以从事缉私开始而以海盗结局的一个人。尽管由于在漫长的战争期间海盗与缉私所造成的困难，他们的活动对于殖民地并不完全是一种损失。这些掠夺品和财宝必然要拿去出卖，常常被走私到殖民地上来廉价地卖出。那些大商人，甚至于政府的官员对他们的这种行为都假装不知。罗德艾兰的人们对这种买卖搞得最起劲。1736年给"商务局"的一份报告里说："这种行为将永远不会结束，除非罗德艾兰被征服而隶属于不列颠帝国。现在罗德艾兰作为帝国的一部分，并不比巴康纳尔侵略时的巴哈马岛强得多。"[①]不管怎样说，从这种违法买卖得来的掠夺品的数量很巨大。据索伯尔的估计，在许多年中，仅纽约一地用这种方法得来的财富每年平均就值十万英镑；而且到了1700年时，殖民地上大部分的现金供应就是这样得来的。

殖民地贸易的理论

关于英国的殖民政策，我们将留待以后的一章里去作更为详细的讨论，这里只就它的一般目的和效果扼要地加以叙述。前面已经说过，重商主义政策的理论实质，就是要殖民地服从于母国的政治和经济利益。这是在两个世纪中英国采取的一贯的和继续实行的政策，是曾经一再被宣布而且为人民清楚地了解的。"评议会长"谢菲尔德某次曾宣称："美洲殖民地或西印度群岛对英国的唯一用途和利益就在于垄断它们的消费品和运出它们的产物。"商务局的某个官员把这一点说得更为清楚；他1726年时写道：

① 引自杰尼干：《1492到1750年的美洲殖民地》第380页。

> “因此，附属地地方政府的一切法令都应该停止，以符合母国的利益，附属地的存在和一切有价值的特权的得到保障，都应该归功于母国。因此之故，一切有利于殖民地的计划和商业利益，如果确与母国的利益相违背或不一致时，就必须理解为是违法的，而且其行为亦将得不到保障，因为它们与建立殖民地的目的相违背，而且也和人民得到特权和保障的条件不相符合……因为这就是建立殖民地的目的。如果殖民地不能受到利用，那么国家还不如不要殖民地。”

没有比这样说得更为清楚的了！总之，一个帝国究竟有什么用处呢？唯一存在的问题就是去决定如何使殖民地归根到底能对母国产生最大的价值。英国政府管理殖民地事务的那两个机构（尤其是商务评议会及其继承机构商务及殖民委员会）对于应该怎样去做这件事也并不是没有固定主意的。对于殖民地所生产而为英国所需要的商品，就用奖金的办法去加以鼓励，并且在国内市场上实行了垄断；对于那些和英国生产的货物相竞争的殖民地商品，就用高额的关税加以排斥。对于殖民地上的制造业，如果产品与英国产品有了竞争，就加以阻碍或禁止。殖民地要想通过发行纸币来缓和财政制度的努力（这是一种强迫殖民地以高价买进，以低价出售的制度）也受到了禁止。殖民地所制定的用来减少奴隶买卖（这种买卖对于英国的奴隶贩子是一个巨大的利润来源）的法律遭到了否决。英国政府曾尽了一切努力，把殖民地的交易集中于本国市场，使英国资本能在贸易运输、保险和捐客佣金等方面获得利润。

虽然英国的整个重商主义的实施使殖民地的经济利益受到了

致命的打击，而且这也许就是造成美洲革命的最主要的动力，但是，说来很奇怪，它并没有使殖民地的商务发展受到影响，这是由于下面的三个主要原因：第一，殖民地既是土地和资源丰富而劳动力不足的新地区，是原料和半成品的正常生产者，因此，就自然适合于由殖民地供给原料、由母国供给工业成品的这样一个帝国制度。第二，那些生产足以和大不列颠相竞争的商品的殖民地，发现了另外的市场，尤其是在西印度群岛和欧洲南部，因此，它们就获得了购买英国工业成品的手段。最后，当英国的法令和殖民地的利益发生矛盾时，这些法令被逃过去了。尽管英国那时的海军是海上最强大的，走私仍然很盛行，而且殖民地与受到英国法令禁止的那些国家之间的贸易仍然很繁盛。

殖民地贸易的路线与商品

殖民地产品的主要市场是英国、西印度群岛和欧洲南部。1660 年的一项法令规定：英国本国殖民地上所生产的某些“被列举”的商品（如绿烟草、羊毛、棉花和蓝靛等）只许可运到英国。后来又加上了一些航海物资（沥青、松脂、松节油、亚麻、船桅、帆桁）和大米、青铜、生铁、木材、皮毛、珍珠灰，以及另外的一些商品。由于南部各殖民地的主要输出品是烟草、大米和蓝靛，还有一小部分是航海物资和皮毛，因此，这些殖民地的出口贸易大部分就是和英国的一项直接贸易。反过来，各殖民地又进口呢绒布匹、金属器具、家具以及其他制成品。

在新英格兰和中部各殖民地区，其情况却与此全然不同。这些殖民地出产母国所需要的某些商品（如航海物资、木材、皮毛和金属），但是它们的大宗货物（鱼类、谷类和其他食品）则被高额关税排斥于英国之外。因此，它们对英国的出口贸易就比较小，而不得不为它们的主要产物另找出路。这些出路主要是西印度群岛，其次就是欧洲南部。新英格兰运往这些地区的产品有腌鱼、干鱼、腌牛肉、腌猪肉、马匹和牲畜以及各种建筑材料。从纽约和宾夕法尼亚运往这些地区的出口货物主要是面粉和小麦。18 世纪初叶，西印度群岛主要转向于食糖和烟草的种植。如果不进口给奴隶们食用的廉价粮食、建筑房屋和制造装运食糖和糖蜜用的木桶的木材以及烟草，就不能自给。转过来，美洲殖民地也还要从西印度群岛进口糖蜜，制成甜酒以供应打鱼的船队、奴隶贩卖以及当地的应用。他们也获得现金或各种商品，用以向英国购买制成品。贸易的数量可以从现代的一些估计数字看出来。有人估计，新英格兰每年（1763—1766）的平均出口额为四十八万五千英镑，其中半数以上是海产；纽约的出口额是五十二万六千英镑；宾夕法尼亚是七十万五千五百英镑，这两个地方的出口，半数以上是面粉和小麦。①

撇开殖民地的商人和船长们在重商主义的重重限制下还能为产品找到出路的机智不讲，殖民地商务的整个过程，为国际贸易和国际结算提供了有趣的研究。除了各殖民地内部之间的一定数量的商务和对英国与西印度群岛之间直接往来的贸易之外，还发展了著名的各种各样的“三角贸易”。在有些年里，新英格兰和中部

① 《美洲的农业》第 1 卷，第 59、124、181 各页。

各殖民地从英国进口的货物比它们的出口货物多出八倍或八倍以上。这种贸易是通过各种方法来维持的。新英格兰和中部的殖民地向欧洲南部输出粮食、肉类、鱼类和木材，然后把酒类、水果和其他商品装运到英国去换取制成品。另外一种三角式的航路便是把新英格兰和中部殖民地的产品运到西印度群岛去交换糖蜜，食糖和其他商品，再用这些商品去向英国交换工业品，然后把它们运回北部的那些殖民地。正如上面所指出，从英国买来的这些工业品，一部分是用与北部各殖民地区和西印度群岛直接贸易得来的硬币或汇票去支付的。这种情况之所以成为可能，一部分是由于从西印度群岛出口到大不列颠的货物比进口货物几乎大三倍。关于这种情况，没有任何人比本杰明·富兰克林自己1766年代表宾夕法尼亚在英国下议院的一个委员会上作证时讲得更为清楚的了。在他指出了宾夕法尼亚每年从英国进口五十万英镑的货物而只向英国出口四万英镑货物的时候，有人问他："那么，你们怎样付清差额呢？"

"差额（他答复说）的支付，是通过把我们的产品运到西印度群岛，在我们自己的岛上出卖，或是卖给法国人、西班牙人、丹麦人和荷兰人；通过把这些产品运到北美洲的其他殖民地，如新英格兰、新斯科舍、纽芬兰、卡罗来纳和乔治亚；通过把产品运到欧洲各部，如西班牙、葡萄牙和意大利等地。在所有这些地方，我们要么得到货币汇票、要么得到适合于把钱汇到英国的商品。所有这些，连同我们的商人和船员们勤苦地从那些迂回的航行中和用他们的船只获来的运费收入，最后集中到英国，去清偿差额和支付我们不断地耗用的，或是我们的商人售给外国人的英国工业成品。"

这种三角贸易的另外一方面，就是17世纪不断增长的非洲奴隶的买卖。原因是：(1)殖民地上和岛上农场需要廉价的劳力，北部殖民地区也需要家庭仆役；(2)从有利于英国和殖民地船主的贸易中积累得来的巨额利润。经营奴隶买卖的，不仅只是新英格兰的航运业，还有那些供给作为购买黑人的主要商品的甜酒酿造商。直到美洲革命时，几乎所有的黑人都被送到西印度群岛去，后来从那里又有一部分被运到美洲大陆。运到这些岛上的奴隶，每年有二万五千人到三万人，其中每年约有一万人从那里被运送到美洲大陆的殖民地。

三角贸易（第一图）

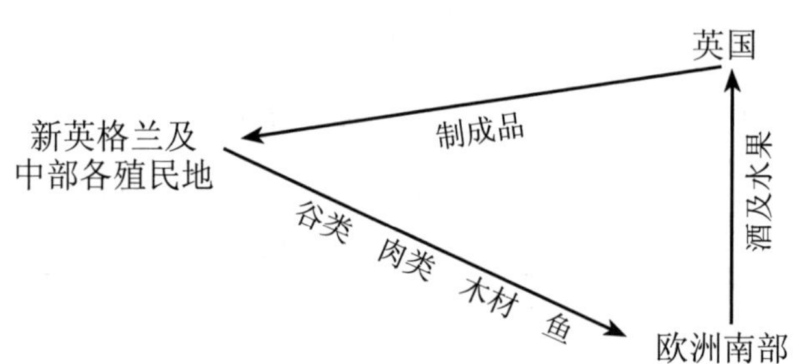

三角贸易（第二图）

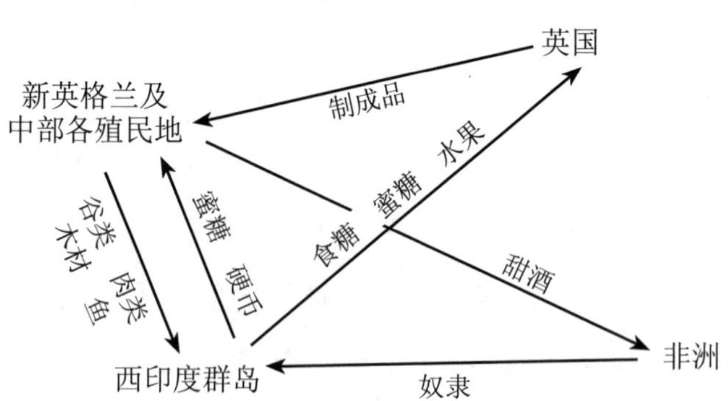

殖民地的出口与进口(1760 年)

按英镑计算

输出地区	输入地区				
	大不列颠	南欧各国	西印度群岛	非　洲	合　计
北部殖民地区	284,269	335,810	555,612	19,584	1,195,275
南部殖民地区	1,247,245	216,923	192,222	690	1,657,150
总　　计	1,531,514	552,733	477,904	20,274	2,852,425

输入地区	输出地区				
	大不列颠	南欧各国	西印度群岛	非　洲	合　计
北部殖民地区	504,614	54,909	594,421	877	1,154,821
南部殖民地区	1,100,367	21,770	195,326	151,120	1,468,583
总　　计	1,604,981	76,679	789,747	151,997	2,623,404

资料来源:约翰逊等,《美国国内及国际贸易史》第 1 卷,第 92 页;香农,《美洲的经济成长》,第 32 页。本表所指北部,包括马里兰以北各殖民地在内。

如果按照美洲当时的原始情况,如像缺乏良好的运输条件和流动资金以及其他一些不利的情况说来,殖民地时期的对外贸易乃是非常活跃的,而且按人口计算的价值也是很高的。在整个时期里,这项贸易都有长足的进展,在 18 世纪 60 年代的那十年达到了顶点。虽然统计数字并不可靠,只要使用后期一年中的估计数字就可以使读者对于这项贸易的数量和地理方向得到一个十分清晰的图景。首先,可以看出,北部的商务比南部的商务要分配得更为均匀一些。宾夕法尼亚以南的那些殖民地区,主要是与英国进行贸易。北部与英国的进口和出口之间的差额特别明显。可是,这种与母国的贸易逆差是用富兰克林所描述的那种方式得到了清偿。北部的殖民地商人通常拥有自己的船只，单只运输得来的利润就足以抵偿大部分的差额。在所有的这些贸易中，与南欧各国的贸易，在保持贸易的接近平衡方面，占着最重要的位置，这在南部和北部殖民地方面都是如此。虽然1769年的贸易使南部有了顺差，但是，一般的情况并不如此。即使有了顺差，也是不可靠的，因为英国的贸易使经纪人和船主所获的利益抵补了差额而有余，而且终于会使美洲农场主们陷于长期负债的状态。

殖民地工业的情况

我们曾一再地强调指出农业在殖民地经济中所占的显著地位。那时殖民地上还没有我们今天所知道的工厂生产。甚至于连“接活”制度（一种资本家收集了原料，把它分散给个别的工人在家里工作，以后再把成品收回来出卖的生产方法）也很稀少，广泛地存在的是一些粗劣和比较原始的工业。首先是典型的家庭工业。农庄上的一般主妇们都把羊毛、亚麻或棉花加工纺织做成衣服，熏腌肉食，制作咸菜和蜜饯。她们自己制造肥皂、洋烛和酿造啤酒。制作鞋子、手套和工作服的皮革，也是在农庄里生产和进行加工的。农民们从自己的林区里采伐木料去建筑房屋，用硬木做成工具、家具和木桶。这种制造生活必需品所付出的辛勤劳动，并不是出自人们的喜好。殖民地的农民们，也正如今天的农民一样，宁愿用自己的盈余去交换工业品。然而，殖民地时代典型的农庄规模很小，盈余不多，而且运输条件很坏。农庄的家庭之所以自己制造物品乃是出于必需。

还有另外的一种家庭工业，所制成的产品不是供家庭需用而是供给外销的。冬季农闲的时候，许多农民就制造洋钉、盖屋板、桶板或木桶。这些东西在对西印度的贸易和在当地的制鱼和酿造甜酒工业方面都有很好的市场。事实上，在殖民地末期，这种类型的工业在当地常常已经扩大为一些小型的工厂。这种形式的工业（一种依附于或补充农业和商业的工业）在许多殖民地工业中是很典型的。产品中有农具。供各种用途的商业船只、航海货物和其他船上用品，以及装载烟草、甜酒、蜜糖、鱼类使用的木桶和木箱。正如农庄上的工业一样，这是一种必需品工业，间或受到英国政府奖金的鼓励，例如对航海物资的赏金，是由英国政府因国内商品的缺乏而给予的。

当村镇扩大到能够自给时，就出现了另一种可以称为农村工业的制造业。不论大小的殖民区都有一个锯木厂，供农民们锯切木料；有一个碾厂，能够碾磨他们的玉米和小麦；还有一个漂染厂，把织好的布匹加以平整和漂染。较大的那些居民区也还养活着一个修鞋工人，一个裁缝，一个制造家具的工人或其他受过高度训练的工艺人，制造订活。

殖民地上出口贸易和一般商业发展的迟缓，并不是因为缺乏资源的缘故。资源是有的，而且也是可以大量开发的；也不是由于缺乏资本，资本可以得自英国和得自富裕商人的盈余，这些商人在殖民地的晚期为数是很多的。也不是由于上文所分析过的劳动力的缺乏，虽然那时的劳动力可能很感不足。到了1776年，殖民地的人口有英国人口的四分之一。那些新来到的移民，在东部找不到良好的土地，也许会被吸引去从事制造业。也还能得到契约工和奴隶。工业之所以不能发达，除了其他一些原因之外，乃是由于人民相信从农业、商业和土地投机中可以获得更大的利润。最主要的，乃是由于英国政府的反对。英国的重商主义把殖民地看成是原料的策源地和工业品的销售市场。不管是在殖民地或在国际贸易上足以和英国货物竞争的制成品都受到了打击。同时，对于一个使殖民地更能密切地符合英国重商主义需要的经济制度却尽量得到了鼓励。

甚至在美洲革命以前的一个世纪里，"商务局"其他政府团体，或是他们在美洲的代表所做出的草率的调查，也证明了这个论点。这样一个政策，可以从英国制定了特别的法令去减少殖民地羊毛和炼铁工业发展的这一事实看出来。例如，英国制造商抱怨说，殖民地人民正在输出羊毛，政府就制定1699年的法令，禁止把殖民地上出产的羊毛、毛线或布匹运到任何其他农场或国家去。1732年也同样地禁止了帽子的出口。1750年的一项法律，在允许铁条进入英国的同时，禁止在殖民地上建立切碾工厂，以及压片、熔铁炉或炼钢炉。由于这项法律没有禁止铸铁炉，殖民地的人们仍然可以制造大炮、茶壶、盐锅和其他的一些用具。这个政策明白地表现在英国所给予殖民地政府的指示中，指示禁止对运入殖民地的英国货物征税，或禁止采取能给予殖民地制成品优先待遇的任何措施。这个政策，也明显地表现在当殖民地通过鼓励当地工业的法令时，遭到了英国无数次的否决，同时清楚地表现在南部立法机构通过限制奴隶买卖的法令时遭到了否决。因为英国政府的任务，就在于要把殖民地上对于本国商业和航运业十分有利的那种农场制度永远保持下去。比尔德夫妇曾经说过，这些都不是政治

上的偶然事件，因为这些法令、指示和否决，“乃是实行‘国家重商主义理论’的必然结果。这个理论把殖民地贸易看成是母国的财产，应该为母国的公民所垄断，并且殖民地上的一切事业，都应该服从于他们的利益”。[①]

森林工业

对于垦荒的农民来说，美洲丰富的森林地好像只不过是一种障碍，要想开辟他的农场，就得要尽快地将它们加以清除。可是，不久之后，他在森林里发现了一种有价值的可供贸易的商品。有四种工业是依赖于森林的——木材业、造船业、航运用品制造业和钾的制造。此外，当然还有那赚钱的皮毛贸易。在河流一直通到森林地区和在瀑布较多设有水力锯木厂的北部殖民地，木材业和造船业特别活跃，西印度群岛和欧洲南部有着稳定而又能盈利的市场，许多农民用部分时间兼做一些木料生意，就能使家庭富裕起来。

由于水边生产丰盛的白松、皮毛和橡树，以及许多生产沥青和松节油的松脂树，殖民地人民的手边就有了造船的原料。原料价格的便宜，足以抵偿高度的人工成本；船只的需要，一开始就鼓励了这项工业的发展。多数的造船业都集中在新英格兰，那里的制造成本比欧洲要低 30% 到 40%。1760 年时，殖民地每年能制造三百到四百只小船，而挂着英国国旗航行的船只有三分之一是在

① 比尔德夫妇合著:《美国文化的兴起》，第 193 页。

美洲建造的。除了木材和造船之外，新英格兰还出产某些航海物资，主要的有沥青、松脂、松香、松节油和用水泡腐的亚麻。这些为英国海军和商船所需用的商品，以前主要是从瑞典、波兰和俄国进口的。但是，1705 年以后，它们，尤其是在两个卡罗来纳州，受到英国的津贴的奖励。

在整个殖民地时期，皮毛贸易是一项重要的森林工业，也是所有殖民地上一个有价值的收入泉源。各种类型的皮毛都有，但是最主要的皮毛是北部的獭皮和南部的鹿皮。殖民地的人们用枪、甜酒、刀、斧、布、壶以及其他的商品去交换这些产品。枪和甜酒的售卖在许多殖民地区受到了禁止。但是，由于它们方便了贸易，法律就常常为人们所规避。当印第安人变得聪明起来，以及当殖民地的商人同法国人和西班牙人发生竞争的时候，早年的那种高额利润就下降了。但是，英国殖民地本土上每年出口的皮毛，在殖民地末期价值二十万英镑以上。

可是，皮毛贸易在美国历史上除了在工业和商业方面的作用外，还有着更为深远的意义。皮毛商人在追逐逃逸中的猎物时，就为传教士和移民刻记了路标，指出了前往西方的途径。但是，虽然他们开辟了西方的通道和带来了物质财富，他们对红种人的那种无理对待，经常引起同印第安人的战争，带来了恐惧与破坏。这也使他们不断地与法国的皮毛商人进行竞争。法国皮毛商人和印第安人的关系是搞得比较成功的。但是，他们的商品较贵，必须运到更远的地方去售卖。当东部海岸的皮毛交易衰落和商人们向埃勒吉尼山脉以西推进的时候，竞争就更为激烈。此外，早在 1670 年就已经创立的“哈得孙公司”（英国国王曾授给这家公司在哈得孙湾以内地区进行贸易)，对于法国的政治和经济利益形成了直接的打击。自从那个时期以后，在殖民地范围内对皮毛贸易的竞争，形成了殖民地战争的主要因素，而且也是最后决定究竟是谁，英国还是法国，将统治殖民地大陆的重要因素。

海洋工业

是否由于欧洲中世纪所遭受的长期的饥饿状态，还是由于欧洲西海岸作为食物的鱼类发生了鱼荒才使渔人们向西推进去捕鱼，现在还不能加以肯定。大约在 1300 年时，渔民们就已经到达了冰岛，而且至少在英国在新英格兰有了殖民地一百年以前，欧洲的渔民就经常航行到了班克斯岛。1600 年时，深海的渔业已经完全展开，纽芬兰的海面上经常有英国、法国、西班牙和葡萄牙的船只往来。要在长距离的归途中把鱼储存起来，就得要对它们进行加工保藏，为此，就有必要上岸把鱼在阳光下摊开，使水气蒸发，用盐浸透。早年这些船只航行到鱼洲之所以神秘，可能是由于许多产物在归回的航行中是偷运进来的缘故。这就使我们无法肯定欧洲人究竟是在什么时候开始在沿海各地登陆去进行鱼的保藏工作。仅葡萄牙一国 1550 年时航行在美洲海面上的船只就有四百艘。据说英国 1610 年把过剩的鱼卖了出去，就获得一千万美元的收入。因此之故，早在 17 世纪时，欧洲各国政府就醒悟到在靠近鱼洲的地区拥有土地的重要性。这种必要性构成了向北美洲探险的一个重要动机，而且导致了对靠近渔场的土地的争夺，这种纷争，几乎一直继续到现在还没有停止。

欧洲对于鱼类的需求有日益扩大之势，尤其是在天主教的国家。新英格兰由于靠近渔场而且手中具有丰富的造船材料，从而在获得利润方面占着优势的地位。1650 年以后，它的繁荣与捕鱼事业有着密切的关系，而且，1765 年时，有六百艘以上的船只和四千多人在从事鳘鱼的捕猎。在殖民地的末期，这项工业每年的产值是二十二万五千英镑。由于市场的扩大，新英格兰人就把捕得的鱼分为三等。那些最大最肥的鱼，由于它们最难于彻底保藏，就供作当地消费。第二等是比较小而易于保藏的鱼，就出口到美洲大陆。第三等是小得不能在欧洲或美洲市场出售的那些，就在西印度卖出作为奴隶的食物，通常是用去交换糖蜜，再把糖蜜带回来做成甜酒。除了制造甜酒（这是由捕鱼工业而产生的）之外，也刺激了对食盐的需要，因此便在海水易于蒸发的沿海各处设立了许多制盐的大桶。鱼、糖蜜、甜酒和食盐都使得制桶工业成为殖民地上最活跃的工业的一种。

在殖民地时代最后的一百年里，与捕鱼事业几乎同等重要的，便是捕鲸工业。当时，鲸脑、鲸脑油、鲸骨和龙涎香的需要量很大。离新英格兰海岸不远的地方，有着大量的鲸鱼，1700 年以后，新英格兰的海员们当鲸鱼浮上水面呼吸时，便开始叉捕这项笨重的巨兽。当鲸鱼被赶走离开海岸以后，捕鲸的人们也就追踪到另外的地区。1732 年以后，政府对超过二百吨的从事于捕鲸的船只，每年每吨奖给二十先令（1747 年增加了一倍）。这种产品价值的增加，使捕鲸的人受到了鼓励。世界上最善于捕鲸的人，都是从新英格兰来的，而且，那个地区实际上垄断了这项贸易。美洲革命爆发时，有三百艘以上的船和四千多名水手在从事这项工业，其中多数人来自楠塔基特、新贝德福、马波亥特和普罗维登斯。以鲸脑为基础，就发展了相当重要的洋烛制造工业。

家庭手工业与工场手工业

关于家庭手工业，上面已经提到过了，但对于殖民地制造业的这一面，再把它的重要性强调一下仍然是有价值的。殖民地上很少没有一架纺车和一个手织机的家庭。而且，殖民地上所用的大部分纺织品都是在家庭里生产的。这些布匹大多数都是用羊毛或亚麻织成，或者用羊毛和亚麻两者混合织成。这个时期里所养的羊比以后的年份里所养的要多得多，同时还大量地种植了亚麻。在殖民地的主要纺织品中，有各种粗细不同的麻布，用途的广泛几乎像今天的棉织品一样。虽然英国政府尽量地阻挠这项与它自己的工业相竞争的毛织品的生产，却竭力鼓励大麻和亚麻的种植与使用。有几次，殖民地的会议用奖金来鼓励这两种商品的生产，有些会议则规定必须种植它们。直到18世纪90年代以前，殖民地上栽种的棉花很少，也进口了一部分，但是，由于它是一项难于处理的纤维，在纺织之前通常要掺入一些麻类或羊毛。不仅纺纱和织布是一项十分普遍的家庭手工业，而且在革命前夕，已经能够看出几架织布机集合在同一间屋子里的工厂制度的初步开端。这种工场出现于如费拉德尔非亚和兰开斯特等较大的城市。

多数的农庄还不能生产铁器。然而进口货的成本很高，因而早在1640年时马萨诸塞的林恩和汤顿两地已经出现了铁工厂，开采这些地区的沼铁矿。18世纪时，这项工业就从沿海移入内地，以便利用新泽西和宾夕法尼亚高地的岩叶矿。康涅狄格、纽约和新泽西也开采了一些铜矿。

铁矿的开采主要是为了要满足殖民地人们对于制造货车、雪车轮、纺锭、铁砧、茶壶、铁锅、铁板、称码、铃、铁链、锚、枪和炮等物件的迫切需要。铸铁厂通常也与这些矿山和冶炼设备一齐建立起来。拉丝工厂也生产了一些铁条，农民们在冬季晚上用它在烟囱角边的小炉上做成铁钉。殖民地上的熔铁炉一般是小而简陋的，每星期的产量是十二吨到二十吨。

英国人并不希望翻砂厂得到发展。殖民地上可以出产生铁，但是，殖民地上的人绝不应该和英国的国内制造商相竞争。1750年时，铸铁工业已经发展到这样一个比重，以致英国国会禁止再行建立任何的抽丝、辗片、压板、熔炼或熔钢工厂，违者罚款二百英镑。虽然铸铁制造工业受到了限制，1757 年以后，生铁和铁条的生产又受到了鼓励，准许免税运入伦敦海港。在这种刺激之下，1771 的产量就增长到七千五百二十五吨，每吨价值为二十英镑。

从古物展览馆内陈列的“殖民地”家具和其他一些用具的数量看来，人们会得出一种印象，好像我们大多数的前辈都只从事这一类型的制造工业。许多“古物”是革命以后几年中的东西。可是，大量的家庭设备用品是在家里做成或由当地家具工人承做的订货。有一些甚至于进入了沿海区的贸易。在与南部殖民地与西印度群岛进行贸易的新英格兰船只所载运的货物里面，经常有出口到这些地区的家具。殖民地也制造一些玻璃。著名的玻璃大王斯提格耳曾在兰开斯特西南部的曼海姆建立了一个封建政权和玻璃厂，在某次试验中做成了质量优良的玻璃器皿，但是，这个工厂在其他方面证明是并不成功的。

酿制各类的酒几乎成了一种家庭的和非家庭的普遍工业。这种工业在新英格兰的沿海各城特别繁盛，在那些地方，用采自西印度的糖蜜蒸馏做成了甜酒，专备为奴隶贸易和捕鱼船队的应用。有一个时期，仅只新港地方的二十个蒸馏厂从事这项交易。出口到西印度群岛的货物不仅有甜酒，还有啤酒、淡啤酒和苹果酒。但是，不可认为酿酒贸易是只与出口有关。我们的先辈人很能喝酒，因此，大量的酒是供国内的消费的。

殖民地工业发展的程度

甚至要想对各个时期殖民地工业的发展程度作一概略的叙述，也只可能是一种纯粹的猜测。当代的一些记载不是欠妥就是过于夸大，因为这些记载是旨在鼓励那些满怀信心的移民，或是要使本国政府解除忧虑。在英国颁布“印花条例”的时候，殖民者为了要使自己不依赖于英国的工业，曾在1766年和1768年携带贸易评议会的信件去见各殖民地总督，要求对各地的工业按年提出报告。这些报告虽然很不可靠，仍然是一项具有价值的资料。[①]总督们的复信的大意是想贬低殖民地工业的发展程度和强调殖民地对大不列颠的依赖。其中虽然也提到了一些个别工业，但却说什么富有阶级购买进口货品和土地的诱惑使机械工人转变成农

① 克拉克曾对这些函件作了概括的叙述，见其所著《1607—1860年美国制造业史》，第207页以下各页。

民，严重地危害了殖民地工业的发展。马萨诸塞的总督伯纳德甚至于进一步说："我认为没有送年报的必要，我这里没有什么可报告的。"

这些报告的目的，显然是想使英国政府宽心，告诉它殖民地在经济上是不能独立的，从而不恰当地缩小了殖民地制造业的真实情况。1774年，某个英国作家所说的下面这段话，倒能给人们一个较为真实的印象：

> "殖民地的居民的确制造了很多东西……输出了几种工业品，把英国制造的同类工业品排斥了。新英格兰的人们从外国和英国岛上输入大量的棉花，加工纺织，掺入麻线，织成一种布料，很像曼彻斯特出产的那样，用这些布替自己和他们的邻居缝制衣服。卡罗来纳、宾夕法尼亚和其他一些殖民地则制造帽子。北部殖民地区制造肥皂、洋烛和各种木器，并且出口到南部殖民地区；北部殖民地区也制造骡车、四轮轻便马车、二轮马车和轿子，并且把它们送到南部去。北部殖民地区也制造马鞍和许多其他的皮革成品运到南部。最近曾有大批的皮鞋从那里出口到西印度群岛。很多地方都非常成功地制成了绳索和麻制品。而且翻砂的用具、斧头和其他铁做的工具也变成了商品，这些东西，由北部殖民地区供给南部。"①

---

① 《论英国商人及制造业在当前与殖民地竞争中的利益问题》(1774年伦敦版，波士顿再版)，第12页。

当殖民地的人们有钱买得起东西时，他们无疑地是宁愿购买最上等的舶来品。但是，必需品是能够在当地买到的，而且美洲革命前的“不通商协定”证明了富兰克林的论点，那就是说，殖民地的人们能够供给自己一切必需品而不依赖于大不列颠。但是，在那时要这样做便是不正常，因为殖民地的经济，基本上还是农业性的。

第六章　革命前疆界的扩张

向西移动的重要意义

美国人民的性格和思想是在许多相互矛盾的因素的影响下形成的。一方面，由于接近海洋以及由于与欧洲的往来，使一个鲜明的美洲文明的发展延缓了；另一方面，人们向西部的移动和边疆的生活，不断地磨灭着欧洲的影响，并且促使一个新兴民族的成长。由于阿巴拉契亚山脉的障碍和缺乏交通的便利，绝大多数的美洲人民直到19世纪初期还被阻拦在这座山脉的东面。直到1830年，人口的中心仍然留在大西洋沿岸。可是，甚至于在比这个时期还更早以前，也正如在这个时期以后一样，美国人民生活和历史中最重要的因素之一，便是不断地向西部推进。这种向内地的移动，几乎在殖民初期就已经开始，一道继续到1890年以后，那时，向东西两面移动的疆界连接了起来。特纳教授1893年时说："直到我们的今天，美国历史在很大程度上仍然是一部向大西方殖民的历史。一大片自由土地的存在，人们的不断移入，以及美洲殖民地的向西推进，说明了美洲发展的原因。"①

① 特纳：《边界在美国历史中的地位》，第1页。

我们且把特纳的这种说法的可靠性和向西移动所产生的后果留待以后再详细讨论,这里只把特纳所说的一些重要因素加以介绍。艰苦的拓荒生活,迫使移民去适应新的环境,如果他要生活下去的话;而且,他虽然在年幼时期曾经受过一定的训练,并且具有一定的意识形态,欧洲文化背景对他的影响却越来越小。当不同的种族聚居在同一个环境里生活的时候,就渐渐出现了一种具有综合性格的美洲人民。对自然界的威力、对具有敌意的印第安人和对野兽的不断斗争,使他们发展成为一种自信的、进取的和个人主义的性格,具有对于约束和任何想剥夺他们的独立的企图都很厌恶的这样一个特点,也就是说,他们具有一种伯克所说的“强烈的自由精神”。在一个财富比较平等、每个人都能够自立的新社会里,就容易把旧世界人为的风俗遗忘和发展一个较为民主的世界观。因此,“西部”就常常是美洲比较民主的地区,使我们在历史上层出不穷地看到民主的边疆人民与比较保守的“东部人民”之间的斗争。那些构成边疆人民生活的元素,产生了一种在理智方面富于进取,具有活力、讲求实际而同时又是愉快和乐观的人民。

对于我们的政治生活来说,“西部”的成长以及与之俱来的各种不同的利益,都意味着地方主义的出现,并且使西部人民要求制定法律来保障自己的种种利益,那就是,要求改进内政、自由买卖土地和通货膨胀。然而,与此同时,西部人民对只能由国民政府提供的许多事物的要求,却是民族主义发展的一个重要因素。人们向“西部”的推进,在政府的职能方面引起了一些民主的革新,例如:美国参议员的直接选举,妇女的获得选举权,以及立法权、复决权和罢免权的享有等。在经济方面,“西部”的发展,至少一直到最近的几年里曾经给这个民族带来了实际的工业独立性和部门的专业化。

向西部推进的各个阶段

甚至于在殖民地时代就已经可以看出向西推进的各个明显的阶段。猎人、商人和传教士的活动，通常标志着第一个阶段。如商人和猎人旦尼尔·布恩、哲德迭亚·史密斯，以及传教士马凯特神父和马卡思·惠特曼等人，就是典型的刻记路标的开路人。猎人跟随着野兽和印第安人所走过的小道，最后变成了文明的坦途。在西部小道上方便的地点所成立的那些贸易站，后来就发展成为阿尔巴尼、匹兹堡、芝加哥和圣路易等城市。随着猎人商人之后而来的是大牧场主，他们占领了土地，开拓了草原。在那些日子里，在所有的农产品当中，牲畜是最容易移动的。从17世纪弗吉尼亚和卡罗来纳的"牛棚"直到西部草原上近代化的大牧场，都说明了边疆的牛场主一般都是在向西部移动中走得最远的。

紧随着牧场主之后而来的是农民，第一批农民散居在人口稀疏的村镇里，浪费地开垦着土地。在这个初步的耕种阶段以后，又继之以在人口较多的殖民地区进行了多少是比较集约的耕种方法。在条件有利的地方，耕种就达到最后阶段，那就是，开始了具有工商业活动的城市生活。

美国所经历过的许多这样的阶段（狩猎阶段、牧场阶段、耕种阶段、工业阶段）都在国家的发展中超过它们的作用；而且几乎在三个世纪的时间内，这种过程曾重复出现，戏曲一再重演，替美国的历史涂上了不同的色彩，并且决定了美国的文明。当然，所有这些阶段并不是都必须经过的，也并不经常是按照上述的顺序出现的。有时，上述的那四种人的代表人物混杂地来到了一个新的地区，使那个地区同时得到了发展。[①] 然而，一般地讲，特纳教授生动地描写的下述这些阶段的重复出现，标志着美国经济发展的几个显著时期：

"大西洋边疆杂居着皮毛商、矿商、养牛人和农民。除了渔民之外，其他各种工业都受到了一种不可抗力的引诱，向西部推进。它们一批一批地通过了美洲大陆。如果站在康伯兰山岭观看那一个接着一个行进的美国文明的行列，便会看到：水牛顺着新辟的小道走到咸水湖泊的源头，随之而来的是印第安人、皮毛商人、猎人、养牛人和垦荒的农民，这样，边界也推远了。如果一个世纪之后，站在落基山上的南岭，便会看到同样的队伍走过，但是中间的间隔增大了。前进速度的不一致，使我们不能不把疆界划分为商人的疆界、牧场的疆界或矿商的疆界，以及农民的疆界。当矿区和牛棚还靠近倾斜地带的时候，就可以听到商人们的玎玲作响的运货马队走过了阿勒格尼的山岭。受到了英国商人小船惊扰的法国人，正在五大湖地区加强驿站的防御。当猎人们爬过落基山的时候，农民们还住在靠近密苏里河的河口。"[②]

① 阿尔沃德：《密西西比河流域历史评论》，第 7 卷，第 403—407 页(1921 年 3 月份)。

② 特纳：前引书，第 12 页。

向西移民的道路

通航的许多河流，标志着向西部移民的第一类航路。企图经过新发现的土地找出一条通往中国富源所在的欲望，促使早年的探险家们驾着小船去对无数的河流和江湾进行探险。后来，这些河流与湖泊提供了皮毛商人进入内地最为方便的道路；而且几十年乃至几百年以后，在移民还没有跟随着他们来到之前，它已经清楚地指出了旅行的路线。在荷兰人进行有名的“曼哈顿岛购买”的前十二年，他们已经在阿尔巴尼成立了一个贸易站；1627 年詹姆士敦的商人们已经和上波托马克河和萨斯奎哈纳河的印第安人在进行贸易。

那些碰巧走上一条进入内地比较容易的路线和受到环境的逼迫而去经营毛皮交易的法国人，早在 18 世纪以前就发现了在五大湖盆地和密西西比河中间的一条最好的航路，在那里，他们已经利用了印第安人给他们所指出的那些连通水陆路的咽喉要道。

在圣劳伦斯河以南，有四条主要的道路可以绕过阿巴拉契亚山脉的障碍。最北面的，也就是最方便的通过哈得孙同摩霍克而到五大湖的航路，被易洛魁人所封闭，不让早期的那些移民进入。在南面的第二条航路，从摩霍克的上游通到阿勒格尼河的上游。第三条航路经过宾夕法尼亚的南部到达蒙农加希拉，从那里再到俄亥俄，这就是后来的康伯兰大道所沿用的路线。第四条，也就是革命前对移民们最为重要的一条航路，向南面随着辽阔的阿巴拉契盆地而下，经过康伯兰河或田纳西河流域。在阿巴拉契亚山脉南部，可能还有一条航路为哲洛基人所封闭。虽然这些航路早在美洲革命之前就为那些皮毛商人们所熟知，但是，直到18世纪后期才为少数的移民所发现。在那个时期之前，由于与欧洲市场保持密切联系的必要，使白种人始终活动在靠近河流的地区。同时，那些具有敌意的法国人和印第安人以及天然的山脉障壁都限制人们到阿巴拉契亚山的东部去进行殖民。

第一道疆界

前面已经提到，弗吉尼亚的第一道疆界，乃是位于许多河流上边的一连串的农场和大牧场。从这些河流里能够运出他们的主要产品烟草。由于沿河的土地已被占据一空，因此才去开辟那些内地区域。但是，由于人们有靠河居住的趋势，使得早期的弗吉尼亚好像成了一个半岛的联邦。尽管政府企图通过把边疆居民聚居在河流倾斜地带的那些城镇里以控制向西的移动，但是仍然保持住了一个农村的环境。由于弗吉尼亚疆界的向西南方同时推进，到了1700年，在阿耳伯马耳海峡以北和夏安河以东的卡罗来纳地区就为人们所占领。

与弗吉尼亚移民的偶然向西移动的情况不同，新英格兰殖民地政府采取了坚定的措施去督导村镇的建立和规定它们的界限。弗吉尼亚的移民是由个人进行的，而新英格兰的移民则是成批地和成村地进行的。但是，政府的限制还远不止此。1636年，马萨诸塞的普通法院曾发布命令，任何一个人，没有得到当地多数行政首长的许可，不得进入新种植场。这一法令也许是被规避过去了。

另一方面，由于有法国人和印第安人袭击的危险，使得普通法院在1694年发布命令，除了列举的某些边区城镇以外，禁止居民离开这些前哨线，违者监禁或没收其土地。由于新英格兰与旧殖民区的接近，以及有敌人经常进攻的危险，使得边疆那些城镇的地位和处境成了一项令人最为关心的事件。其他的新英格兰殖民地区也采用了与此相同的制度。

由获得批准的一些团体用村镇的方式去进行殖民，具有很多的优点。尤其是可以提供最大程度的保障，不受印第安人的袭击。但是，这也开辟了一条道路，使接受赠予的地主和来得较晚而在公共土地或未分配土地上可能没有权利的非土地所有者之间发生了一些纠纷。由于非土地所有者的人数常常占多数，并且控制了当地的政府，因而摩擦的机会也就很大。

关于荷兰殖民地的开始，可以追溯到那些位于特拉华河与哈得孙河河口及其上游的贸易站。在摩霍克急流上的斯克内克塔迪地区的殖民，开始于1661年。在以后各年里，沿这两条河流的中间地带，是在政府出租土地的制度下，由向政府承租的人，亦即新阿姆斯特丹的官吏分配给各租户的。新泽西、宾夕法尼亚、特拉华和马里兰是通过土地的赠予私人，或是通过出卖的方式由早期的那些地主去进行的。虽然移民们迅速地向西部移动，乡村和城镇都发展得较早。两个卡罗来纳州1700年时号称已经有了两个移民区，北部的一个在阿尔伯马尔海峡附近（事实上，这是由弗吉尼亚扩充出来的），南面的一个，从散提河向南扩充，以查理斯顿为其中心。1670年在八个地主的租赁制度下所创建的南部殖民地区，与西印度群岛有着商务上的联系，那里的居民多半也是来自西印度群岛。最初，那种想强迫实行一种人为的政治制度的企图，妨碍了殖民地的发展(那就是，洛克的“大型殖民地示范”)，可是，在那个计划被废除之后，沿河的移民事业就迅速地发展起来。苏格兰和爱尔兰人的移入，以及《南台斯法令》①废除以后来自法国的五百名易洛魁教徒，沿散提河占领了五万英亩的土地，使得人口有了巨大的增加。

从这一段早期殖民的简史中可以看出：到了 1700 年，美洲的人口就有了混杂的特点，这个特点一直留存到今天。17 世纪时，多数的移民都来自英国，但也有少数是来自英国诸岛的其他地区和欧洲西部的一些国家。我们将会看到，这一趋势，在 18 世纪时更为显著，那时，多数的移民来自爱尔兰和德国。事实上，17 世纪时移民的人数并不很多。1700 年时，所有英国殖民地本土的人口大约不到二十五万人，其中新英格兰约有八万人，弗吉尼亚有六万人，马里兰有三万人，其余的人口集中在哈得孙和特拉华两河沿岸以及两个卡罗来纳州的各个地区。人口虽然不多，却足以占据沿海的平地，而且殖民区一直伸张到河流的倾斜地带。正是在 18 世纪时期，这个地区才扩大起来，把阿巴拉契亚山脉的山麓地带包括在内。

① 法国亨利四世颁发的对新教徒给予宽容的一项法令，后为路易十四所废除。——译者

印第安人与早年人口的向西移动

今天美国的印第安人，不论在人数方面或者在力量[①]方面都是微不足道的，这就容易使人低估他们在美国历史上所起过的作用。必须记住，在某种意义上，印第安人曾为欧洲的移民开辟了道路。印第安人所走过的小道，标志着白种人从最早时期直到铁路时代通向内地的道路。印第安人为他们的简陋的农庄所开辟出来的土地，也就是被那些新来的人最先占领的土地。这些新来的人不仅使用了印第安人的土地，而且也采用了他们的耕种方法。此外，印第安人对皮毛商人的诱力，促进了白种人的向前移殖。当这些人回来讲述了西部土地富裕的情况以后，使那些迫切地想获得土地的移民的欲望不断地增强起来。

然而，另一方面，要想通过每一条疆界，都必须突破印第安人这一障碍。用收买土地的方法抑或用战争的方式去赶走红种人的问题，是一个几乎继续存在有三百年的难题。印第安人占领着山上的军事要口和峡谷，并且能够暂时地阻止人们向西部移殖。此外，还必须注意到印第安人的障碍对于美洲人民的生活与性格所产生的影响。边疆生活意味着要遭受来自印第安人的危险，这就需要勇气和自信心。虽然边疆居民担负着防御印第安人进攻的主

① 勒普在他所著《印第安人及其问题》(1910 年版，第 350 页)一书中估计，1492 年在美国本土上的印第安人人数约为八十万到九十万人之间。美国政府专家詹姆斯·穆尼在《新国际百科全书》的《印第安人》一文中，估计当时在墨西哥北部大陆的印第安人人口为一百一十一万五千人。1950 年时美国本土的印第安人约为四十万人。

要责任，他们自然会向人口较多的东部去求援。这样就造成了一种走向民族主义的明显趋势。印第安人所给予他们的危险，也发展了更为集中的村镇生活和不再是十分分散的殖民地区。

到了17世纪之末，在内地倾斜地区的印第安人已经很少，他们被赶到"皮德芒特阶地"去了。[①] 但是，这个最先的立足点，是通过战争和痛苦才取得的。除了潘恩的殖民地区由于根据了"基督的教诲"[②]去对待印第安人，使移民们相对地免受破坏之外，他们和红种人的摩擦是经常的。17世纪时最厉害的冲突，要算1675年同倍哥人所发生的那一次，那时，所有新英格兰的人们都参加了美国历史上对印第安人最残酷的一次战争。"菲利浦国王之战"摧毁了新英格兰的印第安人的力量，但是他们被赶到南部的后裔，在后来的年代里继续帮助法国人去进袭那些边疆的殖民地。印第安人的危险怎样促成移民的民族主义和团结，可以从1643年"新英格兰联邦"的这一事件看出，那时，普利茅斯、马萨诸塞湾、康涅狄格和纽黑文都联合起来进行军事防御。这也就是著名的1754年"阿尔巴尼会议"的先驱，那个会议企图把所有的殖民地都联合起来，采取一致的行动，这主要与印第安人的问题有关。

进入"皮德芒特阶地"

在完全获得了沿海的殖民区以后，移民们便在从1760年到

① 皮德芒特阶地这个字，在美洲地文上是指低洼海岸平原本身与阿巴拉契亚山高地之间的大西洋沿海平原地带而言，见第一章。

② The Golden Rule，意为"己所不欲，勿施于人"。——译者

1763 年法国与印第安人的战争结束的这个期间，向“皮德芒特阶地”推进，占领了倾斜地区与阿勒格尼山脉之间的那些土地。在新英格兰，当那种把控制得很严的村镇土地所有权授给被批准的人的旧办法被废除而代之以在殖民之先就成立村镇、然后再把土地拍卖给投机商的计划实行以后，这种过程便加速起来。在这些年月里，胡萨托尼克与康涅狄格两河之间的多数土地都，已经被人占领，并且到了 1737 年，康涅狄格也出卖了那些无人居住的土地。在新罕普什尔，殖民地一直发展到梅里马克和康涅狄格河上游的一些地区。温特华斯总督把康涅狄格以西后来是佛蒙特的一百二十一个城镇做了赠予之后，鼓励了土地的占有。虽然这个时期里新英格兰的扩张是指向北部，它仍然具有向西部移动的那些基本特点。来自北爱尔兰的移民，为这次疆界的推进提供了一个巨大而有力的因素。这些人通常被叫作“苏格兰的爱尔兰人”，毫无疑问，这是个正确的称号。[①] 他们是一种十分能适应艰苦的开拓生活的民族，而且是“与印第安人作战的最优良的战士”。禁止爱尔兰羊毛从阿尔斯特出口的 1699 年的法令，政府的强迫人们向“英国国教会”缴纳捐款，以及从 1714 年到 1718 年间许多授予原来移民的土地租期届满等事件，构成了大批苏格兰的爱尔兰人在 18 世纪最初几年里移入美洲的原因。他们是那样迅速地涌入了新英格兰，以至于当局只好把新来的人们送到边疆去，他们便在伍斯特住了下来，又继续迁往康涅狄格河流域，顺着这条河向北迁移，在温

① 移住于阿尔斯特和北爱尔兰其他地区的“非爱尔兰人”，是从英国和苏格兰来的。从苏格兰来的那些人，绝大多数是“苏格兰低地人”，他们的血统多半属于英国而不属于苏格兰。

索尔、奥兰季和佛蒙特的卡利多尼亚各县和新罕普什尔的格拉夫顿县等地定居下来。

由于在西面被卡次基尔人所包围，而通向内地的摩霍克岭口又为易洛魁人所堵塞，因此，在这个时期，纽约只有少许的扩张活动。虽然土壤肥沃，但在两河沿岸的狭窄带状土地上的耕种却进展得很慢，这主要是因为在英国统治下继续实行了荷兰的大领主庄园制度的缘故。由于千百万亩的优良土地为少数人所控制；并且要在他们的这些土地上移殖佃农，大批的移民只好向其他各处迁徙，这是毫不奇怪的。纽约接纳了第一批德国与瑞士移民的一部分人，这种移殖，从 1683 年开始一直继续了五十年。这些大半是从莱茵河与瑞士涌入这里的人们，乃是由于宗教上受到迫害，对政治上感到不满，以及受欧洲大陆战后经济上的紊乱所造成的后果。来到纽约之后，多数人就迁到摩霍克盆地，定居在猎人堡与巴拉丁耐特桥的地区之间。那些从新英格兰继续向前移动的苏格兰的爱尔兰人，在摩霍克地区与荷兰人混合起来，而且在 1738 年进入了切里—伐利。

在潘恩豪迈大方的统治之下，宾夕法尼亚获得了“避难者之家”的称誉，因而从 1700 年到美洲革命的期间。至少就有十万个德国人从拉莱丁耐特和附近的地区来到了这里，永远定居下来。这些人就是现在“宾夕法尼亚荷兰人”的祖先。另外还有十多万人沿其他殖民地的边疆分散住下，从摩霍克河的河头到乔治亚都有。这一时期，宾夕法尼亚的边疆也是巨大的苏格兰的爱尔兰人移殖的中心地带。这次从 1730 年到 1770 年间的移殖，把大约五十万人带到美洲来。美洲革命时，宾夕法尼亚约有三分之一的人是来自莱茵地区的德国人，另外的三分之一是从爱尔兰北部迁移进来的。1719 年宾夕法尼亚的地价是每一百英亩值十英镑，外加两先令的免役租。1732 年，地价就涨到每百英亩十五英镑，每英亩再加半便士的免役租。但由于移民的迅速涌入，土地的管理就陷入了混乱，一大部分土地被没有土地权状而擅自居住在新辟土地上的人们所占有。潘恩家族的代理人詹姆斯·罗根愤恨地说，那些爱尔兰人"大胆而无秩序地"住了下来，他们认为"如果让这么多的土地空闲下来，不让许多基督徒在上面去耕种，生产他们的面包，乃是违背上帝和大自然的规律的"。[①] 德国人分散在宾夕法尼亚的东部，那些来得较晚的苏格兰的爱尔兰人则把他们的前哨站建立在康伯兰、朱尼阿塔和萨斯奎哈纳诸河流域。

从马里兰到乔治亚，"皮德芒特阶地"被占领的情况也与此很相似。当人口增加和肥沃的低洼地带被耗竭以后，人们又占领了越来越多的其他的土地，一直到达了倾斜地带。于是许多新来的人都迁到"皮德芒特阶地"去，他们多半是属于更为贫穷的那一阶层，按人口领取了土地，其中的一些移民，是那些富有的投机商为了要符合得到广大的地产的规定把他们带进来的。为了获得保障，每个殖民地都采用廉价的或免费的土地以及免税等办法，想把一些人引诱到边疆地区去。为了达到同样的目的，各殖民地也力图防止大地产的发展，并且还鼓励了村镇的生活。这些努力，只获得部分的成就，因为一个贵族的殖民集团和一些小地主联合起来

① 福特引语，见《在美洲的苏格兰的爱尔兰人》一书，第 271—272 页；汉纳：《苏格兰的爱尔兰人》，第 63 页。

把山麓地区给占据了。到了1730年,来自沿海的移民从三十到五十英里的地区分散地进入了“弗吉尼亚山麓”,但在两个卡罗来纳州和乔治亚山麓,就很少有人去居住。

1730年以后,这种由沿海向西的移动,由于德国人和苏格兰的爱尔兰人不断从东北面进入而大大地增加了。他们从海岸的推进很快就受到了弗吉尼亚的布卢山脉和卡罗来纳松林瘠地的阻碍。但是,通过这些障碍之后就有着阿巴拉契亚大盆地的富饶土地,这个地区可以从北面很容易地进入。由于宾夕法尼亚最好的土地都已经被人占有,而马里兰的土地却可以廉价地获得,而且在弗吉尼亚几乎可以免费得到土地,这也就给予了人们以诱力。因此,大批拓荒者就不断地从康伯兰、赫格兹敦和谢嫩多厄流域进入了那些大的山谷凹地,最后通过东面的山口而进入了北卡罗来纳,或是在最后的几年里向西进入了肯塔基和田纳西。到了1760年,他们已经到达乔治亚的高原地带。这两批集中的移民在“皮德芒特阶地”混合起来,他们的先锋通常是那些善于冒险的苏格兰的爱尔兰人。

革命爆发以前,美洲大陆的背部地区已经发展了一种社会,它显然与沿海地区的社会不同。“皮德芒特阶地”的人们一般是一些小农户和猎户,没有财富,但却富于勇敢和创造。他们具有民主的和个人主义的性格,在政治上和经济上都不愿屈从于沿海平原地区的那些少数人。自从向西的移动一开始,内地与沿海地区的人们就好像已经发展了一种显著的敌对情绪。这个时期里很可以明显地看出:在弗吉尼亚的农场主与“皮德芒特阶地”的小农户之间,在宾夕法尼亚的森林居民与东部富裕的“教友会”会徒之间,以及在新英格兰边疆居民与沿海城镇的贵族之间，都存在着纷争。这种敌对的情况，明显地表现在内地的负债阶层和沿海资产阶级在争取政府里的民主代表权上面，边疆的人们要求得到更多的代表权；也表现在内地的人们不满意于使他们深受痛苦的法律和缺乏效率的政府行政方面；最后还表现在这两个地区的道德和文化面貌各不相同方面。

住外地主阶级（absentee landlordism）的存在乃是“西部”早期的一项祸患。人们要想在西部土地上发财致富的希望迅速地发展起来，而且许多有势力的人们都从事于土地的投机。迪尔菲尔德在1678年的呈文里说：

> “必须呈明者，城内在原则上为最上等之土地、最富饶之土地、位于城镇中心地点良好及数量最多之土地，半数均为八九地主所拥有，不复作为殖民之用，民等早已苦之。此种情况如不改变，则未来之官吏亦将难为民等所受。”①

那些真正的移民清除了土地，忍受了与印第安人作战所带来的损失，而那些安全地住在沿海的地主们却享受了经济上的利益。由于边疆的人们都是负债阶层，而且由于现金的难于获得，因此他们要求得到货币和使用实物去缴纳税款。但是，这些要求，一般受到了那些成立较早的村镇的反对。于是，边疆的人们就会感到，他

① 乔治·谢尔登：《麻省迪尔菲尔德史》，1896年版，共2卷，第1卷，第189—190页。

们做出了捍卫殖民地的贡献，应该让他们完全免除纳税的负担。他们感到由于使用了财产限制的方法和代表权的分配受到了操纵，在政治上受到了歧视。

海边和沿海区域城市的贵族虽然人数较少，在革命以前一道操纵着政府。契斯特尔、布克斯和费拉德耳非亚等县选举了二十六个代表去参加宾夕法尼亚的立法机构，而五个边疆的县却只有十名代表。杰斐逊曾埋怨地说，在倾斜地区以下的二万九千人为居住在其他各处的三万多人制定了法律，而且指派了他们的行政首长和官吏。为了要想逃避来自东部的控制，使得人们努力去组成一些像富兰克林和佛蒙特等那样的新州。人们对政府的行政十分不满。那时，官吏腐败，司法手续缓慢，而收取的讼费又很高，因为这些州面积很大，有时还必须长途跋涉才能到达法院。发生战事时，政府对它们的援助也是不肯定的。此外，人们的文化面貌也各不相同。在宗教方面，边疆的许多人不是“反对派”[①]，便是全然忽视宗教。他们所生活的经济环境，使他们产生了民主的思想，而且在许多情况下还反对奴隶制度。这些观点方面的分歧，加深了相互之间的敌对情绪。

这种敌对的情绪在革命前至少已经引起过两次武装起义。当弗吉尼亚的总督伯克莱没有采取积极措施来反对印第安人时，在纳撒尼尔，培根领导下的边疆的人们就自己动手来处理这件事情。因此，1676 年伯克莱宣布培根和他的追随者是叛徒，并且想把他们加以逮捕。山林地区的居民和小农场主都起来跟随着培根起

① 英国国教的反对者。——译者

义，迫使伯克莱做出让步，取得了立法的控制权，进行了无数的民主改革。在胜利的高潮中，培根死去，起义也就失败。伯克莱在沿海地区贵族的支持下，废除了革新的法案，并且进行了残酷的报复。大约在一个世纪之后(1769)，南卡罗来纳又爆发了革命，那时，山林地区的人们采用了"取缔者"(regulators)的称号，要求政府革新，并且想把立法权掌握在自己的手里。虽然他们在萨卢达地方与政府军队遭遇，但是，在要求达到了目的之后；战争得以避免。两年之后，北卡罗来纳的"取缔者"与德莱翁总督的民兵发生了阿拉曼斯的战斗。边疆的人们被打败，政府的控制权又落在保守派的手里，直到1776年新宪法的产生，才承认了内地人民的权利。阿拉曼斯战役的失败，乃是把首批拓荒者赶过阿勒格尼山脉的一个因素。

法国人的阻挠

自从1604年起，法国人在新世界一直保持着一些永久性的殖民地，而且在17世纪时已经对圣劳伦斯、五大湖和密西西比河的一些地区进行过探险，取得了这些地区的所有权。英国的皮毛商人为了哈得孙湾地区的所有权曾经和法国发生了争执，英国与法国的皮毛商人在摩霍克河流域已经开始了竞争，不久还扩大到俄亥俄与密西西比地区。可是美洲的面积是这样地辽阔，以至于对移殖土地的竞争直到17世纪之末才发展起来；而且当发生武装冲突时，印第安人就常常被卷入进去。

1689年开始了第二次的"百年战争"，这个战争除了短期的间歇之外，一直继续到1815年，实际战斗达六十年之久。在七次战争中，有六次是在美洲和欧洲进行的。战争的基本原因是为了争夺商业和殖民地的优势。就美洲人民来说，他们的经济利益是在土地和皮毛贸易方面，而且作战的目的是为了要取得俄亥俄、密西西比和圣劳伦斯河流域的控制权。

当这个斗争在“法国与印第安人之战”(1754—1761)达到高潮的时候，法国人由于人数较少而遭到失利，因为当时新法兰西的八万居民，其人数远远地少于为数达一百三十万的英国人。他们的分布还不是紧密地聚居在一起，而是分散在广大地区之上的。以上这些不利的情况，由于他们所采用的中央集权政治制度而得到了部分的补偿，这个政府在战时比英国那些分离的殖民地政府制度要优越得多。此外，法国人还占据着那些发生争执的地区的军事要地。可是，更为强大的英国殖民地的经济势力，大不列颠海上力量的优势，老皮特的攻击力量，以及英国军官阿木赫斯特与乌耳夫的坚持作战，赢得了战争的最后胜利，从而使大部分法国殖民帝国的土地转入于英国之手。根据1763年的“巴黎条约”，法国把整个加拿大和密西西比以东的土地割让给英国。法国在美洲的广大殖民地上，只保留了纽芬兰海岸外的圣皮埃尔和密克隆两岛作为晒鱼之用；此外还保留了产糖的马提尼克、瓜德罗普和圣卢西亚诸岛。英国也从西班牙取得了佛罗里达，法国把新奥尔良和密西西比以西的土地割让给西班牙。

西班牙的疆界

在法国的势力被排斥以后的很长一个时期里，西班牙在今天的美国殖民史中，仍然是一个重要的因素。西班牙疆界的渐渐向北前进，使它和英国、法国以及美国都相继发生过冲突。在今天美国境内的第一批永久移殖的白种人，是由西班牙1565年在佛罗里达的圣奥古斯丁地方开始的，这是西班牙向北摧毁了五十英里的一个法国殖民地以后的事。在法国放弃了向卡罗来纳殖民的企图以后，直到英国1733年在乔治亚的殖民之前，西班牙还无意向佛罗里达的北部推进。敌对的行为开始于“乔治国王之战”，但是，爱克斯·拉·沙倍尔和约使乔治亚到佛罗里达的边界没有发生改变。可是，法国与印第安人战后的“巴黎和约”，把佛罗里达转入不列颠之手，直到1783年才又归还给西班牙。

与此同时，西班牙的疆界从墨西哥渐渐向北推进。动机是受到了传说中的财富的引诱和为了要发展基督教徒。当时的引路人便是传教士、士兵和皮毛商人。由于1598年胡安·德·奥纳特进入了新墨西哥，坚决要想在那里定居下来，于是1609年成立的圣菲就成为了新殖民地的首都。在那一世纪之内，当“圣芳济会”和“耶稣会”的教徒们在印第安人中间成立了一些新的教会之后，圣菲的区域扩大了。到了1680年，那个殖民地上的西班牙人约有二千五百多人，而且到了那一世纪之末，他们几乎完全征服了印第安人。

从1690年到1693年曾经被暂时占领的得克萨斯东部，在

1716年被一个远征队再度进入，这个远征队在那一年创立了圣安托尼欧。进入得克萨斯的远征队主要是对法国人进行的一项反击，因为那时法国人从路易斯安那向西进行了贸易的远征，而且和得克萨斯与阿肯色的印第安人建立了贸易关系。当1719年法国和西班牙的战事爆发时，这种斗争就遍及于殖民地各处，从彭萨科拉直到普拉特河的整个边界。远征队的进入得克萨斯(1720—1722)，使得西班牙人加紧了对这个领地的控制，虽然法国与西班牙所争执的土地继续从特里尼特河延伸到密西西比河。到了1700年，阿里佐纳出现了西班牙式的大牧场，但是西班牙人是在以后的几年才进入加利福尼亚的。波尔托拉的远征队1769年建立了圣地亚哥，第二年在蒙特里成立了一个哨站。美国发出“独立宣言”的那一年，开始有了旧金山，1770年建立了圣何塞，1779年建立了洛杉矶。革命结束时，使美国现今的国土处在两个国家的控制之下，那就是，年轻的美洲共和国与西班牙。那时，俄国和大不列颠正在争执着北方的边界线。

英国的西方政策(1763—1775)

在上面刚刚论述过的殖民地之间的各次战争中，印第安人通常是站在法国人的这一边，理由是十分明显的。法国人主要是经营皮毛贸易，从而提供了印第安人一个能够售卖猎品的市场。另一方面，英国人对土地的需要比什么都迫切，而且他们对土地的占领就意味着皮毛贸易的终结。易洛魁人的杜魁士尼问道：“你不认识英国国王和法国国王之间的差异吗？看一看我们国王所建立的那些碉堡，你就可以看出在那些碉堡的围墙里面，仍然可以打猎……与此相反，英国人刚占领一个地方，鸟兽就给赶跑了。当他们前进时，他们前面的森林被砍倒，土地被荒废，你简直想不出一种办法去搭盖一个度夜的遮篷。”[①]印第安人是了解这一点的。在法国与印第安人的战争结束以后，渥太华族的酋长，也就是印第安人最伟大的战士和法国人的朋友庞迪亚克在1763和1764年于西北部组织了一个各部落的联盟，袭击了弗吉尼亚和宾夕法尼亚的疆界以及山的西面的英国碉堡。

由于殖民地不能正确地处理印第安人的问题，母国政府制定了一项政策，把由白种人移殖的地区和保留给印第安人的土地之间，划定了一条固定的界线。为了执行这个政策，1763年的“宣言”禁止殖民地政府颁发测量证，或对从西部或西北部流入大西洋的诸河的源头以外的任何地区颁发注册证。所有这些地区，除非由当地的殖民地总督或总司令在公开的会议上用国王的名义加以收买，将保留给印第安人使用。这条界限在当时情况下是没有多大意义的。后来在1768年与易洛魁人在斯坦威克斯堡签订的条约，以及1770年与印第安人在更为南面的罗查巴堡所签订的条约，都把这条界线移动了(某些地方已经越过了河流源头的西部)。这样一来，就开辟出了一大片可以立即殖民的土地。[②]

这项政策，不管它的用意是怎样地善良，也不能长期地减少白种人和印第安人之间在经济利益方面的不可调和的矛盾。虽然，

① 引自特纳：前引书，第14页。
② 毕灵顿：《向西的扩张》，第147页地图。

在实际执行当中，这项"宣言"并没有使人们向西部的移动迟缓下来，而英国人要想控制这种移动的企图，曾在殖民地中引起不满。许多人认为1763年"宣言"的主要目的，是想把殖民地人民限制在母国能够对他们严格控制和大不列颠商务与贸易能够到达的地方。我们将要看到，这个宣言特别受到那些富裕的投机商人的愤恨，因为他们把西部土地看成是最容易收回他们日益减少的财产和积累财富的地方。不论怎样说，1763年的"宣言"引起了人们的不满，导致了美洲的革命。

第七章　美洲革命的经济原因

英国重商主义在美洲殖民地上的应用

正如所有的革命那样，美洲反对英国统治的起义，不能用单纯的公式来加以解释。这个革命的产生是由于许多错综复杂的因素（经济的、政治的和社会的）所促成。然而，也正如多数的革命那样，美洲的革命，通过最后的分析，可以解释成主要是由于两个集团之间经济利益的冲突所引起的。但是，它不仅只是不列颠和它的殖民地的利益冲突，在很多方面，它是反对一个已经不再适合于美洲情况的社会与政治制度的一次起义。

上面曾经谈到[①]的经济冲突，是以 16、17 和 18 世纪时盛行的经济理论作为基础的，也就是人所共知的重商主义。这个主义在那些年代里被所有的殖民列强所采用，从这个主义发展出来的那种制度，常常被人们称为"柯尔培尔主义"，这是由路易十四的大臣让·巴蒂斯特·柯尔培尔（1619—1683）而得名的。柯尔培尔曾经对这一理论作过最充分的阐明。重商主义乃是一种经济政策，它

---

① 见前数页和第五章。

的目的在于建立一个强大、富裕和独立的民族国家，它的方法是促进经济的独立和取得贸易的顺差。这就是重商主义的实质。

具体说来，为了达到这个目的，重商主义者的代表人物首先就特别鼓励本国的航运事业，以避免依赖外国船只载运本国的货品。这样也有助于发展一支具有效率的海军和在战时具有良好训练的海员。使用本国船只也将会使运输业务所获得的利益不致外溢。其次，重商主义者也主张保护和鼓励本国的工业，使在工业上能够自给自足并为公民提供就业。再次，他们主张保护和协助本国农业，以提供粮食和足够的工业原料。最后，还主张保持贸易的顺差，积累金属货币，并且尽可能大量地把它们保存在国内。他们认为，拥有金银最多的国家，就能够处于最有利的地位。重商主义者并不是不知道其他形式的财富，但是他们认为贵金属特别重要，因为用贵金属就可以从任何地方买到所需要的一切产品。

在重商主义时代，拥护它的人是很多的，就是在今天，也并不是没有它的提倡者。但是，正如其他的经济理论那样，它反映了曾经受过人们欢迎的那个时代的要求。它是对混乱与纷扰的中世纪的一个反动，也是"商业革命"，货币经济的恢复，以及民族国家兴起的自然结果。但是，重商主义也有它的缺点。它过分地强调了贵金属比其他商品更为有利，把商业估计得高过了工业和农业，错误地认为贸易的顺差归根结底意味着利益，并且认为一国有所得。他国必有所失。

很明显，重商主义的政策主要是只关心母国的利益。如果获得了殖民地，其目的在于使母国的经济生活更为充裕；殖民地的任务只是在于生产国内不能得到的商品（主要是原料）和使用母国所出产的制成品；在于为发展巨大的航运事业提供机会；为从事运输货品的船主谋求利益，为进出口商谋取财富以及谋求资本投资的机会。总之，殖民地要服从于母国的利益。如果在这个过程中也能使殖民地受到利益，那就更好。如果产生了矛盾，解决的办法应当是符合于母国的利益。不管情况如何，应该尽量避免使殖民地成为母国的竞争者。

虽然16世纪时就已经扎下了重商主义的根子，但是，直到克伦威尔执政和以后的时期，才颁布了那些以英国重商主义为基础而订立的大法令。那时，英国已经成为一个强大的航运国家，并且正在开始建立一个殖民帝国。1651年通过的著名的"航海条例"规定：(1)亚洲、非洲、美洲的农产品或制成品，一律不得运入英国及其属地，除非船主、船长以及大部分海员都是英国人；(2)禁止欧洲的农产品或制成品运入英国及其属地，除非使用英国的船只，或使用确属生产和制造该项商品的国家的外国船只；(3)所有将运入英国的在外国长成或制成的货物，都不得由任何其他地区运入，除非那个地区的确是那种商品的生长或制造地，或是商品只能由那个港口运出，或者通常那里是启运的港口。这个条例的用意在于给予英国或殖民地的运输商以运送货物的垄断权利。

这个条例的作用由于1660年的"运输与航海鼓励条例"(查理二世时颁布，见本书第十八章)的颁布而得到了进一步的加强。这个"运输与航海鼓励条例"规定：进出英国的货物，必须使用不仅有英国水手且须是英国或英国殖民地建造的船舶运输。1660年的法令除了规定保护航运以发展商船运输外、还力求对殖民地的贸易加以管理，实行对殖民地商业及市场的垄断，以增强对航运的垄断。那项条例规定："凡亚洲、非洲或美洲的任何英国农场，所生长、出产或制造的食糖、烟草、棉毛织品、蓝靛、生姜、菩提树染料或其他制造染料的木材"只能运入英国，不能运到任何其他地区。这些物品的种类在1706年被扩大了，把航海物资也包括了进去——如沥青、松脂、松节油、大麻、桅杆和帆桁。从1705年到1730年又加上了大米；1721年加上了青铜矿、水獭及其他兽皮；1733年加上了糖蜜；1764年加上了鲸翅、生皮、生铁、木料、生丝和珍珠灰。1766年以前，未列举货品中主要的物品如鱼类、粮食和甜酒还可以出口到任何地区，但是自从那个时期以后，只限于出口到菲尼斯特雷角南面的那些国家。运输和航海鼓励条例实际上使殖民地除了英国之外不能与北欧各国直接进行出口贸易。

英国不仅力图控制殖民地的出口贸易，而且通过1663年的一个法令还力求垄断殖民地的进口业务。这个法令用高税率的方法禁止任何欧洲的货物运入殖民地，除非经过英国，或是使用英国（包括殖民地）建造和有英国水手的船只载运。这个法令允许在欧洲货品抵达美洲以前就在英国先行收取税款和佣金，而且限制了把这些商品运给英国或殖民地商人时的利润。不受条例禁止的物品有西班牙运给新英格兰渔业用的食盐，从马德拉和亚速尔群岛运出的酒，以及从爱尔兰和苏格兰运出的马匹和粮食。1660年和1663年的两个法令都被人们逃避过去了，逃避第一个法令的方法是把受限制的货品如食糖和烟草等物直接运往欧洲港口而不首先运到英国，借口说这些商品是运往其他殖民地区的。为了使这种贸易无利可图，英国国会1673年制定了一项法令（1696年加以重申和解释），规定各殖民地彼此之间运输受到禁止的货品时要缴纳税款，税额与在英国所征收的进口税率相同。

英国的重商主义政策，其目的不仅在于控制商品的运输和管理进出口贸易，并且还要对殖民地为数不多的工业加以控制，为了防止殖民地的制造业与母国的工业进行竞争，殖民地总督曾被训令，去“阻挠一切制造业的发展，并且准确地报告这些制造业的一切活动”。从纽约总督（任期为 1702—1708）柯恩柏里公爵写给英国商务局的信中，便可看出国王的那些代理人是怎样充分地体会了英国的态度，以及他们是怎样地同情这种态度的。他写道：

“据确报，在长岛和康涅狄格，他们在建立一项羊毛工业，我自己曾看见长岛所生产的适合于所有男子穿用的哔叽。如果他们开始织造哔叽，以后就会纺织粗布，然后再纺织细布。在这个领地上，我们有世界其他地方所出产的漂白土和烟斗泥。这些东西还能供应英国多久，还请上级加以明断。但是，请原谅并允许我表示我的意见。所有的这些殖民地，只不过是树干（英国）的一些小枝，应该完全依赖和服从于英国。但是，这会是永远办不到的，如果让他们继续把现在的观念保留下去，认为由于他们是英国人，因此就可以像人们在英国从事建设的那样在这里建立同样的制造业的话。因为这样做的结果将会是：如果他们看出不要英国的帮助就能够穿得不仅舒服而且穿得漂亮，那么，那些已经不太顺从英国政府的人们，会把他们长期以来隐藏在心里的计划实现出来。当你考虑一下这个地区居住的是哪一种人的时候，这事就毫不奇怪了……”①

但是,在实际执行的时候,英国或殖民地政府都不可能完全控制家庭工业,或者甚至于控制那些小的手工工场。如果大不列颠愿意输入北部殖民地的鱼和农产品的话,那么,殖民地也许会输入更多的不列颠的制成品;但是,英国既然不愿意这样做,那么,某些殖民地制造业是肯定会发展起来的。

但是,有两类工业是不列颠以忌妒的心情在加以保护的,那就是羊毛和炼铁工业。英国早就已经是一个领先的羊毛制造商,而且在对殖民地的出口货物中,有一半是毛织品。英国国内的制造商对于竞争十分地仇恨,因此,早在1699年就通过了一个《毛织品法令》,禁止殖民地出口任何毛织品,或者把毛织品从一个殖民地运到另一个殖民地去。第二年,又取消了从英国进入殖民地的毛织品的课税。这一法令的后果是使供出售的棉布生产受到了限制,而且把英国毛织品商人对美洲贸易的控制延长了一个世纪。丰富的水獭资源,使得殖民地在制造皮帽方面占了决定性的有利的地位。1731年,由于一些制帽商的请求,英国国会进行了一次调查,这个调查指出:新英格兰和纽约每年制造的帽子有一万顶,因此,就通过了一项法令,作了如下的规定:(1)自1732年以后,不许用船只或马车将帽子运入英国,或是从一个殖民地运到另一个殖民地;(2)非经担任学徒七年以后,任何人不得开始制作帽子。

① 1705年致赫奇思国务卿的信,载俄苛兰出版公司《有关纽约殖民史的一些文件》,第4卷,第115页。

一个师傅不能有两个以上的学徒，而且当学徒的年限不得少于七年，黑人不能充当学徒，违者处以五百英镑的罚金。

炼铁工业是1643年约翰·温索罗卜在林恩附近建立了一座熔炉开始的。到了1750年，这项工业已经有了健康的发展。英国是需要生铁的，由于利益的矛盾，直到1750年才制定了限制的法令。为了鼓励原料的生产和限制铁器的制造，便在1750年通过了一项法令，规定：(1)准许铁条免税输入伦敦港，生铁可以运到英国的任何港口；(2)不得使用碾房或引擎碾铁或切铁，不得用轮锤锻打铁板，殖民地也不得建立炼钢炉。1757年又规定铁条可以免税输入英国的一切港口。

所有这些限制制造业的规定，也许还不至于严重地阻碍美国经济的发展；可是，英国采取迅速的措施以保障国内人民的利益和排斥殖民地人民利益的这一事实，并没有被人们所忽视。1765年，波士顿的某家报纸曾埋怨说："殖民地的人民不能制造一枚纽扣、一个马掌或是一颗平头钉，但是，某些英国的乌黑的铁贩或是有名的纽扣制造商却可以咆哮和叫嚷说，他的高贵的工厂受到了流氓似的美洲共和党人的虐待、破坏、欺骗和抢劫。"[①]使殖民地人民怨恨的是，对这些咆哮与叫嚷，英国政府曾给予了认真的考虑。

在英国与殖民地的矛盾中，货币政策方面的摩擦也是不小的。由于贸易的不能平衡，举凡殖民地上出现的金属货币，不论是英国

---

① 1765年4月29日波士顿《公报》，引自比尔德夫妇合著：《美国文化的兴起》，第1卷，第195页。

的、葡萄牙的或是西班牙的，都很快地流往英国。[①] 殖民地为了要满足贸易上的正常需要，不得不去使用贝壳珠、货栈提单以及其他的一些支付手段。结果，很显然，就不能不试用各种形式的纸币。马萨诸塞1690年开始发行了纸币（没有金属作为发行准备）去付给对魁北克远征失败回来的士兵。这就是美洲发行纸币的起源。用这种纸币缴纳税款时可以比硬币抬高5%，这样就保持住了票面的价值。由于受到了第一次发行成功的鼓励，马萨诸塞1709年又作了第二次的发行。康涅狄格随着新罕普什尔、罗德艾兰、纽约和新泽西在1711年以前也发行了纸币，其他各殖民地在较晚时期都发行了纸币。这些纸币后来一般地都贬了值，因为它们的发行额很快超过了按金价计算的国内货币的需要。与此同时，马萨诸塞1704年成立了一些所谓的“放款银行”，用抵押品或地产作为发行纸币的准备；但是，这些办法没有实行多久，英国国会在1741年就进行干涉，采用了1720年的“巴波法令”，结束了这些银行。1751年，英国国会禁止在新英格兰发行信用券作为法币，1764年把这项禁令扩大到其余的殖民地区。[②]

英国国会所通过的减少殖民地纸币发行权的这些法令，主要是为了保护英国的债权人。与这些法令一道，1752年又颁发了一个条例，使美洲债务人的土地、房屋和奴隶能在英国被征收；以抵

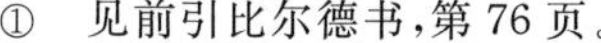

① 见前引比尔德书，第76页。

② 杜威说，这些禁令“并没有完全取消殖民地的纸币。在规定的‘例外’的项目下，那些不在取消之列的临时金库券和放款银行所发行的纸币仍然在流通。据估计，1774年时，使用中的货币还有一千二百万元”。见《美国财政史》，1922年第8版，第30页。哈罗把数字估计为二千二百万元，也许是比较正确的。《美国历史评论》，第35卷，1929年10月号，第47页。

偿物主的负债。可是，在美洲，纸币通货问题的意义，却比给予英国债权人以保障的意义还更为深远。在这一点上，小农户债务人和大农场主两者都认识到实行通货膨胀所提供的机会，解救了他们的困难处境。那些赞成发行纸币的集团，通常受到了城市里富有的债权商人的反对。事实上，禁止美洲发行纸币的英国法令，乃是出自一些富有的殖民者和英国商人的申请。[①] 总之，英国的禁令引起广大的小农，乃至于南部负债的农场主的不满。英国对这事的态度，在很大程度上播下了引起殖民地不满的种子。

“旧殖民制度”所产生的后果

在观察从1650年到1763年这一时期重商主义制度在英国殖民地本土实施的实际后果时，就会不难看出：虽然这个政策主要是自私自利的，使殖民地为了母国的利益而牺牲自己的利益，但是，这个政策的实施并没有产生不良的后果。就整个情况来说，美洲殖民地的人们享受了经济的繁荣和18世纪时所未曾有过的政治自由。正如亚当·斯密所说，英国的统治“并没有使美洲像欧洲任何其他国家那样受到压制和不自由”。

这种繁荣，基本上可以用三个事实来加以解释。第一，殖民地的利益常常是与母国的利益一致的。它们集中精力去搞自然物生产的工业，基本上是正确的。第二，虽然英国对各种产品给予的奖励在某些方面造成一些人为的后果，但在其他方面又有助于逻辑

① 内特尔斯：《美国文化的根源》，第530—537页。

性的发展，而且对于殖民地上的人们乃是一项财富的来源。最典型的例子就是对航海物资和蓝靛所给予的巨大奖励，以及在英国对烟草、木材、生铁、鲸油、铁锅和珍珠灰所给予的特惠关税。还必须注意到，经过英国运往殖民地的商品的课税，一般都退还了殖民地，因此，在许多情况下，殖民地的人们可以比英国人更能廉价地买到这些商品。

第三个原因，也就是所有原因中最重要的一个，就是：英国重商主义之所以没有对殖民地形成严重的压力，乃是由于许多危害殖民地人民利益的法令都被逃避过去或是根本没有执行。18 世纪上半期，英国采用了沃颇耳的政策。沃颇耳的座右铭是“不惊扰在睡觉的狗”。正是在这个“忽视健康”的时期，西印度群岛的贸易达到了一个巨大的比例，而 1663 年规定欧洲的进口货物必须经过英国的那条法令一般地都被人们逃避过去了。殖民地的商人也用下列方法逃避了 1663 年的法令：载运法令中所限制的货物而不提交将在英国交货的保单，不在规定的进口海岸装货或卸货，或是串通英国的海关官员。据估计，1700 年时，波士顿的贸易有半数是违法地进行的。逃避法律的行为直到 18 世纪 60 年代仍然十分活跃，尤其是对 1733 年的《糖蜜法令》（Molasses Act）的逃避。我们在上面已经谈到，新英格兰的繁荣在很大程度上有赖于从西印度群岛运入硬币和糖蜜，和用糖蜜做成甜酒去交换皮毛和奴隶的买卖以及从事渔业。新英格兰的人们从法国、荷兰和西班牙群岛购买的糖蜜比从英国诸岛买来的要便宜一些。在西印度群岛的英国大农场主的命令下，英国国会 1733 年向来自外国农场的货物进行征税。幸好这项保障英国糖业而严重地危害了新英格兰贸易的法

令，在1763年[1]以前仍然只是一纸空文。

从这些事实可以看出，直到1763年，殖民地人民并没有严重地遭受到英国“旧殖民制度”的痛苦；相反地，人口和财富却有了迅速的增加。但是，仍然必须记住，重商主义制度是包括着一些足以严重地危害殖民地经济的过程的。对于殖民地人们有害的方面是：(1)英国和殖民地的船主垄断了运输业，排斥了外国的竞争，这会使运费有上涨的趋势；(2)由于多数的殖民地货品都必须通过英国商人的货栈，经纪人就必须把所得到的利益付给他们；(3)殖民地被看成是英国制造商的廉价原料供应地，同时也是制造商可以按照自己的价格出卖产品的一个市场；(4)殖民地人民用来购买这些制成品的黄金和白银是很少的，而且还经常被输出到英国去，然而英国却力图把他们的金银最大来源地之一的西班牙、荷兰和法属西印度群岛加以封闭；(5)殖民地想缓和通货与信用的努力，没有得到英国政府的允许。

1763年以后的英国政策

上面曾经充分地阐述了英国资本主义与美洲商人、农场主和农民在经济扩张中利益方面的固有矛盾。当时，殖民地还很年轻，

① 威尔斯在拉罗尔的《政治学百科全书》的《美国的海运》一文里提到殖民地商人时说：“十分之九的这些商人都是走私贩。美国独立宣言的四分之一的签字人从小就受过经营商业管理商船和做非法买卖的教育。人们都知道汉考克、特朗布尔（俗名乔纳寿老大哥）和汉密尔顿都十分熟悉违法交易，而且也赞成这种交易。以约翰·亚当为顾问，做违法买卖的大王汉考克，在波士顿的海军法庭受审时，恰恰就是在列克星敦做流血斗争的时候。他被控告经营走私，要受五十万元罚金的处分。”

而且许多法令都被逃避过去了，因此，英国重商主义的压力还不太大。但是，到 1763 年时，离克伦威尔的“航海条例”的通过已经一个多世纪，殖民地的人口和财富都已经有所增长，英国殖民地制度的缺点对他们所产生的压力就大起来了。殖民地的经济生活在一定程度上曾经自行做了调整去适应这些不利的情况。但是，进一步的压迫就必然会引起事故。正是 1763 年以后的这种压迫的增长，加深了利益方面的冲突，形成了导致美洲革命的顶峰。

1763 年以后，英国的政策基本上没有什么改变，只是加强和继续执行那个已经有一个世纪的政策——以保护英国利益为基础和继续使殖民地在经济上居于屈从地位的政策。诚然，在 1763 年打败法国之后，大政治家威廉·皮特曾企图把维系着英帝国统一的纽带拉得更紧一些；然而，他所实行的措施，仍然是一些老办法，使帝国为英国商业资本主义的利益而服务。法国与印第安人的战争结束以后，皮特之所以决定占领加拿大而不愿意要法国的瓜德罗普、马提尼克和圣卢西亚这三个岛屿，主要是为了要保护英国的食糖利益而不是为了要梦想建立一个强大的帝国。事实上，正是英属西印度与北部殖民地之间的食糖利益的这一冲突，造成了美洲革命的直接导火线。

18 世纪时，在殖民地贸易中，食糖是一项大宗的商品。到了 18 世纪 60 年代，英国投资于牙买加、巴巴多斯和其他产糖岛屿的金额有六千万英镑之多，六倍于英国在殖民地本土上的投资数额。英国国会里有七十个“糖业大王”在保护着这些利益。但是，由于资本主的住在外地，土壤的耗竭、管理的不善，以及岛屿上港口的高额出口税，使得英国的种植商显然比法国岛屿上的种植商处于不利的地位。殖民地的进口商向法国商人购买食糖和糖蜜，价格要低25%—40%；而英国诸岛只满足了殖民地本土上的人民八分之一的需要。眼看着这项殖民地本土与法属诸岛之间的贸易即使在法国与印第安人作战期间仍然继续对法国有利，使皮特感到十分愤怒。他便在1761年命令海军对外国在西印度群岛的贸易进行缉私。同一年，殖民地法院接受命令，颁发协助缉私的证件（即普遍搜查许可证），缉捕走私贩。毫无疑问，殖民地的人们对于这个旨在加紧控制的政策是早已了解的。詹姆斯·奥提斯是那样雄辩地对这个协助缉私的法令加以怒斥。以至于约翰·亚当斯后来把他的这个演说称之为"革命的第一炮"。

战事结束后，新首相格伦维尔和商业局局长唐森得到了乔治三世的支持，决定终止这个"忽视健康"的政策。由于他们认为美洲殖民地应该被更为直接地置于英皇的监督之下，而且认为殖民地应该负担一部分因为保护它们而引起的战债，于是便决定：(1)更为严格地执行贸易法令；(2)利用《糖蜜法令》在殖民地上增多国库的收入。正是由于这个执行旧商业政策的企图，加上新的帝国主义，构成了美洲革命原因中的最为重要的原因。这时，英国的政策才形成了一项真正的损害，而且这项损害对商业的利益说来简直意味着毁灭，于是引起了人们直接而剧烈的反对。

新政权的第一项措施便是为保护殖民地而制定了1764年的《食糖法令》。这个法令把1733年《糖蜜法令》的税率减低了一半，希望把寓禁性的税率取消以后，可以使商人们更为忠实，并且使岁入更能增加。这项法令把对外国糖蜜的进口税每加仑从六便士减少到三便士。从表面看来，这好像比1733年的法令放宽了一些，但是，英国政府的用意却在于认真地去执行这项新法令，由英国海军军官去收取关税，关于走私的起诉案件也由英国海军法庭审讯。此外，还对食糖、蓝靛、咖啡、酒类、生丝和花布进行课税，同时把条例上规定的物品种类增加了。新英格兰和中部殖民地立刻就感受到经济的萧条，这次萧条对殖民地所起的反应，在南部尤其显著。

1765年的《印花法令》补充了《食糖法令》，规定在执照、契约、证件、遗嘱、报纸、小册子、历书，以及其他文件都要贴上从半便士到十英镑的印花。紧接着《食糖法令》而颁发的这个《印花法令》在殖民地引起了无比的激动。人们通过书面请求和抗议无效后，就发动了对英国货物的抵制运动，商人都互相保证在这个法令未废除以前，不再进口英国的货品。这一运动使英国商人和制造商受到了巨大的影响，于是1766年的印花法令被废除了，而且食糖法令也加以修订，降低了税率，虽然在做了这种让步以后还继续公布了一个《公告法令》，宣布国会"无论在任何方面"都有权替殖民地制定法律。殖民地的人们对于《印花法令》的废除感到十分欢喜；如果帝国政府当局没有在1765年通过了《营盘法令》的话，对英国政府的反对也许就会停止。这个法令宣布殖民地人民要负担驻扎在某些特定区域的警卫部队的住宿、照明和燃料等费用。1707年唐森（当时是英国内阁的领导人物）迫使国会通过了《唐森法令》，其中一条规定对玻璃、纸张、油料、红铅、白铅和茶叶都要课税，税额虽然不高，但是税率遍及于一般的消费品，从而增加了生活的费用。比征税还更为危险的是《唐森法令》中的其他一些特点，那就是要改组海关，在殖民地上建立海军法庭以加速走私案件的处理。而且规定所征的税款应用于支付民政费用。后一条规定特别引起

人们的憎恨，因为它无异要解除殖民地人民与英国官员发生冲突时所能使用的主要武装。另一特定的法令要求解散“纽约大会”，因为它拒绝遵守1765年所颁布的要求供应士兵适当驻所的法令。这些法令中有一个法令重申协助缉私的合法性的规定也引起了殖民地人们的激怒。

《唐森法令》刚一通过，殖民地的人们又恢复了经济绝交。从1768年到1769年的抵制英货运动已经不仅只是一个单纯的自愿行动，它受到了一些政治团体的支持和鼓励，而且比《印花法令》以后的抵制英货运动更为彻底和普遍。进入新英格兰和中部殖民地的英国货物的价值，从1768年的一百三十六万三千英镑降低到1769年的五十万零四千英镑。虽然英国的进口货在南部殖民地区稍有增加，但是，在整个殖民地却减少了五十万英镑以上，这一减少就足以在英国和美洲引起经济上的十分不安，致使“唐森法令”在1770年不得不做了局部的修改。

为了要表明英皇在原则上有管理殖民地的权力，英国政府保留了茶叶每磅课税三便士的法令，但是允许了从英国出口到美洲的茶叶每磅退还十二便士，从而使得在美洲购买茶叶比在英国购买还要便宜。虽然《唐森法令》的那些最专制和可恶的条文（包括对茶叶的课税）仍然留存在法典之内，反对英国政策的情绪在1770年以后就迅速地消散了。人口的抵制破产了，贸易又恢复起来，繁荣又再度出现。一度曾经降落到一百六十万零四千英镑的进口贸易，1771年又跃升到四百二十万英镑。那些富有的商人们现在是大赚其钱了，虽然要缴纳进口税。他们已用不着再去理睬那些激进的政治领袖和从前被他们任意地利用来抵制英国政策的

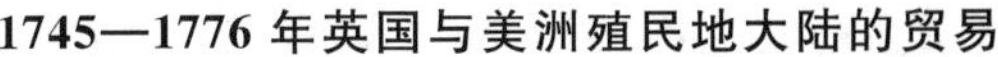

1745—1776 年英国与美洲殖民地大陆的贸易

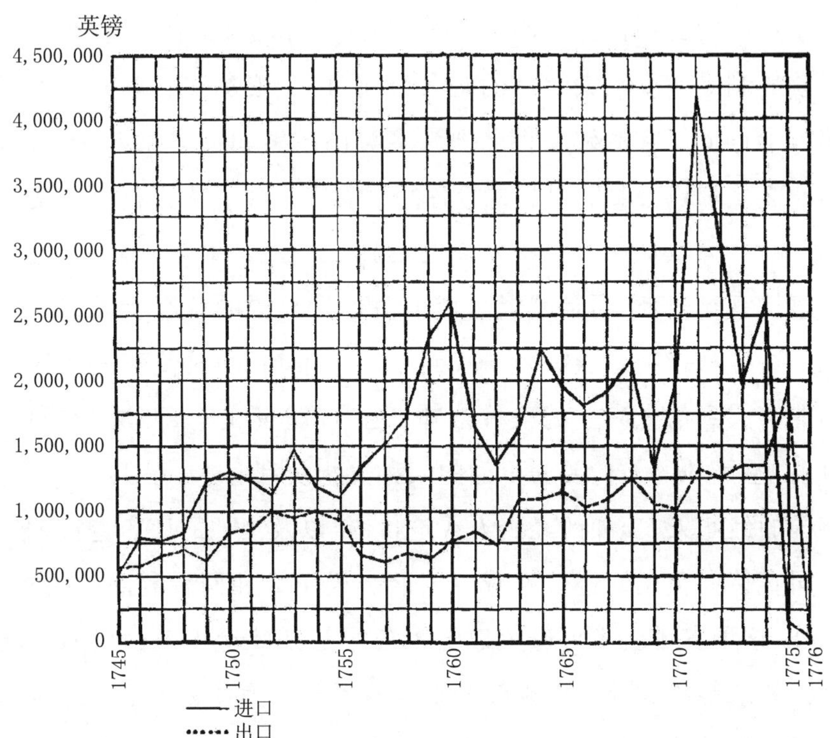

（选自约翰逊等人合著的《美国国内及国际贸易史》第 1 卷，第 120 页。）

群众，现在的问题是竭力使人们的激动情绪平息下来。

然而，想消除与英国政府的争端的任何期望，都由于受到英国国内的革命鼓动家和为英国及其在殖民地的代理人所愚蠢地维持着的旧殖民政策的阻挠而未能实现。马萨诸塞的塞缪尔·亚当斯继续与总督进行斗争，以保持革命精神的常在。他与具有同样思想的帕特里克·亨利和托马斯·杰斐逊等人一道，在殖民地各处组织了通讯委员会，广泛地交换意见和互通消息。最后，正是英国政府(也许是无意地),它使和解的可能宣告终结。革命的高潮发生于英国的力图挽救东印度公司的破产。这家长期以来很少受到干涉的剥削印度巨大财富的著名公司,由于浪费和管理的不善而陷入了危境。它的破产将会把许多英国政客和资本家牵涉在内,因此必须加以挽救。公司的仓库里还存有一千七百万磅不能卖出的茶叶。拯救这家公司所采取的措施之一便是给它以权利,把茶叶直接卖给美洲,而且减退习惯上对运入英国的茶叶所缴纳的税款。这样就帮助了这家公司找到了一个市场;同时使殖民地的人们能够买到从未有过的廉价茶叶。在 1773 年的《茶叶法令》颁布以前,殖民地的人们要为下列的四种人担负利润——东印度公司、英国的经纪人、美洲的经纪人或进口商,以及当地的商店老板。让公司直接向殖民地进口就减少了两类经纪人和两种利润的负担。此外,这种安排会不可避免地给予公司把茶叶运入殖民地的垄断权。如果能够给公司以茶叶的垄断权,那么,为什么不给予它从印度运来的其他商品的垄断权呢?如果可以把垄断权给予东印度公司,那么,也就可以把其他商品的垄断权给予任何公司。很明显,除了课税的原则之外,还牵涉到其他的一些原则。这样就立刻刺激了沿海各城市最有势力的阶层,其中如曾经做过茶叶进口贸易和缴过税款的商人汉考克等人现在就竭力反对这个《茶叶法令》。由于他们的反对,再加上那些最激进的政治家们的活动,直接导致了殖民地与大不列颠的破裂。

当茶叶到达美洲港口以后,美洲的那些警戒委员会通常就把它们销毁或是不准它们上岸。在波士顿,有一群伪装成印第安人的公民上船去把三百四十二箱茶叶投到了海里。"波士顿茶叶团"

是对英国当局的一项直接挑战，国会就用四种惩戒性的措施来报复。这就是人所共知的“难忍法令”。这些法令把波士顿的港口加以封闭，直到茶叶的价款付清为止；修改了马萨诸塞的宪章，抹去了它的一些比较自由的特点；规定了殖民地的代理人在受到失职控告时应该在英国受审；并且修改了1765年的《营盘法令》，以便在马萨诸塞驻扎军队。另外还有一个条例，这个条例与波士顿的情况无关而是对加拿大行政问题经过长期研究所得出的结果，它把俄亥俄与五大湖之间的土地并入了魁北克领地。最后的这个法令并不是一项报复性的措施，但是人们对它很感厌恨，认为这样就排除了弗吉尼亚、纽约、康涅狄格与马萨诸塞对这些地区的管辖权，并且把这些地区置于一个为法律所承认的罗马天主教会的贵族政府之下。

这项法令通过以后；就迅速地发生了一系列的导致革命的事件。人们立刻又发动了第三次的抵制英货运动。这个运动获得了各个殖民地议会和1774年12月1日的“大陆会议”的支持。殖民地商人由于取得了从前禁运时期所遭受的严重损失的经验教训和不愿以此来加强那些非商人的激进分子的地位，都不愿再参与这个计划，但是却无法抗拒舆论的力量，因此，第三次的抵制英货运动比先前的任何一次都执行得更为严格。由英国进入殖民地的货物从1774年的二百五十九万英镑降低到1775年的二十万零一千英镑。这个在工业革命前夕发生的巨大的经济衰退，乃是对于英国的工厂城市与海港的一个严重打击，大量的请愿书涌入了英国国会。英国国王与各大臣都不甘屈服，1775年3月宣布了马萨诸塞处于叛变的状态，禁止新英格兰的渔人进入“大海岸”区，并且宣布除了英国、爱尔兰和英属西印度以外，不许新英格兰的殖民地(在四月间则扩大到其他殖民地)与任何国家有贸易往来。九个月之后，所有与殖民地的一切往来都遭到了禁止。

从上面可以清楚地看出：由于英国商务政策所产生的革命的经济诸原因，全然不是什么“热烈的纠纷所孕育出来的政治意外事件”。相反地，它们是“国家重商主义理论的必然结果，这个理论把殖民地的贸易看成是母国的财产，必须由它的公民进行垄断，并且要使一切事物都服从于他们的利益”，[①]而且这个政策曾经一致地为“清教徒”与骑士派、为司徒王朝与汉诺维王朝，以及为“自由党”与“保守党”所采用。理论上荒谬，实践上具有危害性的重商主义在欧洲占着统治的地位，这就有待于美洲的殖民地本土向它做首次的回击了。

西部的土地问题

不列颠和它的殖民地本土发生摩擦的主要原因之一，便是由于1763年以后英国对西部土地政策的不断变更。内特尔斯教授说得很清楚，到那个时期为止，不列颠已经采用了一种以反映英国商业资本主义为目的的“土地政策”，[②]这个政策的目的并不在于通过土地的售卖和征收免役租为英皇增加岁收，而是在于发展殖民地区，为英国货物和英国商人的利润提供市场。英国把小块的

① 比尔德夫妇所著前书第1卷，第103页。

② 内特尔斯所著前书，第602页。

土地授予符合于规定的移民，却把大块的土地授予了投机商，只要他们能在土地上移殖一定数量的住户。此外，它所以鼓励边疆的迅速殖民，是想用它作为一项手段去防御法国人和西班牙人的威胁以及促进皮毛贸易。

1763年法国的威胁解除以后，向边疆进行殖民的这种必要性就不存在了。同一年，以庞梯亚克为首的印第安人的起义，造成了弗吉尼亚和宾夕法尼亚边疆许多人的死亡，也表明了疆界政策的有加以改变的必要。① 许多因素促使英国对政策不得不另有考虑。由于巨大的加拿大皮毛贸易那时已经操纵在英国的手里，许多人认为阻止或是更好地管制西部的移民地区以免边地摧毁这项有利的贸易，乃是比较明智的。英国的商人也争论说人们再向前进就会越过山岭，就会超出他们能够进行贸易的范围。这种前进会把东部的移民吸引开，而且使英国的资本家们有巨大投资的沿海地带受到危害。此外，如果要对横过阿勒格尼山脉的区域做任何发展的话，应该是在英国政府的直接控制下去进行，以使英国的土地投机商能够更容易地取得利润。1763年以后，英国对殖民地土地投机的兴趣显然又有了肯定的复活。英国政府也没有忘记出卖土地和征收免役租所能得到的收入，所有这些收入，可以提供殖民地的行政费用，足以减轻英国纳税人的负担，同时使英国的殖民地官吏可以不依赖殖民地的立法手续就能得到财政上的收益。

1763年，英国政府发表了一项著名的“公告”，禁止殖民地总督对“任何从西部或北部流入大西洋河流的源头以外的地区”发出

① 内特尔斯所著前书，第104页。

测量许可证或注册证。这项公告的直接目的也许是要去压制印第安人，但是上述的各种考虑也许是构成这个公告的一部分原因。从殖民地人们的观点看来，这是一个新的方案；但是，从英国殖民政策的观点看来，它代表着使美洲利益屈从于英国商人和资本主义的那套老办法。

不论是出于什么动机，1763 年的那个公告在美洲受到了人们的痛恨。当英皇 1774 年颁布了一些新的规定，对旧殖民地的某些未出租土地和其余西部土地实施管制的时候，更增加了人们的憎恨。这些新的规定把新租地的免役租比平时增加了一倍，总督不得再行赠送土地，所有的土地都要用拍卖的方式出售，每亩价格不得少于六便士。在美洲，这个“公告”和这些附加的规定使两种人的利益受到了损害，那就是，正规的要想向西部迁移的边地移民和土地大投机商。由于美洲商业资本家的投资机会受到英国各项法令的限制，最容易的出路便是土地的投机。这是最自然、最简单和最迅速的赚钱方法，富有的人们是很少不去积极从事的。虽然在西部没有土地的投机商宁愿英国而不愿殖民地政府去监督这块土地上的投机，但是人们都感到新的规章乃是对美洲利益的一项打击。受打击最大的也许要算南部的农场主。他们当中的许多人都感到在重商主义的规章的限制下，越来越不容易在营业上获利，而且有许多人越来越陷入了对英国投资者负债的深渊。唯一的出路便是对西部土地进行投资和投机。这条出路的通道被切断以后，许多人已经作好了革命的准备。这就有助于说明何以许多南部的大农场主都加入了这一爱国事业的斗争，而北部大多数富有的人都是保守派。

革命的背景

关于重商主义的一些规章应用于航运、商业、制造业和货币方面的情况以及西部的土地问题，上面已经作了比较详细的论述。但是，它们还不足以完全提供导致革命的经济和社会原因的全貌。早年的历史学家们曾经把斗争的重点放在纳税问题和“无代表、不纳税”的呼声上面。我们知道，这样是强调得太过分了。从实际政治意义来看，自从殖民事业一开始，美洲人民就一直在纳税而在英国国会里并没有殖民地的代表。此外，自从 1763 年以后，只要殖民地提出强烈的反对，新的税收政策很快就被废除（除了对茶叶还作少量的课税以外）。

可是，人们在心理上还有着憎恶纳税的情绪，不管这种税是缴纳给英国或是殖民地政府的。这一点我们必须认识，而且这一点对于最后与英国的决裂无疑地也起了作用。关于美洲人民对纳税态度的问题，没有人比卡伦德总结得更好的了，他写道：

“事实上，殖民地的情况是：除了纯粹用于当地的款项以外，所有其他的课税都极不得人心。在那缺乏组织而分散的殖民地社会里，不可能使人们认识到收取税款去作为许多政府开支与他们自己的利益和福利之间所存在着的关系。税款乃是一项负担，而且好像并不十分必要，尤其是在法国人被排出美洲大陆以后。所有的殖民地上都存在着对纳税十分勉强的情况，这是毫无疑问的。这是美洲人民与英国分离之后长期以来的显著特点之一。直到‘南北战争’时，纳税问题形成了美国政治家们经常要碰到的困难问题之一，它是使联盟破裂的主要根源，汉密尔顿认为这是新政府成立以后必须解决的一个主要问题。直到‘南北战争’时，人们对于在联邦或各州成立正当收入的财政制度也有强烈的对立情绪。正是由于不愿意负担税款，才使得19世纪40年代早期有九个州无法付出公债的利息，而且其中至少有一个州完全拒付了公债。也正是由于这种恐惧，长期地延迟了征收适当的税款，并且使政府在‘南北战争’期间得不到支持。这里我们就有了理由去解释有关那种过度的、现在我们看起来是难以理解的抗拒情绪，它反对英国提出的向殖民地征收轻微税款的负担”。①

毫无疑问，殖民地与英国分离的主导原因乃是由于革命前所发生的经济萧条或“艰难时期”所造成。这部分地是“法国与印第安人”之战时的假繁荣所带来的一次经济衰退；一部分是（不完全是）由于1763—1765年这一时期商业与财政立法以及因之而起的经济失调所产生的后果。这次经济萧条的产生，还有其他的一些原因，而且地区并不限于殖民地。在英国，这是工业与农业的革命时期，随着这些现象产生了社会的不安与动荡。随着工厂制度和大规模工业资本主义的兴起，就造成了也许是第一次的而在近几年来已经是常见的巨大的周期波动。② 这次萧条，由于1765和

① 卡伦德：《1765—1860年美国经济史文选》第123页。

② 本书第二十九章。

1774年之间英国农业的歉收而加剧了。

英国的经济困难时期也反映到美洲来，英国购买力的减退和重商主义制度的强制实施，使英格兰的商业界和以商业为私人财富主要来源的中部殖民地受到了巨大的危害。《糖蜜法令》的修订和执行，使商业和航运业的繁荣受到了有被摧毁的威胁，而且它们所造成的不幸也影响了南部的殖民地。从1765年到1775年的十年中，新英格兰的出口贸易只有从1768年到1771年时才达到了1765年的税额。1765年以后的五年里，新英格兰的进口没有达到那一年的水平，虽然1770年的数额有所增高。革命结束之前，从英国进入纽约的进口货只有一次（那就是1771年）达到了1764年的金额。直到1775年，弗吉尼亚和马里兰的出口才达到1763年的数字。整个美洲南部没有像北部那样感到这次普遍性的经济恐慌，但是，贸易方面的波动指出了日益增长的经济动荡。

可是，感受到这次萧条的，不仅只是商人，农民们也受到了影响。烟草种植商感到一个半世纪以来的浪费的栽种方法已经损耗了他们的土地，而且1758年和以后的一些年份里的歉收，使出口的烟草数量大大地减少了。生铁和铁条的出口在1771年的殖民地时期达到了最高的数额，以后就迅速地减少。还可以看出，其他商品的生产也有同样的降低，虽然某些像亚麻之类的产品由于得到大量的津贴而出现了肯定的繁荣情况。英国和美洲商业的动荡与萧条，由于殖民地三次想通过经济绝交使英国屈服而加剧，《唐森法令》对生活必需品的进行课税，波士顿港口的封闭，以及为排斥新英格兰的“大沿海地区”的关闭，都是英帝国所做出的加速殖民地革命的错误决定。在美国，困难时期经常引起某种政治上的不安；培根的起义代表着早期殖民地历史上的一个例子，而革命前夕的萧条却是另外一个鲜明的例证。

虽然南部一些富有的农场主和北部的一些著名商人都支持起义，美洲的革命并不是没有阶级和地方主义的斗争的。边疆的人们抱怨旧乡镇的贵族操纵着殖民地政权和极不公正，并且认为最忠实于英国的也就是这些人。美洲革命局部地说来是边地人们反对保守党的一项起义。在边疆和沿海地区，贫民和中等阶级的下层的人们都愤怒地反对在政治上被剥夺了权利，反对保持贵族阶级的“长子继承权”和“限定继承人”等土地法令，反对那些袒护投机商的土地制度以及在各方面都在压迫他们的社会和经济制度。那些被剥夺政治权利和受到照顾较少的人们，都迫切地希望削减当地贵族的权力与特权和英国政府的势力。某个历史学家说得好：“美洲的革命，不仅只是一个国家内统治权的问题，也是一个应该由谁在国内实行统治的问题。”①

自从第一个英国人移殖到美洲以来，到现在已有一百五十年。美洲与母国之间隔有三千英里的海洋和几个星期的令人疲乏的航行。在这样的情况下，如果国家里的人口增多，在第一代人以后，就很难期望人们仍然会忠实于母国。也许美洲四分之一的人口并不是英国人的后裔而是荷兰、德国、瑞典、阿尔斯特和爱尔兰南部人民的后代，而后者的许多人，对于大不列颠具有天赋的敌对情绪。某个当代的历史学家曾说，甚至于祖先是英国人的新英格兰的人们。大多数“都不太知道祖国，只听说它是一个远方的王国，

---

① 贝克尔：《美国历史评论》第 19 卷第 2 期，第 345 页。

它的统治者在前一个世纪时迫害了他们的祖先，并且把他们的祖先充军到美洲的森林里来”。[①] 这些因素，加上了新移民区的进取和独立的生活，都有助于发展人们的自信，减少依靠英国保护的必要，尤其是在法国和印第安人的战争结束以后。他们与英国的关系逐渐淡薄，并且形成了一种独立的社会意识。例如，英国教会只要想把它的势力伸入殖民地便会引起剧烈的反对，英国要想限制殖民地政府权利的努力，几乎都被看成是侵犯了一个具有国家主权的人民的权利。美洲的移民们直到革命时曾一直在为掌握自己的命运而努力，很少得到外面的帮助或干预。他们认为有权利继续这样做，不能容忍情势有任何改变，这种感情乃是完全合理的。

只要像本章这样地对导致革命纷争的原因加以概括的研究，便可使人们很快地放弃那种认为是一个无代表不纳税的斗争的解释。[②] 这次革命是有其深远的根源的，而且会使我们容易同意比尔德的说法，他认为：“从一百多年英国和各领地的法令看，从各领地与母国永不停止的冲突的真实记录看，那样把革命的起因说成是由于顽固的国王与恭顺的大臣们之间的争吵的概念是不值一笑的。早在乔治三世就位以前，远在格伦维耳执掌国政以前，就已经有成千上万的美洲人民与英国的经济帝国主义在做斗争，而且到了 18 世纪中叶时，某些像富兰克林那样具有远见的人就早已看出

① 腊木赛：《美国革命史》，1811 年版：第 1 卷，第 43—44 页。

② 哈克在一篇著名的论文里说，革命的主要原因是由于英国政府在向殖民地扩张商业资本主义时施行了重商主义的限制。这个政策在 17 世纪时还没有引起人们太大的愤怒，但是到了 18 世纪便逐渐加强而危害了殖民地本土的繁荣。见哈克：《美洲的第一次革命》，载《哥伦比亚大学季刊》1935 年第 27 卷，第 259—295 页。

了矛盾的本质。”[①]使独立的欲望发展起来的心理。是通过一个长期的过程才树立起来的。正如像几年之后约翰·亚当斯所说：“革命在战争开始以前就已经发生；它早已存在于人民的心里和思想深处了。”[②]

① 比尔德夫妇所著前书，第1卷，第201页。

② 《约翰·亚当斯文集》，第10卷，第292页。

第八章 革命时的经济形势

阶级与社会的区划

尽管母国政府与殖民地人民之间存在着根本的分歧和长期不断的摩擦，美洲人民对于独立的要求的意见却仍然很不一致。支持王室政策的“英王党”在革命爆发的时候无疑是一个多数党，但是，在1776年以后，也许就成为了一个少数党。约翰·亚当斯认为至少有三分之一的殖民地人民都忠于大不列颠。一般地讲，可以说“英王党”是由这些团体组成的：(1)皇家总督的亲信、政治或贸易的扈从、食客或友人；(2)新英格兰及中部殖民地的那些不触犯英国法令就能独占某种贸易而致富的非走私商人；(3)南部殖民地的许多富有的农场主；(4)与英国国教有联系的僧侣，以及在北部的英国国教的一般信徒；(5)从事专门职业[①]的阶层中许多最富有的人们。此外，还有具有根深蒂固的保守思想或惯性、反对革新、安于现状的那一大批人。从波士顿到卡罗来纳的查理斯顿沿海各城市里的一些最有学识，最有势力和最富裕的居民大多数也

---

① 指教师、医生、牧师等职业——译者

是亲皇分子。

虽然“独立党”或“爱国党”乃是由一些如富商汉考克、能干的银行家摩里斯以及贵族的农场主华盛顿等人所领导，起义的最大力量乃是来自中产阶级和更为贫困的阶级，也就是那些“有别于贵族阶级的一般平民”。[①] 这一点是十分地明显，以至于某些观察家曾认为这与其说是殖民地与英国政府的破裂，还不如说是大西洋两岸英国人民的不同部分之间所产生的斗争。而且，“实际上，乃是对立的社会阶级之间巨大的和在全世界范围内进行的斗争中的一次战役”。[②] 绝大多数的边疆人民对革命的热情支持，在某种程度上乃是边疆农业人口对衰落的封建主义和新兴的资本主义的挑战，而较激进的西方思想的影响，乃是促成这次分离的一个主要的内在力量。[③] 一批具有高度热情、下定决心和积极从事宣传活动的少数人起了带头作用，使美洲获得了独立。诚如腊木赛所说：“美国国会的友人们所具有的热情，是那些拥护皇室政府的人们一般所没有的。”[④]

在美国革命史中最不幸的一页，就是那邻居之间自相攻击的内战。在英国陆军和海军服役的“英王党”人约有三万到五万人，仅纽约一州就提供了一万五千人。那些没有加入正规军队的人，在英王的任命下编成了民兵小队，与印第安人一道，参加了残酷而

① 詹姆逊：《从社会运动观点看美国革命》，第 25 页。

② 西蒙斯：《美国历史中的社会力量》，第 70 页。

③ 帕特里克·亨利的事业与哲学，清楚地说明了内地与沿海区域利益的冲突。参阅亨利：《帕特里克·亨利传记、通讯及演说集》1891 年版，共三卷。

④ 戴维·腊木赛：《从 1670 年它的首次殖民到 1808 年的南卡罗来纳州历史》（两卷集，1858 年版），第 1 卷，第 147 页。

毫无结果的战争，其中最突出的例子便是怀俄明和切里－伐利的大屠杀。以纽约为中心的保皇分子的缉私，多少抵消了“爱国党”人所进行的同样的掠劫。战争中“英王党”最剧烈的行动便是1779年7月特莱翁总督向康涅狄格河沿岸城市的进攻，使费尔菲尔德和诺伏尔克两个城市化为灰烬。只要是在“爱国党”与“保守党”相遭遇的地方，战斗便最为剧烈。

“英王党”的命运如果不得到英国陆军的保护，就会十分危险。他们受到了排斥，新的国家宪法剥夺了他们的公民权，使他们在法律上得不到赔偿损失的权利。法律强制他们去为他们所痛恨的事业负担费用，同时还不让他们有发表言论的自由。凡是受到不忠实于“爱国”事业的怀疑的人，会受到私刑、侮辱、监禁、充军、财产充公或者判以死刑的处分。整村的王室拥护者被赶到了内地，以防止他们在英国陆军来到时进行协助。1776年3月，有一千一百个“英王党”人与豪将军的军队一齐乘船逃到哈里法克斯去避难；1778年有三千人与克林顿一道离开了费拉德尔非亚。至少有三万五千人（有人说有十万人）终于逃到了加拿大，在那里为新的英国联邦奠定了基础。英属加拿大的创始人，正是内战时期离开了殖民地十三州的那些“英王党”人。

要在这样分裂的情感的情况下去从事有效的战争是不可能的。人们不仅对于脱离英国问题的意见存在着分歧，就是殖民地本身也不团结，十三个州互相猜忌，利益的不一致，就不可能有政治上的紧密团结，也不可能构成一个强有力的整体去继续进行革命。要使军队能在战场上进行合作，只有是当大家有着共同目标与共同敌人的时候才有可能。“大陆国会”担当了进行斗争的重任，但是它的权力很小，它不能征税，只能对课税进行投票，要求各州完成税额。直到1781年才草拟了计划去建立一个联合政府，授给中央机构予法律上的权力。但是，各个州或者置国会筹款的要求于不顾，或者只任意地缴纳一个数额。同时，许多州都坚持要在当地维持自己的民兵以进行自卫。虽然战争的胜利依赖着“大陆军队”，但是这支军队却依靠着权力不足的各州代表团的庇护才能获得补充和支持。

经济与社会的变革

“美国的革命”导致了一项经济的和政治的革命。正如1789年的法国革命与1917年的俄国革命打垮了大地主阶级使两国的农业经济产生了巨大的变革一样，美洲的十三个殖民地区在1771年到1781年间也使土地制度产生了同样的真正的虽然不是那样显著的变革。凡非当地所固有的制度在革命时期都肯定地要被消灭。在一个半世纪的时期以内，欧洲人曾竭力想把旧世界的封建制度移植到美洲大陆上来，而且在许多殖民地上都可以找到大地产。晚至1769年，纽约的威契特县六分之五的人口还居住在领主庄园式的土地上。“英王党”人的退出不仅迁走了美洲最保守的阶层，从而使当地的政权落入一个新团体的手里，而且也摧毁了大地产的所有权。1777年11月，国会建议各州把忠于英皇的人的财产加以没收和变卖，把卖得的款项投资于“大陆”债券。这个意见立即得到人们的支持。新罕普什尔没收了二十八份大地产，包括温德华斯总督的地产在内。马萨诸塞没收了与英国并肩作战的那些人的财产，其中包括着沿海三十英里的培培累尔的地产。在纽约州，约翰逊公爵的五万亩庄园，菲利普斯的三百平方英里的庄园，摩里斯的家产和许多大地产都被划分出卖，这些地产通常是划成面积不超过五百亩的地区卖出的。各处王室和地主的财产都被没收。宾夕法尼亚所接收的潘恩的地产，价值就几乎有一百万英镑。[①] 纽约州所没收的地产约值三百十六万西班牙银元。正如法国革命时期"乡下的律师和新暴发户的商人都涌向从前曾经骄傲过一时的贵族政治的地位上来的情况那样，美国在大变革期间和在那个时期之后，也有许多刚刚从事农务和会计工作的下层人士涌到哲夏浦、德兰西和摩里斯家族的土地上来"。[②]

虽然对王室和"英王党"的财产的没收，在打破大产权方面起了一些作用，它并没有结束大的私有财产，也没有停止革命前几年中盛行的土地投机热狂。这在东部和西部的情况都是如此。那些在西部拥有土地的各州，都把土地当作奖金赠给了军人，这又转过来形成了土地的买卖和合并成大地产。弗吉尼亚所采用的出卖空地来支付州政府债务的办法，在战争期间有所加剧，并且还鼓励了投机。内特尔斯说，为了要达到使州政府的法律屈从于他们的目的，"那些发起人在西部得到了大片的土地。他们用打折扣的方式从那些不能迁移或是不愿迁移的军人那里买进作抵奖金的那些土地的执照；派遣人员出去获取优先购买权；并且把州政府的债券（代表已贬值后的货币价值）转变为能够购买土地的权利。有十四

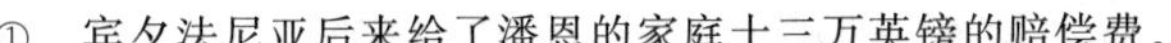

① 宾夕法尼亚后来给了潘恩的家庭十三万英镑的赔偿费。

② 比尔德夫妇：《美国文化的兴起》，第1卷，第294页。据保守党人估计，他们自己的损失约为四千万美元，英国政府最后给了他们一千五百万美元。

万英亩那么大的地产又出现了”。[①] 事实上，像这样得到的阿勒格尼山的那一面的土地是很多的，因此，向西部前进的移民感到很难廉价地买到土地。

在没收土地和把土地划分为小块的同时，产生了一种把土地所有权变得更为民主化的社会革命。首先，免役租被废除了。到了1786年，除了两个州以外，所有其他各州都废除了继承权；到了1800年，又废除了长子继承权；新的法律用这一方式或那一方式规定了平等权或遗产权。1776年的《杰斐逊法令》也许把弗吉尼亚四分之三或者半数以上“根子很牢”的地区解放了出来。[②] 当然，这些法令在发展民主的社会方面具有重大的意义，是很明显的。我们也还必须看到这样的一个事实，那就是：这种行动，在很多情况下是在战争停止以后才采取的。战争也许结束了，但是，就某种意义上说，美国的革命只算是刚开始呢！

美洲的革命是通过对英国政府的贵族式的统治方法加以无数次的谴责才引起来的。因此，新的国家宪法就反映了这种情绪，这表现在它把重点放在所谓的“天赋人权”的这一点上——那就是，生活、自由和追求幸福的权利；言论、出版和信仰的自由；不得人民的许可不得课税；以及实行陪审制度，等等。在理论上，民主制度已经有了长足的进步，但是，实行起来，情况却与此相反。几乎所

① 内特尔斯：《美国文化的根源》，第684页。

② 杰斐逊在1813年10月28日从弗吉尼亚的孟提色罗写给约翰·亚当斯的信中，十分自豪地说：“我自己拟定的‘废除继承权与长子继承权的弗吉尼亚的法律’就是要砍去伪贵族政治的根子。”福特出版公司出版《托马斯·杰斐逊文卷集》，1898年版第9卷，第427页。

有能阻止激进的民主制度的一般方法都被采用了。只有那些拥有土地和大量的能够课税的财产的人们才有选举权和能够担任政府的职务，甚至于五个白种人当中也许还没有一个是有选举权的。虽然新宪法里有着一些偏狭的规定，并不是没有迹象说明社会的改革已经在进行。“英王党”人的出走减少了保守派的力量，加强了一些边疆激进分子如像杰斐逊等人手中的势力。战争期间，反对奴隶制度的运动发展得很迅速；而且，到了那一世纪之末，大多数的州已经禁止了奴隶的运入，而所有新英格兰地区各州，与纽约和宾夕法尼亚一道，都已经规定了废除奴隶制度，或是逐渐地解放奴隶。革命的潜在力量也在宗教方面起了它的作用。1770 年，在多数的殖民地上都建立了教堂，但是，在战争时期和在战后不久的几年里，教堂又被撤销了，虽然官吏和立法者曾经对宗教做过了各种的考验。

革命时期疆界的向前推进

革命的军事行动在很大程度上掩盖了当时正在进行的向边地的前进。虽然 1763 年的英国政府的“公告”禁止人们向阿勒格尼山脉以西移殖，但却阻止不了那些渴望得到土地和急欲逃避富于保守的东部各县各项限制的移民。在发出“公告”的那一年，就有第一批的移民向前强行推进，在雅德金河上游定居下来。六年之后，詹姆斯·罗伯逊和约翰·塞维尔带领着一队弗吉尼亚的边地居民来到瓦托珈流域，在那里拟定了第一个成文宪法，这个宪法被山的西面美洲土生的边疆居民所采用，而且瓦托珈就形成了一个独立的政治村落，直到1778年正式合并入北卡罗来纳成为该州的一个部分。丹尼尔·布恩和其他一些人的巡猎使肯塔基的神秘公开于世。1769年以后，移民就开始渗入，直到1774年才被印第安人驱逐出来。第二年，法官理查德·汉德森创建了“横贯宾夕法尼亚公司”，从印第安人的手里把肯塔基与康伯兰河之间的土地收买过来。布恩带领着第一批移民进入了这个地区，并且那些“横贯宾夕法尼亚公司”的拓荒者在提出了一个民主的宪法之后请求国会准许成为一个州。弗吉尼亚不承认他们的独立，国会把这个申请拒绝了。1779年，罗伯逊带领着瓦托珈地方的那些最不安定的人进入了田纳西，在康伯兰河弯曲地带的纳西巴罗成立了一个殖民区。在俄亥俄河河头周围的另一批边地居民组织了“西夕尔维尼亚”独立州，但是没有得到国会的批准。这些想成立州政府的企图，十分清楚地说明了边地人民与他们的东部邻居之间是彼此缺乏同情心的。山区的人们与瓦托珈、布恩斯巴罗和纳西巴罗的联合，乃是一种最单纯的“社会联合”的例证，而且这几乎是与同时成立的具有不民主特点的国家宪法成了一个鲜明的对比。

虽然乔治·克拉克把英国人从密西西比河上的那些古老的法国要塞里赶出去，从而赢得了“旧西北部”，而且战争结束时瓦伯西与这块土地的取得几乎完全无关①，但是，这却说明了美洲的革命

① 克拉克的开拓也许不是获得“西北部”的决定因素，虽然现在有足够的理由使人们相信英美的航海家都已经十分熟悉这个地区。参阅凯雷所编《沙热给富兰克林的信》，载《密西西比河流域历史评论》，第20卷，第375—378页(1934年12月份)。这件事本身基本上是一个外交的问题，其中英国宁愿讨好的乃是美国而不是法国或西班牙。

也是一个疆界现象的这一事实。革命的命运大部分是操在边地居民的手里——如在佛蒙特有伊桑·艾伦的领导；在纽约有盖茨与赫基墨；在两个卡罗来纳州有马里翁和桑姆特尔——这些人大多都不是英国人而是苏格兰的爱尔兰人、德国人和威尔斯人。由于高原地带所给予的影响越来越大，各个州的首都便开始向西部迁移，并且在战后的几年里还一直在继续，例如在弗吉尼亚，都会由威廉斯堡迁移到里士满；在南卡罗来纳则由查理斯顿迁到哥伦比亚；在北卡罗来纳则由伊登顿迁到罗利；在乔治亚则由塞凡那迁到路易斯维尔，然后再迁到密勒基维尔，"南北战争"以后又迁到阿特兰塔；在新泽西州则由伯林顿迁到特伦顿；在纽约则由纽约城迁到阿尔巴尼；在宾夕法尼亚则由费拉德尔非亚迁到兰开斯特，以后又迁到哈里斯伯格；在新罕布什尔则由朴次茅斯迁到埃克塞特。谢的叛变的要求之一便是要把马萨诸塞的首都迁往西部。特纳教授说，边疆地区乃是"革命的先锋和殖民的前卫"。

战争对于农业的影响

革命爆发时，美国人口估计约在二百七十五万人左右。从十八岁到六十岁的男子约有七十万人。但是，在战争时期没有一个时候有八分之一的男子是在殖民地的军队里的，而且在绝大部分时期，参军的人数也许不到这个数目的十六分之一。许多人对战争抱着冷淡的态度，并且人民的工农业生活几乎在正常地进行。第一年之后，新英格兰除了新港被占领和沿海受过少数几次规模较小的进攻之外，没有被英国人占领过。农业并没有受到什么影响。在纽约、新泽西和宾夕法尼亚，双方军队的抢劫在很大程度上都由于英法两国用黄金付给农民各种给养品的自由价格而得到了补偿；当华盛顿的军队在富尔治山谷遭受冻饿的时候，农民们却宁愿以高一倍的价格把产品卖给了商人。我们可以从华盛顿的话里看出，当时殖民地上一定出现了许多的投机商和"黄金的爱国者"，他说："像这样的没有公共道德和缺乏美德，这样的投机取巧和不择手段地唯利是图，是我从来没有见过的。我祈祷上帝别让我再看见他们……。整个社会都充满了这样肮脏的唯利是图的风气，任何灾害都会随之而来，我感到是毫不奇怪的。"①

偷过封锁线的船只经常把弗吉尼亚农场出产的烟草运到正在等待着这项产品的欧洲市场上去。比较地说来，那一世纪的最后二十年，是烟草贸易的黄金时代，因为它仍然是南部的主要产品。烟叶的生产从 1774 年的一亿零一百八十万磅上升到 1790 年的一亿三千万磅。那时，南部有半数以上的人口都直接从事或依赖于烟草的生产。在两个卡罗来纳州，大米的种植和出口仍然在继续，显然没有受到太大的干扰。1778 年，第一次采用了水碾的方法去碾净大米，供应市场，散提河上建设了水碾模型，以后的各种改良都是以此为基础来进行的。固然，南部的农业基本上没有受到战争的影响。但同时却不应该忘记，"爱国党"的农场主受到了英国的袭击，并且由于他们的奴隶被没收而遭到了巨大的损失。同时，英国停止对蓝靛生产的奖励，也标志着这项重要工业结束的开端。殖民地所缔结的不运入羊毛的协定对于商务的干扰和战争开始的

① 《乔治·华盛顿文集》，福特公司版，第 3 卷，第 246—247 页。

头几年都刺激着整个殖民地上羊毛的生产。南部棉业的情况也是如此。马里兰、弗吉尼亚和南卡罗来纳的政府都这样有效地和明显地鼓励农民种植棉花，因此汉密尔顿1775年时写道："南部的几个殖民地是那样地适宜于种植棉花，以至于只要认真地栽种，在两年之内它们就足以解决整个美洲大陆的衣着问题。"[①]用原始而浪费的方法进行栽种的美洲农业，全部受到了战争的刺激而没有遭到破坏。此后，被战争带到美洲来的那些外国人推广了欧洲改进农业的知识。

战争对于工业的影响

美洲的制造业比农业更直接地受到了战争的影响。革命把美洲的工业从一些烦琐的规定和限制中解放了出来，这些限制是英国国会在重商主义的影响下要使美洲仅仅成为原料生产地而实施的。在战事爆发以前的经济抵制时期，殖民地的人们拒绝购买英国的货物，而且竭力地鼓励像毛织品和麻织品等工业必需品的生产。这些产品以前是大量地进口的。许多人都提出保证，不吃羊肉或是不向屠宰商购买羊肉，认为这样可以节约羊毛，用以做成衣服；各个阶层的妇女都转入生产布匹的工作，把它看成一项家庭工业。南部的农场主雇用了比较贫穷的白种人的邻居去从事纺织，或是自己建筑纺织厂房和训练他们的奴隶去做这项工作。最富有的人都穿手织的衣服。由于需要织羊毛的钢丝起毛机，使康涅狄

① 洛奇：《汉密尔顿文集》1885年版，第1卷，第153页。

格在四年之内借给了瑙威治地方的纳撒尼耳·奈耳斯三百英镑去制造机齿的钢丝。1777 年，马萨诸塞州对于用美国各州生产的铁和在国内任何水碾房里首先制出的第一千磅“优良而能出卖的起毛机钢丝”付给一百英镑的奖赏。由于进口的恢复和缉私者获得船货后就在市场上抛售，使这项纺织活动在战争的头几年里就减退了。

军火与军需品的制造当然受到了鼓励。从前使每一个人成为猎人的殖民地生活，现在已经培养出一些熟练的造锁工人。马萨诸塞、康涅狄格和罗德艾兰都兴起了许多小型的枪炮工厂。1775 年，康涅狄格的政府对每造成一挺机枪就奖励一先令六便士；对每造成三千发整数的子弹就奖给五先令。1778 年，国会在斯普林菲尔德建立了铸造大炮的工厂——这就是 1794 年在那里建成的全国军火库的前身。在宾夕法尼亚和哈得孙河上制造了军用的锅壶和铸淬枪炮。在新英格兰和中部殖民地的许多地方成立了一些新的炼钢炉。罗德艾兰和缅因州对炼钢工业给予了奖励。[①] 据公布、罗德艾兰州康伯兰地方的杰雷迈亚·威尔金孙 1777 年制出了世界上第一批冷切的洋钉。马萨诸塞对当地矿物中提取出来的硫黄给予了奖金，罗德艾兰州奖励了火药的制造，但是当时所用的火药大部分是进口而来的。人们曾经企图在康涅狄格和弗吉尼亚交界的契斯威尔地方开采和冶炼铅矿，但是所用的铅大部分是从国外进口或是把铅瓦、窗帘坠和其他商品销毁而得来。

① 《罗德艾兰殖民地志》，第 8 卷，第 240 页。也可参阅维克多·克拉克：《1607—1860 年美国制造业史》，第 1 卷，第 219—232 页。

1777年以前，全国各地对一切必需品都感到十分缺乏，但是部分得到了克服。战时全国报纸的家数由三十七家增加到一百多家，这就使得造纸厂增多起来。也成立了许多小型工业，制造各种从前必须进口的商品。但是，受到了《航运法令》鼓励的造船业在战时却大大地受到了限制。虽然制造业是那样地有限，但却生产了这么许多东西，这实在是惊人的。殖民地时期，劳动力常常是缺乏而昂贵的，战争时期越是如此。陆军和缉私队员的招募，以及忠于英王的人们和他们的仆人的迁出，都减少了劳动力的供应。从1774年到1784年，熟练和非熟练工人的工资都增加了一倍。工资的增长不仅是由于劳动力缺乏的缘故，也是因为生活费用上涨和流通中的货币数量增加了的缘故。

商业和缉私

美洲的革命在两个方面有利于海运的活动。首先，它把殖民地的海港向全世界开放；其次，它鼓励了缉私的事业。战前几年里的抵制英货协定，已经使殖民地上的英国货品消耗殆尽，因此，西班牙、荷兰和法国的商人都十分欢迎美洲这样的新市场，他们发现了躲避英国军舰和缉私船的方法，因而在1777年时，美洲的外国商品并不太感缺乏。战时的进口货物，多半是一些如比较华丽的天鹅绒、麻织品、丝织品、上等厚呢绒，以及茶叶、咖啡、香料和酒类等显然属于奢侈性质的商品。英国所占领的港口都开放了，让英国货品进入，并且大量的商品都通过纽约而进口。这些物品大半是用售卖面粉、烟草、大米的价款，以及通过外国借款和英国军需官带入殖民地的货币去支付的。这些主要的出口货物要受到英国舰队和缉私船的攻击。虽然，据英国海军舰队司令报告，从1776年到1779年捕获了五百七十艘船只；但是，在战争时期，出口业务仍然有足够的利润，使出口业务继续不断地进行。根据英国海关官员的报告，仅1777年到1778年间，进入英国的烟草数量就有二千四百万磅，这就等于英国一般消费量的三分之一，这些货物，可能是借口来自中立国海港而运进来的，因为荷属的圣耳斯特秀斯岛和法属的马提尼克岛都成为了转运和中立化的港口。

与战时的商业几乎同等地重要的便是缉私船的活动。据估计，受权缉私的船只，共有二千艘。这些船绝大部分是来自马萨诸塞。[①] 战前主要是一个捕鱼镇的撒冷港，1781年时有五十九艘缉私船，船员有四千人。在战时，缉私船也许就有了一百八十艘。罗德艾兰发出的特许证几乎就有二百件，那里的缉私业务是这样地普遍，以至于州议会感到有必要去加以限制，而且通过法律限制了水手的数目。纽伯里波特派出的缉私船有二十二艘，康涅狄格的新伦敦、哈特福德和纽黑文等城市也在从事这项获利的业务，虽然这些活动是在英国舰队比较严格的监视下进行的。这项活动多半是在新英格兰的一些较小的城市里进行，因为纽约、波士顿、费拉德尔非亚、新港和查理斯顿等城市曾数次受到英国的控制。

由于正常的航运被截断，美国的海员就在缉私事业中找到了一条天然的出路。这是需要胆量和要冒巨大危险的。但是冒险的

① “大陆国会发给了马萨诸塞的船六百二十六个捕拿特许证，普通法院也发出了数千个特许证”，引自摩理逊：《麻省海运史》，第29页。

兴趣和利润的引诱吸引了那些最机智而又最冷静的人。通常是由船主和船员根据职位平均分享缉私的利润。如果捕获的地点离美洲海岸不远的话，捕获的商品要么就带到欧洲的港口去出卖，把钱买成商品带回国来，要么就立刻带到美洲来。撒冷港的舰队带回了四百四十五项捕获品。德尔比是这个小城市里富有企业天才的大船主，1799 年死后，他的财产价值一千万美元，主要就是得自缉私的利润，在那些日子里，这已经是一笔巨大的财富。仅只在 1776 这一年，英属西印度群岛被缉获的人就有二百五十人，损失数字为一百八十万英镑，从西印度群岛到英国的保险费上涨到 23%。詹姆逊说："从头到尾，大约有九万个美国人从事于这种航海业务，这几乎是与参军的人数相等，而且除掉某一年之外，这是比任何一年里的军队人数都还要多。"①

赛拉斯·迪恩在写给罗伯特·摩里斯的信里说，由于美国的缉私船和巡洋舰"紧紧地围绕着爱尔兰航行，曾捕获或击毁了十七八艘船只，使得英国大大地震惊，使切斯特尔的大集市流产，造成了保险费的上涨，并且甚至于使英国商人无论出怎样高额的运费都无法用英国船只去运输货物。因此，在几个星期之内，就有四十艘法国船在泰晤士河上装运货物。这是一件从来不曾有过的事"。② 他又说："甚至于从多佛尔到加来的邮船有时也得要保险。"

① 参阅詹姆逊前引书，第 103 页。

② 引自《迪恩文集》，第 2 卷，第 108 页，纽约历史研究出版社出版。写给摩里斯的信是"1778 年 8 月 23 日由巴黎发出"的。那时摩里斯是美国国会保密委员会官员之一。信的全文载该文集第 106—111 页，叙述了"美国战时私船及公船"的活动情况，是值得一读的。

1778年,某个在英国国会的一个特别调查委员会上作证的人说,英国受到美国缉私的损失"不会少于二百二十六万英镑"。缉私不仅达到干扰敌人的目的,也保持了海运精神的活跃,并且保持住了航运业的资本。它也使战争在英国更失去人心。

对革命的财政支持

美国国会必须处理的最困难的一项工作,便是筹集资金去支持战争。国会没有征税的权力,而且,即使给予了国会这项权力,由于殖民地人民痛恨任何形式的纳税,是否在立法方面能被通过,仍然是一个疑问。战争的全部费用,按照黄金计算大约只不过是一千零四十万美元。这应该是一个容易募集的数额。事实上,进行战争的那一代人已经付出了战费的一半,这主要是由代替税款而发行的货币的贬值所造成的。在那样的环境下,采用纸币政策就好像是十分必然的。由于英国对货币的控制乃是殖民地人民的痛苦之一,他们期望在母国放弃控制之后,应该立刻使用不兑现货币。

战争开始不久,国会便在1775年6月22日发行了二百万元的信用券,可以由各州在各地随时按人口比例兑成西班牙的花边银元。从那时起,直到1779年12月29日,国会授权发行过四十二批纸币,总数有一亿九千一百五十五万二千三百八十元。各州也开始竞争地发行纸币,使情况变得复杂化起来。到了1783年,有十一个州共发行了二亿四千六百三十六万六千九百四十一元的纸币。[①] 这就全然超过了新国家的任何需要的数字。由于纸币的

① 这个数字是凯雷教授根据哈罗的《革命中的法国情况》一文的图表计算出来的,原载《美国历史评论》,第35卷,第46—48页(1929年10月份)。

价值最后是取决于战事的胜利和各州是否愿意把纸币兑成硬币，于是，自然就会引起通货的贬值。哲伊和其他的人都以爱国的意义不遗余力地发布文告说一切善良的公民在贸易上都应该接受这种纸币。爱国的人们通过劝告而接受了，“英王党”人则是被强迫而接受的。美元由于得到法国和西班牙的补贴的支持，价值十分稳定，直到 1777 年 12 月才迅速地贬值。1780 年 3 月，一块“大陆银元”(continantal dollar)只能兑换二点四五分，直到战事结束时都保持着这个价格。1781 年时，买一双鞋要纸币一百元，买一蒲式耳玉米要四十元，一磅茶叶要九十元，一桶面粉要一千五百七十五元。“比大陆纸币还不如”这句话，成了没有价值的同义字。定额收入的人们受苦最深，但是，对于投机商和债务人却是欢乐的时日。

革命时期货币的情况虽然十分紊乱，但是，它对于经济生活的影响是不容过分强调的。在一个原始的、自给自足的社会里，当以货易货的方式很普遍的时候，不兑现货币的害处是可以避免的，因为只有相对少数的人才被迫去大量地使用货币。此外，损失被分摊了，因为贬值并不是立刻就形成的。战时欧洲黄金的涌入，使殖民地上出现了从来没有那样多的金属货币，这就有助于缓和局势，即使黄金没有流通得很久。发行纸币也许就是对战争提供财政支援的唯一手段。

除了发行纸币之外，还用尽了一切的方法去获得经费。军需官发行了国库券去购买军需品；各州相继发行了年息 4%和 6%的公债，但并不十分成功。政府向各州征赋的结果也同样地令人失望。由于不愿意向自己的公民征税和由于邻国的猜忌与互不信任，各州都不能很好地响应大陆国会的号召。彩票制度被采用了，也以出卖政府缉私得来的货物的办法来筹集款项，并且还向国外的私人捐款，向外国政府借款或募捐。赛利格曼教授曾经对革命的费用和各州维持自己民兵的费用按黄金价值做了以下的大略估计(按整数计算)：

纸币	41,000,000 美元(大约数)
国库券	16,708,000
公债	11,585,000
外国借款	7,830,000
税款(向各州征赋)	5,795,000
国外捐赠	1,996,000
杂项收入	856,000
州政府公债	18,272,000
	104,042,000 美元①

战后的经济改组

正如在一次战争结束后通常发生的情况那样，美国革命后的经济改组，是在一个不安定和艰难的时期里进行的。战争初期，劳动力和投资都由农业与合法的商业移转于制造业与缉私业务。人们都去从事一些罕见的职业，这些职业在战争结束之后就停止了。由于战争需求的停止而引起的物价下落，加上欧洲廉价工业品的运入，使战时勃兴起来的一些幼稚的制造工业很快地受到了摧毁。把复员军人重新吸收到经济生活里去是需要时间的，南部奴隶劳

① 关于债款的偿还，见第九章。

工的补充也是如此，在那里，许多黑人都被英国和逃亡的“英王党”带走了。在以后的几年里，南卡罗来纳和弗吉尼亚严重地感到战争带来的灾害。新英格兰的捕鱼工业和对西印度群岛的贸易也被摧毁了，其他的一些州也感到商业停滞，景况萧条。

使当时环境变得更坏的另一因素是英国《航运法令》的实施。美国的革命战争，其目的是要获得商业的自由和废除英国在殖民地上所实行的整个经济政策。可是，独立战争不但没有改善环境，反而使情况弄得更坏。1783 年的停战条约中有关商业的唯一条款便是担保美国永远享有密西西比河的自由航行权。这次，哲伊曾试图与英王订立一些互惠的贸易协定，但是没有结果。1783 年，皮特向英国国会提出了一个美国与英属殖民地自由贸易的法案，可是，英国国会不但没有通过，反而制定了 1783 年的“航运法令”，只允许英国建造和由英国海员驾驶的船只进入西印度群岛的港口，并且对在英国其他港口的美国船只征收重税。1786 年的另一个法令则更为变本加厉，这个法令企图防止美国船只进行冒名顶替的登记。1787 年的又一个法令禁止美国货物通过外国岛屿而运入英国。

旧《航运法令》所包括的一些有利条款，规定付给奖金和在某些情况下为殖民地产品在英国保留市场等现在已经不再存在了。保留下来的条款都是对美国不利的。1783 年以后，英国的不景气进一步缩小了英国的市场。虽然 1778 年与法国缔结的条约允许在商业关系中享有“完全平等与互惠”，但是，要在这个基础上订立商业条约是不可能的。作为建立互惠贸易关系的代价，西班牙要美国在密西西比河停止航行二十五年，新英格兰的商人们是会乐于付出这样一笔代价的。美国先后和法国(1778)与荷兰(1782)订立了条约,但并不是平等的;葡萄牙也拒绝了对美国的预付垫款。只有瑞典(1783)与普鲁士(1785)和美国订立了双方保证在互惠的商业特权下进行贸易的条约。

令人更为烦恼的是美国人民需要欧洲的商品,尤其是英国的制成品;这些商品是他们因长期地使用而习惯了的。这些商品的需要是这样地迫切,以至于1784年运入的商品就值三千七百万英镑,而输出的商品却只值七十五万镑。这就意味着差额要用现金或外国人贷给美国购买商的其他信用手段去支付。1785年,约翰·亚当斯被派到英国,在那里住了三年,要想去谈判一项商业条约,但是,他的努力失败了。他毫无结果地辩论道:"正是英国的利益使它想和美国通商,但是如果英国采用强硬的政策,那么美国便向其他国家进行贸易,或是建立自己的工厂。"英国的许多人都知道亚当斯的争论是很有理由的,但是有势力的重商主义的集团却不愿让步。在谢菲尔德公爵[①]的领导下,英国政府表明了立场说,那些忠实的各州的利益应该受到保护,并且还说,即使保留了旧的航运法令,美国的贸易仍然是能够保持下去的。

美国国会在"联邦条款"限制下所具有的软弱性,使它不能采用中央政府的报复政策。国会曾数次要求有管理商务的权力,但是遭到各州的拒绝。国会所能缔结的商务条约是要靠各州执行的。各州自己终于想采用报复的手段,在1783年到1788年间,有十个州对英国船只征收了吨位税,或是对英国货物征收排斥性的

---

① 见他写的小册子《论美国的商务》(1784),在这项争论上很有说服力。

关税。但是，不管这些努力能产生什么作用，却都被税率的不统一所抵消了。这些税率差异很大，从不征收任何税款到征收100%。这只能把英国船只赶到那些自由港或税率较低的港口去，它们的货物仍然不断地涌入市场。正如华盛顿1788年时写给拉斐德的信中所说的那样："……我们自己要想作商务上的规定是很不现实的。有的州通过了对某种货品征收寓禁性税款的法律，有的州又允许这种货物进口以广辟财源；有的州议会制定了一项制度，而另外的州议会又推翻了这项制度。"①

中央政府的软弱和各州之间的纷争

正是由于缺乏一个强有力的中央政府，使得亚当斯和哲伊不能放手与外国缔结通商条约，而且使某些州有可能抵消了另一些州对英国所采取的报复手段。根据"联邦条款"（1781—1789）的规定，每个州都"保留它自己的主权，自由和独立"，只是把那些各个州不容易执行的如外交、宣战、海陆军的征募、举债和发行信用券等权力才赋予了国会。国会无权征收税款，只能向各州"募集"款项，而这种募集，各州是可以缴纳，也是可以不缴纳的。一个无权征税的政府就没有力量去维持一支常备的军队或是执行条约，如果条约能够缔结的话。因此，"联邦条款"下的政府乃是一个在国内没有权力在国外没有地位的政府。英国拒绝交出西北部的贸易站，公然违反了1783年的条约；西班牙与西部的边疆移民秘密勾

① 见乔治·华盛顿前书第9卷，第254页。

结，企图发起反对美国的一次叛变。巴巴利的海盗也对美国的商船进行了敲诈勒索。

在国内，由革命所产生的这个联邦好像很快就要破裂了。它不是一个代表统一战线的国家，而仍然是笼罩在旧的和自私的地方主义之下的十三个互相争吵的州组织，各州有自己的野心，也各有自己的问题。在怀俄明流域，宾夕法尼亚像与印第安人作战那样地向康涅狄格的移民进攻，康涅狄格也和纽约州为了佛蒙特的地区而作战。这些边界的争端不过是各州之间长久存在的商业关系争执中给人们以深刻印象的例子罢了。这些商业战争中的有名的一个例子，便是1787年纽约对新泽西州和康涅狄格的农产品征收进口税，并且使用其他方式去阻挠进口，这些农产品从前在很大程度上供应了纽约城的市场。新泽西州的报复方法是对纽约最近购买而为海港安全所必需的桑迪·胡克灯塔每年征收一千八百元的税款，而且伦敦的商人也举行了一个群众大会，保证在十二个月之内不运给纽约以任何的商品，违者处以二百五十元的罚金。

虽然这些商业方面的战争有时是十分惹人注目的，但是它们的重要性却不应该过分地被夸大。最近一些研究历史的人们坚持地认为各州之间的忌妒和严酷的商业法令并没有太大地迟延了商业恢复的过程。[①] 1783年以后，各州采用"差别待遇关税"的情况是比较例外的。自那个时期起，各州通常都对美国出产的货物免征进口税，并且对美国的船只比对外国的船只给予特惠的吨位税率。

① 伊思特:《美国革命时期的商业》，第249—250页。

通货的混乱

通货的紊乱，比受到外国对贸易所给予的限制、中央政府的软弱，以及各州之间的竞争还会给经济生活带来更大的危害。战争期间，国会和几个州曾经发行了四亿三千七百九十一万九千三百二十一美元的纸币；此外，还有许多的伪钞。各州的纸币都在不同程度上贬了值，而国会所发行的“大陆纸币”实际上已经毫无价值，只不过是投机者手中的一项商品。由于这种纸币经过流通而渐渐地变得毫无价值，一切商业交易又转向于依靠英国、法国、西班牙和葡萄牙的硬币来进行。货币的种类繁多，使以货易货的交易弄得复杂化起来。然而外国货币的出现，并没有完全改善这种情况，因为，正如在早期的年代里那样，这些货币被运出购买进口货去了。随着通货的稀少以及通过极端困难的两年以后，可以想见在1785—1786年的不景气时期，又能听到恢复使用纸币的旧日呼声，尤其是农民阶级、债务人和贫民一般都有这种希望。

商业集团由于认识到货币过多对于贸易所产生的影响，坚决地反对这种要求。由于立法权是操纵在沿海城市的大农场主和富商的手里，马萨诸塞、新罕布什尔、康涅狄格、特拉华、马里兰和弗吉尼亚都成功地避免了再发行纸币，但是，这是经过剧烈的斗争以后才实现的。一大群呼吁使用纸币和对立法者的生命进行威胁的人们，把新罕普什尔的艾克泽特尔地方的议会厅包围起来，但被宪兵所驱散。马萨诸塞中西部的农民，由于坚决地赞成发行纸币和强烈地反对凭借1780年保守性的宪法重新操纵了政府的波士顿贵族，在旦尼尔·谢的领导下发动了叛变，直到博登总督派遣了大批军队去镇压才使他们平息下来。其他的七个州都向人们的要求屈服了，发行了纸币；但是，无论是用法律或是进行人身损害有时都不能使商人接受这种货币。罗德艾兰司法史上最动人的案件便是由这个问题引起的。那时，一个名叫约翰·威登的屠户卖肉时拒绝接收临时钞券。法官们认为这项法令是违反宪法的，他们被传到司法部，受到了谴责，但是他们的判决仍然有效。

从经济的观点看来，纸币问题在这个时期诚然十分重要，但是它的社会意义尤其重大。它是社会不满情绪集中表现的一个具体问题。革命末期，由于"英王党"的出走，削弱了旧的贵族统治阶级的力量，从前的中产阶级被推到了前列，小农户也越来越显得重要了。这一部分人由于受到比较民主的思想的支配，竭力反对国会允许对军官终身支给半薪和成立"辛辛那提互助协会"等计划。他们对贵族阶级的畏惧，具体表现在他们把长子继承权和限定继承人等法令推翻，并且夺取了宾夕法尼亚和马里兰地主的所有权；他们对国王的恐惧，则具体表现在新的国家宪法上对行政权作了各种的限制。

但是，一种反对革命的势力已经出现了。多数州的立法权被控制在一个新兴的统治阶级的手里。这些人的经济利益是与小农户的利益相矛盾的。小农户由于受到债台高筑的痛苦，现金的稀少，以及 1785—1786 年的经济萧条，不愿意看到自己的福利受到一个新兴的、与人民大众没有共同感情的统治阶级的忽视。1786 年马萨诸塞的起义便是经济的不安和阶级对立达到顶峰的表现。但是，那些追随旦尼尔·谢的深受压迫的农民，不过是更为强烈地代表了各州里千万个小农户的不满情绪罢了。数以千计的失意的人们都迁移到西部去，在那个地区，他们进一步证明了中央政府的无能。因为在西部，西班牙人已经把密西西比河的河口封锁，垄断了贸易，使新来的人们不能进入市场。正是在这样一种社会组织和情况之下，人们才发动了要求成立一个新宪法和一个更强有力的中央政府的计划。

“危险时期”究竟有多危险？

从上面可以十分清楚地看出：从约克顿成立到采用新宪法的那些年月是很困难的。在任何战争之后，社会的整顿问题都是十分严重的问题。但是，这些岁月是否真的像早年历史学家们所描绘的那样“危险”，仍然值得讨论。[①] 近年的研究都倾向于着重说明那个时期的商业活动在继续扩大。首先应该注意到，商业恢复得很迅速，而且很快就达到了战前的水平。诚然，1783 年的《航运法令》使美国的船只不能进入英属西印度群岛，但是由于这些岛屿对木材和粮食的需要是那样地迫切，以至于人们很快就发现了逃避这个法令的方法。第一种方法便是把产品运到法国、荷兰和西班牙的岛上，然后再设法运入英国的岛屿。单就有一半以上美国运入西印度群岛的货品到达牙买加岛的这一事实来说，就足以充分证明这一点。到了 18 世纪 80 年代中叶，法国、西班牙和荷兰都

① 历史哲学家费斯克 1888 年出版了一部著作，叫作《美国历史的危险时期，1783—1789 年》。许多后来的作家都跟随着他强调了这些年岁里的黑暗与紊乱。

大大地放宽了航运法令，以允许同他们的岛屿进行的商业活跃起来。另外，与法国和荷兰进行的贸易都发展到超过了战前的水平，因为这些国家购买了某些在殖民地时代只能运入英国的“被列举”的产品。从1787到1789年，同荷兰的贸易比同英国的贸易还多50%以上，贸易的差额也许是有利于美国的。这种商业的恢复当然就紧随着带来了捕鱼和木材工业的复苏，以及对烟草、粮食和其他农业品的需求。

在革命时期，奴隶交易易了手，三角式的航路已经成为过去的事。但是，“美国佬”很快就在巴尔干诸国、近东和远东找到了另外的贸易机会。正是在1785年，“中国皇后”号轮船从广东驶进了纽约，1787年“大土耳其”号从广州驶进了撒冷港。1789年时驶入广州的四十六艘外国商船中有十八艘是美国的。也正是在这些年月里，第一批英国水手到达了西北部海岸去搜购皮毛。格雷船长到俄勒冈和中国的著名航行（1787—1790）开辟了新英格兰与中国西北部的贸易，这是一条可以获利的航路，在这样的航行里，新英格兰人用工业品与西北部的印第安人交换皮毛，再把皮毛运到中国去交换远东的货品。

从事贸易企业的积极精神并不仅只表现在商业方面。由于英国禁令的撤销，北美洲银行便在1781年成立，纽约银行和波士顿马萨诸塞银行也同时在1784年成立起来。在全国范围内，从前受过英国重商主义束缚的商业资本家都凑集了资金，组织了一些公司去开发西部，修建了“收取通行费的公路”，建筑了桥梁、运河，发展了制造业。在殖民地时期，英国是从来不对美国的商号颁发营业许可证的。但是，在1781年与1785年的这个期间，各州州政府颁发了十一项许可证，1786 年与 1790 年间，至少又颁发了二十二份。

美国人民尤其不愿意牺牲战争时期在制造业方面所获得的那种利益。许多的这类工业仍然在继续进行。在这个时期里，马萨诸塞的贝维利地方建立了美国的第一座棉织厂(1787)。两年之后，斯雷特在帕塔基特建立了一座纺纱厂。1788 年，哈特福德成立了一个羊毛工厂，资金是一千二百八十英镑，用股票的方式募集，每股金额十英镑。这一时期结束之前，许多新英格兰的大城镇已经开始有了制造业。在费拉德尔非亚，约翰·菲奇和其他一些轮船试制商造成了一艘每天能航行八十英里的轮船。这时不仅只是一个社会充满了政治革新气氛的时期，也是一个新兴的国家里充满了经济潜力的时期。

诚然，美国在 1785 年和 1786 年遭受到一次经济萧条，但是这次衰退乃是因为过量的贸易与扩张而不是由于政府的无能所造成的。这次的萧条时间不长，而且在新宪法采用的前二年，经济活动又有了蓬勃的发展。关于这些日期，在前几段里已经提到了。这个时期里的某个权威作家在评论这种经济活动时写道：

> “当 1785 年富兰克林回到美国时，实际上给他印象最深的便是高昂的房租，房屋建筑的活跃，以及生活的奢侈。在各个地区，驿站马车的航路和运输条件都正在逐渐增加，造纸工业也继续在发展。1786 年和 1888 年间，也成立了许多大的炼铁和毛织品公司。总之，在那些‘危险’的年月里，各处都在努力寻求资本，这是具有重大意义的。1784 年时，利率十分

高昂。纽约的商人资本家们甚至被邀请到新泽西和康涅狄格去，有人答应给予他们以优厚的待遇……如果有人争论说这只不过是着重地说明资金的大大缺乏而不是普遍地需要资本，那么，我们在回答时可以指出，1784 年在费拉德尔非亚、波士顿和纽约要用大量的银行股票去征集现金是并不困难的。"①

立宪的斗争

18 世纪 80 年代，美国的经济和社会情况提出了许多理由，有成立一个更为强有力的中央政府的必要，这是没有疑问的。美国的经济扩张需要有一个更为统一的经济计划，需要有各州之间的商业自由，需要有更为稳定的通货以及其他一些一个强大的中央政府所能提供的利益。然而，美国的历史研究者们还必须注意，不要过分地强调在"联邦条款"下成立的那个软弱政府所产生的影响。卡伦德说得好："这个旧联邦的缺点毫不能对当时的困难局面负责，那种困难的局面，既不是这个政府所造成，也不是世界上任何一个最优良的政府能够避免的。"②在很大程度上，使政府不能发挥作用的乃是经济的情况而不是由于政府的软弱才引起了经济的萧条。

然而，对立宪运动支持得最热烈的乃是在"联邦条款"下经济

① 伊思特前书，第 242 页。

② 卡伦德：《1765—1860 美国经济史文选》，第 182 页。

利益受到软弱的中央政府的严重影响的那些人们。运动也得到许多为小农们的骚动而感到震惊的新兴统治阶级的支持，尤其是在谢的叛变以后。此外，制造业和航运业的投资者也希望有一个强有力的政府去保护他们不受外国的排斥；虽然有了18世纪80年代的经济扩张，他们的希望仍然是如此。资本家也正在不断地受到债务阶层的攻击，他们努力想通过立法手续去保留旧的法律和纸币，而且有时在当地的法庭上对外在的资本权利表示异议。船主和制造商都希望得到一个强有力的中央政府的保护，而国内的商人却渴望推翻州际商业的障碍和能有一种稳定而统一的货币。

但是，在最热诚地拥护新宪法的人们当中，自然还有那些对"联邦"有债权关系的人，其中包括着那些拥有"大陆公债"，国库券和纸币的人，这些人认识到，一个强有力的中央政府不仅能够兑付自己所发行的证券，也能提高到政府的纸币价格。当然，多数的这些纸币已经不在原主的手中而是很早就已经转入于投机商人之手。根据比较保守的估计，把外国的债务除外，由于采用宪法和新政府的健全财政政策而使"大陆债券"增值的金额，至少是四千万元。这个数字代表着十三个州里可以征税的土地总值的十分之一。这显然不是一笔小的赌注。[①] 另外一种类型的想有一个强有力的政府的人，便是西部的土地投资商。这一部分人包括着当时许多富有的和著名的人士在内。

由此可见，支持新宪法运动的，乃是商业、财政、信贷和投机阶层的人，他们都渴望保卫和增强财产的权利。当然，这些人只占少

① 比尔德：《从经济观点看美国宪法》，见本书第三章所列前书。

数，但是，他们却包括着许多能干、正直和目光远大的人在内。这些人是具有势力、十分活跃，而且是容易组织起来的，因为他们都集中在城市里，而且各州都有他们的代表。立宪运动得到这些人的支持，便可想见宪法的性质是保守的，并且私人的财产和投资利益将会得到严密的保护。“立宪会议”本身是为这些利益服务再好没有的一个机构。革命的左翼激进派不出席这个会议是值得注意的，而半数以上的代表不是投资者，便是持有公债的投机商，这些债券将会得到新宪法所给予的好处。历史学家都很注意“立宪会议”里意见的分歧和会议所达成的妥协。但是，事实上，在主要问题上议员们的意见都十分接近，而且，他们之所以能达成妥协，乃是由于在基本问题上他们的利益是一致的。

在这样的情况下，宪法批准时肯定就要受到严厉的反对。在很长的时期内，人们怀疑这个宪法是否会被接受。反对的意见主要是来自农业区域和负债地区。亨利说：“我相信大多数的自耕农都是坚决反对这个宪法的，这是事实。”[①]我们无法知道当时的人民是否希望有这样的一个宪法，因为在选举出席批准会议的代表时，只有不到四分之一的成年男子参加了投票，而且也许只有不到六分之一的成年男子批准了这个宪法。比尔德教授说得好：“诚如许多法律学家所说的那样，这个宪法并不是由‘全体人民’创制的；也正如南部的取消主义者们长期以来所争论的那样，它也不是由‘各州’所创制的；但是它是一个联合团体的产物，这个团体的利益

① 亨利前书第3卷，第578页。1788年6月24日在弗吉尼亚立宪会议上讨论美国制宪问题时的演说词。

没有州际的界限，它们的范围诚然是全国性的。”[①]

虽然这个宪法乃是少数人的产物，它的通过，意味着自战后以来工商业所遭受的许多经济弊害的消除。政府有十分必要进行改组，而且它所产生的直接经济效果也很有裨益。它在加强国会权力方面，最重要的便是有关财政和商务方面权力的增加——它使联邦政府能够征税，管理贸易：铸造货币、保护工业、指导西部的殖民事业，而且，正如后来的事件所证明，它成立了信贷制度，并且使债券兑现。在这宪法之下，贸易的自由在这个年轻的共和国全国范围内得到了保证。宪法起草人在思想上是有着这些远景的利益的，宪法也赋给了国会以适当的权力。[②]

对于一个强有力的中央政府所产生的经济利益有了正确认识之后，关于新的宪法我们至少还要注意三个事实：第一，这个宪法是为一个具有明显的农业和重商主义特点的社会而设计的，也主要是为了这些经济团体领袖们的利益而草拟的。不仅如此，宪法起草人还考虑到万一将来社会结构变更时这些人的利益仍然能够得到保障的问题。第二，宪法起草人并不想建立一个不受限制的民主制。因此，在一百年以后要修正宪法去适应工业的巨大发展和更为民主的情况时就遇到了困难。

最后，在批准宪法运动期间，人们都强烈地感到这个宪法乃是一项主要是与抬高私有财产权有关的文件，尤其是投资在动产方面的权利；但是，对于为一般人所接受的人权，却没有给予足够的

① 比尔德：《从经济观点看美国宪法》，第 325 页。

② 多数的经济条文载于宪法第一条第 8、9、10 款。

重视。为了使宪法更能迎合人们的口味和使它能够得到采用，第一届国会提出了第一次的十项修正，也就是人所共知的“人权法案”，这项法案正确地获得了批准。这些修正案保证了如言论、出版、集会和宗教的自由，也保证了陪审制度和使人们不受无理的搜查，不缴纳过分的保释金和不受过分的处罚等基本权利。第九次和第十次的修正概括地保障了公民和各州的权利不受联邦政府的侵占。随着这些修正案的通过，好像人权和财产权都得到了宪法的保障。不幸的是，这些修正并没有像这个重要文件的其他部分那样地常常得到认真的执行。

第九章　财政与关税

新政府的财政政策

尽管宪法的采用受到广大人民的反对，当美国的新政府在1789年开始工作的时候，它却称心如意地操纵在同情那个文件的人们手里。第一届国会的二十四个参议员中，有十一个曾经参与了宪法的起草；下议院中，以詹姆斯·麦迪逊为首，也有一群有势力的起草人和批准人。第一届内阁并不具有联合政府的性质。除了杰斐逊之外所有的阁员都热烈地支持这个宪法，杰斐逊对宪法只做了一般的认可。虽然对反对者也曾做了某些让步，像在第一次的十项修正案那样，但总的说来，这个新共和国的早年的法律的制定是为了来迎合那些保守的经济集团的愿望的，正是为了这些集团的利益才制定和采用了这个宪法。在政策方面，这些集团基本上是一些"联邦主义者"。

新政府所遇到的许多问题中，再没有比财政问题还更为重要的了。事实上，在华盛顿与亚当斯担任总统的十二年当中，主要的立法项目都与财政问题有关。联邦主义政策的主要原则既然是要建立一个强有力的中央政府，其中最为必要的一项就是要有充裕的国库收入来建立和维持这样的一个机构。很明显，主要的开支就是要用来维持陆军和海军，支付国债的本金和利息，以及支持所谓的文职薪俸。为了保护商船，防御印第安人的袭击和保护这个年轻的共和国不受外国的侵略，就有必要进行军事建设。如果要维持新政府的信用，就必须清还一切的债款。也必须支付政府的一般经常开支。后来的事实表明，在"联邦同盟"时期，政府的百分之五十的经费是用于海陆军、百分之三十用于偿还公债，其余是用于支付文职薪俸和其他费用。

华盛顿总统曾请革命时期著名的财政家罗伯特·摩里斯出任财政部部长，但是在摩里斯拒绝之后，他就任命了亚历山大·汉密尔顿。在汉密尔顿精明的领导下，建立了一项财政政策，使新政府建立在稳固的财政基础之上。宪法禁止向出口货物征税，这当然就转而对进口货物征收关税，作为国库正当的和最易得到的收入来源。1789 年 7 月 4 日新政府首次颁布的《关税法令》其主要目的就是为了要增加国库的收入，但是它也具有保护性质的特点。在八十一种列举征税的物品中，有三十种以上征收特种关税，其余的征收 7.5%到 15%的计价税。对于许多没有被列举的进口物品则征收 5%的计价税。虽然税率很低，平均都没有超过 8.5%，但是已经起了保护的作用。关于税率的争辩，曾引起全国各地区各集团之间的冲突。政府用征收关税的方法来扶持宾夕法尼亚的炼钢和造纸工厂，费拉德尔非亚和纽约的造酒厂，马里兰的玻璃制造厂，新英格兰的炼铁厂和甜酒制造厂。也通过对洋钉、靴鞋和现成衣服的征税，以扶持农场副产品的生产。对茶叶、咖啡、食糖和酒类等奢侈品课了更重的税率。可是，不久就发现 1789 年的关税并

没有提供足够的政府收入，因此便在 1790、1792，和 1794 年提高了税率。1789 年 9 月 29 日闭幕的国会第一届会议最后通过的一些决议，便是请汉密尔顿做财政状况的报告。遵照这个决议，他提出了四份报告：第一份在 1790 年 1 月 14 日提出，内容是关于国债问题；第二个报告在 1790 年 12 月 13 日提出，建议征收消费税；第三个报告是同一天提出的，建议成立一个国民银行。1791 年 12 月 5 日提出的第四份报告就是他的著名的提倡制造业增产的报告。

在第一个报告里，汉密尔顿指出：结欠法国、西班牙和荷兰的国外债款，加上未付利息，共合一千一百七十一万零三百七十八美元；国内债款，加上 6% 的未付利息，总数约为四千零四十一万四千零八十六元；再加上当时各州的债款二千五百万元，总共为七千七百一十二万四千四百六十四美元。他建议中央政府把各州由于支援革命而结欠的这项债款担当起来，而且无论是全国的或各州的债款都应该按照票面金额十足地偿还。他说，要把政府的信用建筑在稳固的基础上，这样做是十分必要的。关于偿还外国和联邦的以及国内债务的原则，很少受到反对，但是要联邦政府担负起各州债务的这个提议，却引起了激烈的纷争。有人公正地指责说，这样做就会使投机商在牺牲爱国者的利益之下而占了便宜，使某些州占了其他一些州的便宜。某些按人口比例计算比北部各州负债较少的南部各州，也剧烈地反对中央政府负担各州的债务，许多把贬值的货币脱了手的人都十分痛恨按照债务面额付给投机商人。

为人忠厚而又多疑的宾夕法尼亚州共和党参议员威廉·麦克

莱在他的 1790 年 1 月份的日记里评论投机时写道:“今天,所谓的‘预算’在下议院公开了。过去一段时期,金库券曾猛烈地上涨。这件事无论在费拉德尔非亚或任何地方都不能得到说明。但是财政部的报告却解释了一切……”第二天的日记里,他又写道:虽然我今天没有去拜访任何的公司行号,但是,对金库券投机的迹象却已经显露出来了。几天之后,他又写道:“北卡罗来纳的霍金斯说,当他来时,曾坐了两次快车,上面载运着大批金钱开到北卡罗来纳去做金库券的投机。魏滋华绥曾派了两艘小船到南部各州去,任务是要买进金库券。我的确怕国会的议员们会比任何的其他人还更醉心于这项交易。”①

汉密尔顿最后终于战胜了剧烈的反对(1790)。他从经济和政治两方面来进行争辩。偿还和承担债款将使联邦政府的信用建立起来,巩固政府的商业和财政利益,使债券的价格稳定,以使货币在商业交易中起它应起的作用。他争论说:“如果所有的公共债权人都从一个源泉得到他们的正当报酬,按平等的原则进行分配,得到同样的利益,那么,他们就会团结起来支持政府的财政措施。”华盛顿的赞同,也正如其他持有各州和联邦政府债券的国会议员为了私人的利益也对他表示赞同那样,有助于汉密尔顿的成功。杰斐逊也用达成一项政治交易的方式给予了合作。这项交易是拥护

---

① 《威廉·麦克莱日记》,麦克莱出版公司 1890 年版,第 177—179 页。在细节方面,这种债券是非常复杂的,对联邦政府的财政并没有什么好处。1790 年《基金法案》的一个有趣的特点便是它在条文中规定要肃清“大陆”纸币。1780 年国会建议各州把这种纸币按 40∶1 的价格收回,当时收回和注销的数额是一亿一千九百四十万元。根据 1790 年的《基金法案》,美国财政部按 100∶1 的价格收回了六百万元,是用政府公债去收回的。其余的通货都已损坏、遗失或停止兑换。

这个措施的人们以南部的投票作为交换条件，允许把国都建立在靠近波托马克河的地方。两年之后，他抱怨地写信给华盛顿说，他做这件事是受了“财政部长的欺骗，被利用来当作工具去推行他的计划，这个计划我当时是不太了解的……”。这个机警的弗吉尼亚人是否真的像他所说的那样天真无知，是颇值得怀疑的。他故乡所在的那一个州得到了政府负担款项总数的六分之一。这是一笔意外之财，不仅还清了革命时期那一州所负的全部债款，而且也还清了多数的其他债务。不论通过这个法案时周围的环境如何，汉密尔顿的计划在原则上是正确的。

汉密尔顿所提出的征收消费税的建议也同样地被国会采纳了。但是是在遭受竭力的反对之后才得到通过的。他相信，消费税不仅可以增加中央政府的收入，而且也可以把政府的权力实施到最远的边地人民身上去，这些人当时是在那里悄悄地进行活动的。征税的目的达到了，但是人们认为它不公平地大大增加了边疆人民的负担。边疆人民生产的体积庞大的产品，只有变为比较浓缩的威士忌酒的形式才能运到市场上来。1794 年宾夕法尼亚边疆人民为反对纳税的“威士忌起义”，说明了他们对征税的痛恨和新政府镇压叛乱的力量。“联邦主义者们”也征收了其他的国内税款，但是在杰斐逊总统的任内，所有的这些税款，包括威士忌酒的税款在内，都一律取消了。

汉密尔顿的第三个建议便是成立一个国民银行。这个银行将仿效英格兰银行的形式，作为一个私有而公管的庞大机构。在某方面，汉密尔顿的方法不同于那个英格兰银行。他建议联邦政府应该拥有这个银行五分之一的股票。他竭力主张成立银行的理由是:(1)它将提供迫切需要的纸币;(2)它将提供一个保存公款的安全地方;(3)它能提供银行业务的便利,促进商业交易,从而使政府和贸易都得到裨益;(4)它能够充作政府的财务机关,进行如发售公债等业务。当时也的确需要有这样的一个银行,因为在采用宪法的时候,美国的银行只有三个,它们就是:费拉德尔非亚的北美洲银行,纽约银行,以及波士顿的马萨诸塞银行。此外,根据新宪法的规定,各州是不允许发行货币的。按照建议成立的这个银行,将会对全国的通货与信用给予巨大的影响,而且将会实际上左右联邦政府的财政政策,这是显而易见的。可是,这并不会妨碍那些"联邦主义者"的资本家们,那时,他们正控制着中央政府,而且也许不久之后,就会拥有许多的银行。

对于赞成宪法应该作严格解释的杰斐逊和他的追随者们来说,这个银行提案好像具有极大的危险性。[①] 他认为这样会造成财政的垄断,使它操纵在沿海资本家的手里,可能就会管理得很不公平,从而给各州的银行带来严重的危害。他争论说,这个提案是违反宪法的。而且当他无法阻止这个提案通过的时候,就组织了一个政党,在 1800 年的竞选中,撤销了"联邦主义者"们的职务。尽管这个银行遭到了剧烈的反对,仍然在 1791 年获得了营业执照,营业期限是二十年,资本为一千万美元,其中政府可以认购二

① "严格解释"(strict construction)的意义是指宪法授予中央政府的权力,应严格地加以限制以符合宪法字面的准确意义。"从宽解释"(loose construction)的意义是指对宪法的某些条文和第一条第八项"一般福利"的词句可以作宽泛的解释,包括未曾作特殊规定而具有含义的各种权力。参阅康麦格尔出版公司出版的《官方文件》,第 1 卷,第 156—160 页,其中载有汉密尔顿与杰斐逊两人的争辩。

百万元，私人投资八百万元；四分之一是现金，四分之三是政府公债。银行发行的钞票，不能超过股本的数额，只要银行能把它们兑成现金，便可以用去缴纳税款。银行必须向财政部长提出报告，财政部长有权随时检查银行的业务。尽管有了这样严格的政府规定，实际上，银行仍然是作为一个私营组织而获得营业执照的，这就遭到了人们强烈的反对。

可是，第一个"合众国银行"对于共和国早年的财政工作，起了有利的作用，充分满足了倡议者们的希望。由于得到政府信用的帮助，它能够稳健地去经营业务，而且做了一个具有效率的财政部的代理机关。在营业的二十年中，它借给了联邦政府一千三百五十万元，而且当政府把它的股票出卖以后，获得了七十万元的利润。更重要的是它提供了一项安全的纸币通货。由于它是许多州银行的债权人，而且由于它的拒绝接受不能兑现的纸币的政策，驱逐了不兑现的纸币，使纸币保持着票面的价格。

这个新银行的纸币是以美元为单位而发行的。这是一个已经为联邦国会所采用的单位。1792 年，在汉密尔顿提出报告之后，国会通过了第一个货币法令，规定每一美元的价值为二十四点七五格令黄金（也就是西班牙花边银元的价值），而且成立了十进位的制度[①]。由于人们相信一格令黄金等于 15 格令的白银，因此就规定每一银元必须含 24.75×15 或 371.25 格令的纯银，较小的硬币含银量则按比例减少。法令也规定人们可以用金银无限制地自

① 美国的货币制度实际上是杰斐逊根据"联邦条款"向国会提出报告时提议的。汉密尔顿除了使美元的含银量稍微减少一点之外，并没有提出很多新的建议。

由铸造货币，两者都有法偿价格。虽然费拉德尔非亚成立了一个造币厂，1794 年开始铸造银币，1795 年开始铸造金币，可是用金银去铸造货币的人们仍然不多。这一方面是因为在这些年代里，全国开采出的贵重金属数量很少；一方面是由于白银在 15∶1 的比率下，价格有一点被估计过高了。因此，黄金的铸币受到了阻碍，因为根据“格莱兴法则”的应用，恶币驱逐了良币。[①] 用黄金铸成的货币，很快就流出了国境，因此，不久之后，全国就退而采用了银本位制。但是，银本位制的情况仍然不能令人满意，因为美国的银元被出口到西印度群岛去交换价值稍高的西班牙花边银元的缘故。这种花边银元被带到美国以后，便被化成银条，再送到铸币厂去铸成银币。这对于那些经营西班牙银元的进口商是有利的，但是却不曾为美国提供了通货，1806 年杰斐逊就停止了银币的自由铸造。从那时候起直到 1836 年，就没有再铸过银币。事实上，讲到用贵重金属做货币的这一方面，在这个早年时期，货币的情况是不太好的。与英国贸易的不平衡，使贵金属流出了国外，便是其中的原因之一。直到 1834 年铸币制度改变之后，全国的货币种类有纸币、面额较小的硬辅币和外国的硬辅币。

汉密尔顿的建议以及后来通过的法律，其目的不仅是为了要结束财政的紊乱状况，也是为了要增强联邦政府的力量。它们的含义是政治性的，也是经济性的。而且在对于这些建议和法律的争论当中，反对派很快就发展成为“共和党”，他们几年前就想在杰

① 当两种或两种以上价值不平等的货币同时流通，每一种都可以用去作货币支付时，较坏的货币就把较好的货币驱除于流通之外。15∶1 的比率在 1792 年时是正确的，但是由于墨西哥发现了新的银矿，使得白银的价格降低了。

斐逊的任内执掌政权。前面已经说过，这些措施对于商业和财政集团是特别感到振奋的；但是，阿勒格尼山以西的殖民者也感受到它们的好处和新政府的力量。1795 年与西班牙缔结的条约尤其是如此，根据这个条约，美国在新奥尔良获得了“寄存权”，这是使西部的人们享有特权使产品在那里上岸和转运而不付税的一种权利。

长期以来，人们都习惯于把联邦政府的成就归功于宪法的优越性和汉密尔顿式经济学的正确性，但是，这只不过是事物的一个方面。联邦政府成立不久，欧洲就陷入了战争，这就为美国的运输商、工业家和农业家提供了新的市场。宪法是在繁荣的浪潮里产生的，而且在以后出现的那个繁荣时期里，反对宪法的力量很快就瓦解了。

第二“合众国银行”

第一“合众国银行”成功地采用了以英国制度为蓝本的汉密尔顿的银行制度的办法，把一个巨大的银行放在一些私人银行家和政府的共同控制之下，它能够管理通货，并且作为政府的财政代理机关。这个银行的作用是那样地巨大，以至于当它二十年的执照满期时(1811)，许多最初反对它的“共和党”人都变成了它的支持者。财政部长盖莱廷自己也竭力主张把这个银行继续办下去。下议院以一票的多数，通过了延长它的执照，但是上议院的赞成票和反对票却各占一半，而副总统乔治·克林顿却投了具有决定意义的最后一票反对票。由于西部和各处州立银行的反对，再加上旧

“共和党”党员怕银行的权力过大会造成垄断，于是它的营业便结束了。

由于“国民银行”规定的必须兑现的约束力量一旦取消，无数的州立银行便蓬勃地发展起来，在五年的时间内，数目由八十八个增加到二百四十六个。流通的货币也由四千五百万元增长到一亿元。它们所发行的各种纸币在流通中都打了折扣，有时折扣大到50%。通货的无组织状态，由于1812年的战争而加剧了。为了在财政上支持这个战争，政府遭到了很大的困难。宣战一年多以后，国会才鼓足了勇气增加国内税率，大部分的战争费用是用大约八百万元的公债和三千六百六十八万零七百九十四元的国库券去支付的。国库券一般都付给利息，可以在美国境内作一切的支付，但是没有法偿的资格。由于新英格兰的反对，这些公债多半是在中部沿大西洋各州发行，而且除了第一批公债之外，发行时的折扣高达20%。

财政部在战时所经历的这种惨痛经验和货币的紊乱状态，使得财政部长亚历山大·达拉斯不能不主张创设一个新的美国银行。由于人们对战争的教训记忆犹新，长期以来谴责早年成立银行机构的“共和党”人，在1816年发给了第二“合众国银行”的执照，限期是二十年。执照规定，在三千五百万元的资本中，由政府认购五分之一，并且在二十五个董事中，有五人应该由总统指派。新银行的纸币可以用去支付联邦税款。人们也希望这种见票即兑的纸币会迫使州立银行恢复现金的支付，或是使它们的纸币无法流通。

虽然在头三年中，银行的管理不善，但是在兰登·契夫斯的指导下(1819—1823),它就恢复了稳固的状态,而且在以后的时期内圆满地完成了它所负的作为一个商业银行的使命,做了政府的财政代理机构,也做了价值稳定的纸币发行者与保护者。但是,它经常受到了全国一些地区的攻击。当它扩充业务成立分支机构时,遭到了各地州立银行的忌妒;当它收缩业务时,又受到向它借款的那些银行的反对。某些州曾企图用课税的方法去阻止这些分支机构的成立,但是高等法院院长马歇尔在两次著名的判决中(1819年麦卡洛克与马里兰的讼案;1824 年奥斯本与合众国银行的讼案)宣布这些法令是违反宪法的,他说,宪法允许中央政府成立的机构,不允许任何一州加以破坏。

虽然 1823 年继契夫斯做财政部长和很有才干的尼古拉·比德耳有效地应用了这个银行来缓和 1825 和 1828 年经济危机中的财政困难,后来他却不谨慎地利用了银行的巨大力量去玩弄政治。比德尔的实际权力,也是不容置疑的。联邦董事亨利·吉尔宾写道:“我从来没有见过这样的董事会……我们对银行里的事毫无所知。既没有商量,也不交换意见,也没有书信的往来……我们全然是一些徒负虚名的人。”

西部的忠实女儿安德鲁·杰克逊怕银行会形成一种危险的垄断,损害了群众的利益。事实上,他是一个主张使用“硬币”的人,对任何银行的纸币发行权都心怀疑问。在他的第一次向国会提出的咨文中,对这个银行是否符合宪法的精神和它是否适宜都提出了疑问,但是上下两议院中各个委员会所提出的报告都对银行表示赞成。亨利·克莱(1832 年“国民共和党”候选人)的支持者们,在发觉这是一个能使他们在 1832 的选举中获胜的政治手段以后,说服了银行在执照满期的前四年就请求延期，而且比德尔认为这个行动能够成功，就真的这样做了。杰克逊否决了这个提案，于是银行问题便成为1832年总统选举中一个争执的问题，“民主党”的获胜给这个银行带来了灭亡。

1833年比德尔为了要恫吓全国人民去支持银行，便命令收缩信贷，造成了人所共知的“比德尔恐慌”的信贷窘迫。他不但没有达到预期的结果，反而使人们（包括许多保守的商业领袖在内）完全相信杰克逊的主张很正确，并且相信银行的权力对于国家是有危害的。杰克逊的报复手段便是拒绝把政府的资金存入第二“合众国银行”。在他能够找到一个愿意追随他的政策的人以前，他不得不撤换了两个财政部长，但是在银行执照1836年满期以前，他终于多次地给予了银行以无情的打击。在这个斗争的长时期纷争中，历史学家和经济学家都一致地认为：这样一个银行，如果应用得当，可以很有用地作为政府的财务代理机关，作为货币的保护者，作为一项工具去全面地控制投机和经济的过分扩张，也可以在经济萧条时期得到它的帮助。但是，第二“合众国银行”实质上乃是一个私营的银行，它具有巨大的经济特权和主要为股东利益服务的不负责任的权力。它全然不是一个负责的中央银行，而是一个大的商业银行，像其他银行一样地经营放款业务，从而与各州立银行处于竞争的地位。

1834年到1862年的银行与货币

没有给第二“合众国银行”的执照延期，对于西部人民来说乃是一个胜利。它结束了利用中央银行来控制货币的这一企图。把政府的资金存入在某些选定的机构(杰克逊的政治上的反对者把这些机构叫作“受宠银行”)是难以令人满意的,因为它鼓励了钞票发行的过分扩张,使政府公开地受到了具有偏爱主义的攻击。范伯伦争辩说,管理国内或私人的汇兑或从事于任何银行业务都不是政府的职责,他建议政府成立一个独立的金库去管理自己的资金。政府可以利用一些分金库去收取岁入的现金,并且通过自己的官员用现金去支付一切费用。这个计划的目的不仅在于使政府完全与银行业务分立,而且,通过仅只使用现金的方法去推广现金的使用,从而可以减少对钞票的需要。这个独立的金库制度,受到许多“民主党”人的反对以后,在1840年成立了。1841年又为“自由党”所停止,1846年又被“民主党”人恢复(以后就一直继续到1913年与“联邦准备银行制度”合并,最后于1921年结束)。与此同时,“自由党”要想恢复中央银行的企图失败了,直到1863年联邦政府准许纸币流通以后,他们才算成功。

独立金库制度证明它在处理政府资金方面既安全又有效率。而且在控制钞票发行的过度扩张和推广现金的流通方面,也取得了一些成就。此外,由于它防止了财政危机,不使联邦政府的资金受到束缚;弱点却在于它吸收了全国一部分的流通现金。只要是联邦政府的财政差额较小的时候,就不致发生困难;但是,如果差额很大,后果就会很严重。我们将要看到第二“合众国银行”的结束以及独立金库制度的建立,并没有根本解决控制信贷的问题,是否这应该是政府的一项任务,或是私人银行家的任务,抑或是两者的任务,仍然是一个争论的问题。

杰克逊虽然是来自边疆，但他却是一个主张使用硬币的人。为了要促进这个政策，他就制定法律以图恢复美国的金属货币。1792 年的法令制定了一个按金银十五比一的比率，自由和无限地铸造硬币，高估了白银的价值。根据“格莱兴法则”，黄金被逐出了市场。必须记住，银元在 1806 年就已经停止使用，所剩下的一些杂色的外国硬币，几乎就是唯一的金属货币。1834 年的一项法令(1837 年略有修正)把比率从十五比一改为十五点九八比一，也就是大约十六比一。同时，金元的重量从二十四点七五格令纯金降低为二十三点二二格令。银币的重量则保留不变，也就是三七一点七五格令纯银。在这个新比率之下，金币的价值高估了，又流通起来，但是银元却没有被逐出市场。1848 年加利福尼亚发现黄金使金价降落以后，金元的高估更为显著。直到 1853 年降低辅币的成色以后，辅币才继续在市面流通。

除了联邦政府铸造的金属货币之外，各个州立银行所发行的各种面额的钞票，数量仍在不断增长。这类银行的数目，由 1820 年的三百零七家增加到 1860 年的一千六百零一家。他们的资本从一亿零二百万元增加到四亿二千二百万元，流通的钞票从一千六百六十万元增加到二亿零七百万元。由于这些银行是由各州州立政府授权开设的，而且在很多情况下，它们的总经理和董事又是通过立法机关选出，因此，提出他们发行钞票是否合于宪法规定的这个问题，乃是恰当的。[①] 这个问题在 1824 年被提到法院里来，直到 1837 年才得到肯定的解决，那时，最高法院把用各州的信用

① 宪法第一条第十项规定“任何一州均不得铸造货币、发行信用券”等。

所发行的证券和各州是唯一股东的银行所发行的证券加以区分。[①]

把后一种证券判决成是符合于宪法规定的。在早年的一些讼案中，马歇尔曾企图把州立银行发行钞票的权力加以缩小，但是在罗吉尔·坦内所主持下的"州权法院"却给予了他们有广泛活动的余地。

这些银行的发行钞票，显然主要依靠各州州政府所提供的保证去进行的。早在1809年，马萨诸塞对于不能兑现的银行每月处以百分之二的罚金，而且1829年以后注册成立的银行，它们能够流通的钞票，限于资金的一又四分之一倍。"沙福克制度"乃是使各个城市的银行都随时能够兑现和乡下银行都必须在波士顿设立兑换处的一个方法，使新英格兰的纸币保持着票面的价值。纽约成立了一种"安全基金"，规定每一家银行都向国库缴纳等于资本0.5%的金额，直到这项金额等于资本的3%，以备兑换任何倒闭银行的钞票。可是，这些谋求安全的办法是很特殊的。政府既没有经验，而要求发行廉价货币的压力却又很大。结果是成百上千的银行所发行的纸币都在流通，这些纸币的价值，即使一个银行专家也难于加以肯定。此外，伪造纸币也是比较容易的。在这样的情况下，进行贸易的困难就不难想象了。

① 布里斯可与肯塔基州讼案卷宗，编号"彼得Ⅱ"，第257页。

“现金本票”与 1837 及 1858 年的经济恐慌[①]

第二“合众银行”倒闭以后，州立银行在数目、资金和纸币发行方面都产生了迅速的扩张。于是，投机之风接踵而来；并且由于 1837 年政府把约有二千八百万元[②]的盈余分配给各州而得到了滋长。内政改进的狂热和对西部土地投机的放任行为，更使它得到进一步的鼓励。出售公共土地的收入，由 1830 年的一百八十八万元跃增到 1836 年的二千万元以上。杰克逊虽然不是一个财政专家，但却清楚地看到了情况十分不妥，他在给国会的咨文里说道：“可以看出，出售公共土地的收入已经增长到一个史无前例的数字。可是，在效果上，这些收入只不过是等于银行里的一笔信用罢了。银行把钞票借给投机商，投机商又把它付给另外的受款人（即地产公司），又立刻回到银行里来，再由银行继续不断地转借出去，它们只不过是一些把最有价值的公共土地转于投机商之手而把银行账面上的信用付给政府的媒介物罢了……。投机和扩张的风气并不限于储蓄银行，而是遍及于全国的各个银行，而且产生了一些新的机构，使情况更为恶化。”[③]投机的行为越来越毫无顾忌地在

① 有关这次恐慌的一般叙述，见本书第二十九章。

② 1835 年国债已经还清了。在以后的两年中，是美国历史上联邦政府不欠债务的唯一时期；这个时期所积累起来的盈余都以公债的方式分配给各州，但是那时大家都了解这将是一笔直截了当的馈赠，政府并没有收回一元钱。

③ 1836 年 12 月 5 日第八次年度咨文，载理查逊《总统咨文及报告汇编》（1909 年编），第 2 卷，第 1408 页。

发展，各州都向国内外借款以改进内政，而且毫不吝惜地对一些不稳固的机构给予了信贷。

1837年的经济恐慌以1835年的农业歉收为其先兆。它使得农民不能偿还土地投机商和商人们的欠款，这些商人也无法清偿银行的借款。农业的歉收，形成了美国的贸易逆差，外国信贷的收缩以及需要现金去偿还外国的债款。在这种困难日益增加的处境下，杰克逊总统1836年7月11日所发行的“现金本票”使得危机加速了。实行“现金本票”的这一命令，规定以后人们购买公共土地时，都必须用黄金和白银去支付。这项法令对西部土地投机的热狂浇了冷水，而且使流通中的钞票信用发生了动摇。1836年年末，英国的一些重要商业行号的倒闭使局势变得更为复杂，使许多英国的制造商受到牵连，减少了向美国购买棉花的需求。

随之而来的经济恐慌，是截至当时为止美国历史上最为严重的一次。到了1837年5月末，全国所有的银行都停止了现金的支付。公共土地的售卖，从1836年的二千万元缩减到1841年的一千万元。那一年，国会通过了一项特殊的破产法，使三万九千人消去了价值约为四亿四千一百万元的债务。在五六年的时间以内，经济的萧条一直是严重的，它使工、农业一直处于停滞状态。

最后经济的恢复终于到来了。由于商业的复苏，全国又经历一个有显著发展的时期。主要是由于1848年加利福尼亚发现了黄金，刺激了物价的上涨；铁路的建筑进展很迅速，许多新的工业也建立起来，加速了人们向西部的移动。1857年的经济恐慌是美国历史上的第三次经济恐慌，它使经济的发展暂时停顿下来。人们对于国家前途的过分疑虑，以及对于利润主要只能期待于未来的铁路和对矿产资源的过分投资，产生了一次经济的退缩，它的原因和美国其他的经济恐慌原因很相似。正如肖勒尔说的："西部过早的建筑铁路，促成了城市的过早成立，使条件不足的人口过早有了交通。而且虽然运河与铁路图谋减低每英里运费的时候，由于美国农民居住在广大地区的分散情况把那一项有利的条件抵销了。"[①]1857 年 8 月"俄亥俄人寿保险信托公司"的倒闭，加深了经济恐慌，这一次的恐慌基本上是财政性质的，主要使各个财政中心和西部投机性的铁路投资受到了影响。可是，复苏很快就来到，而且内战的开始，使国家又出现了一次新的周期性的繁荣。

南北战争以前的关税政策

虽然在华盛顿总统就职后不到两个月就通过了美国的第一个关税法令，1816 年以前的各种关税，主要仍然是为了增加国库的收入，只起了偶然性的保护作用。的确，亚历山大·汉密尔顿在他的《制造业报告书》中曾经对保护关税作了经典式的说明，但是强大的保护关税的运动，直到 1812 的战争和它产生了影响之后才开展起来。1815—1818 年通货紧缩以后，土地和农产品价格的狂跌，以及人们认为战争结束后所解放出来的欧洲商品的倾销会使幼稚工业受到窒息的这样一种畏惧，都引起了他们对保护政策的积极注意。1812 年战后人们醉心于民族主义的年代里，政治家们和经济学家们都在喋喋不休地争论要实行变革以保护"幼稚工

① 詹姆斯·肖勒尔：《立宪后的美国历史》，第 5 卷，第 384 页。

业”，制造商就更不用说了。由于战争的影响仍然笼罩着全国，全国各地都一致拥护1816年的关税法令。这个法令是由南卡罗来纳州的威廉·朗兹提出，而以约翰·卡耳豪恩为首，通过激烈的斗争而得到通过的(卡耳豪恩后来是保护关税的坚决反对者)。这个法令订定了从7.5%到30%的计价税，对棉花、羊毛、生铁和其他一些受到最近战争鼓励的制成品给予了特别的保护。

从1816直到1833年，保护关税运动在稳步地发展着。这个问题首先在旦尼尔·雷蒙德的著作中得到了发挥，他攻击了当时在欧洲盛行的亚当，斯密和其他一些人的自由贸易的学说，认为这些学说不适合于美国的经济情况。像政论家马修·凯雷和编辑赫济凯亚·奈耳斯等人，都把这些论点加以系统化并且进行了宣传。[①] 著名的政治偶像亨利·克莱带头赞助了这个理论。对于这些“幼稚工业”的论点，他还补充和强调了制造业有为农业品和原料提供国内市场的必要。在1824年3月的一次著名的演说里，他指出了由于拿破仑战争结束的结果，美国的农民们在欧洲的市场上曾经遭受到损失；并且坚持地说，只有发展工业城市才能使美国的农民找到一个推销剩余产品的市场。在后来的几次演说中，他以改进内政为理由而阻止了这个运动，请求征收关税，并且指出，较好的运输条件对于农民与工业家交换产品乃是必要的。他认为，这样的一种经济发展会把美国从依赖欧洲市场的情况下解放出来，他把他的计划称之为“美国制度”。

① 当这些人在拥护保护政策的时候，其他的一些人，尤其是南部的一些人则竭力主张继续维持低额关税的制度。这一派的带头人物有南卡罗来纳大学的托马斯·库柏、“威廉与玛丽公司”的托马斯·迪尤和弗吉尼亚大学的乔治·塔克尔。

正当克莱在积极提倡他的这个“美国制度”的时候，各个经济集团都发表了自己的意见，把全国各地区分成了两个不同的派别。早期赞成保护政策运动的中心地区乃是那一时期里的中部和西部各州——如纽约、新泽西、宾夕法尼亚、俄亥俄与肯塔基。这些州都深深地感到战争所产生的紊乱后果，急于想发展国内市场去销售它们的农产品。与此相反，南部各州却急于想购得廉价的工业品；而且，由于他们的主要市场是在欧洲，自然就反对保护政策。那时，南部的制造业正在成功地进行，但是数量是比较少的，而且绝大多数有势力的阶层都信服地认为南部的发展前途在于农业。首先，新英格兰就有两派不同的意见。力量还不大雄厚的工业界赞成保护，而航运业和商人们却畏惧关税会损害他们的利益。因此，大约直到 1830 年，这个州对关税的投票分为两派。那时，工业界取得了控制权，因此就站到保护政策的这一边来。这种改变可以从旦尼尔・韦伯斯特的态度看出来。他最初反对 1816 年的关税法案，但是后来却支持了 1828 年的法案。与此相反，曾一度热心地支持 1816 年税率的卡尔豪恩，现在却带头反对保护制度。

1818 年，政府对生铁采取了进一步的保护政策，对棉花和羊毛所征收的 25%的税率也一直延长到 1826 年。1820 年想提高关税的努力，在上议院中以一票之差而没有得到通过。1824 年的大选以后，对税率做了全面的修正。那时，所有的总统候选人都赞成保护政策。不仅只给予毛织品、铅、玻璃和铁的制造商以格外的保护，并且还采用了 25%的税率去保护麻织品制造商，而养羊取毛的商人特别得到了帮助。这项税率得到了宾夕法尼亚钢铁集团、俄亥俄同中部各州的养羊取毛商、肯塔基的亚麻种植商以及各地制造商的支持，但却引起北部运输业的不满和南部的坚决反对。原来南部所需用的许多羊毛是用来替黑人制作衣服的。

1828 年的税率的制定，乃是受到毛织品集团为了要加强保护而进行鼓动的结果，受到了杰克逊派政治家们的怂恿和支持，这些人认为他们已经找到了一个能增强下一届总统候选人的资本的机会。他们提出了这样一个令人讨厌的法案，以至于得不到通过，虽然北部杰克逊的同党会投票赞成，从而在下届的竞选中假装成国内工业界的真正友人。由于对生羊毛、帆布和糖蜜的增税，可以想到新英格兰会与南部一道来反对这项措施。约翰·伦道夫讥讽地说："这个提案并不涉及任何种类的制造业，除掉制造一个美国的总统之外。"

出乎人们的意料之外，这个把一般关税税率提高到内战以前最高水平的提案，终于被通过了。但是它十分不得人心，因此很快就得了一个"讨厌关税"的绰号。它在法典书上存在了只有四年时间，可是在那个时期，它就受到了人们，尤其是南部的强烈反对。1832 年的一个新法案废除了许多的讨厌的税率，而且实际上已经把税率恢复到 1824 年的水平。然而，这个提案主要仍然是保护性的，因此，南卡罗来纳州在 1832 年 12 月通过了著名的"国会法令废弃法"，宣布 1828 年的关税法和 1832 年同一法令的"修正案"完全无效，南卡罗来纳州的人民不受其约束。杰克逊总统对全国统一的毫不妥协的立场，使南卡罗来纳几乎没有达到目的的希望，因此，1833 年双方同意采用由亨利·克莱提出的折中关税。结果是杰克逊领导下的国民党人得到了胜利，没有把关税降低到有利于南部的那个水平。1833 年的法令规定，把 1832 年超过 20%的税率一律减低。在1842年以前，这种降低是渐进的，自那一年起关税就突然降低，形成了一个统一的最高额为20%的税率。但是，这个20%的水平只实行了几个星期，那就是，从7月开始实行到8月间通过1824年的更为具有保护性的税率便宣告终止。

从1832到"南北战争"时的关税，一般是趋向于下降的，虽然保护的原则从来没有被放弃过。1837年的经济恐慌大大地耗竭了中央政府的收入，以至于保护政策的主张者们在1842年成功地恢复了几乎与1832年相等的那样一种税率，由"自由党"通过的这项法令，在1845年"民主党"恢复政权时便很快地废除了。1846年的"瓦尔克关税"把进口商品分为甲乙丙丁等数类。把奢侈品列为甲类，征税100%；半奢侈品列为乙类，税率是40%；商业产品则列入其他各类，税率在31%以上。瓦尔克税率把从量税改为计价税，而且建议了货物在付税以前内政府代为保存的"存栈制度"，这个创举，以后一直被保留下来。这些税率虽然继续具有保护的性质，但是已经大大地降低了，而且降低的趋势一直继续到1857年，那时，免税货物的项目增加了，而且瓦尔克制度的税率也一般地有所降低。1857年降低税率的原因，乃是由于从1846年到1857年商业的巨大扩张，国库十分充裕的缘故。从1867年直到1861年，美国比1815年以后的任何时期还更接近于自由贸易。

要想肯定内战前几年中关税制度所产生的后果，纵然不是不可能，却是极端困难的。毫无疑问，在美国历史上头七十年中的关税立法，扶持了制造业和工业的发展。可是，美国不可避免地要成为一个工业国，这同样也是一个事实。关税所产生的后果主要是对国家的发展给予了人为的刺激。同样，正如南部的领袖们争论的那样，保护政策在一定程度上给南部带来了危害，这也是不容置疑的。但是，必须记住，在1830年的关税斗争中，南部获胜了。而且，从那时起直到内战时为止，关税一般有下降的趋势。在造成沿海南部的经济衰退的许多原因中，关税只不过是其中的一个。然而，南部的人们把他们对经济的许多不满都归罪于关税政策。心理的因素在造成经济萧条方面起了重大的作用。研究经济史的人们对于关税所起的作用问题，至少有一方面是可以肯定的，那就是，这一时期在财政上支持联邦政府的主要是关税的收入。除了1836年一年之外，这项收入都比其他收入的总和还要多出五倍到十倍。

第十章　从革命到“南北战争”时期的向西扩张

革命结束时的西部情况

当十三个英国的殖民地在1783年获得自由的时候，它们的土地包括着北面英属加拿大与南面西班牙属的佛罗里达，以及西部远至密西西比河之间的地区。1776年时，从英国殖民地迁来的所有移民当中，只有二三百人闯过了阿勒格尼山脉的隘口。可是，战事结束时，就有二千五百人散居在康伯兰河的河头以及肯塔基河、霍尔斯登河和法属布罗德河沿岸，而且成群地居住在远到西面的密西西比河地区。战后的和平只不过加速了人口的移动，在以后的半个世纪内，人口又涌到阿勒格尼山以西的地区上来。

尽管受到西班牙、法国、英国和印第安人的阻挠与反对，人口的向西移动仍然在继续。西班牙的代理人串通了西南面的印第安人去阻止来自东部的移民向前推进，并且在这些移民中间煽起独立运动，以图在原来十三个州与密西西比河之间建立一个缓冲地带。直到肯塔基与田纳西先后于1792年和1796年被允许加入美国联邦以及“圣洛伦索条约”缔结之后，这项运动才告平息。这个由平克尼谈判而缔结的1795年和约，使西班牙的哨兵站从密西西比河的东岸撤退，美国可以自由地使用那一条河，并且在新奥尔良有寄存货物的权利。

法国在1763年把密西西比河以西的大量土地割让给西班牙，但是在1800年又收复了那个地区。拿破仑由于新建殖民地王国的幻梦的破灭，便突然在1803年以一千五百万美元的贱价把路易斯安那卖给了美国。但是，密西西比河的命运直到1815年才最后决定，那时，滑铁卢战争的结局扫除了在美洲建立一个“法帝国”的任何梦想；1812年的战争肯定地排除了大不列颠在美洲的势力。虽然不列颠在1783年的条约中已经同意把沿五大湖的要塞放弃，但是，它仍然继续把持着这些要塞以保护皮毛贸易的利益，这项贸易每年估计约值一百万英镑。[①] 英国在1795年的“哲伊条约”又一次同意从这些要塞撤军，可是它的间谍仍然在唆使印第安人继续扰乱，直到1812年的战争才结束了它在中西部的积极干扰。“第二次独立战争”名义上是为了海员的权利而进行的，但是，实际上，它是西部的一个战争。克莱和西部的“战鹰”们为了这次战争需向国会施加压力。“西部的人们”，由于渴望成立一个更大的帝国，想吞并加拿大而没有得到成功。南部的边疆人民却成功地把克里克人从阿拉巴马的西南部清除，赢得了在新奥尔良唯一著名的土地战争的胜利。这次战争也许是一次军事上的困境，但是，它结束了密西西比河流域英国与印第安人串通的阴谋，而且使佛罗

① 根据詹姆斯·麦基尔1785年8月1日给汉密尔顿副总督的信。戴斯威滋所编《威斯康星历史汇编》，第12卷，第72页。

里达的合并成为不可避免。战争的结果主要是有利于西部。

1787 年的条例

在三个世纪的时期内，土地的移殖和发展乃是美国人民最重要的一件大事。他们占领土地的情况，即使是当牵涉到政治和经济方面的时候，也是值得充分讨论的。1781 年的战争停止以后，国会首先面临的问题之一便是对西部土地的处理。乔治亚、南卡罗来纳、北卡罗来纳和弗吉尼亚根据原来特许状中含糊笼统的词句，自认为它们的疆界一直伸张到密西西比河。“西北部”乃是弗吉尼亚、康涅狄克、马萨诸塞和纽约之间发生争夺的地方。有六个州——马里兰、宾夕法尼亚、特拉华、新泽西、新罕普什尔和罗德岛——在西部没有土地所有权，由于畏惧在西部有土地权各州的继续扩张会使它们自己所具有的相对的重要地位受到损害，而且，也由于忌妒这些幸运的各州能用西部的土地去支付战债，使得这六个州不断地请求把横过阿勒格尼的地区移交给国民政府。马里兰州带头进行了这次战争。它早在 1779 年时就已经要求“在这次战争开始时还没有殖民的这块土地……如果是用十三州的鲜血和财富从共同的敌人手里攫取来的，就应该看成是公共的财产，今后在国会认为有必要时和在适当的方式下，可以把它划分为若干地区，建立方便、自由和独立的政府”。[①] 后来，在有土地权的各州没

---

① 1779 年 5 月 21 日马里兰致国会代表训令。原文引自亚丹斯《在美国土地让与中马里兰的作用》，1881 年版，载《约翰·霍布金斯研究》，第 33 卷，第 26 页。

有答应把这些权利放弃以前，它都拒绝批准“联邦条款”。它们果真这样地做了，虽然最后的一州乔治亚直到 1802 年才把土地交出来。

1784 年，托马斯·杰斐逊提出了一个计划，把“西北部准州地区”划分为有经典意义，名字响亮的许多州(如雪尔维尼亚、阿申尼西比亚、米索布达米亚，波立波达米亚等)。这些地区的居民也将享有其他成立较早各州公民的多数权利，而且只要这些地区的人口适合于加入联邦的条件，就可以以同等的条件加入美国联邦。这个计划由更为著名的“1787 年的条例”加以扩充，其中规定：(1)这些地区成立的州不得少于三个，多于五个；(2)在人口中的自由男性居民没有达到五千人以前，这个地区将受到国会所指派的一个总督和三个法官的管理，他们将决定当地的官吏和制定法律，但是国会有否决权；(3)在人口满五千人以后，这个地区可以成立一个两院制的立法机构，下议院的议员由人民指定，上议院中立法会议的五人由国会从下议院指定的十人中选择充任。这个立法机构能够选派代表一人出席国会，有辩论权，但是没有表决权。在还是准州的时期，总督有否决的权力。人们享有的政治权利，是以拥有土地的累进程度为基础的。凡拥有五十亩土地的人，就有权投票选举一个代表，但是，要当任下议院的议员，就必须有土地二百亩，要当任上议院的议员必须有五百亩，担任总督必须有一千亩；(4)当任何一个准州地区的居民满六千人时，就可以成立永久性的宪法和州政府，并且与“原来各州在一切方面都享有同等的地位”，选派代表参加国会。这个“条例”奠定了一些程序方面的原则，从那

时起，有关新准州事宜，就按照这些原则办理。[①]

1787年的“西北准州地区条例”规定了成立新州的程序，这些程序，正确地受到了政治历史学家们的极端重视；但是，它也产生了十分重要的社会和经济方面的后果。它第一次在历史上规定了殖民地将被看成是母国的一个扩大部分。并且在各方面应该一律平等的这样一个原则。那种认为它们只是为了母国的利益而存在的重商主义的观念被废弃了。这个“条例”推翻了奴隶制度，担保了生命、人身、财产和宗教的自由，而且也促进了教育，大大地鼓励了千百万人向西部迁移。

共和国早期的土地政策

甚至远在著名的1787年的“条例”还没有通过以前，“联邦国会”就已经注意到土地处理的问题，并且给美国的土地政策打下了基础。尽管有了一个半世纪的经验，土地问题仍然是一个困难的问题。国会首先有两个目的：它很好促进殖民事业，但是同时又想要出卖公共土地以获得收入。由于多数的移民都是只有少数资本或者甚至于是没有资本的贫民，因此，这两个愿望是很难互相协调的。如果要出卖土地，那么，应该是大块地出卖呢，还是小块地出

① 瑞士历史学家爱德华·富特尔说：“1787年7月13日通过的所谓‘俄亥俄或西北地区法令’，曾被认为是美国法令中最重要的一个（从世界史的观点看来，也许是最重要的）……把殖民地利益附属于母国利益的原则取消而建立了一个新的原则，那就是：为人们所移殖的殖民地，应该看成是母国的一个部分，在各方面都一律平等。”见其所著《世界史》，S. B. 费翻译，1922年版，第105页。

卖？大块地出卖会使土地落入于富有的投机商之手，小块地出卖有利于正规的移民，但这些人一般又是贫穷的。然而，从收入的角度看来，小块地出卖是有争议的。小块地出卖时所付出的测量费用就会等于土地的价值，买方会只想买入良好的土地而把其余的土地剩余下来。小块地出售的办法只会使移民分散而不足以促成在抵御印第安人方面十分必要的密集居住。也还有殖民时所必须具有的条件的问题。是否必须规定人们应该实际到这些土地上居住？这样的规定会减少投机而有利于小块土地的购买者，但是，它可能会使土地的价格受到压制。当然，也还有价格这个重要的问题。是否土地应该按现金出售呢，或是按信用（或两者）出售？而且应该在哪些地方成立土地局？

由于所有这些都牵涉到将把美洲大陆的一大部分土地由政府转归私人所有的方法问题，显然是一项十分重大的事件。对于向西部移动的移民来说，政府的土地政策具有根本性的重要意义。国会因出于必要，不得不处理这个问题，便根据“联邦条款”开始拟定了1785年的“土地条例”，这个条例规定：(1)政府对土地按长方形进行丈量；(2)划拨州六分之一的土地作为教育方面的用途；(3)成立一些土地管理局，按低价出售公有土地。在确立了一条南北线，也就是人所共知的“最初子午线”以后（最初订立的子午线就是现在俄亥俄与印第安纳之间的疆界线），再划一条东西向的基线，成直角和它交叉。测量员从子午线和基线交叉的地方每隔六英里就划出一条垂直线。再划一些线横过这些直线，就把土地分成若干面积为三十六平方英里的方块。每个方块将是一个城镇的地区，再把每个大方块划分为三十六个小方块，每块面积为一平方英里(即六百四十亩),叫作一个分区。把第十六个分区保留下来作为维持公立学校的经费。许多在 1842 年以后被允许成立的州也保留了第三十六个分区,作为开办学校之用,这样,就划拨了测量过的土地的十八分之一充作教育方面的用途。有的州曾企图把第十五个分区保留下来作为宗教方面的用途,但是被否决了。在美国的土地政策史上,1780 年的这个“条例”被证明是与 1787 年的那个“条例”一样地在新西部的政治生活上起了根本性的作用。1785 年所提出的这个方法,在后一个世纪一般地被采用了。

土地政策所改变的乃是出售的方法而不是测量的方法。国会由于不能决定是否应该采用新英格兰的按城镇地区授予的制度,或是采用弗吉尼亚的分别地出售或授予的制度,便在 1785 年规定这两个制度同时并用。那就是:把城镇的一半作为整块地出售,其他的一半分为六百四十亩的地区出售。土地出售采用拍卖的方法,每亩的最低价格为一元。1796 年的一项法令把每亩价格提高为二元,但是提出了信用购买制度,允许一年以后付款。由于只有少数的拓荒者才有一千二百八十元,人们就立刻请求修改法律以便利移殖的居民。由于西部政治权力的增长,这项请求也就获得了成功。1800 年,人们可以购买土地的最低数量降低为三百二十亩,1808 年降低为一百六十亩。后一个法令把付款时期延长为五年。1820 年的新法律又把限额降低为八十亩,并且把每亩价格减为一元二角五分。可是,投机的泛滥(到 1819 年经济恐慌时达到高潮),使得国会把信用售卖的制度取消了。

“南北战争”以前的几年里,西部得到的最重要的让步也许就是 1841 年所取得的“优先购买”权。许多年来,移民们一直在向公

有地上迁移，清除了森林，没有通过正式的购买就开辟了农场，最后才知道他们是非法地侵入了政府的土地。有时，这些土地是按照人口卖给了他们，有时，他们受到了联邦政府军队的驱逐。移民们都要求能够有买入他们所需要的土地的权利，不管这些土地是否已经通过测量，而且要求不受竞争地按照最低的价格去购买。实际上，在1841年的法令使这件事合法化以前，他们有时已经成功地这样做了。那些真正的移民选择和改善了土地而且组织了一些擅自开辟土地的人的保护协会。这些保护协会的人会出现在拍卖土地的场所，对那些非会员十分清楚地说明最好不要出价购买他们的土地，那就是说，如果这些非会员考虑到自己的安全的话。1841年的《优先购买法令》乃是一个重要的让步，但这却不是西部边疆人民的最后目的。但是，直到著名的1862年的《宅地法令》公布后，他们才采取下一个步骤，那就是：对真正的移民免费给予土地。

从这些比较重要的土地法令的扼要叙述中，可以明白地看出，联邦政府的土地政策越往后就越放宽了。也可以明显地看出，根据这项政策到西部去殖民的人们多半是比较贫穷的。但是，整个的土地政策并不是像它所表现的那样地公正或民主。某个历史学家曾坚持地说：“1890年以后土地法令的放宽，必须被看成只不过是政府的装腔作势罢了。”[①]它的主要缺点在于：实际上从这些法令得到好处的，乃是那些富有的投机商而不是贫穷的移民。在1862年的《宅地法令》公布以前，有三个因素要对这种现象负责：

① 路易·海克尔：《美国资本主义的胜利》，第209页。

政府收取的地价太高，超过了一般移民的购买力；对土地的购买数量没有加以限制；政府并没有规定必须要实际在土地上居住下来或是要对土地加以改良。政府既没有用这些方法去促成一个小农户的民主社会，反而把公共土地投入于投机商人之手。诚然，政府也发放了一些土地——对运输公司做了大量的赠予，如对伊利诺伊中央铁路公司赠予了大量土地。也把土地给予了与印第安人作战的退伍军人和参加过墨西哥战争的军人作为奖励，可是，那些铁路公司却把它们的土地卖给了移民或者投机商人，而且退伍军人也很少到他们得到的土地上去居住，宁愿把他们的土地低价卖给投机商。由于一般的移民都没有现金向政府购买，他们不得不以高得荒唐的利率去向东部的资本家们求借，或是向已经由政府买到较好土地的投机商那里去购买。甚至于当他们有了优先购买权的时候，除了借债之外，是买不起土地的。在许多情况下，一个拓荒者能够通过自己的劳动摆脱债务，有时候他改善了土地，提高了价格卖给一个新来的人，然后再迁往西部去取得不要抵押就可获得的新农场。有许多区的土地政策乃是强迫垦荒的农民变成了佃户而不是鼓励一种民主的土地占有形式。[①]

“旧西南部”的殖民

上面我们已经看到，第一批人数众多的横贯阿勒格尼山脉的

① 盖茨：《草原各州的土地政策与租佃》，载《经济史评论》，第1卷，1941年5月版，第60—82页。

移民，是从俄亥俄南部进入肯塔基和田纳西的。革命战争时期，这种移殖不断地在进行。根据 1790 年的初次调查，有七万多人移入了肯塔基，有三万五千多人移入了田纳西。这些移民多半是南部内地原来从宾夕法尼亚进入“大盆地区”的自耕农，或是被沿海地区更为富有的农场主所逐出的小农户。

工业革命，尤其是 1793 年轧棉机的发明，为生棉提供了一个显然难以满足的市场，而且使南部人们的眼光突然转向于这项新的主要产品的发展。弗吉尼亚和两个卡罗来纳州的沿海土地的地力好像渐渐在耗竭，这就把南部农场主赶到了西部去寻找新的和更为肥沃的田地。人们对于棉花的需求，乃是西南部殖民第二个阶段的一个主要的决定性因素。而且，当棉花的重要性日益增长以后，农场主就紧跟着首先跨过了大山的那些小农户向前推进。

特纳说：“在描述那些把家庭用具放在盖有帆布篷的运货马车、跨过俄亥俄、走向新家庭的垦荒农民的同时，我们还必须描述坐在自己的家用马车里，带着一些仆人、几队猎犬、一群奴隶，走过密西西比、阿拉巴马和乔治亚西部森林，或是通过伊利诺伊自由州而进入密苏里盆地，在最近刚为印第安猎人所占有的原野上夜间燃起营火的南部农场主。”①

也正如提默锡·富林特所描写的这样：

① 特纳：《新西部的兴起》，第 92 页。

> “那些移入密苏里和密西西比河西南部的南方移民，从他们的运货马车、羊群和人数看来，都很引人注目，人数也是数不清的。可以看到，他们十辆马车结为一队，每队有六个黑人，驱赶着上百条的牛，后面跟的有猪、马和羊，这已经是司空见惯的了。这样的一个队伍，在七百只玎玲作响的铃声中，与面部流露出劳动后得到了休息的愉快表情的黑人们一道，结成了一队；那些慢慢向前移动的家庭又结成了另外的一队。可以看到整个队伍顺着平原前进，呈现出一幅令人悦目和图画般的景色。”①

这是一种新型的移民。

正如18世纪边疆的农户不能阻止南部农场主的前进一样，这些西南部的垦荒农民转过来也受到了排斥。由于他们无法拒绝农场主对他们的土地所出的高价，而且受不住土地售卖时的竞争。这些小农户要么就采用奴隶的农场经济，撤退到山区的劣等土地上去，要么就只有再向西北部前进去寻找新的土地。由于贫穷使用不起奴隶，这些垦荒的人就把西南部黑色肥沃的土地让给了农场主，撤退到山区，成为了南部的“贫穷的白人”，或是沿俄亥俄河北上，或是跨过了密西西比河，再一次成为一些新州的创始人。

在自耕农衰落的同时，西南部落入了棉业贵族之手，而且事实上棉花变成了帝王。轧棉机的发明，使南卡罗来纳的棉花生产从1791年的一百五十万磅增长到1801年的二千万磅。乔治亚州的

① 富林特：《密西西比河流域的历史与地理》，第1卷，第101页。

棉花产量从五十万磅增长到一千万磅。各个新成立的州，也可以看到类似的增产。田纳西州 1801 年出产了一百万磅，1834 年增长到四千五百万磅，路易斯安那州 1801 年时几乎全然不生产棉花，但是到了 1834 年，生产了六千二百万磅。密西西比和阿拉巴马的产量甚至于还更多一些。1820 年时，南卡罗来纳和乔治亚在棉花的生产方面占了第一位，但是不到 1834 年，阿拉巴马和密西西比就抢了先。棉花显然成了这个地区的主要产物，而且它的重要性可以从这样的一个事实看出来，那就是：在 1830 年以后，它几乎占美国出口贸易总值的一半。它使奴隶制度显然变成了一项永久的制度。由于印第安人威胁的减少，殖民事业就进展得很迅速。路易斯安那在 1812 年，密西西比在 1817 年，阿拉巴马在 1819 年，密苏里在 1821 年都相继成为美国的一州。

由于“旧西南部”已经住满了人，因此，美国的扩张就不可避免地会和西班牙发生冲突。1795 年的“平克尼条约”已经把密西西比河的航行权向美国的船只开放。美国还获得在那条河河口寄存货物的权利，还获得了曾经发生过争执的雅汝与北纬度三十一度之间的土地所有权。当美国向法国购买路易斯安那时，西班牙所管辖的土地一直伸张到伊伯维尔教区以北的密西西比河的西面。可是，有若干次，美国曾经企图把佛罗里达西部合并为美国的土地。到了 1810 年，向西南部的前进曾经带来了足够的美国人进入这个地区，实际上控制了这个地区。那一年，他们要求西班牙政府进行改组，但不久之后就宣布了独立，并且申请归并美国。麦迪逊总统就立刻命令对远至珍珠河的佛罗里达西部地区实行军事占领。西班牙眼看无法抵抗美国的进一步侵略，便在 1819 年同意放弃佛罗里达的东部。美国要西班牙赔偿的款数达五百万元，并且放弃对得克萨斯所要求的一切权利。

旧西北部的殖民

1785 年的“土地条例”和更为著名的 1787 年的“条例”为旧西北部地区的殖民开辟了道路，那个地区也就是俄亥俄以北，密西西比河以东之间的地区。当这块土地交给国会的时候，康涅狄格州为了要促进宗教和教育以及补偿革命时期房屋为英国军队所烧毁的人们的损失，在北纬四十一度和伊利湖之间保留了一百二十英里宽的一片土地。这就是所谓的“康涅狄格西部保留地”。弗吉尼亚州为了要兑现它的军事奖励券，也同样地在西阿托河与小迈阿米河之间保留了六千平方英里的土地，叫作“弗吉尼亚军事区”，国会也以同样的理由在赛欧特河与“七峰”河之间保留了一块土地，其余的土地，除了卖给俄亥俄与赛欧特公司和西姆斯法官的那一部分之外，都进行了测量，由国会按当时的法律手续卖给了移民。

1787 年的土地条例刚一公布，主要由马萨诸塞的投机商所组成，以马纳西·卡尔特神父为首的俄亥俄公司便使用贬值的军用券购买了俄亥俄河以北的二百万亩土地。同年 12 月，这家公司的第一批移民从马萨诸塞的伊普斯威奇出发，到达了马斯金格姆河。[①] 1788 年春，他们在这条河与俄亥俄河相连接的地方建立了

---

① 《俄亥俄公司》在谈判购买土地时所用的方法和经过是令人吃惊的。它充分地反映了那个时期的政治道德。详见比林顿：《西部的扩张》，第 212—220 页。

马里塔城。以同样情形继马里塔移民之后，从新泽西来了一批以西姆斯法官为首的移民，他们在西姆斯和其他一些人所买下的大迈阿米与小迈阿米河之间百万亩的一部分土地上的哥伦比亚和辛辛那提居住下来。那时，在底特律、伊利诺伊和印第安纳都已经有一些小的法国殖民区的存在，但是俄亥俄公司的拓荒者们和“西姆斯的购买”标志着第一次大量美国人的进入西北部。1790 年，弗吉尼亚人开始进入了“弗吉尼亚军事区”，还有成批的法国人，由于受到那个命运最不稳定的土地投机组织赛欧特公司的许多美好诺言的引诱，也企图到美洲来进行殖民。卡特勒说，这个公司是具有“许多美洲的主要特性的”。康涅狄格看到由于有了印第安人的威胁和这个地区的不易进入，很难诱使私人去购买“西部的保留地”，最后就把多数的“保留地”卖给了康涅狄格土地公司。这家公司的代理人摩西·克利夫兰将军 1796 年率领着一小队人进入了现在沿用他的名字的那个城市。

这些移民为 1790 年以后三十年中继续涌入西北部的许多人开辟了道路。与此同时，纽约的西部也很快地被人们所购买。大山、纷乱的丛林和含有敌意的印第安人把白种人阻拦在哈得孙河流域和摩霍克河的下游。直到革命以后，来自宾夕法尼亚和新泽西州的拓荒者才顺着萨斯奎哈纳河和太欧加河来到北部的塞讷卡湖，并且进入了那个州的中心地带；而来自东部的一些新英格兰人，跨越过马萨诸塞和佛蒙特，费尽心力地顺摩霍克河逆流而上，或是由陆路直接奔向西部。在这个地区可以看到少数住人的木棚，但是根据 1790 年的人口调查，纽约西部的人口还不到一千人。罗伯特·摩里斯把塞讷卡湖以西的土地卖给了荷兰土地公司，州政府在河的东部保留了一百七十万亩土地，作为军事奖励之用。但是，这些地区很快就被分割开了，因为许多来自新英格兰的移民购买了太欧加、希南果、杰讷西和摩霍克沿岸的肥沃土地，在这些河流上很快就兴起了一些城市，这些城市都以希腊和罗马的典故而命名。

“旧西北部”移殖之所以如此惊人的迅速，是有着许多的复杂原因的。来自欧洲想安家立业的移民，过去每年约有四五千人，在“1812 年的战争”以后有了迅速的增长，从 1815 到 1830 年间进入的数目具有五十万人。在北部公布抵制英货和与英国经济绝交法令实行时期所出现的不景气，“1812 年的战争”和以后的那个时期都大大地刺激了向西部的迁徙。在南部，农场主放弃了弗吉尼亚的和北卡罗来纳已经耗竭的烟草田去寻找西南部的冲积层土地，把垦荒的小农户赶在他们的前面，这些小农户经常向北迁移，进入俄亥俄河流域地区。移民事业不仅是受到了经济原因的刺激，而人们（尤其是新英格兰的人们）对旧宗教和寡头政治的不满也是造成这个迁移运动的一个有力因素。政府对西部土地政策的逐渐放宽，鼓励了人们购买新的土地，而 1812 年与 1830 年间印第安人土地权的丧失也开拓了许多新的地区。威廉·亨利·哈里逊在西北部和安德鲁·杰克逊在西南部击败印第安人所取得的胜利，标志着红种人从这些地区被迅速地清除的开端。

1811 年以后，当“新奥尔良”号轮船在匹兹堡的俄亥俄河下水时，由于汽轮的开航，协助了西北部的发展。在铁路出现之前，河流形成了旅行和运输的巨大通道。移民和他们的产品就是用平底船顺着这些河流而下运出的。到了 1820 年，在西部河流中航行的轮船有六十艘，以后的年份标志着河船的黄金时代。从路易斯维尔到新奥尔良坐旧式小船顺流而下也要航行几个月，但是，轮船航行同样的里程就只要几天。向西部移民加速的原因，除了这些经济方面的各种原因之外，当然还有在这些年里有关西部的一些广告的不断宣传，如有关路易斯安那的购买，刘易斯与克拉克的探险和他们的日记的出版，阿萨·伯尔的远征、派克的有关新墨西哥的著作，以及哈里逊与杰克逊的打败了印第安人所取得的胜利——所有这些，都使西部的情况活生生地呈现在那些具有乐观情绪的移民们的眼前。

人们向“西北部”的涌入，从一开始就很迅速。马里塔城建立的那年(1788)，就有一万人顺流而下经过了这一点。到了1803年，俄亥俄的人口就已经足够被允许成立一个州。虽然东部的繁荣在“拿破仑战争”的初期多少遏制了人们向西部迁去，但是，这种移动又受到了经济绝交和与大不列颠作战前的商业不振的刺激。在宾夕法尼亚州韦斯特默尔兰到匹兹堡的公路上一个名叫罗伯斯汤的小村里，有一个观察家曾说，1811年年末，在一个月的时间里，就有坐着男子、妇女、小孩的二百三十六辆运货马车和六百只“美利奴”绵羊通过这个村庄到西部去。麦克马斯特写道：

“纽约中部的老移民们宣称，他们从来没有见过有这许多队的载有妇女、小孩和家具什物的雪车向西部迁去，目的地是俄亥俄，而俄亥俄当时只不过是‘西部’的一个别名罢了。有一个传说，描述了在通过奥本的路上，整个冬天都挤满了‘从东部各州而来正在迁移的家庭’。从纽约、纽堡来的另一项传闻说，七月里的某天，有六辆运货马车坐着七十个从马萨诸塞迁来的人进入了村子，到俄亥俄去了。在每个星期里，这个村里的居民很少不‘看到或多或少的这种移民’。”①

英国观察家摩里斯·伯克贝克在收取通行税的“公路”上旅行时写道：“古老的美洲好像正在分裂并且向西迁移。当我们顺着俄亥俄的这条大路旅行的时候，在我们的前面和后面，很少不看到成批的家庭在迁移。”②“旧西南部”（俄亥俄、印第安纳、伊利诺伊、密歇根、威斯康星）的人口在革命战争开始时不过只是几千个法国人，到了1810年就有二十七万二千三百二十四人；1860年增加到六百九十二万六千八百八十四人。印第安纳被批准加入美国联邦的时期是1816年，伊利诺伊是1818年，密歇根是1837年。到了1830年，俄亥俄的人口有一百多万人，比马萨诸塞和康涅狄格两州加起来的人口还要多。从1810到1820的十年中，印第安纳的人口从二万四千人增加到十四万七千人。这种增长大大地减少了东部的人口，可以从这样的一个事实看出来：弗吉尼亚和马萨诸塞在，1820到1830的十年中，人口几乎没有增加，而西部各州的增长率是从100%到150%。芝加哥1830年时只不过是一个皮毛贸易站，1860年时人口就增加到一百万人以上。克利夫兰1840年时才有六千零七十人，而1860年时就有四万三千人。1830年前后，西部的主要城市有：辛辛那提，别号“猪肉罐头的大都市”，是一

① 麦克马斯特：《美国人民史》，第4卷，第383页。

② 摩里斯·伯克贝克：《美国旅行散记》，第31页。

个富饶的农业区里的罐头业中心，人口约有二万五千人；匹兹堡已经是一个有一万二千人的钢铁城市，它靠近去西部的一个最通用的航路的起点（1825 年以前）[①]；圣路易，人口有六千人，是西部与北部皮毛商人进行贸易和密西西比河上轮船贸易的一个聚点；还有密西西比河河口的新奥尔良，内地的产品从这里载上海轮运出。

涌入西部的人们旅行的主要航路，便是“法国与印第安人之战”时期福博斯所开辟的那条老路，沿着兰开斯德和卡来尔公路[②]，从费拉德尔非亚直到匹兹堡。到了匹兹堡以后，移民就把他们的行李装上小船，顺俄亥俄河而下，再沿着它的一条支流到达目的地。另外一条重要的航路便是从阿尔巴尼沿摩霍克河而上到达收取通行税的“杰纳西公路”，然后再到伊利湖和俄亥俄。1825 年伊利湖建成以后，这条路便热闹起来，它不仅有利于俄亥俄流域的殖民，也有利于纽约西部的殖民。另外一条纽约的航路便是顺着卡茨基尔收取通行税公路而到阿勒格尼的河头。旅行者从巴尔的摩顺着一条收取通行税的公路到达康伯兰，从那里开始走上“国有公路”，跨越一些大山而到俄亥俄河上的惠林，这条河的许多支流都通到匹兹堡。从弗吉尼亚进入肯塔基中部的马车公路乃是南部的主要航路；从肯塔基和田纳西，有许多航路通到辛辛那提或是路易斯维尔区域的俄亥俄河。

虽然新英格兰人建立了马里塔和克利夫兰两座城市，绝大多数的人是从其他地区来的。直到 1820 年，新英格兰仍然在它自己

① 真正的起航点是匹兹堡上端的“红石旧塞”，许多人都从这里上船。

② 就是现在的“林肯公路”。

的北部和纽约西部的边疆地区进行殖民，他们的人数超过了“西部保留地区”的新英格兰人。印第安纳和伊利诺伊北部各县从新英格兰得到了一些土地，但是，移殖到这些地区的人，多半是弗吉尼亚内地和北卡罗来纳的自耕农以及那些被更为富有的农场主排挤出来的肯塔基与田纳西的不安定的垦荒者。林肯就是出自这些人的氏族。来自南部的移民，多半是苏格兰的爱尔兰人。印第安纳的“呼雪尔”人[①]，主要是来自北卡罗来纳。移殖在密西西比河流域的土著家族，绝大多数是来自南部。

可是，西北部并没有完全吸收南部的文明。具有“长老会”和“教友会”宗教背景的南部的贫穷白人，与来自新英格兰和中部各州的拓荒者混合起来，并没有成立大农场而是发展了一些小农庄，在这些小农庄上，奴隶制度是被禁止的，而且民主气氛很浓厚。从欧洲直接移入“旧西南部”的种族，绝大部分是德国人。有五十万以上的人是在 1830 年和 1850 年间来到这里的，在以后的十年里，又来了一百万人，他们在辛辛那提附近的俄亥俄中部，沿密歇根湖的威斯康星以及在印第安纳、伊利诺伊、密歇根和密西西比流域各州占有了土地。

边疆的生活

不论是步行而来，骑马而来，乘坐简陋的马车而来或是乘小船而来，移民们的头一件事情就是去选定一个居住的地方。如果他

① Hoosier 即印第安纳州的别名。——译者

是一个“擅自居住者”[1],他最关心的事便是在离殖民区较远的地方去寻找一些土地,在这些地方,水的供应充足,而且有河流的便利,使他能够到达市场出售产品、购买食盐和一年里使用的其他生活必需品。如果他愿意遵守法律的话,他或是在到达西部或其他地区以前就已经购买了土地,或是在付清了地价之后,向土地管理局领取土地,如果他幸运地避开了那些充斥在西部城市里的土地投机商人的话。在他到达选定的地区之后(他选择地区的主要考虑是要有森林与河流),就往往在邻居的协助下用木料搭起一座简单的木房。下一步的工作便是把那些纷乱的丛林加以清除和在足够的土地上剥去树皮,让树死去,种上第一年的玉米。这些新开辟的肥沃土地第一年一般每亩可以出产五十到六十蒲式耳的玉米;第二年进一步清理后,每亩可以出产七十到一百蒲式耳。在一年中的绝大部分时间里,牛、马、猪都可以自己找到足够的食料,而且只要稍加照料,他的菜园里就可以生产出足够的蔬菜。这样,大体上就可以提供一个富裕的生活。在第三或第四年,这个移民便可以进一步改善他的房屋和出卖剩余的产品。如果这个地区是好的,就会很快出现许多其他的移民,在他们的后面也许会来一个制革工人,或是锯木厂的建筑工人,以后可能又会来一个专业性的客栈老板。在形成了一个城市的核心后,就需要有铁工、木工、车工或者制造马鞍的工人,最后还会出现一个或几个小商店。

关于城市发展的这种过程,摩里斯·伯克贝克 1818 年时写道:

① squatter,即擅自居住在新开辟或公地上的人。——译者

“在任何一个有少数移民聚居的地方，由于受到了古老的邻近城区的引诱，或是由于土地的优良，或是由于接近碾厂，或者因为其他任何原因，那些有事业心的地产商人便会感到这里是一个建立城镇的好地点。他把这个地区加以测量，把它划分为若干块去出卖或是进行拍卖。

这个新成立的城镇于是便因它的创立者而得名——商店的老板会用木料盖起一个简单的小店，买进几箱货物，然后也开起了旅店，这个旅店变成了医生和律师的住所，也是商店老板的寄膳处和疲乏的旅行家们的娱乐场所。随后继之而来的是铁工和其他的手工业者，还来了一个小学教师，他也同时是一个宗教的牧师，成为这个正在兴起的居民区的一个重要部分。如果这个城镇向前发展的话，便这样地一直向前发展下去，力量日积月累，直到成为这个地区的大都市。也许有成百上千起的这些投机遭到失败，但是，也会有成百上千的人获得成功。

当这些幸运地点周围的人口增加起来以后，便开始有了商业，而且发展起来。进出口贸易维持着恰当的平衡比例。一年以前普临斯登这个城镇附近的人们还穿着“鹿皮衣服”，现在到教堂去的男子们都穿上了好的蓝色布衣，妇女们穿着美丽的花布衣服，戴上了草编的女帽。

这个城镇已经建立得相当好了，于是就有一小群的居民（数目可能是少的）成为了对邻近地区土地耕种的一项刺激力量，结果造成了供应过多，这就需要有一个出路。虽然没有水力发电厂，但是，离可以航行的小河最近的地方，便出现了水碾房和蒸气碾房，从而就为日益剩余的产品找到一个实际而又经常的市场。所有这些，便是日益积累的商业，出口贸易以及进口贸易构成的因素，将使密西西比河成为世界最大的通衢。”①

后来，由于当地资源的开发，人们便要求建筑运河和修筑更好的道路。住处分散，相互之间距离很远，在这种情况下，社交受到人们的极大重视。亲友们在一起举行剥玉米皮的聚会，妇女们的“绗被子会”②，“房屋竖柱会”，以及甚至于“信仰复兴会”等，都有助于使人们感到兴奋，以恢复一天的疲劳。

并不是所有的移民都一直住在他们最先选择的那些土地上面的。由于当时有着大量未被占用的土地，获得这些土地又很不容易，于是就形成了一种没有定居的和不断移动的人口。市场通常都在较远的地方，在没有运河和铁路之前，几乎不可能到市场上去，因此，货币乃是一项稀有的商品，这种商品是山区的居民一生中很少见到的。获得现金最迅速的方法便是把已经部分地开辟出来的农庄卖给一个新来的人，然后再去“清除那些高大的树木”。有些人在他们的一生中就不断地在重复这样的程序——他们几乎成为了职业性的拓荒者，为那些要更为永久居住下去的移民开辟了道路。以后，人口增加了，在这些永久居住的人们之后又来了资本家。

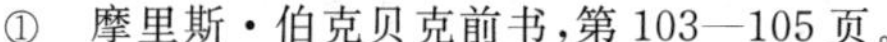

① 摩里斯·伯克贝克前书，第103—105页。

② 美俗，妇女们的一种社交集会。——译者

关于边疆生活的各个阶级，贝克在他所著的《西部移民新指南》(1837年波士顿版)里有一段描述得很好而且常常为人所引用的话：

"一般地讲，在所有的西部殖民地区，有三个阶层的人就好像海洋里的波涛一浪推一浪地来到了。首先来到的是拓荒者。他的家庭生活资料主要就是天然长成的植物和猎品。他们的农具粗劣，多半是自己做成的；他们的主要精力是种植玉米和一小块'菜地'。最后还有一块种植白菜、豆荚、玉米种子、黄瓜和马铃薯的简单的园地，也还有一间木头搭成的房屋，偶尔也有一间马厩和秣槽，十几亩田地和一些被剥皮或'被弄死'的用作打围篱的木料。只要有这些东西便足够应用了。他是否将永远做这块土地的主人是不关紧要的。他是一个暂时的住户，不付地租，就好像一个庄园领主那样独立地生活着。有了一匹马、一头牛和一两群猪，他就可以带着家庭打进森林里去，并且成为一个新县或者甚至于是一个州的创立者。他搭起了自己的木房，把少数趣味和习惯相同的人家约来同住在一起，一直住到他的'农庄'大体上开拓出来，也可以任意地打猎，或者，就像经常的情况那样，一直居住到周围的拥挤的邻居、道路、桥梁和田地使得他感到烦扰，而且没有什么空闲的土地。'优先购买权'的法律使他能把木房和种玉米的土地卖给另外一个阶层的移民，用他自己比喻的话来说，他'开垦高的林区'，'廉价出卖再买新的'，或是迁到阿肯色，或是迁到得克萨斯，再重新去进行这样的买卖过程。

另外一个阶层的移民买进了这块土地，把一块块的田地连接起来，清除了道路，把不平坦的桥梁抛到河里，盖起了用斧头砍成和装有玻璃窗的木房，用砖或石头砌成了烟囱，间或也种植一些果园，建盖起磨房、学校校舍、法院……呈现出一片单纯、朴素和有文化生活的景象。

另外的一批人涌进来了。他们是资本家和企业家。‘移殖者’是准备把一切出卖，以获得财产涨价的利益——再向内地推进，转过来自己也成了一个资本家和企业家。这个小村庄发展起来成为一个宽阔的小镇或城市，可以看到砖砌的大厦、广阔的田野、果园、菜圃、高等学校和教堂。呢绒、丝织品、意大利草帽、绉纱以及一切精制品、奢侈品、装饰品、玩艺品和时髦品都流行起来。就是这样一批人又一批人络绎不绝地向西部前进——真正的‘黄金王国’还更在前面。

在这样的一般迁移里，先头那两个阶层中的一部分人却定居下来，改善了他们的习惯和环境，爬上了社会阶梯的高层。”①

虽然，贝克所描述的这种情况对于那些有发展前途的地区来说是很正确的，但是，当然，这并不是普通的情况。许多地区仅只是经过了垦荒的那个阶段。尤其是在“旧西南部”，有很多地区与贝克所描述的逐渐发展的情况显然两样。第一个阶段，也就是垦荒的阶段情况相同；但是，在第二个阶段，人们不仅没有改善住宅，

① 原书第119—121页。

得到较好的农庄和有了日益节俭而富裕的迹象，反而是从南部来了一些棉花的农场主，他们收买了垦荒者所开拓的土地，合并了农庄，让黑人奴隶代替了白种人的小农户。因此，在第二个阶段，这些地区的人口常常是减少了，这当然是说白种人比第一个阶段减少了一些。在土地渐渐地只有栽种而没有休整的情况下，而且，由于劳动力的不足，就产生了第三个阶段——那就是，普遍的衰退与人口逐渐迁出的阶段。阿拉巴马某个著名的公民1855年时写道：

> “1825年，麦迪逊县投了大约三千票，但是现在都能投的票不会超过二千三百。当人们走过那个地区的时候，就会发现许多农场住房，从前曾一度为勤苦聪明的自由人所居住的房屋，现在都住上了奴隶，或是没有租户、荒芜和倒塌。人们将会看到：从前是肥沃的土地，现在却没有围篱，被抛弃并且长满了荆棘与杂草；人们将会看到：从前是繁荣的村庄，而现在在湿霉的墙上长满了苔藓。也将会看到：从前住得有十多家白人的快乐家庭，现在是由一个‘唯一的地主掌握了的整个地区’。的确，这个还在幼年的地区，五十年前，在森林的树上很少有垦荒者的斧印，现在已经呈现出衰老颓废的痕迹，这在弗吉尼亚和两个卡罗来纳州是很明显的；它们失去了农业方面的鲜明光彩，年轻时期的活力也已消逝，好像被笼罩在一片荒凉里。”①

① 欧姆斯台德：《沿海奴隶州游记》，1856年版，第577页。

1860年以前越过密西西比河的前进

到了1800年，从东部来的白种人移民，由于受到西班牙人的土地法令和有利的皮毛贸易的吸引，就已经跨过了密西西比河。那时，圣路易斯已经变成了一个皮毛和铅的贸易中心，这些货物是沿密苏里河和密西西比河运来的。但是人们对“路易斯安那购入地”的资源与面积的真正认识，却是得自麦里魏塞·刘易斯和威廉·克拉克两人著名的“远征”(1804—1806)。他们两人由哥伦比亚河到达了太平洋。派克船长的探险提供了进一步的认识。他在1805年和以后的时期里，对密西西比河的源头，以及对阿肯色河和雷德河都几乎进行过探险，而且深入到落基山，以及直到今天以他的名字而命名的那座山脉。

由于人们对这个新买进的地区的肥沃程度和资源有了进一步的认识，垦荒的人们就越过了密西西比河，并且到达了密苏里河的上游。那些渴望得到新土地的棉场主，一直向南跨过河道而进入路易斯安那。走在他们前面的是一些牧场主，他们自从詹姆士敦第一次有了殖民区之后就向西发展，越过了永久殖民区界线的西面。以史台芬·奥斯丁为首的第一批美国人，受到了墨西哥当局的欢迎；但是，由于美国的牧场主与向北发展的西班牙边疆牧人发生了剧烈的冲突，并且也由于其他的一些摩擦原因(种族的、政治的和经济的)，因此，革命的爆发不过是时间问题罢了。不容否认，美国的牧场主和牧牛人首先起来反对墨西哥共和国，1836年获得了独立(得到美国和许多欧洲国家的承认，但是没有得到墨西哥的承认）并且请求加入美国。问题在 1845 年终于发展到了高峰，而且几乎立刻引起了 1846—1848 年美国与“墨西哥之战”。墨西哥承认了得克萨斯的独立，它的边界一直伸延到里奥格兰德河，并且把一大片土地割让给美国，割让的土地包括现今的加利福尼亚和新墨西哥两州，还有阿里佐纳、内华达和犹他的一大部分以及科罗拉多和怀俄明的一部分地区在内。美国付给了墨西哥一千八百万元，五年之后又付给了一千万元，达成了“加兹登的购买”条约，想把国境推出到基拉河以南，这样就使美国南部土地上建造一条横贯大陆的铁路有了保障。美国长期以来对得克萨斯、新墨西哥和加利福尼亚蓄意占有的计划到此就告一结束。美国从伯耳的异想天开的阴谋起，到实际征服这些地区以前，就一直有这样的一个策划。

俄勒冈在美国向西部的扩张中提供了有趣的研究材料。因为这个地区的获得，几乎牵涉到可以鼓励殖民的一切因素。1788 年，格雷和亨德利克两个船长访问了“西北部”，为以后许多年间新英格兰商人从事的皮毛贸易奠定了基础。在 1792 年的第二次航行中，格雷发现了哥伦比亚河。从 1804 年到 1806 年，刘易斯与克拉克的著名远征进一步加强了对哥伦比亚河流域的控制权。同时，有两个英国的皮毛公司（“哈得孙湾公司”和“西北公司”）已经开始深入到这个地区，但是他们贸易上的优势不久就受到约翰·阿斯特的美国皮毛公司的竞争，这家公司在 1811 年创立了“阿斯托里亚公司”作为业务的大本营。1812 年的战争中，“阿斯托里亚”的业务就出卖给“西北公司”，后者不久就为“哈得孙湾公司”所合并。这家公司在富有才干的麦克洛夫林博士的领导下，控制着俄勒冈有二十五年。

在俄勒冈，渐渐又出现了一股新兴趣的浪潮。这一次是出现在有乐观情绪的移民而不是出现在皮毛商人的中间。鼓吹向俄勒冈殖民的大宣传家是新英格兰一个名字叫作霍尔·凯利的教员。他出版了一部《俄勒冈地理现状》(1829)[①]，并且组织了一个社团，鼓励人们向那个地区去移殖。他自己在 19 世纪 30 年代初期曾亲身到那里去旅行过。像马萨诸塞州剑桥城的纳撒尼耳·魏思一类的商人，又有了进行商业剥削的梦想，而且“美以美教会”也在 1833 年派遣传教士到“西北部”的印第安人中间去。

“远西部”也在一定程度上得到了爱尔文和其他人的著作的宣传，传教士们的来信里也散布了有关大“西北”地区土地肥沃的消息。19 世纪 30 年代，只有极少数的美国移民进入俄勒冈。但是在以后十年里的先头几年，人们就开始对移民发生很大的兴趣。1846 年，美国与英国签署了一项协定(英国是当时对土地争夺最烈的唯一其他国家)，把北纬四十九度的美国国界一直延长到太平洋。

皮毛贸易的利润和肥沃的土地乃是导致美国占领俄勒冈的主要原因。但是，正是由于在美洲殖民两个世纪以前就已经具有的强烈宗教动机导致了犹他的建立。“摩门教徒”由于遭受迫害和由一个居民区被赶到另一个居民区，在他们的伟大领袖布莱姆·杨格的领导下，1846 年离开了伊利诺伊的诺乌城，向“远西”部作暂

① 这本小册的出版(1831)转载于《历史问答杂志》特大号第 67 期，第 17 卷，也转载于凯利的《对愿往俄勒冈地区殖民的一切善良的人们的一项报告》，该杂志第 16 卷列为特大号第 63 号刊出。

时的撤退。第二年，他们的前锋部队到达了盐湖城盆地，在那里成立了殖民区。他们由于得到了严肃、勤俭和巧妙的领导，再加上宗教信仰的一致，很快就获得了繁荣和富裕。东部各州和欧洲的一些传教士补充了他们的人口，所有移民的费用都由“永久移民基金”来负担。移殖的高度效率和使荒地变成繁盛地区的迅速，说明了“摩门教徒”的殖民在美国历史上是最成功的一次。

“摩门教徒”在犹他定居不久以及美国从墨西哥获得了“大西南”地区以后，由于1848年约翰·萨特尔在离萨克拉门托四十英里的“美国河”上用水车抽水时发现了黄金，就引起了人们占领西部海岸的热潮。加利福尼亚原来已经有了少数的美国农户，可是，那时，地球上每一个角落里想采掘黄金的人都涌到这块新土地上来。1848年年末，至少有六千人已经到达这里。第二年从海道而来的人就有三万五千，从陆路而来的人约有四万二千。1850年的人口是九万二千五百九十七人，比特拉华州的人口还要多。人们所走的海路多半是绕过喇叭角，或是到达巴拿马半岛，从陆路上到达太平洋，然后再来到西海岸。美国在1849年派遣了一些工程师去设计跨过巴拿马半岛的铁路，五年之后这条铁路在极大的困难中建成了。直到1869年第一条横贯美洲大陆的铁道建成之前，这条铁路经营过大量的业务。

陆地上的主要航路有两条。北部的较短的那一条，也就是人所共知的“俄勒冈大道”，从靠近密苏里的圣约瑟夫或独立城开始，沿普拉特河而到拉腊米堡，通过“南岭”而到布里季尔堡，从这里，旅行者又有两条路可供选择而到达“加利福尼亚大道”。由南路或“圣菲大道”行走的寻求黄金的人，可以从利文华绥或独立城通过道奇堡而到圣菲。也可以从阿肯色的史密斯堡向正西方行走，顺着加拿大河或者雷德河而到达佩科斯，然后再到圣菲。从圣菲起，又有两条路可以走。北面的一条，或是叫作“西班牙大道”的那一条，是与“摩门大道”相连接的；南部的那一条，也叫作“克尔尼路”。在路口跨过了科罗拉多河，再往北走到达圣地亚哥。在以后的二十年里，成千上万的“草原马车”都顺着这几条路辘辘前进，无数的人们忍受了一切痛苦与艰辛去寻求财富。那些没有受到印第安人阻挠和成功地跋涉过不毛之地的人们，仍然要面临到这个繁荣矿区不卫生的环境里所流行的霍乱与伤寒疾病的危险。

对于绝大多数的这些“淘金者”来说，黄金的引诱只不过是一个陷阱和幻想而已。的确，早期的少数黄金寻求者只要使用一把鹤嘴锄与淘洗器便得到了财富，但是，即使在早些年里，巨大的利润仍然为商人、旅店主、运输公司和赌场老板们所获得。几年之后，黄金的产量下降了，但是农业、工业和其他创造财富的工业活动，却为一个持久的繁荣奠定了基础。

到了 1850 年，要从加拿大边境南部划一条线去大略地指出西部的疆界已经不再可能了。在发现黄金的后两年里，成千上万的人们跨过了草原地带，为新共和国奠定了基础。自从 1848 年以后，美国就有了两条疆界：一条向西移动，另一条向东移动。从 1840 年到 1850 年的十年中，得克萨斯并入了美国的版图，爱荷华、威斯康星和佛罗里达的准州地区被批准成立为州，也创建了明尼苏达、俄勒冈和新墨西哥的领地。到了 1860 年，加利福尼亚、俄勒冈和明尼苏达被批准成立为州，人们首次从密苏里河以西进入堪萨斯和内布拉斯加而扩大了移殖区域。赞成奴隶制度与反对奴隶制度的两派人，也正在为政治的控制权进行着剧烈的斗争。垦荒的人们已经跨过了密苏里河进入现在南达科他的东南隅，并且继续向北前进而进入明尼苏达、威斯康星和密歇根。

向西移动对东部的影响

当然，要描述人们向西部移动对西部的影响，比描述对东部的影响要容易得多。成千上万的最有活力与雄心的男女青年的不断向西迁移，对西部沿海各州的经济和社会环境无疑地产生了影响。由于向西的移动基本上是一种农业的扩张，因此，在运输条件发明以后，就必然会使西部丰饶土壤的产品与东部的产品处于竞争的状态。我们将会看到，上述的这一情况，再加上沿海各州土地的日渐耗竭，使东部的农业地位有削弱的趋势，并且使东部农业土地的价值下降。东部的农场主们会高兴地看到他们的子孙在西部找到了新的机会，但是，这种影响对于他们自己的地位常常会造成困难。

要肯定向西移动给予正在兴起的美国制造工业的影响便更为困难。东部的制造商都深信劳动力的向西迁移会使东部的工资保持着较高的水平，并且会阻碍工业的发展。这种信念好像是不太有根据的。经常有大量的男女青年农民，去到正在发展着的东部城市里去，也有的去到西部。每一年都有成千上万的欧洲移民在东部的城市里停留下来，从而提供了大量的劳动力。19 世纪 40 年代和 50 年代工资的下跌，以及在这几十年中失业的不断增加，削弱了这一论点。在 19 世纪的后半叶，究竟有哪些人去到西部，是全然不像人们所设想的那样清楚的。最近的研究表明：这种移动主要是农民和他们的子女的移动，而不是城市工人的移动。[①] 很少有资料证明工厂里的工人离开工场迁移到西部去。许多农庄里的男女青年宁愿到西部而不愿意到东部的工厂去从而移动了潜在的工资收入者的这一事实，对于工资的级别也许会发生影响。但是，从工资等级的逐渐下降的观点看来，它对于工业的发展终究是不会发生严重影响的。

无论怎样说，当俄亥俄和密西西比河流域一带住满了人以后，东部的制造商就为他们的产品找到了市场。这就促进了地理上的分工和商业上的交往。随年月的进展，东部就越来越变成一个工业地区；西部成了一个生产粮食的地带；南部成了一个产棉的区域。在那一世纪的头十年，东部把制成品运到了西部，而西部通过河道的航路把多数的食品卖给了南部。南部转过来再把大部分产品卖给了欧洲，或是运到北部去。在伊利运河与宾夕法尼亚运河建成以后，尤其是在铁路开放以后，西部的产品才开始运往东部和南部。“南北战争”之前，铁路已经把俄亥俄以北地区与东北部的经济利益紧密地联系了起来。

沿海各州的农民、制造商和商人也许会惊讶地看到西部的迅速发展，但是，那些有过剩资本能对西部土地或交通事业进行投机的资本家就不是这样。西部也许就是美国资本活动的主要区域，在 1819、1837 和 1857 年经济恐慌的前几年，情况尤其是如此。盖

① 卡特尔·古德里奇与索尔·台维孙合著：《向西移动的工资收入者》一文，载《政治科学季刊》，1935 年 6 月第 12 期，第 161—165 页，及 1936 年 3 月第 13 期，第 61—116 页。

茨教授写到有关伊利诺伊州的时候，清晰地总结了投机商的作用，但是他的描述几乎可以适用于中西部的任何地区。他写道："投机商的作用在伊利诺伊的历史上占着极为重要的位置。他在移民未到之先就来到了这里，选择了最好的地区，用现金或土地许可证买进了土地，进行了测量和设计，然后设法使移民迁到他的地区上来。他对运河、铁路、木板路以及河流的改善是竭诚拥护的。要达到这些目的，他向立法院、县政府、市政府以及国会施用压力。作为政治上的一个因素来说，他的影响是不会被人们估计得过高的。"①

西部对早年美国政治的影响

东部普遍地存在着一种畏惧，认为具有激进的民主思想和强烈民族主义情绪的边疆人民会把全国的均势推翻，而且会破坏美国建国者们的成就。事实上，东部对西部民主主义的畏惧，从培根的起义时开始一直到今天都经常是美国政治上的一个要素。政治家们，研究美国情况的人们，以及美国的思想领导者们的广泛信念，削弱了这种恐惧。这些人认为西部乃是消除政治和社会不满的一个"安全阀"。只要有无人居住的土地让人们在东部的政治、社会和经济环境十分困难的时候去居住，美国至少就不会有革命的爆发。特纳说："每当东部的社会情况变得严重的时候，每当资本家压迫工人或施用政治压力使群众的自由受到威胁的时候，西

① 盖茨：《伊利诺伊中央铁道及其对殖民地的作用》，第119页。

部都是逃往边疆自由环境的一道大门。”西部在政治上也许是一个危险的地区，但同时也是一个安全阀。只要边疆存在一天，这个理论便存在一天。

西部是否真正的重要到这样一个程度，仍然是一个大大的疑问。我们已经说过，东部不满意的劳工们的移动，人数是很少的。比较贫穷的工资收入者负担不起向西迁移的巨大费用；而且他们对于农业也不熟悉。因此，受到东部经济制度痛苦最深的人们实际上就无法逃出这个地区。此外，人口的统计数字也证明，迁到西部的人数，繁荣时期较萧条时期要大得多。虽然有了大量的空地，人们对于经济的不满情绪常常是很明显的。自边疆消灭以后，人们不安定的情绪仍然同样地十分剧烈。此外，对于社会的不满，在边疆地区好像比在东部的城市里还更为强烈。

不论西部是否是一个安全阀，它对于美国政治所产生的巨大影响却不容怀疑。在各州，那些进取的边疆人民要求修改各州的宪法以促进民主。例如 1821 年在纽约和 1830 年在弗吉尼亚就是这样做的。人们常常应用为自己的利益而修改宪法以及其他的方法去防止不断增长的社会权力，但是只取得了暂时的成功。“新西部”的乐观和积极精神是不容否认的。在有关全国政治事务方面，情况也是如此。代表东部贵族政治和不管当时是属于任何工商业集团的联邦主义者们在亚丹斯担任总统的末期失去了对立法和行政机关的控制权。杰斐逊继任总统以后，由于他自己是一个“山麓地区”的农民，西部农业家们的势力便更为显著。当新成立的州一个一个地通过成年人的普选制度而产生的代表在华盛顿取得席位以后，这种势力便逐渐增长起来。

在“共和党”的总统杰斐逊、麦迪逊、孟罗和约翰·亚丹斯在任期间，西部的精神表现在强烈的民族政策继续增长的这一方面。1812 年的战争乃是西部的一个战争，新社会的要求导致了“国有公路”的修筑，尽管有那些严格的建设主义者们的反对。1816、1824 和 1828 年的关税法令是在肯塔基和西北部人们的支持下才得到通过的，主要是受到了亨利·克莱争论的影响。克莱的“美国制度”想把制造业的东部变成农业的西部的当然的市场。

极端的“联邦主义者”、高等法院院长马歇尔的著名的各种判决虽然为西部的人们所痛恨，一般地是符合于西部的强烈的民族主义精神的。1820 年以后，出现了以前年代里民族主义的反应，这种反应席卷了南部和西部，促成了 1828 年安德鲁·杰克逊总统的就职。作为“新西部”真正代表人的杰克逊，由于衷心地相信群众有能力和权利治理国政，竭力争取特权，并且认为应该把国家的财富投入于第二“合众国银行”。虽然他具有各州州政权的强烈思想，但是，他在边疆时所受到的教育，使他具有远见去坚决地反对南卡罗来纳州“不遵从国会法令”的行为。甚至于反对他的、在某种意义上乃是一个复活的联邦主义政党的“自由党”，也是由一个西部的人亨利·克莱在领导。

第十一章　农业时代

人口向西移动对于美国农业的影响

几乎在三个世纪的时期里，美国所受到的巨大影响之一便是移民们向当时存在的空闲地区的继续迁移。这个影响在革命以后的那一个世纪特别重大，那时，由于联邦政府土地政策越来越放宽，人们移殖热情不断高涨，以及运输条件的进一步改善，向西部的移殖进行更为迅速。很显然，如果人们没有一点资本和一些农业知识，要向西部迁移是并不容易的。但是，凡是具有天赋的体力，进取的雄心和工作志愿的人们是很少得不到土地和开始一个新的生活的。在这个新国家里，一个普通的劳动者也许在一年里就可以节省出足够的金钱去买进他的八十亩土地，而一个为边疆极为需要的熟练机械师或教师，还可以在较短的时期内买到这些土地。出卖两匹马或是八头牛所得的售价就能买进四分之一的"划定区"的土地。从1783年到1860年的这一时期，阿勒格尼与密西西比两河之间的土地都已被人买尽，潮水般地来到的移民，涌入了得克萨斯，住进了整个的密苏里，深入到堪萨斯和明尼苏达。当时，"摩门教徒"正在"大盐湖城"附近从事农业生产；并且太平洋山麓地区的农庄也正在迅速地发展着。

这样容易地得来的土地所产生的最大影响，也许就是使那些旧式的和罪恶地浪费的生产方法得以继续。华盛顿在写给英国伟大的农业科学化的拥护者阿瑟·杨格的信中，对弗吉尼亚的土地使用情况作了如下的描述：

> “那些拥有地产的人们唯一的目标，几乎就是种植烟草；因此，从来就不曾看到农作物的正规生产。一般的习俗是：首先，种上一场印第安种的玉米。这样，依照耕种的方式，就为栽种小麦做出了良好的准备；然后，再栽上一场小麦；以后，土地就休耕大约十八个月（除了没有杂草和各种足以腐臭的废物之外）。土地就是这样轮流地继续使用着，没有施用任何的肥料，直到地力被用得耗竭。当土地被翻掘以后，也不种上任何的草籽或采用任何的方法去使它恢复。在同样的情况下，另一块土地又被毁坏了。”①

烟草种植者在他的土地的地力耗竭以后，发现与其整理旧土地还不如买一块新土地来得便宜，因此，烟草的栽种就向西迁移而进入了肯塔基。不久以后，棉花种植的情况也是如此。这一因素对人们迅速地迁往阿拉巴马、密西西比和得克萨斯东部起着重要的作用。北部的农业所受的影响也与此相同。农民会问道：当纽约的中部和俄亥俄河流域有许多富饶的土地等着人们去耕种的时

① 福特：《乔治·华盛顿的著作》，第 11 卷，第 178 页。

候,我为什么要在马萨诸塞或新罕普什尔的小农庄上进行深耕呢?

每当垦荒者到达一个新地区以后,对他最大的诱惑常常是:尽力掠取新土地的精华,然后把它卖出,再继续前进去碰一碰好运。1849年某个密苏里的观察家曾说:“这里的农业是用正规的‘剥皮式’的制度进行的。……这个地区的许多农民只表皮地耙过一大片的土地,但是并没有进行耕种。”[①]这样的一个制度,当然使欧洲的旅行家感到惊奇。伯克贝克1818年时写道:“土地的地力会因收获而耗竭从而必须施用肥料,这样的概念还没有进入西部种田人的考虑之列。人们往往把肥料堆集起来,直到农民们搬出了他们的庭院和房屋,离开了这个毫无意义的地方。他们丝毫没有再转回到这块土地上来的念头,但是,土地的肥沃好像是并没有限度的。”[②]在迅速的水道和河流运输还不发达以前,垦荒的农民受到了缺乏市场的阻碍。这自然就降低了他们改善土地的进取心。他们不必充分发挥新农庄的潜力就可以种出足够的粮食去养活整个的家庭。

比在旧的土地破坏以后就轻易地获得新土地的情况对农业还更为有害的,便是在这个时期内连续的几十年里美国人民所卷入的土地投机热狂。下面是某个英国人所描绘的情景,当然是被夸大了的,但是仍然具有一定的真实性:

“地产的投机许多年来一直是西部人民的主导思想和职

① 《种田人杂志》,新编号第6卷,1849年版,第302页。引用于比德韦尔及福克讷:《1620—1860年北美合众国农业史》,第272页。

② 摩里斯·伯克贝克:《伊利诺伊州的来信》,1818年版,第18页。

业。店员、工人、农民、商店店主从事自己的职业，只不过是为了维持生活，大家都在为着财富而进行投机。没有统计数字能够说明究竟有多少‘美国佬’到西部去买进一块土地，建立一个农庄和住宅，并且在那里生活、定居而直到老死。我认为有0.5%以上的东部移民最初都有这样的想法，但是没有一半的人实现了这个理想。诚然，德国的移民更有资格被称为移民；但是，所有的阶层和各种人民都更为受到激动和感到不安，而且他们被这一形式或那一形式的土地投机引起了永远不能满足的贪婪，想对新建的铁路、公路、乡村、城镇、金矿、水力发电厂和煤矿进行投机，碰一碰运气去获得这样或那样的立刻发财致富的机会……

在美国，很多人都兴奋地梦想着立刻获得财富。靠劳动生活的思想被讥笑为只不过是胆怯、缺乏企业精神和软弱的人或是脚步沉重的荷兰人或英国人的命运，是为‘年轻的美国’全然所不齿的……

根据普通法律的规定，土地可以像任何种类的其他财产那样容易地被转让或出卖。它可以在六十天之内转手十几次（而且的确也发生了这种情况），它一面被转让，价格就一面上涨，而且还同时带来了水牛和印第安红种人。上百万亩的土地在被买卖着而不知道买主和卖主在什么地方，或者是否确有其人；买主只知道要把土地卖出，以获得巨额的利润。”①

---

① 密契尔：《美国十年》1862年版，第325页。

利用这个地区所取得的进展作为投机对象的这种思想，潜进了每个垦荒者的灵魂深处，而且形成了他的一部分躯体。[①] 在选择土地基址的时候，他首先考虑的乃是它的位置和涨价的可能性。在那些日子里，一个典型的边疆人民是这样的：买进一块土地，搭起一间简陋的木房，改良这块土地以便在卖出时能获取利润。所有这些，对东部农民产生了极其不良的影响，使他们的道德败坏，也感染了土地投机的风气，而且许多东部的农庄是由地主建立起来专供售卖的。地主急于把它们出售，再到别的地方去碰一碰好运。这种把地区的进展作为交易对象的行为，使美国农民产生了一种迁移的倾向，这种倾向在旧世界的环境里是不可能的，而且在那些从事这种职业的团体的缓慢行动中，这种倾向也是少有的。它打破了人们对乡土的依恋，阻碍了人们对土地的积极改良；农民之所以从事建设不是在为他的子孙后代，而是为了要获得最快的出卖机会。

东部的农业进一步受到西部竞争的破坏。在运河和铁路已经为西部庞大的农产品提供出路的时候，新英格兰和中部各州的农民就感到在生产粮食和肉类方面都不能与人竞争，而且被迫去对他的经济进行改组，改营蔬菜、果类、乳酪或烟草的种植。只有东部那些位置最好或最为肥沃的土地才能继续与西部所生产的粮食进行竞争。这种经济的改组是需要时间的，而且也是困难的。东部农业也受到了不易获得足够劳动力的障碍。较高的工资和能够

① 参阅前数页中伯克贝克的引语。

赚钱更多的机会把最好的农庄助手吸引到附近的城市或西部去了。

棉业的兴起

毫无疑义，在美洲共和国成立后头半个世纪的农业史中，最显著的一个特点便是棉业的兴起。在殖民地时期，棉业方面所取得的进展很小。市场的缺乏和烟草的压倒优势的重要性，使棉业得不到应有的发展，虽然殖民地政府对鼓励植棉曾经做了不少的努力。人们也种植了一些棉花，用来织布，但是，这种布只限于给贫穷的阶级穿用。在革命时期，与大不列颠贸易的中断，断绝了外国棉织品的进口，使南部的人们转而注意到棉花的生产，以满足国内的需要，同时，马里兰、弗吉尼亚和南卡罗来纳的政府也敦促人民关心棉业发展的前途。植棉的人们当时所提出的一个主要问题便是在把棉籽从纤维里分隔出来时所遇到的困难。即使有了奴隶劳工，这也是一项成本很高的生产过程。

讲到这项主要的产品，它在 1790 年到 1830 年的时期内，使南部的农业发生了一次真正的革命。到 1830 年，棉花已经成为南部的主要农产品，而且也是全国唯一大量出口的物资。这种迅速的发展，首先是由于市场的突然开放造成的。从 1767 年到 1780 年间，英国的哈克里夫斯、阿克赖特和克朗普顿等人曾制造了一些机械，想废除用手工纺织而代之以水力和蒸汽动力。1785 年卡特莱特也在织布方面做了同样的改进，结果使“工业革命”的时机在 19 世纪的头几十年中得以成熟。这些机器的图样终于被带到美国来[①]，并且在那里建筑了制造机器的工厂。亚当·西伯特说：“1775 年时，棉花的制造在英国被列为‘最低贱的国内工艺’；那时，所产的棉花几乎完全是供应国内的消费。1797 年时，却在大不列颠的一切工业中占了领先的地位；1809 年时，为八十万人提供了就业。”[②]

由于制造的迅速和成本的低廉，就降低了价格和创造了人对它的需求。当时，已经可以加工任何大量的棉花，问题在于如何能获得原棉。1786 年时，巴哈马的“海岛棉”几乎是出于偶然地被带到了美国，而且在沿海地区很快地繁殖起来。由于它比“短纤维”棉种的纤维要长得多，这就有可能把纤维放在两个沿相反方向旋转的滚筒里把棉籽清除。国家对棉花的需要很迫切，因此，它的种植很快就传播到沿海农民的中间。农场主乐于栽种棉花，因为烟草田正在渐渐地耗竭，而且蓝靛与大米的市场都因为美国的脱离英国而受到了损害。同时，南部急于需要有一种新的农作物，而英国的工厂主也在嚷着要得到这项原料。

人们想种植棉花的激动心情无疑是存在的。但是，清除棉籽的困难使它的发展受到了限制。气候的条件限制了海岛棉只能在沿海的低洼地区种植，那些为南部大部分人们必须依赖的短纤维的高山地区棉花，只能十分费力地慢慢捡净。一个奴隶每天平均只能捡净一磅。这个问题在 1793 年被一个头脑清醒的“美国佬”机械天才家爱丽·惠特尼解决了。惠特尼刚从耶鲁大学毕业后就

① 参阅本书第十三章。

② 亚当·西伯特：《美国统计年鉴》(1818)，第 92 页。

到南部的学校里去任教。

惠特尼的形式简单而构造精巧的机器，包括着一个圆筒，里面装有从金属片里凸出的齿柱，这个圆筒吸进了棉花的纤维，让棉籽余留下来；在第二个从相反方向旋转的滚筒里装有刷子，把齿轮上的棉花清除。这个机器，如果用手操作，每天可以捡净棉花五十磅，如果使用水力，每天可以捡净一万磅。这位发明家在写给他父亲的信里说：

> "在放弃这项工作以前，我做成了一架机器，只需要一个人的劳动便可以把它旋转。有了这架机器，一个人可以比用人们已经知道的其他任何方法捡净十倍的棉花，而且比通常的方法还弄得更为干净。这架机器可以毫不费力地用水力或马匹旋转，一个人和一匹马就可以比五十个人用旧机器还能生产更多的棉花。它使劳动力减少98%而不使任何阶层的人失业。"①

轧棉机产生的后果

惠特尼所制的轧棉机是美国农业上头等重要的一项发明。它也是基本上由一个人的天才制成的一种产品。所产生的影响是直接而深远的。棉花成为南部最有价值的商品农作物，也是全国唯一的最大宗的出口货物。除了1808年亦即通过《经济绝交法案》

---

① 惠特尼通讯，载《美国历史评论》，第3卷，第100页。

的那一年，以及1812—1814战争的期间之外，棉花的生产是迅速而稳定的。1790年的产量是四千包，每包重五百磅；1860年是三百八十四万一千四百十六包。1810年它约占出口总值的22%，1860年占57%，而在这些年间出口棉花的价值由六千六百七十五万八千元增加到三亿三千三百五十七万六千元[①]。它在出口贸易方面所占的重要位置，说明它是南部财富的来源，说明南部对于关税的态度和在南北战争初期的过分自信以及最后失败的原因。

轧棉机的发明和棉花栽培的兴起，对于西南部的开拓有着重要的意义。从乔治亚和南卡罗来纳州开始，1800年以后，棉花的种植就传播到北卡罗来纳和弗吉尼亚的东南部，并且越过了山脉而进入田纳西。在人们认识到阿拉巴马和密西西比肥沃的冲积土地比高山地区更适宜于栽种棉花之后，那些有远见的种植者就源

① 1791年至1800年五年中，美国每年棉花平均产量与出口量，及中等山地棉花在纽约与利物浦每年平均价格表。

年　　份	美国每年平均产量(磅)	美国每年平均出口量(磅)	出口百分比	中等山地棉纽约平均价(美分)	中等山地棉利物浦平均价(便士)
1791—1795	5,200,000	1,738,700	37.43	13.7	无资料
1801—1805	59,600,000	33,603,800	56.39	25.0	15.4
1811—1815	80,000,000	42,269,400	52.83	14.8	20.5
1821—1825	209,000,000	152,420,200	72.93	16.2	9.2
1831—1835	398,521,600	329,077,600	82.57	11.9	8.0
1841—1845	822,953,800	691,517,200	84.03	7.7	4.7
1851—1855	1,294,422,800	990,368,600	76.51	9.6	5.4
1861—1865	无资料	无资料	无资料	58.9	19.1

资料来源：《建国时期的美国南部》第5卷，第211页。

源不绝地进入这些地带，在他们之前来的有印第安人、西班牙人和牧场主。跨过了密西西比河以后，他们就把养牛户赶入得克萨斯，造成了“墨西哥之战”以及因此而产生的对这个地区的合并，并且到了 1860 年，就已经优先地把得克萨斯的沿海地区买下。早年栽种棉花使土地耗竭的那些方法，也正如栽种烟草的方法一样，枯竭了土壤，并且迫使农场主进一步去寻找处女地。迟至 1820 年，美国一半以上的棉花是在乔治亚和南卡罗来纳栽种的。到了 1850 年，阿拉巴马占了第一位，乔治亚占第二位，密西西比占第三位。南卡罗来纳占第四位。1860 年时，密西西比、阿拉巴马和路易斯安那生产了全国总产量一半以上的棉花，那时得克萨斯的产量已经越过了南卡罗来纳。西南部棉花增产的显著时期就是 1837 年经济危机发生以前的那些繁荣年代，以及紧接着得克萨斯并入美国以后的那个时期。随着棉花种植中心的转移，贸易、财富和政治权力的中心也发生了转移。查理斯顿和萨凡那逐渐丧失了它们的重要性，而孟菲斯、莫比耳和新奥尔良却发展为商业的中心。在 1800—1860 的十年中，新奥尔良生产了大约全国一半的棉花。那个时候，棉花王国的京都已经移转到西南部来。

轧棉机的发明所产生的影响渗透了南部的整个社会和经济生活，它使奴隶制度与社会经济生活联系在一起。奴隶制度作为一种制度在革命以后的几年中肯定地受到了攻击。机警的农场主对那时在南部所采用的整个奴隶制度的经济价值是表示怀疑的。华盛顿 1794 年时写道：“如果我不是在原则上反对把黑人像你们在市场上卖牛那样地去卖，我就不会一年在十二个月当中都没有一个奴隶。如果他们不是在过去了几年之后才被发觉是一种令人非常烦恼的财产,那么,我即使是错了也将是愉快的。”[①]像华盛顿和杰斐逊这样的人,在他们临死的时候,都释放了他们的奴隶。而且与其他一些南部著名的人士一道,竭力主张完全推翻这个不道德的制度。在北部,结束奴隶制度的运动正在迅速地发展着。

推翻奴隶制度的趋势由于轧棉机的发明而停止了。棉花乃是最适宜于使用奴隶劳动的一项农产品。几乎整个黑人的家庭成员在一年的绝大部分时间都能够在棉田里工作。只要有一个监工就可以监督许多奴隶,而且,总的说来,在一个旧的土壤耗竭后就可以得到大量新土地的国家里,是适合于愚昧无知的奴隶劳工用简单而浪费的栽种方法的。虽然奴隶的数目从 1790 年的大约六十九万八千人,几乎增加到 1860 年的四百万人,但是,增加的速度仍然不能满足需要;而且由于人们买进了更多的地区进行栽种,奴隶的需要量也就增加。在轧棉机发明之前,一个好的棉田助手可以生产价值三百元的产品;二十年以后,这个价值就加了一倍。1830 年的平均价值大约是八百元,1850 年就是一千二百元,1860 年就是从一千四百元到二千元。推翻奴隶制度的情绪不仅在南部而且也在情绪最高的边区的某些州里消逝了。棉花生产的向西部和南部移动,使得边地各州的奴隶有了过剩,尤其是在弗吉尼亚。因此,奴隶的买卖,成了一项活跃的商业。与此同时,在整个沿海地区,禁止奴隶买卖的法令都公开地被逃避过去了。那些在国会里有代表权的奴隶主,由于害怕人们的对这个制度的越来越多的批评,都勇于应付对他们的攻击,而且不断地设法扩大了使用奴隶的

① 引自马易克:《乔治华盛顿与黑人》,1932 年版。

地区。

北部也感受到了棉业兴起所带来的影响。新英格兰年幼的纺织工业受到了鼓励，而且，俄亥俄河以北的农民也替他们的猪肉、玉米、面粉和威士忌酒找到了市场。这就刺激了农业，给中西部带来了繁荣；但是它也有利于奴隶制度的迅速扩张和西南部大农场制度的发展。[①]

南部农业的其他方面

殖民地时期，南部产物中生产最多的是烟草。那一个世纪的最后十年产量达到了高峰，那时出产烟草各州的人口有半数以上都从事于或依赖于烟草的栽种。它在 1791 年的出口货物中占第一位，那时运到国外的烟草价值四百五十九万美元以上。1800 年时，它虽然还是领先的出口物资，但是由于受到了《禁运法令》和 1812 年的战争，古巴、哥伦比亚和苏门答腊的竞争，外国的实行高度进口关税，土地的逐渐耗竭以及棉业的兴起等等严重的影响，烟草的重要性很快就降低了。把土地和奴隶的使用由烟草转移到棉业所产生的影响是十分明显的；烟草工业几乎一直停滞到 1840 年才又达到与 1790 年相等的输出量。用焰管代替木炭熏烤的旧式方法，以及新的黄叶烟种的使用，大大地改进了产品，使这项工业获得了新的生命；而人口的增加也扩大了国内的市场。从 1850 到 1860 年，产量增加了一倍以上。因此，南北战争开始时，南部仍然

① 前述比德韦尔和福克讷所著书第十三章。

是世界上最大的出产地区。虽然那时弗吉尼亚和肯塔基出产了总产量的一半，生产的中心正在移向西部。那时所生产的烟草，大约有一半是出口到英国和德国。

早年时期美国也进口甘蔗，但是直到1800年左右，糖的提炼才有较大的发展，使它成为一项重要的产品。那时制糖的中心是路易斯安那。到1860年，产量达二十八万大桶，使用了十八万个奴隶的劳动。

大米是殖民地时期南卡罗来纳与乔治亚沿海的主要农作物，一直种植得很成功。从1820年到1850年，产量增加了三倍以上。1850年达到了最高的产额，以后就逐渐下降。直到那一年，南卡罗来纳出产了全国总产量的一半以上，其余大多数是乔治亚出产的。大米的种植者作为一个阶层的人来说是战前南部最具有科学知识的农民。他们由于不得不继续使用同一块土地去耕种，因此，最先就注意到肥料的使用和沼泽地的开垦。只有湿润的土地才适合于栽种大米的这一事实，产生了不同种类产品的种植，这是与棉花和烟草的种栽全然不同的。市场的稳定以及由于卡罗来纳出产的大米被公认是世界上最好的，这就使大米的种栽者受到了鼓励。他们的主要问题在于如何去应付西南部各州正在迅速发展的棉花和蔗糖农场所引起的奴隶劳工的剧烈竞争。

大麻是南部某些地区的另一项十分重要的产品。这项工业几乎是与肯塔基的殖民同时开始的。大麻早年在这里所具的重要性也和烟草早年在弗吉尼亚所占的重要地位相同。大麻主要是用来做成麻袋、绳索、装烟草的布包和黑人的衣服，但是它的市场扩展到东部和北部。大麻的栽种从肯塔基开始一直扩展到田纳西、阿肯色和密苏里，它是使密苏里州在奴隶制度问题上赢得胜利的一个重要因素。必须指出“美国制度”的拥护者亨利·克莱乃是肯塔基州大麻种植商的代表。1850年肯塔基出产了一万七千七百八十七吨大麻，密苏里出产了一万六千零二十八吨，田纳西出产了五百九十五吨。

虽然南部的经济生活受到了上述的商用农产品的支配，但也还出产其他主要供国内消耗的粮食。除了一般的蔬菜园艺之外，1859年所生产的粮食有：玉米四亿三千三百零六万七千蒲式耳；小麦四千九百十五万八千蒲式耳；燕麦三千二百十六万三千蒲式耳；黑麦四百零七万蒲式耳；此外还有少量的大麦和荞麦。南部的土壤，种玉米比种其他的粮食还更为适合，而且玉米提供了奴隶的主要粮食。可是，这项粮食只有俄亥俄河以北五个州所产的一半，不能满足南部的需要。但是，绝大部分的小农户仍然注意这些粮食的生产，这些农民的数目大大地超过了农场主的数目。在畜牧业方面，南部尤其是肯塔基，以当地出产的跑得很快的马种而闻名。肯塔基在繁殖短角牛和“罕普什尔猪”方面也很有名。在这些年代里弗吉尼亚养羊的显著地位，是与早年华盛顿的兴趣和以后的农业社团的努力分不开的。南部饲养的牲畜并不限于特别的品种，这可以从所有牲畜的总价值看出来，根据1860年的调查，这项产品的价值是三亿八千一百七十七万八千六百零一美元。

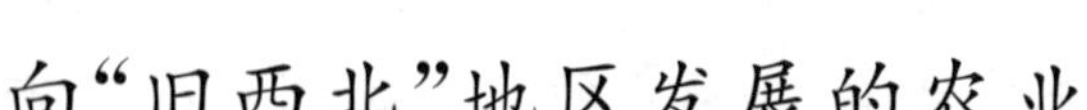

向“旧西北”地区发展的农业

在美国农业史上，与棉业的兴起具有同等重要性的，便是农业地区的开拓，这个地区包括着俄亥俄河与五大湖之间往西进入爱荷华与堪萨斯的草原地带。在某个时期也许曾经被水浸淹过的纽约西部和俄亥俄北部地区，具有天赋的优美而肥沃的土壤，这些土壤没有砾石，容易栽种，而且气候适宜，水量充足。约有十万平方英里的水面，提供了世界上最优良的内河航运。由于这些航路通过摩霍克流域而到东部彼岸，造成了天然的出路，大大地增加了它们的便利。俄亥俄河与密苏里河的支流使中北部各州的产物能够通过密西西比河而运入欧洲市场和南部各州。伊利运河和宾夕法尼亚运河以及康伯兰公路在头十年中补充了天然公路的不足，1840年以后又得到了在这个地区里容易地修建起来的铁路的补充。

第一批的殖民，向着与俄亥俄河和它的支流接壤的森林地带推进，发现他们所遇到的问题，与在新英格兰和肯塔基农场上遇到的相同，那就是要清除森林和重复地栽种旧农作物这样一个问题。在所有的土地都被人们占领和垦荒者进入了印第安纳、伊利诺伊与爱荷华之后，就发现他是来到了一个不同情况的地区，要面临一些新问题。这里有着缺乏森林的草原地带，这就使建筑费用高昂，木柴稀少；而水的经常缺乏乃是一个障碍。草原上的土壤十分坚硬，是用早年的木犁无法锄破的。最初，人们有一种错误的想法，认为这不是肥沃的土地。交通条件的缺乏有时也阻碍了人们向草原地带的占领，也不可能使剩余产品有利地售出。当人们认识到了这些土壤的确肥沃，尤其是应用了钢犁和其他一些改良的农业机械和发展了人为的交通条件以后，就很快地在这些土地上进行栽种。由于土地不太需要整理就可以播种，因此，人们就很快地把它占据，土地几乎不必进行清除，只要用牛和犁就可以把它锄开，种上一场玉米。第一次种上的庄稼通常只要有足够使它腐蚀的草根就能破土生出，第二年就可以种上小麦。

五大湖地区和草原地带的发展在很大程度上有赖于市场和交通的情况。“工业革命”正在使西欧变成了具有工业文明的城市，也使美国开始感到有着不断增长的粮食的需要。这种情况，在1840年的《粮食法令》废除以后尤其是如此。这个法令为美国的粮食在大不列颠开拓了市场，也把南部发展成为一个重要的市场，在那里，农场主们认为买进粮食和把奴隶的全部劳动的精力用去生产主要的农产品是比较有利的。因此，中北部各州就发展成为一个巨大的粮食生产区，从那里可以把产品由运河和铁路运到东部，也可以用轮船和铁路分两路继续运到南部。纽约西部和俄亥俄北部都乐于种植果类和经营乳酪业，而中西部其他地区则主要出产肉食和谷类。

1825年以前，这个地区所能出口的少量食物乃是生羊肉，生猪肉和连蹄的羊肉。在运河与铁路时代还未到临和罐头工业还不发达以前，宾夕法尼亚、马里兰、弗吉尼亚和俄亥俄西部各县的农民们每年把大群的牛和猪顺着公路驱赶到费拉德尔非亚和巴尔的摩去。“在夏秋两季，从这些路上经过的驱赶猪牛的人是那样地多，以至于在一英里或一英里以外的人，都能够知道这些牲畜的通过。因为人们可以从高空看到成为行列的东西在移动，使得灰尘飞扬。”①牲畜的饲养常常是边疆人民的一项主要职业，因为每一

① 金：《俄亥俄畜群的往来》，《俄亥俄州立考古及历史协会季刊》，1903年版，第17卷，第249页。

个边疆地区都出产廉价的牲畜饲料。“中西部”的环境尤其有利于生猪的饲养，注定了要使这项事业成为那里的一项巨大工业。在科学还不发达的初期，猪群是靠吃森林里的野草和搁栗等类[①]的果实养活的。后来，人们发现这里的土壤尤其适宜于栽种猪的主要食料玉米，因此玉米很快就变成了主要的农作物。

大约在1818年间，肉食装罐成为阿勒格尼山以西各地区的一项工业。市场、运输以及银行业务的发达，还有人口的增加，使家畜的供应有了稳健的发展，使辛辛那提这时建立了一个巨大的肉食装罐工业。在早些年里，肉食是用腌和熏的方法加以保存的；而且，由于这种方法并不需要大量的资本，在许多较大的城镇里兴起了装罐的工厂。但是，1860年以前，辛辛那提在这方面一直保持着领先的地位，虽然自那个时候起中心在继续向西部迁移。芝加哥由于面积的扩大，有着优越的运输条件，再加上它接近饲养生猪的各州，因此就在这方面跃居领先的地位。肉食工业以及如皮革用品、化学肥料、胶类、洋烛、肥皂、猪油、食盐、制桶等副产品的制造，为辛辛那提和芝加哥奠定了繁荣的基础。今天，这项工业仍然是这些中心城市的基本工业。

由于早年时牲畜食料和制造威士忌酒的原料的需要，大大地鼓励了谷类的生产。玉米的数量庞大，是不便运输的，但是能够用它去喂养牲畜，再转过来把牲畜驱赶到许多英里以外的市场上去。玉米和黑麦能够容易地制成体积较小和更为浓缩的酒类。正是由于这一事实，使威士忌酒成为一项特别的领先产品，而且也说明了

① 即橡树的果实和其他森林树木的果实等。

为什么宾夕法尼亚的边疆农民反对汉密尔顿所提议的消费税的原因。在整个的这一时期里，玉米在很大程度上一直保持着它是一项主要的农产品的地位，虽然除了做成威士忌或肉类的形式之外，是很少能找到出路的。

伊利运河和宾夕法尼亚运河被开放和有了铁路以后，使谷类有可能运到东部和南部地区，并且大大地推动了其他谷类的生产。小麦或是被运到辛辛那提，路易斯维尔和圣路易等地交给面粉厂厂主去寄售，以供当地和南部的消费；或是经过布法罗和匹兹堡而运到东部。有一部分最后经过纽约和新奥尔良而到达欧洲。1850年时，中部大西洋沿岸各州仍然比中北部各州出产更多的小麦，但是在以后的十年中，西部的产量增加了125%，而中部大西洋各州只增长15.5%。由于西部小麦的重要性日益增加，碾磨面粉的中心，就从沿海有河流的地区移转到伊利河上的罗契斯特，以后又移转到芝加哥和圣路易，最后移转到西北部的大面粉厂。

越过密西西比河

农业越过了密西西比河而进入密苏里、明尼苏达、爱荷华、堪萨斯和内布拉斯加的这一发展，乃是俄亥俄河以北边疆各州所取得的经验的继续，这些州的产品和文明情况基本上是相同的。在更往南的路易斯安那和阿肯色，在东部地区还没有住满人之前，殖民的边缘就已经向前推进而越过了密西西比河。这两个州都种植烟草、棉花、食糖和谷类。美国进入西班牙的土地开始于1820年，那时，有一个出生于康涅狄格名叫摩西·奥斯丁的人得到西班牙政府的许可，成立了一个殖民区，供来自美国的移民的居住。第二年，他的儿子史提芬在布拉索斯和特里尼特河流域建立了第一个“英美殖民地”。在以后的十五年里，大约有三千个美国人跟随着奥斯丁的这一伙人来到，他们主要是在圣安托尼欧与纳可多吉士及海岸中间的一些小河沿岸居住下来。这些人多半是美国的“南方人”，有的带来了奴隶和种植了棉花，有的从事于大牧场的经营。

他们所以迁入是为了要寻找机会去得到比在美国还更为价廉和优良的土地。那时，美国南部较好的土地已经被有优先权的人购买，剩下的土地每亩最低价格是一元二角五分。这次移民发生于墨西哥向西班牙获得独立的那个革命战争的时代。最初受到了西班牙和墨西哥人欢迎的这些新移民，不久就造成了摩擦的原因。墨西哥政府的想对移殖作进一步的阻止，推翻奴隶制度和废除一些国内法令的企图，只不过是导致那难以避免的叛变的几个原因罢了。那些渴望得到土地的美国人进行了叛变，1836 年从墨西哥的手里获得了独立，1845 年并入了美国。到了 1860 年，得克萨斯的人口是六十万零四千人，住在四万二千八百九十一个农庄上，生产了四十万五千一百包棉花，此外，还有范围广阔的牧场工业。

还必须记住，1860 年时，美国的农民正在太平洋沿岸奠定一个巨大的农业帝国的基础。加利福尼亚的人口从 1850 年的九万二千人增加到 1860 年的三十八万人，扩大了对当地农产品的需求。与此同时，淘金的事业渐渐为人们所放弃，许多在移入加利福尼亚以前是农民的淘金者，开始看到了这一个新成立的州里的巨大的农业机会。那时，沿太平洋地区已经布满了规模巨大的牧场，

（牛和羊两者的饲养），而且正在生产着大量的大麦、小麦和其他的谷类。

工业革命与西部农业对于东部的影响

农业的新英格兰在这一世纪的上半叶产生了一些变革，这些变革导致了一次真正的农业革命。正如在殖民地时期一样，1800年的农庄生活具有自给自足的特点。由于销售产品的市场数目不多，农民就不能向外面买进物品，他们在饮食、衣着和工具方面所需要的东西主要是在农场上生产或制造的。1810 年，工业革命逐渐把新英格兰变成一个制造业的中心以后，这种情况就开始渐渐地改变。

城市人口 1860 年时约有新英格兰南部总数的三分之一，为农产品提供了市场。从前是一般化的农业耕作，开始转向于专业化，例如：靠近城市地区根菜作物的采用"集约耕作法"；山区的养羊剪毛，以及康涅狄格河流域的生牛的催肥，等等。新市场激起了人们在耕作方面的新兴趣，这种兴趣在 1830 年以后，由于组织了农业协会和使用进步的机械（尤其是铁犁的使用）而增加了。

新英格兰的农民们对新的环境刚一习惯，由于铁路的发达，就迫使他们不能不做第二次的调整。运费的低廉，使他们在羊毛、牛肉和猪肉等方面都无法与西部的这些产品竞争。因此，虽然玉米仍然是新英格兰的农业支柱，猪肉与牛肉的产量下降了。人们的注意力便转向于乳酪业和蔬菜业，而且在 1840 年以后的三十年中，康涅狄格肥沃的低洼地区大量地发展了烟草的种植，这是因为抽吸雪茄烟的人日渐增多，为那里所种植的优良的雪茄烟卷叶提供了市场的缘故。这种农业上的剧变，给农村生活带来了显著的变化。工厂制度的到来，使自给自足的家庭生产制度破产。农产品的销售为农业地区提供了现金，为农民带来了新的享受和更高的生活水平。从家庭工业里解放出来的妇女都到工厂里去寻找工作。同时，许多为这一经济调整时期的不安定而感到失望的男子，也受到西部城市里新的机会或是更为肥沃的土地的引诱而到那里去。土地价格的调整，使整个情况弄得更为复杂起来，这虽然不一定是，但通常却是对农民的利益有危害的。

当时新英格兰正在发展的情况，也在较小的程度上发生于中部各州。这个地区耕地的比较富饶，使它能在一个较长的时期内与西部的产品进行竞争，并且在这些年中，它一直是一个重要的农业区域。然而，在哈得孙河与特拉华河流域以及日益成长的海港城镇里正在发展的工业，为粮食提供了一个不断扩大的本地市场，从而对农业进行了调整以适应需要。另一方面，沿海南部地区在与西部的棉花和其他产品竞争所得到的补偿却很少。那里没有什么能够创立大城市的重要工业的发展，棉花的出路只限于新奥尔良和其他“湾流”区的一些城市。沿海南部各州，也正如新英格兰那样，点缀得有少数荒芜的农庄，但它却不像新英格兰那样能够调整自己，或是把全部的精力转向于对新事业的发展。南部各州的领导人物如加罗林地方的约翰·泰勒和埃德蒙·腊芬都主张农作物的多样化和使农业科学化以保持土壤，但是，他们的号召却没有得到人们的理会。东部的农场主由于自己的资金被冻结在土地上面，土壤逐渐耗竭，劳动力也被西南部所吸引，因此，自己就好像无

能为力。正是这一处境部分地说明了由于人们的不满而导致“南北战争”时南部分离的原因。

农业技术的进步

从1830年到“南北战争”的这一时期，美国的农业出现了一个革命性变革的开端。人口的迅速增长，提供了新的劳动力和扩大了市场。人口增加的原因是：(1)易于形成大家庭的文化所产生的自然增长；(2)这些年里移民数目的增加到四百五十万人，以及(3)工厂制度的兴起增加了城市人口。1850年以后，铁路的迅速扩建，大大地刺激了农民，因为它把世界的产品和市场都送到了他们的门口。加利福尼亚黄金的发现以及1846年英国废除了《粮食法令》所引起的粮食需求的不断增加，都助长了物价的上涨。农业科学化的进展也很快，但是，特别值得注意的是美国农民发明和采用了节省劳力的机器。这种发展在革命以后的二十五年中比较缓慢，但是从1810年到1840年，速度就加速起来，而且自那个时期以后，就几乎像闪电似的迅速前进。

可以想到，在一个土地广阔而劳动力不足的国家里，最大的进步首先应该是来自节省劳动力的而不是来自节省土地的发明。杰弗逊说：“在欧洲，由于劳动力的充足，就应该以尽量利用土地为目的；而在美国，由于土地充足，就应该以善于利用劳动力为目的。”美国的农具，是为了增加每一人的生产量而不是为了增加每亩的生产而设计的。关于增加每亩生产量的农具方面，我们还没有赶上人口更为稠密的那些国家。在1800年以后的若干年中，一个农民的用具通常是:简陋的木犁、耙、锄、铲、叉和钩等,构造十分简单而且多半是自己做成的。最初的巨大改进便是用金属做成犁头,这在 1825 年以后便普遍地使用了。殖民地时代的犁头是用铁片包镶起来的。而且早在 1790 年,新泽西州的查尔斯·纽博耳德就在想法用铸铁试做一架犁,终于在 1797 年做成并且向政府注册。但是纽博尔德的犁头效率很低,许多的农民都不愿使用。

改进犁头的思想并没有被人们忽视,像杰斐逊和韦伯斯特等人还在研究它的材料和形式。最后,纽博尔德的犁(一块坚硬的铸铁)被另外的一些人加以改进,其中包括纽约的哲斯罗·伍德,他在 1819 年向政府注册了一种犁头,这种犁头是由不同的一些零件拼成的,如果有某一个零件损坏,可以换上一个新的。一些制造商和发明家都侵犯了他的专利权,但是农民们却得到了好处。以后有人又设计了犁板,更适合于犁破草原上缠结的杂草,这些草原上胶着的泥土也需要更为平滑的犁头去挖掘。约翰·狄尔发明的全钢犁和詹姆斯·奥力维尔的硬钢犁都具有上述的这些效能。这些犁头没有铸铁的气泡,并且使金属更为结实。那一世纪的 30 年代以后,金属制的犁头就迅速为农民们所采用,尤其是在大量的生产降低了成本以后。改良后的犁头不仅节省人力和兽力,而且通过深翻,延长了土地的生产率。

在改进犁头的同时,也发明了割草机和收割机,以适应新犁头所造成的生产增加的需要。正如在制造业方面一样,农业生产上某一阶段的改进也推动了其他一些阶段的改进。大约在 1800 年时,开始使用了打谷机,大大地便利了谷物的割刈与收集,但是收获仍然是一个费力而缓慢的过程。在以后的几年里,许多人又在收割机的问题上做了试验，通过许多人的智慧，终于制成了一架机器。1831 年，新泽西的威廉·曼宁获得了割草机的专利权。但是成功地制造出一部实用收割机的乃是奥贝德，赫西和赛拉斯·米高梅两人，他们各人向政府注册的时间是 1833 年和 1834 年。赫西的机器每天可以收割十五英亩，足以说明这是一部相当良好的收割机，并且几乎有十年的时间，他很少遇到旁人的竞争。但是，由于他的贫穷和策略上的错误，始终没有能够大量地生产。结果让其他的制造商赚取了更大的金钱与名誉。取得最大成功的是米高梅，他的祖先是苏格兰的爱尔兰人，他是从宾夕法尼亚迁入谢嫩多厄河流域的，他的机械方面的天才和对农业的兴趣是得自他父亲的遗传。他集中精力要发明一架实际可用的收割机，在第一次取得专利权之后，便在弗吉尼亚农庄上自己的车间里开始制造，并且完成了若干的改进。他相信他的机器更能适用于西部的平原地区，因此便在 1845 年迁移到纽约州伊利河上的布老克波特城，三年之后又迁移到芝加哥，到了 1860 年，他在那里每年制出了四千台这种机器。

早年的这些割谷机和收割机的构造原理是相同的——都有许多片的“起杆”，使谷类扫过机器的剪口，然后推入一块接受板，当集拢来的谷物足够一捆，就自动地把它们推出了机器，跟在机器后面的工人就把这些谷穗捆扎起来。早年的这些机器虽然很笨重，但比起手工劳动来就要优越得多了，而且改进得很迅速。到了 1855 年，约有一万架这种机器在使用，在那一年的，“巴黎国际博览会”上，有一架美国制造的二十一分钟就能割出一亩燕麦的收割机，只等于一架外国制造的机器所需时间的三分之一。在这个时候，这种机器的严重的缺点如偏滑、阻塞，对直立的谷类不能开动等都已经加以改进。此外，还加上了如威斯康星州乔治·伊斯特律所发明的犁头等的特点，使机器更为有用。在以后的若干年里，收割机广为人们所应用，这一事实说明了尽管在“南北战争”劳动力缺乏的时候还能得到丰收的原因。

这种机器后来又做了必要的改进，加上了一个令人满意的打谷器，旧式的手提连枷，使用起来十分缓慢，每人每天的平均产量是八蒲式耳到十六蒲式耳。欧洲和美洲两地的人们都在设法制造一种连枷，可以装在一个圆柱上用马力或用蒸汽摇动。但是，直到1850年，打谷机上才装置了一个分离器，使脱粒和簸谷的过程在同一架机器上进行。美国的赫伦姆和约翰·匹茨领先成功地制成了一架脱粒机，1837年获得了第一次的专利权。

与这些巨大的发明一道，在其他的农具方面也有了一些发明和改良。1820年发明的，用马拉动的干草耙能做八个人到十个人的工作。后来的几年里发明的干草撒散机，对于保存干草很有帮助。那19世纪40年代的十年中，发明了小麦播种机，从1840—1860年间发明了玉米种植机和各种类型的种田机，后来都被人们广泛地使用了。

那时，头脑清醒的农民们都知道农业方法正在进行着一项革命。早在1839年，著名的耕种科学化的提倡者杰西·布埃尔写道：

“新式与旧式栽种工具的悬殊是很大的。这不仅表现在所使用的时间方面，也表现在工作的方式方面以及使用时所需的动力方面。使用旧式的犁头需要四头牛的一个小队和两个人，而且工作通常还只能完成一半。改良后的犁头一般只需要两头牛和一个人就可以拉动，而且，如果使用得当，可以彻底地完成任务。耙和其他的农具也经历过同样的改进过程。此外，大大地节约耕田劳动力的新工具如铧犁、种田机、播种机等都在使用，因此，今天一个农庄的费用只要四十年前费用的一半就够了，而且有时工作还做得更好一些。”①

布埃尔 1839 年所描述的这种显著的发展，只不过是一个开端。以后的二十年，乃是农业改革一个更为重要的时期。在这些年月里，发明了籽种撒播机、玉米栽种机、种田机和许多其他类型的机器，尤其是割谷机和收割机。1860 年的“国情调查”载有下面的一段：

“使用改良后的工具，就等于三匹马中节省了一匹马的劳动力，利用播种机撒播 2 蒲式耳的种子，就等于用手撒播 3 个蒲式耳的种子，而每亩的产量可以增加六蒲式耳到八蒲式耳。农作物成行地生长出来，可以使用马形的除草锹。……收割机比用人工割或耙可以节省三分之一的劳力……打谷机可以比旧式的手提连枷节省三分之二的劳力……在田里和谷仓上使用马拉除草锹和马拉干草叉处理干草，可以节省一半的

① 见比德韦尔及福克讷所著前书，引自《农民之友》(1839 年版)第 123 页。哈利·卡门所编《杰西·布埃尔》一书中也有好几段引自《农民之友》。

劳力。”

毫无疑问，正是由于这种劳力的节省，才有可能使农民能够和愿意担负由于应用新机器大大地增加了的费用。

耕种科学化

在英国，阿瑟·杨格，杰思罗·塔尔，唐森子爵，罗伯特·贝克威尔和18世纪时其他一些人的工作已经显示给英国人在耕种科学化方面可以做些什么。殖民地对农业改进的兴趣不很大，而且直到美国革命以后，许多富裕的美国农民才对较好的耕种方法发生兴趣。这是由一些像华盛顿和杰斐逊等农场主带头开始的。他们是一些拥有大量土地的农户，并且对农业的改进试验具有深厚的兴趣。华盛顿被人们描述成“不仅是最伟大的人，而且也是那个时期最伟大的农业家”。他由种植烟草而转向于大量种植其他的产品。是全国骡马饲养业的创始人；他后来所饲养的最好的肯塔基骡，直接来自法国和西班牙最好的骡种，是拉法耶特和西班牙国王作为礼物送给他的。他在养羊方面的经验，寇斯提斯继续进行，大大地改善了南部的羊种。当时，已经有少数最优良的“美利奴”羊种被偷运出了西班牙，但是直到“拿破仑战争”时才有了可能去大量地买进。杰斐逊和罗伯特·利文斯顿对于饲养和推广“美利奴”羊特别感兴趣，养羊的狂热在1810年到1816年间席卷了全国。伯克贝克评论道：“这是一种奇怪的和不可理解的迷恋。我所旅行过的地区或地方，人们不论获利的程度如何，都无不养上一群

鬈毛丰满的绵羊，甚至于只要有一个能把羊肉卖出去的市场就行了。从许多地方可以看到的残剩的‘美利奴’羊种看来，饲养是十分普遍的。”[①]然而，“美利奴”羊和其他羊种的运入，大大地改善了美国的羊种。

牛马的体格和质量，也产生了同样的改进。1817 年，肯塔基运入了英国的短角牛或“德汉姆”牛。而且，在以后的几年里，这种牛就被那些想改良牛种的农民大批地购买进来。亨利·克莱 1817 年首先买进了“赫尔福滋”牛，但是在 70 年代这种牛被发现只适宜于在得克萨斯的牛场上饲养以前，繁殖是不很快的。当时还运入了其他的标准牛种，而且农民们对改良牛种发生了较大的兴趣。由于人们通常都是骑马旅行（至少在 1840 年以前是如此），因此就进口了良好的马匹并且在全国繁殖起来。早年时期肯塔基成了养马的巨大中心，那里的许多养马人都擅长于饲养一种走得又快又稳供乘骑的骏马。繁殖上述的优良牲畜品种的、新的发明以及改进耕种方法的这些知识，是通过下列的五种手段而加以推广的：农业协会，农业展览会，农庄期刊和文献，农业学校和政府的补助。所有这些的开始情况在这个时期里仍然可以找到。1785 年成立的“费城农业促进会”，会员中有华盛顿和富兰克林在内。1800 年以前，有另外的五个州也成立了同样的协会。[②] 18 世纪的

① 摩里斯·伯克贝克：《美国游记》，第 87、88 页。

② “主要是为了改善农业”的“费城工艺促进协会”在二十年前就已成立。宾夕法尼亚又成立了类似的协会，但是它们的活动是很少有人知道的。早在 1781 年也成立了“新泽西州农业、商业及工艺促进会”。参阅伍德瓦德的《1640—1880 年新泽西州农业的发展》，1927，第 51—52 页。

上半叶，全国各地涌现出许多其他的组织，它们的目的在于交换资料，办理互助借款和通过举行展览会，授给奖金等方式来改进方法。所有这些都是农业教育方面巨大任务的先驱工作。

美国农业生活上的一个显著特点便是县展览会的举行。第一届农业展览会是1804年在华盛顿举行的，但是这种办法，主要是通过爱尔卡纳·华特生的影响才得以建立。华特生1807年在马萨诸塞的匹茨菲尔德的广场上展出了两头“美利奴”羊；三年以后他又邀请一些邻居参加了他在乡下草地上举行的一个牲畜展览会。从这次展览会之后就出现了伯克郡的农业协会，这是美国第一个永久性的展览协会。华特生把这个办法向其他各州推广，于是一些同样的协会便迅速地成立起来。纽约州1819年第一次由州政府资助举办了农业展览会，拨了二万元作为两年的经费。“美国专利局”1858年印发了一个九百个以上农业协会的名单，其中多数是州政府或县政府的组织，目的在于举办展览会。这些展览会所促进的方法的交换，新资料的收集以及彼此之间的竞赛，在介绍使用新机器的价值方面有着重大的意义。在这个时期，情况尤其是如此。

在举办协会和展览会的同时，也涌现出许多的农业报刊。这些报刊真正开始的时期是1819年。那时，约翰·斯金纳在巴尔的摩创办了《美国农民报》。是一个周报，一直畅销到1831年这一创举很快就被全国其他地区所仿行。在所有这些报刊当中，东部最好的一种也许是《种田人杂志》(1834—1853)，是杰西·布埃耳在阿尔巴尼城创办的，西部最好的报纸是《草原农民报》，创刊于1840年。

美国的农业教育无疑地是开始于各学校里所开设的特殊讲座。首先成立的也许就是1792年哥伦比亚大学所设置的自然历史、化学和农业学的教授席位。第一个专门教授农业学的机构是1822年缅因州嘎丁耐尔地方成立的“嘎丁耐尔学会”。这个机构在以后的十年中一直保持着它所具有的农业方面的特点。具有相同目的的许多学校也相继成立，但是，农业教育是直到获得了州政府的资助以后才成为一个现实的因素。1850年成立的密歇根的州宪法规定成立一所农业学院。立法机关即根据这项规定拨款四万元作为建筑校舍、教学和维持费用，并且在1857年开设了一所农学院，这是美国第一所这一类型的学校。两年之后，马里兰和宾夕法尼亚也仿效密歇根成立了若干州立的学校。但是，直到1862年的《摩里尔法令》通过后，农业教育才得到了巨大的发展。

1839年国家开始对农业进行资助，那时，国会拨款一千元给“专利委员会”去搜集统计资料和促进农业的研究。1842年以后，除了有一年之外，政府在这方面的拨款都在逐渐增加。1854年以后刊印了农业年报。农业上的事务1862年以前一直是归“专利部”处理。自那一年起，又另外成立了一个农业局。联邦和州政府对农民问题注意的这些有限的开端，还不足以预见到近年来政府在这方面所进行的巨大活动。

1783—1860年的农业趋势

在概括地叙述从1783到“南北战争”爆发这一时期美国的农业情况时，还有三项巨大的发展必须叙述。第一项发展便是耕种面积的巨大扩展，这个面积把密西西比河流域的大部分地区包括在内，使美国成为世界上最大的农业地区。第二项发展便是农业专门化的迅速发展，使得某些规定的地区，专门去从事商用农业，以代替自给自足的农庄。最后便是美国真正开始了农业的科学化和耕种方法的机械化。

在这些年代里，许多方面都为美国的农业史写下了最光辉的一页。这是一个前途好像有保障和人们对农业扩张具有信心的时代，欧洲市场的日趋扩大，与美国农业区域的不断扩展是互相协调的。国内外的工厂吸收了棉花的生产，各个工业中心也购买了美国生产的粮食。除掉经济恐慌时期以外，物价一般都在上涨，从而使农民转过来能够购买铁工厂和工厂里的产品。作为南部农场主主要财产的奴隶的价值也上升了。“旧西北部”的迅速殖民与良好的物价提高了土地的价值。在这样的环境下，全国人民的智慧自然就会转向于科学的发展，转向于农业机器的发明和对农业教育的重视。农业成了全国的主要事业。交通事业的发展和工业的兴建都是为了满足这方面的需要。事实上，这个时期乃是美国的农业时代。

第十二章　商船与对外贸易

战后的复苏

前面已经着重地叙述了殖民地时期海运与对外贸易的重要意义，也叙述了革命时期的缉私活动，并且指出了18世纪80年代[①]对中国三角式贸易的开放。远东贸易带来了美国运输事业的黄金时代。可是，在1790年以后的几十年里，给予那些冒险的和有侵略性的船长们以诱力的，却不仅只是广州一地的市场。插有美国国旗从沿海城市开出的商船，驶入了“美国佬”的智慧能够进入或是在贸易上能够获得利润的每一个海港。这是在对外贸易还没有使后来时期里的复杂组织发展起来的那些年月里的情况。国内和国外贸易主要是操纵在商业资本家的手里。他们买进了提供出售的商品，建造和拥有自己的船只；在自己的代理人、船长或货物管理人的控制下，把船开了出去，在能够获得利润的地区来回地进行贸易。这些航行乃是一些重大的冒险，为期有时长达二三年。

① 见本书第九章。

商船运输对于外部的影响是极为敏感的。然而，宪法的采用，对外国船只的征收吨位税，公共信贷制度的建立，以及欧洲因战争所引起的对美国产品不断增长的需求，对于商船所产生的有利的反应也是惊人的。对外贸易的登记吨数，从1789年的十二万三千八百九十三吨跃增到1810年的九十八万一千吨。同一时期，用美国船只载运的进口货（这是衡量商船业是否真正繁荣的最重要的方法），从17.5%增加到93%；用美国船只载运的出口货，从30%增加到90%。

航运集团是新宪法的积极支持者，因此，第一届国会就连忙对它们进行保护。第一届国会所通过的第一个法令（除了有关宣誓的一项正式条文以外），便是1789年7月4日的法令。这个法令的目的虽然是为了要"鼓励和保护制造商"、增加国库的收入，却给予用美国建造的船只或美国公民拥有的船只运入的进口货以10%的关税折扣，使运输业得到了真正的助益。为了鼓励新发展起来的远东贸易，这个法令还允许把直接从东方运来的茶叶的关税降低。这就使得美国船只只需付不到外国船只所付的一半的关税，同时为了打击东印度公司，还对该公司从欧洲买来即使是用美国船只运入的茶叶课以重税。同一届国会通过的1789年7月20日的法令，对使用美国建造和美国公民所拥有的船只运入本国海港的货物，每吨征收六分的关税，而对使用美国建造而为外国人所拥有的船只运入的货物，每吨征收三角；对使用外国建造和为外国人所拥有的船只运入的货物每吨征收五角。同时还规定：美国船只在全国各海岸进行贸易所付的吨位税，每年只缴纳一次，而外国船只则每入口一次就要纳税一次。这个法令已经预示了沿海贸易

将很快为美国船只所垄断。

根据1790年的一项关于政府管理海员的法令，制订了一项法典，其中规定：船主与海员之间必须签定书面合同，确定航程和工资；没有这项合同，船主就不能完全控制他的海员。法令规定船主必须按当时的最高工资付给海员，用船只本身作为担保。船主如果在外国解雇海员，就要受到最严厉的处分（这项规定常常被规避了）；而签有合约的海员如果逃离船只，就不发给工资，并且要勒令回船工作。在1915年通过的《拉福莱特法令》做了修正以前，管理海员的法律除了少数变动以外基本上就是如此。1798年美国海军的成立，也有助于一支强大的商船队的发展，在这一方面，美国海军在以后的一些年月里曾不断地做出了良好的表现。

在这一时期的头几年里，航运业的显著发展主要是从事于远东方面的贸易；但是，当欧洲各国集中精力去从事"拿破仑战争"的时候，只要有能够进行贸易的地方，就有美国商船的踪迹。马文说："大西方的开放还没有真正开始呢！……许多美国人民不仅居住在靠近海洋的地方，而且好像所有的海洋都是最接近、最自然和最能引诱他们去探险的区域。条条道路通海洋，这不仅四面临海的波士顿是如此，其他许多美国的城市也是如此。许多脑海里存着梦想，血液里充满了毅力的青年，都向这些道路上走去，而且他们常常发现许多船只正在等候着他们。"①正是在这样的日子里，"沿海城市的商人对于伦敦的大街、里斯本的码头和广州商行的景

① 马文：《美国商船》，第43页。

色比对于美国西部阴沉的森林和清除树桩的工作还更为熟悉”。[①]阿果·莱本诺说:“1793年末,美国商船载运的吨位,超过了英国以外的世界任何其他国家。它们所经营的对外贸易的价值仅次于英国;而且,按人口比例计算,美国那时是世界上第一个商业国家。”[②]从1795到1801年间,美国商船每年的平均纯收入超过了三千二百万美元。

可是,1789年以后的那二十年,并不是一些和平和顺利地发展的年份。几乎在整个的这一时期里,我们都与我们的主要劲敌英国和法国发生过纠纷;而且从1801到1805年,美国很小的海军,为了保护商船业,曾与利比亚王国的海盗作过战。1792年,法国与奥地利发生了战争,这个战争终于把整个欧洲都牵涉在内,而且除了中间有两次短期的停战以外,战争一道继续到1815年。英国海军不久就显示了它的优势;而且,不久之后法国和它的盟国的商船就在海上完全绝迹。战争的结果,使法国的运输贸易转入于美国商船之手,那时美国的商船是在海上插有中立国国旗的唯一大国的船只。当所有的欧洲国家都在做生死存亡斗争的时候,“美国佬”的商人和船主由于载运法国、荷兰、西班牙属地的产品,以及与英国和法国进行贸易而获得了优厚的利润。

英国为了想同它的敌人断绝贸易关系和削弱海上新的竞争对手的力量,禁止了与敌人殖民地的通商。尤其令人愤怒的是它宣布在美国船上被发现的英国水手可以被逮捕并且勒令他们回到英

① 比尔德夫妇:《美国文化的兴起》,第1卷,第400页。

② 阿果·莱本诺:《美国的殖民政策》,第141页。

国的战舰上去服役。在战争的后几年里，由于水手的日益稀少，英国在应用这项自封的权力方面就越来越为放肆。美国国务院认为1806与1807年间，被迫去英国海军里服役的美国海员多达六千人。至于美国出生的（手臂上）盖过印记的水手数目，现在却无法知道。英国的水手由于受到较高工资和较好工作条件的引诱，成千上万地在逃走。亨利·亚当斯说："每一艘进入弗吉尼亚海港的英国船，都立刻被英国水手所放弃，这些水手都很快地进入了美国公营或私营的轮船。任何一只偶然驶进纽约港的英国巡洋舰的船长，如果是上了岸，在回到码头来的时候，便会发现他船上的一些水手在市区里游逛，每个人都拿着一份美国公民。入籍申请书。"[①]由于英国在这时候并不承认本国公民的归化外国，所以它在法律上和实际的理由上对于这事都十分恼怒。

虽然美国与英国之间存在着主要的纠纷，但是，首先与美国发生实际战争的却是法国。由于法国认为根据1778年的条约，我们对它在与英国的战争中有协助它的义务，因此它十分憎恨华盛顿的中立宣言。它侵犯了美国的中立权利，并且污蔑了美国的政府，结果造成了1708—1800年海军的不宣而战，捕获了许多法国的缉私船。尽管受到英国战舰、法国缉私船员和利比亚王国海盗的干扰，美国在1792—1807年内仍然是一个极端繁荣的时期，不仅商船业方面如此，就是全国说来也是如此。出口贸易发展迅速，其中主要是粮食，它的市场是由于战争而造成的。由于欧洲正在忙于打仗，不能生产足够的粮食，因此就不断向美国购买粮食、肉类以

① 亨利·亚当斯：《美国史》第2卷，第334—335页。

及如棉花、羊毛和皮革等原料。正当粮食和原料价格高涨的时候，美国的农民获得了一次丰收，运输产品的商人和在这些繁荣年代里能够卖出大量进口货的那些商人都分享了丰收的利益。水手的工资由每月的八元增加到三十元，许多外国人也入了美国的国籍，以图分享美国船主们所获得的巨大利润。整个情况都与1914年到1917年第一次世界大战时的情况十分相似，那时，作为一个中立大国的美国，由于运送粮食和其他产品给交战国而获得了利益。

这个繁荣时期在1807年结束了。在欧洲的战争中法国做了欧洲大陆的主人，英国则称霸海上。从1804年到1807年，英国宣布了对北欧的封锁，地区是从德国的易北河到布莱斯特，中立国的船只如果不首先驶近一个英国港口并且缴纳关税，便不得在法国或它的盟国的海港靠岸。拿破仑也采取了用法令作为报复的手段，宣布封锁英伦诸岛，并且威胁说，在英国诸岛停泊的船只要被没收。虽然法国的封锁只不过是纸上的封锁，但是，由于英国的不恰当的对待，却给美国人民造成了严重的损失。这种悍然不顾中立国的权利以及随之而来的英国军舰向美国巡洋舰"切萨皮克"号的开火，最后激起杰斐逊采取了行动。

由于渴望保卫和平，杰斐逊认为欧洲可以通过禁运而使它投降。出于他的建议，国会在1807年12月通过了一项禁运法令，禁止美国船只驶入外国港口，并且船主必须缴纳价值相当于货物二倍的保证金，担保货物将在美国重行登陆，才允许进行沿海的贸易。可是，这个法令既没有使英国因挨饿而屈服，反而损害了美国的航运业。美国的出口贸易从1807年的一亿零八百三十四万三千一百五十元降低到1808年的二千二百四十三万零九百六十元，进口贸易也从一亿三千八百五十万元下降到五千六百九十九万元。那时，某个英国的旅行家曾说，纽约"挤满了船只，但是它们都卸除了设备，停止了航行。它们的甲板上一无所有，关闭了船舱，船上很少能找到一名水手。码头上看不到木箱、麻袋、木桶、铁桶或包裹。许多办公房都关了门或是登报招租，而且能够看到的少数寂寞孤独的商人、店员、行李运送工人和工人都双手插进裤袋在那里徘徊……咖啡馆几乎完全无人问津……靠近海边的街道几乎是荒芜的，码头上开始在生长杂草……"。[①] 这位旅客的这项作证，也许不会毫无偏见。但是，麦克马斯特估计说，当时有五万五千名水手与一万名机械师和工人失了业，并且，在实施禁运法令期间，航运业损失了一千二百五十万元的纯益。关税收入从一千六百万元降低到只有几千元。

禁运法令实施的结果，使经营航运的集团受到十分严重的损失，尤其是新英格兰，在那里，马萨诸塞的一百个城市都通过了一些议案反对这个法令。走私之风泛滥起来，从新英格兰的某些港口，"装着货物的船只，实际上已经打出了一条通往海洋的出口"，因为新英格兰的人们感到尽管有许多不利的因素，他们仍然能够使商业繁荣地继续进行。虽然遭受到广泛的反对，杰斐逊的经济绝交的理论仍然是正确的。而且事实证明，如果这个政策继续执行得更为长久一些。那它就会达到预期的效果。以后的经济

① 约翰·兰伯特：《1806，1807及1808年加拿大及北美合众国游记》，1810年版。第2卷，第65页。

绝交和禁运政策的确成功了。英国枢密院 1812 年废除了它的"命令",它不知道美国在几天以前就已经向它宣战。[1]

可是,航运集团的压力是那样地巨大,以至于 1809 年 3 月,禁运法令被撤销了。代替它的乃是《经济绝交法令》,这个法令只禁止与英国、法国和它们的属地有贸易上的往来。这个法令 1810 年被废除,制立了一项新的法令,叫作《麦孔法案》,其中规定:只要英国或法国一撤销对美国船只通行欧洲的法令,《经济绝交法令》就将被重新用去抵制其他国家。拿破仑立刻就宣布(1810 年 8 月 6 日)撤销他的命令,麦迪逊总统也发布了一项宣言说,如果英国不在 1811 年 2 月 2 日以前撤销它的《枢密院法令》,美国就要恢复《经济绝交法令》以示抵制。英国没有理会这项宣言,而且拿破仑虽然宣布撤销他的命令,仍然像以前那样地一有机会便没收或抢劫美国的船只。然而,1809 年和 1810 年的进出口贸易都继续增长,1810 年对外贸易登记的吨数达到了九十八万一千零十九吨,这个数字在 1847 年以前都没有被赶上。虽然受到了一些挫折和障碍,这仍是一个显著发展和繁荣的时期,在这个时期里所受到的最坏的打击就是美国政府所实施的禁运法令。

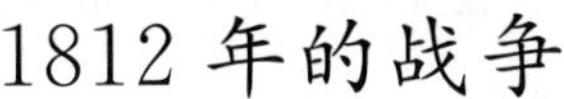

1812 年的战争

1811 年,美国因迫于情势很快就陷入了与英国的战争。虽然

① 这在珍尼斯的《美国的禁运》1921 年版,锡尔斯的《杰斐逊与禁运》,1927 年版,两书里都有详细的叙述。

法国与英国都显然争相在对美国政府不断地进行侮辱，并且使美国的航运遭受损失，但是，态度日趋强硬和造成最大烦恼的正是后一个国家。国会为了使商船能安全地抵达港口，在1812年春季实施了第三次的禁运法令，而且在6月18日向英国宣战。战争的原因，正如麦迪逊总统6月1日的咨文里所说，乃是由于美国国旗在公海上被侮辱，美国的船只被没收，美国的海员被违法地强迫服役，美国海港被封锁，英国枢密院的可憎的“命令”的颁布以及鼓动印第安人侵犯美国的边界，等等。所有这些理由，除了一项之外，都与侵犯美国商船的权益有关。然而，正是以亨利·克莱为首的西部和南部的年轻的“战鹰”们，在国会里竭力主张宣战再加上西部的农民和农场主的代表们的投票赞成，才使战争成为可能。农业，正如航运业一样，由于商业的干扰而受到了损失，因为农庄与大农场的产品占着美国出口货物的一大部分。农业商品的跌价正是造成宣战的最重要原因，在这一方面，农民和农场主都正确地指出应该由大不列颠负责。[①] 但是，也正是因为印第安人的威胁和美国想吞并佛罗里达与加拿大的欲望，才在整个的边疆日益增长的战争气氛中助长了战争的火焰。约翰·伦道夫大声疾呼地说道：“促成战争的原因，不是商船的权利而是土地的贪婪。自从‘外

① 普腊特：《1812年的扩张主义者》，对1812年战争的原因作了详细的叙述，虽然他证明了这是由于有了征服加拿大的强烈欲望所招致，把理由说成是要消除印第安人的威胁而不仅只是“渴于求得土地”。但是他没有适当地考虑到农业不景气的影响，这一因素乔治·泰勒在他所著的《1812年战前密西西比河流域农业的不满》一书中曾着重地指出。原文载《政治经济学报》1931年8月第39卷，第471—505页，因特曼在他所著的《对1812年战争原因各种不同解释的研究》一文，讨论了对战争的不同解释的争论，原文载《密西西比河流域历史评论》，1941年9月第23卷，第171—186页。

交委员会’的报告书送到众议院以来，我们只听到一句话（正如像怪鸱鸟永远叫出一个单调的声音那样）：加拿大！加拿大！加拿大！”[①]

另一方面，新英格兰由于受到英国行为的严重影响，坚决地反对战争，许多人认为，战争是起因于痛恨新英格兰和仇恨商务，它有助于法国“暴君进行托管”。[②]“联邦主义者”的政治家们认为：由于战争的结果而在西部兴起的新的“土地帝国”，会进一步危害沿海各州正在日渐减退的势力。新英格兰不仅在某几次曾拒绝作战和拒绝贷款支持战争而实际上是帮助了英国，并且首先发起停战运动。在英国方面，禁运的结果提高了粮食的价格。“枢密院”眼看战争就要到来，便在美国宣战后五天，撤回了它的“命令”。如果有了近代的电报，这次的冲突也许就会得以避免。

1812 年的战争主要是一次海上的战争。除了在新奥尔良的战役以外（这个战役是在停战签字后才开始的），陆地上战争的规模都不太大，而且多半是美国方面失利。在宣战之前，克莱和卡耳豪恩二人曾滔滔不绝地说民兵很容易就会攻克加拿大，但是所有侵略那个地区的企图都完全失败了。另一方面，只有二十三艘各级船只的美国海军，却表现了良好的战绩，捕获了敌人的二百五十四艘军舰和商船，把它们毁灭或封锁在美国的海港里。战争快要结束时，为数约有一千艘的英国海军船只实际上已经封锁了美国的海岸，捕获了一千四百艘商船和渔船。出口贸易从 1811 年的六千一百三十七万元下降到 1814 年的六百九十二万七千元；同一时

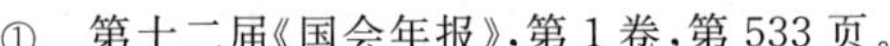

① 第十二届《国会年报》，第 1 卷，第 533 页。

② “巴恩斯台堡和平会议”宣言，摩里孙引自《马萨诸塞海运史》，第 198 页。

期的进口贸易，由五千三百四十万元下降到一千二百九十六万五千元。美国方面最有效果的工作是由缉私船的船员们做出的。他们得到了一千三百种奖金，价值三千九百万元。具有自信心的美国海员都认识到他们是在为自己而作战，在缉私船上做出了最大的努力。

对于主要是在从事于结束“拿破仑战争”的英国来说，与美国所作的斗争乃是一个次要的问题。但是，战争曾占用了英国的大部分海军，美国的缉私船使英国遭受到巨大的损失，而且由于缺乏美国商品，使得英国的粮食价格飞涨。事实上，这个战争乃是一个僵局，1814 年 12 月 27 日双方签署了停战条约。这个条约并没有提到战争的原因（即强迫服役，搜查权或封锁的问题），但是，即使不提原因和美国海军在保障权利方面所创造的战绩，人们对于这些战绩好像是不会提出异议的。战争带来的一切直接利益，西部都得到了，在那里，西北部和西部的印第安人的势力都已经被攻破，并且已经为佛罗里达的合并与疆界的迅速扩张铺平了道路。

战后所引起的自然反应人们是立刻就感到了的。和约的缔结解放了航运业，而且已登记的对外贸易的吨数，从 1814 年的六十七万四千六百砘增加到 1815 年的八十二万四千三百吨。出口贸易由 1814 年的六百九十二万七千四百元增加到 1818 年的九千三百二十八万一千一百元；进口贸易从 1814 年的一千二百九十六万五千元增加到 1816 年的一亿四千七百一十万零三千元。这种突然的繁荣并不完全是健康的。涌入的进口货充斥了市场，而且迫使许多在战时成立起来的制造工厂停止了营业。这一情况，再加上财政的不稳定和干扰，带来了 1818 年对外贸易吨位的剧烈下降以及1819年出口和进口贸易的显著减少。

紧随着战争之后的那些年代，标志着政府采用互惠原则而建立商务的开端。1815年3月3日通过的法令规定：只要任何一个国家取消了对美国所采取的差别关税和抵偿关税，那么，我们也将废除以前规定对外国船只课以吨位税或对这些船只运入的商品课以差别关税的一切法令，另一方面，还仿效了欧洲的航海法令在1817年通过了一项法律，除了使用美国船只或货物出产国船只之外，禁止从任何外国港口把货物运入美国；同时，也不许可外国船只在沿海进行贸易；但是，如果有国家把对美国船只的这项限制取消，那么，美国也将废除这个法令。1828年的法令规定在间接运输的贸易方面与外国实行互惠。由于这三个法令便产生了与外国的许多互惠条约。最先是从1815年7月3日与英国订立的互惠条约，这个条约取消了两国之间直接贸易的差别税。以后，又在1822年与法国，1828年与普鲁士订立了条约，担保在商务上的相互自由权利，在以后各年中，又与欧洲和中美、南美的许多国家缔结了条约。直到1830年，英国才把西印度群岛的港口对美国开放，因而1817年的抵制英国的法令也就撤销了。

复苏与衰退

从1820年到1830年，出现了美国经济显著发展和繁荣的第二个时期。虽然已登记的对外贸易的吨数并没有达到从1815年到1817年的数量或是以后二十年的数字，但是，美国对外贸易中自运的运输量的比例在1926年时达到了92.5%。这是一个以前或以后都没有达到过的较大的百分比。索利认为:“在各方面我们都可以说这个时期代表着美国历史上航运业最繁盛的时期。”[①]我们不仅几乎运输了自己出产的全部货物,而且由于“美国佬”所建造的船不论在速度、载运力和耐用方面都超过了任何国家的船只,因此1815年与1840年间卖给外国的船只就有五十四万吨。

美国船只载运进出口货物百分比

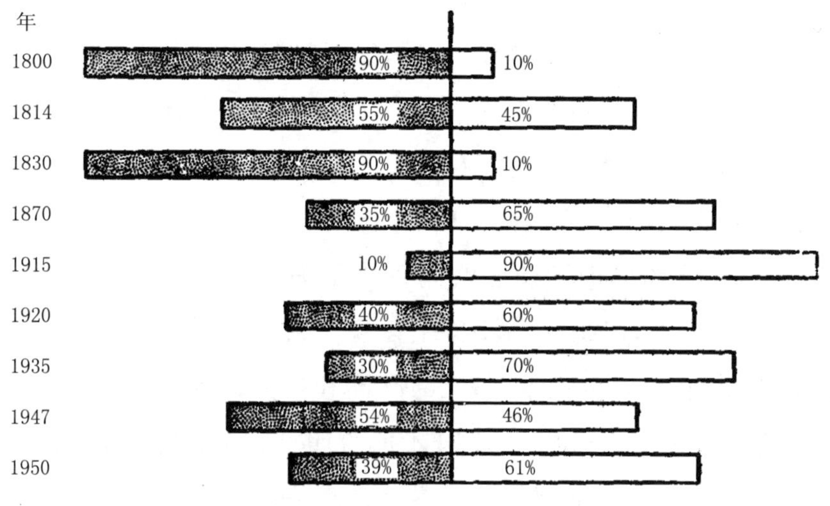

资料来源:《统计摘要》,1952年,第535页。美国用自己的商船载运货物的比例,也就是说明商船业务繁荣的一个良好的索引。“南北战争”前是美国航运业的黄金时代,以后就迅速地下降了。由于第一次世界大战和第二次世界大战所造成的船只的短缺,又使航运业得到了复苏。

① 载谢勒所编《北美合众国》里的《美国海运业》那一章,见该书第1卷,第539页。

一艘设备完全的五百吨的帆船在美国价值三万七千五百美元，而在英国价值四万三千美元。新英格兰的造船商，有好几个世代都是世界上最熟练的工人，而且欧洲北部失去了许多的造船工人，他们被更高的工资吸引到美国来了。驾驶这些船的乃是一些进取而机智的“美国佬”的水手，他们无论是驾驶鳕鱼船、捕鲸船或是操纵横渡大西洋邮船的绳缆，都是十分内行的。虽然付出较高的工资，一艘美国船的营业费用仍然是比较小的，因为它只需要较少的水手。

正是在这十年里出现了邮船运输事业的发展。第一家大的邮船公司“黑球轮船公司”已经在1816年成立，它的轮船行驶于纽约与利物浦之间。航行利物浦的第二家轮船公司在1822年开业，不久又成立了开航到伦敦和到勒·哈维的其他一些轮船公司。这些比一般商船更大和更好的邮船，专门载运高级货物和乘客。它们都定期航行，有时每隔十八天或二十天航行一次，而且是特别制造来横渡大西洋的。就是今天流线型轮船的前身，它们给予乘客的服务是这样的良好，以至于在轮船盛行很久以后的长时期里，仍然能继续营业。

虽然有了这些繁荣，还必须记住，1830年的对外贸易比1820年要少一些；并且，随着人口的增加，按每一人口计算的吨位，却相对地减少了，它们从1807年的十二点五四立方英尺和1810年的十三点四三立方英尺，降低到1938年的四点二五和1855年的八点六三立方英尺。这个时期是轮船最发达的时代。但是，造成后期迅速降落的一些因素当时已可以察觉到了。

在海洋航行的历史上，从1830年到1860年的这几十年，标志着世界前所未有的最为重要的进展。到了这个时候“工业革命”已经在进行,世界航运的吨位也有了迅速的增加,轮船体积的情况也是如此。19 世纪 50 年代的典型商船,比 20 年代所造的船要大三倍。有远见的造船商都不再建造木船而改造铁船,使用蒸汽发动而不再用风帆。这些年月也是在美国商船史上具有重大意义的时期。虽然已登记的对外贸易吨数有所增加,用美国平底船进行的贸易却在下降。[①] 美国的商船业务肯定是在下降了。

1807 年,罗伯特·富尔顿的有纪念意义的哈得孙河上的航行,证明了用蒸汽作为动力去推动轮船的实际可能性,而且,早在 1812 年[②]已经就有轮船在密西西比河上航行。虽然那艘在纽约制造的有蒸汽和风帆、载重三百吨的萨凡那号轮船,1819 年已经在二十七天的航行中渡过了大西洋,使用蒸汽的时间只有八十小时,但是,人们一般仍然认为轮船只适宜于在河流和沿海航行。主要的困难在于没有足够的地方去放置燃料。19 世纪 30 年代所出现的无烟煤的利用和螺旋桨的发明,不可避免地加速了轮船的发展。

早在 1838 年“赛里耳斯”和“大西方号”使用蒸汽船只航行了十七天半和十五天到达纽约以前,许多年来,英国人早已在进行用蒸汽的轮船作短期航行以驶到鹿特丹、汉堡和直布罗陀的,试验。

这些纪录都证明有木制边轮的汽船比最快的风帆轮船旅行所需的时间还更短。英国政府十分有远见地认识到蒸汽将是一项不久就可以使用的动力,而且 1839 年大大地补贴了“古纳德公司”。

① 见前页图表。

② 见本书第十四章。

这家公司1840年用四个边木轮的木船开始营业。英国这种到现在还一直在继续的补贴政策，不仅大大地有助于使它的海运集团去开始建造新型的船只，而且也有助于使它们能够赢得和保持海上的优势。

几乎与汽船渐渐代替帆船具有同样革命性改进的事，便是人们用铁和钢逐渐代替木料去造船。英国由于在靠海的地方有足够的煤和铁，由于有了熟练的机械师和廉价的劳力，也由于早在美国之先发展了冶金工业，因此，从一开始便逐渐向前进展。到了1853年，英国所造的轮船中有四分之一是汽轮，四分之一以上的船是用钢造成的。同一年，美国所造的船有22%是汽船，但是还很少有用铁造成的船只。美国的造船商过分地自信他们所造的无法仿效的快船的优越性，却未认识到将来的海洋是属于能够建造最廉价和最好的铁船的国家。快船有高度的速率，但并不经济。由于是用木料造成，就不可能无限地进行扩充。此外，汽轮终于被人们证明更为安全而且甚至于比那美丽的快船航行得还要迅速。

从1830年到1860年的三十年，标志着造船事业方面生产十分迅速的这一特点。登记的对外贸易的吨数从1831年的五十三万八千一百三十六吨增加到1862年的二百四十九万六千八百二十四吨。这个数字代表着美国造船吨位的顶峰，直到第一次世界大战才被超过。从1848年到1858年，造船事业保持着每年平均为四十万吨的数字。能建造这些吨数的原因，首先是由于1845年以后发展了上述的名不虚传的美国快船。这种船是帆船中行驶得最为迅速的，是几十年以来造船业中的一项特殊产品，也是汽船和帆船的劲敌。为了速度而设计制造的这种快船，船身细长，尽量地装上了风帆，主要的目的是作远程的航行，特别是使用于加利福尼亚与远东方面的贸易。只要是顺风，它的速度能远远地超过轮船。一艘快船一天航行三百英里乃是一件常事。“飞云号”在航行到旧金山的九十天途程中，一天就走了三百七十四英里。“彗星号”从旧金山到纽约的八十天航行中，平均每天走了二百一十英里。1851 年和 1853 年间，这种船创造了从新加坡到纽约走了八十六天，从广州到纽约走了八十四天的纪录。美国的船舶制造商，在放弃他们的优势以前，好像是有意要显示一下一只帆船所能达到的高度效率与速度。①

其次，人们对海运的需求也日越增长。造成这种需求的主要原因是 1848 年加利福尼亚黄金的发现。陆路旅行既缓慢而又危险，购买到“金门”去的船票和委托航运的人又是十分拥挤的。美国式的邮船可以绕过荷恩海峡，大约走三个月就能到达那里，这样就延长了帆船建造事业的时期。1840 年到 1842 年与 1856 年到 1860 年大不列颠和中国的战争使得一部分对中国的贸易落于美国之手。1846 年革命的爆发阻碍了对欧洲的贸易，结果使美国人得到了利益，而且在“克利敏战争”时，由于许多欧洲的船只都从事于军队和军需品的运输，又为美国船只开辟了新的出路。此外，由于人口、财富和生产的增加所造成的商务的自然增长，也有增加航

① 这种快船的船身，是仿效一种中国的在海岸线上行驶的“新加坡快艇”做成的。瓦特曼船长从中国带来了这种船的一半模型（现存“麻省理工学院克拉克博物馆”）。美国的第一艘快船“长虹”号是约翰·格利福斯设计，在纽约建造的。最大的快船，包括“飞云”号在内，是在麻省由唐纳·麦凯建造的，他是加拿大的新斯科底亚人，曾在纽约的“伊赛克·韦伯造船厂”受过训练。

运的必要。美国的出口贸易从 1791 年的一千九百零一万二千元增加到 1860 年的三亿三千三百五十七万六千元，其中几乎有三分之二是棉花。同一时期的进口贸易也从二千九百二十万元增加到三亿五千三百六十一万六千元。移民的不断增加也导致了对海运的需求。

尽管有了这些需求，在造船业这样显著的活动中，仍然有一种肯定是不健康的元素。第一，"克利敏战争"所引起的欧洲方面的需求是不正常的。1854 年与 1859 年间，欧洲各国在美国所购买航运吨位共有五万吨，而在正常的年月里所购买的吨位却只有一万吨。此外，帆船建造增加的时候，不幸也就是它们的末日即将到临的时刻，因为从 1850 年到 1860 年间，轮船所经营的海洋运输已经从 14%增加到 28%。当人们对帆船的不正常的需求停止以后（如 1858 年曾经发生过的那样），这就意味着那些建设起来制造木船的船坞和为特殊目的训练出来的那些造船工人都将因不再有需要而投置闲散，而且已经从事于建造铁制轮船的外国船坞将会取得优势的地位。1857 年的经济恐慌加深了这种失败。在以前十年中，每年保持平均四十万吨的造船产量，1858 年时降落到二十四万四千吨，1859 年降落到十五万六千吨。同时，用美国轮船载运的进口与出口贸易也在逐渐减少，1826 年时有 92.5%，到了 1861 年就只有 65.2%。

美国商船业的衰退并不完全是由于英国的补贴政策和铁制轮船在技术上的优越性所导致的，其中还牵涉到许多其他原因。第一，某些旧的贸易航路的重要性减少了。革命以后，运输业的巨大复兴，在很大程度上是由于对中国商务的开拓和与拿破仑的几次战争所造成。这些战争在1815年时结束了。对中国贸易的衰退是由于水獭的绝迹，由于美国使用了欧洲的瓷器而代替了中国的陶器，以及由于男子衣着式样的改变，不再需要大量的生丝等关系。只有茶叶一项仍然是远东商务中的一项重要物品，而且，也由于全国的人们都喝巴西的咖啡而代替茶叶，因而这项贸易的重要性也正在减退。甚至于殖民地时代是商业支柱的西印度群岛的贸易也降落了。把英属西印度群岛港口打开让美国船只进入的1830年的条约也没有使贸易恢复起来。由于贸易机会的减少，利润就越来越小和越来越不肯定。这一世纪的早些年里，对远东进行的贸易曾使一些人得到了巨大的财富，而且半个世纪之后加利福尼亚的贸易利润也是可观的，但是，就整个情况来说，商业和航运业都没有再提供特别显著的机会。

由于航运业赚取利润的机会减少，资本就找到了新的和更为有利的投资出路。1872年战争结束后迅速发展起来的制造业，吸收了一部分资本，而大量的资本却被吸收到修筑运河和铁路等内政的改进方面去。那些冒险的和具有雄心的人们，都把注意力从海上移转到未经开发的西部来，资本也从造船业和运输业转向于资源的开发。“南北战争”以前，促使商船业务减退的那些因素已经十分明显；而且，如果没有那一次的冲突，其结果无疑地仍将会是一样的。可是，战争使当时已经存在的趋势更为加剧，给予了商船运输业一个打击，这个打击所造成的损失直到第一次世界大战时的人为的经济复苏才使它得到恢复。1861年，美国对外贸易已登记的吨位是二百四十万九千八百九十四吨，1865年是一百五十一万八千三百五十吨。而同一时期美国船只所载运的进出口货物的百分比，也由66.2%降低到27.7%。在战争年代里之所以减少了大约九十万吨，主要是由于两个原因所造成：第一个原因便是南部"联盟"的巡洋舰"阿拉巴马"号所遭受的损失，这艘船是违反了战争原则在英国制造和装配起来的。第二个也就是更为重要的一个原因，便是由于1862年到1865年，把七十五万一千五百九十五吨的船只卖给了外国所引起。这是由于人们缺乏信心。由于南部"联盟"不断缉捕和高度的保险费降低了利润，以及由于棉花的停止运到国外，从而使出口贸易减退所造成。

捕鲸与渔业

捕鲸业在革命时期和"大陆战争"(1775—1815)时期肯定地受到了阻碍，但是在拿破仑被打败以后又恢复了起来。所捕的吨数从1814年的几乎毫无所获，增加到1820年的三万五千吨。以后，曾不断增长，到这项工业的黄金时代时(1858)，便增长到十九万八千吨。那一年以后出现了衰退。1791年以前，捕鲸的地区限于大西洋，但以后巡游的地区就逐渐扩张到其他的海洋上去；1835年以后，这项工业主要是限于在太平洋上进行。整个的捕鲸舰队几乎都是来自纽约和新英格兰。纽约的赛格港号称1846年时从那里出动的捕鲸船有六十三艘，虽然当时捕鲸的最大中心是马萨诸塞的新贝德福和附近的一些小城市。它们的舰队1857年时超过了二百艘，雇用的海员在一万名以上。这一个时期的捕鲸海港，楠塔基特列第二位，新伦敦列第三位，前者因港水甚浅，大船不能驶入，因此就失去它在殖民地上所占的优越地位。还有许多小的沿海城市也小规模地从事于这项工业，而且获得了巨大的利润。波士顿和纽约是主要的出口中心，销售鲸脑油的主要国外市场有西印度群岛、南美洲、欧洲北部；销售鲸骨的市场有法国、英国和巴尔干地区。大部分的鲸油被国内市场所吸收。在最繁盛的时期，捕鲸工业的产品价值超过了所有其他捕鱼工业的总值。在新英格兰，捕鲸业仅次于纺织业和靴鞋业。从 1835 年到 1860 年，每年的平均产量是鲸脑油十一万八千大桶，鲸油二十一万六千大桶，鲸骨二百三十二万四千磅，每年的平均价值为八百万美元。1850 年以后就迅速地降低了，这一方面是由于鲸鱼的日渐稀少，但主要是因为人们越来越多地使用矿物油和煤气照明的缘故。

捕鳖鱼的工业也受到了像捕鲸业在两次独立战争时所受到的那种挫折。但是，在通过了一系列豁免进口食盐的关税以后，这项工业终于又得到了恢复。登记的捕鳖船的吨数从 1790 年的二万五千吨增长到 1860 年的十三万六千七百吨。在那一年里，捕鳖鱼的船接近二千五百艘，水手共有一万八千人，每年的平均产值约二千三百万美元。1818 年以后，捕鲭鱼的船只也日越增多，1860 年以前的最高吨位是 1849 年的七万三千八百吨。在这一时期，也开始了捕猎青鱼、比目鱼和牡蛎的商业活动。缅因州和马萨诸塞州独占了捕鳖事业，所捕获的产品由这两州平均分享。捕鳖的两个主要中心地点是缅因州的波特兰与凯斯廷和马萨诸塞州的格洛斯特与马波亥特。后一个州所派遣出去的船队，绝大部分是猎捕鲭鱼的。尽管捕鱼舰队的扩大与捕获的鱼数量很多，但是，捕鱼工业从来就没有达到它在整个殖民地时期所具有的相对重要的经济地位。

商品与支付方法

美国革命后的那十年，对外贸易很快就恢复起来。到了1790年，对外贸易的价值达到18世纪60年代的三倍以上。由于在“拿破仑战争”时期欧洲对食物与原料的需求不断增长，1800年时，它的总值又增加了三倍多。可是，由于禁运的障碍，1812年的战争，战后经济的调整以及其他一些因素的关系，对外贸易按货币价值计算便从1807年的高额数字降落下来，直到1835年才又恢复这个数目。自那个时期以后，趋势一般是上升的。在研究进出口贸易表的时候，读者应该注意到1819年经济恐慌以后国内物价剧烈跌落的情况。虽然19世纪20年代对外贸易的价值减少了，但是它的数量却是增长的。[①]

按每十年计算的进口与出口贸易

年　　份	出口总值(元)	进口总值(元)
1790	20,200,000	23,000,000
1800	70, 972,000	91,253,000
1810	66,758,000	85,400,000
1820	69,692,000	74,450,000
1830	71, 671, 000	62,721,000
1840	123, 609,000	98,259,000
1850	144,376,000	172,510, 000
1860	333,576,000	353,616,000

资料来源：《统计摘要》，1921年份，表482，第836页。

① 见泰勒：《运输业的革命》，第192—193页。

在整个的这一时期里，有50%的进口货物是可供立刻消费的制成品。从英国和欧洲大陆各国运入的商品有纺织品、金属和陶器；从法国运入的商品有酒；从西印度群岛运入的有糖蜜、食糖、甜酒和咖啡；从墨西哥运入的有香料和金银锭；从南美洲运入的有皮革、蓝靛和咖啡；从远东运入的有茶叶、生丝、瓷器和香料。大部分的进口货都由英国供给，但是，随着岁月的前进，与欧洲大陆尤其是与法国的贸易都有所增加，而与西印度群岛的贸易却减少了。正如下页统计表所示，作为与进口货的交换，美国输出了供制造用的原料和各类食物。

在南部，棉花的出口超过了烟草和大米，轧棉机发明以后，棉花便成了美国最大的单一出口货物。到了1860年，棉花占美国出口贸易的60%，除了大米、烟草和白糖之外，美国出口贸易中约有四分之三的产品是南部各州出产的。至于各类食物（尤其是小麦与肉类罐头），除了在荒年时期以外，美国在欧洲所能找到的市场是很小的。甚至于在《谷物法令》废除以后，情况仍然是如此。在西印度群岛和南美洲，美国的食物所受到的竞争还不太剧烈，这些地区就是美国的主要市场。在所有的制成品出口贸易中（这项贸易在19世纪50年代之末只约占出口总值的12%），1830年以后，以棉织品为大宗。主要的市场是中国、墨西哥和西印度群岛。其他重要的出口货物有铁锅、珍珠灰（制钾用），木料、钢铁提炼后的酒精和制成的烟丝。1820年以后的那个时期，英国接纳了大约美国出口货物的一半，整个欧洲购买的数量占美国出口总额的三分之二到四分之三。欧洲购买的几乎完全是原料，美国的制成品则出口到世界其他各地，主要的地区是加拿大、墨西哥、西印度群岛、南美洲和远东。

各类出口商品占出口总额的百分比

年　份	原材料	待制半成品	可供立即消耗的制成品	未经加工的食品——牲畜食料	已制成或半制成食品
1820	60.46	9.42	5.66	4.79	19.51
1830	62.34	7.04	9.34	4.65	16.32
1840	67.61	4.34	9.47	4.09	14.27
1850	62.26	4.49	12.72	5.59	14.84
1860	68.31	3.99	11.33	3.85	12.21

资料来源："1921 年统计摘要"第 482 表，第 848—849 页。

还必须谈一谈关于再出口问题。在"拿破仑战争"的某些年中，这项贸易比国内产品的出口还更有价值。但是，在 19 世纪 20 年代，这项贸易降低到只占美国出口总额的四分之一，60 年代降低到只有出口总额的十二分之一。美国运到西半球和亚洲的再出口物资多数是来自英国，主要的有棉织品。美国把拉丁美洲的热带商品出口到欧洲，尤其是英国，其中包括食糖、糖蜜、咖啡和中国茶叶。19 世纪 50 年代，美国主要的再出口市场是英属北美洲。对于这些地区，美国不仅只再出口英国的商品，也对沿海各省再出口加拿大的面粉，这是由于美国国内运输条件优越的缘故。结果，美国的大部分再出口贸易落入大不列颠之手，主要的原因与美国商船运输事业衰落的原因相同。

对外贸易主要是通过纽约、费拉德尔非亚、巴尔的摩和新奥尔良等地进行的，虽然在更早的几十年中，撒冷港、纽伯里波特港、普利茅斯港和其他一些海港城镇也是重要的贸易中心地带。对外贸易的优越地位归根到底有赖于通向内地的交通情况，而伊利运河的建成，使纽约成为大西洋海岸主要商业城市的地位大大地得到了巩固。费拉德尔非亚、巴尔的摩、波士顿和其他一些沿海城市之所以愿意推进运河与铁路事业，其希望就是建筑在想把西部的产品都通过它们的境内运去欧洲的这一基础之上。纽约在“南北战争”将爆发时在这方面取得的成就是这样地巨大，以至于它经营了美国再出口贸易的四分之三，而且，成为了“棉花贸易三角”的中心，关于这一点我们在本书里将要讲到。

除了19世纪40年代之外，1815年到1860年间，从欧洲的进口大于美国的出口。在国际贸易差额的支付方面，美国巨大的逆差主要是用由商船赚来的运费，用再出口商获得的佣金，用欧洲在美国的投资，以及用运送现金和金银锭等方式去清结。少量的其他收入则是来自船舶的售卖和移民们带入美国的货币。直到1849年，外运的现金主要是从与拉丁美洲贸易得来的金银硬币和锭条。美国也使用国内货币准备基金的多余部分作为一项出口运往欧洲。1849年以后，美国成为世界上最大的产金国，因此，国际贸易差额的支付一大部分是靠这项商品。即使如此，在整个时期内的贸易差额，都使美国处于不利的地位。据估计，1860年外国所持有的联邦政府、州政府、铁路公司以及其他种类的债券的数额大约为四亿美元。

不论是对商务或是对商船运输要作全面的叙述，都不能不提到沿海的贸易。1789年的法令有利于使美国的商船业务扩张到几乎排斥了所有外国商船的这样一个程度。[①] 对南部沿海地区所

① 见本书第八章。

进行的贸易，主要是把美国北部或欧洲货物分配给南部各沿海城镇。对北部的运输业务主要是从新奥尔良运出西部的食物，或是在新奥尔良、莫比耳、查理斯顿及其他各处运出棉花、烟草和其他产品，并且把它们运到北方的各个城市去消耗或出口之用。这项贸易的最重要的一面便是所谓的“棉花贸易三角”。船只直接从南部的港口把棉花运到欧洲，把货物或移民带回纽约，再把货物或压舱货物沿海岸驶向南部。另外的一条航路只使用了三角的两个边。沿海开行的船只装上了南部的棉花把它运到纽约，从那里再把一大部分运到欧洲。转过来，欧洲的货物首先是运到纽约，以后再分配到南部各地。在黄金发现以后，沿海地区的贸易就越为重要，每年有成百上千的船只往来于加利福尼亚到东部海岸之间。沿海贸易的具有十分重大意义，可以从这样的一个估计看出来，那就是：1852 年所载运的商品价值，约为二十六亿美元，而对外贸易的总价却只有三亿七千四百四十二万五千美元。沿海贸易所载运的商品价值，比用运河或铁路运输的商品价值高出两倍以上。①

① 见约翰逊等所著：《美国国内及国际贸易史》，第 1 卷，第 344 页。

第 三 篇

工业制度的兴起

第十三章　工厂制度的兴起

新经济的发展

在前一章里谈到的农业技术的改进，表明了在美国国内正在发展着一个新型的社会。正是普遍开展的技术进步的某些部分，促成了小型工厂的发展（在东北部尤其是如此）；而且在“南北战争”以后的几年里，也促成了一次完全成熟的“工业革命”。当时的农业仍然是继续在小块土地上而不是在大农庄上进行。农业由于不断地获得新机械而得到了改进，而且在19世纪末叶以后，也因为受到政府在科学研究和教育方面的协助而得到了改良。在以后的一些年份里，在销售和维持价格结构以保障有利的经营方面，也得到了同样的协助。

另一方面，工业也经历了一次更为彻底的革命。机器的不断改进，产生了工厂制度，而工厂制度又产生了大批的工资劳动者，把机器的占有者和机器的使用者分别开来。所有这些，是以如水利、蒸汽、电力的发展和国内运输系统的不断成长等人为的动力为其基础的。随着工厂制度、交通事业以及大规模商业的发展，就出现了大量资本的积聚和经营资本的金融结构。工业的发展是与资本主义携手并进的。这就产生了一个更为复杂的社会结构。“南北战争”以后，社会结构的变化尤其迅速，表现在旧的生产关系的崩溃，旧社会许多方面的革命性的变革，以及与工业革命同时而来所带给美国的西欧曾经经历过的那些压力。

从1790到1860年间，工厂制度逐渐兴起，美国工业革命的基础也逐渐奠定。这也是美国从经济上依赖欧洲而辖入于普通工业品都能自给的这样一个时期。这些年份可以分为三个时期①。第一个时期是从1790到1815年，它的特点是比较精美的工业品要仰给于欧洲。但是，也正是在这个时期，国际经济的动乱，给美国经济生活带来了许多连续的危机，使国际贸易受到了干扰，但也促成了工厂制度的诞生。第二个时期是从1815到1840年。这时，小型的工厂生产渐渐地出现；同时，制造业以突进的姿态登上了政治纷争的舞台。在这些年份里，制造业主要是依靠水路运输来分配它的产品。

第三个时期是从1840到1860年。在这个时期里，人们发现了用煤炭炼铁和生产蒸汽动力。这一发现，十分有利于生产的发展。这个时期的特点是铁路的兴起和机器方面的许多新的改进，前者大大地便利了运输，后者则加速了制造业的发展和使它趋于多样化。这正是制造业迅速发展和小型工场开始具有现代工厂特点的一些年份。换句话说，这些工场已经不再是商业资本主义的附属物而成为了一些固定的联合单位，拥有熟练的经理人员去监督工人和使用机器去生产标准的产品。这些工人是从家庭手工业或小作坊里出来的。工厂主已经不再是商人或掮客而是一些实际

① 这些分期一般是摘自维克托·克拉克：《1607—1860年美国制造业史》，第12章。

的制造商，他们的主要利益就在于进行工厂的生产。在这些年份里，美国开始肯定地感受到了“工业革命”的影响。

在1790年到1860年的整个时期内，人们的主要精力仍然继续用于农业方面。然而，1815年以后，除了食品罐头工业以外，家庭手工业衰落了。在以后的二十年里，东部家庭手工业的减少，由于边疆地区这项工业的扩张而得到了补偿。自那个时期以后，家庭手工业的下降就很普遍和迅速，这项工业当然是有赖于运输事业的发展的。小工场仍然是一个重要的生产者，但是，多数的家庭制造业在1860年时已经消失。最先发展起来的乃是与农业有密切关系的面粉业和肉食罐头业，其次是纺织工业，再其次是金属工业。在制造业的历史上疆界所经过的未被占领的公地是一个决定性的因素，这是与农业的情况相同，尤其是因为它影响了产品的种类的缘故。

对欧洲的经济依赖

我们已经看到，美国的革命带来了政治上的独立但却没有带来经济上的独立。殖民地时期曾经出口到欧洲的产品仍然能在那里找到市场，而且美国也继续进口欧洲的制成品。革命时期发展起来的制造业，在和平恢复以后由于廉价的英国商品涌入美国市场而受到了窒息。此外，某些在旧的“三角贸易”时期曾经一度繁荣的工业，也由于禁止与英属西印度群岛的通商而遭到了巨大的破坏。一切的迹象都足以说明美国将再度沦于附庸的地位，生产欧洲所需要的原料而买进欧洲的货品。要与英国在制成品的生产和销售方面竞争似乎是不可能的。

使制造业的发展受到阻碍的不仅是与英国竞争的困难，国内的一些因素也是同样地重要的。美洲在进行殖民两百年之后，显然还有大量的空地；那种从农业与土地涨价获得利润而过独立生活的引诱，使一般人都不以做一个辛勤的劳动者而感到满足。当时农业仍然是基本的工业，多数人都认为它是一项可以获得最大收入的工业。未被占用的西部土地是造成劳动力缺乏以及由此而产生的高额工资的主要原因，这是对制造业发展的一项重大障碍。农产品的销售好像是一个有待解决的最为重要的问题，而且农业与商业方面所剩余的流动资金都被吸收去建造收取通行税的公路、运河与铁路。在商船运输的黄金时代里，年幼的制造业尤其还必须与河道与海洋的航运业在资本方面进行竞争。据估计，1795年与1801年间航运业的纯收入每年是三千二百万元，等于那些年份里农产品出口总值的四分之三；在美国船坞里建造的船只，由1789年的二十万零二千吨增长到1810年的一百四十二万五千吨。美国的船只也并不满足于载运自己的产品；它们出没于各个海洋去招揽生意。在那一世纪头几年里运输的外国货物的价值超过了国内产品的价值，而且再出口的业务也是极端活跃的。当然，这种为获得资本而进行的竞争，使利率高涨，使制造商不容易借到资金作为营业或扩充业务之用。这是一个商业资本主义时代，在这个时代里，信贷与运输的便利被操纵着去满足商人的需要而不是去满足制造商的需要。

新兴的制造业除了在第一和第二“合众国银行”时期以外，还得要与不恰当的银行业务和不正常的通货去进行竞争。此外，大

约在 1830 年以后，它还得要在联邦政府的控制下来经营，而这个政府又是操纵在对制造业的发展不感兴趣的南部农场主手里的。这个集团对于保护关税，对于组织一个强有力的中央银行制度，对于在北部建筑一条横贯美洲大陆的铁路，对于自耕农无偿地给予土地，以及对于由政府制订一个移民计划，都是反对的。由于最高法院是在他们的控制之下，对于迅速发展工厂制度所必需的资本主义式的企业，法律所给予的鼓励是很少的。

在面临着这些纷争因素的情况下，制造业能否取得任何的进展都值得怀疑。然而，也正是在工业生活受到最大阻碍的年月里，工厂制度诞生了，而且美国的制造业已经建立了起来。造成这种情况的主要原因是：(1)美国革命时期(1775—1783)部分地排斥了欧洲的进口货物，“禁运”与“经济绝交”法令的实施，以及 1812 年到 1814 年的战争；(2)具有充足的原料，尤其是棉花、生铁，燃料和水力发电；(3)从欧洲移入的熟练与不熟练工人人数的不断增长，其中包括许多不熟悉农业而愿意从事工业的人在内；(4)政府通过保护关税所给予的援助；(5)一种富于机智的人民所具有的聪明与天才；以及(6)小额的累积资本的出现。为了要利用这些小额的累积资本，许多州政府开始对一些公司发给了执照。

某些其他的因素也必须被看成是制造业发展背景的一个部分。运费方面所获得的节约，足以补偿美国较高的劳动工资的成本。加利福尼亚黄金的发现，使美国有可能在国际贸易中商品产生逆差的情况下仍能向外国买进生铁、机器以及发展制造业所必需的各种产品。可是，在这些因素中，最重要的乃是迅速扩大的国内市场；由于运输条件的继续改善，国内市场就越来越扩大了。

虽然美国的这些小量的过剩资本主要是为其他方面所吸收，但是，1815 年以后，仍然有足够的一部分被吸引到制造业方面来，为这项工业造成一个开端。大量的资本是来自一些商业行号，这些行号在 1812 年战争前后的那些不安定的年月里把资本从商业中撤退出来。同样地，在同一时期，船主和船长们也从运输业转向棉织品的制造。由于与东印度群岛贸易的衰退，撒冷港与普罗维顿斯两地的资本都转移到制造业方面来，正如在捕鲸业过时以后新贝德福资本的转移那样。具有过剩资本的商人，尤其是那些想使自己得到制成品供应的商人，都积极向制造业进行投资。

总之，很多的这些商人都已经变成了制造商。正如在工业革命前几年英国的情况那样，他们收集了原料，分配给农庄和小工场去制成产品，然后再把产品收回来到市场上去出卖。但是，毫无疑义，绝大多数的工厂都起源于小工场和水碾厂，厂主们用积累起来的资金进行再投资，直到他们的企业有了相当庞大的资本。制造业所获得的利润一般是巨大的，这就为业务扩充提供了新的资金，并且鼓励了局外人的投资。据不完全的统计，投资于制造业的资本 1820 年时约有五千万元，1860 年时有十亿元。

欧洲的背景——英国的工业革命

美国的“工业革命”，是由英国的一个相似的经济过程所引起的。好几千年以来，经济的过程基本上就是在同样的情况下进行的。纺纱和织布都是用手操作；其他的制成品的情况也是如此。这些手工业通常是在家庭里作为一项农业的副业，或是在一个小工场里进行，这种小工场，一般是与一个手工艺师傅的住宅连接在一起，这个师傅带领着几名日工或徒弟辛勤地制作出他的产品。在18世纪和19世纪的头二十五年里，出现了一些注定要使世界产生革命性变化的发明，它们比以前任何一个时代的发明还更使人类的日常生活产生深远的变化。英国是欧洲第一个从行会的桎梏中解放出来的国家，由于它具有繁盛的商业与累积资本，国内不曾受到欧洲几次战争的破坏，而且拥有丰富的煤和铁，所有这些就使它成为这一巨大进步的必然的起点。

从千万个科学实验家的工作里产生出来的"工业革命"，开始于纺织工业。1733年，约翰·凯伊发明了"飞梭"，使用这个器械，织布的人毋须用梭来回地织布，只要拉一下线便可达到同样的目的。这个简单的机器使织布人能织出面积更宽的布匹，而且速度更快。织布速度的增加就带来了对纱线需求的增加，但是，直到1770年，兰开夏的织布人詹姆斯·哈格里夫斯才在他的旧式纺纱轮上做了一项改进，向政府请求专利。这项改进是把八个纱锭用绳拴在一个水平线式的旋盘上面，转动旋盘，一次就可以纺出八条线。正当哈格里夫斯使用他的这个"珍尼纺纱机"的时候，普雷斯顿的理发师理查德·阿克赖特在1769年向政府注册了一种机器。这种机器把棉花吸入，通过一些一个比一个旋转得更快的滚筒，就制成十分坚固的棉线，可以用来做成航海的纤绳。他在初次注册的时候，原说这种机器要用马来旋转，但是在1771年时，使用了水力发动。他的这架"水力纺线机"制成了商业上出售的棉线，使他自己变成了一个富有的人。1779年，塞缪尔·克朗普顿对纺织机作了进一步的改良，他把哈格里夫斯的"珍尼纺纱机"和阿克赖特

的“水力纺纱机”合并起来做成一种机器，叫作“纺纱机”，能更好和更快地纺成棉线，并且使英国在更为精致的纺织品方面能够同印度去进行竞争。

由于纺纱机早在织布机之先发明，因此，下一步的改进就十分必然地是产生于织布方面。说来很奇怪，织布机的发明乃是英国肯特地方一个名叫爱德曼·卡特赖特的牧师劳动的成果。当他开始考虑这个问题的时候，他对机器的构造还毫无所知。1785 年时，他已经造成一架用动力织布的机器，最初是用马匹拉动，后来用蒸汽发动。那时人们对棉花的需求是那样地巨大，以至于许多南部的农场主都不再栽种烟草而改种了棉花，这一过渡由于伊莱·惠特尼发明了轧棉机才使它成为可能。所有这些纺棉机方面的发明，只不过是纺织业革命的开端。另外的一些发明家，又相继发明了纺织其他纤维的机器。

与纺织机改进的同时，出现了实用的蒸汽引擎。古代埃及人对蒸汽的特性早已认识，并且在 17 世纪之末已经做过许多有趣的实验。1705 年，托马斯·纽克默向政府注册一种矿山排水的引擎。这种引擎能做五十个人的工作，但是效力缓慢而费用巨大。1763 年，有人把纽克默式的一架机器送给苏格兰的工程师詹姆斯·瓦特去修理。1769 年瓦特就向政府注册一种改良过的十分节省燃料和时间的引擎。这种引擎把蒸汽排进另外的一个凝缩器，从而使汽缸经常保持温暖，通过自动控制，就能使用同样的那些蒸汽向汽缸的两方施加压力。瓦特与富有的制造商马修·博耳顿合伙，开始制造蒸汽机出卖。对于像他那样一个有天才的人来说，要使机器的活塞前后移动去旋转轮子或是推动蒸汽锤并不是一桩难事。于是工业便在很大程度上从水力发动方面解放出来，从而大城市里涌现出了许多工厂。这些机器不仅便利了煤和铁的开采，而且也为这两种原料提供了更大的市场。

随着使生产增加的制造业改进之后而出现的，便是分配方法的显著进展。工业革命的那些年份里，在特尔福德和麦卡当等人的指导下，道路建筑也有了长足的进步。詹姆斯·布林德利修筑了“布里季沃特尔运河”，1761 年开放，目的在于把沃斯利的煤炭运到曼彻斯特。这条运河的成功，引起了以后十年中修筑运河的热潮。与 1825 年以后美国的情况相似，这些运河把英国的许多主要河流与城市中心连接了起来。18 世纪 80 年代以后，机械师们已经认识到有可能把蒸汽机的活塞接在一个在水里旋转的轮子上。但是，直到 1803 年，威廉·薛明顿才在克莱德河上表演了汽船航行的可能性；而 1807 年，罗伯特·富尔顿也向美国人民做了这项表演。那一年，配备得有瓦特式引擎的克莱尔蒙特号汽船由纽约驶到了阿尔巴尼，航程是一百五十英里，走了三十二个小时。没有很多年，人们也在海洋旅行方面做了同样的实验。英国人乔治·史蒂文森，在建筑德律维色克和其他铁路的工作中，也在陆地运输方面取得了富尔顿在海洋运输方面所获得的成就。1829 年，史蒂文森在利物浦与曼彻斯特之间做初次试验的“火箭”号火车，达到了每小时二十九英里的速度，毫无疑问地说明了有可能实现使用蒸汽的铁路运输。

由于动力机器代替了手工劳动以及在工厂里与运输方面都利用了蒸汽，工业革命就已经十分成熟。工业革命的结果，产生了我们今天的文明。机器的使用大大地增加了生产，也大大地增加了财富并且促进了适应这种增加的商业方法的一般改革，也增加了正在兴起的中产阶级的财富、权力和人数。同时，它也实际上产生了一个新的阶级，也就是产业工资收入者阶级。工业革命所产生的大部分额外财富都落入中产阶级之手。另一方面，丧失了土地，集中在工厂周围城市贫民区的产业工资收入者，却沦入于极度的贫困和低贱的地位。

在这样一个新时代里，财富与机会的显著差异，很快就在政治方面表现出来。中产阶级凭借着他们自己的经济学家亚当·斯密、李嘉图和其他一些人的**放任主义**哲学，要求而且得到了政府里的统治地位。对于产业工人来说，中产阶级的代替贵族地主，并没有给他们带来直接的利益。利益在法律上受到排斥因而激起愤怒的工人们，也仿效着工厂主要求政治上的权利。这种从“宪章运动”(1838—1848)开始一直继续到今天的骚动，曾经导致了政治上的民主制度和一系列的促进社会福利法令的出现。机器的使用便利了印刷的手续。这一因素，再加上城市人口的增长，加速了文化生活和进步思想的发展。在国际关系方面，“工业革命”也产生了巨大的影响。由于使用机器所产生的对原料产品的追求，使新市场的争夺以及为过剩的财富寻找投资场所等问题都变得尖锐化起来，其结果是产生了新的帝国主义、新的军国主义以及对经济落后民族的征服。

美国工厂制度的开端

美国的工业也经历了与英国大体相同的演进过程，但是要比较迅速得多。在美国，家庭必需品的自给自足曾经发展成为一个手工业或家庭工业的阶段，在这个阶段里，人们在家庭里从事生产，但是把产品零售或批发到各地。在这一阶段的后几年，人们有时是在家里工作，但是采用了佣金的方式，由商业资本家分发制造的原料。在美国，除了某些农场地区之外，日用物品在家里制造的情况在 18 世纪之末是很普遍的，而且这种类型的制造业，在沿海地区已经绝迹的很长一个时期内还在边疆地区继续进行。这时，在家庭里制造物品供一般市场销售的情况也继续存在，工艺人有时使用商业资本家所供应的原料来进行制造。那些专门承接订活的制造业的工艺人也扩大了他们的活动，制作供一般市场上销售的物品。而且有些工场和炼钢厂的经营范围已经与工厂生产的方式很接近。与此同时，巡回的工艺人也挨户地替人们制做鞋子和代做其他一些家庭里不能自做的技术工作。换言之，所有这些阶段的工业——家属的，家庭的，小工场或修理厂的，以及其他的类型——是美国在工业革命前夕的同时期的产物。虽然美国在短短的七十年内，由“母女式的动力过渡到水与蒸汽的动力”，在这些年月里，几乎各种家属的和家庭的生产阶段都继续并存。这些阶段的过渡已经够快的了，但是，如果不是边疆地区的贫穷与遥远使它受到迟滞的话，它们还会发展得更快些。

自从英国首先产生工业革命以后，那个国家已经成为一个世界工场。它不愿意丧失这项利益，曾力图不让新机器的秘密有所泄露，从 1765 年到 1789 年间通过了若干法律，禁止纺织与机器方面的熟练工人迁出，也不许纺织机、图样或模型出口。但是，当这些机器一旦引起人们的兴趣以后，那些法律措施实际上并没有迟延这些机器进入美国。

从工业革命结束到1800年的那些年份，乃是一个进行试验的时期。1787年在马萨诸塞的费拉德尔非亚和贝文利建立了一些使用珍尼式纺织机的工厂。以后的几年，新英格兰和纽约其他各地也建立了类似的工厂——这些无疑地就是美国的首批棉织工厂。可是，没有一个经营得很久长。第一座营运成功的阿克赖特式工厂，是1789年由塞缪尔·斯雷特建成的。他是一个来自英国的移民，曾经在贝耳珀地方的阿克赖特式工厂里当过学徒，因为受到改良机器的奖金的引诱来到了美国。通过普罗维顿斯一个“教友会”名叫摩西·布朗的商人的关系，斯雷特来到了罗德艾兰。1790年，他在帕塔基特建成的工场第一次在美国织成了用机器做成的棉纤绳。美国的工厂制度的确可以说是从斯雷特和他的帕塔基特工场开始的。克拉克说：“第一次想系统地大量把水力应用在制造业的概念，也许是亚历山大·汉密尔顿提出的。”通过他的提倡，便产生了1791年新泽西州的一个公司组织，利用帕塞伊克瀑布的动力制造纺织品。[①] 这个公司本身不久就停业了，但是它建立了帕特孙城，这个城终于成为了重要的纺织工业城市。

最早的那些纺纱机是用手或用马力推动的。后来广泛地使用了水力（而且有一个时期几乎完全只用水力）来纺纱和织布，以及从事其他种类的生产。在美国，蒸汽也许首先是在18世纪的最后十年里使用了新泽西和罗德艾兰的矿山排水工作。据说，蒸汽是在1803年首先使用于纽约某个锯木厂的锯木机上面。在以后的

① 维克托·克拉克：《1607—1860年美国制造业史》，第1卷，第404页。

一些年份里，在水力不足或起伏较大的地区，曾经使用了进口的布尔顿·瓦特式的低压引擎或伊文思式的高压引擎。后一种机器也在俄亥俄河流域使用过，而且正是在这个地区，蒸汽动力初次广泛地使用于制造业。此外，蒸汽动力在使用热力的工业方面是最好的，如集中在俄亥俄与宾夕法尼亚西部的玻璃与炼铁业就是如此。当新英格兰不能再找到良好的水力发动地点和制造业开始向城市集中以后，就造成了人们使用蒸汽引擎的另一个诱因。虽然蒸汽动力在 1840 年以后增加得很快，迟到 1860 年时，水力仍然是动力的一个主要泉源。

当使用机器的制造业巩固地建立起来以后；美国的发明家们就热心地去采用欧洲工程师的方法，使它们适合于美国的情况，并且做出新的改进的贡献。劳动力的稀少，在很大程度上刺激了发明，但是，由于不知道英国已经发明了些什么，因此就形成了一些重复。在美国所做出的贡献中，最著名的也许是伊莱·惠特尼所做出的那些。他不仅发明了轧棉机，1790 年后期还应用了零件标准化的原理；并且在枪炮的制造方面，使机械能够互相调换。美国的另外一种技术进步，便是高尔丁式冷凝器的发明。这种器具大大地简化和加速了羊毛的梳整。美国的第一架成功的动力织布机是波士顿的商人罗威尔造成的，他曾经在 1810 到 1812 年去伦敦对纺织机做了仔细的研究。由于得到有机械天才的保罗·穆迪的帮助，罗威尔设计和制造了一架新的纺纱机和一架动力织布机，1814 年时在瓦特罕姆地方安装起来。据说，正是在这里，世界上第一次把纺纱和织布的过程在一个工厂里同时进行。在把纺和织的所有过程集中于一个工厂里进行以后，这个“瓦特罕姆制度”就

向着现代的工厂生产向前迈进了一步。在以后的几年里，许多美国的发明家中，也许以约翰·索尔普、塞缪尔·巴契德和威廉·梅森最为出名，他们发明了“环形纺纱机”，使纺锭的速率比阿克赖特纺锭高出三倍，而且使针织和制带以及依照图案制造麻布和棉织品的机器趋于完善。

美国机械师所做出的贡献，不仅限于纺织工业方面。费拉德尔非亚的奥力佛·伊文思发明了一种高压力的蒸汽机，使用十分成功。腊姆济、菲奇和富尔顿在把蒸汽应用于海洋运输方面，也做出了著名的试验，荷波肯城的约翰·史提芬则集中精力于火车头的发明。1830 年盖森海纳尔用无烟煤冶炼铁矿获得了成功；1851 年肖塔基的威廉·凯利独自发现了用空气压进熔化金属中以除去碳素的“贝斯麦尔”方法的原理。1846 年爱力亚·豪发明了缝衣机，这种机器既适用于家庭，也适用于工厂；这不仅对妇女是一项巨大的福利，而且也改革了缝衣和制鞋工业。莫尔斯发明的磁石电报，也在交通方法上产生了同样的革命。这些人和其他一些成百上千的发明家，对于建立美国的制造工业都具有巨大的功绩。商标局的报告里指出：从 1790 年到 1811 年，平均每年有七十七项发明，而 1830 年的发明五百四十四项。从 1841 年到 1850 年的十年中，商标局发出了六千四百六十件专利证，以后的十年发出了二万五千二百五十件。

在对发明家的功绩给予应得的评价的同时，也必须对那些数目相当众多而且具有才气的企业家和资本家加以认可。他们依靠着技术人员的劳动，在边远地区建立了小型的工厂，从而使这些地方变成了重要的工业与繁盛城市的基地。在这许多人中，使我们立刻能想起的有：内森·阿普尔顿和艾伯特·劳伦斯。他们是使洛维尔与劳伦斯的制造业发展起来的那些人当中的带头人物。还有在切戈皮与霍利奥克两地做出同样贡献的爱德曼·德威特和南卡罗来纳州格伦奈特维尔城的威廉·格雷格。他们当中最有才干的要算倍德里克·杰克逊(1780—1847)。他的活动充分地代表了一个企业家的最大的成就。他十五岁时曾在纽伯里波特一个商人那里充当学徒，在年轻的二十岁的时候就做了船长，二十八岁时退出了航海事业从事于进出口贸易。在他的航运事业的利益因1812 年之战而减少以后，便把精力用去从事于棉织品的制造。他的内弟佛兰西斯·西·罗威尔与他合伙，协助他成立了著名的瓦特罕姆工厂，而且在年轻的时候就管理着这个工厂。在当地的动力资源耗竭以后，杰克逊和他的伙计就迁移到梅里马克河，建立了纺织厂，以纺织厂为中心，兴起了人们叫作“美国的曼彻斯特”的洛维尔城。在发觉从他的新纺织厂到波士顿的运输条件很不适当以后，杰克逊就注意听取了铁路方面的报道，而且在新英格兰修筑美国第一条铁路的这件事上起了主导的作用。他曾经当过水手、商人、制造商、铁道建筑者——他的一生大体上代表着 19 世纪上半叶时新英格兰的经济史。[①]

① 这个时期里具有伟大才干的商人的数目是惊人的。除了阿普尔顿、劳伦斯、罗威尔、德威特和杰克逊之外，读者还可参阅内森·阿木斯、本杰明·巴比特、理查德·波尔登、查尔斯·固特异、华德·契尼、琼乃斯·契克尔令、阿尔发·克罗克尔、塞缪尔·道纳尔、阿瑟·伊思特曼、查尔斯·詹姆斯以及其他的一些人的简介，载《美国传记词典》。从维拉·施莱克曼：《一个工厂城市的经济史》附录一所载新英格兰的银行、保险公司和铁路的董事名单中，可以看出有一群紧密地联系在一起的财政和工业企业家们，他们在 19 世纪的上半叶促进了新英格兰的经济发展。

当然，工业革命的发展是没有固定的规则的。有些工厂只不过是一些已经存在的小型纺织厂的扩大。有的（如罗威尔）乃是一些既拥有资本而又是发明家和技术专家努力的成果；有的是由一些专门知识不多或者甚至于没有专门知识，但长于筹集资本的商人建立起来的。有一些是由厂主自己或是由他的朋友亲自进行管理，而有很多的（尤其是在新英格兰的大城市中心）则是由住在外地的厂主所控制而由一些驻厂的经理人代为管理。每一种类型的工业都必须发展它自己的特殊生产和分配技术。它们当中至少有一种工业对于满足工业革命所产生的市场扩张是用扩充旧的生产方法而不是使用新机器去进行的。例如制鞋工业，直到1860年以后才使用了新的机器；但是，与此同时，那些小型的用手生产的鞋店的范围也日益扩大，必须进行更为细致的分工。新英格兰的制鞋中心出现了总“工厂”，同时进行剪皮、包装和运输的工作。而且许多的小鞋店的，或者甚至于那些在城镇附近进行绱底、针缝、打掌和定形等私人家庭的专业活动，也仍然在继续——整个过程是一个说明原始工业怎样扩充起来，不使用新的机器就能适应环境改变的最好的例证。直到把动力使用于制鞋机器的时候，靴鞋的生产才真正成为一项具有工业形态的工业。

纺　织　工　业

美国的工业革命和工厂制度的发展开始于棉纺织工业。斯雷特制成了帕塔基特式纺织机以后，新英格兰南部各处就涌现出许多纺纱厂。而且后来由于禁运和1812年的战争，使它们受到了鼓励。但是,在这些小型工厂里工作的,多半是妇女和儿童,而且织布是采用"贷款"的制度在家里进行的。工厂的生产,开始于战争期间洛维尔和他的同伙们在瓦特罕姆成立的"波士顿制造公司",把包括织布在内的一切生产过程都合并在一个单独的工厂里去进行。和平的恢复以及积压的英国货物涌入美国市场以后,把许多小的纺织厂毁灭了。可是,瓦特罕姆纺织厂却仍然保持下来;而且,由于1816年的关税实施,新的节省劳力机器的使用,以及全世界商业的复苏,许多新的纺织厂又在旧工厂的废墟上建立起来。波士顿的投资商把瓦特罕姆的制度推广到波士顿北部,马萨诸塞西部及新罕普什尔和缅因州的一些城市(这些城市当中的一些是由他们创立的);而集中在普罗维顿斯的另外一些投资商,也在罗德艾兰和马萨诸塞的南部仿效了他们的榜样。许多专门制造纺织机器的公司也成立起来,而且棉织品的制造就推广到全国其他地区去。可是,有69%的工厂都集中于新英格兰。1840年时,这些工厂的设备都已经相当完善,营业也很发达;在后来的二十年里,棉织品的产值就增加了15%。1860年的总值达到一亿一千五百六十八万二千元。这项工业雇用了大约十二万二千个工人。

虽然1860年的《国情调查》指出呢绒工业的资金设备和产品价值已经达到了正在蓬勃发展的棉织品工业的一半多一点,但是,美国仍然要依赖英国去获得大量的生羊毛及其制成品。呢绒的制造比棉织品的制造进展得更要慢些,虽然殖民初期的人们已经穿用了呢料,而且全国大部分地区也完全被证明适宜于绵羊的饲养。原因有好几个:采用重商主义政策的英国政治家们,用一切办法去阻止美国制造毛织品。从美国还是殖民地时期以至于直到今天为止，在呢绒的制造方面英国都占着优势的地位，而且甚至于在1812年战争之后，美国得到了关税政策的协助，仍然很难同英国竞争。此外，绝大多数的农庄都出产羊毛而不出产棉花，这就延长了家庭生产呢料的时期。

可是，呢料的制造，渐渐地从家庭移转到工厂里来。殖民地的绵羊所生产的羊毛，只适宜于制作比较粗糙的呢料。但是1790年以后，美国渐渐地由西班牙、爱尔兰和英国输入了改良的羊种，与当地的羊种交配后，大大地改善了羊毛的产品，从而就有可能用国内的羊毛做成品质优良的呢绒。在生产较好的羊毛的同时，家庭的制造业也渐渐地移转到工厂里来。美国革命之前，布匹很少不是在家庭里织成的。家庭的织布工业在与英国发生争端的时期无疑地是增加了。也正如像斯雷特逃避了英国的法律把纺棉机器制造的知识带到了美国那样，约克县的约翰与阿瑟·索菲尔德弟兄两人1792年移入了美国，1793年帮助人们在马萨诸塞建立了一些小型的纺织厂，后来又在康涅狄格安装了新式的呢绒纺织机。但是纺织厂的生产几乎完全是对羊毛进行梳刷、纺织和整理的工作。1812年的战争使呢绒的制造初次真正地建立起来，新的工厂也生产军用物资，黑人穿用的衣料，乃至于优良的呢绒，这个时期人们已经不太穿用马裤了，这也就扩大了对呢制品的需求。据估计，在签订和平条约的时候，投资于呢绒厂的款项约有一千二百万元，产品的价值约为一千九百万元。

战争的结束以及欧洲大量积压物资的运入美国，使得许多的这类小型工场倒闭了，这也就是促使制订1816年关税税则的主要原因，根据这个税则，对多数的呢制品都要征收25%的从价税。

战后的经济萧条对农民也产生了同样的影响，从而延长了家庭工业的寿命。迟至1830年，甚至于在纺织工业居领导地位的新英格兰各州，在家庭里织出的呢料比在工厂里织出的还要多。这一世纪的20年代，由于使用了动力纺织机，使纺织业有了一些改进，但是，就整个情况说来，仍然是这个工业的不稳定时期。1830年以后，正常的经济繁荣恢复了，呢绒制造业才巩固地建立起来，控制了国内市场的某些行业。直到这一世纪的40年代才能真正地说工厂里制出的产品占了上风，家庭工业渐渐在衰退。虽然绒线的产量仍然很少，而且宽面厚呢的制造减少了，但是整个的工业在以后二十年里的发展仍然是很健康的，同时，薄毛呢、棉毛缎、法兰绒、被毯、毛毡和地毯等的生产也逐渐增加起来。

同棉织品和呢绒比较起来，其他纺织品的产量是很少的。没有工厂制度以前，麻织品占家庭纺织业的第一位，但是制造棉织品和毛织品的机器把这些棉毛织品的价格降低，并且排斥了麻织品。虽然还有制造绳索、风帆和高级麻织品的工厂，但是它们的数目很少，生命也很危险；而且它们的产品质量虽好，数量却并不多。用麻制造麻袋布和麻包布在肯塔基和密苏里是一项次要但却很活跃的工业，1860年的产量是九百五十四码。这一世纪的头几十年里，康涅狄格和威利曼提克流域地区要想生产生丝的努力没有获得成功。1840年以前，由于缺乏麻价的劳动力和种植桑树的失败，妨碍了这项工业的发展。那时，陈尼弟兄在康涅狄格的曼彻斯特创立了工厂；约翰·赖尔在新泽西州的帕特孙地方接手了一个小的纺织厂，纺织从远东运来的生丝。但是，1860年时，生丝的制造仍然是在幼年时期，据调查，当时东北部地区的小纺织厂约有四十二家,然而只有一家生产呢制品。

重　工　业

近代工业的发展与生铁的历史有着不可分割的联系。生铁乃是一种物质,现在被应用于建造机器、房屋、船只和满足“铁器时代”不胜枚举的各项需要。当17、18世纪使用木炭冶炼时,美国的处女森林提供了廉价的燃料,但在同一时期,英国的木炭供应量却正在日渐耗竭。当19世纪发现可以用无烟煤炼铁的时候,铁与煤产地的十分接近,又有利于美国的冶炼商人。制造业与人口的迅速增长,使局部受到关税保护的市场扩大起来。

在革命还没有结束的时候,美洲的十三个殖民地区除了乔治亚以外,都用沼铁矿来炼铁。沼铁渐渐地得到了生铁的补充,富饶的磁铁矿地带从马萨诸塞的伯克郡和康涅狄格的索耳兹伯里区开始;横贯过哈得孙河,通过纽约的“奥兰季县”而进入新泽西州的摩里斯县。从那里,冶炼工业渐渐向西部推进。到了1810年,生铁铸造业已经扩展到萨斯奎哈纳河,进入朱尼阿塔河流域而到达李海河的上游。更向南越过山岭而进入田纳西和肯塔基。在这些地方,大量的高级铁矿后来是在农村的奴隶经济制度下进行生产的。1810年的《国情调查》指出,当时有一百五十三座炼炉,生产五万三千九百零八吨的生铁。生铁的产量,也由于禁运和1812年的战争而受到了鼓励。但是紧接着的后几年里又受到了严厉的挫折。1320年的《国情调查》所提供的有关产值的资料不多,但是在以后的几十年里,这项工业就在宾夕法尼亚州西部和俄亥俄河流域发展起来，1860 年时，一直扩展到苏必利尔湖地区，在密歇根北部和底特律附近都进行着生铁的冶炼。1840 年以后，由于煤的应用，使阿勒格尼山脉以东，尤其是宾夕法尼亚和运河所通到的纽约与新泽西州的那些地区的生铁冶炼事业恢复起来。

在殖民地时期以及 19 世纪的最初几十年里生铁的产品可能是在像出产这项原料的那种小冶炼厂里制造的，否则就是在生铁熔炼之后卖给附近的铁匠去制造。因此，当时的家庭用具和少数的金属工具，一般不是要定做，便是只有小量的生产。直到 1820 年，金属用品的专业制造才有比较大量的发展，而且甚至于在那个时候，铸铁厂和工厂一般都仍然是在靠近原料供应的地区。1808 年以后，水路运输使用了蒸汽引擎，有利于这种类型的铁制物品的专业化，而且在如哈得孙河、特拉华和俄亥俄等重要的交通要道都出现了制造引擎的工厂，虽然在很多年里引擎的制造只限于订做。铁路出现以后，许多机器车间都制造机车，但是到了 1860 年，机车的制造就有集中在费拉德尔非亚的趋势，那里也就是波德温与诺里斯两个工厂的所在地(他们先后于 1832 年和 1834 年成立)；此外，也集中在新泽西州的帕特孙。由于新品种铁器用品的需求有所增长，那些早年专门从事于辗片和切钉的工厂才把它们的注意力转移到制造如铁钉和轮胎等其他产品方面来。19 世纪 50 年代，做铁路用的铁条渐渐地被放弃而代之以沉重结实的铁轨，这种过渡，就产生了集中在宾夕法尼亚东部的一种专业化的工业。

铁炉的制造，乃是最先形成专业化的金属工业当中的一种。最初是在火炉里铸成铁片，再由商人们把它们装置起来，但是，整个的制造过程终于在同一个工厂里完成了。无烟煤的使用大大地增加了人们对铁灶的需求。到了 1850 年,火炉的年产量超过了三十万个以上,价值约为六百万元。这些火炉主要是在费拉德尔非亚、纽约、阿尔巴尼、辛辛那提、普罗维顿斯和匹兹堡制造的。

关于某些使用钢和铁制成的小五金用品,制造的中心地区在新英格兰。多数的铁斧、弹簧、铆钉、铁丝、手枪和时钟也是在那里制造的。工厂制度也促成了纺织机器的制造。其中有一半是 1860 年在马萨诸塞造成的。与此相同,在那一年里,全国出产的利刃工具和四分之三的刀剑等利器,有半数是来自新英格兰(主要是康涅狄格)。伯林城成为了制罐的枢纽,而诺加塔克河流域则是制造铜器的中心。1860 年时,缝纫机的产量达到了十一万架,主要是由纽约的胜家公司,布里奇波特的惠勒·威尔逊公司波士顿的格罗维尔、贝克公司等工厂所制造。"工业革命"不仅创造了一些新的市场和增加了铁工业的需求,而且也使这项工业本身进行了革命,使它经历了许多重要的变革而成为一项基本的重工业。人们也陆续采用了如辗片搅炼以及在鼓风炉里使用煤炭等新的技术。当地的矿砂和生铁,都集中在城市区域供进一步的制造使用。由于制造业的工业化和运输需要所产生的对铁的需求代替了农业方面对生铁的大量需求,这也同样是十分重要的。在较早的年份里,农业方面的革命也许就是造成铁器市场的主要原因,而那些制造犁头和其他农业机器的成千上万的工厂也为这项发展十分迅速的工业打下了基础。正如亨特尔教授所指出,大约是直到 1859 年时,

"……由于垦荒的农业人口的需要,控制和限制了铁器的

> 制造。当时供应这种需要的，在很大程度上是一些铁工厂和辊片厂，中间并没有通过铁器成品的制造厂。熟铁制造商的主要作用乃是把铁条供给乡下的铁器制造商，职业性的或是需要熟铁的铁匠去做成各种用具，以适应农民、矿车夫和纱厂主的需要。……在以后的那个时期，生铁制造商就渐渐不再直接为农业人口服务。从事于生产铁器制成品和商用机器的那些工业，对生铁有着日益增长的需求……农业时代为一个可以称之为‘工业的时代’而让路。”①

农产品的加工

自最早的殖民地时期起，食品的加工，特别是面粉和肉食罐头业的加工曾经是一项家庭工业。它也是边疆社会里在家庭外进行最初的制造业形式当中的一种。正如克拉克所指出，虽然谷类制粉厂所雇用的工人相对地少于锯木厂和炼铁厂雇用的工人，而且它们的厂主还不能算是工业家，然而，它们却应用了大量的资本，而且，总的说来，它们在当地的经济生活中，仍然起着同样重要的作用。② 雇用工人较少的原因之一，乃是由于早年机器方面的改进。18世纪后期，奥力佛·伊文思就已经做成了一种机器，使制粉工业从清洗到装桶的每一个过程都能够使用机器。正如某个学者所指出，这可能就是在工业史上从原料到制成品都毫不受阻地

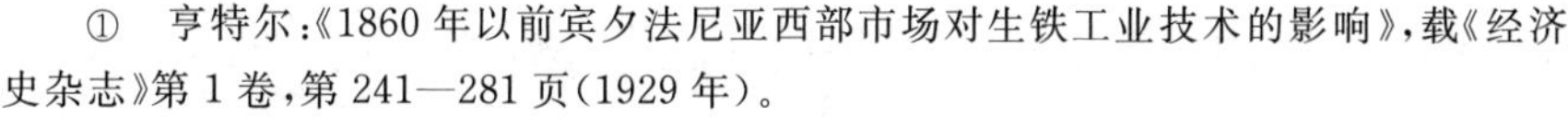

① 亨特尔：《1860年以前宾夕法尼亚西部市场对生铁工业技术的影响》，载《经济史杂志》第1卷，第241—281页(1929年)。

② 见维克托·克拉克前书第1卷，第180页。

使用机器制造的第一个范例。到了1800年，所有的面粉厂每年能够把十万蒲式耳的粮食碾成面粉。由于人口的增加，食品的出口，以及收割机和其他农业机器的发明，面粉的碾磨就越来越为重要。同时，栽种小麦的地区也越过了阿勒格尼山脉，随之也产生了小麦的加工。早年加工的中心地区有巴尔的摩、里士满和罗契斯特。后来，面粉厂又向西迁移到芝加哥、圣路易以及俄亥俄河流域的那些主要城市。

殖民地时期，农民们销售过剩肉类的市场是沿海各城市、西印度群岛和其他一些国家。在以后的各年中，城市的不断发展和南部的大农场都提供了新的市场。肉食罐头早年主要是一项季节性的工业。在某些时期里，这项工业需要大量的劳动力以及银行服务和运输条件。因此，它就不能不集中于能够提供这些便利的大城市去进行。这些中心地区最初乃是一些沿海城镇，但是装罐商人也向边疆发展，而且到了1850年，辛辛那提变成了主要的中心；所装罐的肉食占西部肉类产品的27%。路易斯维尔、芝加哥和圣路易的地位也日趋重要。早年时期，肉类主要是用食盐来保存的，但是在19世纪中叶就广泛地使用了热消毒和密封装存的方法。由于副产品的众多(如蹄筋，用肥肉提炼的油类，洋蜡和肥皂；猪鬃或用其他部分做成的肥料)，就增加了肉食罐头业的重要性。直到“南北战争”时，多数的肉食罐头还是在家庭里做成的，但是，工厂的装罐进展得十分迅速，由于受到战争的刺激，不久就成为美国在按价值计算的产品方面最领先的一项工业。那一世纪的中叶，也发展了怎样用肉类和其他食品装罐的知识，关于这方面，在1850年初期，盖尔·波登发现了“真空牛乳去水法”以后而达到了高峰。

皮革和烟草等产品可以在农庄上进行简单的加工，但是要出产较好的品种就需要有制革厂和卷烟厂。重要的蒸馏工业也是如此。西部人口的增长，使甜酒作为全国饮料的地位降低而为用黑麦或玉米蒸馏成的威士忌所代替。1810 年，这项工业的中心是宾夕法尼亚，但不久以后就转移到纽约、俄亥俄和肯塔基。到了 1850 年，辛辛那提是世界最大的威士忌酒市场，所有的工厂每年能生产二百万加仑。虽然威士忌的显著地位一直维持到那一世纪中叶之后，然而用麦芽做成的饮料在生产和使用方面都有所增加。

通过制造而增加了价值的工业产品，1860 年时有棉织品、木材、靴鞋、面粉、肉食、男子衣服、生铁（包括铸铁、打铁、辗片和熟铁）、机器、毛织品、马车、货车和皮革。价值最高的三项产品是面粉及豆粉、棉织品和木材。雇用工人最多的三项工业是靴鞋业、棉织业和男子服装的缝纫业。

工 业 的 分 布

美国工业的地点在许多情况下是由偶然的机会所决定的，但是更普遍的是决定于经济的因素。东南部在殖民地时代居制造业的领先地位，而且一直保持着第一。新英格兰的良好的农业土地虽然较少，但却富于水利，有着活跃的商业和一个节俭、奋发与稠密的人口，特别适合于从事制造业，虽然这个地区缺乏重要的原料。“大西洋中部各州”富于更为多样化的矿产资源，有直接通到内地的航路，有大量的资金和劳动力，但是受到了农业上竞争的障碍以及人口不断被西部所吸引的影响。然而，摩霍克、哈得孙、特拉华诸河接近水利的地方，以及在纽约、纽瓦克、帕特孙、费拉德尔非亚、罗契斯特以及匹兹堡等城市，都是纺织业和其他制造业的重要中心地带。这些城市都位于交通便利或通到出产煤铁的地方。这一世纪的初叶，在弗吉尼亚的山麓地区和两个卡罗来纳州都充满了能使制造业大为发展的希望，但是"南北战争"以前，由于人们的兴趣受到农业生产的吸引，阻碍了它们能做任何巨大的发展，虽然南卡罗来纳州格伦奈特维尔的格雷格纺纱厂和里士满的特莱德加尔炼铁厂证明了这种障碍是可以克服的。俄亥俄河区域比南部更为重要，1860 年以前那里有大量的制造业存在。匹兹堡专长于制造许多类型的铁器；1850 年以前，阿勒格尼山以西唯一具有十万人口的辛辛那提，是肉食罐头以及机器、衣服、威士忌和其他商品的制造中心。路易斯维尔出产绳索、麻袋和衣服；芝加哥那时正在发展大型的面粉厂和罐头厂。新英格兰与中部各州的产品一般需要精良的机器、细致的制造过程和较高的工资，因此集中在这里制造的东西有纺织品、靴鞋、橡皮用品、衣服、玻璃器皿、陶器和利器。下列 1860 年调查表把各个制造业的地区做了一个比较。

1860 年各个地区制造业比较表

地　区	工厂数目	所投资金	平均工人人数	每年产值
新英格兰	20,671	257,477,783 元	391,836	468,599,237 元
中部各州	53,387	435,061,964	546,243	802,338,392
西部各州	36,785	194,212,543	209,909	384,606,530
南部各州	20,631	95,975,185	110,721	155,531,231
太平洋沿岸各州	8,777	23,380,334	50,204	71,229,989
准州地区	232	3,747,906	2,333	3,556,197
合　　计	140,533	1,009,855,715 元	1,311,246	1,885,861,676 元

资料来源：根据《第八届调查》，见《制造业杂志》，第 3 卷，第 725 页。

运输对于制造业的影响

早年制造厂的地址不仅要有赖于靠近水利的地方，而且也要有赖于运输的条件。制造业的发展是与更为廉价和更为迅速的运输工具的发展携手并进的。直到开辟了陆地上航路的那个时期为止，移民们都一直在靠近海岸线或是靠近向北和向西南方向流过内地的那些无数河流地区居住，而且最初的小型工厂，也正是在海岸线上或是顺着这些河流建立起来的。许多早年的工业都与船舶的制造有关，这也是决定厂址的另外一个因素。由于人口继续向西迁移和开始使用了跨过阿勒格尼山脉的各条航路，工业生活就常常出现于如匹兹堡、辛辛那提、路易斯维尔和圣路易等各个沿河的重要城市。在这些地点建立起来的工厂都制造船舶、发动机、绳索和其他航海必需品，也制造洋钉、厨房用具和过路的移民们使用的家具。当新来的人们住满了附近的乡下以后，也出现了罐头工厂、辗房、酒房和蒸馏房，在这些地方，能够把移民们生产的产品的体积缩小到适宜于运输的程度。与这种情况相似，在康伯兰大道上的如惠林等据点，也开始走向工业的生活。其他如列克星敦等城市的情况也是如此。这些城市的位置虽然不在交通干线上，却是十分接近这些干线的。虽然陆路上的运输在有运河与铁路之前严重地受到了限制，但是，马车路的改进和收取通行税的公路的建立对于工业和商业两者却是一项重要的刺激。

大约在18世纪中叶时，有两个名叫威廉和爱德嘉·派廷逊的爱尔兰籍的铁工匠就已经移住在康涅狄格的伯林城，并且开始挨

户地贩卖他们制成的器皿。当他们富裕起来以后，旁人就去仿效他们，直使康涅狄格不仅成为洋铁制造的中心，而且也成为制造铜器、钟表和其他体积小而为人们所需用的商品的中心。其他的新英格兰城市也制造给小贩售卖的低级宝石和装饰品。每年春季，新英格兰的资本家和制造商就把货品送给他们的代理人，这些代理人骑着马出去售卖，赚得利润，秋天回来。收取通行税的公路的兴起，使小贩们的营业得以扩充，在较远的地点成立了驿站和营业站，进行货品的补充，从而把营业几乎推广到每一个能够到达的殖民地区去。提默锡·德威特说："我曾经在克普－科德和伊利湖附近碰见他们，他们每人之间的距离有六百多英里。他们也去到四百多英里以外的底特律，去到加拿大，去到肯塔基，而且，如果我没有弄错的话，他们也去到新奥尔良和圣路易。"①

1823 年哈得孙与香普冷湖运河的完成，以及两年之后更为重要的伊利运河建成以后，美国掀起了修筑运河的热潮，为从东部到西部开辟了新的和更为迅速的航路，大大地便利了制造业的发展。运费的降低使得边疆的居民能够买得起东部制造商的制成品。也使西部的人能够把铁、铅、羊毛、皮革、面粉和肉类廉价地运到东部的市场。比较廉价的运河运输，有助于使(1)边疆更为精制的制造业的发展受到了打击，但却鼓励了东北部这些工业的发展；(2)刺激了西部的生产和阻碍了制造业，使边区的产品(如肉类、皮革、粮食和生铁等)不能加以整理运输。由于人们能更为按期地交货和得到更为准确的商情，便能够在更为确实的基础上大量地进行贸

① 提默锡·爱威德：《新英格兰与纽约旅行记》1823 年版，第 2 卷，第 54 页。

易。由于沿河流地区制造业城市的兴起，运河的开辟，也同样地促成了如罗契斯特等制造业城市的建立，也大大地刺激了纽约、布法罗、费拉德尔非亚和匹兹堡等终点城市的工业生活。甚至于在没有铁路以前，水路运输也大大地补充了河道的航运业务，从而就有可能去开发许多殖民地区的资源。

1840年铁路迅速地兴建起来以后，进一步加强了运河对制造业的刺激作用。运河修建期间，内地的运费降低了；铁路建成之后运费更为降落。由东到西的运输现在几乎与从南部到北部的运输同样地便利。工业再也不必依赖季节去进行，因为在冬季的几个月里仍然可以运出货物，因此就大大地减少了由于货物不能运出所造成的窝工，停工以及不从事生产的资本。铁路是可以比运河还更为廉价地建成的，而且可以到达许多运河所不能到达的地点，所有这些都有助于降低制成品的最后成本。铁路也加速了边疆的殖民，因此而增加的人口又创造了新的和更大的市场，也使各个不同的地区能够专门从事对它们有利的各种职业。虽然在许多年里铁路的建筑吸收了大量现成的资本，从而阻碍了与铁路供应无关的制造业的发展，但是，这种挫折乃是暂时的。①

① 经济学家们也指出了运输对于工人组织的影响。市场的大量扩张招致了雇主们之间更为激烈的竞争，结果造成工资的降低和加速了工人的组织。

第十四章 1860年以前的国内运输与交通

美国运输事业的重要意义与问题

人口的不断向西部移动和对大陆的迅速征服，使运输事业成为美国有史以来人民与政府所面临的重大问题之一。正如最初沿海的移民有赖于海洋运输去欧洲出卖原料换取制成品的情况一样，以后成群而至的移民，也依靠着河流、公路、运河和铁路去出售他们的产品。像“南北战争”以前美国这样一个基本上是农业社会的国家，所运出的商品多半是容量较大和易于腐烂的，因此，运输问题就感到特别重要了。

新殖民地区不仅经济生活方面在很大程度上有赖于运输事业，而它们的位置和能否存在，也多半决定于运输的情况。最初的殖民地区通常是位于河道两旁或是有海港的地方，向内地的推进乃是顺着许多通向大西洋和提供运输便利的河流进行。由于河流两岸最好的土地都已经被人占领，新来的移民就只有到内地的地区去居住，并且从那些天然的道路来到河边。这些道路多半是顺着旧有的小道走出来的，因为鹿和水牛在寻找饮水时所走出来的小道，变成了印第安猎人踏成的小路，再成为货车行走的道路和白种人的铁路[①]。

在河流与海洋相通形成了良好港口的地方，在河流与河流相连接的地方，或是在小道与河流相连接的地方，尤其是在航海的码头所在地，都是城市与乡镇兴起的重要地点。1850 年以后，铁路修筑得十分迅速，以至于常常在移民还没有来到的地方就首先有了铁路；而且，这些铁路正如早年的河流一样，指出了人们必须行走的道路。运输的逐渐改善，大大地削弱了经济上的地方主义，从而也转过来削弱了政治上的地方主义。美国政府成立时，从波士顿到纽约的旅行，乘最快的马车要走一个星期；今天，人们可以从纽约乘飞机到达加利福尼亚的洛杉矶，所需的时间不到十二小时。“南北战争”时，铁路把东部和西部连接起来，大大地有助于某些地区工业的专门化，也有助于经济团体和地区之间的互相依存。

美国人民面临着两个交通方面的重大问题。第一个便是要把占容量较大的农产品运到市场上去。除了那些住在靠近通航河流的农民以外，这个问题直到有了铁路以后才得到适当的解决。此外，虽然农民们可以从河里运出他们的粮食或棉花，可是，在河流里有了轮船航行以前，要把换得的制成品带回来是很困难的。

① “纽约‘中央铁路’和‘沿湖铁路’都是顺着旧的‘沿湖小道’修筑起来的；‘宾夕法尼亚铁路’沿用了‘马洪尼小道’，‘托莱多、俄亥俄中央铁路’沿用了‘蒙农加希拉小道’；‘巴尔的摩，俄亥俄铁路’沿用了‘大踏道’；另外一条宾夕法尼亚的铁路沿用了‘摩拉维亚－赛欧特－比佛小道’；‘香津流域铁路’沿用了‘散达斯基－里士满小道’；‘诺福克西部铁路’沿用了‘赛欧特小道’；‘辛辛那提·汉密尔顿·戴顿铁道’，沿用了‘迈阿密小道’；‘伊利湖至惠林线’沿用了‘马斯金格姆小道’。”见迈尔：《1860 年以前美国的运输》，第 6 页。

甚至于在轮船已经大大地便利了河上的贸易以后，对于那些住在离水道运输地点较远的人们，仍然存在着问题。虽然美国国内一般具有设备十分良好的全国性水道，只要一看地图便可以知道这些河流一般是从北部流向南部的。相反地，人口通常是由东部移向西部；因此，运输方面的真正需要乃是要有从东部到西部而不是从北部到南部的便利。关于这一点，只要研究一下美国的国内运输史便可以明白。美国最先的重要人造公路多半是从海洋沿岸，是从各条河流向西到达内地。在某些情况下，这些道路是修筑起来连接通向大西洋或密西西比河的那些河源，以建成一条通往西部的航路。许多运河的情况也是如此。有了铁路之后，这个问题解决了。因为一条铁路可以不受河流的限制，可以随意地修到西部，除了受到山岭限制的地区以外。参考本页所附地图便可以看出：除了少数的例外，主要的干道是从东到西。只要看一下公路的地图或航空地图也可以证明这一点。

南北战争以前，全国运输业的改善主要是从下列三个方面着手的：(1)修建收取通行费的公路和改善公路；(2)修筑运河和改善河流；(3)建筑铁路。与此同时，也使用和迅速发展了河道轮船，在那些年里这是运输史上一个重要的特点。在整个这一时期及其前后，改善运输的运动乃是由某些基本的动机所促成的，其中之一便是农民需要有较好的运输条件去出售他们的产品，这个需要得到了希望买到比较廉价食物的沿海居民和希望能够大量买到比较廉价商品的出口商人的支持，同时，进口商和东部的制造商也希望扩大他们的市场。当运输业是由私人投资时，就有分享红利的期望，而且经常还有投机行为的引诱。因为一条收取通行费的公路、运河或铁路肯定会影响附近的地价。运输设备的兴建不可避免地是与土地的投机携手并进的。

修建收取通行费公路的时代

建国初期，沿海各主要城市都依靠非常简陋的道路把它们连接起来，那时还没有近代筑路的专门知识。那些陆地上的航路，春季泥泞不堪，夏季灰尘飞扬，冬季盖满了厚雪，行走十分吃力和困难，经常还发生危险。危险的程度，是由这样的一个事实增加了，那就是：直到革命很久以后全国的主要河流还没有桥梁。此外，还有一些通向西部的人行小道——有两条是在法国与印第安人作战时开辟出来通到匹兹堡的，另外更往南的一条通过了康伯兰山峡。纽约的商人也开辟了通到杰讷西盆地与伊利河的摩霍克小道。所有这些只不过是供给向西迁移的移民和皮毛商人的货车行走的小路罢了。

18 世纪 90 年代，全国掀起了改善陆路运输的高潮，尤其是修建收费公路的高潮，那就是，修建收取通行费的大路。修筑这种道路的主要原因也许是由于人们向西部的迅速迁移和欧洲战争所引起的商业不断繁荣与对外贸易的增长。当时，主要是为了满足当地需要所修筑起来的那些公路的缺点，以及人们对建筑更好的直达公路的需求都越来越为明显。另外的一个修路的动机便是由于 1812 年战争时调动军队和运输军需品的困难而产生的。

带头发动修筑较好公路运动的，乃是一些私人，他们组织了一些公司去修建收费的公路。美国第一条的这种大路由费拉德尔非亚通到兰开斯特，建筑的时间是1792年到1794年，费用是四十六万五千元。由于这条路是建筑在人口稠密的地区，所以一开始便十分获利。佛兰西·贝利1797年时写道："大陆上现在只有一条收费公路，从兰开斯特通到费拉德尔非亚，全长六十六英里，是这种类型的大路中最杰出的，整条路全都铺有碎石，盖有细砂，因此，在气候最坏的时节也从来没有发生过障碍。"①

"兰开斯特大路"是那样地成功，以至于在全国范围内引起了建筑收费公路的狂热。在以后的三十年里，州政府发出了千百份的许可证，建成的道路有数千英里。许多州政府都用大量收买这些公司股票的方法来进行协助。此外，建筑收取通行费的道路也推动了收取通行费的桥梁的建筑。在公路方面所花出的千百万元，大大地改善了美国的运输情况，但是这些道路很少有像"兰开斯特大道"那样完善的。修路的热狂后来平息下来，平息下来的原因与其说是由于受到了运河与铁路竞争的原因还不如说由于财政上的原因。养路费和付税费用超过了收入。只有少数位置较好的道路在最赚钱的几年中付出了红利，而赚钱的道路却很少。

收费公路改善了运输，但没有解决整个的问题。运费成本太高了。全程走陆路的运输费，从费拉德尔非亚到匹兹堡每吨是一百二十五元。根据麦克马斯特的统计，一般商品通过全国的运费，平均每一百英里每吨合十元，这就全然不适合于把如粮食和面粉等容量较大的物品运到一百五十英里以外的地区去（在这时候，从欧洲来的货物每吨的运费是四十先令）。运费的高昂，不仅是因为

① 佛兰西·贝利：《1796与1797北美殖民区旅行记》，第107页。

道路的粗劣，而且也是由于通行费收得太高的缘故。在新英格兰，平均的通行费是每一货车每两英里收一角二分半。在新泽西是每匹马每英里收一分。宾夕法尼亚州则是按轮胎的宽度和马匹的数目收取不同的费用。道路的改善也没有解决旅客运输的问题。在新筑的收费公路上旅行要更快和更为舒适一些，但是所费的时间仍然很长，而且平均的费用是每一英里合六分。

联邦政府的参与

在改善运输的运动中，人们在得到了州政府的参与之后也要求得到联邦政府的协助。在殖民地时期，政府的协助和控制乃是一项正常的程序。“宪法广义解释者们”，热忱的民族主义者们以及能在财政上得到好处的人们都坚决主张宪法的“一般福利”的那一条应该产生这样的权力。他们也援引了宪法第七条第一款。这一款授权国民政府成立邮局，邮路和管理各州之间的商务。“宪法严格解释者们”则认为这项解释太广泛了。另外一些人也同意他们的意见，认为为了某些地区的利益去向全国征税是不公允的。

这种争论促成了 1808 年 4 月 4 日阿伯特·盖莱廷应国会之请所作的有关内政改进的著名报告。盖莱廷指出：在资本充裕，经济比较发达的国家里，运输事业可以由私人投资经营而不必由政府直接协助。可是，在美国，主要由于工资过高和对资本有着不平凡的需求，就不可能这样做。他争辩说，由于运输的改善，可以使全国团结起来，大大地有助于加强国防，提高西部的地价和促进经济的发展，因此，联邦政府在运输方面的协助乃是必要的。他主张把伸入大西洋的那些半岛用运河勾通起来——使这些运河通过克普－科德，跨过新泽西州和勾通特拉华与切萨皮克两河。还应该从缅因州到乔治亚州建立一条大的收费公路，以促进南北部的运输。也要修筑一些公路去把东部某些河流的水源与流入俄亥俄河的一些河流的水源连接起来，以改善东西部的运输。他建议用售卖公共土地的方法来支付这项费用。

通过私人或州政府的努力，盖莱廷的计划终于完成了。但是，在这些早年的岁月里，人们要求使用国家政府款项去改善内政的主要成就乃是“康伯兰公路”的建成。俄亥俄是按照一项协定被允许加入联邦的（1803 年），根据这项协定，在该州境内所出售的联邦政府的土地，免税五年；转过来，联邦政府将拨出地价的 5% 去建筑公路，其中的五分之三将用去建筑该州境内的公路，五分之二将由国会用去建筑到达或通过该州的公路。后来联邦政府也与印第安纳、伊利诺伊和密苏里签立了同样的协定。这就使得那些甚至于对宪法作严格解释的共和党人也产生了漏洞。而且杰斐逊总统在任时，国会在 1806 年 3 月 29 日批准了建筑这样的一条公路。但是，第一个协定直到 1811 年才签字，直到 1818 年才完成了通到弗吉尼亚西部惠林的长一百三十英里的第一条公路。

这条路几乎是从惠林的正西方继续修筑，通过俄亥俄的曾兹维尔，哥伦布和斯普林菲尔德，以及印第安纳州的里士满，印第安纳波利斯，台尔·霍德，直到伊利诺伊的文达里亚，1833 年修到哥伦布，1852 年修到范达利亚。通到惠林的这条路修筑得特别好。“那数目众多、具有美丽桥孔的雄壮石桥，铁制的里程碑和古老的铁门，说明了造桥工人技术的高超，而且直到今天仍然是一座雄伟、坚固和耐久的纪念物。”[①]西部的国会议员都支持公路的修建，从1806年到1838年间他们的势力甚至于促成了三十多个提案的通过，去修建和维护这条公路。联邦政府所付出的费用是六百八十二万一千元。

直到铁路建成时，这条长八百三十四英里的“全国公路”仍然是通向西部的主要干道之一。“路上有时有多到二十四匹马拉的车子结队地行走，路上各处，整天，有时甚至在夜晚都可以看到六匹‘康乃斯托嘎’马拖着轮子高大而宽厚的马车走过，弓形的车篷上面盖着白色的帆布，载运着商品；此外还有马队、驴队、牛群、猪群和羊群，热闹得像大城市里的一条大街，而不是一条经过乡村地区的公路。”[②]

“康伯兰公路”不仅为移民事业提供了一条大道，也降低了巴尔的摩与俄亥俄之间的运输费用，并且给它所经过的地区带来了繁荣。“大西部邮车”也加速了“东部”和“西部”之间的交通，随之而来的还有互相竞争的各家运输公司的快车，这就使运输的速率增加到令人难以相信的程度。这条公路的裨益十分巨大，以至于人们提出了许多修建地区性的收费公路的计划，希望国民政府对它们加以经管。1830年，向国会提出的有关公路、运河、铁路和河流改进的测量与计划不下一百一十一件，由于杰克逊总统否决了“马利兹维尔公路提案”才阻止了这些提案。“马利兹维尔公路”提案建议在肯塔基州境内修筑一条六十英里长从马利兹维尔到列克

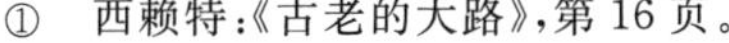

① 西赖特：《古老的大路》，第16页。

② 见前书。

星敦的收费公路。杰克逊认为由国家用钱完全去为某一个州进行这种企业是违反宪法的。这项否决使得以后的内政改进都落于各邦之手。

当全国的注意力转向于修筑运河以后，对修筑收费公路的热潮才平息下来，但是，在美国历史上，当国家有了进展之后，从来没有一个时候不是在继续修筑道路的。例如在18世纪50年代，人们对修建木板路的热情又沸腾起来，又修筑了几千英里的路。这些路修建的方法是把直的枕木平行地放在地面上，枕木之间的距离约有四英尺，再用八英尺长，三四英寸厚的木板钉在上面。由于每建筑一英里的成本是一千二百元到一千五百元，这些路的修筑费用是不太高昂的，但是它们损坏得很快，而且在19世纪50年代铁路盛行时期，很快就被人们遗忘了。

内　河　轮　船

当收费公路的建筑正在迅速地推向热潮的时候，人们也在对蒸汽引擎进行了实验，这些实验注定地使得河道交通的时期延长和增加了新的重要性。许多美国的工程师，包括奥力佛·伊文思，约翰·菲奇、詹姆斯·腊姆济、约翰·史台芬斯和其他的一些人在内，都已经在对蒸汽引擎用于水道交通方面进行过试验，而且成功地用推进器开动了船只，但是，使蒸汽成功地应用于商业航行的乃是约翰·富尔顿。富尔顿遭受过多次的失败，但是得到了罗伯特·利文斯顿的支持，在1807年建成了“克莱尔蒙特号”轮船，这是一艘一百六十吨，轮桨装在侧边的轮船。他驾驶着这只船航行了一百五十英里，到达阿尔巴尼，走了三十二个小时。富尔顿在一封信里说："我的这艘轮船在开到阿尔巴尼的来回途中，比我预料的结果还要好。从纽约到阿尔巴尼的距离是一百五十英里，我只行驶了三十二个小时，回来时走了三十个小时。在整个来回的航程中都受到微风的阻碍，整个航行完全是依靠蒸汽引擎的动力完成的。我赶上了许多逆风行驶的单桅和双桅帆船，并且同它们分手了。现在已经完全证明蒸汽的力量可以开动船只。"

富尔顿 1807 年划时代的航行，不仅在河道交通而且也在海洋的商务方面开始了一项革命。他和利文斯顿马上就在纽约州的海河里取得了二十年的专利权。而且不久又在新奥尔良境内的密西西比河下游取得了同样的专利。在他们两人 1811 年在匹兹堡建起了一个造船厂和航行在俄亥俄河的第一艘轮船"奥尔良"号下水以前，有几艘汽轮已经在哈得孙河上行驶。"奥尔良"号轮船 1812 年冬季沿俄亥俄和密西西比河而下，但是却不能逆着急流驶回。三年之后（1815 年 5 月），才有一艘轮船成功地在这些河流里逆流而上，从新奥尔良到达了路易斯维尔。这项奇迹，是由西部最伟大的航行家亨利・希里夫在二十天之内完成的。

汽轮航行的发展暂时被停止了，直到 1824 年最高法院对基本斯与奥格登一案的判决中，才把纽约与路易斯安那两州的垄断权废除。这个判决认为河流运输不能由任何一个州进行垄断，而且对各州之间的交通管理权应该属于国会。轮船的成功被这样一个事实所说明，那就是：从新奥尔良到匹兹堡的航行时间很快就由一百天减少到三十天。到了 19 世纪 50 年代，一条最快的轮船从新奥尔良逆流而上到达路易斯维尔走了不到五天的时间；客货运的运费降低到只有从前运费的一个尾数。然而利润却很高，而且河道轮船的建造也很迅速。人们相信，在那一世纪 40 年代的后期，西部河流里的运输吨位，大过于整个英帝国的运输吨位。新奥尔良因为地理上的便利，在 19 世纪 30 年代的期间，人口与财富增加的迅速超过了全国其他任何一个城市。

早年对航行所做的试验都在东部进行。但是，正是在西部的河流里，轮船才充分地发挥了它的作用。1816 年希里夫打破了先例，用一条平底的龙骨船做了试验，把引擎装在甲板上，使汽缸平放，而且加厚了一层甲板。希里夫和其他一些人所试验的这种平底船，特别适宜于避免河道航行的危险。它也就是河道航行黄金时代在西部港口里行驶的那些迅速而且堂皇得像宫殿般的轮船的先驱。东部河流里航行的轮船，专长于客运，西部河流里的船只则专长于货运。

由于河道里的沙洲和暗礁使大量的船只遭受了损失，联邦政府便在 1822 年与 1860 年间拨款三百多万元去改善密西西比、俄亥俄、密苏里和阿肯色等河流的交通条件。据估计，密西西比河流域 1852 年所进行的商务约值六亿五千四百万元，大部分是靠轮船进行的，轮船不仅有助于容量较大的粮食和棉花的运销，而且也因此刺激了那个地区的殖民事业的加速。

运河建筑时代——伊利运河

河道轮船对于沿河城镇乃是一个巨大的恩赐，但是却没有解决从东部到西部的运输问题。国营收费公路曾经很有帮助，但是运费太高了，而且跨过阿勒格尼而进入西部的人口增加得很迅速，需要更大的运输便利。到了1850年，人口的中心几乎已经到达了现在弗吉尼亚西部的俄亥俄河。河道的运输曾经局部地解决了西南部棉花种植商的问题，但却不能满足俄亥俄河以北农民的需要。

由于公路的局限性越来越明显，而且向东部寻找出路的需求也越来越迫切，人们的注意力就被吸引到人工河道方面来。东部沿海的人们曾利用运河去改善从内地区域通到河口的运输。人们也幻想用同样的方法把阿勒格尼西部和东部海岸连接起来。英国詹姆斯·布林德利建造“桥水运河”的成功（1761年开放）以及后期完成的一些工程，大大地鼓励了那个国家里修建运河的活动。它的影响也及于美国，不断地增加人们对于这项事业的兴趣。伊利运河是美国修建的最著名的人工河道，但它却不是第一条。弗吉尼亚，北卡罗来纳和马萨诸塞早已建成了一些小的运河，最成功的一条是米德耳塞克斯运河，长二十七英里，从梅里马克河通到马萨诸塞的查理斯河。早在伊利运河建成之先，人们已经看出运河比收费公路要优越得多。主要的优点就在于：一匹马能在死水上拖曳的货物的重量，比在陆地上载运的重量要大五十倍。缺点在于修建运河需要更多的费用和要克服水平线变化方面的更大的困难。北部冰冻的气候会使运河的运输暂时停顿，同时全国各地河道的冲溃，也常常会使运河完全失去效用。

如果要在阿勒格尼以西成功地实现水路运输，最明显的和最好的路线便是把哈得孙河与伊利湖接通起来。伊利湖只高出六百三十英尺。修筑这样一条运河的运动开始于18世纪80年代，但是直到1817年，由于克林吞州长的大力提倡，纽约州才单独把这项任务担当起来。修筑伊利运河的总工程师是本杰明·莱特，但是，战胜许多困难的乃是具有机械天才的康维斯·怀特。这位青年，曾经顺着英国的拖船路步行了两千英里去研究那里建筑运河的详细情况。怀特是一个例外，因为美国早年建筑运河的许多工程师在施工以前从来没有见过一条运河。1819 年，从尤提卡城到罗姆城一条长十五英里的运河开放了。1825 年 10 月 26 日这条运河沿线所装设的大炮，宣布了从布法罗到阿尔巴尼全程的开放和第一批轮船的驶出。几个星期以后，坐在"赛尼卡·奇夫"号领队船上的克林吞州长把一桶伊利湖的湖水倒入"纽约港"，以表示这两条河水的通婚。

伊利运河按照原定计划建成了，共长三百六十三英里，每英里平均造价是两万元，全部费用共约七百万元。伊利运河是那个时期的典型运河，宽四十英尺，深四英尺（后来加宽为七十英尺，加深为七英尺），能够提供三十吨的驳船的行驶，它顺着摩霍克河直到罗姆城，从那里再向西沿着托纳旺达与尼亚加拉两河，通过今天的锡拉丘兹，罗契斯特两城和腊克波特而到达布法罗。它的支流运河把它接通了安大略湖、香普冷湖和塞讷卡湖。于是纽约终于有了九百英里的人工运河。

伊利运河的成效是立刻便见到了的。在它未完工以前，所收的通行费就已经超过了利息费用，而且先头的九年所收的通行费共有八百五十万元——超过了最初的成本费用。1826 的那一年内，有一万九千多艘大小船只驶过了特罗伊西部而进入伊利和香普冷两运河。克林顿运河的首要的和最大的效用，便是它能提供一条全程由水上航行的通到西部的道路，这样就为内地那些容量较大的产物提供了一条出路。从布法罗到纽约的运费。每吨从一百元降低到十五元;时间从二十天减少到八天。纽约西部的农产品价值增加了一倍,俄亥俄河以北各州的农产品的价值也增加了。这种增长也随之带来了土地价值的相等的上涨。如果说"旧西北部"是大大地受到了刺激的话,那么,也可以说,与这条"全州的大血管"连接的地区曾得到了相当的繁荣。尤提卡、锡拉丘兹和罗契斯特都变成了繁盛的城市,而且运河的各个终点(布法罗、阿尔巴尼、纽约)都开始了新的生命。纽约的人口在1820年与1830年间增加了一倍,夺取了费拉德尔非亚的领导地位而成为美国的第一个海港。由于西部农产品能从北面的航路运入,使"五大湖"周围的布法罗、克利夫兰、底特律和芝加哥等城市进入了一个迅速发展的时期,开始与匹兹堡、辛辛那提、圣路易和新奥尔良居于抗衡的地位。伊利运河为广大的重要地区开拓了一个史无前例的繁荣时代。旅客邮船从阿尔巴尼到布法罗只走四天半,从这条航路上成群地向西部而来的移民也日益增多。"旧西北部"好像通过了伊利运河而与纽约紧密地联系在一起,因为从这条路通到海上的距离比从密西西比或圣劳伦斯河走要短得多。

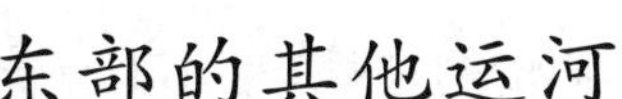

东部的其他运河

伊利运河的成功和因此而产生的纽约的繁荣,使东部其他各州也采取了相似的计划。这些计划有三种类型:第一种便是把大西洋各州与俄亥俄河盆地连接起来,第二种类型便是建筑一些运河以改善内地与海岸之间的运输,第三种类型便是建筑一些运河去改善沿海岸南部与北部的运输。

在第一种类型的计划中，只有宾夕法尼亚运河的修筑是唯一成功的。这一个州由于畏惧它与西部的贸易被纽约所吸引，首先就投入了建筑运河的热潮，而且迅速地(1826—1834)沿着萨斯奎哈纳、朱尼阿塔、康内莫和阿勒格尼诸河建成了一条由费拉德尔非亚通到匹兹堡的运河和连水陆路网。从运河开始的萨斯奎哈纳河建筑了一条从费拉德尔非亚通到哥伦比亚用马拉曳的铁路。从那里这条路就顺着萨斯奎哈纳的东岸和朱尼阿塔的西岸到达霍里德斯堡。霍里德斯堡与约翰斯敦之间的大山，是用一条三十三英里半长的搬运铁路通过的，在铁路的倾斜面上，可以在十英里以内把一条船提高一千三百九十九英尺和把它放低一千一百七十一英尺。宾夕法尼亚运河和与它连接的铁路总共长三百九十四英里，建筑费用在一千万元以上。虽然是属于全州所有，但是州政府并没有进行火车或轮船的营业，只是向这些车船抽取通行费。为了要使这条航路修通西部，就必须跨过二千三百英尺的高度，而不像伊利运河上面那样的只有三百六十英尺。这条路虽然不像伊利运河那样的令人满意，但却仍然达到了它的目的，而且通过了它就有一部分的西部贸易到达了费拉德尔非亚。

马里兰和弗吉尼亚州的公民，也不甘示弱于他们北部的邻居，便重新努力地实现了一个旧的计划，顺着波托马克河修筑了一条运河，把东部海岸与俄亥俄河接通。由华盛顿担任第一届总经理的波托马克公司，早在1785年就已经注册，但是，直到1828年，才开始修建切萨皮克·俄亥俄运河。这条运河原定计划是要以乔治敦作为东部的起点，一直通到康伯兰，从那里再由山下开凿隧道通到尤吉俄吉尼河，但是只修到康伯兰便停止了。这条运河经过多次的挫折才在1850年完工，修筑的费用是一千一百万元，其中的七百万元由马里兰州捐助，一千五百万元由终点的城市捐助，一千万元由美国政府捐助。切萨皮克·俄亥俄运河并没有成功，主要是因为它没有跨过山脉，而且受到了在一条线上同时建筑的巴尔的摩·俄亥俄铁路的剧烈反对和竞争。

全国还建筑了许多运河，把内地与海口连接起来。例如新英格兰的康伯兰运河与缅因州的从锡贝果湖到波特兰的朱津运河虽然受到铁路的竞争，仍然一直营运到1870年。从伍斯特到纳拉干塞特湾的黑石运河经营了二十年。最后，在1835年开放的纽黑文和北安普敦两运河的营业一直是亏本的。中部各州有一些小的运河接通了伊利和宾夕法尼亚两条运河，但更为重要的是那些把无烟煤运到了沿海地区的运河。其中主要的有：特拉华·哈得孙运河，从宾夕法尼亚的洪斯代尔通到特拉华和哈得孙河；李海运河，从怀特黑文与莫克-昌克通到特拉华河上的伊斯顿，再从这里与特拉华分支运河相连接，而到达费拉德尔非亚，与摩里斯运河相连而通到泽西城。长一百零二英里的摩里斯运河经过新泽西州的北部，把煤炭运到了纽约的市场。

在勾通南北交通的运河中，最重要的是特拉华·拉里坦运河和切萨皮克·特拉华运河。第一条运河从拉里坦河上的新不伦瑞克起，到特拉华河上的波德尔汤止，是1838年建成的，它改善了由纽约到费拉德尔非亚之间的交通。长有十三英里半的切萨皮克运河，通过特拉华河而到达切萨皮克湾，于1829年建成。

中西部的运河

伊利运河的成功，也引起了“中西部”修筑运河的兴趣，就立刻制订了一些计划，使俄亥俄河与伊利湖连接起来，以提供一条从纽约一直通到新奥尔良的内陆水道。1825 年，俄亥俄州批准了两条运河的建筑计划。第一条叫作俄亥俄·伊利运河，从俄亥俄河上的朴次茅斯顺着赛欧特、马斯金格姆、塔斯卡罗瓦斯和卡亚霍加诸河的河道而到达克利夫兰。第二条运河名叫迈阿密·伊利运河从辛辛那提起，顺着迈阿密与莫米两河河道，经过米德尔顿、戴顿和迪法恩斯而到托莱多。“伊利运河之父”克林顿州长为俄亥俄·伊利运河的修筑举行了破土典礼。这条运河在 1833 年建成，因此，截至当时为止，俄亥俄已经有了四百英里以上的可供航行的运河，到了 1850 年，增加到一千英里以上。虽然在俄亥俄运河上并没有大量过境的商务交通，但却发展了巨大的境内交通，并且使当地的货物能运到州境以外的市场上去。这种情况，在 19 世纪 50 年代达到了最高峰，直到有了铁路才很快地消逝。

印第安纳州也同样地醉心于内政的改进，1832 年开始修筑了沃巴希·伊利运河（1843 年完工），把伊利湖与俄亥俄河连接起来。这条运河通过了迈阿密河与伊利河而到达迪法恩斯，在爱伦县进入了印第安纳州，然后再沿沃巴希河向西南行而到达特勒·侯特，再向南而到达俄亥俄河上的伊文斯维尔，全长四百五十多英里，是美国修建的第一条最长的运河。在特勒侯特北部的那一段，一直开放到 1872 年，那时，也像俄亥俄运河那样，因为受到铁路的竞争而停止了营业。印第安纳也修筑了怀特运河，从汪县的赫格兹顿开始，大部分顺着怀特河而到俄亥俄河上的劳伦斯堡。那时，人口还住得很分散的伊利诺伊州也建筑了“伊利诺伊·密歇根运河”（1836—1848），用一条从芝加哥到伊利诺伊码头的拉萨尔人工运河把密歇根河与密西西比河连接起来。威斯康星州也企图在福克斯与威斯康星河中间建筑一条运河把密歇根湖内湖的格林贝与密西西比河连接起来，但是，这个计划一直到 1856 年才完成。休伦湖与苏必利尔湖在 1855 年由一条在圣玛丽瀑布附近的运河接通了。最初是由密歇根州建筑起来的这条运河，后来交给了美国政府，成为了世界上最重要的人工运河之一。俄亥俄河上的航运由于有了一条围绕着路易斯维尔瀑布的短运河而更加便利起来。据估计，1830 年时美国的运河英里数是一千二百七十英里，1840 年是三千三百二十英里，1850 年是三千七百英里。

1837 年经济恐慌的影响

有许多英里的运河是由几个州建筑的。联邦政府受到了宪法的限制，不能放手去进行修筑，虽然它曾捐赠了四百万英亩的土地去支援，并且像在修筑切萨皮克·俄亥俄运河时那样也购买了运河的股票。事实证明，只靠私人资本去进行是不恰当的，但是，在晚近 20 年代和 30 年代初期的繁荣日子里，各州的信贷力量好像是不会耗竭似的。土地投机商和正规的移民鼓励了政府不按照当时的财富与各州人口的比例去作开支，而且在那时州政府的宪法里还写上“应在本州境内鼓励内政改善”等字样的规定。于是，各个州与各个城市之间的互相竞争有助于形成修筑运河的热潮。各州州政府的债务，1820 年时才有一千二百七十九万零七百二十八元，到了 1840 年就增加到二亿元，多数是在建设银行、公路、运河和铁路时借用的。建筑运河的一大部分费用是由英国借来。由于对美国银行的信任，美国国债的高度信用以及美国债券所付给的较高利息（再加上对当地情况的不明），就容易诱使欧洲人购买美国的股票与公债。[①] 没有缔结上述各种债务的只有七个州，那就是：康涅狄格、特拉华、乔治亚、新罕普什尔、北卡罗来纳、罗德艾兰和佛蒙特。这项工作在很大程度上是在一个人们只有热忱而对困难和费用认识不足的时代里进行的。这些计划具有投机的性质，而且在某些情况下是不必要的。此外，尽管那些运河的热心家们都有着极高的理想，这些运河在商业上的价值绝大部分仍然是地方性的。1840 年只有七分之一的货物运输是在纽约州以外的运河里进行。虽然有了上述的情况，许多的运河营运间或还是比较发达的；主要是由于铁路的竞争，才导致它们的毁灭。

这种对内政改进，尤其是对运河的过于迅速的投资，就造成了 1837 年经济恐慌的主要原因。在那一年，当繁荣的气泡被刺穿以后，许多州的州政府才发现无力支付利息或继续那项工作。有一些州，包括密西西比、路易斯安那、马里兰、宾夕法尼亚、印第安纳和密歇根在内，都抵赖了公债。它们几乎都把那些正在改进的内政企业出卖给私人行号，而且停止对公共的内政改进给予财政上

① 参阅麦克格伦：《40 年代美国州债的某些方面》，载《美国历史评论》，1933 年 7 月第 38 卷，第 673—686 页，和他所著的《外国公债持有人与美国各州的债务》，1935 年版。

的协助，而人民也由于走了极端，禁止新的州宪法让政府去对这些事业借办信贷。因此，在刚刚开始兴建铁路的时代，这些工作主要就由私人或公司负担了起来。

铁路的重要意义

运河刚一到达繁荣的全盛时期，就受到了另外一种新的运输方法的挑战。在制造轮船成功的同时，工程师们就想到也可以用蒸汽引擎去推动有轮的车子。1804 年，奥利佛·伊文思已经在他的轮船上装上了轮子，驾驶着这条船走过了费拉德尔非亚的大街。1820 年，约翰·史台芬斯已经在新泽西州霍波肯他的地产上建造了一条小的窄轨铁路，铁路上行驶着一个火车头，车厢里坐着作为乘客的他自己。当 1829 年 10 月，乔治·史提芬逊的“火箭”号车头在利物浦和曼彻斯特铁路上拉着一列十三吨重的火车，平均每小时走了十五英里以后，就清楚地证明了用蒸汽开动火车的实际可能性。人们很快就看出了铁路的优点胜过了运河。

铁路的建筑费用比较低廉，而且用铁路运输要迅速得多。此外，铁路并不受水的供应，或是受费用以及因通过水闸时耽延时间从而必须修筑于低洼地区等条件的限制。能够把它们铺设到全国的任何地区，包括工厂的后门在内。它们不像运河那样会受到季节变化、旱灾、水灾或风暴的严重影响。全国各地随时都可以享受它们的利益。美国国内的河流多半是从北到南，但是新建的铁路却可以直接深入西部。在铁路一般的确是顺着河道修建起来的地方，就有了走近路的机会，这就大大地缩减了地区之间的距离。铁路的效用，在开发“西部”方面，在为西部的产物提供运输便利方面，在刺激东部的制造业方面，在加速劳工组织方面，在联系各个地区方面，在对边远地区推行文化教育方面，都与我们经济、社会和政治生活的每个方面交织起来，起着息息相关的作用。

虽然使用蒸汽的铁路最先是在英国发展起来的，可是在美国的扩展却更为迅速。不到十年，美国的铁路里程就已经远远地超过了欧洲的铁路里程。主要的原因就是由于在一个大国里，人们需要有廉价的、迅速的和具有弹性的运输设备。另外的原因当然也还是由于在美国境内没有政治疆界的限制或关税的障碍。此外，地价也低廉得多(后来，联邦和州政府都把土地给予了各家铁路)，而且既得利益集团的反对不太剧烈，虽然铁路也曾的确遭受到了经营运河的那些人的剧烈反对。

早期的美国铁道

登巴说:“英国建筑铁路几乎已有二百年之久，1738 年就制成了铁轨，1804 年造成了使用蒸汽的机车”。[①] 但是，所有这些成分，直到 1829 年才圆满地组成了一条使用蒸汽的铁路。美国在那一世纪的早期，曾在各处为修建本地道路使用了木制的轨道，搬运生铁和石头。其中最为人们熟悉的便是 1826 年开放从马萨诸塞的昆西到纽邦塞特长三英里的那一条路，以及第二年在宾夕法尼亚建成的莫克・昌克铁路。最初建造的那些载运乘客的铁路是为了

① 西摩尔・登巴:《美国旅行史》，第 3 卷，第 906 页。

补助运河之不足，其中如从费拉德尔非亚到哥伦比亚和从霍里德斯堡到约翰斯敦的铁路。

1828 年 7 月 4 日，“独立宣言”最后一个活着的签字人，查尔斯·卡罗尔·卡罗尔登为巴尔的摩·俄亥俄铁路路基的修建举行了破土典礼。这是美国具有近代意义的第一条铁路。它的第一条有十三英里长的支线，在 1830 年时开放。甚至于连这条铁路的修筑者们也还没有十分信服蒸汽的价值，第一批车子的动力使用了马匹的力量。1830 年试车时，彼得·库柏所制的“矮人号”机车，在从巴尔的摩开到爱丽考特山的十三英里途程中走了一个小时，它的操纵肯定是依赖蒸汽去进行的。

1829 年，美国第一次使用了用蒸汽开动的火车头(史台芬斯拒绝表演)，在卡尔邦代尔·洪斯代尔铁路(现在是特拉华·哈得孙铁路的一部分)上行驶，但是由于发现了从英国运入在美国装置起来具有九匹马力的“斯徒布里奇狮子号”机车车身过于沉重，不适合于在美国用的铁轨和桥梁上行驶，因此便把它放弃了。同时，政府也颁发了许可证，准许修筑一条从查理斯顿通到南卡罗来纳的汉堡的铁路。1830 年在这条铁路上第一次使用了美国制造作为正规行驶的机车“查理斯顿良友号”。它在单独开行的时候，速率每小时是三十英里，带着四个全载重的车厢行驶时的速率是每小时十六英里到二十一英里。当 1833 年这条铁路修通汉堡时，全程共有一百三十六英里，是那时世界上第一条最长的铁路。1826 年纽约州州政府发给了摩霍克·哈得孙铁路公司的营业证，这就是纽约中央铁路最早的先驱。这条铁路在 1830 年开始建筑，1831 年“德·威特·克林登号”机车的试车，从阿尔巴尼到斯克内克塔迪的十六英里航程走了一个小时。第一条与今天的宾夕法尼亚系统接通的铁路,便是从费拉德尔非亚接到萨斯奎哈纳的这条线,是在 1834 年完成的。

在新型运输的实用性确立以后,全国就把先头几年中修建运河的那种热忱移转到铁路的修筑,以解决交通方面的重大问题。也如运河一样,所建筑的一些铁路主要是用来把特定的一些商品运送到沿海地区去,另外的一些铁路是为了要满足改善交通的普遍要求。但是,全国各地都在希望,任何一个只要铁路的魔力能够达到的乡村,都可以重复一下如锡拉丘兹或布法罗的铁路那样惊人的发展。到了 1860 年,全国已经修筑的铁路在三万英里以上。

沿海各城市又掀起了要想开发西部资源的竞争。建筑运河竞赛时期被排斥在外的如波士顿、查理斯顿、萨凡那和巴的摩尔等城市,与其他城市一道,拟订了一些庞大的开辟通向内地航路的计划。随年月的前进,铁路就由作为补助运河和连接河流与人工运河的阶段而进入到成为独立的主要运输干道的阶段。1850 年以前,全国只有一条铁路把海口与巨大的内陆盆地连接起来。但是一个乘坐这条铁路的旅客在经过纽约的途中便要乘坐十六家铁路公司的火车。货运受到了要付出通行费和轨道的宽度不同必须经常换车的限制。1853 年,“纽约中央铁路”第一次把这条路合并起来。自那时以后,这条铁路就成为通向内地的两大铁路干道之一。正是在那一年,从纽约到芝加哥首次正式通车。从 1850 年到南北战争开始的这个时期,又建成了八条从海滨通到西部各湖沼与河流体系的铁路干道,其中包括着 1851 年建成从伊利湖通到登克尔克的纽约中央铁路的劲敌、现在的“伊利”干线;1852 年通到匹兹堡的宾夕法尼亚干线和第二年通到惠林的巴尔的摩·俄亥俄干线。

南部也显然做了同样的努力。1850 年，乔治亚的西大西洋铁路通到了田纳西河，而且，由于 1854 年纳什维尔与恰塔努加线的通车，就把亚特兰大和西北部的河流与铁道系统连接起来，成为在东部产棉地带转运西部粮食和肉类的机构。到了 1858 年，从里士满向西修筑的“中央弗吉尼亚”线与从彼得斯堡向西修筑的“南方铁路”都接通了“西南部”地区，到了 1959 年，又接通了密西西比河。由于地形上的优越地位，东南部沿海城市开发密西西比流域的注意力都不可避免地会集中于恰塔努加。从这里，向南修筑一条支线到达莫比尔湾，向西修筑一条支线到达孟菲斯的密西西比河，向北的支线进入了“旧西北部”。

从前要经过新奥尔良和莫比耳的西南部的产品，现在开始向东面运出，使得密西西比河流域和海湾港口的商人们活跃起来。莫比耳的公民组织了莫比耳·俄亥俄铁路公司，由于得到联邦政府的土地赠予，这条铁路 1859 年通到伊利诺伊州的凯罗；同一年，新奥尔良也修筑了“新奥尔良·杰克逊·大北方”线，与到田纳西的杰克逊城相连接。与此同时，伊利诺伊中央铁路，也由于联邦政府赠给了土地，填补了从凯罗城到芝加哥之间的空缺。从 1850 到 1860 年间，西南部建成的铁路约有八千英里，而且那个地区的铁路不仅衔接了大西洋沿岸，也接通到“俄亥俄河流域”。这些英勇的努力，为早年的海湾各港节省了许多运费，但是它们的地位却相对地低落了。纽约、费拉德尔非亚、巴尔的摩和其他北部港口与西北部之间的新铁路，不仅繁荣了俄亥俄河流域的经济生活，而且也使西部的产品越来越为东部所吸收。使这两个地区紧密地联系在一起的这一网圈，在“南北战争”时大大地有助于把西北部维系在“联邦”之内。

“南北战争”开始时，阿勒格尼山脉的东部地区已有的一个铁路系统的骨架，在以后的几年里就迅速地发展起来。在通过了阿勒格尼的主要山岭并且在密西西比河以东的庞大铁路系统的铁轨铺成以后，沿海各主要城市就与西部相连接，大大地加速了这些地区之间的商务交往。

早年建筑铁路的问题

由于蒸汽动力还在幼年时代，早年的美国铁路建筑者们，也正如早年的运河建筑者们那样，必须要遇到和解决许多的问题。40年代与50年代的这几十年间，乃是显著的试验时期。美国也从英国获得了一些方法，但是由于条件的不同（如远程的客运和容量较大的货运），很快就说明了两国的发展是不会十分平行的。

铁轨的制造，轨道的宽度，车轮行驶于轨道上时的磨损，桥梁，刹车，挽钩，安全设备，照明，保暖等问题都还有待于解决。虽然在最后解决这些问题时时间已经过去几十年，但是，所做的进步从一开始就是惊人的。最初的铁轨乃是一些直放在系有枕木的木梁上的铁条。这些铁条有容易松弛和卷曲的特性，有时甚至于伸入了车厢的地板，使驾驶员不能不停下车来去修理轨道。直到50年代的早期，才普遍地使用了铁轨。最初，轨道的宽度并不一致。铁轨之间的宽度从“特拉华·哈得孙铁路”的四英尺三英寸到“特拉华·拉卡王纳及西部铁路”的六英尺不等。这种不一致性增加了货运的费用，而且最后还必须重建大部分的路基。直到 1842 年以后，机车上才有了驾驶室的设备，使用了木材作为机车和取暖的燃料，而且，直到使用煤炭以后，由于火花飞溅所引起的森林火灾和木制车厢着火所造成的损失仍然是一个严重的问题，还不要说火花烧坏了乘客的衣服。虽然在铁路史上的头二十五年中，客车的设备已经相当舒服，车厢和车头通常都漆得很漂亮，装饰得很高级，名字也叫得很响亮。早年的火车每小时大约只能走十五英里，但是已经在运输的速度方面创造了一个新的时代。第一辆客车只比马车的车身略大一些，车辆是配合铁路装置起来的。车身后来就渐渐地加长了成为车辆，与现代的形式相近，两头都有出口，有两排座位，中间留有走道。原来的刹车原则上是与马车上所用的相同——是一大块硬木，使用脚的力量，通过杠杆作用来刹住车轮。

“南北战争”以前的许多美国铁路的特点便是建造的不适当与构造的脆弱。由于路基开始损耗和使用较重的车辆而加重了压力，就经常发生事故。由于不能把路基标明，就常常发生地权方面的纠纷。在 50 年代的这十年，甚至于在较晚的一个时期，一个火车的乘客实际上是冒着生命的危险的。空气刹车，自动接车、信号制度以及科学方法的建筑路基等都是后来日子里才有的事。发生事故被认为是“天意”而不是铁路方面的疏忽。火车的开行与到达，纯粹出自推测。没有一定，直到 40 年代以后才认真地执行了行车时刻表。票价也极不一致。在 40 年代后期，客票是从纽约州的每英里一分半到密西西比州的每英里五分三厘五；货运运价从佛蒙特州的每英里吨四分到密西西比州的二角四分三厘九，车费大体上是按照当时的竞争情况而决定的。

对早年铁路的资助

与工程问题几乎是同等重要的，便是有关募集足够的资金去完成“南北战争”前已经开始建筑的三万英里铁路的问题。铁路的促进者们一开始就碰到财政方面的困难。这些困难并不因为这样的事实而减少，那就是：新的铁路一定要与收费的公路、木板路、运河，以及投资于这些企业的集团进行竞争。[①] 在还未殖民的新地区，要对一条铁路进行资助是一个根本上很困难的问题。这样的地区只有在按照希望那样地发展起来以后，才有实现投资的适当利益的希望。这样一种情况并不会给予那些怀有信心的投资者以立刻的报偿。只有在人们迁移到铁路开发出来的那个地区以后，投资者才有对未来收入进行投机的可能。虽然对在人口稠密的东部的铁路投资常常付出了较大的红利，但是，在人口稀少的西部和南部，铁路盈利的可能性便不肯定，无论如何，投资者会要等上几年才能分到红利。虽然有着这些困难，从1830年到1860年间，投资于铁路的款项仍有十二亿五千万元，其中一大部分是来自国外。

① 在这些早年时期，反对铁路的主要理由便是它们比收费的公路和运河还更具有垄断性。伊利运河的工程师本杰明·莱特在附送一件国会公文的信里写道：“我认为在国内建筑一条长的铁路是令人讨厌的……它一定会成为一项运输方面的垄断。相反地，运河对于任何一个造船的人都是公开的。”载下议院文件附件第18号，第1831—1832页，第22次国会，第一次会议记录，第1卷，第174页。

在国外，财政家们已经忘记了1837年经济恐慌的不幸经验以及因此而发生的赖债行为，愿意再对新世界的经济前途进行投机。有一部分资本是来自新英格兰，那里的由于捕鲸业的衰退而累积起来的资本已经被解放出来，这种情况，在以后几年中因航运事业的同样衰退而又有所增加。铁道终点的农民、商人和沿铁路各城市的人们都认购了股款，这并不完全出于分享红利的欲望，而是期待着增加商业以获得利润和地价的上涨。

在私人资本不足的地方，市政府、州政府、县政府和联邦政府都进行大量的协助。除了马萨诸塞对某些铁路进行放款以外，新英格兰所给予的政府的协助是很少的。其他地方的情况就全然不同。宾夕法尼亚、密歇根、南卡罗来纳和乔治亚都对那些首先修筑起来的铁路进行了资助。事实上，乔治亚不仅自己从亚特兰大到恰塔努加之间修建了一条铁路，而且继续营运到1870年。纽约州贷给了纽约、伊利铁路六百万元去协助建筑横贯州内南部的一条铁路。马里兰州购买了三百万元巴的摩尔、俄亥俄铁路的股票。弗吉尼亚州也认购了许多铁路所发行的五分之三的股票，而且到了1860年时资助铁路的款项已经有二千一百万元。密歇根、伊利诺伊和印第安纳都带头建筑铁路。据一个专家的估计，在1840年以前的十五年里，各州借来修筑铁路的款项共约九千万元。据另外的一些人估计，县市的捐助比各州的款数还要多，至少占全部修建费的五分之一。用这些款所修建的实际里数可以根据建筑费用估计出来，在19世纪50年代，每英里的建造费用是二万五千元到三万元。由于对宪法的顾虑，使联邦政府不敢对铁路的建筑做直接的捐助，但是，这并没有阻止政府利用勘测和通过1843年以前

对修筑铁路所用的生铁减低关税的方式给予援助。此外,人们对铁路运输的需求是那样地迫切,而且西部各州不能对新的修建计划给予资助的情况又是那样地明显,以至于联邦政府终于给予了直接的援助。这种援助开始于1850年,那时联邦政府赠给伊利诺伊州二百五十万英亩以上在"伊利诺伊中央铁路"沿线交错地区的公共土地。州政府把这项赠予转交给铁路,但是规定铁路公司必须将7%的毛利保留给州政府。同样地,联邦政府也慷慨地给予了密西西比、密苏里、密歇根、威斯康星、明尼苏达、爱荷华、阿肯色、阿拉巴马、佛罗里达和路易斯安那等州以土地的捐赠,1861年时共约值三千一百万元。

由于把公地出卖以得到现款和增加铁路两旁的人口对于铁路公司都很有利,这些赠予既有助于加速殖民,也同时促进了铁路的建筑。这在"伊利诺伊中央铁路"的情况尤为明显,这条铁路不遗余力地把移民带到它的地区上来。虽然政府对铁路加以管理的努力直到19世纪60年代后期才实现,在这些较早的年月里,仍然可以大致看出各州对于铁路协助十分慷慨的初期情况。有一些州曾企图限制运费,限制分配红利的数额,并且保留在某一时期以后收买这些铁路的权利。但是,当时对这些努力所收到的效果却很微。

电车事业

城市人口的不断集中,使19世纪50年代产生了城市客运的问题。自从有了铁路以来,在很多情况下都有在城市里的街上修筑铁路的必要。但是,按照正确的意义讲来,这些并不是街上的铁路。在这些铁路能够实现之前，还得要设法使轨道埋在地上，以免妨碍车辆的通过。第一种用来按时输送城市人口的车辆便是由马车改进而来的公共汽车。纽约市的华尔街与格林威治村之间在1828 年以前就已经有一路公共汽车在行驶。1831 年费拉德尔非亚第一次出现了公共汽车。50 年代开始有了嵌在地上的铁路，从那时起直到有了电车的时候，城市交通的需要，是用各种类型的马拉车（有一些车有两层）来尽量地加以满足的。

横贯密西西比西部的运输

只要一看上面的铁路地图，便可以清楚地看出：1860 年以前的铁路建筑，多半是限于密西西比河的东部地区。除了从圣路易以及其他城市向西顺河流伸延的少数几条钢轨和加利福尼亚的少数几条小铁路之外，横贯密西西比河西部地区的运输仍然靠着河流和一些泥路去进行。尽管有着这样不恰当的运输条件，这个广阔地带的商业仍然是很活跃的。从 19 世纪的早期开始，向圣路易采购皮毛的商人，就已经跨过了密苏里和密西西比河上游的盆地，顺着河流把皮毛运出，使圣路易成了国内一个大的皮毛贸易中心。此外，这些商人也发现了一些道路，使移民们后来沿着俄勒冈、加利福尼亚和圣菲的小路前进，而且以后又被采用为第一条横贯美洲大陆铁路的线路。

远在 19 世纪 40 年代初期还没有盖篷货车通向俄勒冈或加利福尼亚之前，圣菲小道上的商业就已经发展得很活跃。1821 年，有一群商人从密苏里出发去到圣菲，就在那里找到了出售商品的市场，他们所走的路线，就是现在阿契森·托皮卡·圣菲铁路所沿用的路线。人们发现把货物逆密苏里河而上运到“独立城”，再用火车或货车运到圣菲，要比从维拉克鲁斯经过墨西哥运出便宜得多。这就把西班牙的西南部开放给美国商人，而且在以后的几年里，纺织品、刀器和其他商品都不断地运到了圣菲去交换皮毛、驴子和金银锭。按现代的标准来衡量，当时圣菲的贸易量并不大。只有在1843的那一年，东部运到南部的货物价值四十五万元，这是价值超过了二十五万元唯一的一年。但是，贸易的重要性比它的价值要大得多。它激起了全国人民的理想，在得克萨斯没有归并美国以前，引起了人们对西南部的兴趣。帕森说：“圣菲小道乃是在有西部边疆之前就已经被人走出来的第一条小路。”

1848年加利福尼亚发现黄金以后，整个横贯密西西比的运输史就展开了新的一页。1849年，开始有了从独立城到圣菲的驿运马车；同一年，又有了每月到达盐湖城的邮车。虽然在那一世纪的50年代从东部海岸到加利福尼亚的轮船和快船，无论绕过霍恩海峡或是取道巴拿马都十分迅速，但是，直到1858年，联邦政府才准许约翰·巴特菲尔德签订合同，由孟菲斯和圣路易从陆路把邮件送到加利福尼亚。那一年的秋季，巴特菲尔德开始了每周两次的客运和邮件业务，经过普雷斯顿，埃尔帕索和尤马堡而到达太平洋海岸，旅程大约走了二十五天。

其他的一些人也仿效了这种做法，其中包括著名的罗素、梅杰斯和魏德尔公司。这个公司所走的则是另外一些路线，发展了巨大的客货运业务。这在60年代的早期是一项营业范围很广的贸易。上述的那家公司仅只在货运方面就拥有六千二百五十辆马车和七万五千条牛，因此很著名。1860 年，威廉·罗素组织了一种“小马快递邮件”，用人骑着马把邮件从密苏里州的圣约瑟夫送到加利福尼亚的萨克拉门托，所用时间大约是十天。这也许是当时这类运输事业中速度最快的，但是它使罗素、梅杰斯和魏德尔公司大大地受到了亏折。这家破了产的公司 1862 年被本·霍拉德收买过来，又转卖给威尔斯、法果公司，这家公司在第一条横贯美洲大陆铁路建成以前，一直控制着这项运输业务。小马快递邮务在 1861 年全国的有线电报成立后才结束。

快递事业的发展

威尔斯、法果公司的加入西部运输事业，大致地指出了早年运输发展的情况。创立快递运输业务的威廉·弗朗西斯·哈奈德以前是波士顿·伍斯特铁路上的一个驾驶员和售票代理人。由于受到了金银转运方法的启发，1839 年时想出了一个主意，认为也可以用同样的方法去经营小件包裹和重要文件的迅速而安全的运输业务。哈奈德自己首先用一个绒毡制成的手提包去从事纽约与波士顿之间的快递业务，但是业务发展得很迅速，于是就约了一个伙伴，在 1840 年创立了哈恩登快递运输公司，雇用了一些代理人，1841 年把业务扩充到费拉德尔非亚和阿尔巴尼，并且开办了欧洲的代理处，照料移民的运输事宜。

哈恩登的成功把阿尔文·亚当斯也引到这项业务里来。于是在纽约与波士顿之间就有了两家互相竞争的快递公司。伊弗雷姆·法恩兹沃斯加入了股本，成立了亚当斯快递公司。1843 年这家公司的业务扩张到远及西部的圣路易和新奥尔良。1854年哈恩登公司与成立不久的亚当斯快递公司合并经营业务，让后一家公司暂时在东北部保持着它的优越地位。与此同时，哈恩登公司在阿尔巴尼的代理人亨利·威尔斯脱离了这家公司，自己成立了威尔斯、法果公司，1845年与东部的芝加哥、辛辛那提和圣路易等地建立了联系。那一年，威尔斯、法果两家公司卖给了美国快递公司并且迁移到太平洋海岸。说来很奇怪，正是在这里，成立还不到十年的快递业务就取得了最大的胜利。那时，威尔斯、法果公司为淘金的人们运送邮件和黄金，而且正如塞缪尔·鲍尔斯所说，在这里，矿区首先成立的三个机构是一家餐馆，一个弹子房和一个威尔斯、法果公司的办事处。[①]

电报通讯

曾经受过艺术家的训练和担任纽约大学文学与艺术设计教授的塞缪尔·莫尔斯，在1830年初期发展了电子磁性电报的理想。由于得到艾尔弗雷德·维尔的协助，他在1837年制出了一台实用的仪器。虽然他曾经一再表演过自己的发明，而且说明这无疑是具有远大前途的事业，但是却无法引起私人企业家的兴趣。在迫不得已去求助于政府的时候，莫尔斯和他的友人曾向国会包围了六年，国会最后才在1843年拨款三万元去修筑一条从巴尔的摩到华盛顿的电报线。这条电报线在翌年的五月建成，正好把那年春

① 塞缪尔·鲍尔斯：《美国的新西部》，第347页。

季“自由党”和“民主党”在巴尔的摩召开大会的消息报道给国会大厅。于是便成立了一家私营公司，通过巨大的困难筹集了款项，建立起一条从费拉德尔非亚通到纽瓦克的电报线。这条线1846年开放，以后又扩充到泽西城，从那里再用渡船把电报送到纽约。

电报的实用性被肯定以后，就很快地发展起来。与莫尔斯合作建立第一条线和表演了高空电线优越性的伊日拉尔·康乃尔，成为了随之而来的电报事业迅速扩张的天才组织家。把电报和铁路相比较，每一英里的建筑费要少得多，而且遇到的问题也比较少。从1846年到1874年间，纽约就与波士顿、阿尔巴尼和布法罗通报；第二年又与克利夫兰、托莱多、底特律和芝加哥通报。“西方电报联合公司”虽然遇到了如平原和山区风暴以及有敌意的印第安人等的新问题，但是，由于受到政府补贴的鼓励，就在1861年把电线延长到太平洋地区。那一年，营运中的电线有五万英里。

电报事业的迅速发展，一部分原因是早年与铁路和新的发明取得了密切联系所造成的。铁路需用电报去增加营运的效率，而电报公司也需要取得在铁路旁架设电线的权利。在电报显示了它的性能之后，人们很快就认识到海底交通的效用。1858年，赛拉斯·菲尔德建成了第一条横渡大西洋的海底电线，但是直到1866年电线装置完毕，发报才宣告成功。

第十五章　人口与劳工

人口的增加与分布

把美国历史上第一个七十年的人口统计数字加以研究，便可以看出，在当时十分正常的情况下，人口的发展有三种明显的趋势：(1)增加的迅速；(2)向西部的移动；(3)向城市的集中。1790年，全国人口的总数也许不到四百万人，而1860年人口调查所提出的数字就是三千一百四十四万三千三百二十一人。

1860 年以前美国人口统计表

年　份	白种人	有色种人	总　　计
1790	3,172,006	757,208	3,929,214
1800	4,306,446	1,002,037	5,308,483
1810	5,862,073	1,377,808	7,239,881
1820	7,866,797	1,771,656	9,638,453
1830	10,537,378	2,328,642	12,866,020
1840	14,195,805	2,873,648	17,069,453
1850	19,553,068	3,638,808	23,191,876
1860	26,922,537	4,441,830	31,443,321*

* 其中包括印第安人、日本人、中国人及其他人种，他们的总数是七万八千五百九十四人。摘自《美国人口调查》，1910 年第 1 卷第 127 页。

直到1820年以后，这种增长，大部分是由于新土地上人口的自然增殖所造成，在这块新的土地上，大家庭在经济上是比较有利的。1750年在美国游历的瑞典旅行家彼特·卡姆曾说："要找出为什么这里的人口比欧洲增长得快的原因好像是并不困难的。一个人只要一成年就可以在这些省份里结婚而不会有任何遭受贫困的恐惧。未耕种的上等土地是那样地多，结了婚的人不难得到一块土地去和他的妻子与小孩在一起舒适地过活。税率也很低，这方面他也用不着担心。"①

卡姆所看到的殖民地后期有利于大家庭的这种情况，在美国仍然是一个显著的农业国家时一直是如此。除了人口的自然增殖以外，1820年与1860年间移入的人数在五百万以上。不仅因为生育超过死亡的正常增长和移民人数的加多而加速了人口的增长，而且工业革命和商业的扩张也创造了新的财富和工商业方面的就业机会，从而为更多的人口提供了生活的源泉。每十年人口的增长平均约为34%；而每二十年就几乎增加一倍。

比人口实际数目的增长还更为显著的是人口的分布。1790年，全国94%以上的人口都居住在原来十三个殖民地区的大西洋倾斜地带，住在阿勒格尼山脉以西的人口不到二十五万人。到了1820年，这个比例就有了显著的变化。那一年的人口调查指出：约有73%的人居住在大西洋的倾斜地带，27%居住在阿勒格尼山的西面。南部各州仍然是人口最稠密的地区，但是纽约可以自诩为是在一个单独的州里人口最多的。那时阿勒格尼山脉以外的人

① 本生编：《彼特·卡姆北美游记》（两卷集），1937年版，第211页。

口超过了新英格兰的人口。从1810年到1820年的十年中，纽约增加了四十一万三千人，比任何其他一州增加得还要多；其次便是俄亥俄，增加了三十五万一千人。但是，增加的比率最大的要算西部新成立的几个州，东部特拉华的人口几乎没有变动。从1790年到1820年的三十年中，从沿海各州迁到西部的约有二百五十万人。

1850年的人口调查指出：那时全国几乎有一半的人口(45%)居住在阿勒格尼山脉的西面。钱宁教授曾经指出[①]：从1820年到1860年的三十年中，阿巴拉契亚山脉以西地区的居民人数增加了五百万人，这就比原来人数还多一倍；而沿海各州的人口，虽然有来自欧洲的移民，却只增加了二百万人，不到原来人数的一倍。钱宁教授认为：假定人口的自然增殖每三十年就有一倍，那么，在这三十年中，东部也许至少曾经为西部提供了四百万的人口。[②]

从南部迁来的人占着西部移民最大的比例数字。南卡罗来纳的五分之二的居民，弗吉尼亚与北卡罗来纳的三分之一的居民和几乎占乔治亚四分之一的居民都移殖到阿勒格尼山脉以西，几乎构成了“旧西南部”的全部人口和“旧西北部”的主要人口。新英格兰的人们不断地向西迁移，有时在佛蒙特和纽约西部停留下来有一代人的时间，但是在多数的情况下都终于到达了新的地区，使俄亥俄与印第安纳的北部各县都染上了显著的新英格兰的色彩。中部各州也有大部分的人口迁移到西北部，实际的数目比来自英格兰的数目还要多。

---

① 爱德华·钱宁：《美国史》，第5卷，第49页。

② 1820年与1830年间，人口增加了32.5%，移殖地区增加了24.4%。1830年与1840年间增加的数目各为32.5%与27.6%。

除了这种越过山脉的移民之外，还有从农村迁出到城市的人口，这在新英格兰尤其是如此。事实上，这是美国历史上城市发展最为迅速的时期。以上这两种迁移，都造成农村人口的严重紧张。同时，这种情况对研究19世纪前叶美国沿海城市社会与经济生活，都具有启发的作用。人们向城市迁移的原因很多，主要是由于工业革命——也就是，由于工厂制度的兴起，国内运输事业的发展，以及经济的发展所造成，所有这些经济过程吸引了农村的人口，使他们去依靠制造业、商业、贸易与金融业而生活。1820年以后，沿海城市人口的增加主要是由于移民的增加，其中很多人既不能适应农村生活，也没有再向前推进。由于利用运河以及后期利用铁路使交通工具有了进一步的发展，扩大了农产品的分配范围，扩大了对外贸易，导致了作为货物集散和转运的城市的发展。

为农业品寻找市场，加速了人们向西部的迁移，这又转过来增加了迁移旅途中的重要城市的人口。西部的农业竞争是那样地剧烈，以至于使东部的农民，尤其是土地不太肥沃地区的农民感到沮丧，这样就加速了人们向有利于制造业发展的城市的迁移。1780年，人口超过八千的城市只有五个，那就是：费拉德尔非亚、纽约、波士顿、查理斯顿和巴尔的摩，它们的人口占全国人口总数的2.7%。在这些城市里，仅费拉德尔非亚一地的人口就超过了两万。1840年的人口调查指出，八千人以上的城市共有四十四个，当时纽约是最大的城市，人口有三十一万二千七百一十。到了1860年，超过八千人的城市有一百四十一个占全国人口的16.1%。根据现在的调查①，那一年纽约的人口大约是一百一十

① 纽约的人口根据当时的调查是八十一万三千六百六十九人（曼哈顿镇）。

七万五千；费拉德尔非亚是五十六万六千人；巴尔的摩是二十一万二千人。到了1810年，纽约市的人口数目跃居第一位，而且在伊利运河建成以后，很快就成为美国的一个大都会，是西部大部分农产品转运的枢纽。这个城市不得不与沿海各城市进行竞争，甚至于也还要与新奥尔良为五大湖丰产区的粮食而进行竞争。但是，它的十分优良的海港与地理上所占的有利地位，再加上得到运河和后来的铁路的协助，以及有了那些在全国各地发展了巨大商业的能干的领导人物，就使它毫无问题地取得了优越的地位。富于农产品与矿产品的殖民地城市费拉德尔非亚与巴尔的摩，想用建筑收费公路与竞争性的运河系统来开发西部地区，使自己能分享那里的产品，但是，在没有铁路以前没有获得成功。成为康涅狄格河东部贸易中心和人民机智而又节俭的内地的波士顿，在美洲共和国伟大的商船时期起了重要的作用；但是，当美国人民的兴趣从海洋移转到发展西部的时候，它就受到了地理上的严重阻碍。它在商业上的重要性已经落后于纽约，幸亏工业革命的到来才给予它以支持，使它继续发展为一个贸易的中心。随之而来的附属性的纺织业、制革业和采矿业城市的兴起，其中包括纳休阿、洛维尔、瓦特罕姆、林恩、伍斯特、新贝德福德、福耳河城等繁盛城市在内，给它带来了一个繁荣的新时代。

由于新英格兰转向于制造业，像普罗维顿斯、新伦敦、哈特福德和纽黑文等殖民地城镇就变成了重要的城市，而且成为上千的偏僻乡村变成了繁盛的乡镇或小城。比德韦尔说："1840年，在新英格兰南部的四百七十九个城镇中，最少有五十个城市各有一个经营制造业的乡村，这些乡村里有棉织或毛织厂、炼铁炉、制椅厂、马车厂或是其他数百个杂项制造业的分厂，这些分厂是在这三个州里的各个地区偶然地成长起来的。”[①]虽然早年的这些工厂很小，它们却分布得很广；伴随着工厂制度的发展而来的，便是城市人口的增加。1810年，新英格兰只有三个城镇的人口可以说是超过了一万人——那就是：波士顿、普罗维登斯与纽黑文。人口的总数是五万六千人——而1860年时，人口有六十八万二千的城市就有二十六个。

1780—1860年城市人口增长表

年份	城市人口数					城市总人口的百分比
	8,000人以上	8,000至20,000人	20,000至75,000人	75,000至250,000人	250,000人或以上	
1870	5	4	1	—	—	2.7
1790	6	4	2	—	—	3.3
1800	6	1	5	—	—	4.0
1810	11	6	3	2	—	4.9
1820	13	7	4	2	—	4.9
1830	26	19	4	3	—	6.7
1840	44	28	11	4	1	8.5
1850	85	56	21	6	2	12.5
1860	141	96	35	7	3	16.1

匹兹堡位于“东部”与“西部”相连接的俄亥俄河上的起航点，具有开发广大地区的能力，而且也是一个丰富的炼铁生产中心，早在1800年就已经是一个著名的城市。俄亥俄河上的辛辛那提与路易斯维尔城的地位，也保证了它们的发展。圣路易是密苏里河

① 比德韦尔：《新英格兰州的农业革命》，载《美国历史评论》，1921年版，第26卷，第686页。

与密西西比河上游的商业集散地，而莫比尔与新奥尔良却是海湾区的航运中心。五大湖的运输海港芝加哥、底特律、克利夫兰和布法罗，1860 年时就已经显示了以后将有巨大的发展前途，而且预先指出了俄亥俄河上一些城镇的相对衰退。还有其他一些多得不胜枚举的城市，由于有了天然的有利条件或是由于偶然环境的造成，也导致了城市的发展。

可是，南部的许多城市如威廉斯波特、查理斯顿、萨凡那却比较地或绝对地退步了。由于人口的向西移动，棉花生产中心的移转，棉花的栽种由于跨过山脉而找到了天然的出路，西部产物的运到巴尔的摩与费拉德尔非亚而不到达南部港口，以及制造业的不发达等原因，使得大西洋南部各州的城市生活发展得很缓慢。在“南北分界线”的南部，1860 年时只有二十七个乡镇或城市的人口超过了四千人。

1860 年以前的移民

《第八届人口调查》，根据“1819 年以前资料不完全的研究”所提出的初步报告的估计，从 1790 年到 1800 年，有五万名欧洲人来到了美国，从 1800 年到 1810 年来到的人数大约有七万人；1810 年到 1820 年大约有十一万四千人。要决定殖民的准确人数，还必须从这些数字中减去 14.5% 的过境人口。1819 年以后有了官方的记录，数字就比较可靠。1825 年以前的移民每年不到一万人，但以后就渐渐增加，直到 1832 年，每年大约有六万人来到，这种增长，一部分是由于美国的繁荣和欧洲政治不安定的缘故。到了1837年，增长的数字就猛升为七万九千人，第二年由于经济恐慌才减少了一半。1842年移民的涌入又增加到十万人以上，第二年由于金融危机人数又减少了。从1845年到1850年的五年中，人数又大大地增加起来，这是因为1845年与1846年欧洲大陆发生了严寒、春季又遭受了水灾，使农业受到不利的影响以及1845与1846年爱尔兰马铃薯的歉收和1848年与1849年的革命所造成。事实上，在这个时期以前或以后，移民的人数与美国人口的比例从来都没有这样大。

使千百万人来到新世界的原因，并不只是由于国外经济与政治的因素；加利福尼亚的发现黄金也吸引了更多的人口。1854年移入的有四十二万七千八百三十三人，但是第二年却降低到不及这个数字的一半；1860年只有十五万三千六百四十人。这次的减少乃是由于"克利敏战争"与印度内部的不安吸收了一部分过多的人口以及农业品与工业品需求增加的缘故。"南北战争"最初对移民产生了不利的影响，但是战时的繁荣以及《宅地法案》的吸引，又重新使外国的移民涌进来。1860年以前，有半数以上的移民来自英伦三岛，尤其是爱尔兰；有三分之一的人来自德国。在这些年份里，男性移民所从事的五种主要职业的人数如下：工人八十七万二千三百十七人，农民七十六万四千八百三十七人；机械师四十万七千五百二十四人；商人二十三万一千八百五十二人；矿工三万九千九百六十七人。1860年时在美国的出生于外国的移民约有四百万人。

关于人口的分布，只可能概括地加以说明。至少有六分之五的爱尔兰移民留居在阿巴拉契亚山的东面，多数都住在城里，构成

1820—1860 年移入美国人数

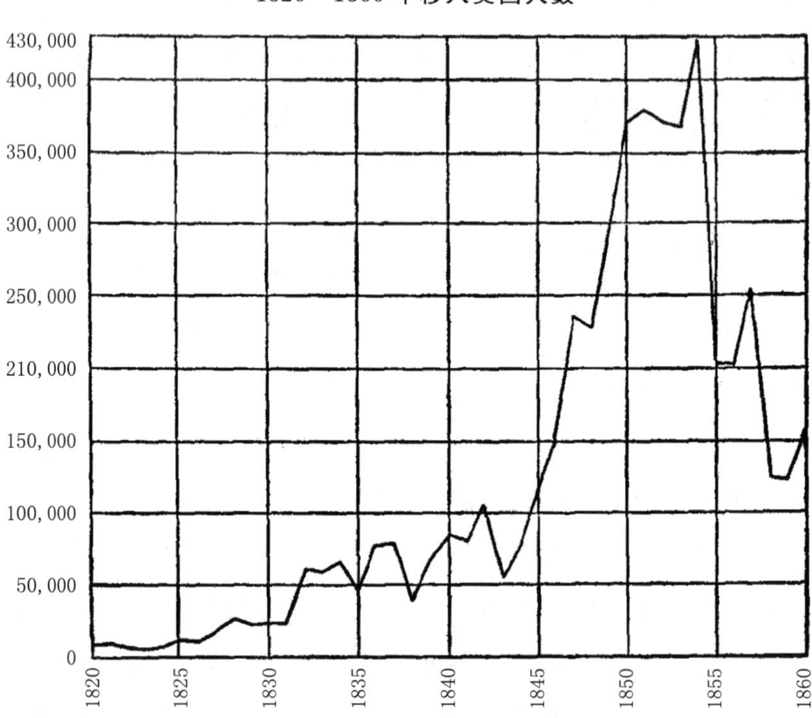

（资料来源：1860 年《第八届人口调查》的《初次调查报告》第 12 页。）

了非熟练工人的主体。另一方面，这个时期的德国移民多半是农民，至少有一半的德国人占据了山西面的土地：住在威斯康星河沿岸和得克萨斯边疆的也不在少数。绝大多数的斯堪的纳维亚人向西推进到伊利诺伊、威斯康星和明尼苏达等各州去安家立户。也许有三分之二的英格兰人、苏格兰人和威尔斯人住在“东北部”，其余的三分之一继续向西迁移。

这一大批移民的涌入，就不能不对那一时期的社会与经济生活产生重大的影响。由于 1840 年与 1860 年间旧城市的区域扩大了一倍，而且出现了许多新兴的城市，于是，在那些比较大的城市中心就出现了后来时期内少有的贫民区。待赈的贫民增加得很快，由于实际工资的降低，工人阶级的生活水平就逐渐下降。抚今思昔，不难令人感到"南北战争"以前的那二十年乃是美国工资收入者经历过的一个最为不幸的时期。他们在这些岁月里所遭受的痛苦，并不全然是由于移民的增多所引起，但这却是一个重要的因素。

城市生活的改变

在那一世纪的第二个二十五年里，人们的日常生活开始了革命性的改变。到了那个时期，工业革命已经有了长足的进步，因而许多从前在家里制造的物品现在都可以更为廉价地买到。在"东北部"移民较为稠密的地区，多数的家庭工业都已经让位给工厂的生产。这种趋势形成了男子工作的更为专业化和使妇女有了更多的空闲时间。最后，终于使许多男子和妇女脱离了农业而进入工厂。改良过的和工厂里制造出来的机器，简化了农业劳动，而且在一定程度上使它更为容易；但是，实际生活环境的改变首先必然开始于城市的居民。19 世纪 20 年代以后，油灯渐渐代替了照明的洋烛，较大的城市也使用了煤气。1822 年，波士顿街道的照明采用了煤气，纽约于 1823 年采用，费拉德尔非亚于 1837 年采用。自从 18 世纪后期，怀俄明与李海盆地已经发现了无烟煤的蕴藏，早在 1805 年，这些无烟煤就已经向费拉德尔非亚运送。但是，直到 1815 年才被用作家庭的燃料。由于运输的困难和装置火炉与炉价的昂贵，煤炭并没有立刻得到广泛的应用。运河与铁路解决了第一个问题，而大城市里木柴的涨价就使第二个问题的解决成为不可避免。到了1825年，纽约与费拉德尔非亚的许多家庭已经不烧木柴而使用了煤炭。在以后的年份里，“东北部”地区已经废弃了厨房的火炉而改用铁灶；家庭里其他各处所用的火炉也改成了铁炉。由于洋铁器皿代替了许多旧的笨重的铜铁器皿，也减轻了烦琐的家务，这是那些无处不有的美国小贩们带给家庭主妇的一项恩赐。

水的供应对于那些正在发展的城市自然是一个迫切的问题。直到那一世纪的中叶，城市居民所使用的水大部分是由水池，或使用家庭抽水机，或是使用全城各个居民区所设置的抽水机取来的。

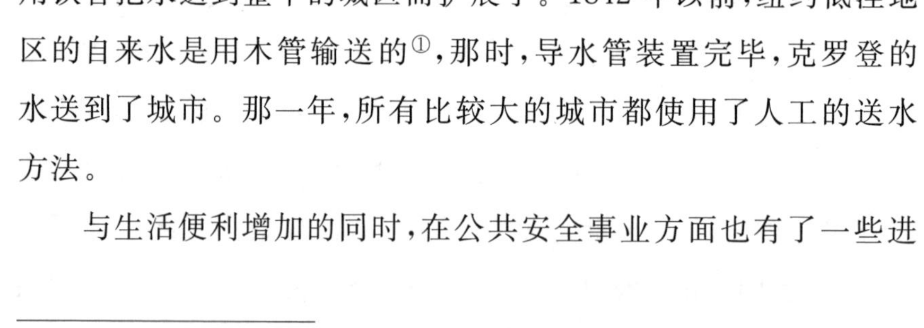

1799年以后，使用了蒸汽水泵，把夏易基尔河的水抽到蓄水池，再用木制的管子把水送到费拉德尔非亚的一小部分地区去。这个制度后来得到了改进，而且由于1822年费尔芒特自来水公司成立后用铁管把水送到整个的城区而扩展了。1842年以前，纽约低洼地区的自来水是用木管输送的[①]，那时，导水管装置完毕，克罗登的水送到了城市。那一年，所有比较大的城市都使用了人工的送水方法。

与生活便利增加的同时，在公共安全事业方面也有了一些进

① 曼哈顿自来水公司第一次企图用一个中央储水池供应纽约的用水，这一家公司是1799年由爱伦·伯尔提出的法案而成立的。实际上，这家公司是一个银行组织，伪装成一个自来水公司来与汉密尔顿的“纽约银行”竞争。但是它的确建立了一个自来水的供应网，并且继续营业，直到1808年才出卖给市政府。这家公司就是今天的“曼哈顿自来水公司银行”。

展。1845年，古老而效率很低的点燃街灯、打更和传报火警的守夜方法，被日夜逡巡的守兵组织所代替。这个组织很像我们今天的警察部队。事实上，现代的警察制度成立还不到九十年的时间。在19世纪50年代的十年中，救火队是由一些自愿的团体组成的。在他们表现得好的时候就显得十分热心，并且很有效率；但是，在表现不好的时候就只不过比一群城市的恶棍稍好一点，他们与敌对的伙党相争斗的兴趣，大过于救火的兴趣。在这十年里，大城市里的义勇消防队就渐渐结束了。

对人们的社会和经济生活方面有重大影响的刺激，便是1845年通过的低廉的邮资法案，这个法案把重量不超过半盎司、邮程不到三百英里的信件的邮费定为五分，超过这个限度就是一角，再超过重量就照加邮费。1851年，邮费又一次再行降低，一封半盎司重的信，预付邮费三分后便可投递三千英里，如果不预付邮资就收五分，邮程三千英里收费六分；超过三千英里收费一角二分。到了1840年街上第一次出现了每分钱一份的报纸。互相竞争的报社也展开了新闻的抢先登载。而且美国的人民大众，从不熟练的工人到有势力的资本家都变成了报纸的奴隶。这个成立起来以刊登新闻为目的的机构，却经常被用来做政治与经济利益的宣传，1844年以后，发明和使用了电报，才有可能使报纸起传布新闻的作用和具有向人们报道世界大局的能力。轮船与火车的发明，对于促进旅运、沟通文化和在很小的程度上减少文化地方性方面所起的作用也是巨大的。

劳 工 情 况

在一个新兴的国家里,熟练劳工的稀少,乃是一种正常的情况。因此,美国工资收入者的经济地位比西欧工业国家工人的地位相对地要高得多,至少,在19世纪40年代里情况是如此。根据维克托·克拉克的估计,美国不熟练工人的工资比英国工人的工资要高三分之一到二分之一;熟练工人的工资高出的数额则不多。尽管熟练工人也许还能忍受这种遭遇,但是,不熟练的工人的工资,虽然比欧洲工人的工资要高一些,是只够勉强糊口的。他们的工资平均只有熟练工人工资的一半。美国革命时期,他们的工资每天只有二先令,1800年增加到每天约有九角,1825年,每天有一元,而且许多年都一道停留在这个数字左右,甚至于在修建运河与铁路繁忙的时期,情况仍然是如此。麦克马斯特曾对这一世纪之初工人生活的悲惨情况做了如下的描述:

"(工人)把撒在地下的细沙当作地毯,他的桌上没有一面镜子,碗柜里没有瓷器,墙上没有花纸。他不知道火炉的形状,从来没有见过煤炭,也从来没有听见过火柴。……很少一个星期能尝到一次鲜肉的滋味,而且付出的肉价比他的子孙付出的要高得多……

如果认为那时一个技工的伙食已经很粗劣,那么,他的衣服还更坏……他的空虚的衣橱里所有的东西,包括着一条黄羊皮或牛皮短裤,一件有补丁的衬衣,一件红色的绒袄,一顶帽边卷曲肮脏得发臭的毡帽，钉有大铜纽扣的牛皮皮鞋和一个皮围裙，他把油腻涂在皮上以使它保持柔软。”[①]

农场雇工每月能挣得七元到十五元，供给伙食，但这是决定于季节和地区的。一般人是要在经过一个时期以后才由较低的工资提到较高的工资。没有伙食的农业工人所得的报酬，从那一世纪初叶的每天五角增加到 1860 年的一元五角乃至二元。[②] 工业和农业熟练工人的工资，从每天一元到二元不等，虽然经常是高出了最低额的工资。

工厂工人的工资也高于欧洲工人的工资。可是，在工资最高的马萨诸塞，1830 年到 1860 年时，男子每星期能挣五元，童工能挣一元到二元。妇女每星期能挣一元七角五分到二元，后面的这个数字包括伙食费在内。宾夕法尼亚、新泽西和南部一些州的工资要低一些。研究这个时期的实际工资一般问题的人们认为，工资从那一世纪的 20 年代到 30 年代和 40 年代都有所增加，但是 40 年代却下降了。[③] 增加的数字大约是百分之十稍强。

与现代的工资级数相比，上述的工资报酬的确是太少了。但是，工资级数如果不与物价相比，当然就会没有意义。在 30 年代，人们每星期付出一元七角五分到二元就能够获得膳食和住房。对于妇女，这项费用是从一元二角五分到一元五角。由于男工和女

① 麦克马斯特:《美国人民史》，第 1 卷，第 96—97 页。

② 比德韦尔与福克讷:《1690—1860 年北美合众国农业史》，第 275—277、495 各页。

③ 泰勒:《运输业的革命》，第 294—295 页。

工的工资都在这项费用的一倍以上，还可以留有工薪的半数去作其他开支。这对于单身的男子和妇女也许够用了，甚至于还可以有少许的储蓄，但是，除非有两个以上的人在工作，否则就不能维持一个家庭。换句话说，这种情况是与后来的一般工资收入者的情况没有什么不同的。外国的旅行家们会特别地感觉到美国的工资收入者并不贫穷，而且相信还有进展的机会。爱尔兰人托马斯·穆尼1860年时写道：

> "美国现行的工人的最低工资每天是七角，约等于英国货币的三个先令。这就等于每周十八先令。你只要付出不到英国的十先令，或每周付出二元五角就能得到好的伙食、住房和支付浆洗的费用。因此，你能够每周节省七八个先令作为购买一个农庄的费用，这种农庄五先令就可以买到一亩，……请记住，只要你一找到正规的工作，你每周就能省下钱来去购买一英亩世界上最上等的土地；不到一年你就可以有足够的钱到西部去，购买一个永远属于你的八十英亩的农庄。"①

正如经常的情况那样，穆尼的计算，在纸上比实际上要动听得多。事实上，很少靠工资生活的移民是采取这条道路逃离边地的。而且能逃出极度穷困的人也不多，这种穷困的状态，在19世纪40与50年代的大城市里尤其很普遍。能够肯定地说明的事实是：工厂制度的兴起并没有带来像英国的变革所引起的那种极度的恐

① 托马斯·穆尼：《侨居美国九年记》，1850年版，第37页。

饰。在美国，多数的布匹不是向欧洲买来便是由农庄的妇女作为一项家庭任务生产出来的。因此，工厂制度只有使少数的人失去劳动力；而且许多年来，在劳动力方面工厂还得要与更有独立前途引诱的边疆农庄进行竞争。此外，新英格兰早年的纺织厂大多数是一些棉织厂。到那时为止，家庭里还没有大量地制造棉织品，因此，并没有使大量的手工业者失业。

早年在这些纺织厂里的工人通常乃是一些女子或未婚的妇女。她们重视挣钱的机会，同时也想至少能在几年之内逃避一下农庄上痛苦而微贱的依赖生活，并且把这种工作看成是一种机会而不是一项不幸，尤其是在纺织厂里工作，并不意味着社会地位的丧失。许多早年的纺织厂厂主基本上是一些人道主义者，他们一方面是出于希望，一方面是出于需要，都尽可能地供给伙食，以保持雇工们的工作热情，并且通过对教会和图书馆捐款，鼓励工人的努力向上。欧洲的观察家们都因为工厂里女工们的高度工作效率和舒适的生活条件而感到了惊讶。安东尼·特罗洛普认为“洛威尔公司”好像是“实现了一个商业的乌托邦”，在那里工人们“像被接收到一个救济性的工业大学里来，而且把他们当作一座大讲习所的男女学员那样地加以照料和教养，而不把他们看成是一些用勤劳来为资本谋求利润的工人”。①

哈里埃特·马提诺1835年看到瓦特罕姆工厂里工人的生活情况时写道：

① 安东尼·特罗洛普：《北美洲》，1864年版，第245、247页。

“我参观了离波士顿只有几英里的公司形式的瓦特罕姆工厂。这家工厂在洛威尔工厂成立以前就已经开工，只纺织棉织品，它只有必要的机器设备。在我参观的时候，全厂只雇用了五百人。女工除了伙食之外每周挣工资二元，有时挣三元。童工每周挣一元。多数的女工都住在公司的宿舍里，每间房住六人到八人。如果两姊妹一同到这个厂里工作，多半就把她们的母亲也带来替他们看管寝室，有时也带来她们的朋友，住在用自己的钱建筑起来的房屋里。在这种情况下，她们从伙食费上节省了足够的钱去做衣服，每周还有两三元钱作为零用。有些人就这样把他们父亲的农庄的抵押借款还清了；有的也把家里有培养前途的人送去上大学。有的人也迅速地累积了一点独立的财产。我也看到用女工们的工资建筑起来的整条街房屋。这些房屋有的建有广场和绿色的‘威尼斯百叶窗’，都很整洁而宽敞。

工厂里的人们修建了教堂，出色地耸立在市中心区的绿色草地上。牧师的薪水（去年是八百元）是在教堂里募集而来的。公司给了他们一幢房子作为文化宫，他们在里面开设了一个较好的图书馆，并且每年冬季在那里举行报告会。这座文化宫是再好也没有的。在很多情况下，女工们还有独具特色的和很有价值的私人图书馆。

各个工厂的经理们都尽量使工资平等，而且让女工自由地由一个工厂到另一个工厂去工作。当有女工来向监工说明要想到工厂里来工作的时候，监工就向她表示欢迎，并且问她想在工厂里待多久。她们工作的时期也许是六个月，一年，五年甚至于终身。她说出了自己认为最适合于做的工作，并且按照能力开始去干活。如果她感到自己的工作赶不上与同时派来的其他伙伴时，为了使雇主或自己满意，就去找监工，自愿去捡棉籽，或是打扫房屋，或是做其他自己能完成的任务。

这些人每周平均大约工作七十小时。工作的时间随日子的长短而变更，但工资却保持不变。她们看起来都是一些穿得很华丽的少女。健康情况是好的，或者说（虽然不能说美国各地的人都很健康）她们的健康并不比其他地方的人还坏。

这些事实的本身说明了一切。与美国工人阶级做朋友是无比愉快的。”①

马提诺女士的这幅幸福的图景，并没有说明事物的全貌。虽然，在“工业革命”时期，美国的工人环境无疑地比欧洲工人的环境要好一些，但是是不值得羡慕的。工人们住在公司宿舍里的雇佣关系上的温情主义，常常使得他们把挣得的钱花在公司的商店里；要到公司的教堂里去做礼拜，以及私生活方面的必须受到过分的监督，在今天看起来是令人不能容忍的；而且工作时间之长，即使对于身体最结实的农村女子也是会耗尽其体力的。工业革命开始时，工人们的微薄工资诚然也逐渐有所提高。正如在英国那样，由于使用机器而增加的财富，绝大部分都落在资本家的手里。早年的那些纺织厂很多都是一些不卫生的和有害健康的工作场所。

工作的时间特别地长。伊黎教授说：“实际劳动的时间（1832）

① 哈里埃特·马提诺：《美国的社会》，1837年版，第2卷，第57—59页。

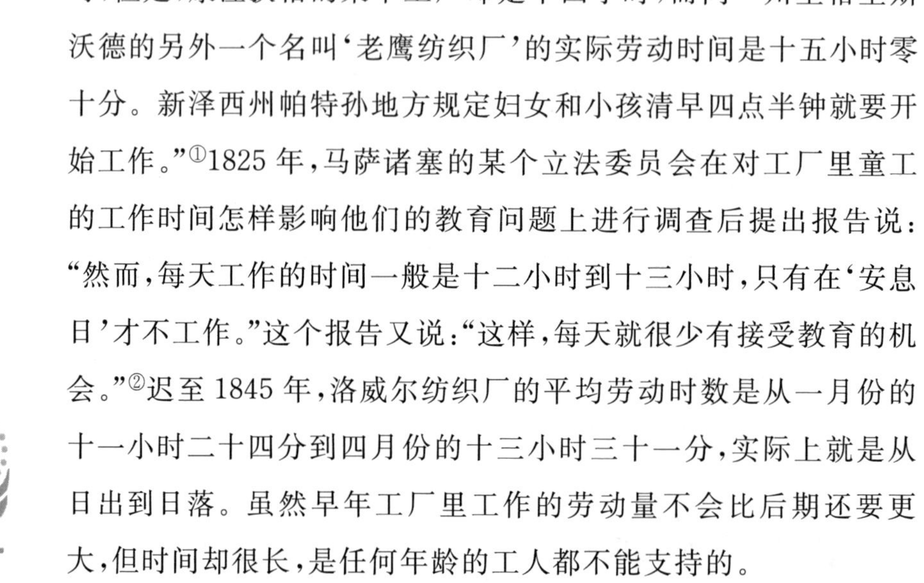

是从十二小时到十五小时不等。新英格兰的工厂一般是十三小时，但是，康涅狄格的某个工厂却是十四小时，而同一州里格里斯沃德的另外一个名叫‘老鹰纺织厂’的实际劳动时间是十五小时零十分。新泽西州帕特孙地方规定妇女和小孩清早四点半钟就要开始工作。”[①]1825年，马萨诸塞的某个立法委员会在对工厂里童工的工作时间怎样影响他们的教育问题上进行调查后提出报告说：“然而，每天工作的时间一般是十二小时到十三小时，只有在‘安息日’才不工作。”这个报告又说：“这样，每天就很少有接受教育的机会。”[②]迟至1845年，洛威尔纺织厂的平均劳动时数是从一月份的十一小时二十四分到四月份的十三小时三十一分，实际上就是从日出到日落。虽然早年工厂里工作的劳动量不会比后期还要更大，但时间却很长，是任何年龄的工人都不能支持的。

最初，马萨诸塞纺织厂的雇用童工，没有达到像英国雇用的那个程度。由于必须从邻近乡下招募工人和建筑宿舍与食堂，就牵涉到与儿童有关的特殊问题。可是，随时间的前进，弊害就日益普遍，并且也没有受到法律的控制。这在罗德艾兰和新英格兰南部及其他地区尤其是如此。在这些地方，制造商雇用工人时所缔结的合同，把工人整个家庭的成员都包括在内而不只是成年工人自己，这已经是一桩常事了。1820年，马萨诸塞棉织厂里童工人数的百分比是45%；罗德艾兰的比例是55%。这项比率到了1832年降低为21%和41%。毛织厂里童工的百分比要小得多。新英

① 伊黎：《美洲工人运动史》，第49页。

② 康芒斯等所编：《美国工业社会文件史》第5卷，第59页。

格兰的机械师和工人1832年在波士顿举行大会，大会报告书里估计说，制造业雇用的童工约占工人总数的五分之二。1830年8月21日“机械师自由报”上载有下面一段关于费拉德尔非亚工厂，里童工的报道：

> “棉织厂里的助手，大部分是男孩和女孩，这是众所共知的。我们可以正确无误地说，他们的年龄是从六岁到十七岁不等，而且在一年中最长的日子里，他们被限定去做一些认真而不间断的工作，除了每天有一小时半的外出（吃饭）时期以外，从黎明工作到天黑……而且，工资很少，不足以维持身体的健康；另一方面，他们（工厂主）却每天从这些可怜的小孩的生命力里滚存了巨大的财富。从1830年6月19日的你报，我们看到了普塔基特的朋友写的有关这些工厂里雇用的童工们所受痛苦的报道。我们认为：关于把孩子们像沙漠里的人那样无知地养大起来的报道，是十分正确的。因为我们相信这些工厂雇用的男女儿童，能够读出或写出自己姓名的不到六分之一。”①

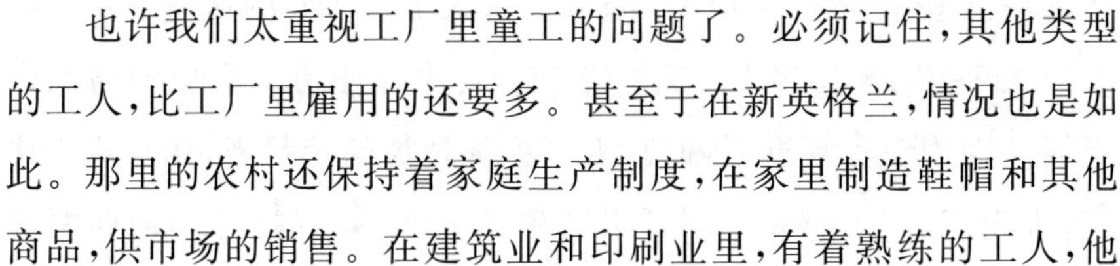

也许我们太重视工厂里童工的问题了。必须记住，其他类型的工人，比工厂里雇用的还要多。甚至于在新英格兰，情况也是如此。那里的农村还保持着家庭生产制度，在家里制造鞋帽和其他商品，供市场的销售。在建筑业和印刷业里，有着熟练的工人，他

① 康芒斯等所编：《美国工业社会文件史》第5卷，第61—62页。

们比工厂里的工人更容易保持着一定的工资。当然，还有大量的修筑运河与铁路的不熟练工人，他们多半是一些移民。后者每月幸运地得到八元到十元的工资，再加上“伙食”。他们经常要在不健康的和恶劣不堪的环境下工作。

虽然，在工业革命的最初几年里，大部分工人的环境还比较好，但是在40年代情况就有了显著的改变。在那十年里，移民人数增加得很迅速，拥挤到城市里来，造成了工人们之间的互相竞争，从而使工资迅速地下降。从1837年的经济恐慌开始，几乎每一个行业的工资都大大降低了，而当时的生活费用，尤其是城市的生活费用，却在不断上涨。根据霍雷斯·格里利的估计，1843年与1850年间，纽约市的食品价格上涨了50%。照他计算，1851年一个五口之家每周的最低生活费用是十元三角七分。可是，在那个时候，木工、泥工和砖砌工人的工资平均每周只有十元左右，而绝大多数的漆工、帽工、家具工和其他技术工人每周只得到四元、五元或者六元。据某个观察家1845年的估计，纽约市每七人中就有一个是受赈的贫民。所有这些情况，都与城市里严重的房荒问题同时出现，因为移民的涌入城市，比房屋建筑的速度要快得多。这样，幽暗的情景中的唯一曙光，便是工人们通过要求缩短工时的运动使某些工厂把工作时间降低到每天十一小时的这一事实。

在19世纪40年代，新英格兰和其他各处纺织厂里的情况则更坏。因为工资降低了，而且工厂主都越加勾结起来，相互成立协定，规定工资、工时和使用开黑名单的办法，并且把他们的雇佣关系上的温情主义扩展到令人难以容忍的地步。纺织商的劳工代理人仍然到新英格兰的内部地区去搜寻农庄上的女工，但是女工的

"黄金时代"已经过去了。魏尔说,1850 年时,"穿着白色制服排队来欢迎总经理们、能够对外宾进行机智的谈话、能够写作诗歌和富于典故故事的那些女子,在纺织厂里已经找不到了。她们为了使生活水平得到保障,在进行过长期而无结果的斗争以后被赶走了"。[①] 他们也受到大批爱尔兰移民的排挤,这些移民很快地就成为新英格兰工厂里一支新的劳动大军。许多劳工的报纸以及改良主义者们都不断而正确地在控诉工人们处境的日越恶化,驳斥了外国访问者们所作的乐观论调。

早年的劳工组织

美国劳工组织的发展,主要是由三个因素造成的。那就是:"工业革命",工人的集中于城市区域,以及工人们经济情况的变化。在工厂制度没有出现以前,多数的工业产品都在家庭里或是在小工厂里制成,产品是受过良好训练的和有熟练技术的工人的成果。一个典型的工人都通过充当学徒而学得一技之长。在几年之内,充当领取工资的日工以获得经验,然后再以充任师傅作为终身的职业。在人们终身充当雇工,为获得工资而工作的意义上讲的工人阶级,殖民地时代几乎是不存在的。机器与工厂制度出现以后,这种情况就开始有了转变。由于机器代替了手用的工具,长期地去训练熟练工艺人就成为不太必要了。工人学会了操纵机器而不是用双手去从事生产。不仅如此,他学会了只操纵一种类型

① 魏尔在前书里,尤其是在第四章和第七章对这一时期工人地位被贬低的情况作了生动的叙述。也可参阅施莱克曼:《一个工厂城市的经济史》,第五、六两章。

的机器，因为专业化已经成为新型生产的一个特征。此外，新机器的价值很昂贵，只有拥有资本的人才买得起机器，如果工人要找到工作，就必须去寻找一个拥有机器的人。虽然手工业的生产在机器发明以后还继续了几十年，机器的廉价的生产的能力终于结束了手工业的生命。

工人们的必须寻找机器和出卖劳务而获得工资，使美国第一次出现了一个巨大的工资收入者的阶级。18 世纪后半期和 19 世纪初期商业资本家的统治，无疑地加速了这一趋势。在这些年月里，商业资本家是全国经济生活中的中心人物。商业资本家基本上是一个批发商和一个从价格最廉的地方买进货物在能够获得最高价格的地方售出货物的进出口商。有时候，他也住财政上支援个别的工人或小手工业工场。也常常通过扩充业务而使自己成为一个制造商。不论怎样，他促进了制造商之间的竞争，迫使价格降落，而且加速了师傅与雇工之间的分离。在这种为了市场而进行的剧烈竞争当中和在商业资本家的刺激之下，雇主们会感到除了通过降低工资和延长工时以外，便无法降低价格。

在这样的压力之下，从前主要是为了训练学徒和维持工艺与产品质量的雇主们之间的联合，就把注意力移转到减低价格和增加利润方面来。工人们也渐渐地开始组织起来去保卫自己的利益。18 世纪 80 年代出现了短暂的地方性的行业组织，18 世纪 90 年代就出现了更多的比较具有永久性的工会。例如费拉德尔非亚的制鞋工人工会是 1792 年组成的，纽约的印刷工人也在 1794 年成立了“印刷协会”。这些协会纯粹是地方性的，虽然有时在其他的城市里也有同样的行业协会，而且他们之间还建立了联系。正如往后一些年份里的工会那样，这些早年的组织的目的，主要是想通过“劳资集体合同”来争取较高的工资、较短的工时和较好的工作条件；也是为了要争取医药和丧葬方面的福利。

虽然这种早年的工人运动发展得较慢而且局限于少数较大的城市，但是，值得注意的是：甚至于在这样早的时期里，工人们已经发现和应用了后来进行斗争的许多技术，早在1799年，费拉德尔非亚的制鞋工人就已经在一次工资纠纷中使用了“劳资集体合同”的方法去达成妥协，而以后就继续为许多工会所采用。那时罢工虽然还不普遍，早在1786年就已经有了文字的记录，当时，费拉德尔非亚的印刷工人举行了罢工以反抗他们的雇主。今天所说的“劳资调解委员”或“商业代办”，是派来监督合同执行情况的。“非工会会员不得受雇制”起源于1794年，那时费拉德尔非亚的制鞋工人强迫雇主只能雇用工会会员。罢工的工人们经常会对一个正在进行斗争的商店掀起“经济抵制”运动，而且在许多情况下还对学徒资格加以控制，以保障他们的工资和手艺质量。譬如，纽约印刷工人协会1809年时控诉道：“许多的学员、逃跑的学徒、学习年限未满的日工以及许多服务不到一半时间的成年人，对于正规工人的工资起了压低的作用。”另一方面，早年也成立了一些“资方协会”，目的在于保护他们自己的利益和反对工会。

读者还必须认识，这种劳工行动的技术，在大规模地使用方面，当然是来得缓慢的。组织全国性的有专职干部的工会、办理会费的缴收、筹集罢工的经费，以及把各种通过罢工所获得的要求集中起来等复杂的工作，都使工会的发展进行得缓慢，而且，正如我们将在后面看到的那样，劳工会像欧文、格里利、布里斯本、伊文思

和其他的人一样对各式各样的改革发生兴趣和受到激动。这些人曾被批评说把劳工领导得迷失了主要的方向。事实上，看到“南北战争”时，工人的组织主要乃是一项改良运动，那时工会的组织还在萌芽的阶段。

工会组织所碰到的最困难问题之一，便是法律地位的问题。根据英国的不成文法，任何一个为要求提高工资而组成的工人团体，都是破坏社会福利的一种阴谋。美国的法典上既没有规定这一点，因此就产生了是否英国的不成文法也适用于美国的问题。从1806年到1815年间，曾经分别审讯过六次阴谋案件，其中四件的判决是不利于工人的。某些审判好像已经超过了问题的实质，而且牵涉到“联邦主义派”和“共和党人”的政治哲学。“联邦主义者”们主张援用英国的不成文法，而“共和党人”则认为这项法律在美国不适用。在这样一种经济、政治和阶级矛盾中，法院也并不是没有偏见的。在第一次审讯时，“联邦主义派”的一个法官说道：“不论从哪一个观点看来，这个案件（罢工）意味着对公共事业的危害和私人利益的损失，它使工人的道德败坏……使城市的贸易遭受毁坏，把整个居民区的福利都放在了有关的人们的意旨之下，……工人们为要求提高工资的组合可以从两个观点来加以考虑：第一个观点是使工人们自己得到利益……另外的一个是使不在他们协会之内的人受到损害。法律对两者都加以谴责。”[①]可是，随着时间的进展，法院就没有再去注意是否工会乃是工人们用来达到目的的一项阴谋手段的这样一个问题。工人们参加工会的权

① 见康芒斯等所编前引书第3卷，230—233页。

利，终于在1842年的一件著名的判决里得到了承认。[①] 但是，许多年来，罢工，经济抵制，以及其他的劳工武器都是法律采取行动的标题。

如果要像我们今天所了解的那样去对美国工人运动的起源日期做出决定，那么，这样的一个日期便是1827年。那时，费拉德尔非亚的木工举行了争取工作十小时的罢工。他们立刻得到了油漆工人、装玻璃工人和砖砌工人的参与。以此作为核心，组织了“机械工人工会联合会”，最后有十五个工会参加了这个联合会。东部沿岸和中西部各大城市的工人也仿效了费拉德尔非亚的榜样，在当地成立了许多工会，出现了十二个以上像“机械工人工会联合会”那样的行业组织。这种运动，不仅在城市的范围内组织和发展起来，而且至少出现了五个全国性的工会，那就是“制鞋工人工会”“制梳工人工会”“木工工会”“手纺工人工会”和“印刷工人工会”。1834年举行了第一次全国劳工代表大会。这种工会组织之所以能扩大为全国性的机构，是由于人口的增加，城市区域的发展，运输条件的改善，以及工业竞争范围的扩大等原因所造成的。

革新运动中的劳工

我们将要看到，美国的劳工组织不仅开始于工厂，而且也开始于各个行业的熟练工人。这些人曾经花费了许多年的时间才获得他们的本领，并且他们代表着具有高度训练和警惕性的工人团体。

① “共和国”对韩特讼案，载《麦提卡夫》卷宗，第4号第111页(1842年)。

他们的要求不仅在于争取较短的工时和较好的工作条件，而且还包括义务教育的权利，废除欠债时被监禁的制度，限制童工，制定机械工人财产留置权的法律，平等纳税，直接选举官吏以及各项政治与经济的革新。① 参与这种运动的还有主张其他各种改革的人，工人和与工会组织没有联系的中等阶级。事实上，这些早年工会的改革纲领包括很广，只有通过政治的行动才能达到目的。这些政治的行动之所以成为可能，乃是由于各州的新宪法或修改后的宪法扩大了选举权范围的缘故。1828 年，费拉德尔非亚的"机械工人工会联合会"向那个城里的几个工会组织建议，要大家联合起来推举一些"代表工人阶级利益"的候选人，他们这样做了。选出了几个得到杰克逊派和其他政党支持的候选人。其他的一些城市也仿效了费拉德尔非亚的榜样。至少有十五个州成立了当地的工会和创立了五十家工人报纸。"东北部"首先表现了劳工在政治上做出努力的力量。

工人们最初参加政治活动的时间很短，所获得的效果也限于当地，而且是暂时性的。工人们对于政治的竞技还很生疏，并且由于受到那些旧政党的巧妙的攻击而陷于混乱。到了 1832 年，劳工运动实际上已经消失，同样地，最初的劳工组织的浪潮也主要因为 1837 年的经济恐慌而瓦解了。劳工运动的这种暂时的失败就为政客和各派的改良主义者们开了方便之门，这些人想把劳工纳入他们的改革计划里去。19 世纪 20 年代所提倡的那些改革在 40

① 某些工人团体所拥护的改革包括禁酒，废除彩票制度，废除资本的处罚，废除垄断，禁止成立私人银行，废除强制兵役以及妇女的选举权，等等。

年代又恢复起来，而且还提出了一些新的方案，使工人和全国其他多数人们特别感兴趣的便是在这些年份里所提倡的生活合作的各种计划。罗伯持·欧文在19世纪20年代已经把“乌托邦”社会主义的思想带到美国来，在印第安纳的纽哈蒙尼地方作过试验。他的计划失败了，但是在霍雷斯·格里利和艾伯特，布里斯本30年代末和40年代初广泛地宣传了法国人查尔斯·傅立叶所提倡的合作组织以后，人们对乌托邦社会主义显然又发生了兴趣。傅立叶不像欧文那样地特别强调环境对于人类性格十分重要，而是着重地指出，如果把人们组织成集中居住在一所建筑物里的从三百人到一千八百人的这样一些小组，而经济上基本又是自足的，那么，这就会产生节约与效率。从1820年到1850年间，美国成立的这一类或那一类的“村社”，即使没有几百至少也有几十，最出名的便是波士顿附近的“布鲁克农庄”，许多最知名的新英格兰的知识分子曾在不同的时期在那里居住过。

纽约的劳工运动的杰出人物乔治·亨利·伊文思曾通过他的影响势力团结了劳工参加“农村联盟”的活动和土地改革运动。伊文思的纲领主张停止把公有土地卖给商业公司和投机商，应该把土地分为小块免费分配给真正的移民，他的鼓动曾经在1837年经济恐慌之后的黑暗的日子里引起了许多人的重视，无疑地加速了1862年《宅地法案》的通过。比伊文思的纲领对劳工还更为直接有利的便是在每日工作十小时运动方面所获得的进展。经济恐慌之后所遗留下来给劳工的权利的稀少，使得这项要求成为十分必要。1840年，政府工作人员获得了十小时工作制，在40年代和50年代初期，渐渐就有少数的几个州通过了十小时工作制的法案，但是，在某些情况下只限于妇女和儿童。

虽然这些年份里工会在改善工人的政治与经济生活方面所做的努力收效好像很微，但并不是毫无结果的。他们所主张的许多改革都终于实现了。在这一点上，他们的合作起了重大的作用。例如十小时工作制在“南北战争”开始时曾广泛地为人们所接受，这不过是工人们所主张的各种立法当中的一种。工人们在要求义务教育方面所起的巨大作用得到了人们的认可，但也许并未得到人们的充分认识。在这一伟大的改革时代里人们所主张的一切必需的变革，几乎都是工人运动纲领里的一个部分。

19 世纪 50 年代期间，工人们就从主张一般改革的政策转向于“旧路线的工会主义”的政策。在“改良主义者”的努力衰退以后，就出现了新的领导人物，加强了新趋势的力量。加利福尼亚黄金的发现，铁路建筑的迅速以及其他的一些发展，带来了繁荣与更高的物价。劳工也开始了新的生活来适应这些发展，并且成立了新的地方性的工会和至少十个全国性的工会。后者包括着 1850 年成立的“印刷工人工会”，1854 年成立的“制帽工人工会”，1855 年的“石器雕刻工人工会”以及 1859 年成立的“全国机械师与炼铁工人工会”和“全国铸模工人工会”。不仅工会组织发展得很快，而且把组织放在更为实际、更有条理和更为巩固的基础之上。1857 年的经济恐慌使工会组织受到了另一次的打击。那时，只有三个全国性的工会留存下来，但是，这一次劳工在应付经济萧条方面，地位比以前要好一些，而且工会组织不久又有了新的发展。

第十六章　南北战争的经济原因

地方主义的发展

南部诸州脱离联邦以前的政治纷争主要是以奴隶制度应否继续延长的问题为中心，以及“南北战争”所产生的重要后果在于结束奴隶产权的这一事实，常常使得历史学家们过分地去强调这个因素。没有人否认，奴隶制度乃是导致南部和北部军事冲突的主要原因之一。罗兹曾说，把它看成是“唯一的原因”乃是缺乏足够事实根据的一种理解。[①] “南北战争”基本上是一个地方性的经济上的冲突。它既不是美国历史上第一次地方性的矛盾，也不是最后一次的矛盾，例如在1812年战争期间，新英格兰的一些领导人就在“哈特福德大会”的会议上谈到了要脱离联邦的问题。二十年之后，南卡罗来纳州通过了《废除国会议案法令》，宣布那一州的人民不受1828年和1832年《关税法令》的约束。南部与北部经济利益的矛盾，1860年时已经发展到十分尖锐的程度，即使不牵涉到奴隶制度的问题，南部也许就会脱离了联邦。

---

① 罗兹:《南北战争讲稿》,第2页。

两个地区矛盾的基本原因在于:南部主要是一个农业地区而北部却日益趋向于工业。这是一项农场经济与新兴的工业资本主义之间的摩擦。建筑在农场制度之上而为棉业兴起以后所继续的殖民地农业生活,使"南部"趋向于成为一个农业和出口的地区,工业十分薄弱。与此相反,"北部"却正在逐渐地发展着一种商业和工业的生活。利益的冲突首先表现在关税问题上面。由于受到1812年战争以后民族主义思潮的支配,南部与北部的领袖们促成了1816年的保护关税的通过。但是到了1824年,他们的态度改变了。他们对于这个税则和以后的关税条例都竭力反对。西部各州,为了要想在国内开辟市场,曾经支持过1816年、1824年、1828年和1832年的各项关税,但是由于南部的产品市场有了发展,他们的态度就有所改变。《废除国会议案法令》的主义,也就是各州有主权的这一论点,在肯塔基州反对国会通过的《外侨与叛乱法令》和新英格兰反对1812年的战争时就早已提出;现在又由南卡罗来纳州在反对1828年的"厌恶关税"和1832年的关税法令时加以重申。人们一直没有放弃过这个主义,而且最后导致了南部真的脱离了联邦。1833年的妥协关税使局部得到了一次胜利,这几州的代表由于得到西部的支持,成功地阻止了国会的广泛采用保护政策,直到1861年莫理尔提案的通过。

在银行与货币制度方面,也有过同样的斗争。一般地讲,南部乃是一个缺乏流动资本的欠债地区,赞成采用放宽的银行法令和扩张性的货币政策。南部联络了边疆的西部,想把"合众国第二银行"推翻,而且从1836年直到脱离联邦时,都想另行制定银行制度。南部不仅在关税、货币与银行方面而且也在公共土地政策和对西部的扩张方面战胜了北部。与棉业和奴隶制度紧密联系着的南部农业，需要有迅速扩张的余地。与此相反，北部的制造商却希望人口更为集中，因此反对政府鼓励人们向西部迁移的各项措施。南部赞成迅速把西部土地大块地廉价出售，而北部则赞成按小块有节制地高价出售。这些矛盾的观点，造成了1841年的妥协，那就是：通过了一个"优先权"的法案，把土地按最低的价格卖给真正移殖的居民。然而，在实际施行的时候，南部的农场主感到这项法律对于他们十分宽容，符合于他们的要求，因而在50年代就竭力反对再把土地法做进一步的放宽，因为这样的一个政策会使白种人的小农户得到利益和促使自由土地的迅速扩大。

在土地扩张的问题上，也存在着类似的意见上的分歧。奴隶制度下的棉花生产，需要不断地得到新土地的补充而奴隶人口增加的压力也促进了对新土地的需求。此外，由于北部在人口和财富方面都超过了南部，因此，南部就更有必要保持足够的参议员去控制参议院和保护自己的利益。南部的领导者们大多数都赞成去取得路易斯安那、佛罗里达、得克萨斯以及从墨西哥得来的那些土地，也赞成吞并古巴的阴谋。反对"墨西哥战争"的人们也反对奴隶主势力的扩张，但却不反对土地扩充①。

西北部各州只要能够在南部找到他们的农产品市场，就会倾向于对那个地区给予支持。可是，运河与铁路的兴修终于为俄亥俄河以北横贯阿巴拉契亚山脉的各州提供了东方的与欧洲的两个

①　见富勒尔：《1846—1848年的奴隶制问题与获得墨西哥运动》，原载《密西西比河流域历史评论》，第21卷，第31—48页（1934年6月份）。这部书却有力地争论说许多的南部人民都反对吞并墨西哥的土地，因为那个地区不适宜于奴隶制度。

市场。然而，与这个情况同等重要的，便是“共和党”所允诺的宅地免费的办法，把旧西北部与东部沿海各州连接起来而不把南部包括在内。1860 年共和党党内主张提高关税的东部制造商和要求土地免费的西部农民的联盟，对于南部乃是一项邪恶的阴谋，而且这事意味着南部的终于要被打败。南部的领袖们对于这个问题看得很清楚。杰斐逊·戴维斯曾经公开地宣称，免费土地的鼓动者们反对进一步扩展奴隶制度的动机，并不是出自人道的观点，也不是从奴隶的利益出发。

“(他说)全然不是这样……问题是你们想得到一个机会来欺骗我们，说你们想把奴隶居住的地区限制在一个既定的范围以内。问题在于你们想在美国国会里得到多数的席位，把政府变成一架使北部能够扩张的机器。问题在于你们的地区想用从南部不正当地得来的财富去扩张你们的权力与繁荣，好像一个吸血鬼喝得肚腹膨胀，把从牺牲者身上偷偷地吸取的鲜血呕吐出来一样。……你们要想削弱南部各州的政治势力，这是为着什么呢？这是因为你们想通过一个不公正的立法制度，牺牲南部人民和他们的工业，去促进新英格兰各州工业的发展。”①

① C.M.比尔德摘自《美国文化的兴起》第 2 卷，第 5—6 页。

南部的经济

戴维斯的话在很大程度上确切地反映了南部绝大部分棉业、烟草、大米和制糖农场主的态度。正如我们已经看到的那样[①]，虽然南部大部分的白种人都是一些小农户，但是，统治着南部的经济、社会和政治生活的，正是那些大农场主。多德说："美国从来没有比戴维斯和史台芬斯在任时期还更是十足的商人寡头政治的了。"[②]南部的人们都听从这些人的主张。他们认为南部的经济困难是因为受到北部统治的结果，而且他们的问题只有通过政治上的独立才能解决。也正是因为这个信念，使农场主们 1776 年赞成美洲脱离英国而独立。北部资本主义的势力沉重地压在他们的身上，这是没有问题的。但是，那种独立是否会解决他们的问题，现在仍然是一个大大的疑问。

大农场经济主必须依赖于资本主义世界，乃是它固有的特性。除了采用一个在 19 世纪时几乎不为人们所知的中央管理的办法之外，南部的农场主就会像 19 世纪 20 年代栽种小麦的农民们那样地不能控制全国的产量或价格。当时棉花的价格决定于国际市场，如果价格高，有利可图，产量就有增加的趋势。在南部这就意味着把利润投资于土地与奴隶。如果价格很低，那一年的产品卖出后亏了本，农场主就得借款，以维持自己直到第二年，并以未来

① 见本书第四章有关南部的农业部分。

② 多德：《棉花王国》第 121 页。

的收获作为借款的抵押品。不管在上述的哪一种方式下，农场主都不会有流动的资金。在这样的情况下，就很容易陷身于债务，而且借款给他的银行和代他出售产品的经纪人，会向他收取过分的费用。于是他从无法控制物价或总产量开始，直到成为借款给他的人们的依靠者而终结。

“南北战争”以前，南部所产生的这种情况，是不难加以描述的。为了筹集栽种庄稼的费用，农场主向他的代理人①借入了款项，利息是从 8% 到 13%，用未来的收获作为担保。如果有了剩余，代理商就按当时的市价出售，收取 0.05% 到 2.5% 的佣金。此外还有 2.5% 到 4% 的货物拖运费、存栈费、运费、过磅费和保险费。代理商为了避免损失，通常还在合同上订明棉花交货时最低限度的包数和不能交货时的罚款。上述情况，再加上其他一些条件，就容易使生产过剩从而使价格下落。

协助棉业生产的资金，大部分是来自英国和美国北部的银行，通常是用纽约发出的一百二十天的期票或是南部银行贴现的六十天期英镑汇票支付的。如果纽约有这些期票或英镑汇票的需求+那么贴现率就对于棉花种植商有利；如果需要量不多，就对于他不利。此外，棉花的价格不可避免地要受到汇率的影响。这项风险，在 1857 年的经济恐慌时尤其严重，那时，汇率下跌了，棉花的收购渐渐减少，而且价格也就跌落。南部那一年在一种无法控制的情况下遭到了巨大的损失。这一次的经济恐慌比以往更为清楚地表明：纽约乃是南部经营的大部分财务交易所通过的一个瓶口，而且

① 在这种情况下，那就是银行的代表和经纪商。

南部的繁荣是有赖于纽约的货币市场情况的。

南部为了生产商业性的作物，把大量的财富投资于土地和奴隶，所产生的重要后果便是由此而出现的单边性的经济生活。虽然许多奴隶已经变成了熟练的机械工人，但是，奴隶劳工作为一个整体来说，对于大规模的工业发展是不适当的，他们太愚昧无知。不论奴隶是否适合于工业，奴隶主却想为奴隶的劳动使用在农业上是比较有利的。白种人的熟练机械工人一般都不愿到南部来；虽然有了水利和棉花两者，却只有少数的流动资金投入制造业，而且棉花种植商宁愿把产品送到新英格兰或欧洲的纺织厂里去。“南北战争”以前的二十年，北部在工业方面取得的巨大进步，是南部所没有注意到的。除了棉织业和翻砂工业之外，工业的发展微不足道。

1840—1850 南部及新英格兰的棉纺织业

	调查年份	工厂数	资本	工人人数
南部各州	1840	248	4,331,078	6,642
	1850	166	7,256,056	10,043
新英格兰	1840	674	34,931,399	46,834
	1850	564	53,832,430	61,893

南部各州工业的不发达，在“南北战争”爆发以后表现得更为突出。那时，“南部同盟”发现自己所需要的最简单的制成品都要仰给于外来。西南部的棉场主们甚至于还要从俄亥俄河以北地区运入玉米和腌肉，以使他们的整个农场能专门从事于种植棉花。海尔伯对南部经济生活的单边性曾做了下面悲观的叙述，这是出自一个南方人笔墨的最严厉的控诉：

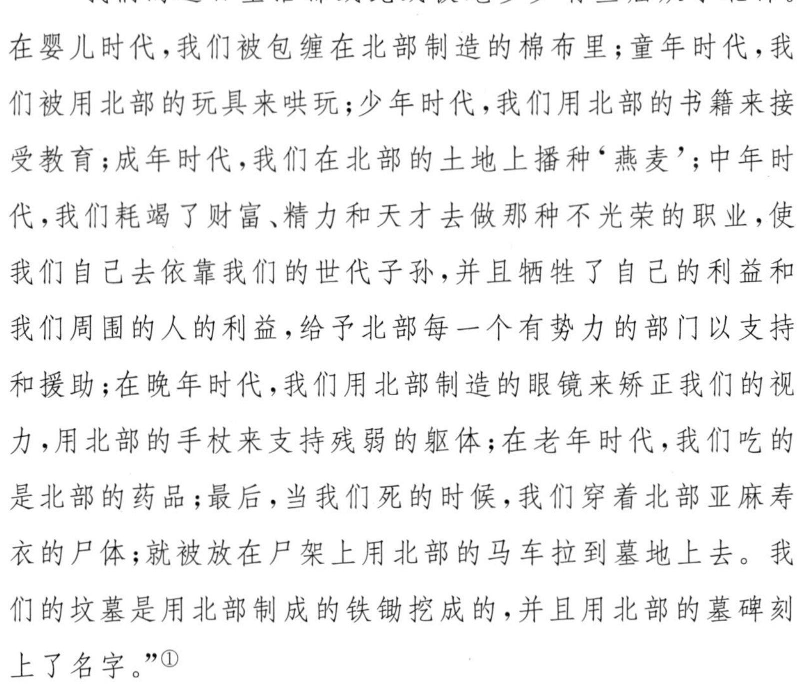

“我们的逐日生活都或此或彼地多少有些屈从于北部。在婴儿时代，我们被包缠在北部制造的棉布里；童年时代，我们被用北部的玩具来哄玩；少年时代，我们用北部的书籍来接受教育；成年时代，我们在北部的土地上播种‘燕麦’；中年时代，我们耗竭了财富、精力和天才去做那种不光荣的职业，使我们自己去依靠我们的世代子孙，并且牺牲了自己的利益和我们周围的人的利益，给予北部每一个有势力的部门以支持和援助；在晚年时代，我们用北部制造的眼镜来矫正我们的视力，用北部的手杖来支持残弱的躯体；在老年时代，我们吃的是北部的药品；最后，当我们死的时候，我们穿着北部亚麻寿衣的尸体；就被放在尸架上用北部的马车拉到墓地上去。我们的坟墓是用北部制成的铁锄挖成的，并且用北部的墓碑刻上了名字。”①

本书因限于篇幅，不容许我们去讨论是否一个地区应该专门从事于自己最适宜的那种生产，或是应该力图全面地发展和构成一个自足自给的经济生活的问题。这种讨论只好留给经济学教科书去承担。南部显然是适合于生产某些亚热带主要产物的，而且它的确也生产了这些东西，同时还从欧洲和北部购入工业品，从旧西北部购入大量的食品。情况既然已经如此，它就不会，而且也不

① 海尔伯：《南部面临的危机》，第22—23页，海尔伯是一个出生于北卡罗来纳州的中产阶级的南方人。他认为奴隶制度在经济上或社会意义上都在毁灭着南部，他那部主要是根据1850年调查所写成的名著，仍然被南部的人们认为是一部十分偏见的书。参阅《美国传记史》中海尔伯传记。

能去从相反的方向进行。

然而，情况证明这是对南部极为不利的。不管南部的人们按高价或低价售出他们的主要产品，通常他们却要付出高价去买进制成品。因此之故，他们痛恨关税。关税对于南部所产生的后果也许没有像一般人们所想象的那样恶劣。南部在1833年的关税法案中战胜了，而且除了某些短时期之外，“南北战争”以前的税率一直继续在下降。当然，1857年以后，关税的税率很低。[①] 南部人民所痛恨的这个事实也许是比较有理由的，那就是：作为一个进口的地区他们付出了过多的税款去支持联邦政府。他们正确地争辩说，把间接税改为直接税会使北部多负担一些税款，从而可以使全国的负担更为平均。

比关税对南部还更为有害的便是购买制成商品时所经过的十分破费的那种制度。来自北部的制成品，在生产时得到了北部银行家资金方面的协助，用北部的船只运来南部，而且由北部的批发商或经纪人进行销售。南部与欧洲之间的直接贸易却很少，大部分南部的棉花是先运到了纽约再转运到欧洲。轮船从欧洲回来时所载运的货物，也要通过北部港口，然后再通过南部在国内出售。这种“棉花的三角贸易”就增加了运费和要对经纪人付给额外的佣金。毫无疑义，如果南部与欧洲发展直接贸易，那就会要好得多。与此相反，把一切关税取消了是否就会大大地改变当时的贸易路线或是进口商品的分配制度却是十分令人怀疑的。但是南部的人

① 霍夫斯塔特：《关税问题与南北战争》，载《美国历史评论》，1938年10月，第44卷，第50—55页。

们相信是会那样地改变的，而且这一事实，对于了解他们感到不满的原因很为重要。不幸的是，在历史上，人们的信心常常是超过了现实。

奴隶制度的发展

虽然，在解释“南北战争”原因的时候，经济利益的冲突乃是基本的，但是却不可能避而不谈奴隶制度所起的重要作用。首先，奴隶制度加深了南部与北部以及北部和西北部之间的经济差异。第二，南部用来保护自己不受日益增长的敌对经济势力侵犯的政治手段，与奴隶制度的扩张有着密切的关系。正是由于这些原因，以及南部经济生活中带有浓厚的奴隶制度色彩的这一事实，所以不能不对奴隶制度的发展和它的后果加以详细的研究。

殖民地时期在南部已经发展起来的奴隶制度，在革命战争结束时已经采取了守势。“独立战争”中南部农场主的遭受损失，沿海各州土壤的耗竭，以及白种人的移民从北部涌入这个地区等原因，都使这个制度所产生的利益减少了。由于不利于奴隶制度的革命理论扩大了这些影响，使得许多南部人民对于这个制度的经济和道德基础提出了疑问。可是，虽然这个制度在种植烟草农场上的地位已经削弱，然而1781年在两个卡罗来纳州和乔治亚的大米和蓝靛田中，仍然有着坚固的阵地。在所有的因素当中，使这个垂死的制度显然复活起来的，便是与工业革命同时出现的海岛棉的使用和轧棉机的发明(1793)。海岛棉的使用使沿海地区的农场主们得有机会去补偿他们正在减退的财富；轧棉机的发明使得内地短纤维棉花的种植成为有利可图，这两个因素使棉花的栽种迅速地向山区和西部扩展起来。

南部感到使用奴隶的劳动去栽种棉花显然是划算的，因为使它成为有利可图所必需的各种先决条件好像已经很理想地结合在一起。这些条件当中的第一个便是操作的单纯；只要通过一年收获一次的农业制度就可以使奴隶制度发达起来，方法是可以被学到的，而且一年又一年地机械地在重复。棉花是一种比较容易种植的植物，而且适合于黑人的劳动。只需要少量的工具和不多的设备。因此，即使劳动力不足，损失也很小。每年有四分之三的时间可以栽种棉花，而且它在生产方面比许多其他主要农产品还可以为妇女和小孩提供就业的机会，可以从奴隶的整个家庭取得最大的利润。

另外的一个有利条件便是栽种棉花比生产许多其他产品还更能使奴隶紧密地聚在一起。单独的一个工人只能照料三亩稻田或五亩到十亩的棉田，但是却可以栽种三四十亩的玉米。这个显著的事实使人们认识到奴隶的劳动通常只有进行强迫才能获得，而且必须有经常的监督。此外，进行监督的费用是很大的。菲利浦斯教授说，“为了要消除把奴隶驱使得太过度，殖民地时期盛行的用收获成分去支付监工工资的方法 19 世纪时为支付固定工资的方法所代替”。[①] 1863 年时，一个监工的薪水大约是一千三百元，那个时候，这已经是一笔很大的现款。由于雇用白种人做监工的成本很高，这就促使把奴隶劳工移转到大的棉业农场上来。

① 菲利浦斯：《美国的黑奴制度》，1918 年版，第 281 页。

使奴隶劳工成为有利的另外一个必需条件便是维持奴隶生存的费用的低廉，在产棉地区温暖的气候里，房屋、燃料和衣服的费用自然是不大的。奴隶的主要食物是腌肉和玉米，因此，农场上通常也栽种一些玉米作为奴隶和生猪的粮食，虽然在后来的年份里，也从俄亥俄河北部各州购买大量的玉米和猪肉。在最有利的情况下，维持一个奴隶的费用是从每年的十五元到边区各州的三十元和四十元。平均的费用每年大约是二十元。

奴隶制度与南部有密切联系的另外一个重要因素便是由于西部有着大量未被使用的土地。奴隶劳工虽然能力和文化较低，他们谴责了棉场主采用一年收获一次的制度。虽然棉花不像其他农作物、尤其是不像烟草那样地损坏土壤，但是，不施肥料继续地使用就意味着土壤的耗竭。由于土地比奴隶价廉，就产生了“屠宰土地”的趋势，在土地上种植棉花直到土壤耗竭之后，再继续使用新的肥沃土地，而且这个过程一直在重复。多数的土地都适宜于栽种棉花的这一事实，也有助于这个过程的实现。因此，奴隶制度就依靠着一年收获一次的这样一种经济，这种经济，在人们所采用的那些农业方法的情况下，转过来又依赖于新土地的开辟。这些事实，部分地说明了棉花种植商向西部迅速前进和奴隶主显然无止境地渴望得到新土地的原因。也说明了为什么甚至于在棉价跌落和劳动力不足的时候，继续栽种棉花仍然有利可图，而且在新鲜的廉价土地耗竭以后，奴隶制度，好像仍然能够抵抗自由劳工的竞争。

南部各州在这一世纪的上半叶生产了大约全世界八分之七的棉花。人们对于棉花的需求仍然逐渐在增长。只要拥有奴隶或是

能够购买奴隶的人，都越来越转向于棉花的种植。德波 1850 年时估计说，在三百二十万四千三百十三个奴隶中，有二百五十万个是从事于农业，这些人当中的 72.6%（即一百八十一万五千人）受雇于棉业。[①] 当棉场主向西部阿拉巴马和密西西比肥沃的低洼地推进继续耕种更大地区的时候，对奴隶的需求就增加了。[②] 富裕的农场主能够买到最上等的土地，从而把贫穷的白种人赶到那些小的和不太肥沃的农庄上去生产粮食，这些农民是不愿意或是不能够同在大农场上工作的那些奴隶劳工竞争的，不仅土生的贫穷的白种人多数放弃了栽种棉花的努力，南部劳工的情况也排斥了移民。1860 年，在拥有奴隶的各州里出生于外国的人口有三十七万八千二百零五人；没有奴隶的各州的这项人口有一百八十六万六千三百九十七人，这就分别构成了各该地区人口总数的 3.91% 和 13.89%。

奴隶的需要是通过自然的增殖和从非洲运入来满足的，虽然后一种方法在 1808 年以后是违法的，国内也发展着大量的奴隶买卖交易。边地各州和两个卡罗来纳州东部的多余黑人被运到西南部出卖给新加入联邦各州的棉场主。大棉场上奴隶人口的自然增

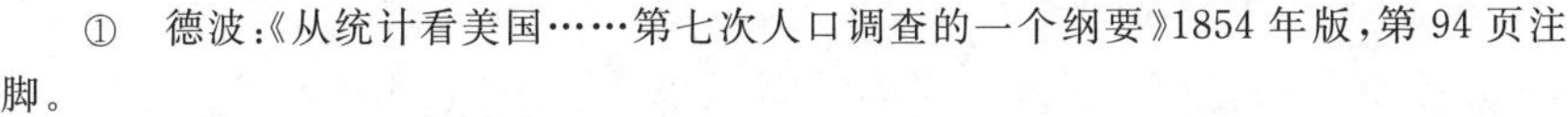

① 德波：《从统计看美国……第七次人口调查的一个纲要》1854 年版，第 94 页注脚。

② 1740—1860 年黑人人口的大略数目。数字摘自《建国时期的南部》，第 5 卷，第 3 页注脚。

1740…………140,000	1820…………1,777,000
1776…………300,000	1830…………2,328,000
1790…………750,000	1840…………2,873,000
1800………1,002,000	1850…………3,638,000
1810………1,380,000	1860…………4,441,000

殖为数很少。在路易斯安那州栽种食糖作物的农场上，增殖的数字赶不上死亡的数字。另一方面，边地各州发展了一种能忍苦耐劳的黑人，寿命活得较长，也能更多地生育子女。因此，弗吉尼亚农庄上人口的增加，经常到达20%。由于人们对黑人有不断增长的需求，因此，他们的价格也就相应地上涨。有人计算，1798年时每个奴隶平均的价值是二百元；1815年是二百五十元；1840年是五百元，1860年是七百元。1780年以二百元售出的“头等农场助手”，1800年的买价就是三百五十元到五百元，1818年是七百元到一千元，1860年是从一千四百元到一千八百元或二千元。[①] 这种价格的增长并不是经常的，而是按繁荣与萧条的情况而有所变化，繁荣与萧条转过来又决定于棉价。

当时，不仅边区的弗吉尼亚，马里兰和肯塔基各州能够把多余的奴隶卖出，而且那里的奴隶主把黑人养大后“卖到南部”去也越来越更有利。“威廉与玛丽学院”的杜教授1832年时说，弗吉尼亚是“为其他各州养育黑人的一个州，它除了生产足够的自用黑人之外，还出卖了六千个黑人”。[②] 欧姆斯台德也估计说，在1860年的前十年里，边地各州每年出口的黑人约有二万五千人。1782年，黑人构成了弗吉尼亚州人口的一半，而1860年时只有37%。关于奴隶贸易的这一方面，还必须着重指出：故意繁殖奴隶去出卖的事即使有也是很少的。某些土地已经退化，奴隶制度已经无利可图的地区就感到了黑人的过剩。奴隶主由于受到经济上的压迫，

① 《建国时期的南部》，第5卷，第127页。

② 托马斯·杜：《支持奴隶制的申辩》，1852年版，第359页。

就不能不把他们的奴隶送到南部的市场上去出卖，这样做，常常是违背了他们自己意愿的。凯恩斯所提出的下面这些数字，说明了国内商业把边地各州的奴隶经常抽走以及这个制度在边地各州衰退的情况：

1850 年以前十年中人口增加百分比

州名	白种人	奴隶
弗吉尼亚	20.77	5.21
马里兰	31.34	0.70
肯塔基	23.99	15.75
阿肯色	110.16	136.26
密西西比	65.13	58.74
路易斯安那	61.23	45.32

见凯恩斯：《奴隶劳动力》1863 年第 2 版，增订本，第 130 页。

要恰当地解释南部领袖们与奴隶制度有联系的重要性，还有一点必须着重指出。南部的财富主要是投资于棉花、土地和奴隶三方面。棉花的价格由于大量的现货投入市场而跌落了，40 年代跌落得尤其厉害；土地的价值也因当时使用的浪费方法而同时下降了。人们能够看出，西南部的一些地区不到五十年就从一个荒僻的原野变成了一个农业经济的有利地区，以后又衰退成一片无人居住的荒地。[①] 当棉花与土地的价值跌落时，奴隶的价格却继续上涨。因此，随年月的进展，构成对南部更有价值的财富形式，便是对奴隶的投资。在这样的情况下，无怪南部的人们要夸大这种形式的财产价值，而且奴隶制度的继续存在对于南部的繁荣似

① 参阅帕森：《美国边疆史》，第 206 页；卡伦德：《美国经济史文选》，第 765—767 页。

乎就很重要。

某些南部的经济学家们甚至进一步说，在比较年长的各州，土地的价值取决于奴隶制度。托马斯·杜教授说："事实上，正是弗吉尼亚的奴隶劳工使那里的土地与居住产生了价值。我们可以有把握地断言，如果有一天把奴隶人口从那一州里排除以后，那么，损耗了的弗吉尼亚的土地，就会比政府在西部的贱价土地还不如，而且这片'古老的版图'，就将会是一片荒野的土地。"①

"南北战争"前十年，奴隶制度扩张到了最大的限度，而且显示出开始衰退的迹象。在人口有一千二百万（按整数计算）的十五个州里，有三分之一是奴隶。南部主要农产品棉花的生产与奴隶制度有着密切的联系，而且那些土地已经耗竭或是不适宜于种植棉花的边疆各州，也不知不觉地参加了这个制度而成为繁殖奴隶的地带。同时，可以明显地看出，南部许多地区奴隶劳工的发展实际上已经停止了，而且在大西洋沿岸和边地各州实际上也在衰退。在整个南部，白种人的农民和自由劳工比奴隶增加得更快。在南部，白种人人口的迅速增长预示着即将到临的白种人与奴隶劳工之间的矛盾，这个竞争，在较好的土地被吸收以后，会对奴隶制度越来越不利。

南部的奴隶制度

根据1860年的人口调查，拥有奴隶各州的白人人口是八百零

① 托马斯·杜：前引书，第358页。

九万九千七百六十人，奴隶的人数是三百九十五万三千五百八十人。这些奴隶仅为三十八万四千个白人所拥有，其中有十万零七千九百五十七人拥有十个以上的奴隶，有一万零七百八十一人拥有五十个或更多一些的奴隶，有一千七百七十三人曾经拥有过一百个或一百个以上的奴隶。南部有六百万以上的白种人对拥有奴隶并不直接感兴趣。然而，南部的财富与繁荣所依赖的主要农产品是由奴隶在农场制度下栽种出来的这一事实，赋予这个制度以特殊的重要性。拥有奴隶的贵族政治产生了一些能干的政客，他们是那样地操纵着南部的舆论，以至于当 1860 年的破裂发生时，大多数的白种人都支持脱离联邦的运动。在近代史上，还没有比这个更好的例子，说明了公共舆论操纵在少数统治阶级的手里，以至于发动一次战争去保存一个只能使他们自己得到利益的制度。

由于四分之三的奴隶都直接从事于农业，而且其中多数又是从事于棉花的生产，因此，农场生活便成了奴隶们的典型生活。那些最机智和最可靠的黑人，常常是一些黑白混血种，被雇来充作家庭的仆人。在农场上常常有黑人的木工、铁工和工长，但是广大的奴隶（男子，妇女和小孩）都忙于在田里工作。在较小的农场上，奴隶主自己通常也就是监工；但是在大的农场上，他却不能不雇用白种人的监工去担任直接的管理工作。这些人转过来得到工长和可靠的黑人的帮助，去带领或是监督一些小组。农场的工作是用下列三种方法当中的一种去进行的：定额工作制，在这个制度下，根据奴隶的能力规定每天应该完成的一定工作量；小组工作制度，在这个制度下，由一个好的工长带领其他的人工作；再就是让奴隶们除了害怕皮鞭之外，毫无物质引诱地去做工。

奴隶主的外住，在南部并不十分盛行；但是，在一有这种制度存在的地方，就造成一项巨大的不幸，它会像以往那样地牵涉到雇用监工的问题。好的监工是很少的。他们通常是属于贫穷的白种人阶级，是不被承认与雇主有平等社会地位的。他们常常是一些临时的监工，想挣钱来使自己也成为奴隶主。他们与职业性的奴隶贩子相去不远，处于低劣的社会地位。由于选择监工的标准主要是看他能否生产大量的农产品，因此，一个典型的监工就容易尽量地去驱使奴隶，而且比一个直接监督自己农场的奴隶主还更会滥用土地。在奴隶主自己监督农场的地方，尤其是在小的农场上，奴隶们的情况就会稍好一些。

广泛地说来，一个奴隶的经济条件并不比今天农庄上照料得好的牲畜强多少。同时，与北部贫穷的工人比起来也悬殊不多。仆人可以继承主人家庭里所抛弃的衣服，可以吃饱肚子，但是没有什么生活上的享受。农田助手通常是从日出工作到日落，自己做饭，住在农场后面的木房里，显然没有什么家具和卫生条件。一般的食物是玉米做成的面包和腌肉。比较有人道的主人有时允许奴隶们种上一个小的菜园，养上几只鸡或是一头猪，间或也改变一下他们的膳食，给他们以假期和赠品。那些较为机智和用最科学方法去经营农场的奴隶主，却十分注意奴隶的卫生和健康，并且为他们的娱乐和精神方面的福利提供了一些条件。虽然有五个州禁止黑人学习读书写字，认为这会引起他们对环境的不满，但却常常灌输给他们以一些宗教的教义。虽然奴隶们无疑地是喜欢宗教方面的词句的，但是，任何一种想通过宗教的教义去对身体或劳动果实都不属于自己的男女们做忠诚纯洁教诲的企图，都是不容易达到目的的。奴隶们结婚时也经常举行一个仪式，虽然没有一个州在法律上承认奴隶能够结婚。

那时，主张推翻奴隶制度的文章，都十分注意虐待奴隶的问题。在人可以绝对地拥有某些人的这样一个制度下，在劳动主要是害怕皮鞭才进行的情况下，自然就会产生鞭打和有时会产生肆意虐待的犯罪行为。可是，这并不是一般的情况，对待家庭仆人肯定不会如此。在路易斯安那栽种制糖作物的农场上，在乔治亚与南卡罗来纳的稻田里，在南部低洼地区的大棉场上，情况是最坏的。在这些地方，一群群的奴隶在白人监工的指挥下工作。帕特里克·亨利把这些监工描述成是“最卑鄙、最下流和最无教养的种族”。这个制度还产生了其他形式的一些暴虐行为，尤其是使家庭分散和把他们用拍卖的方式出卖等，这是在把奴隶卖到南部市场上的边疆各州常常见到的。

另一方面，也有许多地主的奴隶，比较快乐和满意，主人与奴隶之间的关系也还亲切，而且黑人的经济环境无疑地比在他们被释放以后还要好一些。人们认为奴隶的释放是危险的，因此对它加以限制，但是许多奴隶主都把他们的奴隶释放了。根据1860年不完全的统计，那一年被释放的奴隶有三千零十八人，比率是每一千三百零九个奴隶才被释放一个，那一年，在拥有奴隶各州的自由黑人约有二十六万二千人。关于对待奴隶的整个问题，菲利浦斯教授的评论似乎是比较合理的。他说：“绝大多数农场主对于‘严厉强迫’和‘彻底剥削’的说法，也正如那些从远处和主观地来观察这个政体的人们对于'中庸之道'的理论与实践那样地无知。"①

奴隶制度对经济所产生的优点与缺点

在开始种植棉花以前被人们怀疑过的奴隶劳工的优点，随着这一世纪的前进，越来越得到了证实。有人认为雇主的绝对拥有工人是对雇主有利的，因为它使雇主享受全部的劳动果实，按照他自认为最好的方法去组织劳动力，并按照他自己的意志去管理工人以达到一定的目的。掌握了男子、妇女和小孩的全部时间好像就可以尽量减少人力的浪费。如果有必要买入奴隶的话，那么买来后的唯一费用就是保持奴隶的健康和身体的强壮。有人更把奴隶制度下的黑人劳工确认为是唯一能够使用于稻田里做不健康工作的劳动力。

虽然南部的某些较为开明的人们认为可以使用自由劳工去种植棉花，但是绝大多数的人都确信只有利用奴隶劳工，才能大量地进行棉花的生产。事实上，人们认为栽种棉花以增加奴隶劳工所产生的利益好像乃是一种天意。南部某些地区的作家们的争论并不是毫无理由的，他们说，南部的奴隶得到了较好的住房、较好的膳食，并且比欧洲或北部各州的非熟练工人还更快乐一些。他们还争论说，不仅奴隶生活得好，而且奴隶主和他的家庭，也由于解脱了必需的体力劳动而能够把他们的全部能力使用于生活的享受

① 奥力契·菲利浦斯：前引书，第293—294页。

和智力的发展，这种论调是以能够把奢侈的生活建筑在黑人的劳动上的一万个家族作为例子来说明的。当奴隶制度越来越受到攻击的时候，人们就用“圣经”的威力，用有色人种低劣，在经济上不能独立，以及用出于白种人安全的必要等论调来加以辩护，因为南部的人们认为海地国内的起义和在美国发生的零星骚动都清楚地说明如果解放了奴隶，南部未来的文明将会产生怎样的结果。[1]

奴隶劳工的优点在表面上比实际上更容易看出来。第一点，劳动是勉强地和没有兴趣地被接受下来的。增加生产的物质诱力也不大，因为这意味着会使奴隶主产生更大的期待。因此，奴隶们会保留自己真正的能力，并不竭尽全力地去工作。要使工作具有效果，就必须由监工不断地监督和使用鞭子的威胁。雇来的监工，在工资和方法两方面都比较耗费，因为他的任务在于生产更多的农产品，而监工这样做是会使土地和奴隶都受到损害的。黑人奴隶的劳动力基本上是不熟练的。由于他们离开非洲的野蛮生活不久，对于智力发展的要求不大，而且在他们生活的那个制度下养成了粗野的性格，因此，他们的劳动缺乏创造性，而且只能做最简单的工作，这是毫不足奇的。他们只能使用最简单的工具，通常，要训练他们使用机器便很困难。一般的奴隶只能用去做一些经常地重复的操作。此外，虽然供给一个奴隶的衣服和伙食的费用很小，如果再加上资本的利息，折旧，税款，以及健康、逃走和死亡等保险费，一个身体强健的奴隶每年的费用几乎就合一百三十五元。南

① 有关当代的争辩，见麦克：《八十年来的进步》，第 119 页及托马斯·杜：前引书。

北战争以前，乔治亚州曾经雇用过奴隶，每年每人的费用是一百四十到一百五十元。但是以后在自由劳工的制度下，每年花一百二十元和一些伙食费就可以雇用到黑人。

就整个情况说来，大量的事实指出："南北战争"开始前夕的奴隶劳工制度，就经济上讲，是不恰当的。某些大农场由于管理得当和田地的位置良好，就获得了巨大的利润。尽管使用奴隶劳工要付出较高的利率，要付出代理人的佣金，并且要在一个一般地不利的经济制度下去经营这些农场。在一切情况顺利的时候，固然可以获得适当的利润，但是，一切情况很少都是顺利的，而且普通的农场乃是在获利边际很小的情况下去经营，只要在许多年里能获得一点微利也就是很幸运了。[①] 有一点必须加以肯定，那就是：棉花生产的普遍繁荣，在"南北战争"前的几年中正在渐渐减退，而奴隶劳工就是造成衰退的一个原因。这不仅是因为他们的效率较低，也是因为奴隶价格继续上涨的缘故。

在各种困难下经营的棉场主，在无限广阔而极端肥沃的土壤上找到了局部的出路。因此，正如前面所指出，得到南部财富而加强了地位的农场主，占用了最富饶的土地，耗竭了土壤的精华，然后再迁移到新的土地上去。不管得到怎样的直接利益，最后的效果必然是具有危害性的，也是得不偿失的。在沿海各州，未使用和已耗竭的土地很多，几乎好像是受过了一支侵略军队的破坏。竭力反对奴隶制度的狄更斯，1842 年时曾指出，弗雷德堡与里士满

① 路易丝·哈克曾举了一个典型的例子，见《美国资本主义的胜利》，第 318—320 页，摘自富兰德斯：《乔治亚州的农场奴隶制度》，第 221—223 页，及薛德诺尔：《密西西比州的奴隶制度》，第 196—197 页。

之间的土壤，“被一个使用大量奴隶劳动力去强迫生产而不增强土质的制度耗竭了。这些土地，现在只比一片种有树木的沙漠地带稍好一些”。他有点夸大地继续写道：“在这个地区，也正如在其他奴隶制度得到培育的地区一样，……有着受到毁灭和衰退的样子，这是与奴隶制度分不开的。”[①]在南部，未开发土地的比例是很大的，因为只有使用最上等的土地才划算。

在这样的情况下，就很有这样的可能：新土地的耗竭，本身已经迫使南部的经济加以改组，注定了奴隶制度的灭亡。[②] 可是，这种情况到1860年时还没有变得很严重。仍然有大量的土地可供扩张，而且铁路的发展又开辟了更多的土地。问题在于是否在新的土地上栽种棉花，就能克服包括奴隶制度在内的一切困难。路易丝·哈克说得好：

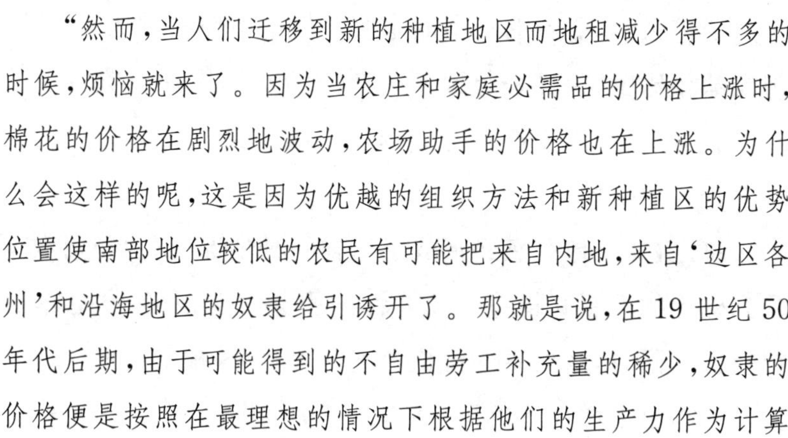

“然而，当人们迁移到新的种植地区而地租减少得不多的时候，烦恼就来了。因为当农庄和家庭必需品的价格上涨时，棉花的价格在剧烈地波动，农场助手的价格也在上涨。为什么会这样的呢，这是因为优越的组织方法和新种植区的优势位置使南部地位较低的农民有可能把来自内地，来自‘边区各州’和沿海地区的奴隶给引诱开了。那就是说，在19世纪50年代后期，由于可能得到的不自由劳工补充量的稀少，奴隶的价格便是按照在最理想的情况下根据他们的生产力作为计算

① 查尔斯·狄更斯：《美国游记》，1842年版，第九章，第51页。

② 拉姆斯德尔：《奴隶制扩张的自然程度》，载《密西西比河流域历史评论》，第16卷，151—171页（1929年9月份）。

的基础。因此，对于许多南部的农场主来说，把这种形式的资本费用减少就十分重要；而且，只有重新正式开放海外的奴隶贸易，这一点才能办到。南部各州纲领的重心，就是放在这一点上的。”①

进退两难的南部处境

到了19世纪50年代，用奴隶劳工集中去经营单一农作物的农场经济所产生的全部后果便明显地暴露出来。当时商业种植地区的着重于取得最大数量的货币收入，无限度的经济扩张，以及当收入增加时就奢侈地生活的风尚，使流动资金不能累积起来，从而使南部在经济上处于劣势的地位。刘易斯·格雷说：“南部，尤其是南部下方的地区一般之所以继续是一个负债区域，一部分是由于急于扩张，需要新的资本的缘故。但是南部相对地贫穷的状态，与北部相比较，主要是起因于生产与消费都具有浪费特点的农村经济制度，这个制度把大部分的货币收入集中在人口中比较小的一部分人的手里。”②

总之，那个地区已经形成了这样一种情况：商业与财政生活都受到外地的控制和指挥。商业性的服务收费很高，利息率更是高得惊人。同时，当奴隶的价格上涨时，作为种植棉花的主要费用的劳动成本也在增加。然而，19世纪50年代时，棉花的价格每磅在

① 路易丝·哈克：前引书，第281—282页。

② 格雷：《1850年以前美国南部农业史》，第1卷，第460页。

一角和一角一分左右波动着。这样一个价格，对于土地肥沃和管理得当的农场来说，利益是有保障的，但是，对于绝大多数的农场主，却只能维持一个朝不保夕的生活，甚至于还得要负债。

还必须指出：财富集中于大农场主之手，就产生了社会的和经济的严重危害。特别值得注意的是它对小农户所起的败坏作用。小农户由于不能和在肥沃低洼地上栽种棉花的奴隶相竞争，也不能抵制富有的农场主所给予他的助手的价格，就渐渐地被赶到劣等的土地上去。南部的某个观察家描述了当时整个南部正在出现的典型的情况，由某家乡下的报纸引用了下面的一段：

> "'联邦'的花园密西西比流域棉花栽种区，一年一年地被人从小农户的手里夺走交给大资本家去了。白种人的小地主，是曾经为国家的现状贡献出更多的鲜血与精力、做出了更有意义的努力和具有企业心的一个阶层，他们不是被赶到那些砂砾很多的松林山区，便是被赶到西部去为永远跟在他们后面的黑人大军与黑人领班清除和准备耕地，使得他们的辛勤一无所得，生活难以忍受。"①

眼光犀利的南部人们，深知他们的地区在经济上所处的不利地位，曾提出了许多救济的办法。许多农业学家谴责了当时农场制度的极度浪费，并且竭力主张农场应维持更大的自给自足经济。

① 欧姆斯台德引用语，见《内地旅行记》(1860 年初版，1907 年再版)，第八章，第 329—330 页；并参阅卡伦德所著前引书，第 767 页。

这样就会使农民们不致大量地从外面买进粮食和设备，减少借款的必要而仍然能生产大量的棉花，某个主张改良方法的人曾说：

“我们不能同阿拉巴马和密西西比的农场主们在一个野蛮而带有破坏性的制度下去竞争，在这个制度之下，甚至于那些在土壤和气候方面占着有利条件的农场主，也因为这个制度所产生的困难和破坏而失败了。我们只有用一个从事牧畜事业的优越制度，才能弥补我们在土壤和气候方面所处的劣势地位。当他们在耗竭土壤和使用强迫与驱策的残忍制度去防止奴隶数目自然增殖的时候，让我们一方面用施肥和休耕的方法来改良土壤，另一方面用让奴隶们不过度工作，和提供一切可能增强他们健康与生活舒适的方法去增加他们的数目。”①

另外的一些主张改良的人们，竭力提倡发展南部的工业，以摆脱经济上的依赖。他们指出：南部有着丰富的原料，而且可以得到奴隶或是贫穷白人的劳力供应。某个作家在查理斯顿的《新闻报》上写道：“我们只要一天居于附属的地位，依赖外国供应劳动和技术来生产食物、衣服和无数的生活必需品，我们就一天要处在奴隶的地位。”②由于受到广泛宣传的鼓动，19 世纪 40 年代和 50 年代在走向制造业方面有了一些进展，但是由于缺乏流动资本，缺乏适

① 乔治·麦克达菲将军 1840 年在南卡罗来纳州全州农业协会上的演说词，格雷引自前述书，第 1 卷，第 460 页。

② 《尼罗河周报》1845 年 4 月 19 日。

当的经理人员和受过训练的工人以及由于其他的一些障碍，工业的发展是很慢的。1860 年在全国价值十八亿八千六百万元的制成品中，南部只生产了 8%。

1857 年的经济恐慌所造成的灾难性的后果，使人们感到特别有必要与欧洲直接进行贸易。尽管受到南部各州的鼓励，在南部发展自己的商船和与其他国家直接贸易方面所做的努力都没有成功。在内政的改进方面却获得了较大的成就，正如北部一样，南部的各州、各县和各个城镇都慷慨地捐款修筑铁路。例如乔治亚州就建筑和经营了从阿特兰大到恰塔努加附近边界的一条铁路。到了 1860 年南部已经修筑了九千五百英里以上的铁路(约占全国铁路的三分之一)，费用约为二亿三千七百万元，几乎完全是由那个地区募集来的。

为了讨论和公布改进南部经济地位的各项计划，南部各州从 1837 年到 1860 年间曾举行了十二次以上的商务会议。有几次的这种会议，不过是反映了某些城市想促进本身利益的野心或是某些性格粗暴的政治家们攻击北部对南部所施行的压迫而已。然而，就整个情况说来，这些会议代表着解决南部经济问题所作的努力。会议上的许多发言人不断地促请发展制造业，开展与欧洲的直接贸易，推翻关税制度，用南部的资本建筑一条太平洋的铁路，以及用联邦的补助做内政的改进。经常有人提出要求(尤其是在后几年中)恢复非洲的奴隶贸易，以降低农场劳动的成本。关于最后一点，南部人们的意见并不是一致的。那些把过剩的黑人出卖给南部的边区各州的奴隶主和在当时的制度下能够获利的大农场主，对恢复奴隶贸易都不感兴趣。只有那些需要低廉劳动力的中小资产阶级的农场主才支持这个意见。事实上,大声疾呼地反对所谓北部压迫的,也正是这些人。

在南北战争前十年中,南部在改进经济地位方面也许只取得了很少的成就,但是,它在保障自己政治舞台上的利益方面,却取得了显著的成功。统治着南部的经济、政治和社会生活的那一小撮贵族政治的人物,也统治着联邦政府。在杰克逊和林肯担任总统的三十二年中间,他们控制着总统的职位和参议院共有二十四年,控制着高等法院有二十六年,下议院有二十二年。在那些年份里,他们把关税降低到不再成为是一项过重负担的程度。废除了使北部的船主能与英国进行剧烈竞争的商船津贴制度。不让联邦政府继续对内政的改进给予津贴,除非那些改进是直接对南部有利的。在加速对墨西哥宣战的过程中,他们曾经是主要的力量,这次战争使墨西哥的大片土地加入了农场区域。

为了抵制日益高涨的反对奴隶制度的运动,南部的这些政客在 1850 年的《和解法令》中把从墨西哥得来的,一切土地除了加利福尼亚之外都开放了实行奴隶制度。四年以后,在“堪萨斯-内布拉斯加”提案中,他们废除了《密苏里和解法令》,承认了堪萨斯与内布拉斯加那片巨大土地上的人民享有宗主权。最后,在 1857 年的“德莱德-司各脱”案件里,一个由“民主党”执政、具有联邦政府权力的最高法院,否认了国会对南部地区的奴隶财产有立法权,宣布了《密苏里和解法令》的违宪。由于畏惧小农户的向西迁移会造成一些反对奴隶制度的新地区,南部在脱离联邦以后一直使用了足够的力量去阻止《宅地法案》的最后通过。

正如两位比尔德所描述的那样,“1850 年到 1860 年的十年间，联邦政府在立法、行政和司法方面所采取的惊人的统治行动，改变了美国的整个政治气氛”。这不仅是出于南部贵族政治之手，也是由于南部民主党联合了北部和西北部的民主党所造成。在19世纪50年代末期，许多势力都在活动，想削弱这项联合。首先就是北部日益高涨的反对奴隶制度的运动。运动的主要目的不在于解放奴隶，而是在于反对奴隶制度的扩张。这个运动得到了北部和西北部小农户的支持，他们希望扩充小农庄以避免受到大农场制度的竞争。50年代的移民们由于得到运输改善的鼓励而涌入到旧西北部，也由于“伊利诺伊中央铁路”开辟了新的土地，从而加强了反对派的力量。

第二点，使“民主党”能长期执政的南部与旧西北部在政治上与经济上的团结，到了1860年时已经快要破裂。几十年来使密西西比河流域南部大农场的俄亥俄河以北地区得到支持的农产品，由于横贯阿勒格尼山脉铁路的伸入西北部，开始向大西洋海岸移动，政府把土地慷慨地赠给“伊利诺伊中央铁路公司”，想努力挽救那些陈旧的商路，但是失败了。由于西北部废品的出路已经移到东北部和欧洲，西北部便更同情于关税制度，因为它能够促成工业城市的产生和扩大东部的市场。南部的某个作者早在1847年就清楚地看到了这一点，在《德波评论》上写道：“北部与南部之间已经在进行着一项竞争。这不仅只限于保存奴隶制或废除奴隶制——不限于奴隶制度的推翻或不推翻，也不限于‘自由党’或‘民主党’的政治竞争，而是一项对密西西比河流域的商务与财富的竞争——是我们北部的同胞所提出的是否应该把大西部日益发展的商业交付给新奥尔良或是交付给大西洋那些城市的一项竞争。”

这项新的经济安排，很快就反映到政治方面来。19 世纪 50 年代中叶，新的"共和党"想调和与南部农场主控制下的"民主党"之间的纷争。通过提出反对奴隶制的主张，"共和党"吸收了在原则上具有反对奴隶制思想的那些人和要求扩张自由农业的那些小农户。由于赞成公地的赠予和横贯美洲大陆铁路的修筑，"共和党"获得了西部具有发展信心的移民们的拥护。由于赞成提高关税，他们受到了东部正在发展中的工业集团的欢迎。"共和党"政纲的力量 1856 年时已经明显地表现出来，1860 年时更是如此。1860 年与"民主党"破裂之后，这个政纲使"共和党"取得了胜利。但是这并不是一个完全的胜利——"共和党"取得了总统的席位，但是"民主党"仍然控制着国会。可是，拥有奴隶的南部把 1860 年的结局解释成是它要失去国家控制权的预兆。唯一可供选择的道路便是：要么在政治上和经济上都屈服，要么就脱离联邦。他们选择了后一条路。从历史的眼光看来，这是一项错误的决定。但是，正如西瓦德所说，这个纷争毫无疑问地要引起一项"无法控制的冲突"。工业革命解放出来的经济力量充分地起了作用，而且使南部单边性的和比较停滞的文明受到了严厉的打击。在这样的一个时期，世界的历史只能产生一种结局，那就是：胜利归于自由劳工、放任主义和工业化。

第十七章　“南北战争”

“南北战争”的重要意义

不论我们从经济的、政治的或是社会历史的观点去看“南北战争”，都很难把它的意义强调得过分。这个战争在美国国家的发展中，标志着一条肯定的中途分界线。它对于美国的工业、财政和商业史上所产生的后果是深远的，这将在以后各章里加以阐述。在美国工人的长期历史中，这个战争不仅标志着奴隶产权制度的终结，而且也加速了全国工人组织的联合运动。以经济利益为基本原因所引起的广大地区之间的冲突，在这个战争中达到了顶点。虽然经济上的地方主义仍然留存下来，但是，自从那个时期以后，国内就没有任何一个地区能够强大得可以动用武力。在政治上，南部为了独立而进行的这个战争，使得联邦政府建立了最后的主权，它也标志着美国社会历史上的一个分界点。19 世纪 30 年代、40 年代和 50 年代突出的巨大改革运动，终于随着奴隶问题而消逝了，而且当全国再把注意力转向于寻求社会正义的时候，已经又过了半个世纪。

只要把资源比较一下，就可以明白地看出：在一个长时期的战

争里,南部是注定要失败的。脱离联邦的十一个州的人口总数不到九百万,其中有三百五十万人是奴隶。留在联邦里的各州的人口总数超过了二千二百万人,而且他们的劳动力在战时不断地得到了移民的补充。全国的实物财产,1860 年时估计约值一百六十亿元。南部的财产,包括奴隶的价值在内,约在二十亿元以上,只占全国财产的三分之一。在 1859 年全国所生产的三十七亿三千六百万元财富中,脱离联邦各州的财富约占四分之一。考虑北部在战争中占有优势的另外一个十分重要事实,便是它控制着 90% 以上的制造业。如果这还不够的话,它所拥有的商船和海军能使它进口必需的供应品。南部基本上是把希望寄托在两个因素上面:第一,它是在自己的土地上面从事防御性的战争,这有助于弥补军队与资源方面的悬殊。第二,认为它的棉业的重要性可以资助战争而替它引起外国的干涉。第一个希望由于北部的压倒优势而破灭,第二个希望也由于北部封锁了南部的港口和欧洲没有进行干涉而宣告失败。只是由于联邦政府的令人难以相信的缺乏效率和处理失当才没有使冲突早日结束。

1861 年的经济萧条

战争所引起的第一项经济上的后果便是它使北部和西部陷入了严重的经济恐慌。战事爆发时,从事农业的南部所欠北部商人的债款约有三亿元,几乎全部都损失了。由于对前途没有把握和战事初期易有的凶兆,产生了经济的收缩和节约的浪潮,银行陷入于现金准备过少,不足以应付这样一个危急的局面。所有这些因素结合在一起，就带来了1861年的经济萧条。邓恩的报告里列举了1861年北部倒闭的商号约有六千家，每家的损失在五千元以上(这个数目比1857年的经济恐慌时损失还要大得多)，那些损失在这个金额以下的商号尤其不在少数。[①] 北部的银行在1861年12月份后期一般还能继续支付现金；自那个时期以后，就不得不停止兑现。联邦政府也几乎立即采取了同样的步骤。在南部，除了新奥尔良以外，战事一开始时便立即停止了兑现，而且一直继续到战争的结束。西部的一些投机银行受到的损失尤其重大，这不仅是因为它们经营银行方法的不当，也是因为它们与南部有着密切关系的缘故。伊利诺伊州的一百一十家银行，有八十九家倒闭了，威斯康星州倒闭的银行有三十九家，印第安纳州有二十七家银行因投机而破产。

农业繁荣的恢复

1861年的经济萧条在第二年的春季为北部和西部带来了繁荣的复苏。虽然成千上万的农民被吸收到联邦军队里来，而且还有成千上万的人放弃了农业而到“遥远的西部”的矿山上去，但是，由于妇女们加入了田间工作，由于欧洲移民的涌入，以及由于节省劳力的机器的使用，便把它所产生的影响抵消了。许多东部的农民感到他们不能与西部的人们在某些农产品方面竞争，就迁移到

① 爱默生·法特:《南北战争时，北部的社会与工业情况》，第105—106页。

西部的土地上去，这是一项受到1862年《宅地法案》[①]鼓励所产生的运动。这个法案免费把一百六十英亩的土地授给任何一个愿意在这块土地上居住五年的人。战争期间，许多移民都从国外蜂拥而入，以求取得这项便宜，或是移殖到政府对铁路大量赠予的那些地区去。有四万五千人到达了纽约，并且宣称愿意继续前往伊利诺伊；有二万三千人愿意到威斯康星。[②] 也有很多人从困苦的边区各州迁到西部的农场上来。人们对于节省劳力的机器所发生的兴趣，从来没有像这样地高涨的，这些机器现在成为了县展览会上最为人们注意的物品。当时制成的割草机的数目，由1861年的二万台增加到1865年的七万台。蹄形锹、磨谷机、打谷机和其他一些改良的机器，情况也是如此。

这不仅节省了许多农产品，而且也大大地增加了农业的产量。战争时期，小麦的收获比以前任何一个时期还要多。虽然全国的玉米略有减产，西部各州的产量却有显著的增加。市场上出售的生猪也比战前还要多，羊毛的产量从四千万磅增加到一亿四千万磅，农庄上饲养的绵羊数目也增加了一倍。

造成这次农业繁荣的主要因素是：(1)战争末期有一百万人的陆军必需供给粮食和服装；(2)全国人口的增长；(3)北部的繁荣，使农产品的费用支出有了增加的可能；(4)工业的迅速发展，雇用了更多的不从事农业的人；(5)纸币增加所造成的物价上涨；(6)外国对货物需求的大量增加。这种对货物的需求特别以英国较为迫

① 见第八章。

② 见爱默生·法特：前引书，第11页。

切，英国 1860 年、1861 和 1862 年的庄稼都歉收。关于英国的需求，在“南北战争”时人们都公开地和很有事实根据地说，北部与西部的粮食供应在保持英国中立方面起着重大的作用。[①] 当英国要对小麦和棉花做出选择的时候，只能够做出一个合乎逻辑的选择。

北部的制造业

受到战争的刺激和得到每一届国会通过的关税法令宽大地保护的制造业，在战争的最后三年里获得了高度的繁荣。虽然有人把劣等的货物提高价格卖给政府进行投机，在国会外面施用了运动的手腕，以及那些“冒充的贵族”以军队的需要和战争的危急为借口从中取利等，但是仍然具有重大意义的事是：那一时期，标志着美国制造业的一个显著的进步。在前半个世纪里，东北部的工厂制度已经有了广泛的扩充，然而，正是“南北战争”，把工厂制度转变为一个十分成熟的工业革命。只有棉织品的制造这项重要工业的生产减退了。南部的政治家们认为断绝棉花的供应会使欧洲来帮助他们，使北部恢复理性，但是他们打算错了。战争初期，北部已经拥有的过剩存货和通过不合法的交易行为或是由南部盟邦被占领区获得了一定数量的货物，使得许多棉织商的工厂能够做短期的开工，并且棉织品价格的高涨也造成了巨额的利润。

也许没有其他的工业化比呢料的制造还更受到战争的鼓励的。任何类似羊毛的东西都被政府买去制做军服。在战事最剧烈

① 见本章“‘棉花王’”一节。

的时候，每年纺织的羊毛在二亿磅以上，而平时的数量却只有八千五百万磅。每年的红利经常是从25%到40%。由豪所发明，1846年注册的缝衣机的出现，使得现成衣服的缝纫工业同时迅速地发展起来。皮革工业也受到了战时需要的刺激。由布勒克和麦凯发明，1846年注册的缝衣机的使用于皮革，转过来又有助于皮革工业的发展。正是在战争期间，芝加哥首先开办了猪肉罐头厂，匹兹堡的炼铁工业也有了巨大的发展。

各类机器的生产一定是很广泛的，因为在这些年月里，制造业与运输设备都有着史无前例的增加。全国最大制造业中心的费拉德尔非亚，1862年号称有新工厂五十八个，1863年有五十七个，1864年有六十五个，并且其他的大城市也有类似的进展。甚至于连政府也参加了造船业和制造军需品的工业。1860年斯普林菲尔德地方替政府制造的步枪每支价格为九元，而私人承包商所制造的同样产品每支就要二十元，这一事实说明了政府参加工业的成功和军火商人所得的利润。战争显然有助于全国发明天才的发展，因为在1860年与1866年间，政府所发出的专利证每年都增加一倍以上。

在战争进行的岁月里，煤和铁这两项基本矿产品的产量大大地萎缩了。密歇根以每年六千吨的速率继续出产生铜，成为“世界的首要铜区”。1859年宾夕法尼亚州威南戈县铁塔斯维尔地方德雷克油矿的探钻，是战争期间这项巨大工业开始发展的第一步。沿宾夕法尼亚西北部的“油港”和在西弗吉尼亚的惠林，以及在俄亥俄州，很快就开凿了千万座的油井。到了1862年，产量约有一亿二千八百万加仑。与油田同时令人感到兴奋的，便是城市里的投机。这些城市里的一千一百家拥有六亿元资本的油矿公司卖出了价值九千万元的股票。石油的生产不仅是战时一项最重要的新兴工业，而且到了1865年已经成为美国对外贸易的一项重要物资。出口的石油价值从1860年的一无所有到1865年的一千六百万元，占美国出口货物的第六位。

1859年发现了内华达州著名的卡姆斯托克金银矿和科罗拉多州格里利的金矿。这些矿区和其他的矿区在“南北战争”期间至少曾出产了价值八百万元的贵重金属。随着新矿藏发现的宣布，从1859年开始向采矿城镇的涌入，战争期间一直在继续。科罗拉多的人口从1860年的三万二千二百二十七人猛增到1864年的十万人。仅1863年一年，涌入爱达荷的人就在三万以上。内华达州弗吉尼亚城的人口短期内就由零增加到一万八千人，这一个州的人口也从1860年的六千八百五十七人增加到1870年的四万二千九百四十一人。在夏季各月里，陆路上可以看到络绎不绝的有篷马车。1863年某个在堪萨斯商路上的旅客作证说，他在六十三天的旅行中，每天遇到的马车平均有五百辆。奥马哈是一个出境的要口，1864年通过那里到“黄金西部”去的移民有七万五千人。

劳工与生活费用

让我们把联邦政府资助战费的方法留在后面一章里去论述，这里只谈一谈生活费用，尤其是它给予工资收入者的影响。[①] 政

① 见第二十四章。

府的连续发行法偿纸币(绿背纸币)和短期金库券,使全国充满了价格极不稳定的纸币,再加上人们对商品需求的增加,造成了物价的上涨。根据《阿德里奇报告》①,按照纸币和黄金计算的批发价格和货币工资的相对趋势如下:

年份	按货币计算的物价	按黄金计算的物价	按纸币计算的货币工资	按黄金计算的货币工资
1860	100.0	100.0	100.0	100.0
1861	100.6	100.6	100.8	100.8
1862	117.8	114.9	102.9	100.4
1863	148.6	102.4	110.5	76.2
1864	190.5	122.5	125.6	80.8
1865	216.8	100.3	143.1	66.2

“南北战争”即将爆发的前几年里还能得到差强人意的工资待遇的工人们,在面临物价迅速上涨的情况下,就很难勉强度日,据估计,按照消费总数量计算的六十种主要生活必需品的价格,在战争的头四年里上涨了125%。

要肯定“南北战争”时期实际工资的整个问题是很困难的,要把战时的工资和战前的工资等级互相比较也同样地困难。现金的停止支付,立刻把黄金从一般的贸易中驱逐出去,使物价按绿背纸币计算,而纸币价格显然并不是按照发行的数量或北部的繁荣情况而是根据北部对胜利的信心而产生了波动。北部在战争中取得一次胜利,绿背纸币的价值就上涨;打一次败仗,绿背的价值就下降。再加上黄金价格的波动,要对物价做实际的估计显然就很困难。

---

① 1892—1893年第52届国会第2次大会《参议院报告》(1893年3月4日特别会议公布)第3卷,第1部分,第9、13、14、99各页。

虽然按照纸币计算的商品价格已经上涨一倍，工资却落后了。战争的头两年里，货币工资只比 1860 年的平均数增加了大约 10%，但是物价（按纸币计算）已经几乎上涨了 50%。这种物价的大涨发生于 1863 年。而 1863 年冬天和 1864 年就开始出现了大规模的工会组织和各种斗争剧烈的罢工。直到那时为止，由于使用了节省劳力的机器，由于雇用了女工和童工，由于有计划地从欧洲运入了廉价的劳工，从而使工资不能做任何的增加。但是，资方现在被迫做了让步，工资一般地有所增加。战争期间，有八十万名移民进入了美国，这是一个巨大得足以弥补战争所造成的全国劳动力不足的数目。这样大量移民的增加，颇足以说明造成劳动市场轻微的干扰和 1863 年以前工资没有做实际上涨的原因。法特教授认为战时工资的平均增长达到了 60%，这是使工人们在战争结束时的处境比 1860 年还要更坏的一个数字。[1]

受到生活费用上涨影响最大的，通常是那些从事专门职业的阶层，尤其是牧师、教员、政府机关工作人员和妇女。士兵的薪饷一直是每月十三元，直到 1864 年 7 月 20 日才提高到十六元。许多最有行政效率的政府文职官员都因为工资太低而被迫辞职。妇女们，尤其是女缝纫员都因为生活费的上涨而感到生活无法维持。1865 年时为包工缝制军服的妇女的平均工资每周是一元五角四分。工业界工资很低的妇女们，有时还要依靠士兵们汇回家来的一部分薪饷作为补助，还得要依靠军事的奖金和军属补助费去勉强维持生活。另一方面，在战争的最后一年，全国购买力的增长、

① 法特：前引书第 185 页注脚。

奢侈品的售卖和娱乐事业的普遍，却又说明工人们在一定程度上也分享了这一时期的昌盛。[①] 1869 年的调查数字对制造业的迅速前进和对劳动力的需求曾有所说明，指出了那一年工业组合的数目是二十五万二千一百四十八个，增加了 79.6%，这是美国历史上十年之内前所未有的最大增长。工业组合里工资收入者的人数，从一百三十一万一千二百四十六人增加到二百零五万三千九百九十六人，增加了 56.6%，这个增长，甚至于在第一次世界大战的那十年里也没有被赶上。

北部的资本

虽然工人们感到维持生活很困难，而资方却处于最昌盛的地位。南北战争以前，全国的百万富翁是屈指可数的。战争结束以后就有了几十个。战时的征税有利于较大的工业；而以后几年里十分显著的企业合并的过程，开始于战争期间各家电报公司和运输公司的联合经营。“美国电报公司”和“合众国电报公司”的最后劲敌“西方电报联合公司”1866 年把前面两家公司归并过来，从而控制着七万五千英里长的电报路线。在同样的方式下，全国许多地区无数小的铁路公司也合并成为一个单独的机构。铁路集中经营的趋势，无疑地是被战时运输需要的增长和某些城市的想成为终点站或产品集中站而加强了。由于许多小的独立经营的铁道系统的轨幅不同和车辆类型的不一致，使得货运必须经常换车，从而

① 对战时劳工史的进一步讨论，见下面第二十二章。

使战争的进行受到了阻碍。战争期间和紧接着战争的前后。宾夕法尼亚、李海、伊利和其他的一些大铁路公司吸收了一些小公司，为今天的巨大的铁道系统打下了基础。尤其重要的是“宾夕法尼亚铁路公司”合并了匹兹堡的“汪堡和芝加哥铁路公司”，首次把密歇根湖与沿海之间的铁路运输连接起来，归一家单独的公司所拥有。也正是在这些年代里，康莫多尔·凡德比尔特公司与许多从纽约到布法罗的小铁路合并成为一个单一的铁道系统，成为后来的纽约中央铁路公司。

除了各个铁道单位的合并之外，“南北战争”期间对于铁路的修筑也十分活跃。战时修筑的最长的铁道便是大西洋与大西部铁路，也就是现在伊利铁路系统的一部分，从纽约的赛拉门卡通到俄亥俄的戴顿。这条铁路把东部的伊利铁道和西部的俄亥俄与密西西比铁道连接起来，使纽约与圣路易之间有了一条轨幅相同的铁道。这条用英国资本和外国劳工每天以一英里的速度修建起来的铁路，表现了全国不懈的商业精神，也表现出北部与欧洲的资本家们不管战争的结果如何，对未来所充满的信心。纽约既然第一次有了通到西部密西西比河的一条单一轨幅的铁路，使得它在与东部海港的竞争中占了显著的优势。1864 年建成的费拉德尔非亚与伊利铁路，也是十分重要的。这条铁路从那些新发现的油田一直通到费拉德尔非亚。马萨诸塞希望挽回一部分西部的贸易，也在 1863 年把从特罗伊到格林菲尔德铁路线上未完成的侯赛克隧道工程担当起来，继续完成了阿尔巴尼与波士顿之间的铁路线。当时还设计和完成了其他的一些铁路建筑，其中包括“太平洋联合铁路”的铺轨在内，这是后来修筑的几条横贯美国大陆铁道当中的

第一条。

铁道的营业是从来没有比那时更为兴盛的。从来没有分配过红利的伊利铁路、哈得孙铁路、克利夫兰、匹兹堡铁路，以及伊利诺伊中央铁路公司，在战争的末期也分配了8%或者更多的红利，而且许多铁路公司都想用分配股票红利的方法去掩盖它们的真正收益。资本得到了充分的利用。人们也了解垄断的价值，而且铁路公司开始进一步抓紧无烟煤地区的煤炭生产商。资本家们也在不懈地计划着在城市里对电车业务进行垄断，并且向国会施加压力，以求取得长期的特许权。有二十七个城市第一次出现了电车。

虽然建筑费用几乎增加了一倍，但是，全国建筑事业却只有轻微的减退，这与第一次和第二次世界大战时的情况形成了一个鲜明的对照。在人口迅速增长的费拉德尔非亚、芝加哥和旧金山等城市，或是在受到战争刺激工业有巨大发展的马萨诸塞州的林恩城和斯普林菲尔德，建筑事业都有广泛的开展。华盛顿的国会大厦和许多州政府与市政府的大楼都是在“南北战争”时建筑起来的。1863年10月8日的《芝加哥论坛报》写道：“在每一条街上或大道上，人们都可以看到正在建盖中的新楼房，看到庞大的用石头、砖瓦和钢铁建成的成排的办公房，大理石的宫殿和新的住宅。各地都在同时进行土地的摊平，沟道的修筑，自来水和煤气管的安装。”

北部的社会活动

史无前例的战时的繁荣，使许多得到了它的利益的人们都陷入于肆意挥霍和追求享乐的生活。更多的心怀宽大的观察家们也许会把这种情况归之于人们企图忘记战争的可怕和保持一种勇敢的姿态，但是，正确的解释应该是财富突然累积在一些不习惯于有钱的人们的手里。赛马的跑道十分拥挤，赌金之大，也是前所未见的。运动员受到了热情的光顾，著名演员的演出使剧院宣告客满。最昂贵的珠宝、衣服和家具也很容易卖出。把当时的情况描述成是当健儿们正在为联邦作战捐躯而北部留在家里的人们为了奢侈的生活在疯狂地谋求财富是极不正确的。高尚的生活在很大程度上只限于某些阶层和某些城市。此外，如果说北部的人们是毫无吝啬地在花费，那么也可以说他们在捐赠方面也常常是毫无吝啬的。19 世纪 60 年代成立的学院至少有十五个，其中包括第一所女子高等学校维萨尔学院，麻省理工学院，康奈尔大学，李海大学，史瓦司莫尔大学，伯慈大学和堪萨斯与明尼苏达两所州立大学。许多私人的捐款人都大量地捐助基金和在财政上支援许多已经成立的机构去修建新的建筑。教育事业方面的私人捐款至少达到五百万元的纪录。国家的立法者们甚至于在战时的财政窘迫状况下对教育事业的重视可以从 1862 年 7 月 2 日的《摩里尔法令》看出来。根据这个法令，国民政府对每州的参议员和国会议员拨给三万亩的公地，把这些土地的收益专门使用于开办机械和农业学校，并且规定课程表里要排上军事训练这门课程。

在以后的战争中，由红十字会和其他机构照管的士兵们的保健和福利工作，主要是由两个团体来办理的，那就是“美国卫生委员会”和“美国基督教委员会”。政府指定前一个机构去补充陆军军医部的不足，而军医部是与当地的士兵福利工作团体有联系的。通过这些机构分配给士兵的衣服、绷带、药物、食品和烟草价值在

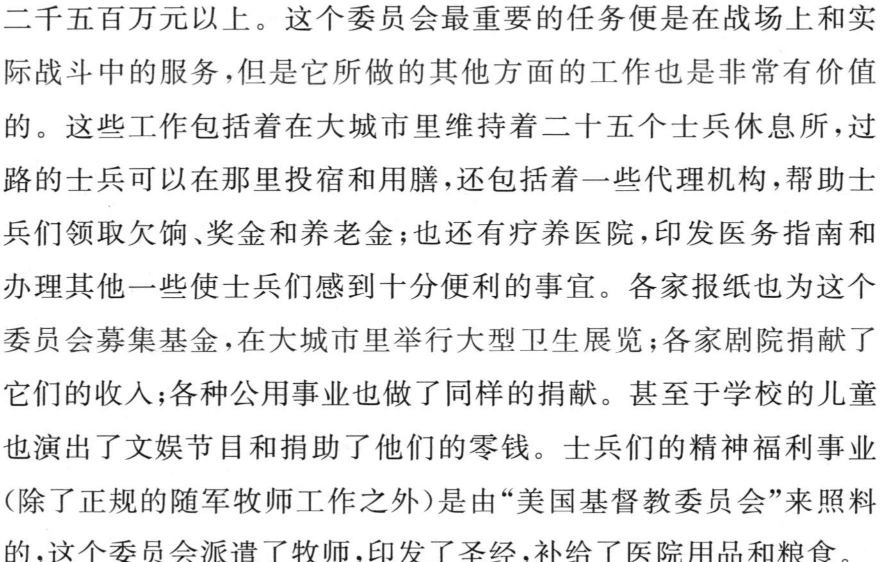

二千五百万元以上。这个委员会最重要的任务便是在战场上和实际战斗中的服务，但是它所做的其他方面的工作也是非常有价值的。这些工作包括着在大城市里维持着二十五个士兵休息所，过路的士兵可以在那里投宿和用膳，还包括着一些代理机构，帮助士兵们领取欠饷、奖金和养老金；也还有疗养医院，印发医务指南和办理其他一些使士兵们感到十分便利的事宜。各家报纸也为这个委员会募集基金，在大城市里举行大型卫生展览；各家剧院捐献了它们的收入；各种公用事业也做了同样的捐献。甚至于学校的儿童也演出了文娱节目和捐助了他们的零钱。士兵们的精神福利事业(除了正规的随军牧师工作之外)是由“美国基督教委员会”来照料的，这个委员会派遣了牧师，印发了圣经，补给了医院用品和粮食。

比士兵福利工作用得还更多的经费，便是对士兵家属的捐赠和津贴，这些钱是由州政府、县政府、地方政府和私人捐助来的。据美国的宪兵司令估计，由全国州政府和地方政府捐赠的津贴有六亿元，另外还由私人捐赠了一亿元。这些款项中的一半也许是用去补助士兵的家属。各个市政府对于士兵们的贫穷亲戚也慷慨补助，某个时期，费拉德尔非亚接受补助的人就有九千名，每年开支了六十万元。北部也募集了大量的款项去补助黑人与南部的难民和救济兰开夏饥饿中的棉业工人。这种慷慨捐赠和牺牲，甚至于抵消了战时的投机、暴利和浪费的无耻行为。

“棉　花　王”

在很大程度上，南部把它成就的希望寄托在世界对棉花的需要之上。南卡罗来纳州的参议员詹姆斯·哈蒙德在他 1858 年著名的演说中曾说：“如果他们向我们开仗，我们可以不发一枪，不拔一剑，就可以使整个的世界向我们屈服。……试看如果在三年内没有棉花的供应将会产生怎样的结果！我用不着去描述人们会怎样地猜想，但是这一点是肯定的：除了南部之外，英格兰会带着整个的文明世界一起摔倒的。不！你们不敢向棉花开战。世界上没有任何的‘列强’敢于向棉花开战。棉花**就是**帝王。”[①]这个口号强烈地影响了南部的经济思想。

1790—1950 年美国中部山区每年棉花平均价

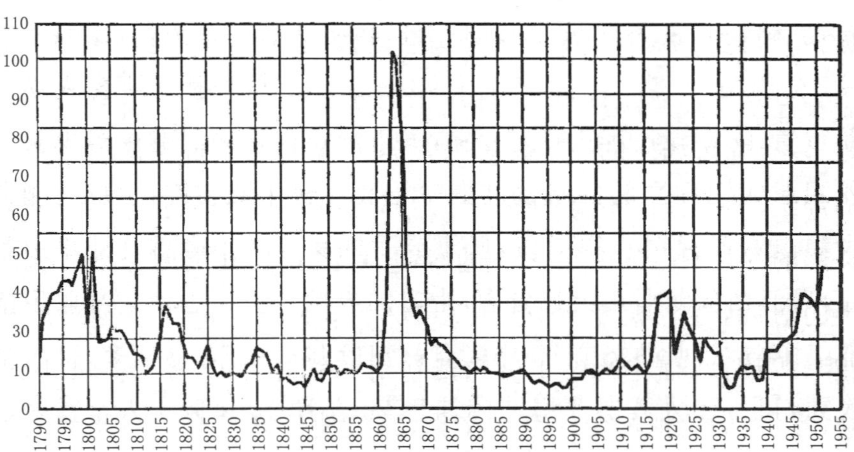

资料来源：哈蒙德，《棉花工业》附录 1，载 1921 年《统计摘要》，第 878 页；1940 年同书第 729 页；1952 年第 239 页。1921 年以前价格为纽约市价。1921 年以后价格为全国主要棉花市场的一般平均价。

事物并没有像这些乐观的希望那样地发展。主要的原因有

① 哈蒙德引自夏勒尔：《作为世界列强的棉花》，第 239 页。

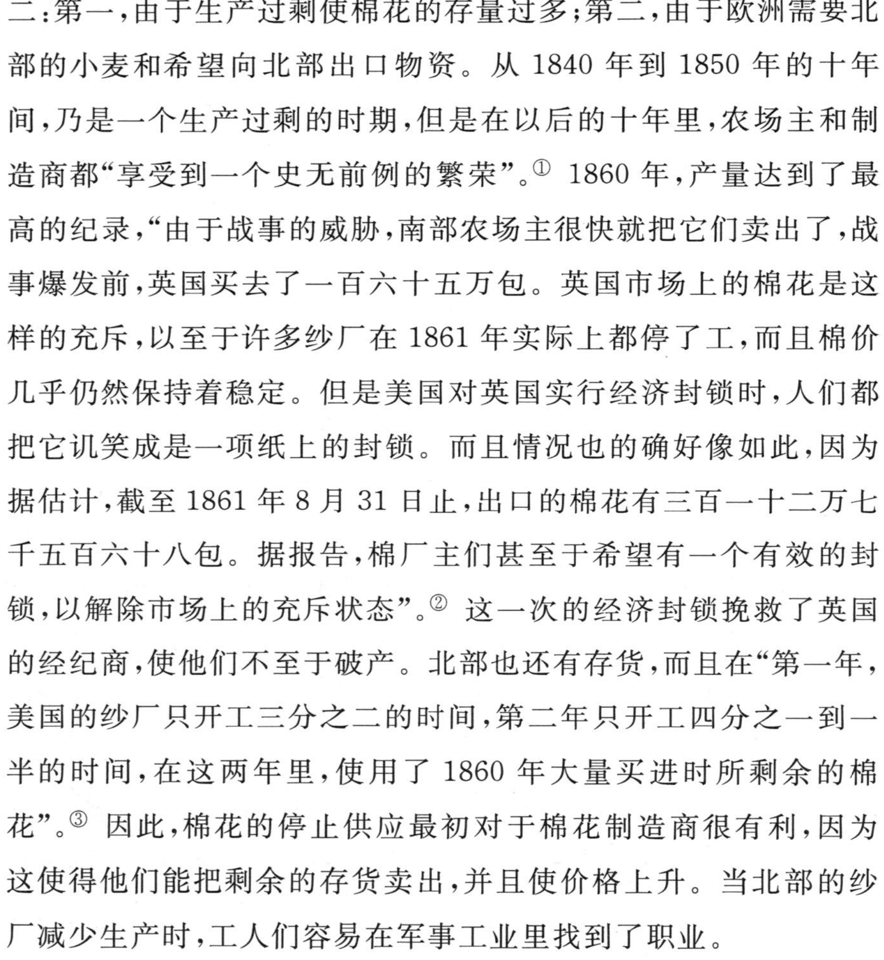

二：第一，由于生产过剩使棉花的存量过多；第二，由于欧洲需要北部的小麦和希望向北部出口物资。从 1840 年到 1850 年的十年间，乃是一个生产过剩的时期，但是在以后的十年里，农场主和制造商都“享受到一个史无前例的繁荣”。[①] 1860 年，产量达到了最高的纪录，“由于战事的威胁，南部农场主很快就把它们卖出了，战事爆发前，英国买去了一百六十五万包。英国市场上的棉花是这样的充斥，以至于许多纱厂在 1861 年实际上都停了工，而且棉价几乎仍然保持着稳定。但是美国对英国实行经济封锁时，人们都把它讥笑成是一项纸上的封锁。而且情况也的确好像如此，因为据估计，截至 1861 年 8 月 31 日止，出口的棉花有三百一十二万七千五百六十八包。据报告，棉厂主们甚至于希望有一个有效的封锁，以解除市场上的充斥状态”。[②] 这一次的经济封锁挽救了英国的经纪商，使他们不至于破产。北部也还有存货，而且在“第一年，美国的纱厂只开工三分之二的时间，第二年只开工四分之一到一半的时间，在这两年里，使用了 1860 年大量买进时所剩余的棉花”。[③] 因此，棉花的停止供应最初对于棉花制造商很有利，因为这使得他们能把剩余的存货卖出，并且使价格上升。当北部的纱厂减少生产时，工人们容易在军事工业里找到了职业。

那时，英国存在着失业，工厂里的工人感到了极大的痛苦。但是工人们知道，美国正在进行着为争取作为自由工人的剧烈斗争，

① 华金斯：《一百年来棉花的生产与价格》，载《美国农业部公报》，第 9 期，杂卷(1895)。

② 夏勒尔：前引书，第 265 页。

③ 法特：前引书，第 86 页。

而且他们坚定地站在北部这一边，反对英国政府对南部“联盟”作任何的承认。北部也知道他们这种亲善的价值，派出了三条船，载运着救济品送给兰开夏受难中的工人，以表示对他们的感谢。无论如何，当战争快要结束，北部军队占领了南部大部分地区的时候，北部的工厂得到了南部大量棉花的供应，而且英国也正在世界其他地区开辟着原棉的来源。

第二种使英国不能协助南部联盟的力量便是由于1860年到1862年国内小麦的歉收，要仰赖北部的供应。查普曼说：“在棉花的供应方面，英国是毫无办法的。进行干涉也许会全然无效，因为美国离得太远，把棉花运入的任何行动都可能会使北部不把谷类运出这是可以想象得到的。”[①]关于这个事实，国会在那时就已清楚地指出。法特教授在总结南北战争期间比较小麦与棉花对英国的利益时说：“现在，可以有把握地得出结论说，虽然粮食的需要不会使英国对美国的侵略战争毫无防御，然而，它无疑地也是许多因素当中的一个，而且是一个重要的因素，它使英国不会表示侵略的意图，去赞同南部联盟而反对美国。”[②]

很难说是否因为需要美国的小麦才使英国实际上保持中立。研究“南北战争”外交的某个当代学者认为，使英国保持中立的，不纯粹是为了小麦本身，而是为了战争的利润。[③] 他指出：英国可以在世界其他地方得到大量的小麦。英国向美国购买小麦，第一是

① 查普曼：《棉花工业与贸易》，1905年伦敦版，第66页。

② 法特：前引书，第21页。也可参阅施米德：《战时小麦与棉花对英美关系的影响》，载《爱荷华历史与政治学报》，1918年7月号。

③ 奥斯利：《棉花国王外交》，第567页。

因为价格比较低廉，并且从那里购买要比较方便一些；第二是因为可以用它来交换军火。至少当时英国的经济利益好像是与北部而不是与南部更为一致。

南部的封锁

战争对于北部的影响乃是加速了早年经济的发展。在南部，整个的经济生活都已经垮台。在南北战争前的日子里，南部曾经是一个巨大的农业区域，主要的农产品是烟草和棉花，用它们去同北部和欧洲交换制成品。由于南部农场主的财富都冻结在棉花与奴隶上面，还得向俄亥俄河以北的各州进口大量的粮食。南部的生命线是依赖于对外贸易的，而战争的结果首先就打断了这项贸易。北部与南部的政治家们都认识到“棉花就是帝王”，而且在战事一开始时就用一个铁箍围住了南部，当联邦军队向东南推进以及海军表现了更大的效率时，这个铁箍就越绞越紧，直到最后可以说把“南部联盟”绞得投降。经济封锁在三个方面给予南部以致命的打击：第一，它切断了南部棉花和烟草的出路。没有市场，就不可能与国外建立商业信贷以买进供应品。市场与信贷的丧失，破坏了整个的经济结构。第二，经济封锁使南部不能进口许多种类的制成品，而这些制成品又是南部的农业所必须仰赖的。第三，经济封锁迫使奴隶劳工去从事一些不熟悉的职业，结果使土地和奴隶的价值大为下降。

南部以英雄般的气概去抵抗经济封锁所产生的后果，把军火、靴鞋、被服、药品和各种奢侈品从欧洲运到西印度群岛的各个港

口，从那里再用建造得很低级、涂上黑铅和轮子装在侧面的轮船，偷偷地运入威尔明敦、查理斯顿、萨凡那、莫比耳和加尔维斯敦的港口。利益是十分巨大的，从而吸引了大量的不相称的资本。每航行一次获利三万英镑乃是一件常事。虽然战争末期船只经常被捕，而且成功的希望也越来越小，但是，只要成功地航行两次就可以弥补船主一次失败的整个损失，使得封锁线上走私的航行仍然是一笔良好的赌注。甚至于一些州政府也对那些经营封锁线上走私的公司进行了投资。根据“北大西洋封锁队”的报告，从 1863 年 8 月 1 日到 1864 年 9 月 30 日捕获的走私船只就有五十艘。但是，如果南部的资料是可靠的话，那时所进行的贸易数量必定是很庞大的。根据“南部联盟”财政部长的报告，1864 年 5 月和 6 月进入威尔明敦和查理斯顿港口的走私船就有四十三艘。

一些具有爱国主义的人们对于从某些类型的进口商品中获得过分利润的这种引诱感到难以容忍，因此“联盟”政府最后便在 1884 年 2 月 6 日通过了一项法令，禁止酒类、酒精、丝带、地毯、玩具、家具和珠宝等奢侈品的进口。政府利用后来通过的一些法律，力图在出入的船只上控制一定数量的吨位供政府的使用。走私者所进口和出口的货物数量是无法准确地加以决定的。1862 年、1863 年和 1864 年运到欧洲的棉花也许不到“南北战争”前的十分之一。比较少量的出口货乃是以封锁线上的走私商作为媒介，或是绕道马塔莫罗斯、墨西哥，再从那里把大量的棉花由陆路经过得克萨斯而运抵目的地。

除了利用走私商以外，南部也找到了从其他的航路把棉花运到北部市场的方法。联盟政府的第一项政策便是不允许有任何的棉花运到北部，所持的理论是，棉花的缺乏会使战争迅速地结束。为了进一步执行这个政策，1861 年 5 月 21 日通过了一项法令，禁止棉花不通过海港就向外运出。这个计划在当时窘迫的环境下失败了，这项主要产品的走私贸易在整个战争期间都一直在继续。有时候，“联盟”军队的粮食是用棉花交换来的。这项非法交易的盛行，是使南北部军民道德败坏的一个泉源；战地的司令员曾对双方的政府提出无数次的抗议。1862—1865 年从陆路上与北部进行贸易的棉花数量约为一百一十万八千包，这是一个比英国从走私商那里得来的还要大的一个数量。[①] 当然，这项贸易对于南部比对于北部更为重要，而且使战争得到延长。由上表可知当时棉花在“联盟”的主要港口新奥尔良的移动情况。

“南北战争”期间新奥尔良棉花出入量统计表(单位:包)

年　份	运入数	出口总数	出口至利物浦数	出口至阿佛数	出口至纽约数	出口至波士顿数
1859—1860	2,235,448	2,214,296	1,348,163	303,157	62,936	131,048
1860—1861	1,849,312	1,015,852	1,074,131	384,938	29,539	94,307
1861—1862	38,880	27,678	1,312	472	4,116	109
1862—1863	22,078	23,750	2,070	1,849	17,859	1,418
1863—1864	131,044	128,130	1,155	4,023	109,149	12,793
1864—1865	271,015	192,315	31,326	5,952	144,190	15,993

(M.B.哈蒙德:《棉花工业》，第 263 页。)

① 1865 年 5 月恢复了贸易的自由。

南部的制造业

通过封锁或是通过分界线走私出去的棉花和用它们换回来的金银与制成品,只不过轻微地放宽了铁箍的紧度。南部单边性的文明使得加入“联盟”各州处于肯定不利的地位。经营制造业的工厂也比较少,而且现有的一些也被联邦的陆军所摧毁。直到战事开始时,几乎所有的机器都是进口来的,而且南部丰富的煤铁矿藏还很少被开发出来。诚然,1860 年南部所纺的棉花价值七百万元,而且棉花制造商虽然受到日益陈旧的机器的障碍,战时仍然在继续生产,获得了巨额的利润。可是,许多大规模的制造业是由“联盟”政府自己经营的,政府接收和经营了一些生产威士忌、食盐、枪炮、小军火、火药和其他战争物资的工厂。在开战后的头两年,当工厂还在开工的时候,“联盟”军队还不缺乏这些主要物资。除掉供应直接为战争所需用的物资之外,整个制造业的产量都下降了。

一般地讲,手工业得到了恢复。手织机和纺车又被拿出来使用,许多军人和平民穿用的衣鞋都是在农场上制造的。从事这些不习惯的工作的南部妇女们在劳动方面所受到的牺牲与痛苦,是与奴隶们的忠实的劳动具有同样的英雄气魄的,而且他们与查理斯顿、莫比耳和里士满等城市显著的投机和奢侈行为形成了鲜明的对照。这种家庭生产的迅速恢复,好像使文明在倒退,这是对工业革命的一项败坏。由于缺乏剩余资金,严重地妨碍了军事工业的发展。以前,多数过剩的财富都投资在土地和奴隶上面去了,而在战争的年月里，现有的流动资金也几乎完全被利润巨大的走私贸易所吸收。1864 年在奥古斯塔制造商大会上的主席抱怨说："有五千万到六千万元的款项被用去做封锁线上的走私贸易，而投入制造业的新资本几乎连一元钱也没有。"[①]事实上，南部投机之风也像北部那样地盛行，给它的事业带来了更大的危害。戴维斯总统 1863 年时说："投机的热情已经把各个阶层的人民坚持作战的决心引诱到可耻的积累金钱的行为方面去了。"[②]

农业生产与生活费用

许多农场主肯定是不愿意放弃棉花去改种粮食和生产肉类的；但是，战争进展以后，这种改变就越来越有必要。关于这一方面，战争在一定程度上带来了一次临时的农业革命。1862 年的棉花收成只有 1861 年的四分之一稍强，1864 年的收成只有 1861 年的八分之一，而谷物的生产，尤其是玉米的生产，却每年都有增加。可是肉类和面包的价格，如果按照黄金计算，却在不断地上涨，而且在南部的许多地方，有时候十分缺乏肉类，1864 年的情况尤其严重。城市里尤其感到了最大的缺乏，因为农民们还可以设法辛苦度日。1864 年 2 月 23 日，里士满地方的某个观察家评论说："只有富人才吃得起肉。我们期望着会有健康的一年的到来，因为

---

① 见罗兹:《美国史》，第 3 卷，第 396 页，引自《奥古斯塔达纪事报》，1864 年 5 月 26 日。

② 前书第 5 卷 424 页，引自《官方记录》，第 30 卷，第 1 篇，第 212 页。

什么都消费得干干净净，连垃圾堆也积累不起来。”[1]1864年的头几个月里，一块金元价值22元“联盟”的纸币，里士满地方的面粉价格是三百元“联盟”纸币一桶，鞋子一百五十元一双。亚特兰大、莫比尔和其他一些地方都发生了抢劫面包的事件。

粮食缺乏的原因，并不是由于数量的绝对稀少，而是由于运输的困难，因为在战时并没有发生过歉收。脱离了联邦的各州共有铁路六千英里，在那个时期的正常情况下，已经足够用去运输粮食，但是车辆和铁轨都因战争的过分使用而磨损得很快，而且没有可能进行更换。政府把铁工厂做了其他的用途，并且征调了许多车辆用于军事方面。因此，除了主要的干线之外，其余的铁路都被迫弃置，结果是弗吉尼亚玉米的卖价高出乔治亚的十五倍。联邦军队终于控制了南部大部分的铁道，从而更减少了粮食的供应。薛尔曼在乔治亚州毁灭六十英里地区的遗迹和谢立登在谢嫩多厄河流域留下的荒凉景象，增加了南部的灾难和粮食的缺乏。

南部联盟的战费筹集问题

战争爆发时，南部各州对北部和欧洲都欠有债务，因此，没有可能再向外面取得信贷。剩余的资金也很少。当然，也有一些金属货币，但是政府却无法得到它们，而且现金的支付，几乎在战事爆发时就已经立刻停止。除了税收之外，“联盟”政府在1863年以前是靠发行公债和用金库券的形式发行了不兑现的纸币来维持

① 琼斯：《联盟国会大厦里某战时雇员真实日记》第2卷，第186页。

的。发行的金库券大约有十亿元，由于只得到一个进行背叛的政府的信用作为发行准备，它们很快就贬了值。直到 1864 年 2 月 17 日，“联盟国会”才通过一项法令，规定人们必须把这些纸币换成百分之四的公债，或是把一百元以下的这种纸币，按旧币三元兑换新币二元的比例进行兑换。[①] 这就几乎等于把旧纸币作废，使人民在战争的最后几个月里，不得不采用以货易货的原始方法。这种情况，由于州政府、市政府和各家公司发行的债券变成通货而弄得更为无法收拾。

法国的“埃兰热公司”贷给“联盟”政府用收购棉花为担保的一千六百万元贷款，原定是用作向欧洲购买海陆军军需品的一笔款项。虽然公债保持着高度的价值，但给予南部的好处是不大的，其中有五百万元是用去购买从未交货的船只；六百万元用去提高公债的市场价格，另外的一百万元用去分三次每半年兑付公债一次。施瓦布教授说，只要考虑一下这些用途以及“政府还要在国内大为负债和破坏了通货去得到必需的棉花以担保外债的时候，就可以看出从这项借款得到的好处是微不足道的”。[②] “联盟”的代理人们从欧洲回来时，向里士满政府报告道：“作为一项收入的泉源，这

① 埃格斯顿：《一个叛变者的回忆》，第 84 页，引用了一个朋友的话写道：“战争以前，我把钱装在口袋里走到市场上去，把买得的东西放在篮子里带回来，现在是我把钱放在篮子里，把东西装在口袋里带回来。”1864 年末，流通的金库券大约有十亿元，“但是，发行得这样地快”，罗治说（见前书第 5 卷，第 344 页），“以至于发行的准确数字也没有公布；很可能连财政部自己也不知道已经发行的数量”。按照施瓦布的统计（见第九章末），一块金元能换“联盟”纸币六十一元。当然，这些数字如果与第一次世界大战中欧和东欧通货膨胀的情况相比较，是不太引人注目的。见施瓦布所著《联盟的外债：南北战争财政史中的一段插曲》，原载《耶鲁评论》，1893 年，第 1 号。

② 见前引书，第 185 页。

项借款并不算成功;但是作为一项政治宣传,却取得了十分的成就。”施瓦布教授说:“晚至 1864 年 9 月 7 日,伦敦的《泰晤士报》认为棉花公债的持有人比联邦股票的持有人要幸运得多。”①

1863 年,“联盟国会”有鉴于财政制度已经削弱得无法挽救,就通过了一项法律,征收十分之一的农产品,并且授权给所有的陆军军官在某些范围内去攫取这项财产。由于缺乏现金,缺乏国外的信贷,由于对外贸易的被割断,以及由于纸币的最后成为毫无价值,南部便不得不征收农产品。正是由于农产品的自由缴纳或是强迫征收,才在战争的最后两年中为南部提供了主要的经济力量。

“南北战争”的经济后果

“南北战争”并没有给南部带来财政上的繁荣或是商业的兴盛时期,这与它给予北部的影响形成了一个对照,战争不但没有开辟一个史无前例的经济扩张的新纪元,反而带来了一个毁灭的时期,把旧日的经济生活连根拔除。不兑现货币的确曾为投机商造成了一个黄金时代,许多封锁线上的走私商、商人和城市里的一些人都发了财,而且,对于持有黄金的人们,更是一个全盛时代,至少在战争初期的情况是如此。对于南部的一般人们来说,战争意味着奢侈品和许多必需品的牺牲,以及灾难性的后果所带来的烦恼与痛苦。对于南部的经济来说,战争意味着毁灭与紊乱,最后意味着一

① 见前书,第 183 页。他继续说明乐观的理由。这主要是由于投资者们认为用棉花兑付公债是一定会实现的。这项债务是不会被作废的。

切从头做起。在总结战争的结果时，威尔逊总统正确地说道：

> “对北部来说，战争奇妙地表现了人们的精神与力量，光荣地发挥了国家的威力与团结，充分证明了整个伟大的民主政治机构的效率和有机的活力……。但是对于完成这项伟大任务所需的物质资源，是从来不曾缺乏或是被人怀疑过的。它们甚至于一面消耗，一面增长。另一方面，就南部来说，这个伟大的斗争是完全依靠精神与决心来维持的，尽管他们的资源不断减少和希望不断地幻灭。南部使出了全部的力量，使用、耗竭和摧毁了它的资源，但是，他们的精力是那样地集中，以至于在三年多的时间里，好像是与北部势均力敌。一切是为了一个过时的政府的原则，为了一个发展过速的经济和一个不可能达到的目的。”①

在美国的经济史上，“南北战争”是极端重要的。战争使南部结束了奴隶制度并在很大程度上结束了农场制度。它也加速了北部的“工业革命”，而且它带给工业方面的繁荣造成了资本主义的发展。南部具有州政府权力的农业代表们的脱离联邦，为保护关税开辟了道路，通过《宅地法案》促成了西部更为迅速的发展和把大量的土地赠给了铁路。对战争物资需要的紧迫带来了通货膨胀和各种新型的纸币。它使联邦政府通过《国民银行法令》做出了新的努力，把它的权力扩张到全国的银行业务里去，采取了积极行动

① 威尔逊：《分离与再统一》，1898 年修订版，第 239 页。

去修建一条横贯美洲大陆的铁道——所有这些都对后期的历史产生了重大的影响。但是,最主要的是,对联邦政府的控制权从此就从南部的农奴制度的利益集团转入到北部正在兴起的工业财阀们的手里去了。[①]

① 这个斗争所产生的这些和其他的一些影响,将在以下各章中详细地加以论述。

第十八章　最后的疆界

越过密西西比河前进

根据1860年的人口调查，美国的人口数目大约是三千一百四十四万三千人。到了那一年，沿密西西比河两岸附近已经被允许成为一个州的地区有：明尼苏达(1858)、爱荷华(1846)、密苏里(1821)、阿肯色(1836)和路易斯安那(1812)。在那一行列的各州的西面，只有三个地区的人口数目达到了符合加入联邦的规定：得克萨斯，1860年时有六十万零二千人，俄勒冈有五万二千人，加利福尼亚有三十八万人。到19世纪60年代，美国已经建立了两条疆界，一条沿大西洋海岸向东移动；一条顺着第九十七子午线曲折地向西移动。后一条殖民地区的边缘向南移动，通过明尼苏达和爱荷华的中部，经过堪萨斯东部，然后再顺着阿肯色的西部边界向西凸出，把得克萨斯东部的大部分地区包括进去(见第十章地图)。在这一条线和西部沿海殖民地区边缘的中间，就是美国大约一半的领土的所在。但是，1860年时，这个地区只有美国1%的人口。这一块插在中间的土地就是美国的"最后疆界"。

过了二百多年，在现今美国边界内和边疆界限扩张到第九十七子午线以西之间的地区，才成立了第一个永久性的白人殖民区。1870—1890的三十年内全国其他的大部分地区才住上了人。到这里来居住的人多半是一些矿商、大牧场主和农户，这些人受到了丰富的矿产资源的发现和受到了开拓自由草原地区与开发肥沃的农业区域机会的引诱。对他们有利的土地法律的通过，移民的迅速增加，尤其是横贯大陆的巨大铁路的修筑，以及刺铁丝网的发明和风车的大量生产都加速了移民的过程。

矿商的疆界

早年对美洲大陆的探险和殖民曾经超过主导作用的矿产探勘事业，在决定“最后疆界”方面，又产生了重大的影响。传教士的活动和牧场事业的发展，使加利福尼亚首先住上了永久定居的白种人。但是1849年由于大批的人们涌到那里去寻求黄金，很快就使当地少数的墨西哥人湮没无闻，并使加利福尼亚在1850年成为了美国的一州。只有一小部分“淘金者”实际上从这项金属得到了财富，而大部分的人都留居下来去从事于商业和农业以及木材的开发。由于加利福尼亚有着成千上万定居的白种人，俄勒冈散居得有农民和猎取兽皮的人，因此，美国的占有太平洋沿海，便是无可非议的。

在内华达山脉东部的“盐湖”盆地周围，实际上已经开始有了莫尔蒙人和从墨西哥东部进入的牧场主的移殖。加利福尼亚发现黄金以后，当然就引起了落基山许多地区的一些探矿团体的活动。那种认为在“派克斯”峰可以找到黄金的传说，1859年被证实了。

那一年，人们就已经大量地迁入到后来是科罗拉多州的那个地区。西部的职业性的探矿商和采矿商都赶到这里来，他们队伍的人数在成千上万地增长，这些人都是受到1857年经济恐慌的苦恼从东部迁移而来的。“要不破产就得到‘派克斯’峰去”，这句话变成了“淘金者”们的座右铭，而且在黄金发现的头一年，来到科罗拉多的几乎就有十万人。虽然有一半的人都“唉！破产了”地叹息着回去，但是，留居在那里的人却为后来1876年被允许加入联邦的那个新州打下了基础。不幸的是，那些早年的黄金寻求者们，发现科罗拉多的矿藏是深埋在石英矿脉里面的，必须使用重型机器和大量的资本才能开发，因此，不能立刻被采掘出来。虽然，农业在当时比矿产品还更为重要，但是，在几十年里，采矿事业对于那一州的发展起着主导的作用。里德维尔的矿山生产了价值三亿元以上的白银，克利波湾也生产了同样价值的黄金。

为科罗拉多州奠定基础的淘金狂热，只不过是一系列的繁荣当中的一个，这些繁荣使许多孤僻的小港和落基山脉许多人迹罕至的小山上都出现了采矿的营幕。由于发现了少量的金矿，就促成了1858年卡尔孙城的建立，这个地方位于犹他准州地区的极西部，与加利福尼亚的边界接壤，靠近从盐湖城到旧金山的那条老路。第二年，在离塔荷湖不远的达维孙山东面的山坡上，发现了著名的卡姆斯托克矿脉，移民们就蜂拥而至，使这个地区1861年变成了“内华达准州地区”（从前是犹他准州地区的一部分），三年以后成为了美国的一个州。这个地区的巨大的银矿矿藏，由于地点位于通往加利福尼亚的大路上，是很容易来到的；于是人们很快地就从西面和东面进入了“卡尔孙盆地”。从1860年到1890年间，卡姆斯托克矿生产了价值三亿四千万元的白银，它们也就是这个地区这些年月里的经济支柱。1890 年以后，产量迅速地下降了。可是，由于 1906 年又发现了黄金、白银和黄铜，以后各年中在托讲帕，果耳德菲耳德和其他地区也发现了这类矿产，使这项工业又恢复起来，增加了不少的新人口。直到 1908 年以后，铜矿才被大量地开采，但是在今天，它的年产量价值几乎等于那一州所出产的其他一切矿产的一倍。[①]

由于受到气候和进入不易的阻碍，“新墨西哥准州地区”西部（现在的阿里佐纳州）的探矿工作是进行得很慢的，私营的矿商们都感到开采难于成功。可是，在“加兹登的购买”圆满地完成不久以后一些采矿公司补充了从加利福尼亚招募而来的工人，在靠近西班牙的旧城市塔克森地方开凿了几个从前被废弃的矿井。“南北战争”使塔克森的采矿暂时停顿，但是 1862 年和 1863 年在科罗拉多河东岸靠近毕尔·威廉斯岔口地方进一步发现了金矿，又使人们产生了开发黄金的新热潮。阿里佐纳 1863 年成为了美国的一个准州（1912 年正式成为一个州），但是在准州州政府成立以后的十多年中，由于与阿卑琪斯人的纷争，使得采矿成为一项危险的职业。最初把许多采矿商吸引到阿里佐纳的黄金与白银自从那时候起就成为那一个州矿产的一小部分。这一个州现在居美国铜矿生产的领先地位。

正如黄金的采掘者们带来了足够的人口，创立了科罗拉多、内

① 幸亏塞缪尔·克莱门斯（即马克·吐温），1861 年到过内华达，在他所著的《让它成为废矿》一书里为我们的后代对弗古尼亚城的繁荣时期作了令人难忘的描述。

华达和阿里佐纳各准州地区的情况那样，这种贵重金属的发现，在1863年也促成了"爱达荷准州"地区的建立。华盛顿准州地区早在1853年就已经从俄勒冈准州地区划分出来，这是因为对遥远的普季特海峡殖民地区管理不便的缘故，但是华盛顿准州地区直到1889年才被允许成为美国的一个州。1860年在克利尔沃特与斯内克河汇集的印第安人的耐兹·贝色保留地区发现了黄金。"印第安事务总督"的报告里写道："要想控制这些矿商，就好像要想控制旋风一样。"第二年，就有成千上万的人涌入到这些河流的两岸，建成了刘易斯顿这个中心城市。在这些发现之后，随着又在萨蒙河上博伊西地方以及"斯内克河"大河湾南面的欧怀伊地区先后发现了黄金。哈得孙湾猎取皮毛的猎人和"美国皮货公司"的商人曾首先走遍了全国，那些跟随着麦克洛夫林和惠特曼走的农民是第一批真正想移殖的人，但是，为华盛顿州带来新生命和创立了爱达荷州的人却是1862年和1863年的黄金寻求者。正如1861年黄金的发现带来了现在爱达荷西部的发展那样，1863年的新发现产生了爱德尔·高尔契、弗吉尼亚城和爱达荷东部的一些新矿区。1864年来到弗吉尼亚城的人约有一万，那一年建立了赫勒纳城，这是那个时期"最后的一个繁荣城市"。矿商们的这样进入这些地区就把爱达荷的东北部在1864年分割为蒙大拿准州地区，并在1868年组成了怀俄明准州地区。1882年克尔－达兰地方黄金的发现，使人们对爱达荷发生了新的淘金热狂，但是，黄金的产量与其他金属比较起来并不是太大的。邻近的蒙大拿的比尤特地区出产铜矿，它的产量只有在1937年时才被阿里佐纳和犹他州所超过。

19世纪60年代的那十年，从墨西哥到加拿大的边界的落基山山脉至少有一部分地区已经有人居住，人口多半分散在山麓或山谷的矿区，或是集中在接近矿藏比较丰富已经建立起来的那些新城市里。研究疆界史的帕森，对当时采矿疆界的人们具有画意而道德败坏的生活的精神有深入的体会，写道：

“居住在那些新地区的流动的人口，值得描述也不值得描述。这些人多半是青年人。值得尊敬的妇女不是没有，但是人数太少，对于社会生活所起的影响不大。在很多城镇里，她们甚至于只占着少数，由于那些易于发财致富的营幕吸引着放荡的妇女，她们的人数无法计算，但是是可以想象出来的。男子所占的优势，正规劳动力的缺乏，以及他们为了生存而进行投机的狂热，决定了营幕里的社会风气。人们的性格、工业的特点以及人们对政府职务的不感兴趣，决定了他们的政治风气。这些因素结合在一起，就产生了一种美国从未有过的生活。这种富于画趣的性质，使一些忽于思考的人们会认为它是浪漫的。事实上，这是一种激烈而艰苦的斗争，它的阴暗的一面被赌博和冒险的外表所掩饰而加深了。

在沿山谷的一条曲折的街道上，两侧有着参差不齐的营棚，这便是典型的采矿帐幕。有时酒店与普通商店混合在一起，它们也就是这些营幕里具有代表性的机构。路面上深深的车轮印迹，说明了货车多么地沉重。从各处木桩上松弛地拴着的马匹，立刻可以看出这就是正常的交通工具，它们的无人照管的情况，说明了这种类型的财产是不会被人偷窃的。集中居住在这里采矿的人们，过着一种有鲜明对照的生活。探矿和矿区工作的单调与孤寂，与来到城市时的兴奋心情互相交替。只有少数生活过得去的人们才经常住在镇上，城市的居民不论是为了贸易或是为了避免受到败坏都想避开这些矿商。酒吧间、赌博场和跳舞厅的普遍，更是不用描述，为了要避免孤寂，人们的酗酒、诱奸和暗杀行为在这些娱乐地方已经是司空见惯了。”①

可是，正是在这样没有希望的基础上，奠定了美国远在西部的许多州的开端。矿产的探采首先为今天的加利福尼亚、内华达、阿里佐纳、新墨西哥、科罗拉多、爱达荷和蒙大拿等地区带来了重要的白种人的移殖。

牧场主的疆界

在东部疆界线与西部矿山殖民区之间，有一片辽阔的起伏地带，从得克萨斯一直伸延到马尼托巴。由于这是一片缺乏雨水的草原，许多人都认为不适宜于耕种，也不会有人到这里来居住。正是在19世纪60年代，人们发现了牛群不仅能忍受内布拉斯加北部的冬季严寒，而且也能在那里的草原上繁殖起来。这一发现，几乎立刻为牧牛人和牧场主开辟了出路，他们在以后的二十年里便进住到这个地区上来，直到继续前进的农民的疆界把他们的大部分人赶开。

自从西班牙人占领的那个时期开始，得克萨斯的平原上就已经在饲育着牛群。在那里，牛群由于受到气候的锻炼和不受羁束地驰逐于广大的地区之上，就培养出一种体质坚强的牛种。从前，

① F.L.帕森：《美国的最后边区》，1910年版，第170—172页。

牛场主是没有什么物质上的引诱去出卖他们的牛群的，因为密西西比河流域和大西洋沿岸的农民都能够容易地满足当地的需要。此外，南部正在缓慢地发展着的市场，被“南北战争”所打断，使得克萨斯的牧区在战争结束时有了过剩的牛群。但是由于东部人口的迅速增加和铁路一直修到了牛场的门口，就为牛群提供了运输的手段与市场，得克萨斯的牧牛人很快就利用了这个机会。同时，由于人们的宰杀水牛，就为牛群开辟了道路。水牛一向是印第安人的生活必需品，没有它们的供应平原上的印第安人就会感到毫无办法，会很容易地被赶到保留地区去，这些地区甚至于是不能供给牛群吃草的。

南部牧区有两个把牲畜“赶拢”的时期。第一个时期是五月，那时牛群主人就根据着当时的风俗和法律，在小牛身上打上所有者的标记。第二个时期就是屠宰的时期，是在七月或八月，那时，成熟的牲畜，尤其是那些年满一岁的公牛，就与其他的牛隔离，踏上漫长的小道，被驱赶到北面的堪萨斯、内布拉斯加或是怀俄明去育肥和出卖。剩下来的就送回到牧区来繁殖。在堪萨斯新建成的“堪萨斯太平洋”铁路线上的阿比林、在“阿契孙·托皮卡·圣菲”铁路线上的道奇城19世纪70年代都出现了早期最大的养牛城镇。在内布拉斯加的俄嘎拉拉有另外一个巨大的养牛中心区；离那里西北部四百英里蒙大拿的迈尔斯城，发展成为西北部的另一个养牛中心城市。

牛群到达这些地方以后，通常就被育肥了送到市场上出售以供屠宰，或者被运到堪萨斯城、密尔沃基或是运到芝加哥的牛棚里去。随着岁月的进展，竞争越来越剧烈，人们就考虑使用人工接种和使用这种最为获利的方法去增加牛群的生产。于是出现了牲畜饲养协会，互助保安以防止违法者或偷盗并且尽量设法避免他们的牛群受得克萨斯黄热病、口蹄病和其他疾病的传染。

牧场主的疆界大约维持了二十年，从 19 世纪 60 年代到 80 年代。它的特点就是把牛群进行长距离的驱赶，把四百万头得克萨斯牛运往北部去供屠宰，或是送到北部的牧区去繁殖，以及在政府未禁止的广大地区上牛场的迅速扩张。另外一个特点便是因市场扩张而产生的巨大利润和低廉的费用。产生后一种情况的主要原因乃是由于人们有机会能在政府的土地上自由地让牛吃草的缘故。可是，到了 80 年代中叶，过度的扩张终止了高额的利润，使牧场的疆界变成了一项更为稳定的工业。此外，大牛群的驱赶已经成为过去。这个时期虽然很短暂，但是由于锡奥多尔·罗斯福与养牛地区发生过关系，由于欧文·威斯特尔和其他一些人们所写的小说，以及富莱德里克·莱明顿所作的图画，使得艰苦而浪漫的牛郎生活在美国历史上成为不朽的一页。普及本的小说和电影使它成为了美国民间传说的一个部分。

在“大平原区”，以供市场销售为目的的牛群的生产，一直是一项重要的工业；但是，牛场主的最后疆界的特色却已经消逝。在使公开放牧和长途驱赶方法结束的许多因素中，农民疆界的推进是最重要的一个。我们将要看到，这个因素反转过来又因为横贯美洲大陆铁路和它的支线的修筑而加速。使牧场主的疆界成为可能的这些铁路，有助于加速农民疆界的终结。铁路也许会把农民带到边地上去，但是，正是由于刺铁网的发明，才真正使农民能拥有土地和保持着它不受牧区牛群的侵犯。归根到底，它也帮助了牧牛的人。在竞争十分剧烈的情况下，劣等的和长角的牛种还得要让位给那些需要更多照料的牛种。新的牛种不能够自己生存，而是必须使用围栏。当牧牛人看到农民的疆界渐渐侵入公开牧区的时候，那些更有远见的人就赶快把土地圈围起来。许多这样的圈围是违法的。据统计，这样被圈围的土地1888年时竟多到八百万英亩。农民与牛场主的逐渐侵入公地，很快就改变了西部的经济面貌。养牛工业的从公开牧区移转到放牧区，也由于牛瘟的出现和北部各州通过法律对南部的牛群进行检疫而加速。在新的情况下，有另外的两个因素使得这项工业趋于稳定：19世纪80年代早期的严寒，消灭了许多的牛群；这一时期的过分扩张，使得许多的养牛人遭到了毁灭和破产。

牛场主疆界的生命虽然很短，它在美国历史上留下了肯定的影响。总之，它有助于第一百子午线与落基山脉之间广大地区的殖民事业。牧场主与农民的争夺土地，迫使俄克拉何马开拓成为殖民地区。由于牛场主疆界的扩张，肉食罐头工业就向西迁移，以芝加哥、圣路易、堪萨斯城和奥马哈为中心，在这些地方，这项工业很快就落入于阿莫、哈蒙德、摩里斯和斯尉夫特等人的手里，成为一项垄断工业。由于运输方面的原因，这项工业不能不采用装罐和冷藏的过程。这些问题得到解决以后，肉类的出口就越来越为重要。养牛人与装罐厂和铁路之间在这项工业利益方面的矛盾，造成了当时政治与经济方面的纷争和农村日益不安的现象。

农民的疆界

随牧场主迅速地接踵而来的便是农民的前锋，他们到了 1890 年时成功地把美国的疆界实际上关闭起来。这个广大地区的迅速被占领是具有许多原因的。首先就是由于土地法的实施。很久以来，人们发动的免费土地运动最后终于达到了目的。1860 年通过的第一个提案，遭到了布坎南的否决；但是，在那一年选举总统时，由共和国提出的第二个法案，林肯在 1862 年 5 月 20 日签了字。《宅地法案》允许把一平方英里的四分之一的土地（一百六十英亩）免费授给一个家庭的户主，或是一个年满二十一岁的美国公民，或是申请入籍而没有使用武装反抗过美国的人。但是，所有这些人都必须在美国居住五年以上；须在耕种方面有良好的表现才能取得政府的信任。可是，在六个月以后①，每亩就要按一元二角五分付价。后来的修正案把这个规定作了进一步的放宽，允许“南北战争”和以后一切战争中联邦军队的退伍军人把服役时期也计算在五年的居住期限之内。

以后通过的一些法案都或者把《宅地法案》放宽，或者让人们按低价得到其他的土地。例如 1873 年的《木材种植法令》，允许一个在宅地上安家的人格外申请一百六十英亩；如果他在这块土地上四年之内种植了四分之一面积以上的树木，那么这块土地就算是属于他的。牛场主在国会外进行活动而产生的 1877 年的《荒芜

① 1891 年提高为 14 个月。

土地法令》允许人们在“大平原区”临时拥有六百四十亩的土地。第一次每亩付款二角五分，在三年之内经证明曾经进行过灌溉，然后每亩再付出地价一元。1878 年的《木材石料法令》允许公民按照政府的估价购买一百六十英亩主要是具有木材和石料价值但在出卖时是“不适宜于耕种”的公共土地，每亩最低的价格是二元五角。1887 年的《道斯法令》规定印第安人得以个人而不能以团体名义拥有小块的土地，从而就为殖民者开拓了大量的保留地。1909 年通过的一个法案把不能灌溉而必须使用干燥地耕作法的宅地扩大为三百二十亩，但是在两年之内必须耕种这项土地的四分之一。1912 年把五年的居住期限减低为三年，而且 1916 年的法令允许把繁殖牛种的土地改为六百四十英亩，进一步放宽了这个制度。

人们把 1862 年的《宅地法案》描述成为美国的土地政策开辟了一个新的纪元。就某种意义上讲，这种说法是正确的，虽然在殖民地时期和在以后几年中通过的某些特殊法案也允许人们免费地得到土地。[①] 但是，如果仔细加以研究，这个法案的重大意义便会消失。首先，《宅地法案》乃是强加于旧法律上面的一个法案，而且后来又被一些新的法律加以限制。允许一个人得优先选择土地的 1841 年《优先法令》，继续实行到 1891 年。用拍卖或现金出卖的旧制度也仍然存在，例如《木材与石料法令》就是如此。此外，许多最上等的土地都已经被政府捐赠出去，免费宅地已经无法取得。到 1930 年，通过《摩里耳法令》及其他立法授给农业学院或划作发

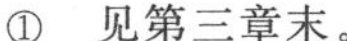

① 见第三章末。

展教育事业的土地就在二亿英亩以上。从1850年到1871年间，又划拨了二亿亩的土地作协助建筑铁路之用，虽然由于铁路公司不能按照法律的规定去进行才减少为一亿三千七百万亩。通过与印第安人缔结条约而获得的许多土地，被保留下来以供出售而没有作免费的分配。政府也同样地把在授给各家铁路公司时保留下来的那些交错的土地留下供出卖之用。既然授给铁路和教育事业的土地以及政府所拥有的许多优良土地都只有通过购买才能得到，在“大平原区”取得宅地的人常常不得不接受次等的和离交通线较远的土地。因此，毫不足奇地可以看出：到了1890年，根据《宅地法案》授给三十七万二千六百五十九户的土地面积只有四千八百二十二万五千七百三十六英亩，而且只有三分之一的申请获得了最后的批准。1860年与1890年间所增加的三千万人口当中，是否有一百万人实际得到了这个法案的好处还值得怀疑。[①]有趣的是，正是在1890年以后才由于《宅地法案》的作用而发生了最大的土地扩张。从1862年到1926年，政府发出了一百三十九万一千一百二十八项土地所有状，面积大约有二亿二千六百一十五万九千英亩。

有关宅地的法律不仅在利益方面有一定的限度，而且它们的意图也常常由于人们的规避和滥用而受到破坏。它们的用意也许是在于为移入的定居者提供免费的土地和在西部推行小型的“自由不动产”，但是常常产生了与用意全然不同的结果。有一个时

① 盖茨对《宅地法案》的局限性作了清晰的描述，见他所著：《〈宅地法案〉是一个不适合的土地制度》一文，载《美国历史评论》1936年7月，第19卷，第652—681页，及香农所著：《宅地法案与劳工过剩》，前书，第637—651页。

期，一个移殖者可能会得到一千一百二十亩的土地，那就是：按《宅地法案》取得一百六十亩，按旧的《优先购买法令》取得一百六十亩，按《石料与木材法令》取得一百六十亩，并且取得荒芜地六百四十亩。采矿及木材公司与私人串通之后就可以容易地得到大量的土地，这样虽然并不违反法律的明文规定，但是是违反了法律精神的。这种做法乃是通过用折价抵偿的办法来进行，形成了《宅地法案》的一个特点，它允许宅地取得人在登记以后六个月的任何时期内，按每亩一元二角五分或二元五角的价值购买土地。因此，在六个月之内，许多大公司就可以利用它们的代理人付出少量的费用取得了价值数倍以上的土地。据估计，从 1881 年到 1904 年，通过《宅地法案》由政府移转为私人拥有的土地中，有 23%是用折价的方法得来的。在 20 世纪的头十年，北达科他州里人们用折价方法买来的土地比按照居住五年的规定得来的土地还要多。[①] 某个地产公司的代理人曾说："对数百份折价的宅地加以实际的考察，便可以看出在折价以后，一百份宅地中没有一份被用作宅地去居住。"[②]

公共土地的情况弄得十分恶名远扬，因此，1879 年国会指派了一个委员会去对土地制度加以考察，并且提出报告。但是委员会的改革建议被忽视过去了。直到 1900 年土地保存运动兴起以后，只有阿瑟与克利夫兰两个总统的坚定立场才能被认为是真正代表着全国的希望去执行当时的法律的。罗斯福指派的一个"新

① 赫巴德：《公共土地政策史》，1924 年版，第 387 页。

② 前引书，第 389 页。

公地调查委员会”提出了详细的报告，建议按照上一次委员会所提出的原则去进行有益的改革，但是实际上所做的工作仍然很少。政府对公共土地的政策基本上仍然与以往一样，(根据 1909 年“全国土地保存委员会”的报告)，这个政策是全然不符合全国的最大利益的。

不仅美国的土地政策会受到批评，说这些法律曾经被违法地逃避过去，执行得不力，而且制度本身的作用也受到人们的怀疑。他们问道：把土地这项国家的遗产这样迅速和自由地分散出去，从而鼓励了浪费的耕种方法，使市场上粮食充斥，并且减少了东部的农业土地价值，这样是符合国家的最大利益的吗？具有与这些批评相反意见的人们争辩说：通过免费土地的勘探，曾经为许多来自东部的移民和从欧洲吸引而来的广大移民提供了农庄。这个政策曾经大大地刺激了横跨密西西比地区的迅速占领和许多新州的建立。事实上，这就是《宅地法案》的主要目的，它的用意在于使殖民地区能够在民主制度下进展。“公共土地委员会”把这个法令说成是：“它保护着政府，在全国范围内添增了住屋，建立了居民区。由于把小块的土地让居住人私有，就减少了社会与民事方面的纷扰机会”。这些希望只不过得到局部的实现罢了。原来考虑的小块土地私有制度，常常被人们欺骗地逃避了这些法令而受到破坏，其结果是产生了大地产和无土地的工人。此外，实行《宅地法案》以后的免费土地在作为劳动力的“安全阀”方面是否起了重大的作用，仍然值得怀疑。19 世纪的最后三十年，乃是使东部的工资收入者充满了斗争与不安的岁月：对于农业的西部，也是一些政治上和经济上最不安定的岁月。

与《宅地法案》在促进农业疆界的发展方面具有同等巨大力量的，便是横贯美洲大陆铁路的修筑。在政府作了彻底的测量，进行了二十年的鼓动宣传和通过艰苦的劳动以后，才在 1869 年 5 月 10 日在犹他州的奥格登打下了路基上的最后一条桩，把“太平洋联邦”和“太平洋中央”两条铁路连贯起来，完成了横跨美洲大陆的第一条铁路。19 世纪 60 年代，政府也批准了其他的横贯大陆铁路的修筑，从“南北战争”末期到 1873 年的经济恐慌时期，全国出现了修建铁路的热潮；1878 年以后商业的复苏，使这项修筑的热潮又恢复起来。在亨利·维拉德的指导下，“北太平洋铁路”1883 年完工了。同一年，“阿契孙·托皮卡·圣菲铁路”与“南太平洋铁路”接了轨，成为南部通向加利福尼亚的一条铁路。

1882 年，“得克萨斯太平洋铁路”与“南太平洋铁路”在埃尔帕索相连接，这样就把太平洋与新奥尔良或圣路易之间的铁路接通。到了 19 世纪 80 年代中叶，通到太平洋的主要铁路至少有四条，而且 1870 年接通丹佛的“堪萨斯太平洋铁路”和 1822 年接通丹佛的“芝加哥·伯林顿·昆西铁路”的完成，为移民开拓了更多的土地。

人们都把“联邦太平洋铁路”看成是一项国家企业，而且得到了政府的巨额款项的援助，这样的一个政策直到 1871 年还同样地使用于对西部其他一些比较有发展前途的铁路。国民政府捐赠了大约一亿三千七百万亩的土地给各个州营的或私营的公司去改进国内交通，其中大部分的土地便是用去修筑横贯美洲大陆的那些铁路。事实上，上面所提到的所有西部的铁路除了“芝加哥、伯林顿·昆西铁路”之外都接受过大量土地的赠予。这些赠予包括着路基的权利和铁道两旁交错的地区，其范围是从每英里的五个地区多到“北太平洋铁路”的四十个地区。其余的地区由政府保留下来做以后出卖之用。

不管土地是属于铁路或是属于政府，铁路公司还必须要使那些土地住上人。它们用许多种类的文字编成宣传品和广告，在东部各州和欧洲散发。也在欧洲和美洲成立了代理处，在时机成熟的地方，他们的代表就进行宣传。在东部，他们向退伍军人的组织进行了游说，希望他们能像移民那样迁移到新的土地上去，也得到了一些有势力的人带领着大批的斯堪的纳维亚人到西北部去。他们降低了运费，成立了招待所，并且提供了条件优厚的贷款方法使人们购买土地。对于这项工作做得特别积极的那些铁路（如“北太平洋铁路”），很少对鼓励移民的一切方法有所忽略。在1884年允许两个达科他州加入美国联邦的辩论会上，哈里孙正确地说道：“人们移出的情况已经改变了。想移往西部去建筑住宅的人们现在都不用马驮，或使用马车或者甚至于使用小船作为运输工具。绝大部分到‘达科他’的人们都乘坐了火车，这些火车有许多是在人们根据美国的‘宅地法案’去居住的那些住宅里就可以看到的。……然而，印第安纳州是在它被允许加入联邦以后的三十年才在它的土地上有了一条单轨的铁路。”①

风车与刺铁丝网

大平原上殖民地区的迅速建立，还有其他的一些因素，是与

① 第四十八届国会第二次会议《国会会议录》，第16卷，第1篇，第109页（1884年12月9日）。

《宅地法案》和铁路的修筑具有同样重要意义的。定居在第九十八子午线与落基山之间地区的农民们面临着的一个比较属于永久性的问题,便是雨量的不足。那个地区的某个最伟大的历史学家曾说,这个地区"湿度的不足,是人们时常考虑到和谈到的题目。事实上,它也是征服'大平原区'整个问题的焦点"[①],这个地区的历史主要是寻找水源的历史。解决这个问题所做的努力,包括着从最初垦荒人们的凿井直到联邦政府在"胡佛闸"和"大古力"的巨大灌溉工程,也包括着干燥地耕作法的试验和运入并使用能够抵抗干旱的小麦与玉米在内。但是,对于草原上的一般农民来说,水的供应,有赖于用风车把它从地下汲出来,因此,大量生产小型的金属风车是与疆界的扩张到大平原区携手并进的。风车能够继续不断地供应少量的水,因此它也许是人们居住这个地区时的一项最为重要的机械设备。

如果没有风车,草原地区的殖民也许会无限期地迟延下来;如果没有刺铁丝网,平原地区也许会仍然会为牛郎与徘徊的牛群所占有。直到 19 世纪 60 年代,围墙的材料主要是木桩、火石和树篱。在垦荒者离开木材地区迁入草原以前这样的围墙已经足够了。最初,他们避开了空旷地,虽然这种土地通常是比较肥沃的;但是当他们最后进入这个地区以后,就竭力寻找旧日围墙材料的代用品。19 世纪 70 年代中期,这个问题得到了解决,那时,伊利诺伊州的两个名叫若瑟夫·格立登和雅各布·海希的农民,取得了实际可用的刺铁丝网的专利权。发明家们从来没有想到他们的

① 韦伯:《大平原区》,1931 年版,第 322 页。

产品能像这样容易地卖出的。刺铁丝网的生产与销售量，从1874年的一万磅猛增到六年以后的八万零五百磅。大量的生产，使价格从每百磅二十元降低到1897年时的每百磅一元八角。

迅速扩张的道路现在已经敞开。得克萨斯某个老移民说："大约是直到1875年，那些黑色土地才真正使用于农业方面。由于缺乏廉价的围篱工具，延迟了这些土地的开发。他们离林区太远，要用木桩围起来是毫不可能的。这种需要，由于使用格立登式的刺铁丝网而得到了满足。这种铁丝网大约是在1875年开始运到州里的，它们不是用牛车或马车而是用火车运了进来。自那时以后，移民们就不在'东得克萨斯'停留，那些黑色的土地就成为他们的所有"。[①] 牛场主们也许会来到这些边远的农庄上，把刺铁丝网剪碎。但是，这是使他们败北的一个战役。刺铁丝网不仅使农民在战役中取得胜利，而且迫使牛场主改变了他们的营运方法。[②] 韦伯说："正是铁丝网而不是铁路或是有关宅地的法律使农民们有可能去恢复（或者至少是加速）他们跨过草原的前进而到达了平原地区。直到有了刺铁丝网以后，在肥沃的草地平原区定居的人仍然是很稀少的。"[③]

关于占领最后疆界而这里不用详述的一个方面，就是印第安人的被驱逐。直到1861年，横贯密西西比河地区的印第安人一般与美国还很友好，虽然他们的土地不断地被测量员和矿商所侵犯。但是事实显然说明他们的末日即将到来。在使他们感到绝望的时

① 见前书，第317页。

② 见本章"农民的疆界"一节。

③ 韦伯：前引书，第317页。

候，印第安人就采取最后的防御去抵抗正在向他们侵入的文明。继1862年的西乌克斯起义之后，19世纪60年代里又有夏延人和其他部落的起义。印第安人的斗争以1876年的“西乌克斯之战”(Sioux war)达到了顶点，那时他们的名叫“坐地牛”(Sitting Bull)的首领被打败了。在清除西部的印第安人方面，我们只能公正地说，当时的特点并不是红种人的背叛，而是白种人的贪婪。前来进犯的白种人，得到了正规军队的支持，他们的来福枪在平原上是比不上那些更为致命的六响枪的。1887年的《道斯法令》为这个长期引起的悲剧写下了最后的一章。根据这个法令，政府想以取消部落土地所有制来加速印第安人接受白种人的文化，把划成一百六十亩为一区的四分之一的土地分给每一户的户长，对单身的成年人和孤儿分给八分之一，每个小孩分给十六分之一。为了保障新的土地所有人，法律规定二十五年之内不能把土地进行抵押或出卖，并且在那个时期以内不纳税。《道斯法令》也允许那些自愿脱离部落，根据法案领取宅地的印第安人取得公民权。这个法案并没有解决印第安人的问题，但是它却是为白种人的定居者开辟更多土地的一项手段。

疆界的结束

到了1890年，疆界(从术语上讲，乃是每平方英里以内住有两个人以上，六个人以下的地区)消逝了。到了那时，许多良好的可耕地都已经被人占领。农民们的疆界已经推进到和没收了许多牛场主的牧区而到达了落基山的采矿地区。太平洋海岸的内华达山脉以西的肥沃农场上的出产，比过去任何一个时期出产的贵重金属还更有价值。1904 年，政府还拥有七万英亩的土地，但是多数都没有价值，只能进行干燥地耕作、施加灌溉或是修建排水工程才能使用。就经济意义上讲，这块位于密西西比河与山麓之间的广阔地带，基本上是一个农业区域。那些新住上人的地区，可以大致划分为出产玉米的蒙大拿与两个达科他地区，产玉米地带的堪萨斯、爱荷华和内布拉斯加以及有棉田和牧畜区的阿肯色和得克萨斯。各个地区在被允许加入美国联邦成为一个州之后(北达科他、南达科他、蒙大拿和华盛顿于 1890 年加入，爱达荷与怀俄明于 1896 年加入)，就有了职业性的和经济上的发展。1890 年莫尔蒙人的教会废除了一夫多妻制以后，就为 1896 年犹他地区的加入联邦成为一州开辟了道路；俄克拉何马 1907 年成为了一个州，新墨西哥和阿里佐纳也在 1912 年各自成为了一个州。

随着疆界的消灭，美国历史上的一个纪元结束了。大量无人居住的土地的存在和疆界的不断移动，是使美国与西欧的基本经济情况形成分野中最为重要的因素。疆界曾经为东部不安定的大批的人提供了出路，为从欧洲来的数百万移民提供了安身之所。为对外贸易决定了内容和方向，也决定了国内工业的类型与位置。疆界在美国的货币制度和铁路史上留下了印迹。它不仅在美国经济史中占着十分重要的地位，也影响了美国社会与政治的发展，而且甚至于还形成了美国的心理与美国的哲学。

近年以来，历史学家和经济学家们都很感兴趣地指出疆界的影响，并且为疆界消失以后可能产生的变化做出了预断。可是，这里还必须提出一句警语。良好和免费的土地也许没有了，但是

1890 年以后，仍然有着大量次等的土地，使用近代的方法，仍然能够使它们进行生产，而且也还可以得到大量的廉价土地。[①] 那些要想得到高级的免费土地的人们，也可以像其他成千上万的人那样迁移到加拿大去。20 世纪的移民们也许还得要付出地价，但是他们也可以避免早期移民们所遭受的许多艰难。

然而，当 20 世纪进入 60 年代的时候，疆界消失所产生的某些影响好像就很显然。人们开始注意到土地的保持、垦荒和农业的科学化。制造业已经不是采矿工业的简单副业。相反地，在更多地使用了改良的机器以后，它开始向前发展。早期只运营农业、原料或半制成品出口和制成品进口的商业，渐渐地开始经营农产品和原料的进口以及制成品的出口，这样就为与西欧情况相同的经济扩张扎下了根基。免费土地的消逝对于租赁制度的产生，对于劳工组织的发展以及对于阶级觉悟发生什么影响，现在因为时间过早，还不能做出断言，但是，我们可以明显地看出，它预示着一些经济与社会新问题的发生，这些问题的解决，将成为下一个世纪里煞费心机的事。[②]

---

① 上文已经指出 1890 年以后，依照《宅地法案》注册的土地比以前多三倍。

② 见赖特：《美国经济发展中自由土地的消逝》一文，载《美国经济评论》，(1926 年 3 月第 16 卷，第 265—271 页副刊)，转载于富鲁格尔与福克讷：《美国经济与社会史文选》，第 758—764 页。